法·问
学术与实务

担保法原理

司品义 著

山东人民出版社·济南
国家一级出版社 全国百佳图书出版单位

图书在版编目（CIP）数据

担保法原理 / 司品义著. --济南 ：山东人民出版社，2025.4
ISBN 978-7-209-14946-4

Ⅰ. ①担… Ⅱ. ①司… Ⅲ. ①担保法—法的理论—中国 Ⅳ. ①D923.24

中国国家版本馆 CIP 数据核字(2024)第 049617 号

担保法原理
DANBAOFA YUANLI
司品义　著

主管单位　山东出版传媒股份有限公司
出版发行　山东人民出版社
出 版 人　田晓玉
社　　址　济南市市中区舜耕路 517 号
邮　　编　250003
电　　话　总编室（0531）82098914
　　　　　市场部（0531）82098027
网　　址　http://www.sd-book.com.cn
印　　装　青岛国彩印刷股份有限公司
经　　销　新华书店

规　　格　16 开（169mm×239mm）
印　　张　44.75
字　　数　795 千字
版　　次　2025 年 4 月第 1 版
印　　次　2025 年 4 月第 1 次
ISBN 978-7-209-14946-4
定　　价　120.00 元

从形式主义走向功能主义

——与时俱进的中国担保法

(序言)

2020 年 5 月 28 日，十三届全国人大三次会议通过了《中华人民共和国民法典》(自 2021 年 1 月 1 日起施行，以下简称《民法典》)。《民法典》的公布、施行，不仅是国家强盛的标志，而且体现了中华民族昂首走向未来的道路自信和理论自信。从大清民律草案到新中国成立后的四次民法典立法实践，再到今天《民法典》正式实施，这部带有中国特色的社会主义民法典经过了百年孕育。孕育的历史过程表明，没有丰富的市场经济实践和成熟的民法学理论，不可能在空白土地上构建起民法典的大厦。19 世纪《法国民法典》、20 世纪《德国民法典》各领风骚百余年，21 世纪独具特色的中国《民法典》必将以自己的风采闪耀于世界民族之林。

《民法典》公布后，全国掀起了学习贯彻《民法典》的热潮。最高人民法院集中修订了一批司法解释，以期与《民法典》的规定一致。学习《民法典》及其配套司法解释是法律实务工作者的必需功课。笔者在学习之余，总想写点什么，记录一下学习的思考，以不负这个伟大的时代。在长期的法律实务中，笔者接触到大量的担保纠纷案件，对担保法有了更多的了解，于是写点什么的冲动就落脚于担保法律制度的对比研究上。这就是创作这本书的初衷。在两年多的时间里，笔者购买了一批图书，查阅资料，阅读经典，并在经典论著的指引下完成了本书。笔者认为，担保法律具有六个方面的特点。

一、担保法是复杂的法律制度

担保法是民商法领域变动不居、最为活跃的领域。它横跨合同法和物权法领域，是一项古老的法律制度。古希腊时期已有经济担保制度的萌芽。古罗马奴隶制经济发展繁荣时期，人的担保和物的担保制度逐步发展和完善起来，形成了现代担保制度的基本框架。罗马法上的法定担保制度对后世产生了极大影响。随着人类经济活动的发展，担保制度更是得以成长、发展、壮大，成为民商法领域最重要的法律制度之一。担保制度与民法中的许多制度有关联。比如，债务加入制度是民法中并存的债务承担制度，其实质是一种担保制度；连带共同担保与民法中的连带债权、连带债务制度息息相关。担保人追偿权与代位权制度，是担保法本身存在的理论难题，而确定共同担保人之间的追偿权数额，是担保法律中一道十分复杂的计算题。担保法中，债务人对债权人享有撤销权与抵销权的，担保人可以主张在相应范围内免除责任。担保人的该项抗辩权，既涉及债权人和债务人之前的合同关系，又涉及担保债权以及依附于担保债权的抗辩权，使得该项抗辩权的运用变得非常复杂。保证期间制度、保证债务诉讼时效制度、担保物权存续制度各具特色。学习、研究担保法，必须摒弃合同法中相对两方构成的二维空间思维，进入债权人、债务人与担保人三者构成的三维空间乃至多维空间，从维护三维空间乃至多维空间的平衡上入手，研究三者之间的权利与义务；同时，兼顾这三者之外的债权受让者、正常经营买受人、抵押物受让人等其他相关者的利益。担保法律是一种财产性法律，它以财产所有权为基础，以财产所有权的持有、限制、转让为手段，保障另一债权的实现。担保利益是债权人追求的目标，担保与交易如影随形。因此，担保法律是市场经济的重要基石。

二、担保法的核心是意思自治

担保法的核心是意思自治。无论是人的担保还是物的担保，没有意思自治就没有担保。法定担保的形式比较少，在我国只有留置权一项和建筑工程优先受偿权。法国的优先权制度，也在不断缩小适用范围，让位于意思自治。意思自治的主要体现：一是担保是自愿行为。只有自愿的担保，担保法律才对担保人科以民事责任。非自愿的担保行为，如胁迫、欺诈、重大误解等情形下签订的担保合同，要么可以撤销，要么可以认定为无效。但是担保合同无效的，担保人有过错时，依然要承担民事赔偿责任，这是担保法最不公平的体现之一。担保物权类型虽然是法定的，但是担保物权的发生、存续是意思自治行为。二是担保的范围是约定的。无论是人的担保还是物的担保，担保债权的范围都允许当事人自行约定。担保物权的实现方式，当事人也是可以约定的。应当看到，对当事人意思表示的识别，是司法实践中的难点。实践中，因为语言表达的模糊性，有关意思表示的含义是担保还是增信措施，是一般但保还是连带担保，是连带担保还是债务加入，由于没有明确的识别标准，认识上会因人而异。比如，有案件约定："愿意督促案外人公司切实履行还款责任，按时归还原告银行贷款利息；如案外人公司出现逾期或者拖欠原告银行贷款本息的情况，由政府负责解决，不让原告银行在经济上蒙受损失。"上述约定中，"负责解决"是什么意思？如何保障不让原告"在经济上蒙受损失"？上述约定在最高人民法院的判决中被认为不是保证，因其没有明确替代债务人偿还债务的意思表示。《民法典担保制度司法解释》对连带责任保证与一般保证的识别规定了一个简易的标准："当事人在保证合同中约定了保证人在债务人不能履行债务或者无力偿还债务时才承担保证责任等类似内容，具有债务人应当先承担责任的意思表示的，人民法院应当将其认定为一般保证。当事人在保证合同中约定了保证人在债务人不履行债务或者未偿还债务时即承担保证责任、无条件承担保证责任等类似内容，不具有债务人应当先承担责任的意思表示的，人民法院应当将其认定为连带责任保证。"但是，对于保证与安慰函的识别，对连带责任保证和债务加入的识别，仍然没有基本的识别标准，实践中仍需要结合识别当事人使用的词句进行认定，带有浓厚的主观色彩。对当事人意思表示的识别是正确界定当事人权利与义务的前提，对当事人的利益影响很大。

三、担保法的重点是登记制度构建

物的担保是担保法律中的重要内容。担保物以其有限价值优先保障特定债权的实现。优先受偿权是担保权人在担保物权中的唯一权利，登记和公示则是保证债权人优先受偿权的重要方式。登记制度由来已久。原《担保法》时期，登记是物上担保合同生效的要件。后来，原《物权法》采取物债二分法，登记制度不再与合同效力挂钩，而是与物权变动有关。担保物登记有登记生效主义和登记对抗主义的区别。对不动产担保来说，担保权奉行登记生效主义。对动产担保而言，担保权奉行登记对抗主义原则，即动产担保的担保合同一经签订，担保权即成立，未经登记无法对抗善意第三人。权利质押是登记生效主义。《民法典》内部对于登记的法律意义的规定并不相同，这增加了担保物权规则解释上的困难。登记的主要目的是保障在担保物上存在多个权利要求时，最先登记者取得担保物的优先受偿权，而登记对抗主义即可实现该目的，因此，笔者认为，登记生效主义没有实际需要，《民法典》完全可以只规定登记对抗主义。随着工业化进程的加快，动产已经代替不动产成为社会财富的主要形态，动产的担保化和金融化旋即成为担保法制改革的核心。动产担保交易立法的核心问题并不在于如何宽泛地界定动产担保权的范围，而在于所有在功能上起着担保作用的交易工具怎样进行公示，以及其优先顺位和实行规则。因此，在统一动产担保的过程中，动产登记制度的建构是动产担保交易中的重中之重。国际上关于动产登记的最新趋势是采用声明登记制，原因是声明登记制在交易透明度和提高交易效率方面取得了平衡。高效的声明登记制是支撑整个动产担保法制的核心支柱。我国动产担保登记制度肇始于《海商法》《民用航空法》和原《担保法》的施行，定型于原

《物权法》的实施，其特点是多方登记、分散登记，存在“九龙治水”现象。目前，我国已经建立统一的动产和权利融资担保登记系统，但是该系统存在不少问题，需要在实践中不断审视、检讨和改进。

四、担保法是一堆形散而神不散的规则

担保法难以被理解和研究的原因之一，在于担保法看起来是一堆杂乱无章的规则。这些规则本身并不系统，不成体系。对这些规则在理论上的理解也存在不同认识。比如，保证期间规则，有人认为是诉讼时效期间；有人认为是除斥期间；还有人认为是一种特殊期间，既不是诉讼时效，也非除斥期间。而保证期间仅在人的担保中有效，物的担保中不存在保证期间的概念。在一般保证中，保证期间与诉讼时效的转换在实践中也是一个难以被认识的问题。对动产担保的可识别性，法律仅仅是提出了一个要求，并没有一个识别的规则。正常经营买受人规则、浮动担保结晶规则、最高担保债权确认规则、借新还旧规则、破产程序与担保程序的衔接规则、担保债权的转让规则、主合同变更对担保责任影响的规则等，几乎每一个具体问题，担保法都要有具体规则。虽然这些规则的内部有意思自治原则作为基本的法理将它们连接起来，但总体来说，这些规则是杂乱的，没有总纲可以牵起全部规则。还应当看到，担保法是以担保人为核心规范对象的法律，这种规范首先从哪些主体可以作为担保人出发，明确提出国家机关、公益事业单位等主体担保无效。另外，为平衡债权人与公司股东的关系，保护中小股东的利益，《公司法》以及担保法均规定，公司对外担保应履行必要的公司决策程序；债权人非善意的，担保人不承担责任。担保人是经济社会中最无私的人，是促进社会进步的重要力量，保护担保人就是保护经济发展。担保法的“神”是保护担保人利益。担保法的所有规则都是从保护担保人的利益出发的。比如，现行法律规定，若保证人

没有明确表明担保方式，应认定为一般保证；担保债权的转让没有经过保证人同意的，保证人不再承担保证责任；主债权合同发生变更的，担保人对加重的债务部分不承担担保责任。当担保合同无效时，担保人的责任仅限于其有过错的部分。担保人依附于主合同的抗辩权，一般保证人的先诉抗辩权，担保人承担责任后的追偿权，甚至混合共同担保中担保人之间的追偿权，无一不是为担保人的利益着想而设定的权利。

五、担保法是变动不居的规则

担保法是应用性极强的法律。对担保法的研究一般是案例研究。笔者见到的担保法著作，大都以原理阐述相关问题并辅以案例分析。而对案例的分析往往见仁见智，甚至观点完全相反。观察发生效力的判决，是理解担保法规则的一个重要途径。但是，来自实践的案例，即使是同一种问题，在不同法院甚至最高人民法院层面也有完全不同的判决。比如，在管理性强制性规范和效力性强制性规范的概念提出后，对公司担保的问题，在《九民纪要》出台之前，一般认为，《公司法》第15条关于公司对外担保需要经过董事会或者股东会决议是内部管理规范，公司对外担保没有经过股东会或者董事会同意的，不影响公司对外担保的效力。但是同期也有判决认定没有经过公司决议程序的对外担保无效。《九民纪要》统一了全国的裁判规则，规定公司担保必须经过董事会、股东会议决策，公司法定代表人越权对外担保的，担保权人只有在善意的情况下才能成立担保关系。同样的公司担保案件在不长的时间内会出现根本不同的判决结果。买卖型担保是实践中常见的非典型担保，当事人签订买卖合同的目的是担保借款合同的履行，但是有的法院认为与借款合同联立的买卖合同无效，有些法院则认为买卖合同有效，有些判决则认为买卖合同是通谋虚伪的意思表示。对与买卖型担保相关的买卖合同效力的认定，裁判中的观点五花八门。最高人民法院《民间借贷司法解释》出台后，对此种买卖合同效力的认识也不统一。有些判决则以不同的案件事实为由，不适用《民间借贷司法解释》。该司法解释中对买卖型担保的审判规则，也存在不少问题。关于多数担保人之间的追偿权，原《物权法》出台后，有些法院认可混合共同担保人之间的追偿权；有些法院则认为，多数担保人之间没有追偿权，承担担保责任的第三人只能向债务人追偿。《民法典担保制度司法解释》最终解决了多数担保人之间的追偿权问题。关于流质契约的问题，司法实践中，有些裁判将以物抵债、回购协议与让与担保中的有关约定认定为流质契约，从而否认其效力；而有些判决不得不通过各种方式规避禁止流质契约规定的适用，从而出现了各种解释歧见。对让与担保的肯定性见解与禁止流质契约，在法律体系上并没有实现有效贯通。《民法典》对流质契约问题采取松动策略，不再一律认定流质契约无效，而是赋予当事人清算义务。对于抵押物是否转让的问题，原《担保法》、原《物权法》和今《民法典》作了不同的规定。这些都体现了担保法律的变动不居性。

担保法规则有时像一套“无法理喻”的规则，即使是法律专业人士有时也难以理解。比如，股权让与担保中，在工商管理系统中，股权登记人被认为是名义股权人，并不享有实际的分红权、经营权以及参与管理权，不享有股东资格；相反，非登记在股东名册以及工商管理系统中的出让人却享有管理权以及分红权，这与物权的公示公信原则直接相违背。公司对外担保时，担保权人要审查有关担保是否经过了公司决策机构决议，但是担保法相关司法解释却要求对董事会决议或者股东会决议进行形式审查（后改为合理审查），而众所周知，形式审查有时等同于不审查。

六、担保法律是不断从形式主义走向功能主义的法律

从世界范围来说，担保法律不断从形式主义向功能主义转变，保持与时俱进。法国 2006 年进行了担保法改革，在传统的人的担

保和物的担保之外增加了新的担保方式，如独立担保制度、安慰函、可再负担抵押制度等。美国在统一商法运动中，摒弃依形式不同分别适用不同法律的做法，规定只要是当事人之间的交易安排置重于担保作用，即应适用统一的担保权的设立、公示、效力、顺位、实行规则，从而开启了功能主义的先河，对世界各国的担保法制产生了巨大影响。在改善我国营商环境的大趋势下，《民法典》在担保法律制度方面做了大量工作：一是扩大了担保合同的范围，明确融资租赁、保理、所有权保留等非典型担保合同的担保功能，增加规定担保合同包括抵押合同、质押合同和其他具有担保功能的合同。所有权保留、融资租赁等一些具有担保功能的合同，适用担保制度的登记规则和优先受偿规则，成为与定限物权担保并列的"所有权担保"。所有权成为观念性的利用权，亦即资本化，其和各种债权契约相结合而发挥重要作用。二是删除了有关担保物权具体登记机构的规定，为建立统一的动产抵押和权利质押登记制度留下空间。三是简化了抵押合同和质押合同的一般条款。四是明确实现担保物权统一受偿规则。《国务院关于实施动产和权利担保统一登记的决定》（国发〔2020〕18号），对《民法典》规定的可以抵押的动产和权利，规定由当事人通过中国人民银行征信中心的动产融资统一登记公示系统自主办理登记。这些规定大大提高了我国的担保法制水平，促进了我国担保法律制度现代化，为我国营商环境的改善助上了一臂之力。随着社会生产力的发展和交易形式日益灵活多样，商人以其高超的商业智慧，在市场实践中以现有的法律制度为框架，不断创造出新的担保形式，非典型担保形式不断出现。笔者认为，新时期出现的非典型担保制度是更有魅力的担保制度，需要加以正确规范和引导。比如，保兑仓交易的一系列制度设计，使得卖方可以广泛地占领市场；动产动态担保创造了供应链金融的新形式，促进了交易的发展。

应当说，《民法典》在担保制度方面也留下了遗憾。比如，作为体现民法“温情”一面的优先权制度没有被写入，独立担保制度仍然被限制在一个较窄的范围内适用，物权法定原则比较僵硬，流动抵押权没有建立，引进的价金担保制度有些单薄，动产和权利担保的登记依然没有被全部纳入人民银行的征信系统，部分动产和权利（如交通工具和知识产权）的担保需要到有关机关去办理登记和查询，等等。从担保法体系上看，2006 年法国担保法改革打破了担保制度分散规定的局面，对担保制度进行了重大改革，将担保制度独立成编。1995 年我国已经施行独立的《担保法》，系统规定了保证、抵押、质押、定金、留置五种担保方式；原《物权法》生效后，物的担保与人的担保相分离。《民法典》编纂中，有学者主张担保制度独立成编，但立法机关最终没有采纳，形成了目前担保制度分散规定在《民法典》合同编、物权编的格局，担保法律制度给人以支离破碎的感觉。有意思的是，最高人民法院《民法典担保制度司法解释》，一改以往对照法律条文顺序进行解释的惯例，对担保制度的编排体系进行改革，形成总则、保证、不动产抵押权、动产和权利担保、非典型担保新格局，对《民法典》分散的担保制度进行汇集，此种编排方式显然与原《担保法》的体系安排类似。《民法典》关于担保制度的相关规定与最高人民法院的《民法典担保制度司法解释》，共同搭建了我国担保法的法律框架，是我国担保制度的最重要法律渊源。

值得注意的是，担保方式与中国传统法律文明存在一定割裂。典当制度在中国历史上有一千三百多年历史，是中国古代法文明的重要体现，对中国经济、政治、社会的发展起到重要作用。清末修法时，西学东渐，西方担保制度传入中国。我国担保制度逐渐形成目前人的担保与物的担保并存的基本格局。典当制度完全被排除在担保制度之外，以致市场上存在的典当行为缺乏民事基本法的支持。典当制度不同于抵押和质押，其有基本的运行规则，但国内学者经常讨论典当究竟是用益物权还是担保物权，这完全是用西方规则解释东方文明。《民法典》立法过程中，梁慧星先生在其主编的物权编建议稿中主张引入典权制度，但终究未能成行。现行担保制度与中国传统法律文明的割裂，不能不说是一种遗憾。

“法不解释无以适用。”《民法典》生效后，对其中担保制度的研究从立法论转到了解释论。解释论的主要作用在于阐述法律含义，保障法的正确适用和法律续造。本书以法教义学为路径，以《民法典》关于担保制度的规定和最高人民法院《民法典担保制度司法解释》为基础，紧扣法律条文，就条文涉及的问题展开论述。本书共三十四章，基本可以分为三个部分：第一部分是担保法总论（导论至第十一章）。在此部分，笔者意图从历史的角度，放眼域内外，全面介绍担保的历史与发展变化，使读者对担保法律制度有一个较为全面的理解和认识。随后，论述担保的特点、独立担保、担保人、担保人的权利与义务、最高额担保、借新还旧、担保纠纷处理等问题，并把人的担保和物的担保的共性问题讲清楚。第二部分是典型担保制度，这是全书的重点部分，包括人的担保和物的担保（第十二章至第三十一章）。本书在该部分详细论述了保证的概念、形式，保证期间与保证债务诉讼时效的关系，各种不动产抵押权，以及动产担保和权利担保的各种形式。第三部分是非典型担保制度（第三十二章至第三十四章）。非典型担保是法律没有明文规定为担保，但具有担保功能的一类担保形式。本书论述了非典型担保制度的基本特征，并对非典型担保制度的常见类型进行了分析探讨。

在本职繁重的法律实务工作外，利用业余时间撰写这样一本具有宏大主题的书，其过程十分痛苦。笔者常常自认笔力不足，几次想放弃，最后凭坚定的信念才完成全部书稿。当最后一个句号画上时，真的感谢自己锲而不舍的精神，那种成就感十分强烈。本书并非担保法教材，对《民法典》中与担保法有关的内容没有面面俱到，因此更适于律师、法官和企业法律实务工作者阅读。笔者希望本书能够讲清楚担保法的基本原理，以启迪智慧，引起更多对担保法的研究，使担保法更好地适应千变万化的社会生活，促进和谐社会建设。但由于笔者的学识和水平所限，书中可能有错误和纰漏，敬请法律界同仁和各位方家批评指正。

本书的编辑、出版得到了山东人民出版社的大力支持，在此一并致以诚挚的谢意。

司品义

2025年2月13日

缩略语表

1. 为叙述方便，本书的法律名称除个别情况外均使用简称。比如，《中华人民共和国民法典》简称《民法典》。对《民法典》生效后已经失去效力的《中华人民共和国物权法》《中华人民共和国担保法》等法律，以“原《物权法》”“原《担保法》”等简称之。

2. 本书中下列文件使用简称：

名称	施行或修正日期	简称
《最高人民法院关于贯彻执行〈中华人民共和国民法通则〉若干问题的意见（试行）》	1988 年 4 月 2 日施行（已废止）	原《民法通则意见》
《最高人民法院关于适用〈中华人民共和国担保法〉若干问题的解释》	2000 年 12 月 13 日施行（已废止）	原《担保法司法解释》
《最高人民法院关于适用〈中华人民共和国民法典〉有关担保制度的解释》	2021 年 1 月 1 日施行	《民法典担保制度司法解释》
《最高人民法院关于适用〈中华人民共和国民事诉讼法〉的解释》	2015 年 2 月 4 日施行，2022 年 3 月 22 日第二次修正	《民事诉讼法司法解释》
《最高人民法院关于在民事执行程序中变更、追加当事人若干问题的规定》	2016 年 12 月 1 日施行，2020 年 12 月 23 日修正	《变更追加当事人规定》
《全国法院民商事审判工作会议纪要》	2019 年 11 月 8 日施行	《九民纪要》
《最高人民法院关于人民法院民事执行中拍卖、变卖财产的规定》	2005 年 1 月 1 日施行，2020 年 12 月 23 日修正	《拍变卖规定》
《最高人民法院关于审理存单纠纷案件的若干规定》	1997 年 12 月 13 日施行，2020 年 12 月 23 日修正	《存单纠纷规定》

续表

名称	施行或修正日期	简称
《最高人民法院关于适用〈中华人民共和国公司法〉若干问题的规定（三）》	2011年2月16日施行，2020年12月23日第二次修正	《公司法司法解释（三）》
《最高人民法院关于人民法院民事执行中查封、扣押、冻结财产的规定》	2005年1月1日施行，2020年12月23日修正	《查扣冻规定》
《最高人民法院关于审理独立保函纠纷案件若干问题的规定》	2016年12月1日施行，2020年12月23日修正	《独立保函司法解释》
《最高人民法院关于审理信用证纠纷案件若干问题的规定》	2006年1月1日施行，2020年12月23日修正	《信用证司法解释》
《最高人民法院关于适用〈中华人民共和国合同法〉若干问题的解释（二）》	2009年5月13日施行（已废止）	原《合同法司法解释（二）》
《最高人民法院关于适用〈中华人民共和国民法典〉合同编通则若干问题的解释》	2023年12月5日施行	《民法典合同编通则司法解释》
《最高人民法院关于审理民间借贷案件适用法律若干问题的规定》	2015年9月1日施行，2020年12月23日第二次修正	《民间借贷司法解释》
《最高人民法院关于适用〈中华人民共和国民法典〉总则编若干问题的解释》	2022年3月1日施行	《民法典总则编司法解释》
《最高人民法院关于适用〈中华人民共和国民法典〉物权编的解释（一）》	2021年1月1日施行	《民法典物权编司法解释（一）》
《最高人民法院关于审理票据纠纷案件若干问题的规定》	2000年11月21日施行，2020年12月23日修正	《票据纠纷司法解释》
《最高人民法院关于执行和解若干问题的规定》	2018年3月1日施行，2020年12月23日修正	《执行和解规定》
《最高人民法院关于适用〈中华人民共和国民事诉讼法〉执行程序若干问题的解释》	2009年1月1日施行，2020年12月23日修正	《执行程序司法解释》

续表

名称	施行或修正日期	简称
《最高人民法院关于审理融资租赁合同纠纷案件适用法律问题的解释》	2014 年 3 月 1 日施行，2020 年 12 月 23 日修正	《融资租赁合同司法解释》
《最高人民法院关于审理城镇房屋租赁合同纠纷案件具体应用法律若干问题的解释》	2009 年 9 月 1 日施行，2020 年 12 月 23 日修正	《房屋租赁合同司法解释》
《最高人民法院关于审理买卖合同纠纷案件适用法律问题的解释》	2012 年 7 月 1 日施行，2020 年 12 月 23 日修正	《买卖合同司法解释》
《最高人民法院关于人民法院网络司法拍卖若干问题的规定》	2017 年 1 月 1 日施行	《网络司法拍卖规定》
《最高人民法院关于人民法院确定财产处置参考价若干问题的规定》	2018 年 9 月 1 日施行	《确定财产处置参考价规定》
《最高人民法院关于审理建设工程施工合同纠纷案件适用法律问题的解释（一）》	2021 年 1 月 1 日施行	《建设工程施工合同司法解释（一）》
《最高人民法院关于人民法院办理执行异议和复议案件若干问题的规定》	2015 年 5 月 5 日施行，2020 年 12 月 23 日修正	《执行异议和复议规定》

目 录

导 论 担保制度与经济发展

在漫长的历史长河中，人类凭借勤劳与智慧创造出光辉灿烂的物质文明和精神文明，使自己与其他动物相区别，使人类对自然界的认识、开发和利用的能力大大增强。马克思主义理论告诉我们，经济基础决定上层建筑。人类精神文明的进步取决于物质文明的进步与发展。而物质文明的发展不仅取决于生产力的发展，社会分工与交换对于物质文明的进步也起到不可估量的作用。

在第一次社会大分工时期，人类有了多余的物资，可以进行交换，而交换的形式是以货易货。这种实物交易是简单的商品经济形式。随着生产力的发展，人类进行了第三次社会大分工，产生了专门以从事商品交换为主要生活方式的商人阶层，而商人阶层的出现，促进了交换的发展。当实物交易退出历史舞台，货币成为一般等价物和交易媒介时，商品交换变得更加频繁。在罗马奴隶制经济繁荣时期，因借贷、借用、赊欠、租赁、运输等各种经济活动而产生的债开始出现。“债为法锁，约束我们必须根据我们城邦的法清偿某物。”优士丁尼时期人们已经对债的概念有了清晰的认识，并认为债的发生根据有契约、准契约、私犯、准私犯。[①] 为保证债权的实现，古罗马制定了较为完备和体系化的担保法律制度。近代以来，担保制度取得长足发展。法国于2006年进行了担保法改革，美国《统一商法典》第九编以法律现实主义精神创造性地将动产担保制度推向新的高度。担保法律以秩序、效益、公平为价值导向[②]，以自愿、便捷、补偿为核心特征，便于经济活动参与者以担保为工具，无忧地进行经济活动。现代生活一刻也离不开交换，而交换与担保如影随形。美国著名法学家威格莫尔认为，担保是市场的根基、私法的核心，甚至是现代

---

① 徐国栋:《优士丁尼〈法学阶梯〉评注》,北京大学出版社2011年版,第392—394页。

② 徐洁:《担保物权功能论》,西南政法大学2004年博士学位论文。

生活方式的基石。[①] 担保法律对经济发展发挥了巨大的助推作用，甚至可以说，担保法律是人类物质文明发展过程中作用最大的法律制度。

一、担保法律制度增强社会信用

从法律层面而言，担保的首要功能是保障个案债权的实现。债是特定当事人之间可以请求为特定行为的法律关系。债权的满足依赖于债务人的给付行为。债权法的目的在于通过法律的强制作用赋予债务人“民事义务”，促使债务人履行偿还义务。但是，即便有债权法的强制，债务仍有可能得不到完全履行。其原因：一是债务人没有履行能力，如当债务人没有足够的资产时，债务不可能得到足额清偿；二是基于债务平等原则，一个债务人背负多项债务的情形并不少见，后来债务可能影响在先债务的清偿。同时，实际生活中存在的契约机会主义和各种不能预料到的突发事件，也会影响债权的实现。因此，债权人必须寻求更有效的途径来维护其债权的安全，而债权担保的设定就是维护债权安全的一条有效的法律途径。担保权的设定，使债权实现有了保障。在全球金融衍生品市场，担保这项简单技术，是法律文件、法律理论、法律专家、文秘人员、计算机技术、制定法以及法院裁决的连接纽带，因而被寄予厚望。[②]

信用是一个复杂的概念，在伦理学、经济学和法学领域中有着不同的含义。在伦理学中，信用包含两个方面的含义：一是信守诺言、践行合约的诚信行为；二是他人对相对方履行承诺的心理预期。在经济学中，信用是一种无形资产，具有一定的经济价值。信用的价值性，催生了信用交易方式，进而使交易在实现方式上摆脱了时空限制，使过去可以为将来服务，将来也可以为过去服务。商品赊销、货款预付、货币借贷、实物租赁，无一不是摆脱了时空限制、以信用为基础的。在法学中，信用关系在法律上最直接的表现形式是债的关系。债务人的信用是债权人愿意成为债权人的基础。债务人的信用表现为债务人偿还债务的能力和偿还债务的意思。[③] 信用是市场经济的基石。契约法的目的在于通过制裁失信者来保护和维持社会信用。但是，信用交易是有风险

---

① ［美］万安黎：《担保论：全球金融市场中的法律推理》，江照信等译，中国民主法制出版社2013年版，第6页。

② ［美］万安黎：《担保论：全球金融市场中的法律推理》，江照信等译，中国民主法制出版社2013年版，第7页。

③ 徐洁：《担保物权功能论》，西南政法大学2004年博士学位论文。

的。这种风险不仅来自债务人本身，而且来自客观事件。这些风险不一定会发生，但一旦发生，就会导致债权人遭受损失。债权人为规避损失，可以在经济活动中要求债务人提供担保。比如，金融机构发放贷款时，无论借款人有多强的偿还能力，均要求借款人提供担保，此时，提供担保是发放贷款的必备手续。但是，担保常常是备而不用的“武器”。在现代社会中，交易双方在交易前已经对交易对手、交易规模、交易方式及其风险有过认真评估，在此基础上再增加担保，并非画蛇添足，更多的是对交易对手信用的补强。恰是这种补强，免除了债权人的后顾之忧，促使债务人全力以赴地履行债务，进而保障整个经济活动的健康发展。正因如此，担保制度在自由经济市场体制下，是创造信用的手段，是一国经济活动、工商企业经营所赖。担保物权制度健全周密、运用多的国家，无疑也是经济繁荣、贸易发达的国家。[①]

二、担保法律制度促进金融创新

现代不动产担保物权已经转变为兼具保全、流通和投资功能的价值权，并且以其为基础衍生出的信贷资产证券化产品，成为现代金融创新的主力军。但是，无论多么复杂的金融创新，都是由民法上的合同与担保等制度构造而来的。[②] 德国的流通担保物权，通过抵押银行等金融机构发行与不动产担保物权关联的抵押担保债券的方式，方便投资，利于募集资金。美国的按揭证券化（MBS）是将贷款、应收账款以及其他金融资产组合起来，并用它们产生的现金流或者经济价值去支持相关证券的支付。[③] 其实质是应收账款质押等权利担保。全球金融衍生品交易市场之所以能够顺畅运行，依据的是交易各方提供的各种担保品和担保规则。各种金融创新，无非人保、物保或者各种担保规则的排列组合。从法律上讲，担保是一种数量不大但复杂的准则组合体。[④] 另外，大型公路建设，可以以公路收费权质押，筹集资金；在建工程、在建船舶抵押，均是以较小的投入撬动融资，使得建设工程得以顺利开展。我国供水规模

① 谢在全:《担保物权制度的成长与蜕变》,载《法学家》2019 年第 1 期。

② 黄家镇:《从保全到流通:民法典编纂中不动产抵押权现代化之构想》,载《政法论坛》2018 年第 4 期。

③ 毛和文:《不动产按揭法律制度研究》,中国民主法制出版社 2010 年版,第 394 页。

④ [美]万安黎:《担保论:全球金融市场中的法律推理》,江照信等译,中国民主法制出版社 2013 年版,第 6 页。

最大、覆盖面最广、施工难度最高的南水北调工程，所需资金巨大，仅凭中央财政或者征收南水北调工程基金难以支持。在该工程建设中，人们采用了银团贷款，以水费收取权质押的方式筹集建设资金，贷款银团与项目法人签订贷款合同和担保合同。此种筹资方式的加入，使得这项事关战略全局、长远发展、人民福祉的重大工程得以顺利开展，并取得了预期效果。担保法律制度的金融创新和对经济的巨大促进作用，是其他法律制度无法替代的。

三、担保法律制度改善营商环境

营商环境是指市场主体在市场准入、生产经营、市场退出等过程中涉及的政务环境、市场环境、法治环境、人文环境等外部因素和条件的总和，是一项涉及经济社会改革和对外开放众多领域的系统工程。一个地区营商环境的优劣直接影响该地区招商引资的多寡，影响着区域内的经营企业，最终对该地区的经济发展状况、财税收入、社会就业情况等产生重要影响。良好的营商环境是一个国家或地区经济实力的重要体现，是一个国家或地区提高综合竞争力的重要方面。为改善营商环境，我国《民法典》在担保法律制度改善方面做了以下工作：一是扩大了担保合同的范围，明确融资租赁、保理、所有权保留等非典型担保合同的担保功能，增加规定担保合同包括抵押合同、质押合同和其他具有担保功能的合同；二是删除了有关担保物权具体登记机构的规定，为建立统一的动产抵押和权利质押登记制度留下空间；三是简化了抵押合同和质押合同的一般条款；四是明确实现担保物权统一受偿规则。[①] 2020 年 12 月，国务院印发《关于实施动产和权利担保统一登记的决定》，在全国范围内实施动产和权利担保统一登记。实施动产和权利担保统一登记，有利于进一步提高动产和权利担保融资效率，便利企业融资，促进金融更好地服务实体经济，优化市场化、法治化、国际化营商环境。

在民法中，债的担保有一般担保和特别担保之分。债务人以其财产承担债务责任为一般担保。作为一般担保的债务人的财产称为责任财产，责任财产的增减与一般债务能否实现密切相关。为防止债务人不当处分责任财产，影响一般债权人债权的实现，法律规定了一般债权人对债务人处分责任财产的干预

① 王晨：《关于〈中华人民共和国民法典（草案）〉的说明》，载《民法典立法背景与观点全集》编写组编：《民法典立法背景与观点全集》，法律出版社 2020 年版，第 11 页。

权。当债务人怠于行使权利、听任责任财产减少时，债权人可以行使代位权，维持责任财产。当债务人积极地减少责任财产时，债权人可以行使撤销权，恢复责任财产。债权人通过行使代位权和撤销权，可以有效防止责任财产的不当减少，使债权得以保全。[①] 债权人的代位权和撤销权，对维护债务人的责任财产，裨益虽巨，但尚不足以确保债权的清偿，原因有三：一是债务人财产变化不定，景气无常，财产散逸非债权人所能控制；二是债权不论发生先后，均处于平等地位，众人平分责任财产，难期全获清偿；三是法律创设的优先权制度，如税收优先权亦使责任财产减少。[②] 为适应债权担保的需要，法律创设了债的特别担保制度。债的特别担保，并非以债务人的一般财产作为债权担保，而是以债务人或者第三人的特定财产或者特定人的一般财产（包括信用）作为债权的担保，以保障特定债权的实现。[③] 特别担保包括人的担保、物的担保和金钱担保三种样态。本书以特别担保为考察研究对象。

研究特别担保，只有立足历史，放眼世界，才能更好地知悉、洞察担保制度。

① 黄薇主编:《中华人民共和国民法典合同编释义》,法律出版社 2020 年版,第 165 页。

② 王泽鉴:《债法原理》(第二版),北京大学出版社 2013 年版,第 76 页。

③ 高圣平:《担保法论》,法律出版社 2009 年版,第 2 页。

第一章　域外担保法律制度

第一节　罗马法、日耳曼法时期的担保制度

现代担保制度起源于罗马法。罗马法时期，现代担保制度的大部分形态已经出现。罗马法衰落的一段时期，日耳曼法取代罗马法在西方法律中的统治地位，担保制度继续发展。随着罗马法的复兴，受到罗马法良好教育的人参与编纂了 1804 年《法国民法典》。该法典将分散在罗马法中的担保制度汇集起来，并进行整理分析，形成现代担保法律体系。《德国民法典》对罗马法的继承，也是现代担保制度得以建立和完善的重要环节。

一、罗马法时期的担保制度

关于法律的分类、一般理论和使用方法，现代法律制度受惠于罗马法。担保法律制度在罗马法时期达至精致化和体系化。在奴隶制经济比较发达的古罗马时期，为保证给付能按约履行，并防止出现债务人无力清偿的情况，罗马法即有了完善的人的担保和物的担保制度。其具体担保方式有违约金契约、定金、副债权契约、连带债、保证、担保物权和被欺诈行为的撤销等形式。① 其中，保证制度先后出现允诺保证、诚意允诺保证、诚意负责保证、委任保证、简约保证等形式。担保物权先后有信托、质权和抵押权三种方式。②

（一）保证的类型③

在罗马法的不同历史时期，保证的类型及适应人群并不相同。

---

① 周枏:《罗马法原论》(下册),商务印书馆 2014 年版,第 885 页。

② 周枏:《罗马法原论》(上册),商务印书馆 2014 年版,第 439 页。

③ 周枏:《罗马法原论》(下册),商务印书馆 2014 年版,第 893—904 页。

1. 允诺保证

允诺保证是古罗马时最早的保证，仅适用于罗马市民。它是基于“要式口约”方式的保证，其格式非常严格，必须采用问答式，且问答必须吻合。其先由债权人对保证人用“同样允诺否”的问话，继由保证人答“允诺”，因此叫允诺保证。外国人不能援用该保证。

2. 诚意允诺保证

这种契约也是“要式口约”，不过债权人的问话改为“诚意同样允诺否”，保证人则答“诚意允诺”。这种新式保证起初仅适用于非市民，后来也被市民采用。

3. 诚意负责保证

这种保证契约也是“要式口约”的一种，必须具备“要式口约”的一切要件和形式。由于盖尤斯和乌尔披亚努斯关于当事人对诚意负责保证的问答用词记载不同，因此后世学者的叙述也各不相同，但大体为债权人问“诚意负责保证否”，保证人则答“诚意负责”。诚意负责保证模式下，妇女不得成为保证人，未来之债也可以成为保证的标的。

诚意负责保证契约为无偿契约，保证人的责任过重，影响到信贷的发展，因此，罗马法时期采取各种措施给保证人特殊的利益，以减轻其责任。其主要方式有：

（1）分担利益。其发生在多人保证的场合。在“证讼”时，被诉的保证人请求将债权分配给有清偿能力的保证人。分担利益是一种抗辩权，须由被诉的保证人提出。

（2）顺序利益。债权人应首先向主债务人起诉，在主债务人不能清偿时，才可以向保证人起诉，否则保证人有权拒绝，此即后诉利益。为保障保证人后诉利益的实现，罗马法学家设想各种方法，采取各种措施，主要有：

第一，委任制。担保人被诉时，与债权人约定委任制度，委托债权人为受任人，向主债务人起诉而承担所有的风险和损失。这样，债权人获得两个诉权，在原诉权外，又增加了委任诉权。这种与己无损而于保证人有利之举，债权人愿意接受。

第二，损失保证。当事人约定保证人仅限于主债务人部分清偿或未全部清偿时，始对债权人代负履行之责。因此，其债务为附条件债务，债权人必须先向主债务人追诉，并在追诉无果或仍不足时，才能向保证人索偿。

第三，保证人和债权人约定，债权人先起诉债务人，保证人则抛弃因“证讼”而消灭诉权的利益，即债权人首先起诉债务人，保证人不提出保证债权时效消灭的抗辩。

（3）“代位利益”。在分担利益和顺序利益没有同行前，保证人负有代偿全部债务的责任，被追诉的保证人为了保证日后向主债务人追偿和要求其他担保人分担应担责任的权利，保证人在履行给付时，有权要求债权人把他对主债务人和其他担保人的权利转让给自己，若债权人拒绝转让，保证人可以提起“欺诈抗辩”，拒绝履行担保债务。因债权人的过错而丧失诉权的亦同。

以上三种保证形式都是“要式口约”形式的“口头保证”，属于严法契约，形式或者用语稍有差错将导致整个契约归于无效。同时，保证人的责任过重，因而在罗马共和国末叶，法学家又创立了“委任保证”。

4. 委任保证

委任保证是根据委托原理设计的保证方式。例如，甲委托乙向丙发放贷款，甲是委托人，乙是债权人，丙是债务人。当丙不能偿还债务时，委托人甲承担丙的还款责任。这样甲实际就成了丙的保证人。在这种委任关系中，委托人是为了受任人（债权人）和第三人（债务人）的利益，而不是为了委任人（保证人）的利益，所以并不是真正的委任，故后世注释法学家又称之为“变例委任”。委任保证只限于未来的金钱债务。

5. 简约保证

简约保证是指当事人一方（保证人）约定于确定日期前代他方（债权人）的债务人履行给付的契约。这种方式不适用于市民法，而是大法官授予的债权人的诉权，所以也被称为大法官认定的保证。

罗马法中关于保证制度的设计，因其历史的局限性存在着诸多的问题，但是罗马法中有关保障债权人利益以及尽可能衡平保证人与债权人利益的思考，作为重要的法学思想遗产被其他国家尤其是大陆法系国家继受，并成为这些国家重要的立法制度的价值判断。①

① 费安玲主编:《比较担保法——以德国、法国、瑞士、意大利、英国和中国担保法为研究对象》,中国政法大学出版社 2004 年版,第 11 页。

(二) 担保物权

1. 罗马法担保物权的种类

现代大陆法系担保物权制度滥觞于罗马法。罗马法中曾经出现过三种不同类型的担保制度，即信托、质押与抵押。

(1) 信托

信托，又称让与担保，产生于《十二铜表法》时期。按照信托制度，债务人或者第三人以要式买卖或拟诉弃权的方式，将物的所有权转移给债权人，债权人则基于信用（信托约款）并于债务人清偿债务后，将物返还给原物主。[①] 在罗马法早期，信托曾被广泛应用于借用、寄托、担保，甚至被扩大适用于夫权、解放和遗产继承等方面。在债务关系中，信托担保的作用尤为突出。在借贷关系中，债权人往往疑虑债务人的偿还能力，要求债务人提供担保，因而由当事人订立信托简约，使双方有所保障。信托担保终因弊大于利，被质权取代。[②]

(2) 质押

质押是一个古老的法律制度。为了担保债权实现，债权人可以在给付履行前留置债务人或者第三人交付的质物，并于债务人给付迟延时，出卖质物以清偿债务。其中，债务人不支付利息，而以质物的孳息抵充利息的，称为“典”；债务人支付利息的，则称为“质”。[③] 在罗马法中，质押和抵押似乎是一个统一的担保制度，因为抵押权不过是对质权的完善，两者的理由和诉权都是相同的。[④] 区别在于，如果出质人将质押标的向债权人转移了占有，即为质权；如果出质标的物仍为债务人占有的，则为抵押权。罗马法中已经出现了质权的内部分类，即动产质权和权利质权。从罗马法的原始记载文献中可以发现，近现代社会中的质权制度与罗马法的质权制度并无实质区别，其制度特征是一脉相承的。[⑤]

---

① 梁慧星、陈华彬:《物权法》(第七版),法律出版社 2020 年版,第 319 页。

② 周枏:《罗马法原论》(上册),商务印书馆 2014 年版,第 439、440 页。

③ 周枏:《罗马法原论》(上册),商务印书馆 2014 年版,第 441 页。

④ [意]彼德罗·彭梵得:《罗马法教科书》(2005 年修订版),黄风译,中国政法大学出版社 2005 年版,第 262 页。

⑤ 费安玲主编:《比较担保法——以德国、法国、瑞士、意大利、英国和中国担保法为研究对象》,中国政法大学出版社 2004 年版,第 263—264 页。

(3) 抵押权

质押存在的缺陷在地主和佃农的例子中显得尤为突出。佃农非常贫穷，除农具及家畜外，没有其他值钱的东西，而佃租例须预付，否则便要提供可靠的担保，但佃农若以仅有的农具及家畜出质，就无法耕作谋生。于是，当事人采取一种变通的办法，经双方约定不转移担保物的占有，仍由佃农保留农具、家畜继续使用。在罗马共和国末期，大法官塞尔维乌斯规定，佃农不支付租金，地主可以申请令状，取得担保物的占有和处分权。但这种令状一度只能针对佃农及其继承人使用，不具有对抗第三人的效力，如果承租人将标的物出卖，地主的权利便得不到保障。为此，大法官塞尔维乌斯又授予地主物权，使其可以对佃农或者第三人提起“塞尔维亚那诉”，追及该物并将它扣押。后来，随着商业的发展，抵押物的范围不再局限于农具和家畜，债权的范围不再是租金。①

罗马法中的抵押权具有不可分性、追及效力和优先受偿效力。它的特点是：第一，缺乏抵押权公示制度，严重影响交易安全；第二，抵押物的范围极为广泛；第三，未严格遵循特定原则。总之，罗马法中的抵押制度忽视交易的安全利益，是一种极危险的物的担保。②

2. 罗马法担保物权的设定方式

担保物权设定的有效方式，包括自由设定、强制设定、法定设定。③ 其中，担保物权的法定设定方式对后世的影响极其深远。

(1) 自由设定，即依据当事人的意思而设定担保。设定方式可以是契约或者遗嘱。

(2) 强制设定，即由大法官设定的物权，或者称为司法设定。其又分为两种：一是判决质权，即在非常程序中败诉的当事人不履行判决时，由长官助理根据判决对债务人的财产发布扣押令，使债权人扣押债务人的某项财产，若债务人两个月内不能清偿，即出售该财产以清偿债务；二是大法官质权，即为了防止债务人逃避履行债务，经债权人申请，由大法官颁布命令，指定将债务人的某项财产或全部财产由债权人占有，以保障债权实现而成立的质权。

① 周枏:《罗马法原论》(上册),商务印书馆 2014 年版,第 442—443 页。
② 许明月:《抵押权制度研究》,法律出版社 1998 年版,第 15—16 页。
③ 周枏:《罗马法原论》(上册),商务印书馆 2014 年版,第 444—446 页。

（3）法定设定，即法律直接规定的担保物权，无须当事人合意。它在罗马法的历史发展过程中又分为两种：一是一般抵押，即以债务人的全部财产作为法定抵押权的标的；二是特定抵押，即以债务人的特定财产作为法定抵押权的标的。以法定抵押权来表达债务人的财产用于清偿到期未履行的债务的事实及其法律性质，奠定了近代优先权制度的历史基础，这无疑是罗马法学家对人类法律文明的一个杰出贡献。①

二、日耳曼法时期的担保制度

起初，日耳曼人以狩猎、畜牧为生，为了夺取新的牧场和猎场而不断迁徙和扩张。4 世纪时，受匈奴人西征影响，日耳曼各部落先后进入罗马帝国，并且在罗马帝国境内纷纷建立自己的王国，主要有西哥特王国、东哥特王国、汪达尔王国、勃艮第王国、盎格鲁-撒克逊王国、法兰克王国。日耳曼王国的建立及日耳曼人数个世纪的统治，深深地影响了欧洲的历史，也影响了欧洲乃至世界的包括法律在内的文明的演变历程。② 日耳曼王国时期，各王国受罗马帝国成文法典治国方式的影响，相继编纂成文法典。日耳曼法在欧洲大陆占统治地位的时间大约是 5 世纪到 15 世纪。这段时间恰好处于罗马法从衰落到再次兴起这一段空档期。在长达 1000 年的时间内，日耳曼法经历了部落法时期（5—9 世纪）、封建法时期（10—12 世纪）、都市法时期（13—15 世纪）等阶段。日耳曼法时期的担保物权留给现代法中担保物权制度的最大遗产是完备的公示手段，而缺乏公示手段是罗马法中担保物权制度所存在的缺陷之一。③

（一）日耳曼法的动产质押制度

在日耳曼成文法典时期，有的王国允许债权人扣押债务人的财产，同时出现了依据契约而设定的动产扣押，即现代动产质押。日耳曼法时期的动产质权的特征主要有：

第一，动产质权的成立，以债权人占有债务人的动产为要件，如果债权人

① 辜江南：《优先权与中国民法典》，人民法院出版社 2019 年版，第 8 页。

② 李秀清：《日耳曼法研究》，商务印书馆 2005 年版，第 2—4 页。

③ 徐同远：《担保物权论：体系构成与范畴变迁》，中国政法大学 2011 年博士学位论文。

未占有债务人的动产，则质权不成立。同时，质押物的设定必须明确。

第二，未成年人签订的协议或者提供的质押不合法，因此未成年人在成年后如果毁约并取回质押物的，质权人必须同意，并且不得继续占有质押物。

第三，质押物多为奴隶及牛、马等动物，但是对某些质物设立质权需要经过特别同意。比如，根据伦巴德王国的法律，未经国王同意，债权人把一群母马或者猪作为质物取走，须被处死，除非支付赔偿金。

第四，动产质权的性质原是为债权清偿做预备，因此，出质人清偿债务时，质权人须保存质押物受领时的价格，并返还于出质人。因为可归责于质权人的事由致使质押物受损害的，应当赔偿；即使因为偶然事件致使质押物损毁灭失的，也应承担责任。但因遭盗窃等他人行为而使质押物受损的，质权人不承担责任。如伦巴德王国的《罗退尔敕令》规定，债权人应在规定的时间内保证质押物的安全：双方居住地距离在100英里以内的，债权人保证质押物安全的时间为20日；双方居住地距离超过100英里的，此期限为60日。

第五，质权人在未受清偿前，可以占有质押物，但是出质人在征得质权人同意后，可以提供保证人以取回质押物。

第六，动产质权原来仅是用于债务人不履行债务时，质押物应归于债权人所有，但是后来发生变化，即当债务人不履行债务时，质权人可以变卖质押物，就其价金受领清偿。而质物的变卖，一般应由法院为之。比如，西哥特王国法律规定，债务人在规定的时间内没有履行债务的，债权人应当将质物交给法官或者城市总管，对于出卖质押物而得到的价款，质权人获得其应得的数额，多余部分归出质人所有。

第七，为债务人设定动产质权的第三人代为清偿债务，而该第三人可以依据保证的规定，对债务人有求偿权。①

（二）日耳曼法的不动产担保制度

1. 所有质

日耳曼法上最早的担保形式是所有质。早期的日耳曼法中并无纯粹的不动

① 李秀清:《日耳曼法研究》,商务印书馆2005年版,第282—286页。

产质，而所谓所有质，实际上是附条件的不动产所有权让与。[①] 不动产所有权让与时，要履行占有权让与程式（auflassung）。日耳曼法特别讲究形式、礼仪，拘泥于形式是日耳曼法的一个特征。为使每一个法律行为能听能见，法律内容必须定型或者形式化，尤其要在证人或民众面前公然表示，以昭公信，即定型的法律内容借物体或者行为表现。物体方面有象征权力之物，如法官之杖及国王的印玺、皇冠等；行为方式有高抬盾牌、掷手套等。在转让土地前，双方当事人首先在部落审判大会之前，就土地占有权（gewere）的转移达成合意（sala）。之后，审判大会当场发出公告，到场的共同成员如对交易有异议可以当场提出，保持缄默者此后就丧失异议权。如果公告三次，现场仍无人异议，审判大会就宣布满足交易和平效力，取得人获得对土地的法律占有权。根据早期的史料，缺席审判大会者，可以在 1 年零 1 天之内对占有权让与程式的效力提出异议。这一权利只能由缺席审判大会的成员主张。1 年零 1 天之内无人提出异议和撤销，取得人对土地的法律占有权就确定地不可撤销了。[②] 转让土地时，让与人必须把土地上的土块或者象征权力的矛、箭、手套等公开地交给受让人，在此过程中还应该配以说一些套语。或者当转让土地时，双方当事人各自同友人或者证人围绕所涉土地边界步行一匝，最后由让与人跳出该土地周围所设立的篱笆，以作为其退让的象征。[③] 在不动产担保中，占有权让与合意中还附加了解除条件。如果债务到期不能清偿，解除条件不成就，债权人就确定地、合法地占有担保物；如果债务适时地清偿完毕，解除条件成就，担保契约解除，债权人应当返还不动产。虽然未有意识地主动追求，但是这种土地占有权让与程式蕴含了未来抽象物权观念和公示原则的胚芽，间接地产生了保障交易安全的效果。[④]

2. 古质

到了部族法时代，日耳曼法不动产担保逐渐从附解除条件的让与式担保中产生了一种被称为古质的新的不动产担保形式。在这种担保形式中，不再是所有性质的占有权，而是将土地的占有和用益权一并作为一种特别的物权授予债

---

① 李宜琛：《日耳曼法概说》，中国政法大学出版社 2003 年版，第 143—144 页。

② 黄家镇：《德国流通式不动产担保物权制度研究》，法律出版社 2010 年版，第 24 页。

③ 李秀清：《日耳曼法研究》，商务印书馆 2005 年版，第 449—450 页。

④ 黄家镇：《德国流通式不动产担保物权制度研究》，法律出版社 2010 年版，第 26 页。

权人。在法兰克王国时代，古质这种担保形式完全成形。设定古质时，仍然需要将质物的占有权转移给债权人，质权人取得对土地的现实占有，所以也有学者将其称为占有质。只不过这种占有转移，已经不意味着将所有权转移给债权人，所有权仍由债务人保留，而只是赋予债权人使用、收益的权利，故又称为收益质。①

所有质与古质的区别是古质不需要占有权让与程式。

3. 新质

不论是所有质还是古质，都要将质物的占有权转移给债权人。这种担保方式逐渐不能满足经济发展的需要，因为债权人占有质物使债务人不能使用质物，这会给债务人造成极大的不便。同时，日耳曼法中设定担保的占有权让与程式刻板、烦琐，易让商人感到不耐烦。人们开始寻找一种新的担保方式。从12世纪开始，在德国的商业城市，首先在科隆，一种被称为“新质”（neuere satzung）的不动产质权制度发展起来。

具体而言，新质是指为确保债务履行，当事人双方合意指定一块不动产，并以将纯粹期待权让与债权人的方式设立质权，不需要像附解除条件的让与担保那样实际转移不动产的占有。在实践中，这种做法逐渐转变为附失效条款的单纯担保，即当债务人清偿债务时，债权人便丧失对不动产的期待权。由此出现一种与当时流行的质权形成鲜明对比的完全没有现实的物质占有的质权形式。只是在城市法将这种单纯形式的纯粹期待权与法院禁令结合，并在债务不履行之时对土地本身进行强制执行以实现债权人权利之后，一种新的质权形式才得以产生。

自此，质权的主要目的不在于占有、利用，而是产生一种纯粹的担保效力。它满足了债务人继续使用质物的要求，同时可以担保债权实现，满足了经济发展的要求。新质必须在法庭或者有禁令发布权的市政厅之前按照法定形式设立，但是无须作成土地让与程式。不过，质权必须在法庭登记簿、城市公簿或者专门的担保登记簿上进行记载。这与现代的抵押权在形式上已经非常相似了，不过其内在逻辑仍是日耳曼法的。②

总之，日耳曼法上的物保制度更趋完善，它的新质虽名为质，但在功能上

---

① 黄家镇：《德国流通式不动产担保物权制度研究》，法律出版社2010年版，第14—15页。

② 黄家镇：《德国流通式不动产担保物权制度研究》，法律出版社2010年版，第47—49页。

与抵押无异，这为后来的德国法所因袭，对近现代抵押制度的形成和完善产生了深远的影响。[①]

第二节　域外特色担保法律制度之一——法国优先权制度

一、法国优先权制度起源于罗马法

《法国民法典》是罗马法继承的集大成者。可以说，没有《法国民法典》对罗马法的继承与发展，现代民法体系与制度不会如此迅捷地构建。1800 年 8 月 12 日，拿破仑感觉民法典有亟须颁布的必要，便下了一道命令，要立刻成立一个 4 人的“民法起草委员会”，限 11 个月内完成工作。被任命的 4 人都是杰出的法学家：特隆歇（François Denis Tronchet，1723—1806，曾任路易十六的辩护人，时任最高法院院长）、普雷阿梅纽（Félix Julien Jean Bigotde Préameneu，1747—1825，曾任塞纳地区法院民事庭庭长，时任最高法院政府专员）、波塔利斯（Portalis，曾任“元老院”主席，时任“海船捕获委员会”政府专员）和马尔维尔（Jacques de Maleville，1741—1824，曾任“元老院”议员，时任最高法院法官）。拿破仑要求该委员会在第二执政康巴塞雷斯的指导下，以最快的速度编纂一部“全体法国人民的民法典”。在这一机遇下，深受罗马法精神滋养的编纂委员会和参议会，顺理成章地将罗马法的制度精神内嵌进了《法国民法典》。[②]

《法国民法典》继承了罗马法中的担保制度，并加以分析整理，形成了完整的担保法体系。该体系具有以下特点：第一，各种担保制度首次聚合起来，担保制度被安置在第三编“取得财产的各种方法”中，包括第十四章“保证”、第十七章“质押”、第十八章“优先权及抵押权”[③]；第二，担保和各种契约一起被规定在第三编中，因而可以认为担保附属于债法；第三，没有对留

---

① 蔡永民：《比较担保法》，北京大学出版社 2004 年版，第 59 页。

② 何勤华、李琴：《罗马法复兴对〈法国民法典〉之诞生与演进的影响》，载《学术界》2019 年第 11 期。

③ 《拿破仑法典（法国民法典）》，李浩培、吴传颐、孙鸣岗译，商务印书馆 2009 年版，第 312、321、324 页。

置这种担保方式进行规定。[①] 同时，《法国民法典》只有财产意识，没有严格区分“物”和“物权”概念，抵押权和质权被作为债的担保方式纳入债法中。《法国民法典》中的优先权制度，对现代担保制度影响深远。

优先权制度渊源于罗马法，寓于法定抵押权制度中，可以在罗马法的嫁资制度和监护制度中发现其踪迹。优先权的来源有三个：习惯、皇帝敕令、司法独创。[②] 罗马法时期，优先权并没有成为独立的担保制度。1804 年的《法国民法典》在其“优先权及抵押权”部分，规定优先权和抵押权都是优先受偿的合法原因。其第 2095 条规定：“优先权为依债务的性质而给予债权人先于其他债权人甚至抵押权人而受清偿的权利。”[③] 至此，优先权制度成为一项独立的担保制度。《法国民法典》将优先权分为一般优先权和特别优先权。一般优先权是指存在于债务人全部财产上的优先权，又可分为动产一般优先权和不动产一般优先权。一般优先权主要包括司法费用优先权、税捐优先权、工资和劳动报酬优先权、丧葬费用优先权、医疗费用优先权、生活费用优先权、共益费用优先权、劳工意外死伤补偿费优先权、被保险人对人寿保险公司的债权之优先权等。特别优先权则是存在于债务人特定财产上的优先权，依其客体的不同，又可分为动产特别优先权和不动产特别优先权。动产特别优先权主要包括不动产出租人对承租人置于其不动产上的动产之优先权、旅店主人对顾客携带的物品之优先权、运送人对其运送的动产之优先权、因公职人员渎职的被害人对公职人员保证金之优先权、动产保存人对其保存的动产之优先权、动产出卖人对其出卖的动产之优先权、耕地出租人对收获物之优先权、农工业劳役人就其工资对收获物之优先权等。不动产特别优先权主要包括不动产保存人优先权、不动产修建人优先权、不动产出卖人优先权、不动产资金贷与人优先权、共同继承人就补偿金对其他继承人继承取得的不动产之优先权、共有物分割人就补偿金对原共有的不动产之优先权等。上述优先权大部分为《法国民法典》所规定，也有由其他法律所规定的，如税捐优先权是由法国税法规定。

在《法国民法典》颁布之后，法国陆续补充了许多新的优先权项目，包

---

① 张素华:《论民法典分则中担保制度的独立成编》,载《法学家》2019 年第 6 期。

② 孙东雅:《民事优先权研究》,中国法制出版社 2018 年版,第 27 页。

③ 《拿破仑法典(法国民法典)》,李浩培、吴传颐、孙鸣岗译,商务印书馆 2009 年版,第 325 页。除特殊情况下标注年份以表示所引用的该法典法条的来源为前述图书外,本书其他地方所引用的《法国民法典》条文均出自罗结珍译《法国民法典》(北京大学出版社 2023 年版)。

括一些公法性质的债权，如1807年9月5日规定了国库对于国家会计人员的全部动产有优先受偿权和刑事诉讼费用优先权，1892年11月30日规定了最后医药费用优先权，1874年12月23日创设了乳母薪金优先权，1898年4月9日规定了劳工意外死伤的补偿费优先权。进入20世纪后，法国民事立法中又零星规定了一些新的优先权种类，主要有1938年6月14日规定的被保险人对于人寿保险公司的债权优先权、1932年3月11日规定的家庭服务津贴优先权。①

优先权制度经由《法国民法典》的传播，逐渐成为大陆法系国家一项重要的成熟法律制度，是民法维护社会公平、彰显公平正义、凸显法制文明的重要体现。

日本明治维新后制定的民法典，以德国和法国的民法典为蓝本。其优先权的规定，是将《法国民法典》中的优先权制度基本不变地继承下来，并对优先权制度进行了专章规定，称之为“先取特权”。《意大利民法典》《比利时民法典》《荷兰民法典》等，均对优先权制度进行了规定。② 英美法系国家法律中也有优先权内容。③

二、优先权的概念及特征

（一）优先权的概念

我国法律中优先权的概念是海商法界在制定《海商法》时移植的。但在移植和适用的过程中，因为有“优先”二字，出现了“优先权”与“优先购买权”“优先申请权”等其他带有“优先”字样的词语联系起来的现象，把“优先权”这一具有特定含义的担保方式泛化了，歪曲了“优先权”这一概念的本来含义。有学者认为，“优先权”这一法律概念是我国法律移植中的败笔。④

我国学者对“优先权”这个概念的理解大致有四种观点，这些观点足以说明学界对“优先权”概念的认识混淆程度。

---

① 宋宗宇:《优先权制度研究》,西南政法大学2006年博士学位论文。

② 孙东雅:《民事优先权研究》,中国法制出版社2018年版,第49、53、54页。

③ 孙东雅:《民事优先权研究》,中国法制出版社2018年版,第55页。

④ 孙新强:《我国法律移植中的败笔——优先权》,载《中国法学》2011年第1期。

第一种观点认为，民事优先权是部分权利享有优先行使资格，民法学统称此类优先地位为民事优先权。民事优先权不是某类民事权利，而是某类民事权利的共同效力。民事优先权包括债权性优先权和物权性优先权。[①]

第二种观点认为，优先权又称为优先受偿权，是指由法律所规定的特种债权人就债务人的全部财产或特定财产优先受偿的权利。[②] 这种主张将优先权与优先受偿权或者担保物权的优先效力等同，混淆了优先权与优先受偿权的区别。

第三种观点认为，优先权又称先取特权，是指由法律直接规定的特种债权的债权人所享有的，就债务人的一般或特定财产优先受偿的担保物权。[③]

第四种观点认为，优先权可分为狭义上的优先权和广义上的优先权。狭义上的优先权就是优先受偿权，是指根据法律规定的特种债权人就债务人的全部或部分财产优先受偿的担保物权；广义上的优先权包括优先受偿权、优先购买权、优先承包权、优先通行权等。[④]

上述第三种观点是《法国民法典》中的优先权概念，即优先权是一种独立的担保物权，是债权人的特定债权基于法律的规定而享有的就债务人的全部财产或者特定财产优先受偿的权利。[⑤]

关于优先权的性质，理论上有不同学说。主张优先权为物权或担保物权的学者认为，优先权在罗马法中以法定抵押权的形式产生，在法国民法中又与抵押权一并规定，在性质上具备物权的主要特征，所以应属于物权或者担保物权的范畴。主张优先权为债权或特种债权的学者认为，设立优先权制度的根本目的在于打破债权平等原则，赋予特种债权人优先受偿的权利，所以其应为债权的特殊效力。主张优先权为程序和顺序权利的学者认为，优先权是基于特定法律政策而产生的一种程序性、顺序性权利，所以其既不是物权，也不是债权，而只是一种程序法上的债务清偿顺序。[⑥] 有观点认为，优先权既不是物权，也不是债权，更非诉讼法上的程序权，它是在特殊情形下为保护特殊群体利益而

① 李锡鹤:《论民事优先权的概念》,载《法学》2004 年第 7 期。
② 陈本寒主编:《担保法通论》,武汉大学出版社 1998 年版,第 128 页。
③ 郭明瑞、仲相:《我国未来民法典中应当设立优先权制度》,载《中国法学》2004 年第 4 期。
④ 郭明瑞:《担保法》,中国政法大学出版社 1998 年版,第 272 页。
⑤ 孙东雅:《民事优先权研究》,中国法制出版社 2018 年版,第 9 页。
⑥ 田野:《优先权性质新论》,载《郑州大学学报》(哲学社会科学版)2016 年第 2 期。

由法律特别创设的一种救济权，是救济权中的形成权。[①] 另有观点认为，一般优先权在担保物权的支配性、物上代位性及追及性等方面很不充分甚至没有，其根源在于一般优先权欠缺担保物权的特定性。而特别优先权较为完全地具备了担保物权的物权性、价值权性、担保性等法律属性，因此，无论争议有多大，我们仍然可以得出这样一个基本认识：从本质上讲，一般优先权归属于债权，而特别优先权归属于担保物权。[②] 关于优先权的性质之所以存在争议，一个很重要的原因在于，《法国民法典》的立法者在立法时，并没有对物权与债权、相对权与绝对权、支配权与请求权作出明确区分。[③]

笔者认同物权说，原因是，优先权从法定抵押权中萌芽而来，自带有抵押担保的先天因素。即便一般优先权在设立时不具备物权的特定性要求，但是在一般优先权实现时，其担保财产是确定的。“法国法上只有一类物的担保，不是设定在某一特定财产上，而是设定在一种浮动的财产集合上，由此项财产的集合或者债务人的资产负债中的资产或者资产的一个分类构成，这就是一般优先权，不同于特定优先权。”[④]

（二）优先权的特征

第一，优先权的内涵具有特定性。优先权的概念首次在 1804 年《法国民法典》中出现。在该法典中，优先权与抵押权是并列的债权担保方法，具有独特含义，是优先受偿权的来源之一。1804 年《法国民法典》第 2094 条规定：“合法的优先受偿权利的原因为优先权和抵押权。”“法定性” 和 “特定目的性” 构成法国优先权的主观要件。[⑤]

第二，优先权除具备担保物权的从属性、不可分性、价值权性、物上代位性等基本特征外，与其他担保物权相比，还具有以下特征：一是被担保债权的特殊性。优先权所担保的债权在理论上常被称为特种债权。这些特种债权一般是指社会弱势群体的债权或者是公益费用，比如建筑工、泥水工、承揽人的工资、诉讼费、丧葬费等。通过对弱势群体的债权给予特别保护，体现民法公平

---

① 田野：《优先权性质新论》，载《郑州大学学报》（哲学社会科学版）2016 年第 2 期。

② 宋宗宇：《优先权制度研究》，西南政法大学 2006 年博士学位论文。

③ 于海涌：《法国不动产担保物权研究》（第二版），法律出版社 2006 年版，第 21 页。

④ 沈达明编著：《法国/德国担保法》，中国法制出版社 2000 年版，第 121 页。

⑤ 辜江南：《优先权与中国民法典》，人民法院出版社 2019 年版，第 84 页。

正义等法律与社会理念，以及保障公共利益和社会利益的立法政策。二是客体的相对特定性。优先权从种类上可分为一般优先权与特别优先权。特别优先权，如动产买卖优先权、不动产建设优先权等，其客体自始即为特定的动产或不动产，其特定性与一般物权无异；至于一般优先权的客体，于优先权成立时仅概括地存在于债务人不特定的动产、不动产或总财产之上，在优先权实行之前，此项财产处于不断变动的状态，并不能具体到某一特定财产上，故仅具有相对特定性。三是优先权的标的是债务人的财产。① 不存在在第三人财产上设定优先权的情形。

第三，不动产优先权已免登记手续。此处登记不是抵押物的登记，而是对优先权进行登记。2006 年修改的《法国民法典》第 2377 条规定："在债权人之间，优先权只有按照以下条款以及第 2426 条与第 2428 条确定的方式在抵押权登记处进行登录依此得到公示时，才能对不动产产生效力。"但是，后来《法国民法典》又经修改，现第 2376 条第 3 款规定："不动产优先权免登记手续。"

第四，优先权制度与法定抵押制度在法定性、优先性上是一致的，都体现了立法者基于某种价值取向或现实需要而对债权实现顺序的干预，只不过所使用的制度模式不同而已。② 优先权与法定抵押制度在内涵和外延上有明显区别，担保的债权种类不同。我国相关理论中把优先权与法定抵押权等同的认识是不对的。

三、优先权制度的价值

优先权制度萌芽于古罗马时期，在其长期发展的过程中，虽然被诟病于突破了债权平等性原则，但一直为各国所坚守，原因在于优先权制度有巨大价值。

1. 优先权制度为实质正义而斗争

市场经济要求公平、公正，体现在法律上就是民事主体的地位平等、权利平等。应当说，在地位平等和权利平等方面，各国民法典都做出了努力。但是应当看到，仅仅从法律上规定民事主体的地位平等和权利平等是不够的，这些

① 王利明：《物权法论》(修订本)，中国政法大学出版社 2003 年版，第 720 页。

② 梅夏英：《不动产优先权与法定抵押权的立法选择》，载《法律适用》2005 年第 2 期。

形式上的平等无法掩盖实际中基于经济地位强弱带来的不平等，弱者没有能力和资格与强者谈条件。弱者与强者之间的协议虽然在名义上是各方自愿的，但有些是被迫的自愿。为实现弱者的基本人权，法律必须为弱者的某些权利提供特别的保护，这是优先权制度最基本的价值。应当说，这项制度能够发展到今天，仍源于立法者立足于不平等主体间的公平关系而对实质正义的不懈追求。[①]

2. 基于社会政策的考量

“保护劳工是现代社会法治之基本任务”[②]。保护劳工权益有利于社会稳定发展和繁荣进步，这是不言而喻的道理。但是在现实社会中，由于劳工的弱势地位和供需关系的影响，劳工工资往往得不到保障，特别是在雇主破产的情况下，劳工工资可能会出现颗粒无收的绝境。在雇主没有为劳工工资提供担保的情况下，赋予劳工工资优先受偿权，是对劳工工资债权的最好保护。因此，从保护劳工工资债权的角度，规定优先权制度是社会政策考量的必然结果。

3. 保护公共利益和国家利益

社会公共利益是全体社会成员的共同利益，相较于个体利益而言，应当赋予其优先性。比如，司法费用优先权和税收优先权是为了保障国家司法活动和行政管理活动正常运行而设立的，其目的是维护社会公共利益。

四、优先权的效力

在《法国民法典》中，优先权的效力主要有以下几个方面：

第一，动产优先权和不动产优先权均赋予优先于其他债权人受清偿的权利。（第 2330 条第 4 款、第 2376 条第 5 款）

第二，动产一般优先权按照第 2331 条规定的顺序形式，但国库与社会保险管理机构的优先权除外；处于相同受偿顺位的享有优先权的债权人按各自债权的数额平等受偿。（第 2332-2 条）

第三，除另有规定外，动产特别优先权优先于动产一般优先权。（第 2332-1 条）不动产出租人、动产保管人和出卖人的特别优先权，按照以下顺序行使：（1）保管费后于其他优先权产生的，保管人的优先权最先行使；（2）此前不知

① 宋宗宇：《优先权制度研究》，西南政法大学 2006 年博士学位论文。

② 王泽鉴：《民法学说与判例研究》（重排合订本），北京大学出版社 2015 年版，第 1530 页。

道存在其他优先权的不动产出租人的优先权；（3）保管费先于其他优先权（债权）产生的，保管人的优先权；（4）动产出卖人的优先权；（5）此前知道存在其他优先权的不动产出租人的优先权。同一动产的所有保管人之间，给予最近的保管人优先受偿权。（第 2332-3 条）

第四，不动产一般优先权优先于与不动产质权和抵押权相关联的优先受偿权，其按照第 2377 条规定的顺位行使。（第 2378 条）

第五，除另有规定外，动产优先权不赋予追及权。（第 2330 条第 5 款）不动产优先权同样不赋予追及权。（第 2376 条第 5 款）

五、我国优先权制度的现状及立法争议

我国《民法典》对优先权制度没有作出规定，但是，其他相关法律规定了一些具体的优先权。

第一，《企业破产法》第 113 条规定，破产财产在优先清偿破产费用和共益债务后，依照下列顺序清偿：

（1）破产人所欠职工的工资和医疗、伤残补助、抚恤费用，所欠的应当划入职工个人账户的基本养老保险、基本医疗保险费用，以及法律、行政法规规定应当支付给职工的补偿金；

（2）破产人欠缴的除前项规定以外的社会保险费用和破产人所欠税款；

（3）普通破产债权。

破产财产不足以清偿同一顺序的清偿要求的，按照比例分配。

第二，《海商法》第 22 条规定，下列各项海事请求具有船舶优先权：

（1）船长、船员和在船上工作的其他在编人员根据劳动法律、行政法规或者劳动合同所产生的工资、其他劳动报酬、船员遣返费用和社会保险费用的给付请求；

（2）在船舶营运中发生的人身伤亡的赔偿请求；

（3）船舶吨税、引航费、港务费和其他港口规费的缴付请求；

（4）海难救助的救助款项的给付请求；

（5）船舶在营运中因侵权行为产生的财产赔偿请求。

第三，《民用航空法》第 19 条规定："下列各项债权具有民用航空器优先权：（一）援救该民用航空器的报酬；（二）保管维护该民用航空器的必需费用。前款规定的各项债权，后发生的先受偿。"第 20 条规定："本法第十九条

规定的民用航空器优先权，其债权人应当自援救或者保管维护工作终了之日起三个月内，就其债权向国务院民用航空主管部门登记。"

第四，《税收征收管理法》第45条第1款规定："税务机关征收税款，税收优先于无担保债权，法律另有规定的除外；纳税人欠缴的税款发生在纳税人以其财产设定抵押、质押或者纳税人的财产被留置之前的，税收应当先于抵押权、质权、留置权执行。"该条第2款规定："纳税人欠缴税款，同时又被行政机关决定处以罚款、没收违法所得的，税收优先于罚款、没收违法所得。"

第五，原《合同法》第286条规定了建设工程价款优先受偿权。[①]

上述关于优先权的具体规定体现了法律关怀民生、关注社会弱势群体的理念，但它们是零散的、不系统的，缺乏民事基本法的支持，同时也仅是对特定的几类债权的规定，与其他国家的优先权制度相比，优先权担保的债权范围较窄，不适应我国发展现状。

关于民事基本法是否规定优先权的问题，早在原《物权法》制定的过程中就存在巨大争议。在《民法典》的制定过程中，该争议依旧存在。

支持者认为，我国《民法典》应当规定优先权制度，理由：一是优先权制度在功能实现上具有比较优势，有利于更为合理地解释特种债权优先受偿的理论基础；二是优先权制度与现行法的适应性，优先权制度可填补现行法的缺漏。事实上，优先权制度所满足的法律社会需求，并未被我国立法者忽视。在我国立法实践中，为保护这些特殊债权债务关系，已经采取了包括优先权在内的多种方法，但是存在漏洞，这些法律漏洞在采取统一的优先权制度后，皆能得到圆满解决。[②] 关于优先权的设立方式，王利明教授在其物权法建议稿中，提出在担保物权一章中设立第四节，专门规定优先权及其效力、种类等内容。[③] 有学者提出了另外的思路：中国的优先权制度应当独立成篇，并于权利保护篇中创设统一优先权制度，既设立一般优先权又设立特别优先权，既包括实体法上的优先权还包括程序法的优先权，并在特别优先权中规定抵押权、质

---

① 关于建设工程价款优先受偿权的性质，理论上有不少争议，但是相关立法专家一直认为，建设工程优先受偿权是法定抵押权而不是优先权。见梁慧星：《是优先权还是抵押权——合同法第286条的权利性质及其适用》，载《中国律师》2001年第10期。

② 郭明瑞、仲相：《我国未来民法典中应当设立优先权制度》，载《中国法学》2004年第4期。

③ 王利明主编：《中国物权法草案建议稿及说明》，中国法制出版社2001年版，第136页。

押权、留置权，使抵押权、质押权与留置权成为特别优先权的权能。[①]

反对者认为，优先权制度表征的法国打破债权平等原则的“一元模式”，与我国现行法律规定的法定担保加优先破产债权的打破债权平等原则的“二元模式”存在冲突与碰撞。法国法上的优先权制度与我国目前的法定担保制度格格不入，如果将其引入，将会彻底解构我国目前的担保体系，严重冲击我国的物权法体系与债权法体系，甚至民事诉讼法、破产法都要做重大调整，风险大、成本高。因此，需要废弃“优先权”这一概念，回归传统，以“法定抵押权”概念取代“优先权”这一有百害而无一利的“外来物种”。[②]

笔者认为，我国《民法典》应当规定优先权制度。

抛开专家们讨论的优先权制度与我国现行法律衔接等理论上的需求，优先权在我国现实社会发展中有广阔的适用空间，然而我国法律制度中没有建立统一的优先权制度，散见于个别法中的优先权不能够满足我国社会发展的现实需要。[③] 我国的社会现实呼唤优先权制度。例如，为解决农民工工资问题，国务院于 2019 年 12 月 30 日公布《保障农民工工资支付条例》（2020 年 5 月 1 日施行），各地劳动监察部门也为落实农民工工资问题忙得不可开交，甚至在工程建设合同中强制要求发包方将农民工工资打入专用账户。之所以出现这样的局面，一个重要原因是农民工作为弱势群体，在恶意拖欠行为面前“无能为力”，可供他们利用的法律手段太少。虽然有建设工程优先受偿权，但是行使这个权利非常艰难。解决弱势群体的工资拖欠等问题，需要在民事基本法中作出规定，而优先权制度可以担此重任。至于该制度在《民法典》中的位置以及称谓，是一般动产优先权还是一般不动产优先权，这些属于立法技术层面的问题，可以再进行深入的探讨。

我国《民法典》目前没有写入优先权制度（或类似制度），不能不说是一大遗憾。

---

① 辜江南：《优先权与中国民法典》，人民法院出版社 2019 年版，第 154—155 页。

② 孙新强：《我国法律移植中的败笔——优先权》，载《中国法学》2011 年第 1 期。

③ 张义华、王海波：《论优先权性质的界定及其价值》，载《河南财经政法大学学报》2014 年第 2 期。

第三节　域外特色担保法律制度之二——英国按揭制度

一、按揭的含义

“按揭”一词是英文 mortgage 的粤语音译。[①] 按揭是普通法系国家物的担保的一种形式，是英国法中 mortgage 的对译。我国学者对 mortgage 的理解多种多样，这从 mortgage 一词的汉译乱象中可见一斑。其在汉语中，除“按揭”这一译法外，还有“抵押”“质押”等译法。[②]

按揭起源于英国，以不动产按揭最为典型。Lindley 法官在 *Santley V. Wilde* 案中为 mortgage 所下的定义，被认为是英美法中对 mortgage 的最为经典的定义。Lindley 法官认为，mortgage 是“土地或者动产为了担保给定的债务之履行或者其他义务的解除而进行的转移或让渡”，其基本意思是“该种担保可以此类债务或者义务清偿或履行而解除，即使其存在其他相反的约定。在我看来，这就是它的法律”。[③] 我国学者对不动产按揭给出的定义是，不动产按揭（mortgage 或 charge）是债务人或者第三人以不转移不动产产权的方式将不动产押给债权人，作为偿还债务的担保，债务人或者第三人无法履行债务时，债权人可就该不动产优先受偿。其中，以财产提供担保的人为按揭人（mortgagor），债权人或接受担保的人为按揭权人（mortgagee），作为担保的不动产为按揭财产（mortgaged property），所借款项为按揭款（mortgaged money）。[④]

按揭包含以下几个方面的含义：第一，按揭的标的物不以不动产为限，动产也可以成为按揭的标的；第二，虽然按揭最初表现为转移财产占有的担保形式，但是在现代英国法上，按揭属于一种非转移占有的担保形式；第三，按揭是一种转移财产权益的担保方式，按揭人将其权利转让给按揭权人，自己享有

---

① 李巧毅:《比较按揭法律制度》,载《政法学刊》2005 年第 1 期。

② 参见屈文生:《从词典出发:法律术语译名统一与规范化的翻译史研究》,上海人民出版社 2013 年版,第 180—182 页。

③ 转引自费安玲主编:《比较担保法——以德国、法国、瑞士、意大利、英国和中国担保法为研究对象》,中国政法大学出版社 2004 年版,第 224 页。

④ 毛和文:《不动产按揭法律制度研究》,中国民主法制出版社 2010 年版,第 459 页。

制定法上的回赎权和衡平法上的回赎权；第四，按揭人在将财产权益转让给按揭权人后，享有衡平法上的回赎利益，而回赎利益是一种衡平法上的财产，可以被出卖、赠与以及抵押等。①

下面以英国不动产按揭为例，简要介绍按揭担保制度。

二、英国不动产按揭的类别

依据不同的分类标准，英国法上的不动产按揭主要有以下种类：（1）不动产按揭、动产按揭和据法权按揭；（2）船舶、飞机的按揭；（3）农业、矿产的按揭；（4）建筑协会按揭与非建筑协会按揭；（5）法定按揭与衡平法按揭；（6）租赁式按揭与押记（charge）式按揭；（7）永久地产权按揭与租地权按揭；（8）本按揭与再按揭；（9）第二、在先、在后、连续与次级按揭；（10）未登记不动产按揭与已登记不动产按揭；（11）一次性还款按揭、分期还款按揭；（12）人寿保险按揭、养老保险按揭和只还利息按揭；（13）优质级按揭、可选择优质级按揭和次级按揭；（14）其他形式的按揭。②

英国不动产的主要表现形式是土地，而其土地按揭包括制定法按揭和衡平法按揭。

（一）英国制定法上的按揭

英国作为普通法的国家，其制定法的数量之多，超出了我们的想象。③ 英国财产法以保守主义著称。19 世纪，英国不动产法遭遇了前所未有的困境。为此，英国自 19 世纪 40 年代开始了财产法改革，一直持续到 1926 年 1 月 1 日一系列财产立法颁布才告结束。④ 而《1925 年财产法》及一系列相关制定法的颁布，对英国不动产担保制度构成了根本的改革和简化。这主要体现在：一是对于按揭，淡化了权利转移的色彩。二是引进大陆法中的登记制度，规定除通过将权利证书进行缴存的方式设定的担保外，所有不动产按揭担保的设定，均须进行登记。登记产生权利顺位。三是按揭权人的回赎权取消请求权也失去

---

① 刘兵红:《英国财产权体系之源与流》,西南政法大学 2012 年博士学位论文。

② 毛和文:《不动产按揭法律制度研究》,中国民主法制出版社 2010 年版,第 34—48 页。

③ 李红海:《英国普通法导论》,北京大学出版社 2018 年版,第 69 页。

④ 史志磊:《英国法中按揭制度结构模式的演进——以不动产为分析对象》,载《北大法律评论》第 16 卷第 1 辑,北京大学出版社 2015 年版,第 211 页。

原来的地位，对按揭权的实现主要采取变价主义和清算主义。只有在不能实现变价时法院才将按揭财产判与按揭权人。①

依据《1925年财产法》的规定，英国不动产按揭的方式有两种：一是通过一定期间的年期租地权的赋予而创设；二是通过封印证书明确表示以按揭的形式创设财产负担的方式创设。②

（二）英国衡平法上的按揭

从14世纪到15世纪，衡平法算得上是一项相当引人瞩目的法律发明，它填补了普通法遗留的空白，促进了新制度和新工具的发展，创设出很多新的法律领域，包括信托、抵押、监护、破产、商业伙伴关系和公司，也发展出一些新的法律原则。③ 衡平法对按揭制度的进步和发展有不可磨灭的贡献，衡平法按揭是按揭制度的重要组成部分之一。

衡平法按揭是指按揭人在未取得财产上完全的法定产权或者利益，或者在设立按揭的手续不符合法定按揭要求的情况下而设立的按揭。④

衡平法按揭的创设主要有以下几种方式：一是创设法定按揭的合同；二是非正式按揭；三是衡平法利益的按揭；四是存在缺陷的法定按揭；五是1989年9月27日前以产权契据押存方式设定的按揭。⑤

三、按揭当事人的权利及保护

按揭当事人的权利以及保护是按揭制度中的重要内容，也是该项制度得以长盛不衰的理由。

（一）按揭人的权利及保护

1. 按揭人的回赎权

回赎权是按揭制度的核心内容，是按揭人的重要权利。其含义是，按揭的

---

① 费安玲主编：《比较担保法——以德国、法国、瑞士、意大利、英国和中国担保法为研究对象》，中国政法大学出版社2004年版，第229—230页。

② 许明月：《英美担保法要论》，重庆出版社1998年版，第113页。

③ ［美］塔玛尔·赫尔佐格：《欧洲法律简史：两千五百年来的变迁》，高仰光译，中国政法大学出版社2019年版，第173页。

④ 毛和文：《不动产按揭法律制度研究》，中国民主法制出版社2010年版，第39页。

⑤ 毛和文：《不动产按揭法律制度研究》，中国民主法制出版社2010年版，第94页。

本质是以土地作为偿还债务的担保，按揭人有权在偿还本金、利息和费用后，无负担地取回按揭财产，与此权利不一致的条款是无效的。①

在普通法上，按揭人在约定的日期不回赎其按揭财产的，按揭财产的产权将永久转移至按揭权人，这是财产的最终“结晶”原则（crystal line rule）。但是从 17 世纪开始，衡平法认为，“按揭就是按揭”。衡平法院强制按揭权人：一是接受按揭人的逾期还款（尽管还款期已过）；二是将按揭财产的产权回转给按揭人。这一权利可在合同约定的日期过后的任何时间，在符合衡平法条件下行使。这被称为衡平法上的回赎权。衡平法回赎权的确立给按揭制度带来革命性的变革，是在普通法回赎权旁边新长出的一种回赎权新形态，它尊重了当事人设立债务担保的意思，为按揭人提供了更多的保护，大大降低了按揭人丧失按揭土地的可能性。②

因此，按揭人的回赎权在法律上包括两个方面：一是拥有在按揭合同确定的日期前的法定回赎权；二是在确定回赎日期后的衡平法回赎权。衡平法回赎权并不长期存在，它在按揭财产被贷款人出售或者法院发出止赎令后终止；或者因《1980 年时效法》的规定，回赎权因不可实施而终止。③

2. 对按揭人回赎权的保护

对按揭人回赎权的保护，主要有以下方式：

（1）回赎权不得被阻止或者排除

比如，以下约定被认为是阻止了回赎权的行使，被认定为无效：

第一，约定回赎权只限于按揭人及其直系亲属，其他人不得享有；

第二，约定按揭财产的一部分为绝对不可回赎；

第三，要求按揭人承诺，如果按揭权人有意愿，可以将等同于按揭款购买按揭财产 20 年的价值让与按揭权人。

第四，要求按揭人承诺，如果按揭人先于其父亲去世，按揭标的物绝对地属于按揭权人。④

---

① 毛和文：《不动产按揭法律制度研究》，中国民主法制出版社 2010 年版，第 127 页。

② 史志磊：《英国法中按揭制度结构模式的演进——以不动产为分析对象》，载《北大法律评论》第 16 卷第 1 辑，北京大学出版社 2015 年版，第 205 页。

③ 毛和文：《不动产按揭法律制度研究》，中国民主法制出版社 2010 年版，第 128 页。

④ 毛和文：《不动产按揭法律制度研究》，中国民主法制出版社 2010 年版，第 134—135 页。

（2）回赎权不得不适当推后

按揭协议中约定，回赎权可以适当推迟至通常的6个月以后的某个时间，只要不是被胁迫或者极不公平，合理推迟回赎权是可以的，但不得不适当被推迟。比如，一项17.5年的租地权按揭，按揭合同中约定，按揭人在租地权到期前6个星期才能回赎。实际上，在租地权契约到期前6个星期才允许回赎，对按揭人来讲没有任何实际意义。这种约定实质上使回赎权被虚置，会被法院认为无效。[①]

（3）回赎权不得被附属优势限制

附属优势是按揭协议中的一种条件，是按揭人除偿还按揭贷款本息外另外给予按揭权人的一种好处或者利益。比如，按揭人借款购买物业，按揭权人与其约定，按揭人只能在物业内销售按揭权人生产的啤酒或者其他物品等类似条件。

发生按揭交易时，按揭人一般处于经济弱势地位，对于按揭权人提出的额外给予好处的条件易于接受。长期以来，衡平法一直保护按揭人对付提出不公平条件的按揭权人，而且在某种情况下，有权排除附属优势。以下几种情况下，附属优势可以被排除：一是附属优势不公平或者过分不合理；二是附属优势对回赎权构成障碍；三是附属优势与合同约定的或者衡平法上的回赎权不符。

（二）按揭权人的权利及保护

在按揭人不能依约清偿债务时，按揭权人可以通过多种途径获得救济。与大陆法相比，英美法中的按揭的实现更加体现了英美法注重实效、灵活多变、当事人意思自治的特征。

总体而言，在英国法中，按揭权人的救济渠道主要有五种：取消回赎权、出卖按揭财产、指定接收人、取得占有及提出对人诉讼。这几种方式可以并行。[②]

1. 取消回赎权

取消回赎权是按揭权人通过司法程序取消按揭人回赎按揭财产的权利。在

---

① 许明月：《英美担保法要论》，重庆出版社1998年版，第129页。
② 许明月：《英美担保法要论》，重庆出版社1998年版，第169—170页。

取消回赎权的诉讼中，法官首先给予按揭人在特定的期间内清偿债务、取回按揭财产的机会。如果在法官规定的日期前没有清偿债务，法官将作出取消按揭人回赎权的命令。取消回赎权命令的效力是按揭权人取得按揭财产。在取消回赎权诉讼中，法院可以根据按揭权人或者按揭人、其他对按揭财产有权利的人的请求，命令以出售代替取消回赎权。特定情形下，按揭人的回赎权可以重开。①

2. 出卖按揭财产

（1）出卖权的产生时间

出卖权产生的时间是按揭担保的款项已届清偿期。分期付款时，任何一期的应付款未付时，按揭权人即可取得出卖权。但是，出卖权可以通过协议排除、变更或者废除。

（2）出卖权的行使时间

只有在要求清偿债务的通知已经送达按揭人，且按揭人在收到债务清偿通知之日起三个月后不能清偿的，按揭权人才可以行使出卖权；或者利息逾期两个月没有支付；或者其他违背按揭协议约定的情形发生。

（3）出卖产生的效力

出卖不必经过法院。出卖按揭财产阻止了按揭人的回赎权。

（4）价金分配

出售按揭财产所获价金，按照以下原则进行分配：

首先，支付在先权利人。如果在先权利人债权未到期，可以为在先利益设置信托。

其次，支付出卖发生的费用。

再次，支付自己的本金、利息及按揭协议约定的其他费用。

最后，如果有结余，将剩余部分支付给在后权利人，也可交给法院或者设置信托。如果没有在后权利人或者在后权利人失权时，该剩余款项由按揭权人享有。②

（5）出售按揭财产的注意义务

按揭权人出售按揭财产时，必须诚信地行使出卖权。出售必须是真正的出

① 许明月：《英美担保法要论》，重庆出版社 1998 年版，第 182 页。
② 许明月：《英美担保法要论》，重庆出版社 1998 年版，第 178 页。

售，不能将按揭财产出售给按揭权人或者与按揭权人有特定关系的人；必须为按揭财产获得真正的市场价格尽合理的注意义务，否则，按揭人有权要求赔偿。[①]

3. 指定接收人

按揭权人自行直接取得占有存在法律上的限制，因此，对于按揭权人来说，截获租金或者利润并以其抵充利息就具有重要的意义。按揭权人为避免自身承担严格的计算责任[②]，往往在约定的还款日期之后指定按揭财产接收人，也可以在设定按揭时指定接收人。按揭权人可以指定接收人，法院依职权也可以指定接收人。接收人的地位是按揭人的代理人，而非按揭权人的代理人，因此接收人不承担按揭权人的计算责任，按揭人应为接收人的行为或者过错承担责任。

接收人有权以起诉、扣押或者其他方式使财产收入得到保护。如果按揭权人书面指示，接收人还必须为财产投保火灾险。[③]

4. 取得占有

按揭权人虽然取得对按揭财产的担保权，但是实际占有按揭财产的情况非常罕见。因为，占有按揭财产的担保权人对于按揭财产负有严格的计算责任，这种计算责任使得按揭权人对占有按揭财产望而生畏。

但是，占有是出售按揭财产的前提条件。为取得占有，按揭权人可以向法院提起占有诉讼。除非按揭权人同意，法院不得拒绝签发占有令或者延迟听审，但是可以给予按揭人短期的准备，以便按揭人清偿债务。

5. 提出对人诉讼

按揭权人根据按揭协议，对按揭人提起诉讼，由法院责令按揭人在本息范围内，以按揭人所有的、不属于按揭财产范围内的一般财产承担清偿债务的责任。实际上，对人诉讼是普通的借款合同诉讼，与按揭没有关系。诉讼必须在

---

① 费安玲主编:《比较担保法——以德国、法国、瑞士、意大利、英国和中国担保法为研究对象》,中国政法大学出版社 2004 年版,第 226 页。

② 按揭权人的计算责任,是指按揭权人不得在本金、利息等必要的费用之外,从按揭人处获得额外的收益。他有义务不仅就自己的实际收益进行计算,而且必须对自己可能获得但因疏忽而没有得到的利益进行计算,例如将可以出租的房屋故意废置,他就必须自己支付租金。参见史志磊:《英国法中按揭制度结构模式的演进——以不动产为分析对象》,载《北大法律评论》第 16 卷第 1 辑,北京大学出版社 2015 年版,第 207 页。

③ 毛和文:《不动产按揭法律制度研究》,中国民主法制出版社 2010 年版,第 174 页。

诉讼时效期间内行使，其中本金的诉讼时效是12年，利息的诉讼时效是6年。按揭权人遇到时效障碍时，其不仅丧失贷款本息请求权，而且丧失按揭权人的地位，妨碍其他救济方式的行使。[①]

四、按揭与中国房地产金融

（一）按揭促进了我国房地产市场的发展

按揭是起源于英国的物的担保制度，并迅速传遍普通法系国家和地区。中国香港地区的按揭制度继承英国法上的mortgage（按揭），并在20世纪90年代传入内地。按揭制度这一舶来品叠加中国住房商品化的浪潮，以其较强的适应性，迅速成为我国社会经济生活的重要组成部分，深刻影响了中国企业的发展、百姓的生活。住房按揭贷款成为银行的优良资产，“供房”成为许多家庭的首要任务。但是，按揭一直没有法律上的统一规范。在原《物权法》制定过程中，曾有银行提出将按揭作为担保物权写进原《物权法》，但是最终没有写入。[②] 虽然“按揭”一词没有出现在法律文本中，只在部门规章或者银行相关业务文件中出现，但是“按揭”一词早已融入我国住房与金融业而成为众所周知的具有事实法律内涵的术语。现房的按揭就是抵押，预购商品房的抵押就是按揭，以示区别。[③] 对于住房按揭，各银行的具体做法多有不同。通常做法是：在办理按揭贷款业务前，银行与房地产开发商签订楼宇按揭贷款服务协议。购房者与开发商签订商品房预售合同后，凭合同以及开发商开出的定金收据（首付款收据）等资料向银行申请房屋按揭贷款，双方签订按揭贷款合同，并向房地产管理部门办理抵押登记备案；抵押备案办好后，商品房预售合同及有关收据、抵押备案资料一并由房地产开发商保管。房屋竣工取得房屋所有权证书后，由开发商和银行及购买者办理抵押登记。抵押登记的房屋所有权证书以及他项权证书均由银行保管。购房者还清银行贷款后，抵押关系终止，银行将房屋所有权证书交付购房者，并开具证明给购房者，由购房者办理房屋抵押登记涂销手续。购房者不能履行还款义务时，银行有权处分抵押房屋，并优先

① 许明月：《英美担保法要论》，重庆出版社1998年版，第171页。

② 王小波：《从〈物权法〉看按揭立法的困境》，载《经济导刊》2008年第5期。

③ 金俭：《不动产预告登记制度的搁浅与重启——以我国〈民法典〉颁行为契机》，载《政治与法律》2020年第12期。

受偿。由上述过程可知，商品房按揭分为两个阶段：一是房屋在建阶段，二是房屋建成以后领有所有权证书阶段。第一阶段显然是在建工程抵押。[①] 在建工程抵押在原《担保法司法解释》第 47 条及第 49 条得到了认可。债权人对在建工程抵押优先受偿的效力，在司法实践和理论界均无异议。第二阶段是商品房抵押。

（二）虚假按揭问题

虚假按揭是指房地产开发商在开发建设过程中利用无真实购房意思的名义购房人以虚假房屋买卖套取银行贷款，由开发商实际使用贷款并按揭还款的行为。房地产是资金密集型行业，随着国家供给侧结构性改革以及去库存政策的影响，房地产开发商贷款难度不断增大，贷款成本也在不断增加。为解决资金问题，有的开发商利用国家给予居民住房按揭的利率优惠政策，利用虚假按揭的方式融通资金，由此引起不少的矛盾和纠纷。有学者以“商品房买卖”“套取银行贷款”为关键词搜索案例，从 2008 年至 2020 年 11 月 5 日，共有 1625 篇裁判文书，其中绝大多数以判决方式结案。但是各地法院对虚假按揭的裁判方式和理由并不一致。最高人民法院采取房地产开发商和名义购房人承担连带责任的方式；有的法院采取单独责任说，即实际用款人单独承担责任；有的法院采取补充责任说，即名义购房人承担开发商不能偿还部分 10% 的补充责任。[②]

笔者认为，虚假按揭的问题比较复杂，不能以银行涉及公共利益为由偏重于保护银行利益。虚假按揭涉及三方当事人和两个合同：一是银行与名义购房者的按揭贷款合同，二是名义购房人与开发商之间的房屋买卖合同。两个合同是连环合同关系，虽有联系但各自独立，并非主从关系，故房屋买卖合同无效，并不导致按揭贷款合同无效。虚假按揭之“虚假”，是指房屋买卖合同虚假，但贷款合同为真。对于名义购房人起诉开发商要求交房的，应当认定两者之间的房屋买卖合同无效，开发商应当将购房者的本金与利息一并返还。银行

---

① 有专家认为，在建工程尚未取得产权证书，不能设定抵押，只是一种债权质押，属于权利质押类型；将在建工程设定抵押是定性错误，应将在建工程抵押更正为权利质押。参见李巧毅：《比较按揭法律制度》，载《政法学刊》2005 年第 1 期。

② 吴杨、张娟：《利益衡量视阙下“虚假按揭”裁判路径的重塑——基于 1625 份裁判文书的分析》，载《法律适用》2020 年第 24 期。

明知是虚假按揭仍然贷款[①]，则其按揭贷款合同无效，实际用款的开发商承担返还责任，名义购房者不承担责任。其理由是：虚假按揭是银行与开发商之间通谋虚伪的意思表示，应以实际关系，即借款合同关系，处理银行与开发商之间的关系。如果是银行不知是虚假按揭的，则按揭贷款合同有效，以保护银行的信赖利益。

（三）按揭与资产证券化

按揭贷款发展的最高境界是按揭贷款资产证券化。按揭是债权担保的一种形式，按揭权人凭借按揭担保不仅获得了债权保障，而且获得了债权利息，有了收益。资本天生就是逐利的，为了获取进一步放贷的资本，西方国家提出了资产证券化的方式。资产证券化是指将缺乏流动性但能产生稳定现金流的资产，通过一定的结构安排，对资产中的低风险与收益要素进行分离与重组，进而转换成在金融市场可以出售和流通的证券的过程。[②] 破产隔离和真实销售是资产证券化中最为关键的两个环节。[③]

美国住房抵押贷款支持证券（mortgage-backed security，MBS）是起步最早、规模最大的资产证券化业务。在美国，住房抵押贷款证券化有两条途径：一是通过房利美和房地美等美国政府支持的机构进行的证券化；二是通过私人金融机构进行的证券化。信贷质量较高的小额居民住房抵押贷款主要走第一条途径，而大额居民住房抵押贷款、次级抵押贷款以及商业地产抵押贷款主要走第二条途径。因此，住房抵押贷款支持证券又分为两种情况：一是居民住房抵押贷款支持证券（residential mortgage-backed security，RMBS）；二是商业地产抵押贷款支持证券（commercial mortgage-backed security，CMBS）。[④]

美国资产证券化表面风光但实际存在不少问题：一是重复证券化加剧了信息不对称；二是无最低风险自留比例要求，导致发起人重贷款数量、轻贷款质量；三是隐性担保破坏了证券化的风险转移功能；四是推高了经济体的杠杆；

---

① 银行明知的情形主要是银行为完成放贷任务或者开发商与银行串通的情形。

② 熊凌：《美国资产证券化的发展及中国的借鉴》，载《国际经贸探索》2009 年第 1 期。

③ 胡志成、卜兆刚：《资产证券化本质特征研究》，载《经济论坛》2010 年第 3 期。

④ 张明、邹晓梅、高蓓：《资产证券化简史：国际经验、中国实践与实证研究》，东方出版中心 2021 年版，第 10 页。

五是评级机构的利益冲突。[1]

美国次贷危机爆发后，美国国内的资产证券化出现大规模的萎缩，特别是那些复杂程度高、套利性强的证券化产品的萎缩幅度更大。金融危机之后，美国国会出台了一系列法案，加强对以证券化为特征的影子银行体系的监管。美国的资产证券化交易逐步恢复。[2]

住房抵押贷款支持证券被认为是降低银行贷款风险，同时减轻购房者房贷费用的有效途径，但在中国，它的推行并不顺利。最早向中国引入"住房按揭贷款证券化"这一概念的是总部设在澳大利亚的麦格理银行，时间是在1998年。中国建设银行是在住房按揭贷款证券化业务开展中比较积极的一家，它共向中国人民银行提出了6套方案，但是中国相关业务的第一张牌照发给了浦发银行。[3] 2005年12月，中国建设银行和国家开发银行分别试水了资产支持证券（ABS）和住房按揭贷款支持证券（MBS）。同年，房地产信托投资基金（REITs）也在香港启动。中国建设银行虽被选为资产证券化首批试点银行之一，但是该行面临的问题并非资金不足，而是资金过剩，其时任董事长郭树清提出仿效香港，设立按揭证券公司。[4] 中国按揭贷款资产证券化实践因美国次贷危机而在2009年至2011年停止。2012年5月，中国人民银行、中国银监会和财政部联合发布《关于进一步扩大信贷资产证券化试点有关事项的通知》，将试点规模扩大至500亿元人民币。其中，个人住房按揭贷款RMBS产品从2014年起快速增长，2017年超过企业贷款ABS产品，并于2018年迎来突破，当年发行量达到5842.6亿元，同比增长近2.4倍。此后，尽管其发行量逐年下降，但仍占据主导地位。[5]

---

① 张明、邹晓梅、高蓓：《资产证券化简史：国际经验、中国实践与实证研究》，东方出版中心2021年版，第18—24页。

② 张明、邹晓梅、高蓓：《资产证券化简史：国际经验、中国实践与实证研究》，东方出版中心2021年版，第25页。

③ 张驰：《住房按揭证券化的坎坷之旅》，载《法人杂志》2004年第10期。

④ 罗绮萍：《资产证券化试点难行　郭树清倡设按揭证券公司》，载《21世纪经济报道》2007年3月12日，第10版。

⑤ 张明、邹晓梅、高蓓：《资产证券化简史：国际经验、中国实践与实证研究》，东方出版中心2021年版，第107页。

第四节　域外特色担保法律制度之三——德国流通抵押制度

大陆法系两大抵押权体系可被概括为保全抵押权体系和流通抵押权体系。法国的抵押权体系是以确保债权的实现为目的的保全抵押权体系；德国的抵押权体系是以充分发挥抵押不动产的交换价值为目的，使其在金融市场上流通而成为投资人金钱投资媒介的流通抵押权体系。[①] 一般认为，抵押权由保全抵押权发展到流通抵押权，既是抵押权本身运动的结果，也是人类法律文明在不动产抵押权领域所孜孜以求的抵押权现代化理想的实现。[②]

一、流通抵押权的概念

《德国民法典》没有流通抵押权的概念。它是学者依据附随性原则以及流通能力对德国不动产担保物权类型所做的分类。流通抵押权是将德国抵押权体系按流通程度不同进行划分所得的一种流通性较强的抵押权。[③] 流通抵押权是德国法继受罗马法原理，经过长期的发展变化，适应德国社会需要的一项制度，体现了法律实用主义特点。自罗马法复兴以来，西欧国家以罗马法的绝对所有权观念塑造不动产制度，使在中世纪难以自由流通的土地得以自由买卖或成为融资担保物。因具有价值巨大、不易移动等优点，以土地为代表的不动产遂成为最重要的资本和融资担保物。但无论以金钱买进不动产，还是以设定不动产抵押为条件出借金钱之后，不动产所有人或贷方的资金将被“凝固”在不动产物权之中：就前者而言，所有权人不再次转卖不动产便无法将其变现；就后者而言，其债权虽有抵押权保障而使风险大为降低，但也因履行期限的限制而无法在短期内收回全部资金。这将导致物权人的资产流动性下降，进而影响各种经营活动的开展，故不动产物权人都抱持一种期望，即将蕴含于不动产物权之中的货币价值再度流动化，得以反复利用，由此产生不动产物权流通的现实需要。其中，不动产担保物权的流通既能使贷方通过转让不动产担保资产

---

① 周梦梦:《论流通抵押制度及其在中国的构建》,北京交通大学 2015 年硕士学位论文。

② 陈华彬:《从保全抵押权到流通抵押权——基于对德国不动产担保权发展轨迹的研究》,载《法治研究》2012 年第 9 期。

③ 周梦梦:《论流通抵押制度及其在中国的构建》,北京交通大学 2015 年硕士学位论文。

加快资金回笼，继而再用于新投资产生更大收益，又能使担保资产的购买人分享该担保资产产生的收益，同时还能满足不动产所有人继续利用不动产的需求。这样的流通结构不啻为“三全其美”，故而成为最为流行的不动产物权流通形式。由此，不动产抵押权从单纯的保全手段向流通和投资工具转变，逐渐成为具有独立流通能力的价值权。[①]

要理解德国法上的流通抵押权，应从其客体、担保的债权和设立等方面进行。

（一）流通抵押权的客体

流通抵押权的客体是土地、与土地相关的权利（比如地上权）和观念上的（按份）共有权的份额（不是共同共有的份额）。[②]

（二）流通抵押权担保的债权

流通抵押权担保的债权必须是确定的金钱债权，可以是将来的债权，也可以是附条件的债权。

（三）流通抵押权的设立

1. 以流通为范式，以保全为例外

《德国民法典》一反之前各国民法典将保全抵押权作为抵押权常规形式的做法，径直将流通抵押权确立为抵押权的范式，将保全抵押权作为例外。按《德国民法典》第 1116 条、第 1138 条[③]的规定，登记设立的抵押权原则上为流通抵押权。流通抵押权包括证书式抵押权和登记簿式抵押权两种类型。如果要排除这两条规定的适用，则需要作出特别意思表示。第 1184 条规定：“（1）抵押权可以以这样的方式予以设定，使得因抵押权而发生的债权人权利唯独按照债权予以确定，且债权人不得为证明债权而援用登记（保全性抵

---

① 黄家镇：《从保全到流通：民法典编纂中不动产抵押权现代化之构想》，载《政法论坛》2018 年第 4 期。

② ［德］鲍尔、［德］施蒂尔纳：《德国物权法》（下册），申卫星、王洪亮译，法律出版社 2006 年版，第 63 页。

③ 本书引用的《德国民法典》条文，除特殊情况外，均出自陈卫佐译注《德国民法典》（第 5 版），法律出版社 2020 年版。

押权)。(2)前款所规定的抵押权，必须在土地登记簿上标明为保全性抵押权。”这就是说，如果当事人欲设定保全性抵押权，并排除登记簿公信力对主债权的覆盖，必须作出特别的意思表示将保全性明确标识出来并登记在册。否则，抵押权将被视为流通抵押权。

2. 流通抵押权登记及抵押权证书

流通抵押权的产生，除了合意和登记这些应具备的一般前提外，还需颁授抵押权证书。这种麻烦同时也带来了优点，即使得证书的交付与贷款同时进行，在此之前，抵押权并未产生，已经登记的（未来）抵押权人对该抵押权并不能支配。因为在进行证书式抵押权的让与时，必须交付抵押权证书（《德国民法典》第1154条)。[①]

（1）抵押权证书是土地登记机构在抵押权登记后制作的证书。按照法律规定，不动产担保证书必须记载土地登记簿的簿页号码、被设定负担的土地的编号以及抵押权的基本情况等内容。这里的抵押权的基本情况指的是《德国民法典》第1115条规定的抵押权的法定登记内容，即债权人、债权金额、利率和相关从给付。[②] 通常，在没有特别指示的情况下，土地登记机构将抵押权证书交给土地所有权人，由所有权人将该证书交给债权人。抵押权证书交付后，才产生抵押权。

（2）证书式抵押权最大的优点在于容易转让，其转让可以在土地登记簿外进行。对于抵押权的转让，必须有合意、书面的让与表示以及证书的交付。有了这些，也就足够了。[③]

（3）抵押权证书可以替代交付（占有改定或者返还请求权让与交付)，还可以约定由登记机构直接面交债权人。对于约定由登记机构直接面交债权人的，自约定之时产生抵押权；债权人已经占有抵押权证书的，推定交付。

（4）抵押权证书不具备公信效力，其与土地登记簿记载不一致时，以登记簿为准；但证书可以被用于使土地登记簿册的状况丧失公信力，就这点而

① [德]鲍尔、[德]施蒂尔纳:《德国物权法》(下册),申卫星、王洪亮译,法律出版社2006年版,第72页。

② 黄家镇:《从保全到流通:民法典编纂中不动产抵押权现代化之构想》,载《政法论坛》2018年第4期。

③ [德]鲍尔、[德]施蒂尔纳:《德国物权法》(下册),申卫星、王洪亮译,法律出版社2006年版,第41页。

言，证书上不正确的记载可以排除公信力。在证书上标记的异议具有相同的作用。[①]

（5）登记簿式抵押权不需要颁授抵押权证书。但是，要排除抵押权证书，需要当事人约定排除抵押权证书，并将这种约定登记于土地登记簿上，常用的形式是“没有证书的抵押权”“无证书”“证书的授予被排除了”。[②]

（6）登记簿式抵押权可以转换为书证式抵押权，需要以排除证书相同的方式为之。

（7）如果约定一项登记簿式抵押权，但是并未就证书的排除进行登记，且颁发了一项抵押权登记证书，视为当事人就证书式抵押权达成了一项补充协议。

3. 流通抵押权登记的效力

《德国民法典》第 1138 条规定：“考虑到债权和所有人依第 1137 条所享有的抗辩权，第 891 条至第 899 条的规定也适用于抵押权。”第 1137 条规定，所有人可以对抵押权主张特定人的债务人对债权所享有的抗辩权以及保证人依第 770 条所享有的抗辩权，即使债务人放弃抗辩权也不例外。第 891 条至第 899 条是关于登记簿的公信力以及善意取得的规定。这样通过援引数个条文，可得出一个结论，即关于土地登记簿公信力的规定适用于抵押权，也将债权包括在内。这就意味着：只要作为抵押权基础的债权应当存在（抵押权也因此而存在），公信力的效力就及于该债权。[③] 换言之，只要有公示公信的流通抵押权，就应当认可存在与之相应的债权。这就颠倒了债权与抵押权的主从关系。

二、流通抵押权的特点

流通抵押权具有以下特点：

第一，流通抵押权具有坚实的法律基础。前已述及，流通抵押权源于商人

---

① ［德］鲍尔、［德］施蒂尔纳：《德国物权法》（下册），申卫星、王洪亮译，法律出版社 2006 年版，第 101 页。

② ［德］鲍尔、［德］施蒂尔纳：《德国物权法》（下册），申卫星、王洪亮译，法律出版社 2006 年版，第 78 页。

③ 黄家镇：《从保全到流通：民法典编纂中不动产抵押权现代化之构想》，载《政法论坛》2018 年第 4 期。

对抵押物“价值凝固”的摒弃和对融资的需求，其在现实生活中有实际需求。《德国民法典》将这种社会需要转化为民事基本法的具体规范。所以，流通抵押权有广泛的社会基础和坚实的法律基础。

第二，抵押权证书化是抵押权得以流通的物质基础。在《德国民法典》中，不动产抵押权被作成证书，并被赋予债权公信效力，这种处理方式把复杂的抵押法律关系抽象为一张证券，且为有价证券，使其可以像股票一样上市流通。因此，抵押权证券化是流通抵押权的物质基础。

第三，健全的金融市场是流通抵押权得以生存的市场基础。抵押权要在市场上流通，需要有金融市场及与有流通功能的证券相结合。为了使流通抵押权所诱导的资金可以随时收回，需要存在进行抵押权交易的金融市场；而金融市场又必须具备抵押权投资的条件。这两者进一步分为“形式条件”和“实质条件”。形式条件是使抵押权这一投资对象获得流通的法律上所必需的技术手段。具体而言，它通过借助有价证券（使抵押权与证券相结合）来使抵押权的交易安全、便捷地进行。实质条件使抵押权这一投资对象成为安全的投资客体。①

三、流通抵押权与金融投资

流通抵押权具有金融投资功能。这种担保权与金融投资的融合有深刻的历史背景。如果说早期的不动产担保物权仅为私人之间的借贷提供担保，那么18世纪的土地银行制度则代表流通不动产担保物权与国家银行金融体系联系在了一起。18世纪中叶以后，普鲁士封建贵族土地上的抵押债务数额急剧增加，引起地价暴涨。这期间，普鲁士的农业生产曾一度风调雨顺、五谷丰登，但这一局面不久便因1756年至1763年的“七年战争”而化为乌有。“七年战争”除直接导致土地荒芜和农业生产被破坏外，还因战争期间大量发行低劣的货币，战争后又将它回收，造成地主贵族难以获得恢复土地的原状所需要的资金；加之战争中谷物价格猛涨、战后谷物价格又大幅下跌，更造成土地所有人的经济状况每况愈下。在这种背景下，如不采取适当的措施，作为普鲁士国家支柱的贵族阶级必然会因高利息的抵押债务而丧失其拥有的土地。为此，普

① 陈华彬：《从保全抵押权到流通抵押权——基于对德国不动产担保权发展轨迹的研究》，载《法治研究》2012年第9期。

鲁士政府决定设立土地银行（landschaft）。1770年，腓特烈国王二世在施莱森地方首开设立土地银行的先河。随后，普鲁士的其他地方也先后开办了类似的银行。土地银行的成员为特定地区的全体土地贵族，即所有的地主贵族均须加入土地银行。土地银行的业务，由全体土地贵族推选的人经营、管理。对于土地银行，普鲁士政府授予了各种特权，并同时提供“补助金”。地主贵族获取融资时，先由土地银行取得抵押债券（pfandbrief），然后将它转让给第三人以获取现金。抵押债券记载土地银行成员的土地名称等信息。持有抵押债券的人，可自由地将其在市场上辗转流通。债券持有人对于土地银行享有债券票面上所载明的（票面额）债权，而且对抵押债券所记载的土地，享有担保该债权实现的抵押权。另一方面，土地银行对土地所有人享有债券票面所载明的债权，而且为了担保该债权的履行，土地银行还对其土地享有法定担保权。土地银行的全体成员以自己的全部财产，就土地银行的抵押债券上的债务，负第二次的连带责任。土地银行的建立，推动了普鲁士不动产金融事业的繁荣和普鲁士封建土地贵族向农业资本家的转变。这种局面的形成，尽管同土地银行有直接关系，但更重要的是，它把由不动产能够获取的收益作为抵押而发行债券，进而使抵押权的实现获得了确实的保障；同时，土地银行制度的推行，也激起了资金的流动，并诱发了私人间的抵押权投资运动。[①] 这时的不动产担保物权是直接证券化。[②]

历史追溯表明，流通式不动产担保制度本质上是一种金融投资方式，是以不动产担保物权作为投资的手段和保障。[③] 理论上，不动产所有人可以将土地登记机关制作和颁授的流通抵押权证券[④]或者土地债务证券，交付贷款人或者金融机构以取得信贷资金。而贷款人或者金融机构取得不动产担保物权证券后，将这些担保物权证券予以转让，以便筹集资金，分散风险。通过转让证券实现担保物权权利的不停流转，担保物权不停变动。这一流转过程的理想状态

① 陈华彬：《从保全抵押权到流通抵押权——基于对德国不动产担保权发展轨迹的研究》，载《法治研究》2012年第9期。

② 黄家镇：《德国流通式不动产担保物权制度研究》，法律出版社2010年版，第258页。

③ 黄家镇：《德国流通式不动产担保物权制度研究》，法律出版社2010年版，第98页。

④ 在论述流通抵押权时，我国学者对抵押权凭证有的称之为“抵押权证券”，有的称之为“抵押权证书”。如，陈卫佐翻译的《德国民法典》（第5版）称之为“证券抵押权”或者“抵押证券”；申卫星、王洪亮翻译的《德国物权法》（下册）称之为“抵押权证书”或者“证书抵押权”。此处“证书”与“证券”应为同义词。

是，证券具有较多的受众，可以筹集到更多的资金，支持借款人的巨额资金需求，更好地促进经济发展。金额需求巨大的借款人的不动产担保物权证券（抵押权证书）往往是一张证券，抵押价值较大，普通民众一般无法购买，这样就需要将抵押权证券或者土地债务证券切割为小额等值的份额，但在德国现行法律框架下，将不动产担保物权证券划分为小额证券存在困难。这些困难主要包括：成本与普及的问题、显名与否的问题、抵押权证券与基础债权的依附问题、证券与土地登记簿之间的关系问题等。因此，在民法典的框架下，不动产担保物权直接证券化面临着"两难"的局面。一方面，《德国民法典》坚持物权变动的形式主义模式。原则上，物权变动必须经过登记簿变动登记方能有效，登记簿记载的内容有公信力，必要时甚至牺牲真正权利人的利益以保证公信力的贯彻。登记簿的设立承载着立法者美好的期许，是许多公法、私法制度的基石。立法者不会轻易改变物权变动的形式主义模式。另一方面，不动产担保物权证券化最终目的的实现却要求证券本身具有独立的公信力，即完全抽象于证券文义记载之外的任何法律关系，具备较强的流通能力。但是，独立的证券公信力将导致统一的不动产担保物权公信力体系裂解为无数个人手中证券的孤立公信。考虑到不动产物权秩序对整个社会的重大意义，《德国民法典》选择了前者，即土地登记簿的公信力，这差不多堵死了不动产担保物权通过直接证券化达到权利证券化的理想道路。① 因此，在面临大额资金需求这个问题上，以流通不动产担保物权直接证券化融资存在很多困难。

为了解决上述困难，德国创立了不动产担保物权关联证券化。不动产担保物权关联证券化是指由抵押银行等金融机构向私人发放不动产担保贷款，并将众多数额不一、条件各异的不动产担保资产汇集为抵押品资产池，然后以这些资产池作为基础在债券市场上大量发行小额等值的债券。这种债券被称为抵押担保债券。现代金融理论又将这种债券称为"抵押关联债券"或者"资产关联债券"。银行发行的此种证券是纯粹的指示或者无记名债券，其上不会出现担保物的记载。这样一来，不动产担保物权借助银行抵押担保债券的形式实现流通，不仅避免了对不动产登记簿统一公信力的冲击，还避开了不动产担保物权直接流通或者直接证券化的诸多烦琐程序和不菲开销。②

① 黄家镇：《德国流通式不动产担保物权制度研究》，法律出版社 2010 年版，第 250—256 页。

② 黄家镇：《德国流通式不动产担保物权制度研究》，法律出版社 2010 年版，第 256—257 页。

不动产担保物权的直接证券化与关联证券化的区别是担保物的特定性与债权的特定性关系被解除，在市场上流通的抵押关联债券的保障在于发行人拥有的全部抵押品池内的全部抵押品。

百年来，德国关联证券化的抵押担保债券模式一直执欧洲不动产证券化进程之牛耳，成为与美国的抵押贷款证券化模式并驾齐驱的不动产证券化主流模式。[①] 德国关联证券化的抵押担保债券之所以能够成功，与其严格的监管和风险防范措施有关。这些监管和风险防范措施体现在德国《抵押银行法》（1900年1月1日生效）以及2005年取而代之的《担保债权法》等法律规定中。

四、我国《民法典》与流通抵押权

现代不动产担保物权已经转变为兼具保全、流通和投资功能的价值权，并以其为基础衍生出信贷资产证券化产品，成为现代金融创新的主力军。但是，无论多么复杂的金融创新，都是由民法上的合同与担保等制度构造而来的。因此，适应不动产担保制度的现代发展，为金融创新提供民法规则的供给，是《民法典》编纂责无旁贷的使命。尽管在《民法典》编纂过程中，有许多专家、学者呼吁缓和担保物权的从属性原则，甚至有学者提出从改进不动产抵押制度从属性原则和不动产抵押证券化两个方面着手的立法构想[②]，但《民法典》对此没有采纳。因此，我国不动产抵押权的流通性较弱，依托民法规则进行信贷资产的流通非常困难，商业银行为提高资产流动性而出售信贷资产的商业活动并未完全依托不动产抵押权制度和合同法上的债权让与制度来进行，而是求助于源自美国的住房抵押贷款证券化制度来进行。一旦债务人行使基于主债权债务关系而发生的抗辩权，发行在外的证券的清偿也可能会变得十分困难。波及全球的美国次贷危机说明了美国相关模式的不科学性。应当说，《民法典》在不动产抵押流通方面留下了遗憾，期望随着金融创新的发展而得以完善。

---

① 黄家镇：《德国流通式不动产担保物权制度研究》，法律出版社2010年版，第260页。

② 黄家镇：《从保全到流通：民法典编纂中不动产抵押权现代化之构想》，载《政法论坛》2018年第4期。

第五节　域外担保法律制度的发展

以《法国民法典》为首建立起来的担保法律制度在20世纪有了重大发展，但是在发展方向上，大陆法系与英美法系有明显不同。以《法国民法典》对担保制度的改革为标志，大陆法系坚持担保的形式主义原则，担保制度类型分为人的担保和物的担保。物的担保中又分为抵押和质押，改革的重点在形式主义内部，增加新的品种，比如独立担保、赞助信等；在物的担保中也增加不少新品种。美国法以实用主义为原则，注重担保的功能主义，不再区分抵押和质押，建立起统一的动产和权利担保体系。

一、法国担保法改革

（一）法国担保法改革的过程及目标

1804年《法国民法典》已经建立起较为完备的担保法律体系。但两个世纪过后，人们发现1804年《法国民法典》规定的担保方式和制度相对于法国信用机制的运作而言，颇为保守、过时，新出现的担保方式和法律规范散落在诸多法典和法律文件中，内容繁杂。实务界和理论界都希望看到内容完备、容易读懂、制度现代的担保法新体系。在此大背景下，法国决定更新自己的担保法体系。

2003年7月，法国司法部成立了一个以巴黎第二大学教授米歇尔·歌玛力蒂为主席的担保法改革委员会。该委员会于2005年3月31日提交了除“信托让与担保”外的较为全面的担保法改革法律草案。该草案被提交到司法部后，法国政府为了更快地更新旧法，决定放弃通过“法律”的形式（避开参众两院的审议），改采经由议会授权由政府发布“法令”的形式完成担保法改革。但根据议会授权，政府无权改革“保证”制度和“优先权”制度，致使担保法改革没能一步到位。

2006年3月23日，法国部长会议讨论并通过了《第2006-346号关于担保的法令》。2007年2月20日，法国议会颁布法律赋予该法令具有立法层面的效力。①

① 李世刚：《法国担保法改革》，法律出版社2011年版，第1—5页。

法国担保法改革追求三个目标：担保制度的明晰、债务人保护和担保的有效性。[①]

（二）法国担保法改革的内容

1. 在体系上将担保法律制度独立成卷

在体系上，担保法律制度改革的结果是使担保制度在《法国民法典》中独立成卷，并增加了较多的担保制度。《法国民法典》第四卷就是担保卷。担保卷涵盖“人的担保”和“物的担保”。改革后的担保法律制度具有如下特点：首先，体系更加严密。1804 年《法国民法典》中的担保制度虽然统一了零散的担保方式，但各种担保方式只是毫无关联地被放在一起。担保制度独立成卷后，对各种担保方式重新进行了梳理，从而构建出一套更为严密的担保体系。其次，此次改革主要针对的是担保物权。2006 年法国担保法改革创造了一种新的立法模式，即担保法既不依附于物权法，也不寄存于债法，而是作为与它们平行的独立组成部分。[②]

2. 在具体制度方面增加了很多新的内容

（1）人的担保方面

保证是人的担保中的典型制度。提供保证的债务人取得债权人的信任，债权人因此同意与他签订合同。债务人保持对自身财产的完整所有权，债权人的债权得到清偿的保障，他只要选取一个有清偿能力的保证人就足够了。[③] 正是由于它不受债务人财产状况及破产程序的影响，设立简便，成本低廉，常被债权人采纳。自 20 世纪中叶开始，人的担保制度蓬勃发展，保证独撑“半壁江山”。[④] 但是，在法国的实务中，债权人逐渐放弃了这种担保方式，其原因有三：保证人可以主张主债务人的抗辩；立法与司法对保证人利益的强化与保护；如果保证人是公司，则规则更严厉。因此，债权人开始寻找新的担保方式来替代保证。20 世纪 60 年代开始出现的凭要求即付担保，以保证原则为依据的担保基金，1978 年以来在法国被大量使用。另外，还有母公司为子公司签

---

① ［法］米歇尔·歌里马力蒂：《〈法国担保法改革〉序言一》，载李世刚：《法国担保法改革》，法律出版社 2011 年版，序言一第 3 页。

② 张素华：《论民法典分则中担保制度的独立成编》，载《法学家》2019 年第 6 期。

③ 沈达明编著：《法国/德国担保法》，中国法制出版社 2000 年版，第 16 页。

④ 李世刚：《法国担保法改革》，法律出版社 2011 年版，第 55—56 页。

发的安慰信、赞助信等形式。在担保法改革中，人的担保方面增设了独立担保和赞助信制度，使原来保证“一统天下”的局面，转变为保证、独立担保和赞助信“三足鼎立”的局面。

①独立担保。世界上首次将独立担保制度写入成文法的是法国。关于独立担保问题，后文将专章论述。

②赞助信。赞助信也称为意图信、安慰信、意向书、意愿函、安慰函。使用赞助信的典型实例场景为金融或者工业集团的子公司超过自身的财务能力借款或者成交。这种信的主要特点是说明“担保人”承担义务的用词不确切。用词不确切是故意的，即谋求不作为担保人。其目的在于给予受益人关于主债务人有清偿能力的保证，但不因此承担保证责任或凭要求给付的担保人的义务。赞助信有三类：一是不包含任何法律上的义务允诺的赞助信；二是产生人的担保的赞助信；三是产生固有的作为义务的赞助信。其中，第三类中的义务，例如：保持参股的义务或不转让股权的义务；管制子公司的经营，使其有足够的偿还资金；向子公司提供清偿债务必需的财力的义务。[①] 2006 年法国担保法改革明确指出，赞助信是一种区别于保证的自成体系的人的担保，它表明的义务不具有保证义务的性质。不能认为它是保证的替代，但可以将其看作保证的补充。它涉及了保证并不涉猎的领域。[②] 根据《法国民法典》第 2322 条，赞助信是指以支持债务人履行其对债权人的债务为目的的作为或不作为的承诺。该定义表明，赞助信的签发人给债务人某种支持，使得后者能顺利履行其债务。签发人负担一种担保义务，此义务不是以支付义务为内容，而是一种行为义务，即从行为上支持债务人履行义务。这种义务使得签发人不同于保证及其独立担保中的保证人。对于赞助信所指向的债权人而言，如果他想从签发人那里取得债权的支付，只能向签发人主张一般的侵权责任。若签发人没有履行赞助信记载的行为义务，将给自身带来损害。

法国法上的赞助信成为独立的担保种类，具有深刻的意义：其一，赞助信意味着某种担保义务的存在；其二，这种担保义务不同于保证；其三，义务具有可操作性。[③]

---

① 沈达明编著:《法国/德国担保法》,中国法制出版社 2000 年版,第 85—86 页。

② 李世刚:《法国担保法改革》,法律出版社 2011 年版,第 77 页。

③ 李世刚:《法国担保法改革》,法律出版社 2011 年版,第 77—82 页。

在我国《民法典》的制定过程中，《中国社会科学院民法典分则草案建议稿》中的第442条规定了安慰函："第三人向债权人出具的表明其对债务人履行债务进行督促或者提供道义支持的安慰函，不具有保证合同的效力，但安慰函明确表示该第三人承担担保责任的，具有保证合同的效力。"① 但立法机关最终没有采纳这一建议。最高人民法院《九民纪要》中规定的增信措施，类似于赞助信。

（2）物的担保方面

法国担保法改革重整了担保法中物的担保种类和体系。

首先，"动产和不动产的区分构成了法国财产法律上的实质性基础"的传统得以全面体现。《法国民法典》第四卷的第二编为"物的担保"，它又分成三个分编："一般规定""动产担保""不动产担保"。法国担保物权中立的宏观体系得以设立。

其次，改革明确了原来界限不清的有关转移占有的三个概念，即"质""挪""典"，它们分别针对有体动产、无体动产、转移占有型的不动产担保。改革规定了所有权保留。此外，随着信托立法的完成，让与担保也成了法国法上的一种典型担保。②

具体而言，法国担保物权制度的变革成就主要有：

第一，增加了有体动产"质"的定义（《法国民法典》第2333条）。质权的设立不以转移质物的占有为必要。质权通过书面形式获得其完备性，通过登记获得其对抗性；留置权在公示的质权面前"低头"；质押可以用于种类物，人们可以用流动性的库存设质；流质条款得以被承认，但是允许流质的财产范围受到限制，担保消费信贷的质押合同、《商法典》规定的库存质押合同不能订立流质契约。

第二，转移占有的不动产质押③，其质权设立时，必须订立书面合同，且该合同必须经过公证。该转移占有的不动产质押，其质权的实现与抵押权相同。

第三，不转移占有的抵押包括意定抵押、法定抵押及司法抵押。如果不动

① 陈甦主编：《中国社会科学院民法典分则草案建议稿》，法律出版社2019年版，第274页。

② 李世刚：《法国担保法改革》，法律出版社2011年版，第43页。

③ 李世刚先生将其译为"典押"。

产在法国境内，不论抵押契约是否在法国境内订立，抵押的设立必须有法国公证人员出具的公证文书，否则，抵押无效；抵押的标的物只能是不动产，且必须是确定的、现有的，未来的不动产在特定情况下才能设立抵押；被担保的债权可以是未来的债权，但必须是可以确定的，且应当在设定文书中表明原因；债权有“本金数额”的最高限额，否则无效；浮动担保不被允许。

第四，新增加一种担保类型制度——“可再负担抵押”制度。“可再负担抵押”制度是一次抵押、反复利用，方便抵押人充分利用信用进行再融资，成本低廉，制度精巧。[①] 该制度体现在《法国民法典》第 2416 条：“只要设立抵押权的文书有明文规定，由自然人或法人为从事职业目的设立的抵押权，随后可用于担保该文书中写明的债权以外的其他职业性债权。于此情形，抵押权设立人可以在设立文书规定的以及第 2417 条[②]所指的数额限度内，将其设立的抵押权不仅用于向原来的债权人提供担保，而且用于向新的债权人提供担保，即使前一债权人尚未得到清偿，亦同。设立抵押权的人与原来的债权人或者新的债权人订立的可增负抵押[③]协议，应当采用公证文书的形式。此项可增负抵押协议，应当依照第 2425 条规定的形式进行公示，否则，对第三人没有对抗效力。”从上述“可再负担抵押”制度的定义可以看出，该制度突破了抵押制度的从属性和特定性原则，某一担保物不再只为一项债权提供担保，其运作过程共分两步：一是赋予普通抵押权以再负担性。具体做法是在普通抵押设立文书中加入一项特别条款，赋予普通抵押以再负担性，即抵押设立人和债权人在抵押协议或者补充协议中明确指明这个抵押具有可再负担性（如“该抵押还可以于未来被用于担保其他债权”等条款），并确定一个最高限额，此限额不随抵押财产市场价格的变化而变化。此条款即“可再负担条款”；所涉抵押协议被称为“初始抵押合同”或者“最初抵押合同”；此债权人可以称为“初始债权人”或“第一债权人”。二是利用可再负担抵押制度订立再负担协议。可再负担抵押设立后，抵押人如果需要再次适用该协议担保新的债权，他应当和新债权人订立再负担协议（或称“新负担协议”）。此新债权人有可能是初始

① 崔建远：《〈法国担保法改革〉序言三》，载李世刚：《法国担保法改革》，法律出版社 2011 年版，序言三第 3 页。

② 根据《法国民法典》第 2417 条的规定，抵押协议必须确定抵押本金的最高数额，并于公证书中载明。

③ 即前文所说的“可再负担抵押”。

债权人，也可能是其他人。关于新债权的性质和种类，《法国民法典》没有规定，但是立法者在《消费法典》中增加一条限制——可再负担抵押不能用于担保循环信贷。

可再负担抵押体现了两个特别之处：一方面，它不因原始债权的消灭而消灭；另一方面，可再负担抵押可因担保人的放弃而消灭。①

二、美国动产统一担保制度

1952年颁布的美国《统一商法典》是当今世界颇具影响力的一部商法典，被誉为美国法律演进历史中最为璀璨的成就之一。该法典第九编“担保交易”是美国关于担保交易的实体法，也是法典最具创新性和原创性的部分。该编并未采用大陆法系惯用的以类型和内容两个核心方面来构造物权法定主义的道路，而是致力于消除各个担保制度的差异，提炼出一个可以共同适用的通则性规定。该编使用“担保权益”（security interest）一词来统称之前纷繁复杂的各种动产担保权益，并且对各种担保方式从本质上进行了提升与归纳，创造性地提出了一个全新的担保方式——担保合同（security agreement），及一系列与动产担保制度相适应的法律概念，如担保权人（secured party）、担保物（collateral）等。在第九编的统领下，担保权益的规制不再以所有权的归属为基础。这种颇具新意的规制，体现出法典制定者谋求实质化、一元化担保体系的初衷，在实际应用中具有很强的亲和力，推动了全球动产担保物权研究和立法的发展。第九编中动产的分类、对价的概念、登记制度的设计均突破了传统的动产担保法律所规定的范畴。最值得一提的是，第九编对物权归属问题在物权担保问题中的作用不加过问，避开了学术界在所有权问题上的分歧而回归实践需要。第九编还对货物所有权理念进行了革新，规定了担保物权的效力及于嗣后取得财产、以功能为价值取向的优先权制度体系、通知和登记制度。其中，优先权制度体系不受法学理论的支配，而纯以服务于动产担保交易当事人为目的，不仅允许高风险的评估，同样折射了市场交易的实际。同时，以现代融资中的弹性，构建必要的通知和登记制度，以取代此前的文件登记系统所具有的

① 关于法国担保法改革的内容，参见李世刚：《法国担保法改革》，法律出版社2011年版，第136—151页。

刚性。[①] 美国《统一商法典》第九编确立的动产统一担保制度，体现了担保制度由形式主义向功能主义的转变，具有英美法律实用主义特征，具有浓厚的现实主义法律思想色彩。[②] 第九编不再区分担保类型是抵押还是质押，不再区分担保物是动产还是权利，统一冠之以“担保”和“担保物”之名。其最具创造性的方面是建立了一套标准化的担保机制：其一，担保交易遵循契约自由原则；其二，担保利益效力的确定化；其三，公示方法的强制性要求。[③]

（一）美国《统一商法典》第九编的立法过程

19世纪初叶以前，美国仅有不动产抵押和动产质权两种担保手段，后来又以不动产抵押制度为原型，通过制度创新确立了以动产不转移占有为特征的动产抵押制度，并将其广泛地运用于悄然兴起的分期付款买卖中。到19世纪末期，一种新交易方式——附条件买卖（conditional sale）成为分期付款买卖的主流。20世纪上半叶，美国多数州先后采行《统一动产抵押法》《统一附条件买卖法》《统一信托收据法》等，使动产担保的形式逐渐规范化。在《统一商法典》生效前，有关动产担保交易的主要形式有：质押（pledge）、动产抵押（chattle mortgage）、附条件买卖（conditional sale）、信托收据（trust receipt）、代办人留置权（factor's lien）、现场存仓（field warehousing）。动产担保法律存在过于复杂、交叉重叠、效力冲突的弊端；对新的动产作为担保物缺乏规定；担保物和担保机制种类繁多，在实践中给当事人进行担保交易带来了困难。[④]

在美国，包括动产担保交易在内的商事立法权隶属于各州。过去，各州之间不甚协调的商法成为阻碍美国经济发展的一大法律障碍。为了顺应经济商贸发展的需要，美国工商界早有统一各州商法的呼声。及至19世纪末，强大的统一商法运动出现，美国统一州法委员会得以成立并运作。该委员会先后制定

---

① 蔡红、吴兴光：《〈美国统一商法典〉：创新、成就及对中国的启示》，载《国际经贸探索》2014年第2期。

② 刘晓：《卢埃林法学思想探究——以〈美国统一商法典〉为视角》，载《法制博览》2015年第28期。

③ 徐洁：《担保物权功能论》，西南政法大学2004年博士学位论文。

④ 阎秋平：《论美国统一商法典第九篇——担保权益、担保权益的附着及完善》，对外经济贸易大学1999年博士学位论文。

了多部统一的单行商事法律，但这些法律往往被各州修改得面目全非。至20世纪30年代，随着商事实践的不断发展、商事规模的不断扩大、商事活动模式的推陈出新，现实对法律提出了新的要求。正是在这样的背景下，1938年纽约州商会鉴于1906年《统一买卖法》的不足，提出了制定管辖所有州际买卖的“联邦买卖法”的建议。对《统一买卖法》的修订工作出乎意料地于1945年1月1日启动了美国《统一商法典》的草拟工作。美国统一州法委员会和美国法学会共同成立了《统一商法典》起草委员会，汇集了美国法律界的精英。1952年，美国《统一商法典》正式对外公布。1953年，宾夕法尼亚州经过细小的修改后通过了该法典，并于1954年7月1日施行。1953—1955年，纽约州法律修订委员会逐字逐句对《统一商法典》进行了研究，并提出了修改建议。美国统一州法委员会和美国法学会针对这些建议于1957年通过了修改后的《统一商法典》文本，又经进一步修改后，形成1958年和1962年文本。至1968年，除路易斯安那州外，其余各州均通过了该法典。1972年，上述两个机构又通过了1972年文本，对第九编进行了全面修改；后来，又多次对第九编进行研究，修改，形成1998年文本。至2001年12月31日，各州均通过了第九编。①

（二）第九编的结构及主要内容

1. 第九编的结构

美国《统一商法典》第九编“动产担保交易”的结构如下：第一章“总则”，第二章“担保合同的效力”“担保权的有效成立”“担保合同当事人的权利”，第三章“公示与优先顺位”，第四章“第三人的权利”，第五章“登记”，第六章“违约”，第七章“过渡条款”。②

2. 第九编的主要内容

（1）第九编的适用范围

根据第九编第9-109条的规定，该编适用于：①依合同在动产或者不动产

① 高圣平：《〈美国统一商法典第九编（动产担保法）〉与中国物权法》，载于《中国民法学研究会第二届全国金融担保理论与实践研讨会文集》。

② 本书引用的该法典相关章节名称、条款依据的是高圣平先生翻译的美国《统一商法典》第九编“动产交易担保法”2017年版本。参见高圣平：《担保法前沿问题与判解研究》（第三卷），人民法院出版社2019年版，第431—552页。

附着物之上设定担保权的交易，其形式若何，在所不问；②农业担保权；③应收账款、担保债权凭证、付款无体财产权，或者本票的买卖；④寄售；⑤第9-110条所规定的，根据第2-401条、第2-505条、第2-711条第3款或者第2A-508条第5款规定所产生的担保权；⑥根据第4-210条或者第5-118条所产生的担保权。

该编不适用于以下情形：①美国的某项成文法、条例或者公约优先于本编而适用；②本州的其他成文法明确调整由本州政府或其政府机关创设的担保权的设定、公示优先顺位或者实行；③除普遍适用于担保权的成文法外，另一州、外国，或者另一州、外国的政府机关的成文法明确调整由该州、国家或政府机关创设的担保权的设定、公示、优先顺位或者实行；④信用证之上作为受让人的受益人或者指定人的权利，根据第5-114条的规定，具有独立性和优先性。此外，该编还明确了其不可适用性。

从上述规定可以看出：第一，动产担保交易适用的范围很宽，至于交易形式则在所不问；第二，贯彻法定的担保制度优于约定的担保制度，尊重了各州的立法权，也易于各州采用第九编；第三，贯彻法定担保权优先原则；第四，立法从正反两个方面规定动产担保交易的不适用情形，体现了法律的确定性和可操作性。

（2）动产担保物及担保当事人

第一，担保物（collateral）。根据第九编第9-102条的规定，担保物是指受担保权和农业担保权约束的财产。这一术语包括：①担保权在其上有效成立的收益；②已被出卖的应收账款、担保债权凭证、付款无体财产权以及本票；③作为寄售标的物的有体动产。

上述规定表明，在美国动产担保交易法上的担保物，是受担保权约束的财产，包括动产、权利。需要注意的问题：一是“收益”可以成为担保物。“收益”是该编中的一个特别概念，下文专讲。二是担保债权可以成为担保物。这与英美法系国家的按揭债权抵押密切相关。三是汇票不能成为担保物。四是有体动产必须是可以出售的动产。五是使用了“无体财产”这个概念，其范围更广泛，应是包括知识产权在内的各种权利。这一点比我国《民法典》规定的范围更宽。我国《民法典》规定只有法律规定可以质押的权利才能质押。

对于担保物的识别，根据第九编第9-108条的规定，担保物以下列方式描述具有充分性：①具体列举担保物；②列出了担保物的种类；③按照《统一商法典》界定的类别描述担保物，但是以“商事侵权赔偿请求权”或者“消费交易中的消费品、证券权益、证券账户或者商品账户”的方式描述是不充分的；④说明担保物的数量；⑤说明计算或者分配的公式或者步骤；⑥使用客观上可确定的指明担保物的其他方法，但是，诸如以“债务人的所有财产”“债务人的所有动产”或者具有类似含义的词语来描述担保物，并不能合理地指明担保物。

上述规定确立了担保物的“合理识别标准”。第九编中关于对担保物的“合理识别”规则，相比于大陆法系物权法关于担保物须经特定化的法则，是一个十分值得借鉴的立法模式。[①]

第二，担保人。根据第九编第 9-102 条的规定，担保人是指：①对担保物享有除担保权或者其他担保物权外的物权利益的人，其是否为（主）债务人，则非所问；②应收账款、担保债权凭证、付款无体财产权或者本票的出卖人；③受寄售人。

担保人可以是主债务人，也可以是卖方等第三人。

第三，担保权人。根据第九编第 9-102 条的规定，担保权人是指：①为其利益依照担保合同创设或者规定担保权的人，债务是否已经履行，则非所问；②享有农业担保权的人；③寄售人；④应收账款、担保债权凭证、付款无体财产权或者本票的买受人；⑤为其利益创设或者规定担保权或者农业担保权的受托人、债券受托人、代理人、担保物代理人或者其他代表人；⑥享有因第 2-401 条、第 2-505 条、第 2-711 条第 3 款、第 2A-508 条第 5 款、第 4-210 条或者第 5-118 条规定而生的担保权的人。

此处的担保权人不同于大陆法系担保制度中的债权人。合同可以约定担保权人，不论该人是否享有债权；委托人、受托人、代理人、代表人、无形财产买受人皆可以成为担保权人。

（3）担保合同的设立、担保权的成立和担保合同当事人的权利

第九编对担保合同的设立与担保权的成立采取了分别规定的立法技术。

第一，担保合同的成立。在担保合同的成立问题上，第九编采取了灵活的态度。担保合同依其条款在当事人之间发生效力，并可对抗担保物购买人和债

① 董学立：《中国动产担保物权法编纂研究》，法律出版社 2020 年版，第 185 页。

权人。（第 9-201 条第 a 款）根据第 9-202 条，担保物的所有权无关紧要，不论其属于担保人还是担保权人，但是对于寄售或应收账款、担保债权凭证、付款无体财产权或者本票的买卖另有规定的除外。此外，担保合同不得与保护消费者的成文法或者条例等相违背；如有违背，“仅产生依据这些成文法、条例的后果”。（第 9-201 条第 c 款）

第二，担保权的成立。第 9-203 条规定，担保权就担保物对担保人可得实行时，担保权即在担保物之上有效成立，除非合同明示推迟有效成立的时间。担保权只有在下列情形时，才能就担保物对担保人或者第三人行使：①已经支付对价；②担保人对于担保物享有权利，或者担保人有权将担保物上的权利转让给担保权人。对于第二种情形，还必须满足下列条件之一：债务人已确认了描述有担保物的担保合同，如果担保权及于待砍伐的树木时，则另须描述有关土地；担保物不属于凭证式证券，且根据第 9-313 条的规定，依照担保合同由担保权人占有；担保物是记名凭证，该凭证已经根据第 8-301 条的规定，依照担保合同交付担保权人；担保物是存款账户、电子担保债权凭证、投资财产或者信用证权利，担保权人根据第 9-104 条、第 9-105 条、第 9-106 条、第 9-107 条的规定，依担保合同控制了该担保物。

上述规定担保权成立的条件，可以被归纳如下：一是担保权可得实行时，担保权成立；二是担保权在三个条件下可得行使，即支付对价、担保人就担保物享有权利和担保物已经被担保权人占有、交付或者控制。“上述三个条件，与英美法上合同的可强制执行性密切相关。”①

第三，担保权及于担保物的收益。担保权益附着于担保物后，担保物的形式可能会发生变化。担保物的形式不论基于何种原因发生变化，对于价值存在形式已经发生变化的担保物，这种在法律语言上被称为收益的东西，担保权人都有追及权。这一过程被形象地称为价值追踪，即在担保物的价值存在形式发生变化时，附着在先期担保物形式上的担保权益继续附着在其价值变化形式的“收益”上。② 根据第 9-102 条的规定，收益是指：①基于担保物的出售、出租、许可、交换以及其他形式的处分所获得的任何东西；②基于担保物所收集的东西或者所发出的账目；③因担保物而产生的权利；④在担保物价值范围

① 董学立:《中国动产担保物权法编纂研究》,法律出版社 2020 年版,第 184 页。

② 董学立:《美国动产担保制度研究》,山东大学 2006 年博士学位论文。

内，因担保物的损失、不符合标准以及干涉其使用而产生的请求权，因对担保物的质量缺陷和侵权所产生的请求权，因对担保物的损害所产生的请求权；⑤在担保物价值范围内以及在可赔付给担保人或担保权人的范围内，因担保物的损失、不符合标准、质量缺陷、侵权、损害等原因可支付的保险。收益可以是现金形式的，也可以是非现金形式的。若担保权及于收益，该收益必须具有可识别性，可以还原为其所以由来的担保物。（第 9-315 条）

第四，担保合同当事人的权利与义务。这包括：占有或者控制担保物的担保权人的权利与义务；控制担保物的担保权人的附随义务；应收账款债务人已被通知转让时担保物权人的义务；债务人确认有关请求书的权利和担保物权人回复有关请求书的义务。其具体体现在第 9-207 条、第 9-208 条、第 9-209 条、第 9-210 条的规定中。

（4）动产担保公示与优先顺位

第九编规定的公示方式有登记公示、占有公示、控制公示、自动公示和其他公示。

第一，登记公示。第 9-310 条规定，所有担保权和农业担保权的公示均须登记担保声明书，法律另有规定的除外。

第二，占有公示。第 9-312 条规定的金钱之上的担保权，第 9-313 条规定的流通物权凭证、有体动产、票据或者有体担保债权之上的担保权，可以以占有为公示，而占有的方式是受领凭证式证券的交付。

第三，控制公示。第 9-314 条规定，投资财产、存款账户、信用证权利或者电子担保债权凭证之上的担保权可以依规定进行控制公示。

第四，自动公示。第 9-311 条规定，有些规定中调整的财产之上创设的担保权的公示不以登记担保声明书为必要，或者不以其为生效要件，如规定了担保权优先于与财产有关的法定担保权人的权利的条件优先于第 9-310 条第 a 款而适用的美国成文法、条例或者条约，或者所有权凭证上记载的担保权是公示条件或者结果的所有权凭证成文法。

第五，其他公示，是指第 9-312 条规定的暂时公示。该条第 e 款、第 f 款、第 g 款规定，在 20 日期满后，担保权的公示依照其所在编的规定；在 20 日前，担保物上原有的担保权公示依然有效。

担保权顺位问题是担保权益实现过程中的重大问题，也是担保权实现过程中出现矛盾和纠纷较多的地方。担保权即便有效设立，但是如果在顺位上不具有优势，也可能会出现担保权益无法实现的情形。因此，担保权顺位问题是担保制度的核心问题，各国担保法均将担保权实现时的顺位问题作为重要事项进行规范。《统一商法典》第九编规定的担保权优先顺位十分复杂，依据担保权公示的不同方式规定了不同的担保权顺位。在确立担保权人优先次序的问题上，第九编采取了三种办法：一是不同担保权益生效方法对担保权益的影响；二是登记制度对担保权益的影响；三是特殊法政策对担保权益次序的影响。

其一，控制生效方法与其他生效方法。

首先，在同一担保物上，依据控制生效原则决定的数个担保权益的优先顺序，是按照完成控制的先后顺序来确定的。其次，以控制生效的担保权益优先于其他生效方法的担保权益。前已述及，投资财产、存款账户、信用证权利或者电子担保债权凭证之上的担保权可以依规定控制公示。在这四种担保物上成立的担保权益，如果担保物被担保权人实际控制，则该担保人的担保权益优先。即使该担保物被登记，也不能改变对担保物控制的担保权人的优先受偿权。

在占有生效的担保权益中，对担保物已经受领担保物凭证的担保权人，其担保权益优先于以登记方法生效的担保权益。在自动生效的方法中，占有担保物的自动生效优于非占有生效的自动生效。

其二，登记方法对担保权益的影响。

第九编第 9-322 条第 a 款规定，在同一担保物上的相互冲突的担保权益的优先顺位，依下列原则解决：①相冲突的已公示的担保权益依照其登记或公示的时间决定其优先权，登记或公示在先的享有优先权；②已公示的担保权益优先于未公示的担保权益；③先附着的担保权益优先于未生效担保权益。

根据上述规定，登记生效的担保权益的顺位如下：登记在先者优先于在后者清偿；登记的先于未登记的；均未登记的，依据担保权益附着时间的先后决定清偿顺序。

对于未来贷款，不论有无未来贷款条款，只要第二笔贷款或者后来追加贷款的担保物是已经登记融资报告所确定的担保物，则其就享有优先于先期融资报告登记后生效的担保权益受偿的权利。也就是说，先登记的担保权人增加担保数额的自由是不受限制的。

对于嗣后获得的财产，登记生效制度同样适用，即对嗣后获得的财产依据登记的时间先后决定其顺位。

其三，依据特殊法政策考量决定的担保权顺序。

基于特殊法政策考量，第九编规定了两种担保权益优先权。一是购买价金担保权益优先权。我国学者称之为超级优先权，包括出售人的购买价金优先权和融资机构的购买价金优先权。而以担保物是否以“库存”为标准，购买价金优先权又包括库存价金担保权益和非库存价金担保权益。这一分类的意义在于两者生效时间以及获得该担保权益的要求不同。[①] 购买价金担保权益优先权是在先登记原则的例外，即购买价金担保权益优先于在先登记的任何担保权益；对于非库存购买价金担保权益，只要在债务人占有担保财产20日内办理了登记，即使登记时间晚于其他担保权益，仍可以优先受偿。出售人的购买价金担保权益优于银行购买价金优先权。二是购买者优先权，即正常买受人规则。该规则以保护购买者的权利为目的，是指购买者对购买物有对抗该物的担保权人的权利，免受担保权人的追及，可以保护良好的社会秩序。

（三）美国《统一商法典》对我国的影响

美国《统一商法典》第九编颁布后，许多国家和地区、世界组织仿效第九编的立法模式，修改自己的动产物权法律，由此形成了世界范围内动产担保物权法一元化立法模式的热潮。据统计，加拿大、墨西哥、法国，东欧诸国，亚洲的蒙古国、越南、柬埔寨、韩国，以及亚洲开发银行、美洲开发银行、世界银行等，都草拟或颁布了自己的动产担保交易法。[②]

我国学者较早对美国《统一商法典》进行了翻译、传播。高圣平先生曾对美国《统一商法典》进行正式评述。董学立先生以美国《统一商法典》第九编为研究对象，完成了其博士学位论文，并在《民法典》的立法过程中，主张统一动产担保交易立法，对现有担保物权制度进行重大改革。他认为，我国担保物权制度存在横向结构缺陷、纵向结构缺陷、静态规范缺陷、动态规范缺陷。横向结构缺陷主要是“统一登记公示制度”的结构性缺失、“统一优先受偿制度次序规则”的结构性缺失和“可准用性规范”的结构性缺失。纵向结构缺陷主要是动产担保物及其范围重复的结构缺陷、动产担保物权的设立与

① 董学立:《美国动产担保制度研究》,山东大学2006年博士学位论文。

② 董学立:《中国动产担保物权法编纂研究》,法律出版社2020年版,第177页。

公示重复的结构缺陷、动产担保物权的实现重复的结构缺陷和动产担保物权的消灭重复的结构缺陷。他认为，动产担保法制中有九个方面的规范，其中，动产担保合同，动产担保物权的设立、公示，动产担保物权的实现、消灭等，为动产担保法制的动态规范，而物、物权、物权法是三个静态规范。无论是动态规范还是静态规范，都存在缺陷。①

我国法律对美国《统一商法典》第九编规定的购买价金优先权和正常买受人规则进行了制度引进。

在《民法典》的立法过程中，如何修正和完善我国之前的动产担保立法，学界有两种编纂路径：一种是少数派主张的“改弦更张”，即启用符合世界潮流的动产担保物权法一元化立法路径；另一种是多数派主张的“三个非不可”②，即在现有动产担保物权法制的体系下修正和完善立法不足。最终，立法机关采取了“三个非不可”主张，对动产担保物权制度在原《物权法》的基础上采取了修补的策略，形成如今《民法典》中的动产担保物权制度。

① 董学立:《中国动产担保物权法编纂研究》,法律出版社 2020 年版,第 44—83 页。

② “三个非不可”,即非增加不可的才可以增加、非删除不可的才可以删除、非改变不可的才可以改变。参见董学立:《中国动产担保物权法编纂研究》,法律出版社 2020 年版,第 258 页。

第二章　我国担保制度的历史发展

第一节　典权制度

在悠悠历史长河中，勤劳善良的中国人民创造了令人叹为观止的古代文明。中国的古代法制文明是中国古代文明的重要组成部分。在法律理念、法律制度、法律程序、法律学术、律学家和律学教育等方面，古代中国创造了自成体系、拥有独特魅力的法律文明，形成了巍巍壮观的中华法系。中华法系是影响地域最为广泛的法系之一。晚清时期，鸦片战争的坚船利炮打开了中国的国门。面对外敌入侵，一批先进的中国人，怀着“师夷长技以制夷”的心态开始放眼世界，以图自强。在法律制度上，当时的中国以“模范列强”为挽救朝纲、收回法权与利权的唯一选择，务使法律通行于中外。① 为此，清政府开始修律变法，一批日本、德国、美国的法律学者来到中国，带来西方的法律理念。沈家本等变法修律人士开始了西方法律本土化的过程。光绪、宣统年间，清政府通过了一系列法律及法律草案。通过这些法律及草案，法治、律师、陪审、自由心证、审判公开、司法独立、回避、罪刑法定、无罪推定等各项近代西方的法律制度被引入。这些制度后来被归入国民政府《六法全书》，奠定了中国近代法律体系的基础。② 但是，清末修律中，生搬硬套国外的概念、制度的现象比比皆是，中国传统的法律制度甚至完全被西方法律制度取代。比如《大清民律草案》规定了不动产质权，却删除了在中国存续千年之久的、中国特有的“典当”制度，法律与社会生活完全脱节，以至于有外国专家概叹：“自置其本国古先哲之良法美意于弗顾，而专求之于外国，窃为惜之。”③ 但

---

① 王健编：《西法东渐：外国人与中国法的近代变革》，译林出版社 2020 年版，序言第 1 页。

② 何勤华、钱泳宏等：《中华法系》，商务印书馆 2019 年版，第 26—27 页。

③ ［德］赫善心：《中国新刑律论》（1908 年），载王健编：《西法东渐：外国人与中国法的近代变革》，译林出版社 2020 年版，第 391 页。赫善心清朝末年来到中国，任青岛特别专门学堂法科教授。

是，时至今日，典权究竟是用益物权，还是担保物权，在《民法典》中是否需要设立典权，是否设立营业质，观点纷呈，交锋激烈，所以有必要进行探讨。

一、“质”“典”“当”

我国最早的担保形式是“质”。先秦时期，诸侯征战，尔虞我诈，信誉难立。一些小诸侯国为了自身生存不可避免地进行求和、求援甚至军事政治结盟，而为了互相取信对方，往往派公卿大夫、公子甚至太子到别国充当人质，时称“质子”，以作为履行诺言或者接受某项条件的信誉担保和风险抵押。“质子”是一种政治抵押。至清代，康熙皇帝削藩前，吴三桂将其子留在京城，实为“质子”。政治上的“质子”现象逐渐为民间的债权债务关系所借鉴。大约在战国时期，民间已经产生以人身作担保的现象。至汉代，不仅存在以人身作担保的“人质”，还出现了以财物作为质押担保的“物质”。东汉许慎所撰《说文解字》中说：“质，以物相赘。”“赘，以物质钱，从敖、贝。敖者，犹放；贝，当复取之也。”[①] 从许慎对“质”的解释看，“质”本身含有以财物进行“质押担保”的含义。可见，东汉时期“质押担保”现象较为普遍。魏晋南北朝时期，许多寺院收质放贷。这种收质放贷也称为“长生库”。此时，“质”的客体仅指动产。北齐时，统治者施行均田制，不允许土地买卖，但是社会上出现了土地“贴卖”制度，该“贴卖”制度规定有期限，“钱还地还，依令听许”。土地“贴卖”制度在隋唐五代时期进一步发展，出现了当时称为“贴赁”或者“典质”的不动产典权。中唐时期，唐代宗干脆以敕令的形式承认了“贴赁”或者“典质”土地的合法性。在此后的史料记载中，对于“贴赁”或者“典质”的称呼逐渐集中为“典质”或者单称为“典”“出典”。典既然获得了官方认可，从中晚唐到五代时期，典与租赁或者质举在形式上逐渐脱离。“典”，原义是“从册在丌上”[②]，表示竹册放在架子上。该词义恰当地表现了动产质押物放在货柜上分别储藏的情形。“质”与“典”从此词义连用，甚至后人以“典”代“质”。唐代动产典质非常普遍。北宋时期，王安石变法推行市易法，官府在

① 汤可敬译注：《说文解字》，中华书局 2018 年版，第 1276 页。

② 汤可敬译注：《说文解字》，中华书局 2018 年版，第 959 页。

各地设置官办放贷机构，称为“抵当所”“抵当库”。与南北朝时期的寺院“长生库”不同，这种官方的放贷机构要求客商赊购货物或者借贷时，以动产充抵担保赊贷官钱，政府收息。此举与民间质库颇为相似。后来，要求以田地等不动产充抵担保。宋代民间的质押担保的质库与政府的抵当库并存，形成“质”“当”“典”三字同义的现象。但在宋代，对于田宅出典，常以“典卖”称之，即“典”与“卖”不分。至明代，“典”与“卖”才有明确的区分，区分依据在于标的物是否可以赎回。《大清律例》中规定：“以价易出，约限回赎者，曰典。”典契在契内注明“回赎”字样；卖契在契内注明“绝卖”“永不回赎”字样。“典当”，俗以衣物质钱谓之当，大概自东汉已如此。《后汉书·刘虞传》：“虞所赉赏典当胡夷，瓒复抄夺之。”杜甫写有“朝回日日典春衣”的诗句。“典”与“当”是同义的。但是宋代以后，特别是元代时，这两个概念有比较大的区别。“典”与“当”是两个截然不同的概念，用现代法律概念表达，典是典权，当是质押。当的客体一般都是动产，而典是不动产；当的期限较短，而且在期限内出当人可以随时回赎当物，典的期限一般都较长，而且只有期满后出典人才能赎回；当的赎回，出当人要支付原当价和利息，而典的赎回，只需支付原典价。

二、我国古代典卖制度的基本内容

之所以用“典卖”而不用“典权”，是因为我国民国之前没有“典权”的概念。民国民法受西方法律传统的影响，有了权利意识，才有了“典权”的概念。目前使用“典权”概念，主要是从典买人的角度论述其权利，但忽视了出典人的权利，故“典权”概念不足以完整反映典制的全部的内容。宋代时期，只有“典卖”的提法。为尊重历史，本文采用“典卖”的概念。

有观点认为，在宋朝时期，由于商业和商品经济的发展，“典卖”在当时获得了高度发展。后世之于典制虽有补益，但是一些重要原则、规定以及人们的观念都是在那时形成的。① 我们看一下宋代典制的一些基本内容。

① 刘志刚:《宋代债权担保制度研究》,河北大学 2008 年博士学位论文。

（一）田宅典卖的程序[①]

1. 问亲邻

业主欲卖土地时，必须先征询房亲、地邻是否有购买的意愿。在同等条件下，房亲、地邻有优先购买权。房亲、地邻不买或出价太低，卖主方可卖予他人。问亲邻需用书面形式，即“问账”。“账”上写明业主的姓名、产业数量及着落、价格等方面的内容。如果亲邻不要，则要在“账”上注明，称为“批退”。[②]《宋刑统》卷十三中规定：“应典卖、倚当物业，先问房亲，房亲不要，次问四邻，四邻不要，他人并得交易。”《全宋文》卷五十一中记载：“凡典卖物业，先问房亲；不买，次问四邻。其邻以东南为上，西北次之。上邻不买，递问次邻。四邻俱不售，乃外召钱主。”

2. 输钱印契

找到买主后，买卖双方要签订契约，在契约中载明买卖一应事项，包括标的、价格以及计算、履行期限等，由买卖双方以及中介人、见证人签章后，一式四份，买卖双方各执一份，中介人持一份，官府留存一份。契约要到官府加盖印章方为有效。“输钱”是指典卖人要向官府缴纳典卖土地的税钱，交完税钱，官府才加盖印章。不加盖官府印章的典卖契约，诉讼时官府不予承认。典卖契约，须家长亲自出面：家长是女子时，须隔帘幕亲闻商量；家长在外，兵戎阻隔时，须州、县部门给出凭由。若家中卑幼蒙蔽家长私卖田宅或者模仿家长姓名，则契约无效，“钱业各还两主”。[③]

3. 过割赋税

买卖双方到官府对照土地砧基簿办理赋税义务的过户手续。

4. 卖主离业

卖主将土地交付买主，离开物业。

5. 典期、回赎期及对出典人的保护

宋代的法律对典期没有规定，主要由当事人双方自由约定。但是，为了方便解决纠纷和诉讼的需要，宋代法律对典期的起算点作了规定，即从印契之日

① 龙大轩主编:《中国法律史》,法律出版社 2020 年版,第 179—180 页。

② 刘志刚:《宋代债权担保制度研究》,河北大学 2008 年博士学位论文。

③ 《宋刑统》卷十三《典卖指当论竞物业》。

或者交业之日起算。

宋初对回赎期有明确的规定，即典期届满，过 30 年，不得回赎。后来，回赎期改为只要“元契见在”，不论过限多少年，均可凭契要求回赎，同时承认了子孙对于回赎权的继承。南宋时对出典人回赎权的保护进一步加大。

(二) 典主体的权利与义务

1. 出典人的权利

（1）出典人享有“过割”的权利，避免“产去税存”。

（2）出典人享有回赎权。回赎权人不仅限于出典人，其继承人甚至当出典人及其继承人均无时，其亲邻也有回赎权。

（3）出典人的绝卖权。出典人有权放弃回赎而行使绝卖权。

（4）出典人享有添典权。出典人典卖田产时，如果典价过低，那么出典人有权要求“现主”[①] 再补典价，这种权利被称为添典权。

2. 出典人的义务

（1）遵守“批退”“输钱”的义务。

（2）不得重叠典卖。

（3）及时“离业”、交付典物。

3. “现主”的权利与义务

（1）“现主”对通过支付典价而典买而来的田宅拥有使用、收益权。宋代法律规定：“其田宅见（现）主，只可转典，不可出卖。”

（2）“现主”有及时返还典物的义务。

典当制度历经元、明、清三代不断补充，至清代时，典当已经成为庞大的产业，在国家政治、经济、文化中发挥着重要作用。《大清民律草案》中，典之制度相当于不动产质权，仅规定不动产质权，而无典权。民律第二次草案[②]于不动产质权外，另设“典权”一章明定其为使用、收益之权。我国台湾地区民事有关规定删除了不动产质权，而仅留典权，其物权相关内容的制定原则称，台湾地区“习惯无不动产质，而有典，二者性质不同。盖不动产质为担

---

① 宋代立法认为，典权人与所有权人的权利与义务基本一致，所以常称典权人为“现主”。参见刘志刚：《宋代债权担保制度研究》，河北大学 2008 年博士学位论文。

② 第二次草案是指中华民国《民律草案》，1926 年完成。第一次草案是指《大清民律草案》，1910 年完成，后因辛亥革命爆发，未及颁行。

保债权，出质人对于原债务仍负责任，苟质物价格减低，不足清偿，出质人仍负清偿之责，而典则否。质权既为担保债权，则于出质人不清偿时，只能将质物拍卖，就其卖得金额而为清偿之计算，无取得其物所有权之权利；典则用找贴方法，便可取得所有权。二者相较，典之习惯，实远胜于不动产质”[①]。笔者认为，“典权”本身是一个中西合璧的概念，并非中国本土固有词语。中国古代只有“典当”“典卖”的概念，当时整个社会权利意识非常弱，不会将“典”和“权”合用，构成“典权”。“典”和“权”组成词语应当是民律第二次草案创造的词语。

三、台湾地区对典权的相关规定

台湾地区对典权制度的规定，主要有以下内容：

(一) 典权的取得[②]

1. 依法律行为而设立

设立典权应以书面形式进行，并经过登记才产生效力。

2. 依继承取得

典权一般期限较长，典权人去世后，继承人可取得典权。但应办理继承登记，才可以处分典权。

3. 时效取得

以行使典权的意思向他人支付典价，20 年间和平、继续、公然地占有他人的不动产而为使用、收益者，可以请求登记为典权人。若占有为善意且无过失，则为 10 年。“典权的时效取得，仅于典权的设定，具有无效的原因，而为当事人所不知时，始有发生的可能。”

(二) 典权的制度结构

台湾地区规定：“称典权者，谓支付典价在占有他人之不动产为使用、收益，于他人不回赎时，取得该不动产所有权之权。”从上述规定可知，典权制度主要由“支付典价在占有他人不动产为使用、收益”“出典人回赎典物”

---

① 王泽鉴:《民法物权》(第二版),北京大学出版社 2010 年版,第 343 页。

② 王泽鉴:《民法物权》(第二版),北京大学出版社 2010 年版,第 344—347 页。

“典权人取得典物所有权”三者构成，其制度结构不同于地上权、农育权及不动产役权。[①] 应从以下几个方面理解此条规定：

（1）典权的适用对象是不动产，即土地、房产及地上构筑物、建筑物。

（2）典权的设立是有偿行为，即以支付典价为必要。典价通常接近于买卖价金，不同于地租。[②]

（3）典物转移给典权人占有，典权人对典物有使用、收益的权利。

（4）出典人有权回赎典物。当出典人逾期不回赎时，典权人取得典物的所有权。

（三）典权的期限

典权的期限在典权制度中具有重要的规范功能。其期限主要有以下几种：

1. 典权的最长期限

典权期限是典权人行使对典物使用、收益的期限。台湾地区规定，典权约定的期限不得超过30年；超过30年的，缩短为30年。

2. 绝卖限制期限

典权的约定期限不满15年的，不得附有到期不回赎即作绝卖的条款。显然，如果约定的期限超过15年，典权附有绝卖的条款，出典人到期不以原价回赎时，典权人即取得典物的所有权。绝卖条款必须经过登记，否则不得对抗第三人。绝卖限制的期限，体现了对出典人的保护，有助于避免典权人短期内巧取豪夺。

3. 回赎权行使期限

对于约定典权期限的，典权期满后，2年内不行使回赎权的，典权人取得典物所有权。对没有约定典权期限的，出典人可以随时以原典价回赎典物。但是，出典后经过30年不回赎的，典权人即取得典物所有权。

（四）典权主体的权利义务

1. 典权人的权利

典权人对典物的使用、收益，其效力及于典物的从物以及从权利，并有不动产相邻关系规定的准用（第800条之1）。在出典人或者第三人侵害其典权

---

① 王泽鉴：《民法物权》（第二版），北京大学出版社2010年版，第342页。

② 王泽鉴：《民法物权》（第二版），北京大学出版社2010年版，第342页。

时，典权人享有物上请求权。典权人应依典物的性质使用典物，并保持典物的永续利用。具体而言，典权人的权利主要有：

（1）对典物的出租权。出租典物，是典权人用益物权的延伸。典权人在典权存续期内，有权将典物出租给他人使用，而不必经出典人同意。但这一权利受三方面限制：首先，契约另有规定或者习惯不许出租的，典权人不得就典物再行出租。其次，即使在典物上设定了出租权，租赁的期限也必须在原典期以内。对没有规定典期的典物设定租赁，也不能规定租赁期。总之，后设的出租权期限不能对抗典期。再次，典权人将典物出租后，造成典物因出租受损害的，应对出典人就该损害负赔偿责任。

（2）转典典物。典权存续中，典权人可以将典物转典给他人。转典的生效需要以书面契约形式并经登记为要件。转典权不受次数的限制，但受四个方面的限制。其中前三点同出租权一样，分别是：约定或习惯排除转典权的，依其约定或习惯；转典的期限不得对抗原典期；典权人的损害赔偿责任。不同的第四点在于转典的典价不能超过原典价。转典时，出典人向典权人回赎，典权人应向转典权人回赎并涂销转典权登记。典权人如果不于相当时间内完成前述回赎及涂销工作（含典权人拒绝涂销转典权登记或者典权人下落不明无法进行意思表示回赎的情况），出典人可以在原典价范围内，向最后转典权人回赎。对于回赎差价，出典人应向典权人或者转典权人支付或者提存。

（3）典权让与或设定抵押权。典权的让与，即典权人无须征得出典人的同意，可以将典权让与他人，而自己脱离典的关系，俗称“退典”。典权人在典权让与后，凡对于出典人所有的权利及所负有的义务，由受让人概括承受。受让人不仅承受原典权，如果典权人设有转典权或者租赁权的，受让人也要承受典权人与他们的关系。至于典权人，则完全从典权关系中脱离出来，与原出典人和新承典人都不再有典权关系。受让人成为此时的典权人。当典权期限届满时，出典人直接可以找受让人回赎，由受让人取回典价，交回典物。典权的让与，实质上是典权人主体的变更，而典权的内容及范围不发生变化。[①] 典权人可为典物设定抵押权。典物为土地，典权人在地上有建筑物的，其典权与建筑物不得分离而为让与或其他处分。

---

① 王高鸽：《民国时期的典权制度——国家法与民间实践》，中国政法大学 2009 年硕士学位论文。

（4）典权人的留买权，即优先购买权。第 919 条规定，出典人将典物出卖给他人时，典权人有以相同条件留买之权。前项情形，出卖人应书面通知典权人，典权人于收受出卖通知后十日内不以书面表示依相同条件留买的，其留买权被视为放弃。出典人违反通知义务的，其转让不得对抗典权人。

（5）重建修缮权。“典权存续中，典物因不可抗力致全部或一部灭失者，除经出典人同意外，典权人仅得于灭失时灭失部分之价值限度内为重建或修缮。原典权对于重建之物，视为继续存在。”修建是典权人的权利，典权人有权修建，也可以选择不修建，出典人不得迫使典权人修建。

（6）费用求偿权。这里的费用，一般包括三种：一是必要费用，即保存典物时的必要支出，如房屋修缮费，典权人可请求出典人承担。二是有益费用，即增加典物的利用价值的支出，如改良排水道的改良费、装修典物的装修费，这些可在出典人回赎时，在现存利益范围内，请求赔偿。三是不可抗力导致典物灭失的，进行重建或维修的费用，可在现存利益的限度内，请求出典人负担。①

2. 典权人的义务

（1）支付典价。典价是当事人约定的价格，其价金、交付时间可自由约定。典价是规定价格，一方不得因典物价值升降而提出典价的增减。经过协商增减典价的，该约定有效，但是必须经过登记始生效力。回赎典物时，以变更后的典价为回赎价格。

（2）保管典物。典权人应尽善良管理人的注意义务保管典物，以便将来出典人回赎时返还。因典权人过失致使典物全部或一部分灭失的，典权人在典价范围内赔偿；但存在故意或者重大过失的，除将典价赔偿外，典权人仍需赔偿不足部分。

（3）缴纳捐税。典权人负有缴纳捐税的义务。

（4）返还典物。典权人在典权消灭后，应将典物返还给出典人。典物的全部或一部分灭失，典权人重建或修缮的，仍将该重建或修缮部分返还。

3. 出典人的权利

（1）典物所有权的让与。出典人将典物设定典权后，可以将典物所有权

---

① 王高鸽：《民国时期的典权制度——国家法与民间实践》，中国政法大学 2009 年硕士学位论文。

转让，由受让人取代出典人的地位，到期行使回赎权。

（2）设定抵押权。典物出典后，在不妨碍典权行使时，出典人可把典物为他人设定抵押权。

（3）找贴权。在典权存续中，出典人表示将典物所有权让与典权人的，典权人可以按时价找贴，取得所有权。找贴以一次为限。

4. 风险承担

典权存续中，典物因不可抗力致全部或一部灭失的，就其灭失的部分，典权与回赎权均归消灭。出典人和典权人共同承担风险。出典人承担典物灭失的损失，典权人承担不能收回的典价的损失。如果有剩余部分，出典人就典物的余存部分进行回赎时，可以从原典价中扣除典物灭失部分灭失时的典价。其灭失部分的典价，依灭失时灭失部分的价值与灭失时典物的价值比例计算。

四、典权的法律性质

台湾地区民事有关规定的物权编第 8 章规定了典权制度。但是有意思的是，第 7 章是质权，第 9 章是留置权，从体系解释的角度而言，这显然是将典权视为担保物权的一种形式，而且属于意定担保中的一种。

王泽鉴先生认为，关于典权的法律性质为何，是一个夙有争论的问题，之所以发生争论，其主要的原因是典权为中国传统固有制度，难以纳入罗马法上的物权体系。一般认为，国人重孝而好名，出卖祖产是败家之兆，足以使祖宗蒙羞，于是创设典之制度，希望能兼顾以不动产融资及使用、收益的需要：对出典人而言，得以相当于卖价的金额将物出典于人，不必放弃所有权，而可筹足需款，并保留回赎的机会；对典权人而言，虽无所有权之名，但取得接近所有权的使用、收益之权，而他日更有取得所有权的机会。此种典之制度如何定性，迭经变迁。① 学术界对此有三种学说：一是用益物权说；二是担保物权说；三是双重物权说，即兼具用益物权和担保物权的性质。王利明先生认为，无论是用益物权说还是担保物权说，都不能全面概括典权的性质和功能，双重权利说显然更为妥当。②

① 王泽鉴：《民法物权》（第二版），北京大学出版社 2010 年版，第 342—343 页。

② 王利明：《物权编设立典权的必要性》，载《法治研究》2019 年第 6 期。王利明先生早期对典权持用益物权说，见王利明：《物权法论》（修订本），中国政法大学出版社 2003 年版，第 513 页。

关于典权性质的学说，不再一一列举，但是笔者认为，上述三种学说均不能准确概括典权的性质，理由如下：

典是我国固有的传统制度，有其自身特点，集聚了东方文明及其智慧和经验。用西方舶来物“物权”的概念和体系去定义中国土生土长的典制，并将其归入“物权”之一类，确有生搬硬套、削足适履之嫌。[①] 如同一首唐诗，翻译成英文，总是缺少原诗的意境和韵味。

从典的历史起源出发，典自宋代以来一直与卖合用，是为“典卖”，“宋朝的土地买卖分为典卖、绝卖（一般的买卖）以及以典就卖（先活卖后绝卖）”[②]。至清代，典与卖才分开，约定回赎标的物的是“典”，不回赎标的物的是“卖”。由此可以看出，“典”在历史上其实是买卖合同的一种形式，只不过保留了回赎权而已。正因为标的物可以回赎，所以典价低于绝卖的交易价格。出典人多为贫弱之人，急需用钱时，只好典田、典房。原典价回赎、找贴的规定，体现了“道德上济弱观念之优点”。[③] 当被用于土地上时，典权其实是（西方现代法律所没有的）附有回赎权的土地转让制度。一旦出典，使用权便即转让，但出典人仍然保留以有利条件回赎土地的权利。在清代和民国时期的农村实际生活中，典权制度不仅被应用于土地所有权，也被应用于土地使用权（包括田面权和永佃权）。清政府之所以在成文法律上正式认可这个制度，是为了照顾农村被迫出卖土地的弱势群体，认为典权符合仁政的理想。[④]

典权是一种什么样的权利？多数学者论述典权的用益物权特性时，以典买人可以占有他人的不动产并进行使用、收益作为论据。典权实际是典买人的权利。该论据来源于台湾地区民事有关规定（1929 年版）：“称典权者，谓支付典价在他人之不动产为使用、收益之权。”其 2010 年版增加了“于他人不回赎时，取得该不动产所有权之权”的表述，整句变为：“称典权者，谓支付典价在他人之不动产为使用、收益，于他人不回赎时，取得该不动产所有权之权。”该条文增列的内容使典权的内容变成一种复杂权利，除使用、收益外，

---

① 王高鸽：《民国时期的典权制度——国家法与民间实践》，中国政法大学 2009 年硕士学位论文。

② 龙大轩主编：《中国法律史》，法律出版社 2020 年版，第 179 页。

③ 王泽鉴：《民法物权》（第二版），北京大学出版社 2010 年版，第 343 页。

④ ［美］黄宗智：《中国历史上的典权》，载中国民商法律网，http://old.civillaw.com.cn/article/default.asp?id=23842，2022 年 9 月 9 日访问。

还可以在一定条件下取得所有权。因此，典权不是纯粹的使用、收益权。该定义显然没有顾及出典人的权利。出典，更像是买卖。其实，使用、收益权并非判断物权性质的充分必要条件。例如，租赁行为，均是对他人不动产的占有、使用及收益权，但租赁权不被视为用益物权。合法的占有也可产生使用、收益权，但占有权是一种独立的权利，而非用益物权。再者，如果将典权看作用益物权，则典价作为典权人对不动产使用、收益的对价，出典人交付典物供典权人使用是其获得典价的对价，标的物使用期满，双方之间的典权关系即告结束，如同建设用地权不存在土地返还及费用返还的问题。但是，在典权制度的实际运作程序中，典价返还、典物返还才能结束典权关系，因此将典权解释为用益物权会使用益物权内部发生混乱，使用益物权说陷入困难。

典权是不是一种担保权？显然不是。如将典权视为担保物权，根据现代物权理论，它会是一种债务人自身提供担保物的自物担保，担保到期，通过对担保物的折价、拍卖、变卖担保物而受偿。在典权制度下，典权人无权向出典人催收典价，故典价不是借款；在典物价值降低的时候，出典人可以抛弃回赎权，不承担与典物价值与典价不足部分的补充责任，也不存在对典物的折卖、变卖的问题，故典物不是担保物。将典权作为担保物权，难以自圆其说。[①] 典权既不是用益物权，也不是担保物权，所以折中说（双重权利说）不能成立。

王利明先生认为，典权的重要特征是在于：一方面，典权设立后，出典人应当将典物交付给典权人占有；另一方面，典权人可以无偿对典物进行使用、收益，而不需要支付租金，故典权是用益物权。典期届满后，出典人要回赎典物，具有清偿债务的性质，故典权的担保功能不可否认。[②] 对于上述观点，笔者认为：首先，典权人对典物的使用、收益不是无偿的；其次，回赎是出典人的权利而非义务，同时回赎不包含“多退少补”的清算内容，故回赎不具有清偿债务的功能。

笔者认为，典制之所以在中国存在上千年，其原因是，典权是一种扶危济困的工具，是一种精巧的制度设计。出典人通常是贫弱之人，通过出典财物获取典价，可以缓解燃眉之急，渡过难关，待东山再起后，可以以原典价收回典物，不需要额外支付利息，还可以通过找贴方式求得典价与时价的平衡。由于

---

① 马新彦：《典权制度弊端的法理思考》，载《法制与社会发展》1998 年第 1 期。

② 王利明：《物权编设立典权的必要性》，载《法治研究》2019 年第 6 期。

出典人的贫弱身份，官府对出典人的保护力度十分强大，故典制对于出典人而言，并无坏处；对典权人而言，通过对典物的出租、转典，可以获取收益，使自己支付的典价实现增值，故典制对典权人而言，比放高利贷更为有利，典权人有动力去收典。这样，典制才有了传承千年的可能。虽然，在典权的历史发展中可能存在典权人乘人之危盘剥出典人的事件，但不能因此否认对典制的整体社会评价。

综上，典是独具中国特色的一种制度，具有民族性和历史性，根本没有必要用西方物权理论解释典制。

五、我国立法对是否设立典权的争议

在我国原《物权法》及今《民法典》的制定过程中，要不要设立典权的问题，曾引起激烈的争论。在2005年6月召开的一次两岸法学研讨会上，学者们的观点并不相同，台湾地区的多数学者主张无须在民法典中设立典权，而大陆不少学者坚持“典权备用论”的观点。立法机关在这一问题上也是举棋不定。[①] 典权制度在原《物权法》的草案中“三进三出”[②]，最终没有被写进原《物权法》中。在《民法典》立法过程中，一些地方、部门和单位建议增加关于典权的规定。[③]《中国社会科学院民法典分则草案建议稿》在物权编用益物权部分对典权制度提出了立法建议，其理由为：典权作为中国传统法律文化的精华，尽管有其特殊的观念和背景，但在现代社会中依然有适用空间，因此物权编应予接纳。[④] 但是，《民法典》最终没有接纳典权制度。

（一）关于典权的存废之争

关于民事基本法律中是否保留典权，理论界有保留说、废止说和替代说三

---

① 张新宝：《典权废除论》，载《法学杂志》2005年第5期。

② 杨立新：《“三进三出”看典权》，载中国民商法律网，http://old.civillaw.com.cn/article/default.asp?id=23356，2022年9月9日访问。

③ 《民法典立法背景与观点全集》编写组编：《民法典立法背景与观点全集》，法律出版社2020年版，第120页。

④ 陈甦主编：《中国社会科学院民法典分则草案建议稿》，法律出版社2019年版，第52—57页。该建议稿第157条将典权的适用范围规定为“住房以及其他附着物”。

种学说。[①]

1. 典权保留说

典权保留说的主要理由是：

第一，典权是中国特有的不动产物权制度，充分体现了中华民族济困扶弱的道德观念，颇具中国特色，保留典权有利于传承民族文化，保持民族自尊。

第二，典权可以同时满足用益需要和资金需要。典权人可以取得不动产的使用、收益权及典价的担保，出典人可以保有典物所有权而获得相当于卖价的价金，以发挥典物的双重经济效用。这一点为抵押权制度难以完全取代。

第三，物权法规定典权，增加一种交易、融资途径，供人们选择，于促进经济发展和维护法律秩序有益而无害。

第四，中华人民共和国成立以来，典权关系由政策和判例调整，在《民法典》中规定典权有利于财产关系的稳定。

第五，我国地域辽阔，各地经济发展不平衡，传统观念与习惯的转变不可能整齐划一，纵然只有少数人拘于传统习惯设定典权，物权法上也不能没有相应规则予以规范。

2. 典权废止说

典权废止说的主要理由是：

第一，典权之所以产生，在于中国传统观念认为变卖祖产属于败家，受人耻笑，而今市场经济发达，人们观念转变，在急需资金时可以出卖不动产或者设定抵押，无保留典权的需要。

第二，传统物权法最具固有法色彩，但是伴随着经济全球化的趋势，国内市场与国际市场沟通，导致民法物权制度趋同，即物权法的国际化趋势。典权为我国特有制度，现代各国物权法（除《韩国民法典》外）均未有规定，应予以废除。

第三，我国施行土地国家所有和集体所有，就土地设定典权并无可能；而就房屋设定典权虽无统计数字，但依法院受理案件而论，出典房屋的实例极少，且典权存在期间较长，妨害土地的开发利用，故保留典权的价值不大。

第四，对于少数拘于习惯设立的典权关系，准用关于附买回约款的买卖合

---

① 渠涛、刘保玉、高圣平:《物权法学的新发展》,中国社会科学出版社 2021 年版,第 533—540 页。严格来讲,替代说不是一种独立学说,其实质是典权废止说,因此下文不再单独解释。

同的规定，而使当事人利益获得保护，不致影响法律关系的稳定，因此废止典权于实际并无害处。

第五，典权虽具有担保功能和用益功能，但目前不动产抵押制度日益发达，设定抵押权已可以满足急需金钱的需要，且租赁、地上权等制度的存在，使得典权的担保功能和用益功能发挥作用的空间越来越小。

对典权持否定态度的学者还认为，典权制度存在三个弊端：第一，典权制度易生纠纷；第二，典权制度过多地体现了对出典人的保护；第三，典权制度法理难圆。①

王泽鉴先生认为，台湾地区民事有关规定在修正后仍保留典权，是对传统古老法律制度的技术性调整，实难挽回典权终将归于消逝的命运。②

（二）笔者的观点

笔者认为，《民法典》中应当规定典权制度，理由如下：

（1）对中国的传统文化，我们需要批判地继承，取其精华，去其糟粕。对待典制亦应如此。典制，如果是陈规陋习，即使是中国传统文化，亦不得继承。设立典制的目的在于解决弱势之人的经济困难，虽有典买人乘人之危压榨出典人的情形，但是长期来看，古代官府加大对出典人的保护，找贴制度的安排，使得出典人能更好地维护自身利益。总之，典制不是封建糟粕，应当予以继承。

（2）典权产生的社会基础仍然存在。典制的产生，并非变卖祖产受人耻笑，而是社会财富分配不均，弱势之人急需钱款渡过难关，这才是典制存在的真正根源。社会中弱势之人或者一时急需钱者大有人在，当这些人只剩下房屋时，可以把房屋典出去换取钱财，以维持生计（或者渡过眼前的困难）。出租房产，可能一时筹集到足够的款项，但出租毕竟资金来得太慢；抵押借款，可能会永远失去房屋产权，无法回赎。唯有出典，可以迅速筹集到较多钱款，一方面满足自己的需求，另一方面激励出典人努力奋斗，不舍家院情怀。现代抵押借款制度难以兼顾国人对钱的“需求”与对家的“情怀”的心理。有人说，可以用不动产质来替代“典制”。笔者认为，将我国已实施千年的典制弃之不用，反而使用舶来的难以理解的不动产质，岂非舍本逐末？

---

① 马新彦:《典权制度弊端的法理思考》,载《法制与社会发展》1998 年第 1 期。

② 王泽鉴:《民法物权》(第二版),北京大学出版社 2010 年版,第 344 页。

（3）我国2001年制定《典当行管理办法》，2005年制定《典当管理办法》，就典当交易作出了规定，使典当交易成为不同于借款担保交易的一种新的交易形式。典当交易与借款担保交易的不同之处在于：

其一，就法律关系内部而言，典当法律关系内部借款关系与担保关系并存，同时发生，缺一不可。典当各方一手交（收）钱，一手交（收）货（典当物）。钱、货（典当物）分别为各自的对价。而借款担保交易中，存在两个法律关系，即借贷法律关系和担保法律关系，两个法律关系有先后之分、主从之别。缺少担保法律关系，借贷法律关系完全能够成立。

其二，就法律关系当事人而言，典当法律关系中，只有典当行和当户，不会出现第三方。而借贷担保法律关系中，可以出现第三方。

其三，典当行行使权利的条件是，典当到期，当户既不续当，也不回赎；而借款担保中，债权人行使权利的条件是，借款到期没有得到清偿或者约定的条件成就。

其四，典当行仅就当行使权利，不得要求当户清偿债务。典当行与当户之间没有清算义务关系，当物价值与当金之间，无须“多退少补”；当物（估值）低于3万元者，可以直接取得当物所有权。而借款担保交易，债权人应要求债务人清偿债务；对担保物的处分，应当采取法定的折价、拍卖、变卖等形式，并与担保人进行清算。

因此，典当与抵押权、质押权等约定担保物权不同，具有自己的特征，“应在民法典担保物权编中占据一席之地”①。

（4）诚然，我国施行土地国家所有制和集体所有制，以土地为典物已不具备可行性，但这不足以否认典权存在的必要性。除土地外，房屋及其构筑物也是不动产，其可以作为典的客体。而且房屋是人人必备的不动产，所以典仍然有适用空间。近年来，有关典房的案例很少，原因是典房缺乏相应的制度规范。如果对典房有明确的制度规范，相信案例不会少。

（5）法律是历史的、民族的精神的体现。不能因为世界上其他国家没有规定典制，我们的法典也不能规定典制。其实，世界上许多国家的法律保留了自己的民族特点。若中国《民法典》规定典制，也能体现一个古老民族走向世界的自信。

---

① 高圣平：《担保法前沿问题与判解研究》（第三卷），人民法院出版社2019年版，第251页。

（6）前文述及，用“典权”一词，过分强调典买人的权利，对“典”制度概括性不足，明显带有西方权利概念色彩，有点“四不像”的感觉：既不像西方制度，西方制度中没有“典”；又不像古代中国的制度，中国古代没有“典权”观念。为了使中国固有法律更纯粹，建议不要使用“典权”，而是用“典制”一词，表达“典”中包含复杂的权利及广泛的当物范围，适应现代生活需要。

（7）由于典当具有权利的复杂特征，将其放入用益物权或者担保物权制度中均不合适。根据典制的历史渊源，建议将“典制”一章放入《民法典》合同编，将其作为一种特殊的买卖合同，可以与试用买卖、样品买卖等附条件买卖合同类型相提并论。

第二节　我国现代担保法律制度的发展历程

中国担保法律制度和相关的审判实务有一定的历史延续性。要读懂、理解《民法典》中关于担保制度的规定，应了解我国担保法律制度的变化过程。从法律解释方法的角度看，作为狭义解释方法的历史解释方法，就是要以相应的历史素材为基础，通过分析担保制度各发展阶段的立法背景、相关条款的前后变化以及相应的考虑因素等去理解法律规定的原意。新中国担保制度立法的历史经历了以下四个阶段①：

一是原《民法通则》阶段。原《民法通则》公布之前，我国基本没有关于担保制度的立法。1987 年施行的原《民法通则》第 89 条规定了 4 种担保形式，即保证、抵押、定金和留置，既包括人保也包括物保，这是新中国在担保领域的首次立法。原《民法通则》第 89 条未规定质押这一担保形式。随后，最高人民法院制定原《民法通则意见》，涉及担保的条款有 12 个，围绕着前述 4 种担保形式，从法律适用角度对原《民法通则》第 89 条作了进一步解释。可以说，原《民法通则》及原《民法通则意见》奠定了我国担保法律制度的基础。

1993 年原《经济合同法》修订，其中与担保制度有关的仅有两个条款，规定了定金和保证，相对于原《民法通则》的规定没有新的内容。

1994 年，最高人民法院制定《关于审理经济合同纠纷案件有关保证的若干问题的规定》。该规定共 31 条，成为这一时期对担保行为进行规定的条文最

① 刘贵祥：《民法典关于担保的几个重大问题》，载《法律适用》2021 年第 1 期。

多、分量最重的法律解释性文件。该规定中涉及的一般保证、连带保证、保证合同效力、保证期间、保证期间与保证诉讼时效的转换等内容，成为人民法院审理保证纠纷的重要依据，弥补了立法的不足，也为原《担保法》的制定奠定了实践基础。

二是原《担保法》阶段。1995年6月30日发布、10月1日生效的原《担保法》，是我国第一部担保制度方面的基础性法律。原《担保法》共96条，在原《民法通则》的基础上增加了质押这一担保形式，即原《担保法》中规定了5种典型担保形式——保证、抵押、质押、留置和定金。该法公布前后，社会经济活动十分活跃，各种担保公司层出不穷，三角债问题异常突出，担保纠纷涌现，成为经济审判中的主要案件类型之一。因此，该法和随后制定的司法解释体现了加大对债权人保护力度的倾向。另外，受当时民商法理论研究水平特别是物权法研究水平的局限，原《担保法》关于担保物权的规定也带有明显的缺陷。比如，有关条款规定，未办理抵押登记的，抵押合同无效，但对担保合同效力与担保物权效力未加区分。2000年12月，最高人民法院公布了原《担保法司法解释》。该司法解释不仅极大地统一了对原《担保法》一些条款的理解，而且在一定程度上起到了填补原《担保法》空白的作用。同时，与原《担保法》的立法倾向相一致，在清理当时频发的三角债问题的背景下，司法解释更多地体现了对债权人的保护、加重担保人的责任。如原《担保法司法解释》规定，在保证期间约定不明的情况下按照两年计算保证期间，保证方式约定不明的推定为连带保证，都体现了当时经济发展背景下从有利于债权人的角度对法律进行解释的倾向。此外，在物权法定的前提下，尽可能承认担保合同的效力和物权效力。如原《担保法司法解释》允许把公路、桥梁、隧道的收费权作为质权的标的物。最高人民法院还有一个关于出口退税账户质押的批复，将出口退税账户质押类推解释为动产质押，尽可能使这种担保形式发生物权效力。

三是原《物权法》阶段。2007年3月16日公布、10月1日生效的原《物权法》于第四编“担保物权”中规定了抵押、质押和留置这3种典型担保形式。原《物权法》是在我国物权法理论研究上取得重大进展，对一些理论、实践问题的认识日益成熟的情况下，适应经济社会发展需要应运而生的。相对于原《担保法》，它关于担保物权的规定更加科学、完善，更加符合社会经济的实际情况。因此，该法第178条规定，该法与原《担保法》不一致的，适用该法。该法在担保物权方面增加了许多新的规定，对原《担保法》的一些规定进行了修改。在原《物权法》制定过程中，立法机关也充分关注到了让与担保等非典型担保，但由于理论和实务中存在争议和分歧，最终并未将让与担保等非典型担保在立法中予以体现。

四是《民法典》阶段。2020 年 5 月 28 日公布、2021 年 1 月 1 日施行的《民法典》整合了原《物权法》与原《担保法》规定的内容。《民法典》采取了债权与物权二分的立法方式，在第二编物权编的第四分编规定了担保物权，在第三编合同编的第二分编第十三章规定了保证合同。它们是传统的、典型的担保形式。另外，《民法典》合同编还规定了其他具有担保功能的合同，如融资租赁合同、保理合同、所有权保留买卖合同等，此即非典型担保形式。《民法典》不仅明确了这些合同本身具有的担保功能，而且规定了相应的公示方式及其法律效力，这是相较于原《担保法》和原《物权法》的重大变化。

《民法典》获得通过后，最高人民法院开始配套相关的司法解释，迅速出台了《民法典担保制度司法解释》（法释〔2020〕28 号）。该司法解释以平等保护当事人合法权益为出发点和落脚点，坚持问题导向，对多年来司法实践中出现的与裁判不统一相关的问题进行了规范。比如，担保人之间的追偿权问题，一直存在很大争议。该司法解释尊重立法原意，明确规定，担保人之间不存在互相追偿权，只有担保人之间互相有明确约定或者担保人在同一份合同上签字、盖章或者按指印时，承担了担保责任的第三人才可以向其他担保人追偿不能向债务人追偿的部分。关于公司对外担保的问题，其明确规定对公司法定代表人越权代表的担保，债权人只有为善意时，才对公司产生担保责任。对上市公司的担保，债权人依据上市公司对外公告的担保事项决议签订的担保合同，对上市公司有效，否则，上市公司不承担责任。保证合同无效时，保证人的赔偿责任是否适用保证期间的问题、预告登记的效力问题、流动质押的问题、仓单质押的问题等长期困扰司法实践的疑难问题，在该司法解释中均得到了解决。在该司法解释出台以前，《九民纪要》对一些问题进行了规范，该司法解释吸收了《九民纪要》中的部分内容，保持了司法政策的连续性以及稳定性。该司法解释的亮点还在于明确规定了非典型担保制度，对让与担保这一担保形式进行肯定，对股权让与担保中的一系列问题进行规范。笔者认为，重要的不在于该司法解释对于非典型担保规定了多少形式，而在于最高司法机关对非典型制度的观点和意见，将会深刻、长远地影响司法实践和经济生活实践，对于推动创新、促进经济发展和改善营商环境，起到不可估量的作用。

新中国担保制度的发展体现了我国市场经济发展的历史进程，也是我国法学理论与法学研究逐步深化的过程。《民法典》中的担保制度是我国担保制度现代化、营商环境改善的主要体现，它必将为我国现代化建设贡献出更大的法治力量。

第三章　担保的特点

第一节　担保的特点总述

债的特别担保是为保障特定债权的实现，特地增加的一些手段，比如人的担保、物的担保以及金钱担保。人的担保是以第三人的全部财产为债权人提供担保，增加债务人的责任财产；物的担保是以债务人的特定财产或者第三人的特定财产为债权人提供担保，使债权人获得对某些特定财产的优先受偿权，进而打破债权平等原则。担保具有从属性、补充性和保障债权切实实现性等特性。[①] 此外，担保还具有无偿性以及相对独立性特点。

一、担保的从属性

担保的从属性是担保制度的根本特性。它是指担保之债从属于主债，以主债的存在或者将来存在为前提，随着主债的消灭而消灭，一般随着主债的变更而变更。[②] 一般认为，担保的从属性体现在两个方面：一是担保合同是主合同的从合同，其效力从属于主合同，主合同无效则担保合同无效。二是担保责任的从属性。在通常情况下，主合同债务人没有责任的，担保人不承担责任。比如债务已经清偿的，担保人责任即告解除。

担保从属性的典型形式是担保人对特定债务提供担保，即担保与特定债务存在对应关系。不存在对应关系的，担保人不承担责任。但在最高额担保中，这种担保与特定债务的一一对应关系被打破，因为最高额担保是对一定时间内发生的债务承担担保责任，此时担保的从属性体现出一定程度的缓和。在国外，德国法上的土地债务根本没有从属性，而是具有独立性的物的担保性质；

---

① 崔建远:《“担保”辨——基于担保泛化弊端严重的思考》,载《政治与法律》2015 年第 12 期。

② 崔建远、陈进:《债法总论》,法律出版社 2021 年版,第 200 页。

德国证书式证券抵押权完全按照有价证券的方式进行流通，从属性大大弱化。这说明，担保的从属性更多的是立法政策使然，法律完全可以根据实际生活的需要而漠视从属性，承认独立性的担保类型。[①]

关于担保的从属性问题，将在下一节专题论述。

二、担保的补充性

这里的补充性，是指担保一经有效成立，就在主债关系的基础上补充了某种权利义务关系，如保证法律关系、抵押法律关系、质押法律关系、定金法律关系等。[②] 通常来说，担保制度的本质是增加债务人的清偿能力，以主债务人的特定财产或者在主债务人的责任财产之外，增加第三人的全部财产或者特定财产，为债务履行增强清偿能力，从而促使交易顺利达成，加速资本和资产的迅速流转，促进社会物质财富增长。担保并不是主债务从债务人身上转移到担保人身上，担保仅有补充性。最终承担债务的仍然是主债务人。担保的补充性，主要体现在如下方面：第一，担保人原则上在债务履行期满，主债务人未履行债务的情况下，才需要承担责任；第二，债权人只能就债务人未清偿的部分要求担保人承担担保责任，债务履行情况事关担保债务的履行；第三，担保人在向债权人履行担保义务后，有权向债务人追偿，由主债务人最终承担债务。[③]

具有先诉抗辩权的一般保证制度完美体现了担保制度的补充性特点。有观点认为，因为连带保证无补充性，所以连带保证人不享有先诉抗辩权。[④] 笔者认为该观点有待商榷。首先，连带责任保证并非没有补充性，其补充性隐藏于其承担责任后的追偿权之中，即最终债务仍由主债务人承担，连带保证人的支付仍具有暂时垫付的性质，仅补充主债务人一时的财力不足。其次，债权实现要求及时和全面，即债一方面要求全额实现，另一方面要求快速实现。因此，担保的补充性有广义和狭义之分。狭义的补充性仅指担保人对债务的不完满状态进行补充，填平债务人不能完全履行债务留下的缺口，一般保证制度即可实

---

① 崔建远、陈进：《债法总论》，法律出版社 2021 年版，第 201 页。

② 崔建远：《“担保”辨——基于担保泛化弊端严重的思考》，载《政治与法律》2015 年第 12 期。

③ 付颖哲、陈凯：《担保法理论与实务精要》，中国法制出版社 2019 年版，第 6 页。

④ 陈华彬：《债法通论》，中国政法大学出版社 2018 年版，第 346 页。

现。广义的担保补充性，还包括债务履行的及时性，即当债务人不能或者不履行债务时，及时填平债务缺口。不享有先诉抗辩权的连带保证人，在及时清理债权债务方面发挥了补充作用。

三、担保的无偿性

担保的无偿性，是指担保合同是无偿合同，债权人取得担保人财产，并不支付代价；担保人进行担保，并不要求从债权人处获得利益。所以，担保的无偿性，主要是指担保人与债权人之间的无偿性。担保人与债务人之间，有时很难说是无偿，有的出于亲情，有的出于友情，还有的出于其他商业目的，比如互保。现在较为常见的担保公司、保险公司为当事人提供的担保，是一种有偿行为。担保人的追偿权并不能否定担保的无偿性特点。

四、担保的相对独立性

担保合同与主合同虽有依附关系，但是它们是两个独立的合同，各自有不同的发生原因、不同的履行方式、不同的合法性判断标准。比如，通常而言，主债权债务合同不需要公司权力机构的审批，但对担保合同而言，其需要经过公司的权力机构审批，否则不产生担保效力。

担保的相对独立性还体现在以下方面：

第一，债的担保并不必然随债的发生而发生。债的担保是于债的关系之外另行达成的合意。但在债没有发生的时候，也可设定担保，比如最高额担保是为将来之债设定的担保。

第二，债的担保范围可不同于被担保之债。担保之债的范围虽不得大于被担保之债的范围，但可以通过约定而小于被担保之债的范围。

第三，债的担保之债的效力可独立于被担保之债。

第四，债的担保不得随同债的转移而转移。如，债务转移时，未经保证人同意，保证债务就不随主债务转移，而是归于消灭。①

① 刘保玉主编：《担保法原理精要与实务指南》，人民法院出版社2008年版，第32—33页。

第二节 担保的从属性

担保的从属性，也称为担保的依附性、附从性，是指担保必须与主债权相伴而生，犹如藤缠树，没有主债权就不会有担保的存在。从属性为债的担保的基本属性之一，担保的基本规则均源于此。[①] 担保的从属性是理解《民法典》担保制度的基石，裁判实践中的众多解释分歧均与此相关。为担保具体的特定债权而成立的保证债权、一般抵押权、一般质权、留置权，其从属性体现得尤为明显，举凡担保权利的发生、范围、效力、处分和消灭，均高度依赖于主债权。上述担保权利在担保将来债权之时，出现了从属性的缓和，以适应社会经济的发展，但以将来特定债权的原因事实既已存在为前提。为担保一定范围内的不特定的债权而成立的最高额保证、最高额抵押、最高额质押，其从属性进一步弱化和缓和。在《民法典》否认独立担保制度的基本政策选择之下，尚无否认担保从属性的必要。一个欠缺从属性的担保制度，在法律上应无独立存在的实益。[②]

一、担保发生上的从属性

担保以保障主债权的实现为目的，因此，担保应以主债权的先行或同时存在为发生要件，如主债权实际上并不存在或尚未发生，即使已经满足担保权利据以成立的其他要件，担保权利在法律上也无从单独发生，此时承认担保权利的存续并无实际功用。此即担保发生上的从属性。理解担保发生上的从属性必须明确以下几点：

第一，被担保债权具有特定性。担保人只为债权人的特定债权实现提供担保，并非担保债权人的全部债权。实践中，担保发生上的从属性，主要是指担保合同的设立从属于主合同且常常在担保合同中注明担保的主合同的名称和编号，以使主合同与担保合同存在从属对应关系。担保人担保的仅是债权人与特定债务人之间就特定标的物、特定时间、特定地点、特定交易条件产生的特定债权。被担保债权的特定性决定了，当主债权债务合同发生变化时，担保人是

① 刘保玉主编：《担保法原理精要与实务指南》，人民法院出版社2008年版，第30页。

② 高圣平：《民法典担保从属性规则的适用及其限度》，载《法学》2020年第7期。

否承担责任的重大问题。

第二，担保行为发生时是否存在主债权不影响担保合同的从属性，即担保行为发生时，主债权可以是现存债务，也可以是将来债务。保证合同与担保物权均是为保障到期债务的履行而设立的法律制度，主债权并不以担保设立时已现实存在为必要，仅需在担保权利可得行使时满足特定化要求即可。[①] 担保发生上的从属性，不能仅从其与主债权成立的时序上观察，而主要应置于其与主债权的主从关系上。留置权因为保护特定债权而生，因此，只能对现有债权成立担保物权，其发生上的从属性至为明显。

第三，担保权实现时，必须有债权存在。为将来债权设定担保，主要体现在最高额担保上。《民法典》规定，最高额担保是为一定范围内的不确定债权所提供的担保，“一定范围内的债权”受到“最高债权额限度”“一定期间”“连续发生”三方面的限制。[②]《民法典》规定了最高额担保债权的确定方法。在行使担保权时，如果没有确定的主债权，则担保权无从行使。

第四，主债权的范围。适用担保的主债权范围，是指哪些主债权的实现可以通过设立担保的方式予以保障。原《担保法》第2条第1款将可以担保的债权范围限定为“借贷、买卖、货物运输、加工承揽等经济活动”所生的债权。此处“借贷、买卖、货物运输、加工承揽”是典型的合同行为，即被担保的主债权必定是合同债权。该款同时使用了“等”字，若严格地按照例示规定解释，被担保的必须是合同之债，而身份关系之债、不当得利之债、无因管理之债不得设立担保。但这一理解有欠周全。为避免理解上的歧义，原《担保法司法解释》第1条对此作了专门规定，即“当事人对由民事关系产生的债权，在不违反法律、法规强制性规定的情况下，以担保法规定的方式设定担保的，可以认定为有效”。这一规定使得担保债权的范围更加明确。《民法典》第387条第1款规定：“债权人在借贷、买卖等民事活动中，为保障实现其债权，需要担保的，可以依照本法和其他法律的规定设立担保物权。”这一规则可类推适用于保证。在体系解释上，对该款中“借贷、买卖等民事活动”的范围，尚须结合后文中“为保障实现其债权”这一规定进行理解。对其妥适的解释结论是，担保适用于民事活动中产生的所有债权，借贷、买卖仅为其中

① 高圣平:《民法典担保从属性规则的适用及其限度》,载《法学》2020年第7期。
② 高圣平:《民法典担保从属性规则的适用及其限度》,载《法学》2020年第7期。

的典型。所有的担保手段均旨在担保债务的履行，即只要是其履行需要担保的主债务均可以设定担保，至于该债务的发生原因如何，则非所问。因此，不仅因合同而产生的债权可以成为担保债权，而且因侵权行为、无因管理、不当得利或者其他法律规定而产生的债权也可以作为担保债权。不过，对于因侵权行为、无因管理、不当得利而产生的债权，不能通过先行设定担保的方式加以保障，仅在因上述行为已经产生债权后，才可以用担保方式保障实现。①

二、担保范围的从属性

担保合同是主合同的从合同，由此决定担保人承担担保责任的范围和强度不得大于或重于主债务。② 担保范围和强度，是指在主债务人不履行债务或者发生当事人约定的实现担保权的情况时，担保人向债权人承担担保责任的限度。③ 担保制度并非使权利人全面支配标的物的交换价值或掌控担保人的资力，而仅在其所担保的主债权范围内借由标的物的交换价值或担保人的资力获偿。担保之债范围上的从属性，在罗马法时期就有规定。优士丁尼《法学阶梯》中写道："保证人的负债以其义务不能大于他为之受债之约束者的义务为条件。事实上，他们的债是主债的从物，而从物不能大于主物。但相反，他们可承担少于主债的义务。因此，如果债务人允诺了 10 个金币，保证人可正当地只就 5 个金币承担责任。但不按照相反的方式承担责任。同样，如果债务人单纯地允诺，保证人可附条件地允诺。但不能作相反的安排。"徐国栋先生认为，该段是讲保证之债的从属性。保证之债必须等于或小于主债。"小于"的要素很广泛，可以主债和保证之债金额相等，但后者样态较轻，期限较宽。④

保证范围的从属性，被许多大陆法系国家的法典继承。《日本民法典》第 448 条、《法国民法典》第 2296 条、《瑞士债务法》第 499 条等都作了规定。物的担保应当与人的担保作相同的解释，即物的担保责任也应当不大于主债务。

我国原《担保法》和现《民法典》对担保范围从属性没有明文规定。

《民法典担保制度司法解释》第 3 条对担保责任范围的从属性作出了规

① 高圣平:《民法典担保从属性规则的适用及其限度》,载《法学》2020 年第 7 期。
② 王利明:《合同法研究》(第四卷),中国人民大学出版社 2017 年版,第 244 页。
③ 高圣平:《担保法论》,法律出版社 2009 年版,第 164 页。
④ 徐国栋:《优士丁尼〈法学阶梯〉评注》,北京大学出版社 2011 年版,第 425—426 页。

定："当事人对担保责任的承担约定专门的违约责任，或者约定的担保责任范围超出债务人应当承担的责任范围，担保人主张仅在债务人应当承担的责任范围内承担责任的，人民法院应予支持。担保人承担的责任超出债务人应当承担的责任范围，担保人向债务人追偿，债务人主张仅在其应当承担的责任范围内承担责任的，人民法院应予支持；担保人请求债权人返还超出部分的，人民法院依法予以支持。"自此，我国担保范围的从属性制度有了法律依据。

理解担保范围的从属性，应注意以下方面：

（一）担保人仅在主债务范围内承担责任

我国《民法典》第389条、第691条规定，当事人可以对担保范围进行约定，此为意思自治原则的体现。需要探讨的是，当事人可否约定高于主债务的担保责任？《民法典担保制度司法解释》第3条对此进行了明确，法院仅支持不大于主债务的部分。下列约定可能造成担保人的责任大于主债务：（1）对担保责任的承担约定专门的违约责任；（2）当事人在抵押合同中约定，一旦债务人不履行到期债务，债权人除有权行使抵押权外，还可以请求抵押人承担因主债务人违约而产生的一定数额的违约金；（3）担保责任数额高于主债务；（4）担保责任利息高于主债务利息。[①]

注意以下三个方面：

第一，此处的主债务，笔者认为，仅指债务人剩余的、未偿还的部分（含利息、违约金等）。比如，原来债务是100万元，债务人已经偿还30万元，剩余债务70万元，该70万元是指《民法典担保制度司法解释》第3条规定的主债务范围。如果法院判决担保人偿还80万元，则违反该条规定的从属性原则。因此，实践中应注意主债务的范围。

第二，对于约定的担保数额高于主债务数额，高出的部分不予支持的理由是什么，《民法典担保制度司法解释》没有给出说明，但是《九民纪要》第55条明确规定，高出的部分应认定为无效。其理由是，设定过度担保的行为违反公序良俗，可以认定该行为无效。事实上，德国民法关于违反公序良俗的类型中，就有设定过度担保这一类型。不论是违法无效还是背俗无效，都表明当事

---

① 高圣平、谢鸿飞、程啸：《最高人民法院民法典担保制度司法解释理解与适用》，中国法制出版社2021年版，第26页。

人的意思自治已经逾越了法律或者公序良俗的界限，此时再以合同自由为名肯定其效力，就失去法理依据了。[①] 但也有观点认为，约定担保范围超过法定担保范围的部分，不影响担保合同的效力，超过部分依然成立，但不具有强制执行力，如担保人自愿加以履行，则视为赠与；担保人在自愿履行后反悔的，也不予支持。[②]

应当注意，担保人在诉讼中不主张仅在主债务范围内承担责任的，人民法院不能主动依职权减低担保人的责任。[③]

第三，担保合同中约定违约金的效力认定。比如，担保合同中约定，担保人不及时履行担保责任的，须向主债权人支付违约金 30 万元（或者一定比例的违约金）。对于担保合同违约金的效力认定，实践中有三种观点：一是该约定有效[④]；二是该约定无效[⑤]；三是约定有效，但可以适用违约金酌减规则[⑥]。高圣平先生认为，该约定对担保人不生效力。其主要理由是，从《民法典》关于担保制度的法政策方面考虑，担保人的责任不宜太重，如果担保人既承担了担保责任，又承担了担保合同的违约责任，且该部分的违约责任无法向主债务人追偿，无疑加大了担保人的责任，应属于无效。[⑦] 笔者认为，对担保合同中约定的违约金条款应认定为有效，理由如下：（1）担保合同与主债务合同具有相对独立性，是两个独立的合同，当事人可以约定担保合同中的权利义务。在私法自治原则下，如果当事人的约定不存在法定无效的情形，就无法认定为无效。目前，我国法律中没有规定担保合同中不能约定担保人的违约责任。（2）担保人的违约责任是自己责任，是担保人违反合同约定应当承担的责任，与担保责任是两个独立的平行责任。担保责任不以过错为基础，担保合同中的违约责任以担保人过错（违约）为基础，两者的责任基础不相同。

---

① 最高人民法院民事审判第二庭编著:《〈全国法院民商事审判工作会议纪要〉理解与适用》,人民法院出版社 2019 年版,第 350 页。

② 孔祥俊:《担保法例解与适用》,人民法院出版社 1996 年版,第 157—158 页。

③ 最高人民法院民事审判第二庭编著:《〈全国法院民商事审判工作会议纪要〉理解与适用》,人民法院出版社 2019 年版,第 350 页。

④ 北京市朝阳区人民法院(2016)京 0105 民初 65061 号民事判决书。

⑤ 胡建萍、王长军:《保证人承担保证责任的范围应以主债务为限》,载《人民司法》2015 年第 24 期。

⑥ 最高人民法院(2015)民提字第 126 号民事判决书。

⑦ 高圣平:《民法典担保从属性规则的适用及其限度》,载《法学》2020 年第 7 期。

(3) 担保人承担担保责任的范围局限于主债务符合担保合同的从属性规则，但是，担保人的违约责任不属于担保责任，或者说担保人的违约责任不应当计入其担保责任，因为它们是两种不同的责任。所以，以担保制度的法政策考量，以不宜加重担保人责任的理由，否定担保合同违约责任条款的效力，不能成立。《民法典担保制度司法解释》第3条对担保合同违约金效力问题采取了回避态度，从“债务人应当承担的责任范围”这一表述看，其似乎不认可担保合同中违约责任的效力。

(二) 担保人向债务人追偿的范围受制于其清偿范围

《民法典》第392条中规定：“提供担保的第三人承担担保责任后，有权向债务人追偿。”第700条规定：“保证人承担保证责任后，除当事人另有约定外，有权在其承担保证责任的范围内向债务人追偿，享有债权人对债务人的权利，但不得损害债权人的利益。”[①] 根据上述规定，担保人的追偿权只有在已经承担担保责任后才能产生。而承担担保责任，是指担保人以有偿的方式使主债务归于消灭。若担保人没有承担责任，只是以说服等方式使债权人放弃债权的，则不得行使追偿权。根据法条使用的词句，追偿权的范围受制于保证责任范围，而根据前述的担保人仅在主债务范围内承担责任的规定，追偿权的范围限于主债务的范围，即债务人可以依据主债务的范围对担保人的追偿权提出抗辩。担保人怠于行使对主债务人的时效抗辩权，丧失对债务人的追偿权。否则，主债务人本来享有的时效利益旋即丧失殆尽。[②]

实务中，担保人为实现追偿权，聘请律师的费用是否应由债务人承担？比如，担保人承担了100万元的担保责任，担保人为追偿该100万元，聘请律师又花费了10万元，担保人支付的诉讼费、保全费以及其他交通费、复印费、住宿费等，是否由债务人承担？若根据担保人的追偿范围受限于主债务范围的规定，债务人就不应当承担上述律师费、诉讼费等“实现债权的费用”。但是，如果不支持“实现债权的费用”，会使担保人利益失衡，使追偿填补功能不能很好地发挥作用。笔者认为，如果担保人和债务人之间的合同对实现债权

---

① 根据《民法典担保制度司法解释》第20条规定的精神，保证人的追偿权适用于物上担保人。

② 高圣平:《民法典担保从属性规则的适用及其限度》，载《法学》2020年第7期。

的费用有约定，担保人依据合同向债务人追偿；如果没有合同约定，在担保人承担责任后，债务人应当主动及时偿还担保人。因债务人的过错行为，致使担保人多支出的费用，应当由债务人承担，但应当依据“直接且必要”的原则对实现债权的费用进行审核。

基于担保债务从属于主债务，对于债权人而言，其只能得到与其债权相适应的部分，对于超过债权数额的部分，属于不当得利。担保人要求债权人返还其承担的超过主债务范围部分的，债权人应当予以返还（《民法典担保制度司法解释》第 3 条第 2 款）。

三、担保责任与债权处分上的从属性

《民法典》第 407 条、第 696 条规定了担保责任与债权处分的从属性。

第一，担保与主债权不可分离，主债权转让的，担保责任随之转让。这是债权转让对担保责任影响的基本原则，即主债权及其附属的担保债权一同转让。在此原则下，债权转让与担保的关系又根据主债权转让的不同情形，担保责任亦有不同情形。笔者在实践中遇到这样一起案例：A 公司与 B 公司签订供应气体合同，交易数额巨大。B 公司是供方，A 公司是买方。B 公司为保障自身债权实现，要求 A 公司的母公司 C 公司予以担保。C 公司出具了担保函，承诺为 B 公司的债权承担连带责任保证。B 公司为履行与 A 公司的合同，在 A 公司厂区内新设 D 公司，由 D 公司履行 B 公司的供应义务。现在，A 公司拖欠 D 公司款项。D 公司向 C 公司发函，要求 C 公司履行担保义务。问题是，C 公司是否应当向 D 公司履行担保责任？笔者认为，上述问题中，A 公司、B 公司和 D 公司存在供气合同的概括转移关系，B 公司的合同义务转移到 D 公司并且获得 A 公司认可。合同权利与义务的概括转移与单纯的债权转移是两种不同的法律概念。根据主债权转让担保债权同时转让的规定，D 公司的债权并非由 B 公司转让而来，故，C 公司对 B 公司债权担保的效力并不能及于 D 公司。D 公司要求 C 公司履行担保责任没有法律依据。

第二，债权转让未通知担保人的，对担保人不发生效力。主债权没有被禁止转让时，不论全部转让还是部分转让，如果该转让没有通知担保人，则担保人对此不承担担保责任。这是《民法典》第 696 条与原《担保法》第 22 条规定不同的地方。原《担保法》第 22 条规定：“保证期间，债权人依法将主债权转让给第三人的，保证人在原保证担保的范围内继续承担保证责任。保证合

同另有约定的，按照约定。”该条没有规定债权转让是否必须通知担保人，其逻辑思路是，担保人承担担保责任，向谁承担责任都一样。《民法典》第696条作了不一样的规定，即不通知担保人的，对担保人不生效力，这一点需要在实践中加以注意。理解《民法典》第696条，还需要注意两点：一是只需要通知即可，至于通知的方式没有具体规定，但是以担保人知悉债权转让的事实为限。根据《民法典》第546条规定，以债权人通知担保人为准。受让人通知担保人不符合法律规定，担保人可以对此提出抗辩。二是在法庭辩论终结前，债权人当庭将转让债权的事实通知担保人，担保人是否还要承担责任？笔者认为，担保人应当承担担保责任。通知的目的在于使担保人明确履行债务的对象。

第三，担保人与债权人约定不得转让债权的，债权人违反约定对外转让债权，担保人对受让人不再承担担保责任，除非经过担保人的书面同意。注意此处担保人的“书面同意”，意味着担保人对自己原来与债权人约定的改变，法律上要求采用书面形式。非书面形式不能认定担保人改变与债权人之间先前的约定。

第四，免责的债务转移。债权人同意债务人将债务全部或者部分转移，未经保证人书面同意的，保证人对未经其同意的债务部分，不再承担保证责任（《民法典》第697条）。理由是，债务转移到第三人后，如果第三人偿债能力弱，则危及债务人追偿权的实现。因此，免责的债务转移，未经保证人书面同意的，担保人不再承担保证责任。

四、担保责任与主债务消灭上的从属性

主债务因清偿等原因消灭的，保证债务当然消灭。主债务因合同解除而消灭的，保证债务也消灭。[①]《民法典》第393条规定，主债权消灭的，担保物权消灭。应当注意，主合同解除并不必然解除担保人的责任。《民法典》第566条第3款规定：“主合同解除后，担保人对债务人应当承担的民事责任仍应承担担保责任，但是担保合同另有约定的除外。”

① 郭明瑞、杨立新：《担保法新论》，吉林人民出版社1996年版，第32页。

五、担保人抗辩权的从属性

担保人享有债务人的抗辩权，即使债务人没有行使该抗辩权，担保人也可以独立提出抗辩。其包括主债务人的诉讼时效抗辩权和其他可能减轻或免除主债务人责任的抗辩权。债务人对抗辩权的放弃，并不影响担保人的抗辩权。另外必须明确，担保人除享有债务人的抗辩权外，还享有基于担保合同的抗辩权。

六、担保合同效力的从属性

《民法典》第388条和第682条规定，担保合同、保证合同是主合同的从合同，主合同无效时，担保合同、保证合同无效，法律另有规定的除外。这是担保合同效力从属性的法律规定。从前述规定看，只有法律才可以排除担保的从属性。当事人不可以约定排除担保合同的从属性。问题是，当事人在担保合同中约定了担保合同独立于主合同，对于该担保合同的效力如何认定？《民法典担保制度司法解释》第2条第1款对此作了规定："当事人在担保合同中约定担保合同的效力独立于主合同，或者约定担保人对主合同无效的法律后果承担担保责任，该有关担保独立性的约定无效。主合同有效的，有关担保独立性的约定无效不影响担保合同的效力；主合同无效的，人民法院应当认定担保合同无效，但是法律另有规定的除外。"上述规定表明：第一，当事人在担保合同中约定其效力独立于主合同的，或者约定主合同无效后，担保人承担担保责任的，该约定条款无效。在主合同有效的情况下，仅仅约定担保独立性的条款无效，并不导致整个担保合同无效；部分条款无效，不影响整个担保合同的效力。应当根据法律规定，确认担保人对主债务的担保责任。比如，一份借款担保合同约定，当借款合同无效时，担保人应当承担担保责任，此时该借款担保合同并非无效。如果主合同有效，则担保人应当根据有效的担保合同承担一般保证责任或者物上保证责任。第二，主合同无效时，担保合同无效，不论担保合同是否含有正确与否的条款。

担保合同效力从属于主合同，自原《担保法》时就有该原则，《民法典》重申了该原则。分析该原则，笔者认为该原则在法律内部并不自洽。首先，担保合同也是合同。担保合同与主合同发生、发展的轨迹并不相同，其效力应受制于合同法的一般原则。根据《民法典》第143条的规定，若担保合同的当事人具备相应的民事行为能力，意思表示真实，不违反法律、行政法规的强制性规定和公序良俗，则该合同有效。因主合同导致的担保合同无效，对担保合同的效力判断就不是依据的上述规定。这意味着对担保合同的效力判断比对普通合同的效力判断多出了一条标准。其次，主合同无效则担保合同无效，理论上的依据是什么？笔者尚未看到有关论述。仅仅依据从属性原则，干涉当事人的意思自治，这在法益上略显薄弱。

第四章　独立担保

担保的从属性使得担保人享有债务人的抗辩权。但是，从另外一个方面看，抗辩权的行使降低了担保的效率，影响债权的实现。特别是在国际贸易中，担保人基于各国国内法的抗辩，常常使债权人无所适从。20 世纪 80 年代以来，随着国际贸易的蓬勃发展和当事人交易风险的不断增大，保障债权人债权实现的担保方式已经由传统的从属性担保发展到 20 世纪 60 年代兴起的由信誉良好的银行为担保人的、不受基础合同影响的担保，即独立担保。如今，独立担保已经逐渐渗透到国际商事交易的各个方面，在国际贸易中扮演着越来越重要的角色，对债权人债权的顺利实现提供巨大的安全保障。然而在我国，关于独立担保的立法远滞后于商事实践的发展。①

第一节　独立担保制度的建立与发展

一、独立担保制度的建立和发展

为避免传统保证中保证人的权利过于强势，德国法在 19 世纪接受了损害担保契约制度。鉴于损害担保契约制度所具备的独立性，有学者认为该制度是独立担保的最初萌芽状态。② 损害担保契约（或独立的担保契约），是指约定向相对人因一定危险所受积极或消极的损害，应独立地、无偿地承担填补责任的契约。③ 在德国法上，损害担保契约是一个泛指的概念，通常在以下情况中使用：没有基础交易；损害担保契约的受益人不是基础交易的债权人；担保人

① 郭德香:《国际商事交易中独立担保法律问题研究》,武汉大学 2011 年博士学位论文。

② 周辉斌:《银行保函与备用信用证法律实务》,中信出版社 2003 年版,第 33 页。

③ 史尚宽:《债法各论》,中国政法大学出版社 2000 年版,第 882 页。

为自己的利益担保；等等。比如，为了招商引资，地方政府担保对投资者的某些损失进行赔偿；工程师向其雇主担保工程的成本不会超过某一数额。在损害担保契约中，当事人为担保人与受益人两方，如果发生了特定事实或者未发生特定事实，担保人则负责赔偿受益人的损失。虽然此类契约具有独立性，但其与独立保函和备用信用证等独立担保显然不同。有德国学者将独立担保归为损害担保契约，但这在法律适用上并无任何帮助，二者适用的规范存在明显差异。损害担保契约在荷兰、法国和比利时等国也多有采用，但通常被视为不同于独立担保的制度而独立存在。[①] 英美法系也有与此法律功能相当的合同——赔偿合同（indemnity），是指补偿人向受偿人承担的保证受偿人不必负担义务或不必蒙受损失的合同。[②] 它是通过一份合同保障另一份合同实现的担保机制。

在法国，独立担保最初出现在其国际市场交易中，采用它的主要动机是为了避免国际合同订立中所必须设立的物上担保——押金。当法国大企业希望获得某一重要的国外市场项目（比如核电站建设）时，通常要参加该国组织的国际招标，和其他竞争企业一样，必须向招标方提供履约担保。在很长一段时间内，在中东或者拉丁美洲，履约担保主要采用押金的方式：身为买方（进口方）的债权人要求卖方以担保名义存放一定数额的押金。这些押金，或者用于担保因违反“前合同义务”、谈判破裂而导致的损害赔偿；或者，当卖方不履行合同时，用于冲抵已经支付的货款；也可以用来支付因卖方履行迟延或履行不符合合同约定而产生的损害赔偿金。简言之，押金是投标担保、付款返还担保或者正常履约的担保。押金的数额通常为合同总金额的一定比例（多数情况下数目不菲）。交付如此性质和数额的现金在实际操作中经常会带来财务上的麻烦。为了避免此类问题，实践中卖方希望用银行的信用代替押金，并给予买方（进口方）同样的保障。20 世纪 60 年代起，法国银行开始提供“被进口方第一次索要时立即付款”的新型业务，即本章所讨论的“独立担保”（也被称为“见索即付”“银行信用”）。该类担保模式使得招标方（债权人）愿意放弃债务人立即交付押金的传统方式，接受这种银行一经要求立即支付“押金”的方式。事实上，在国际商事领域，银行的“见索即付”义务并非以

① 刘斌：《论民法典分则中人的担保之体系重构》，载《当代法学》2018 年第 5 期。

② 何美欢：《香港担保法》（上册），北京大学出版社 1995 年版，第 99 页。

担保合同正常履行为根据，而是担保立即支付“押金”（在没有“独立担保”时，本该于主合同订立时就应当交付的金额）。这一性质非常重要，因为在法国学者看来，这正是国际商事中的“独立担保”的独立性的来源。换言之，这个性质所带来的结果是，提供“独立担保”的银行不可以主张与被担保合同履行有关的抗辩而拒绝支付担保金额。

这种做法得到欧洲各国的同意，在国际工程招标中逐渐以银行保函代替保证金。后来，银行保函制度在国际贸易中也得到扩展应用，成为一种独立担保制度。在英美法系国家中，银行保函的形式体现为备用信用证。国际商务活动中，交易者为了实现债权清偿、规避风险等目的，对金融服务的要求日趋综合。独立保函和备用信用证是集担保、融资、支付及相关服务于一体的多功能金融产品，其内在的灵活性以及用途的多样性，使得它们在商务活动中日益得到广泛应用。为规范独立保函和备用信用证的适用，联合国国际贸易法委员会、国际商会等组织先后出台了一系列相关的国际公约和国际惯例，包括《见索即付保函统一规则》（URDG 458、URDG 758）、《跟单信用证统一惯例》（UCP 500、UCP 600）、《联合国独立保函和备用信用证公约》和《国际备用信用证惯例》（ISP 98）。《联合国独立保函和备用信用证公约》是联合国国际贸易法委员会为适应独立保函和备用信用证在担保功能上的等同性以及在实践中的重要性，为弥合不同国际惯例在各国不同法系下理解上的差异和缺乏同一性，历时5年制定出来的法律文件。该公约于1995年12月11日获得联合国大会通过，2000年1月1日生效。该公约为独立保函与备用信用证这两种担保方式确立了一套统一的规则，构筑了国际担保的统一法律基础。

法国是第一个在国内法中规定独立担保制度的国家。在2006年法国担保法改革中，独立担保制度和安慰函成为人的担保制度的组成部分。《法国民法典》第2321条规定了独立担保制度，其担保的债权人可从担保人处获得不高于主债务人所欠债务的支付，这比在可行使多种抗辩的保证人甚至债务人那里实现债权更加快捷和安稳。不仅金融机构可以依靠它保障自己的债权，企业和自然人也可以利用这种担保方式。这种没有“从属性”的“人的担保”受到债权人的青睐。但是，它的适用范围也受到了一定程度的限制。立法者不希望债权人滥用该种担保，造成具有从属性的保证制度被架空的现象。法国对独立担保的立法实践表明：独立担保是一种有效的担保手段；契约自由的精神表明当事人有自由确立他们的义务和负担；人们很难证明适用独立担保就具有欺诈或者恶意。可以说，承认“国内法的独立担保”并非一件“恐怖事件”，只要将它限制在一定领域，或者当担保人是弱势的自然人时采用严格态度解释它，还是可以在“独立担保”和“保证”之间找到平衡点的。[①]

二、我国法律对独立担保的态度

在我国，独立担保在实践中已被广泛运用。20世纪80年代的国际贸易实践中，我国银行和非银行金融机构在提供的外汇担保业务中适用国际惯例，按照申请人的要求为国外的受益人提供银行独立担保。1995年我国颁布了《担保法》，虽然该法在制定过程中借鉴了一些外国法律的有关规定及国际通行的做法，但对独立担保制度没有作出明确规定。原《担保法》第5条规定：“担保合同是主合同的从合同，主合同无效，担保合同无效。担保合同另有约定的，按照约定。”有观点认为，通过分析原《担保法》及其司法解释，原《担保法》第5条第1款首先规定了担保合同与主合同的从属关系，然后通过“另有约定”作出例外规定，承认了独立担保的适用性，为其运用保留了合法的空间，以适应社会不断变化发展的新情况。另外，独立担保在本质上属于合同关系，遵循意思自治和合同自由原则，在不违反法律规定和公序良俗的条件下，理应允许当事人对保证合同的性质作出例外约定。既然根据原《担保法》第5条，当事人有权在合法的前提下对合同进行约定，那么当事人就不仅可以就担保人承担担保责任的条件、方式和范围进行约定，也可以对自己在合同中的权利和义务作出特殊的约定。因此，原《担保法》是允许独立担保有效存在的。[②]

1995年，国际商会《见索即付保函统一规则》（URDG 458）已经正式颁布3年有余，并且在中国的国际贸易实践中，当事人约定担保合同独立于主合同这种不可撤销的见索即付担保已经较为普遍。因此，原《担保法》的颁布实际上使独立担保制度呼之欲出了。随后，中国人民银行于1996年发布了《境内机构对外担保管理办法》，明确将备用信用证作为银行对外担保的方式。国家外汇管理局于1998年发布的《境内机构对外担保管理办法

---

① 李世刚:《〈法国民法典〉对“独立担保”制度的确立——法国民事立法新特点之实例解读》,载《社会科学》2012年第1期。

② 王珉:《我国独立担保法律构造与担保法体系的规范设置》,载《河北法学》2017年第7期。

实施细则》第7条在对外担保上也规定有“对外担保合同另有约定的，按照约定”的内容。这些法律法规和规章显然赋予了独立担保在我国的合法性。[①] 但在原《担保法》的司法解释起草过程中，全国人大常委会法工委和最高人民法院的态度非常明确，即“独立担保只能在国际商事交易中适用”[②]。原《担保法司法解释》对独立担保的态度是国内和国际区别对待。最高人民法院在2018年的一件合同纠纷案[③]中，坚持以上立场，其主要理由有三点：一是独立担保否认担保合同的从属性，不再适用担保法律中为担保人提供的各种保护措施，对担保人过于不公平；二是独立担保容易导致债权人和债务人恶意串通，损害担保人的利益；三是为了避免严重影响或者动摇我国担保法律制度体系的基础。

在《民法典》制定过程中，对于独立担保制度是否入典又被重新提起。《中国社会科学院民法典分则草案建议稿》第24章设置了独立担保合同[④]。但是基于多方面考虑，独立担保制度最终没有进入《民法典》，我国的担保制度依然坚持担保行为严格的从属性原则。《民法典担保制度司法解释》第2条规定，当事人在担保合同中约定担保合同的效力独立于主合同或者约定担保人对主合同无效的法律后果承担担保责任，该有关担保独立性的约定无效。主合同有效的，有关独立性的约定无效不影响担保合同的效力；主合同无效的，人民法院应当认定担保合同无效，但是法律另有规定的除外。因金融机构开立的独立保函发生的纠纷，适用《独立保函司法解释》。由此可以看出，我国目前对于独立担保的态度是仅认可金融机构对外提供的独立担保，对非金融机构对外提供的担保不认可其担保效力。

对于上述规定，有几个需要明确的问题：

第一，金融机构的范围。原《金融许可证管理办法》第3条第2款规定，金融机构包括政策性银行、商业银行、农村合作银行、城市信用社、农村合作社、村镇银行、贷款公司、农村资金互助社、金融资产管理公司、信托公司、

---

① 李军停：《独立担保制度研究》，载《中州大学学报》2005年第2期。

② 王闯：《冲突与创新——以物权法与担保法及其司法解释的比较为中心而展开》，载最高人民法院民事审判第二庭编：《民商事审判指导》（总第12辑），人民法院出版社2008年版，第71页。

③ 最高人民法院（2018）最高法民申6281号民事裁定书。

④ 陈甦主编：《中国社会科学院民法典分则草案建议稿》，法律出版社2019年版，第283—286页。

企业集团财务公司、金融租赁公司、汽车金融公司、货币经纪公司等。在司法实践中，起初对非银行金融机构的认识不统一。《最高人民法院关于新民间借贷司法解释适用范围问题的批复》（法释〔2020〕27号）第1条规定，“由地方金融监管部门监管的小额贷款公司、融资担保公司、区域性股权市场、典当行、融资租赁公司、商业保理公司、地方资产管理公司等七类地方金融组织，属于经金融监管部门批准设立的金融机构”。这就在司法解释中明确规定了银行之外的金融机构的范围。

第二，《独立保函司法解释》的适用范围。该文件可以适用于国内外民商事经济活动中，只是对独立保函的签发主体有限制，即只有金融机构可以对国内外的贸易活动签发独立保函。可见，我国担保法制施行“双轨制”，即金融机构既可以进行独立担保，也可以进行普通担保；金融机构之外的其他民事主体只可以进行除独立担保外的普通担保。故，应当认为，我国存在独立担保制度，只是没有在民事基本法中对此作出规定而已。《民法典担保制度司法解释》未将独立保函作为一种担保方式，其原因在于独立保函是以相符交单为条件的付款承诺，与信用证性质相同，属于一种特殊的信用证，不属于担保的法定方式，因此不适用关于保证的规定。①

独立担保是人的担保的一种新型的担保形式，在物的担保中根本不存在独立担保。② 但有专家认为，从德国的土地债务到欧洲的抵押权，无不显示着独立性担保物权降低交易费用、便利融资以及推动担保市场的良性配置等独特优势，独立性是从属性的演进形态，独立担保物权本就属于担保物权的权能构成部分，因此，我国有必要为其寻求制度安排。③ 笔者同意上述观点，人的担保与物的担保只是在担保财产上存在区别，当事人约定对某项债务作物上保证与担保独立于主合同并不违和，毕竟担保财产与担保是否独立是属于两个层面的问题，没有对应性。独立担保不应局限于信用担保，物上保证也可适用于独立担保。

---

① 司伟、肖峰:《担保法实务札记:担保纠纷裁判思路精解》,中国法制出版社2019年版,第25页。

② 郭德香:《国际商事交易中独立担保法律问题研究》,武汉大学2011年博士学位论文。

③ 张弓长:《“民法典”时代独立担保物权的制度空间》,载《法学杂志》2021年第8期。

第二节　独立担保的概念、特点和识别

一、独立担保的概念

关于独立担保的概念，我国学界虽有不同表述，但实质上没有分歧。

郭德香认为，独立担保是一种应申请人申请向受益人开出的，独立于基础交易合同，但其一旦出具后，便不再从属于基础交易合同，担保人的付款责任只是根据国际银行独立担保条款为准的承诺。①

张亮认为，独立担保是一种担保人应申请人申请向受益人开出的，独立于基础交易合同的，并在受益人向担保人提交担保书约定条件的文件和单据时由担保人承担无条件的见索即付保证责任的方式。②

魏森认为，独立担保是担保人和债权人约定，在债权人交来符合担保书要求的文件和单据时，担保人放弃以基础交易合同产生的抗辩权和见索抗辩权，按担保书的规定向债权人支付一定金额的担保方式。③

王利明认为，独立保证，也称为见索即付的担保、见索即付、备用信用证、无条件或不可撤销的担保，它是指与主合同之间不具有从属关系的保证。④

《中国社会科学院民法典分则草案建议稿》认为，独立保证合同是保证人和债权人约定保证人在符合约定条件时，立即向债权人承担保证责任，不受基础交易合同效力影响的合同。⑤

《独立保函司法解释》第1条第1款规定："本规定所称的独立保函，是指银行或非银行金融机构作为开立人，以书面形式向受益人出具的，同意在受益人请求付款并提交符合保函要求的单据时，向其支付特定款项或在保函最高金额内付款的承诺。"

---

① 郭德香：《国际银行独立担保法律问题研究》，法律出版社2013年版，第107页。转引自张亮：《独立担保制度研究》，武汉大学2015年博士学位论文。

② 张亮：《独立担保制度研究》，武汉大学2015年博士学位论文。

③ 魏森：《独立担保界定研究》，载《政治与法律》1999年第5期。

④ 王利明：《独立保证的相关问题探讨》，载《当代法学》2020年第2期。

⑤ 陈甦主编：《中国社会科学院民法典分则草案建议稿》，法律出版社2019年版，第283页。

《法国民法典》第2321条规定："独立担保是担保人基于第三人缔结的债务，按照见索即付或约定的其他方式，支付一定款项的义务承诺。在此种担保的受益人明显滥用权利，或者明显欺诈，或者与指令下达人相互串通的情况下，担保人不承担义务。担保人不得主张基于受担保的债务的任何抗辩。除有相反协议外，独立担保不跟随受担保的债务。"

上述观点表明：

第一，独立担保是一种依照担保文本文义进行付款的承诺。实践中，一般是金融机构应申请人申请，向受益人开出独立保函，而债权人与保证人约定独立担保的情形很少。独立保函的有效期十分明显，一般期限较短。

第二，独立担保合同一经开出，即独立于基础合同，担保人不得援引基于基础合同产生的抗辩权。

独立担保主要有见索即付保函和备用信用证两种形式，前者主要适用于欧洲大陆法系国家，后者主要适用于英美法系国家。[①] 我国独立担保的形式，通常是一份表明付款愿望的无条件付款的书面文书。

二、独立担保的核心特征——独立性

关于独立担保的特征，不同的学者有不同的观点。王利明认为，独立担保具有以下特点：（1）排除了从属性规则；（2）排除了先诉抗辩权；（3）存在给付金额的限定；（4）具有要式性。[②] 谈玉欣认为，独立担保制度具有以下特征：（1）独立抽象性；（2）无因性；（3）单据性。[③] 郭德香认为，独立担保的特点有：（1）独立性；（2）自足性；（3）单据抽象性；（4）清偿债务的第一位性；（5）付款的无条件性；（6）不可撤销性；（7）表面一致性。[④] 王毓莹认为，独立担保的典型特点在于：（1）具有独立性，即独立担保的效力、管辖等均不受基础合同的约束；（2）具有单据性，即在受益人提交担保文件所需要的单据时，担保人经过审查"单证相符"后，就需要付款，而不去审

① 郭德香：《国际商事交易中独立担保法律问题研究》，武汉大学2011年博士学位论文。

② 王利明：《独立保证的相关问题探讨》，载《当代法学》2020年第2期。

③ 谈玉欣：《民法典视角下独立担保制度的现状和完善路径》，载《西部学刊》2021年第24期。

④ 郭德香：《国际商事交易中独立担保法律问题研究》，武汉大学2011年博士学位论文。

查基础合同的效力和内容。①

这些归纳和总结中，均提到担保的核心特征——独立性。

独立性作为独立担保的核心特征，如何界定其内涵是独立担保各规则不可回避的问题。独立担保业务一般涉及三种法律关系，即申请人和担保人之间的申请开立独立担保的法律关系、担保人和受益人之间的独立担保法律关系、申请人与受益人之间的基础交易关系。其中，基础交易关系和申请开立独立担保的法律关系是独立担保的基础关系。由于担保人承担的担保属于一种新债，因此独立担保在效力上与两个基础交易相独立：一是独立担保本身与基础交易相独立；二是独立担保与申请人和担保人之间的申请开立独立担保的协议相独立。此外，如果独立担保本身是反担保，那么其与本担保也是相独立的。② 这些独立性特点在《见索即付保函统一规则》《国际备用信用证惯例》《跟单信用证统一惯例》《联合国独立保函和备用信用证公约》等规则中都有明确的规定。《国际备用信用证惯例》作为一个法律化程度较高的惯例文件，以较为准确的法律措辞规定了备用信用证项下义务与基础交易项下义务的独立关系：开证人对受益人的义务，不受任何适用的协议、惯例和法律下开证人对申请人的权利和义务的影响。《联合国独立保函和备用信用证公约》第 3 条的规定更为全面，不但明确规定了它们与基础交易、其他承保相独立，也规定了担保人/开证人的义务仅取决于担保文本规定的条件。

笔者认为，无论独立担保独立于主合同还是独立于开证协议，独立担保之"独立"，其最核心的特征是独立担保人的抗辩权独立于债务人的抗辩权，独立担保人不享有主合同债务人的抗辩权和先诉抗辩权，只享有基于担保书文义产生的抗辩权。担保人的抗辩权脱离于主债权债务合同，基于独立担保的独立性和单据性，"先付款，后诉讼"得以实现，从而改变了保证、保险等传统商业工具付款耗时的缺点③，促进了商业流通的安全、便捷、效率。抗辩权的独立性是独立担保与普通担保的根本区别，也是独立担保的价值所在。

---

① 王毓莹:《民法典背景下人的担保独立性之证成与适用——以独立担保为视角》,载《比较法研究》2021 年第 6 期。

② 刘斌:《独立担保的独立性:法理内涵与制度效力——兼评最高人民法院独立保函司法解释》,载《比较法研究》2017 年第 5 期。

③ 刘斌:《独立担保的独立性:法理内涵与制度效力——兼评最高人民法院独立保函司法解释》,载《比较法研究》2017 年第 5 期。

必须明确，独立担保并非与主合同完全无关。首先，独立担保的产生依然从属于主合同。没有主合同，就不会有独立担保合同。独立担保合同总是基于担保主合同的某一项义务的履行而出具。比如，付款担保、产品质量瑕疵担保、主合同违约金担保等。其次，独立担保的义务与主合同的履行情况有关。比如，主合同履行完毕，开证人没有付款义务或者赔偿义务等情况，此时要求独立担保人付款，构成独立担保欺诈，独立担保人可以拒绝付款（后文详述）。

三、独立担保独立性的体现

基于独立性，独立担保可产生多方面的效力，包括成为一项独立抽象的债务、阻断基础交易项下的抗辩、阻断基础交易项下的抵销权、构成单据机制的基础等。[①] 但是，独立性不仅体现在担保函与主合同的关系上，其自身也有独立性特征。以我国《独立保函司法解释》为例，独立保函的独立性体现在以下几个方面：

第一，付款的独立性。独立保函的付款责任不像普通担保那样，需要以债务到期不履行或者其他约定事由出现为条件，而只需要受益人提交的单据与独立保函条款之间、单据与单据之间表面相符，受益人即可请求开立人依据独立保函承担付款责任。开立人基于基础交易关系或独立保函申请关系对付款义务提出抗辩的，人民法院不予支持，但有《独立保函司法解释》第12条规定的情形的除外（见《独立保函司法解释》第6条）。

第二，审查单据的独立性。《独立保函司法解释》第8条规定："开立人有独立审查单据的权利与义务，有权自行决定单据与独立保函条款之间、单据与单据之间是否表面相符，并自行决定接受或拒绝接受不符点。开立人已向受益人明确表示接受不符点，受益人请求开立人承担付款责任的，人民法院应予支持。开立人拒绝接受不符点，受益人以保函申请人已接受不符点为由请求开立人承担付款责任的，人民法院不予支持。"独立担保独立性特征的根本体现，在于担保人独立的付款和拒付的权利。[②]

---

① 刘斌：《独立担保的独立性：法理内涵与制度效力——兼评最高人民法院独立保函司法解释》，载《比较法研究》2017年第5期。

② 陆璐：《论独立担保制度下的保全救济》，载《法学论坛》2016年第2期。

第三，独立担保人权利与义务的终止不依附于主债权。独立保函权利与义务的终止有其特别规定，主要体现在《独立保函司法解释》第 11 条的规定中：“（一）独立保函载明的到期日或到期事件届至，受益人未提交符合独立保函要求的单据；（二）独立保函项下的应付款项已经全部支付；（三）独立保函的金额已减额至零；（四）开立人收到受益人出具的免除独立保函项下付款义务的文件；（五）法律规定或者当事人约定终止的其他情形。”独立保函具有上述权利与义务终止的情形，受益人以其持有独立保函文本为由主张享有付款请求权的，人民法院不予支持。

第四，独立担保的诉讼管辖不依附于主合同。普通担保的诉讼管辖，依据《民法典担保制度司法解释》第 21 条的规定，债权人一并起诉担保人和债务人的，应当根据主合同确定管辖法院。也就是说，担保案件的管辖，担保人依据主合同的约定确定管辖法院，即管辖法院确定上的从属性。《独立保函司法解释》第 21 条规定，受益人和开立人之间因独立保函而产生的纠纷案件以及独立保函欺诈纠纷案件由独立保函的开立人住所地或被告住所地人民法院管辖；当事人可以约定管辖法院或者提交仲裁；当事人主张根据基础交易合同或独立保函的争议解决条款确定管辖法院或提交仲裁的，人民法院不予支持。

四、独立担保的识别

准确识别独立担保，防止不当扩大认定范围，是独立担保风险控制的首要环节。在实践中，当事人常常对保函是保证还是独立担保产生分歧，不同的判定意味着差异巨大的法律后果。争议焦点在于独立担保独立性的判定标准。首先，就独立担保的认定方法而言，比较法上有两种范例：第一种是交由法官根据个案实际情况综合认定，这更符合英美法系的司法传统；第二种是由法律明确规定独立担保必备的核心要件，这更符合大陆法系国家的司法传统，更有利于厘清独立担保的界限。其次，就其判断标准的选取而言，法律政策可有两个方向：一是趋于宽松（减少、降低独立担保的认定标准门槛，从而鼓励适用独立担保），对债权人、保证人较为有利；二是趋向严格认定（对独立担保的认定保持一种高标准，从而扩张保证的“势力范围”），对债务人较为有利。[①]

① 李世刚：《独立担保中国规则的风险控制机制研究——以独立保函司法解释为研究对象》，载《法学杂志》2020 年第 2 期。

法国学者认为，无论是国际商事领域还是国内法下，独立担保的构成应当满足两个条件：一是担保人债务标的的独立性。也就是说，担保人的债务不以被担保的主债务人的义务为标的；二是担保人明确放弃基于被担保合同的抗辩。①

国内有学者认为，独立保函的判断核心在于独立性和单据性。独立性的判断标准在于保函文本上是否记载有“见索即付”“独立于基础合同”等字样，并以此区分于传统担保；单据性的判断标准在于保函文件中是否约定了单据化的付款条件，如保函文本上记载“只要受益人出具违约声明，第三方出具书面文件，担保人就要付款”字样。但是，不能单凭有关字样进行判断，关键在于保函文本引用的基础合同的内容是否影响保函的独立性，是否强调保函从属于基础交易。总结而言，独立担保的判断标准最终是一个担保是否具有独立性的合同解释问题，应当依据合同解释规则判断当事人的意思表示是否属于独立担保。②

最高人民法院有法官认为，如果当事人在担保函中约定如下其中某一方面的内容，便可以判断该担保属于独立担保：（1）约定对受益人承担不可撤销无条件付款的；（2）约定只要受益人提交了符合担保函约定的单据，担保人就需要向其无条件付款的；（3）约定只要受益人提出付款请求，担保人就需向其承担付款责任的；（4）约定只要受益人提出付款请求，担保人就需要无条件付款而不享有先诉抗辩权和主合同抗辩权的。③

《独立保函司法解释》第 3 条对独立担保的认定标准作了明确规定：“保函具有下列情形之一，当事人主张保函性质为独立保函的，人民法院应予支持，但保函未载明据以付款的单据和最高金额的除外：（一）保函载明见索即付；（二）保函载明适用国际商会《见索即付保函统一规则》等独立保函交易示范规则；（三）根据保函文本内容，开立人的付款义务独立于基础交易关系及保函申请法律关系，其仅承担相符交单的付款责任。当事人以独立保函记载

---

① 李世刚:《〈法国民法典〉对“独立担保”制度的确立——法国民事立法新特点之实例解读》,载《社会科学》2012 年第 1 期。

② 王毓莹:《民法典背景下人的担保独立性之证成与适用——以独立担保为视角》,载《比较法研究》2021 年第 6 期。

③ 曹士兵:《中国担保制度与担保方法——根据物权法修订》,中国法制出版社 2008 年版,第 37 页。

了对应的基础交易为由，主张该保函性质为一般保证或连带保证的，人民法院不予支持。”笔者认为，关键是对第3项内容的把握，即审查保函文本的付款条件是否与主合同有关。如果保函的付款条件与主合同无关，就是独立担保；如果付款条件与主合同有关，就不是独立担保。在作出判断时，必须实质审查付款条件与主合同的关系。比如，保函约定“保证人接到受益人的付款通知即付款”，这是独立担保的约定；“保证人接到受益人的付款通知后，即通知某某方进行审查，审查无误后即付款”，这样的约定为传统担保。然而，当保函中既写明了见索即付又写明了承担连带责任或一般保证责任时，往往产生争议，司法解释对此问题没有明确。产生这种情况的原因在于，申请人自己也弄不清哪一种方式对其更为有利。此种情况应做具体分析，弄清当事人的原意。[①]

除上述规定外，独立担保还必须有两个要素：一是保函上必须记载据以付款的单据；二是要求金额独立，这在英美法上也被视为判定独立担保的重要因素[②]，并且该金额为最高金额。如果缺少据以付款的单据和最高金额，即使具备前述内容也不能认定为独立担保。

第三节　独立担保欺诈的救济

一、独立担保产生欺诈的原因

独立保函借鉴信用证的单据化操作，在提高了独立担保业务效率的同时，也简化了担保人付款前的审核义务。根据《见索即付保函统一规则》第2条第b款的规定，独立担保人在收到索赔书和保函规定的其他文件（单据）后，经审查与保函条款一致即向受益人支付保函规定的款项。因此，合理、谨慎地对索赔书和保函规定的单据进行形式审核，就成为独立担保人在付款前对申请人承担的唯一义务，只要单据与保函规定符合表面一致的原则，独立担保人即有义务向申请人付款。基于表面审查规则，担保人无义务对基础合同的实际履

① 苑超:《关于最高人民法院独立保函司法解释实务分析》,中国商务出版社2019年版,第13页。

② 李世刚:《独立担保中国规则的风险控制机制研究——以独立保函司法解释为研究对象》,载《法学杂志》2020年第2期。

行情况进行审查。受益人在请求付款时除须提交保函所要求的单据外，无须满足其他任何条件。在一些履约保函中，受益人甚至只需要提交一份合同未能履行的基本陈述，就可以要求保证人付款。独立保函的表面审查规则无疑简化了受益人索赔的程序，但表面审查规则的简化，也成了滋生受益人欺诈索赔行为的温床。担保人对基础合同实际履行情况不了解，使得其难以对受益人提出的索赔请求所依据的单据的真实性进行辨别。签名的伪造、货物的缺失、合同履行的瑕疵，担保人都很难通过对索赔请求及受益人提交单据的表面审查而清晰辨别。这和信用证独立性引发的欺诈问题十分类似。而如何消除独立保函的独立性优势和由其可能导致的欺诈之间的矛盾，成为独立担保法律制度发展中必须解决的问题。[①] 在此过程中，国际社会创造出欺诈例外规则，用以解决上述矛盾。所谓欺诈例外，是指在欺诈情形下，独立担保人不受独立性约束而拒绝付款。

欺诈例外规则最早出现在 1941 年美国的信用证案件 *Sztejn* 案中。在此案中，原告（买方）以被告（卖方）交付的货物为无用杂物为诉讼缘由，请求法庭禁止开证行对提示行的支付。在审判过程中，法官肯定了信用证交易本身的独立性，但同时指出当受益人存在故意欺诈行为的情况下，其原有的、由信用证的独立性而产生的利益将不再被保护。欺诈例外规则的雏形由此产生。其基本观点包括三个方面：（1）欺诈行为是唯一可以影响信用证交易独立性的情形；（2）具体的欺诈行为必须得到证实；（3）当支付牵涉善意第三人时，此例外的适用应当重新考虑。*Sztejn* 案判决后，欺诈例外规则不仅在美国司法实践中得到认可，也成为英国法院早期引入欺诈例外条款的理论依据。在 1975 年的 *Discount Records* 案中，原告以被告交付的货物完全不符合信用证及相关单据的规定为由，向法庭申请禁令，禁止银行支付。尽管法庭认为此案和 *Stzejn* 案不同，没有明确的欺诈行为出现，但还是明确肯定了 *Stzejn* 案中对于欺诈例外规则的适用，认定欺诈可以成为银行拒绝受益人付款申请以及法庭禁止银行付款的法律依据。[②]

① 陆璐:《独立保函国内适用难题研究——以信用证欺诈例外规则的引入为视角》,载《苏州大学学报》(哲学社会科学版)2014 年第 6 期。

② 陆璐:《独立保函国内适用难题研究——以信用证欺诈例外规则的引入为视角》,载《苏州大学学报》(哲学社会科学版)2014 年第 6 期。

二、独立担保欺诈的具体情形

我国的欺诈例外在《信用证司法解释》和《独立保函司法解释》中有明确规定。关于欺诈的认定标准，《信用证司法解释》第 8 条规定，凡有下列情形之一的，应当认定存在信用证欺诈：（1）受益人伪造单据或者提交记载内容虚假的单据；（2）受益人恶意不交付货物或者交付的货物无价值；（3）受益人和开证申请人或者其他第三方串通提交假单据，而没有真实的基础交易；（4）其他进行信用证欺诈的情形。《独立保函司法解释》第 12 条规定，具有下列情形之一的，人民法院应当认定构成独立保函欺诈：（1）受益人与保函申请人或其他人串通，虚构基础交易的；（2）受益人提交的第三方单据系伪造或内容虚假的；（3）法院判决或仲裁裁决认定基础交易债务人没有付款或赔偿责任的；（4）受益人确认基础交易债务已得到完全履行或者确认独立保函载明的付款到期事件并未发生的；（5）受益人明知其没有付款请求权仍滥用该权利的其他情形。

从上述欺诈的具体情形中可以看出：

第一，无论是独立保函还是信用证，其付款并非绝对的、无条件的，欺诈的存在导致独立担保人在付款审查时，还要审查基础合同的签订、履行情况。对于虚构的基础合同，或者是基础交易合同没有履行或者履行完毕的，主债务人没有付款义务的，受益人向开证人索赔，已经构成欺诈。因此，独立担保的独立性仅仅是相对的，独立担保人享有基于主合同的抗辩权。欺诈的存在，使得独立担保人不得不介入基础交易合同中，主合同的无效、被撤销或者中止、终止，对独立担保人的付款是有影响的。完全的独立付款仅是理论上的。但是，法院不全面审查基础合同，仅就基础合同与保函的内容及履行情况进行必要、有限的审查。①

第二，虽然独立担保人仅审查单据文义，并有权拒绝或者接受单据不符点，但是独立担保人首先要审查的是单据的真伪，对于虚假的单据，有权拒绝支付。在单据被确认为真的情况下，才能审查票据不符点。对单据的审查，独立担保人一般有自己的途径，但是对于单据不符点的审查，需要借助申请人的支持和帮助。比如，单据中要求的一些技术性要求，独立担保人一般没有能力

① 北京市第一中级人民法院(2013)一中民初字第 896 号民事判决书。

进行审查。由此，独立担保人和申请人无法做到完全独立。对于申请人接受的不符点，独立担保人不得拒绝支付。

第三，独立担保人付款后，有权向申请人追索，但是独立担保人对单据不符点予以付款的除外。这也使得独立担保人对于付款持慎重态度，必要时需要取得申请人的同意。没有正当拒绝理由的，独立担保人应付款并有权向申请人追偿。

三、对于欺诈的举证责任

欺诈的后果是永久终止独立担保人的付款责任（《独立保函司法解释》第20条）。独立担保人对于受益人存在欺诈的情形承担举证责任。有些举证的难度比较大，比如“受益人明知其没有付款请求权仍滥用该权利的其他情形”中，对于“明知”的证明难度极高。一般来说，受益人的“主观”明知无法证明，但是“应当”明知是可以证明的。法律之所以对举证要求比较高，目的还是在于维护独立担保的正常运行，而不是动辄利用欺诈条款扰乱独立担保制度运转。

四、欺诈的暂时性救济措施

对于欺诈行为，在没有确定的证据之前，独立担保人可以采取暂时的救济措施——中止支付。

（一）中止支付的程序

中止支付是维护独立担保人利益的重要手段，因为在存在欺诈情形下付款，日后追偿会非常麻烦，特别是在涉外贸易中，涉及外国法律和外国法院，追偿极为困难。另一个原因，一些关键证据可能无法及时获取，因此，最好的办法是中止支付。中止支付只是暂时性停止付款，为后续拒绝付款赢得时间、寻找证据。因此，用好中止支付手段，有利于维护开函申请人的利益。

《独立保函司法解释》第13条规定，中止支付既可以在申请仲裁或者提起诉讼前，也可以在诉讼或者仲裁的过程中提出申请。这里的诉讼或仲裁，指的是确认欺诈请求终止付款的诉讼或者仲裁。

（二）中止支付的法定条件

《独立保函司法解释》第 14 条规定，人民法院裁定中止支付独立保函项下的款项，必须同时具备下列条件：（1）止付申请人提交的证据材料证明该司法解释第 12 条情形的存在具有高度可能性；（2）情况紧急，不立即采取止付措施，将给止付申请人的合法权益造成难以弥补的损害；（3）止付申请人提供了足以弥补被申请人因止付可能遭受损失的担保。

理解该条，应注意以下几个方面：

第一，该条仅仅要求证据具有高度盖然性即可，并不需要达到“确定”的程度。

第二，开立人在依指示开立的独立保函项下已经善意付款的，对保障该开立人追偿权的独立保函，人民法院不得裁定止付。

第三，止付申请人以受益人在基础交易中违约为由请求止付的，人民法院不予支持。

（三）中止支付后的程序

第一，人民法院受理止付申请后，应当在 48 小时内作出书面裁定。裁定应当列明申请人、被申请人和第三人，并包括初步查明的事实和是否准许止付申请的理由。裁定中止支付的，应当立即执行。

第二，止付申请人在止付裁定作出后 30 日内，未依法提起独立保函欺诈纠纷诉讼或申请仲裁的，人民法院应当解除止付裁定。

第三，当事人对人民法院就止付申请作出的裁定有异议的，可以在裁定书送达之日起 10 日内向作出裁定的人民法院申请复议。复议期间不停止裁定的执行。人民法院应当在收到复议申请后 10 日内审查，并询问当事人。

第四，人民法院审理独立保函欺诈纠纷案件或处理止付申请，可以就当事人主张的《独立保函司法解释》第 12 条规定的具体情形，审查认定基础交易的相关事实。

第五，因止付申请错误造成损失，当事人请求止付申请人赔偿的，人民法院应予支持。

五、独立担保人的终止支付

《独立保函司法解释》第 20 条规定，法院查明受益人存在欺诈行为的，将终止独立担保人的支付义务。对“欺诈”的证明标准是“排除合理怀疑”。笔者认为，该项证明标准非常高。一般事项的证明标准是高度盖然性即可。《民事诉讼法司法解释》（2022 年修正，下同）第 109 条规定：“当事人对欺诈、胁迫、恶意串通事实的证明，以及对口头遗嘱或者赠与事实的证明，人民法院确信该待证事实存在的可能性能够排除合理怀疑的，应当认定该事实存在。”可见，“排除合理怀疑”标准仅适用于欺诈等特定的几种情形中。在实践中，该标准往往与刑事证明标准相混淆。有观点认为，如何认定是否达到“排除合理怀疑”证明标准是该证明体系适用的“最后一公里”，也是最为关键的一环，较为适宜且可行的方案为“基本可能性+抗辩不成立”模式。细言之，原告主张被告存在《民事诉讼法司法解释》第 109 条规定情形之一的，首先需要结合细化的构成要件证明被告确实存在法定的情形之一。此种证明应当达到 85%—95%的可能性，即法定事实的存在基本能够达到法官“完全确信”。此时的主观证明责任发生转移，被告有提出证据证明自己不存在第 109 条规定情形的必要。只有被告的抗辩不成立，即其举证证明活动不能动摇法官的心证，原告的证明度仍处于 85%—95%之间或者更高，才能认定“排除合理怀疑”①。

① 杜雨钊:《民事“排除合理怀疑”证明标准的反思与修正》,载《河南科技大学学报》(社会科学版)2023 年第 2 期。

第五章　担保人

担保人是担保法律关系中的关键角色，没有担保人就没有担保法律关系。担保法律制度都是围绕担保人展开的，包括担保人资格、担保人权利义务、担保人保护等等。研究担保法，必须首先从研究担保人资格开始。

担保人资格，是指担保人可以作为担保人主体的能力。担保人资格问题无论对于人的担保还是物的担保，都有重要意义，直接决定担保合同的效力。担保人资格问题，早在《民法典》生效之前就有规定。比如，原《民法通则意见》第106条规定，保证人应当是具有代偿能力的公民、企业法人以及其他经济组织。保证人即使不具备完全代偿能力，仍应以自己的财产承担保证责任。原《担保法》第7条规定，具有代为清偿债务能力的法人、其他组织或者公民，可以作保证人。但保证人不具有清偿债务的能力，不作为判断合同效力的依据。《民法典》对保证人的清偿债务的能力已经没有要求。根据《民法典》第2章、第3章、第4章的规定，我国民事主体分为自然人、法人和非法人组织。这三类民事主体，虽然可以成为普通民事主体，但是在成为担保人方面有不同的要求。

第一节　担保人之一——自然人

《民法典》第2章第4节中规定，个体工商户和农村承包经营户属于自然人。因此，法律意义上的自然人实际包括三类主体，即自然人、个体工商户、农村承包经营户。由于担保行为的无偿性和担保责任的严厉性，自然人作为担保人有一定要求。

一、自然人

下面从多个方面讨论自然人的担保资格以及存在的问题。

（一）自然人为担保人须具有完全民事行为能力

根据《民法典》第 143 条的规定，民事法律行为的有效条件之一是行为人具有相应的民事行为能力。自然人从事担保活动，其"相应的民事行为能力"是什么，法律没有规定。笔者认为，担保人的"相应的民事行为能力"应是完全民事行为能力。无民事行为能力人或者限制民事行为能力人签订的担保合同无效。其原因在于：第一，担保法律制度具有复杂性，担保责任具有法定强制性，担保的后果对担保人的生活甚至一生都可能产生巨大影响。担保法律关系对于专业人员而言，在理解上尚有难度，何况无民事行为能力人或者限制民事行为能力人？第二，《民法典》第 19 条、第 22 条规定，限制民事行为能力人可以独立实施纯获利益的民事法律行为。担保人在担保法律关系中，没有任何收益，而是纯粹付出，依法不能独立实施。担保行为也不是限制民事行为能力人从事的与其年龄、智力、精神状况相适应的民事法律行为。最高人民法院《民法典总则编司法解释》第5条规定，限制民事行为能力人实施的民事法律行为是否与其年龄、智力、精神健康状况相适应，人民法院可以从行为与本人生活相关联的程度，本人的智力、精神健康状况能否理解其行为并预见相应的后果，以及标的、数量、价款或者报酬等方面认定。显然，担保行为与限制民事行为能力人不相适应。

需要讨论的一个特殊问题是：醉酒人书写的保证书是否有效？

笔者查阅了有关案例[①]，20 起案件中，有关当事人均以酒后签订担保书为由进行抗辩，但是全部被驳回。其中 12 起案件的裁判理由是酒醉不是免除当事人的民事责任的理由，另外 8 起案件以没有证据证明涉案合同是酒后签订为由驳回。关于醉酒人的责任能力问题，我国《刑法》第 18 条规定，醉酒的人犯罪应当负刑事责任。民事判决的理念同刑法理念相一致，认为醉酒完全是行为人可以避免的，行为人明知醉酒会引发不良后果而依然饮酒，自应承担相应后果，因而普遍认为醉酒人的民事行为也是有效的。[②]

对于醉酒人签订的担保合同的效力，根据《民法典》第 143 条的规定，

---

① 《最高法院：醉酒之后签订的合同到底有没有法律效力？（20 个典型判例汇总）》，载搜狐网，https://www.sohu.com/a/243730672_809973，2022 年 6 月 21 日访问。

② 申莉萍：《两大法系视域下醉酒人民事行为效力立法探究》，载《青海师范大学学报》（哲学社会科学版）2012 年第 2 期。

需要从三个方面讨论：一是醉酒人是限制民事行为能力人还是完全民事行为能力人？二是醉酒人的意思表示是不是真实的意思表示？三是当事人的行为是否违反法律的强制规定，违背公序良俗？三者同时确定，才能认定醉酒人签订的担保合同的效力。

第一，关于醉酒人的民事行为能力问题。

对于这个问题的讨论，可以借鉴一下刑法学者的意见。有学者认为，对醉酒人刑事责任的判断，应从主客观相统一的原则出发，并结合现代精神病学对醉酒的研究结论，对醉酒人在醉酒时的不同精神病理状态进行分析鉴定，以确定其是单纯性醉酒、复杂性醉酒还是病理性醉酒。①

在民事行为能力问题上，笔者认为，对于醉酒人的民事行为能力不能一刀切，应当参照刑事诉讼中精神疾病的司法鉴定标准，对于不同种类的醉酒状态，赋予不同的行为能力。对于病理性醉酒，视同精神病人，应当是无民事行为能力人。对于复杂性醉酒的人，应当视其为限制民事行为能力人。对于单纯性醉酒（急性醉酒）的人，应当将其作为完全民事行为能力人对待。具体案件中应当允许当事人申请对其民事行为能力进行精神疾病司法鉴定，并由法院作出宣告。

第二，关于醉酒人书写的保证是不是其真实的意思表示。

德国为大陆法系中第一个构建醉酒人民事行为能力制度的国家。现代德国民法一改以往采用禁治产制度的惯例，转而施行个案审查制度。根据《德国民法典》第105条的规定，无论精神错乱状态是否为暂时的，其意思表示无效。所以，即便醉酒者具有行为能力，但由于其暂时处于精神错乱状态，也并不具有意思表示能力。因此，醉酒者实施的合同行为无效，醉酒人签订的合同也当然不具有法律效力。②

综观世界各国法律法规，对于醉酒人签订合同的效力问题所引出的行为人行为能力制度或缔约能力制度，不外乎是对心智能力低下的成年人进行保护，使其利益不因自己行为时的不利状态而受到损害，或者是为了维护交易安全，避免因意志薄弱之人的能力欠缺而使行为无效。③

---

① 王敏:《论醉酒与刑事责任》,载《现代法学》2000年第2期。

② 李冠军:《试论我国醉酒者民事行为能力之法律规制》,载《公民与法》(法学版)2016年第7期。

③ 王黎黎:《醉酒人签订合同之效力探析》,吉林大学2008年硕士学位论文。

我国司法实践中认定醉酒人具有完全民事行为能力，进而认定醉酒人签订的合同效力，值得商榷。笔者认为，我国应当否认醉酒人签订的担保合同的效力，理由如下：

首先，根据《民法典》第7条的规定，民事活动奉行诚实信用原则。不论何种情形，即使是当事人自愿在醉酒后签字，让醉酒人签订担保合同的受益人均有不诚实之嫌。在正常情况下，民事活动应在双方清醒、自愿的情形下签字认可。除非当事人不愿签字，才可能把人拉到酒桌上，甚至在其醉酒状态下让他签字，无非是想利用当事人意识不清、辨别不准的时机，完成合同签订。这种情况下，合同受益人往往目的不纯，手段与欺诈类似，对当事人也不公平。

其次，民事活动遵循自愿原则。自愿原则与责任自负原则互为一体，没有自愿原则就不能有责任自负。自愿原则的具体表现就是意思自治。根据日常生活经验，醉酒人即使不瘫倒如泥，其醉酒时也要么胆大如牛，要么手舞足蹈，要么胡言乱语，要么意思模糊，要么思维混乱，完全与日常生活中判若两人，其表达出来的意思通常已经不是其正常情况下的真实意思。当然，醉酒状态下表示出来的意思是不是其真实意思，难以判断，但是为了强化真实意思表达，彻底贯彻意思自治原则，根据日常经验及可能性，法律必须拟制，醉酒状态下当事人通过签字表达出来的意思无效。

再次，醉酒固然是当事人的过错，尤其是成年人对于酒后行为可能失当应当有清醒的认识。但是醉酒是个人过错，任何人都不能从他人过错中获取收益。如果司法上对醉酒人的民事责任不作免责判断，无疑会鼓励不良之人利用醉酒之际危害社会，侵害他人利益。所以醉酒人免于民事责任，是基于道德、伦理、社会效果的多重考虑。如当事人一时醉酒签订的担保合同，因这一过错导致当事人偿还巨额债务，或者搭进去一生的幸福生活，或者导致当事人妻离子散，这样的裁判结果与社会伦理、过错责任原则以及与法律维护社会和谐稳定的宗旨都相违背。

基于上述理由，笔者认为，对于醉酒人签订的担保合同应归于无效。

（二）夫妻一方担保可否认定为夫妻共同债务问题

日常生活中，常出现夫妻一方以个人名义对外签订担保合同的现象。该担保债务可否成为夫妻共同债务？实践中裁判结果各异。最高司法机关认为，夫妻共同债务以夫妻共同意思为核心依据。尊重当事人的意思表示是民法意思自治原则的法理内容，配偶单方的担保债务，原则上不能认定配偶另一方共同承担担保责任。[①] 自然人担保，认定夫妻共同债务需要考虑夫妻有无共同举债的合意和该债务是否超过了家庭日常生活范围。如不满足上述两个条件，则保证债务不能被视作夫妻共同债务。[②]

（三）自然人去世后的遗产担保责任问题

自然人死亡后，是否应当以其遗产承担保证责任？我国法律及司法解释尚未对此作出具体规定。根据原《民法总则》第 13 条的规定，公民死亡，不再具有民事权利能力，保证人的保证义务也应因此消失。但保证责任并不必然消失。保证人的遗产是否承担保证责任，关键在于保证人死亡之时，保证责任是否已经产生。由于保证人的保证债务仅属于或有负债，如保证人死亡之时，保证责任尚未产生，则保证人的遗产不能用来承担担保责任。[③]

（四）自然人担保与公序良俗

在我国，自然人担保效力很少与公序良俗联系起来，但在国外的司法判例中并非如此。在德国联邦宪法法院第一庭 1993 年 10 月 19 日的一则裁定中，该法院认为，银行与 21 岁男子签订连带保证契约，使该男子接受一异常高的风险。银行无视该男子终其一生无法从该债务中摆脱的风险，未就此尽其订立契约前的注意义务，并充分利用保证人交易上无经验的劣势以遂行其利益，此是契约中经济强势一方利用对方弱点而遂行一己的利益，自然不受私法自治基本权的保障，应认定该保证契约违反公序良俗而无效。[④] 笔者认同此观点。笔者在做人民陪审员的过程中，曾经接触到一起案件：一个小伙子坐在被告席上，没有代理律师，原告是放高利贷的，债务人未到庭，小伙子是担保人。案件展开后，才知道债务人是这个小伙子的老板，携款跑路了，小伙子承认是老板借款 120 万元的担保人，没有任何的抗辩意见。小伙子在庭审笔录上签字。

① 曹士兵主编：《担保纠纷案件裁判规则（一）：保证人主体资格与担保效力》，法律出版社 2019 年版，第 33 页。

② 浙江省杭州市中级人民法院（2014）浙杭商终字第 18 号民事判决书。

③ 江苏省南通市中级人民法院（2018）苏 06 民终 4854 号民事判决书。

④ 王泽鉴：《债法原理》（第二版），北京大学出版社 2013 年版，第 17—18 页。

案件结果也可想而知。他是一个刚满 20 岁的打工者，120 万元的债务恐怕终其一生难以还清。他这一生可能毁于此次担保。契约自由应考虑契约正义。如果一纸契约毁一生，应当认定该契约违背公序良俗而无效。

（五）父母代表未成年子女签订的担保合同效力问题

关于父母代表未成年子女签订的担保合同的效力问题，涉及监护关系，在实践中有两种不同的观点：一是原《民法通则》第 18 条关于法定代理人的职责是禁止性规定，法定代理人不得为限制民事行为能力人或者无民事行为能力人设定义务，其只能在维护被监护人利益的范围内代表被监护人实施民事法律行为。担保行为显然不是维护被监护人利益的行为。二是应当区分不同的类型。对于抵押担保，我国现行法律对抵押人的身份没有限制，未成年人的监护人代表其签订抵押合同，不违反法律的禁止性规定，应认定为有效；但是为未成年人设定保证责任，应为无效。① 笔者认为，上述两种观点均值得商榷。判定父母代表未成年子女签订的担保合同的效力，应从该担保行为是否有利于维护未成年子女利益的角度出发。在日常生活中，担保的目的非常复杂，担保也并非一概使担保人承受不利益。比如，担保行为提高了未成年人生活保障水平，应当认定为担保有效。江苏省高级人民法院在（2015）苏商终字第 00157 号民事判决书中认为，未成年人的生活来源以其父母收入为主，朱某的抵押使其父母股权投资获得保障，有利于维持未成年人生活，因而认定父母代表未成年人签订的抵押合同有效。同理，如果父母代表未成年人签订了保证合同，使其父母营业状况有了改善或者发展，提高了未成年人生活的保障能力，应认定该合同有效。前述第一种观点以法条是禁止性规定为由否认合同效力，第二种观点以法律对抵押人身份没有限制为由认可担保的效力，均未从监护制度“保护监护人的人身权利、财产权利和其他合法权益”的角度来认定行为效力。

二、个体工商户、农村承包经营户

（一）关于“两户”自然人属性问题

个体工商户和农村承包经营户（以下简称“两户”）是中国特有的自然

---

① 司伟、肖峰:《担保法实务札记:担保纠纷裁判思路精解》,中国法制出版社 2019 年版,第 14 页。

人主体类型。原《民法通则》中就对其进行了规定，《民法典》再次规定了“两户”。《民法典》总则编“自然人”一章，以3个条文规定了个体工商户和农村承包经营户，沿袭了原《民法通则》的规定，并对原有规定进行了修改：一是对个体工商户，取消了“依法经核准登记”的规定，变更为“经依法登记”；二是对农村承包经营户，把原《民法通则》中“在法律允许的范围内，按照承包合同规定从事商品经营”的规定，变更为“依法取得农村土地承包经营权，从事家庭承包经营”；三是对农村承包经营户与个体工商户的债务承担方式进行了完善，补充规定部分家庭成员参与经营的（无论是农村承包经营还是个体工商户），以该部分家庭成员的财产承担债务。

“两户”制度是民事主体部分在《民法典》编纂过程中争议十分激烈的论题之一，争议既涉及“两户”在民商事领域的差异及其是否还有保留之必要等宏观理念，也涉及“两户”的界定、债务承担规则等规范设计。[①] 中国社会科学院民法典立法研究课题组2016年3月发布的“民法总则（建议稿）”规定了个体工商户，梁慧星教授主持起草的《中国民法典草案建议稿》的总则编则没有规定个体工商户和农村承包经营户。在2016年举行的第十一届中国法学家论坛上，广东省法学会会长梁伟发认为，《民法总则》不宜保留个体工商户，应积极引导其转化为公司或者企业，其经营行为由《公司法》或《企业法》调整。[②]

尽管对个体工商户和农村承包经营户的民事主体地位的认识有分歧，但是《民法典》还是保留了“两户”的主体地位，并将其置于“自然人”一章之中。“两户”属于民事主体中的“自然人”。笔者认为，个体工商户和农村承包经营户是历史的产物，对中国特色社会主义经济制度的发展做出了不可磨灭的贡献。在现实中，这两类主体之所以还有继续存在的必要，因为其适应了目前经济发展的需要。试想，遍布城乡的早餐摊点，不可能登记成公司，建立法人治理结构，以公司制经营，还是个体工商户这种形式最为适合。从制度功能来看，相较于学界流行的“历史产物说”，“中国特色”应是对“两户”制度更为准确且贴切的评价。学界普遍将“两户”视作特殊历史时期的产物虽不

① 贾韶琦：《民法典“两户”民事主体制度的解释论》，载《农业农村部管理干部学院学报》2021年第2期。

② 曹兴权：《民法典如何对待个体工商户》，载《环球法律评论》2016年第6期。

无道理，却容易令人先入为主，认为“两户”起着某种过渡作用，不可能被当前时代所接受。但事实上，“两户”制度不仅没有走向消亡，反而得到长足发展，这必然存在着某种缘由。“两户”之所以独特，不仅仅因为它是特定历史时期的产物，更因为其满足了中国社会最广泛的需求。它既不是经济不发达的衍生品，也不是经济发达后的淘汰品。只要中国的社会性质、政治、经济、文化等方面的基本情况没有发生根本性的变化，“两户”制度就将长期存在。①

（二）“两户”担保存在的问题

“两户”既然是民事主体，就当然可以从事民事活动，比如对外担保活动。实践中，“两户”承担担保责任存在以下问题：

第一，“两户”承担责任的责任主体确定问题。

根据最高人民法院的司法解释，个体工商户的字号是当事人，但是诉讼时需要同时表明经营者的信息，显然字号是承担民事责任的主体。由于法律上对字号的财产权利没有规定，其债务由经营者承担，但是要求经营者承担义务没有强制执行依据。比如，某个体工商户的登记名称为“张三羊汤馆”，经营者是张三。法院判决“张三羊汤馆”承担责任，张三不是责任主体。如果张三羊汤馆名下没有财产，根据《变更追加当事人规定》，可以直接执行张三的财产。《变更追加当事人规定》第13条第2款规定，个体工商户的字号为被执行人的，人民法院可以直接执行该字号经营者的财产。因此，最高人民法院的态度是，判决字号承担责任的，在执行程序中，无须履行追加被执行人的程序，可以直接执行字号经营者的个人财产。最高人民法院的该项规定值得商榷。根据强制执行的理论，强制执行必须有执行依据，该依据必须是依据法定程序作出的。若有关生效文书中没有经营者承担责任的规定，则直接执行经营者的财产，程序不当，执行依据不足，涉嫌违法执行。

如果张三羊汤馆是个人经营时，直接执行张三个人财产还有正当性的话，那么当该张三羊汤馆是家庭经营时，法院是否可以直接执行家庭成员的财产？比如，张三羊汤馆是由5个家庭成员经营，是否可以直接追加5个家庭成员为被执行人？答案显然是不可以。与其在执行程序中追加，不如在审判程序中直

① 贾韶琦：《民法典“两户”民事主体制度的解释论》，载《农业农村部管理干部学院学报》2021年第2期。

接追加为共同诉讼人。

所以，对于最高人民法院《民事诉讼法司法解释》第 59 条的规定，宜进行修改。字号和实际经营者均是诉讼当事人，法院判决的表述应当是：确认字号应承担某某责任，该责任由张三、张四、张五等人承担。这样判决才能体现《民法典》规定的个体工商户的债务由经营者承担的实体法规定。

农村承包经营户，由于没有字号，不存在字号与经营者两个主体的问题，法律对其的判决就是自然人承担责任。如张三是户主，就判决户主承担责任。

第二，家庭财产的认定问题。

《民法典》第 56 条规定了“个人财产”“家庭财产”“农户财产”，但是何为家庭财产？何为农户财产？家庭财产与家庭成员名下个人财产是怎样的关系？法律中没有给出规定。比如张三羊汤馆，是家庭成员共同经营，张三虽是登记的经营者，但实际上并不经营，常年外出打工，其妻与三个儿子经营。这个家庭中，一套房子的产权人是张三，张三妻子有价值 100 万元的股票。大儿子、二儿子、三儿子均已经娶妻，但没有分家。三儿子偶尔来店里帮忙，大多数时间去附近企业上班。二儿子每天只是中午帮忙，其余时间做自己的生意。大儿子全天都在店里。三个儿子名下都有存款。该家庭的家庭财产如何计算？这确实是一个问题。

第三，家庭财产承担责任，是有限责任。

在判决生效时，其家庭财产是一个确定的数值，这也就意味着，个体工商户的民事责任是有限责任，而非无限责任，如同企业法人以其全部法人财产承担的责任是有限责任一样。

第四，“两户”是部分家庭成员经营时，以部分家庭成员的财产承担责任。

这里没有分清部分家庭成员之间是按份责任，还是连带责任，以及按份责任的比例如何确定等问题。根据《民法典》的规定，没有约定或者法律规定的情况下，各责任人之间是按份责任，是平等责任。《市场主体登记管理条例》虽然要求对个体工商户的参与经营的家庭成员进行备案，但对于备案的家庭成员是否全部承担责任、他们之间是否还有追偿权等问题，都是需要在司法实践中明确的问题。

第二节　担保人之二——法人

《民法典》重塑了原《民法通则》规定的法人类型。原《民法通则》中规定的法人类型为企业法人、机关事业单位和社会团体法人。具备法人条件的联营体，可以取得法人资格。《民法典》中，“营利”这一概念是贯穿中国法人法的一条主线，其含义由两个要素构成：一是以追逐利润为目的；二是将利润分配给出资人。以此为标准，《民法典》区分了营利与非营利法人，并将法人性质与其组织形式捆绑，采用特定的组织形式，赋予其法人“身份”，只能从事特定行为。《民法典》中规定的法人类型有营利法人、非营利法人和特别法人。营利法人包括有限责任公司、股份有限公司和其他企业法人等（《民法典》第 76 条）。非营利法人是为公益目的或者其他非营利目的成立，不向出资人、设立人或者会员分配所取得利润的法人，包括事业单位、社会团体、基金会、社会服务机构等（《民法典》第 87 条）。机关法人、农村集体经济组织法人、城镇农村的合作经济组织法人、基层群众性自治组织法人，为特别法人（《民法典》第 96 条）。

最适合担任担保人的，是营利法人，但非营利法人和特别法人在特定条件下也具有担保人资格。

一、营利法人的担保资格

营利法人的担保资格毋庸置疑。但是由于营利法人的设立目的在于获取利润并将利润分配给股东等出资人，而担保可能会减少利润，因此其担保行为与法人设立目的存在对立与冲突。为解决这种对立和冲突，《公司法》（2023 年修订）第 15 条规定了公司对外提供担保的决议程序。“公司向其他企业投资或者为他人提供担保，按照公司章程的规定，由董事会或者股东会决议；公司章程对投资或者担保的总额及单项投资或者担保的数额有限额规定的，不得超过规定的限额。”“公司为公司股东或者实际控制人提供担保的，应当经股东会决议。”“前款规定的股东或者受前款规定的实际控制人支配的股东，不得参加前款规定事项的表决。该项表决由出席会议的其他股东所持表决权的过半数通过。”

根据该条规定，公司对外担保，需要经过公司决议机关进行审查。但实践中出现了没有经过公司决议机关审查，公司法定代表人擅自对外担保的现象。对于此类情形下公司担保的效力，在理论和实践中存在截然不同的观点，不同法院之间裁判标准并不统一，同案不同判现象十分突出，直到《九民纪要》的公布，这种裁判乱象才得以统一。

（一）公司对外担保，绕不开的《公司法》第 15 条

1.《九民纪要》公布前，由识别《公司法》第 15 条的性质入手进行公司担保合同效力裁判

公司法定代表人没有经过公司决议机关决议，擅自对外担保的合同效力如何？由于穷尽公司法也找不到解决问题的依据，管理性强制性规定与效力性强制性规定开始成为判断这种合同效力的有力武器。规范性质识别进路在裁判公司对外担保合同效力的实践中拥趸者众多。实践中出现了两种观点：一种观点认为该条是效力性强制性规定。持该观点者认为，《公司法》第 15 条拘束的对象不仅包括了公司及其内部人员（即法定代表人、控股股东、董事和高级管理人员），而且涵盖了相对人（即债权人），其在性质上属于强制性规定，以达到遏制公司无序、恶意担保行为发生的政策目标。基于这种认识，对没有经过公司机关决议的对外担保合同，应认定为无效。另一种观点认为该条是管理性强制性规定。持该观点者认为，《公司法》第 15 条并没有规定违反该条款将导致合同无效。如认定担保合同有效，可能损害的仅是公司及其股东的利益，而非国家利益和社会公共利益，因此，违反该规定的后果是使相应主体承担其他法律责任，而非担保合同无效[①]。效力性强制性规定与管理性强制性规定的区分直接来源于我国台湾地区的理论。[②] 最高人民法院原《合同法司法解释（二）》（法释〔2009〕5 号）第 14 条将原《合同法》第 52 条中规定的“强制性规定”，界定为“效力性强制性规定”，提出了效力性强制性规定的概念。同年，最高人民法院《关于当前形势下审理民商事合同纠纷案件若干问题的指导意见》（法发〔2009〕40 号）第 15 条提出：“正确理解、识别和适用合同法第五十二条第（五）项中的‘违反法律、行政法规的强制性规定’，

---

① 高圣平、范佳慧：《公司法定代表人越权担保效力判断的解释基础——基于最高人民法院裁判分歧的分析和展开》，载《比较法研究》2019 年第 1 期。

② 杨代雄：《法律行为论》，北京大学出版社 2021 年版，第 395 页。

关系到民商事合同的效力维护以及市场交易的安全和稳定。人民法院应当注意根据《合同法解释（二）》第十四条之规定，注意区分效力性强制规定和管理性强制规定。违反效力性强制规定的，人民法院应当认定合同无效；违反管理性强制规定的，人民法院应当根据具体情形认定其效力。”至此，司法文件提出了“管理性强制规定”和“效力性强制规定”的概念[①]，二者在司法实践中开始出现。

管理性强制性规定说一度是司法裁判的主流观点。

在安徽省投资集团控股有限公司、中原银行股份有限公司濮阳开州路支行金融借款合同纠纷案[②]中，最高人民法院认为，《公司法》第15条规定的立法本意在于限制公司主体行为，防止公司的实际控制人或者高级管理人员损害公司、小股东及其他债权人的利益，不属于效力性强制性规范。在重庆赞立置业有限公司、何小平买卖合同纠纷案[③]中，最高人民法院认为，《公司法》该条规定属于公司内部控制性程序，不能以此约束交易相对人。相对人是否审查公司章程即相关股东会记录，均不影响公司应当依法承担的民事责任。北京市高级人民法院在中建材集团进出口公司诉北京大地恒通经贸有限公司、北京天元盛唐投资有限公司、天宝盛世科技发展（北京）有限公司、江苏银大科技有限公司、四川宜宾俄欧工程发展有限公司进出口代理合同纠纷案[④]中，全面对该条的性质作了认定：第一，该条款并未明确规定公司违反上述规定对外提供担保的合同无效；第二，公司内部决议程序，不得约束相对人；第三，该条款并非效力性强制性的规定；第四，依据该条款认定担保合同无效，不利于维护合同的稳定和交易的安全。

上述观点代表了最高人民法院等对此类合同的主要观点，笔者认为上述观点值得探讨。

第一，法律将违反规定的合同明确规定为无效的情形并不多。以《公司法》第15条没有规定对外担保无效，就认为担保合同有效，是一种错误认识。法律中对强制性规定一般使用“应当”“不得”等字样，通常没有规定其合同

---

① 上述不同的司法文件使用了稍有区别但含义一致的概念名称，本书下文统一使用“效力性强制性规定”和“管理性强制性规定”这两个名称。

② 最高人民法院（2017）最高法民申370号民事裁定书。

③ 最高人民法院（2017）最高法民申1696号民事裁定书。

④ 北京市高级人民法院（2009）高民终字第1730号民事判决书。

效力，但应当认为其合同无效。比如，《民法典》第 168 条规定："代理人不得以被代理人的名义与自己实施民事法律行为，但是被代理人同意或者追认的除外。代理人不得以被代理人的名义与自己同时代理的其他人实施民事法律行为，但是被代理的双方同意或者追认的除外。"第 369 条规定："居住权不得转让、继承。设立居住权的住宅不得出租，但是当事人另有约定的除外。"第 398 条规定："乡镇、村企业的建设用地使用权不得单独抵押。以乡镇、村企业的厂房等建筑物抵押的，其占用范围内的建设用地使用权一并抵押。"违反上述条款签订的合同，很难谓之有效。那么，为什么违反《公司法》第 15 条规定签订的担保合同就认为有效？

第二，《公司法》第 15 条是内部决议程序吗？显然不是。内部决议程序的特点是内部性，它是既不公开也不透明的程序，仅在公司内部运转过程中发挥作用，比如公司内部报销程序、采购程序，外人无法得知这种程序。这种程序对外当然没有约束力。但把公司对外担保的程序写进《公司法》，这种程序已经成为人尽皆知的公司行为规范，还是内部程序吗？因此，《公司法》第 15 条规定的对外担保决议程序已经不是内部决议程序，而是相关主体必须遵守的法律准则。最高人民法院的判决文书将《公司法》这一规定的法律规则认定为公司内部程序，仅对公司内部人有效，对公司外部人（债权人）无效，其实质是对公司法律的选择性适用。以牺牲《公司法》对民事主体的规范作用，来维护担保权人的利益，实属不当。

第三，对《公司法》第 15 条性质的认定，应当有一个清晰的论证过程。认定某一条款的性质，必须有客观依据，采用归纳方法，经由大前提、小前提的结合，最后合乎逻辑地得出结论。从上述案例中，我们没有看到论证过程，其结论不能令人信服。管理性强制性规定与效力性强制性规定的理论缺陷：一方面，在于缺乏效力性强制性规定与管理性强制性规定的具体识别标准。绝大多数强制性规定都没有明确规定违反该规定的民事行为的效力。一条强制性规定，究竟是属于效力性强制性规定还是管理性强制性规定，从其规定的文义中通常得不到答案。而在实践中，裁判者难免先入为主地预判法律行为应否有效，然后根据需要给相关的强制性规定贴上标签。另一方面，所谓管理性强制性规定并非与法律行为的效力毫无关系，尽管此类规定的目的在于通过行政管理维护公共秩序，但有时法律行为的效力判定本身就是维护公共秩序的手段之一。"效力性"这个表述空洞无物，以它为标准认定法律行为的效力，将陷于同义语反复：此项法律行为之所以无效，是因为其违反了效力性强制性规定；此项规定之所以是效力性规定，是因为其否定相关法律行为的效力。[①]

第四，依据该条规定认定合同无效，不利于维护合同稳定和交易安全的理由，看似正确，实则谬之千里。维护合同稳定和交易安全，需要依靠法律的保障和对法律的坚守。通过打破法律规定维护个体合同稳定和交易安全，不是法律追求的目标。同时，维护交易安全不是认定合同效力有无的依据。任何法律都有其特定的立法宗旨，《公司法》的立法目的在其第一条有明确规定，即"为了规范公司的组织和行为，保护公司、股东、职工和债权人的合法权益，完善中国特色现代企业制度，弘扬企业家精神，维护社会经济秩序，促进社会主义市场经济的发展，根据宪法，制定本法"。公司、股东、职工和债权人的利益需要一体保护，不能为了某一方的利益而牺牲另一方的利益。法律是平衡的艺术，若为保护债权人利益而牺牲公司、股东、职工的利益，不符合《公司法》的立法宗旨。

持效力性强制性论者也不乏裁判案例支持其观点。

有学者认为，公司对外担保制度蕴含着公司生存权与发展权、公司善治、股权文化、契约精神与信托义务等公序良俗，为效力性规范。[②] 实践中将该条认定为效力性强制性规范，认定公司法定代表人越权对外担保的合同无效的案例也不在少数。

2.《九民纪要》公布后，识别相对人是否善意对公司对外担保合同效力进行裁判

2019 年 7 月 3 日—4 日，最高人民法院在黑龙江省哈尔滨市召开全国法院民商事审判工作会议，会议印发了《全国法院民商事审判工作会议纪要》（简称《九民纪要》）。《九民纪要》共有 12 个部分、130 个问题，涉及公司、合同、担保、金融、破产等领域。该纪要在第二部分"关于公司纠纷案件的审理"中，对公司为他人提供担保进行了规范。《九民纪要》指出，"关于公司为他人提供担保的合同效力问题，审判实践中裁判尺度不统一，严重影响了司法公信力，有必要予以规范"。该纪要还指出，"为防止法定代表人随意代表

① 杨代雄：《法律行为论》，北京大学出版社 2021 年版，第 397—398 页。

② 刘俊海：《公司法定代表人越权签署的担保合同效力规则的反思与重构》，载《中国法学》2020 年第 5 期。

公司为他人提供担保给公司造成损失，损害中小股东利益，《公司法》第16条[①]对法定代表人的代表权进行了限制。根据该条规定，担保行为不是法定代表人所能单独决定的事项，而必须以公司股东（大）会、董事会等公司机关的决议作为授权的基础和来源。法定代表人未经授权擅自为他人提供担保的，构成越权代表，人民法院应当根据《合同法》第50条[②]关于法定代表人越权代表的规定，区分订立合同时债权人是否善意分别认定合同效力：债权人善意的，合同有效；反之，合同无效”。

《九民纪要》对公司未经决议机关审议的对外担保行为的认识，与传统认识和做法相比存在巨大的变化：一是理念上的变化。司法机关不再一味保护担保权人的利益，而是将保护公司利益及中小股东的利益作为公司行为准则，这是对《公司法》第15条立法宗旨的正确认识和回归。二是第15条是法律规范，不再是公司管理性强制性规范或者内部决议程序规范。法律规范对包括公司高管及公司之外的自然人、法人均有效力，这是对法律规范效力的理性认识。三是违反《公司法》第15条规定，法定代表人对外担保是越权担保、擅自担保。擅自担保的效力并非全部有效，而是取决于相对人是否善意。相对人善意的，担保合同有效；相对人非善意的，担保合同无效。

《九民纪要》不是司法解释，不能作为裁判依据，但是可以在裁判文书中作为说理依据。《九民纪要》的观点，被随后制定的《民法典担保制度司法解释》所采纳。该司法解释第7条第1款规定：“公司的法定代表人违反公司法关于公司对外担保决议程序的规定，超越权限代表公司与相对人订立担保合同，人民法院应当依照民法典第六十一条和第五百零四条等规定处理：（一）相对人善意的，担保合同对公司发生效力；相对人请求公司承担担保责任的，人民法院应予支持。（二）相对人非善意的，担保合同对公司不发生效力；相对人请求公司承担赔偿责任的，参照适用本解释第十七条的有关规定。”

无论是《九民纪要》，还是《民法典担保制度司法解释》，均将担保权人是否“善意”作为判断公司法定代表人越权担保合同效力的依据。如何判断“善意”，成为司法实践中首先要解决的问题。

---

① 此处的“《公司法》第16条”即2023年12月修订后的《公司法》第15条。

② 《民法典》于2021年1月1日起施行，原《合同法》同时失效。与原《合同法》第50条内容类似的规定可参见《民法典》第504条。

在法律实践中，善意与否是一个事实问题，需要法官在具体案件中审理认定，其本身没有高深的理论。通常以“不知”作为认定善意的标准，适用推定原则，主张善意者无须举证。挑战者如果没有证据证明对方“已知”或者“应知”，则推定对方是“善意”，从而适用善意的有关规范确定相对方的权利与义务。

3. 公司担保行为中对相对人“善意”的认定

根据《民法典担保制度司法解释》第 7 条第 3 款的规定，认定公司担保中相对人的善意，以相对人在订立担保合同时不知道且不应当知道法定代表人超越权限为标准。鉴于《公司法》第 15 条规定了公司法定代表人对外担保的决议程序，担保权人应当查验公司决议机关的相关决议。如果查验公司决议机关相关决议后，仍然不能发现公司法定代表人超越权限，则推定相对人是善意的。因此，相对人有证据证明已对公司决议进行了合理审查，人民法院应当认定其构成善意。根据该规定，担保人是否审查公司决议是判断担保权人是否善意的唯一标准，即担保权人需要以行为展示其善意。

对公司决议机关决议的审查标准，《九民纪要》第 18 条第 2 款给出了指导意见，即债权人对公司决议机关决议内容的审查一般限于形式审查，只要求尽到必要的注意义务即可，标准不宜太过严苛。公司以机关决议为法定代表人伪造或者变造、决议程序违法、签章（名）不实、担保金额超过法定限额等事由抗辩债权人非善意的，人民法院一般不予支持。《民法典担保制度司法解释》第 7 条第 3 款规定，相对人对公司决议进行合理审查。何为合理审查？合理审查，也可称有限实质审查，即不仅要对公司决议进行形式审查，还要审查公司决议的程序，以及决议内容是否存在明显瑕疵。例如，公司董事会有 10 名董事但仅有 3 名董事签字，或者为公司股东担保但被担保的股东也在股东会议上签字，都属于明显瑕疵。如果相对人因未审查而没有发现该瑕疵，则不构成“善意”，不能认定公司法定代表人构成表见代表。[①] 笔者认为，这种对公司决议机关决议的有限实质审查，虽然比《九民纪要》出台之前对公司决议没有审查已经有了明显进步，但是仍不能彻底实现《公司法》第 15 条的立法目的。比如，公司法定代表人擅自伪造股东印章，伪造签名，制作虚假的机关

① 刘贵祥：《担保制度一般规则的新发展及其适用——以民法典担保制度解释为中心》，载《比较法研究》2021 年第 5 期。

决议，法院不支持此类抗辩，如此，对公司法定代表人而言，其擅自对外担保时，仅仅是多了一点麻烦而已，根本达不到遏制公司法定代表人对外担保实现不法利益的企图，也无法达到保护中小股东利益的目的。所以，有限审查虽有进步，但不能长久，以后还应当进行变更。

（二）公司对外担保，绕得开[①]的《公司法》第15条

1. 特定情形下公司对外担保无须公司决议

《民法典担保制度司法解释》第8条规定，有下列情形之一，公司以其未依照《公司法》关于公司对外担保的规定作出决议为由主张不承担担保责任的，人民法院不予支持，即在下列情况下，公司对外担保可以不需要公司决议机关的决议而绕开《公司法》第15条：（1）金融机构开立保函或者担保公司提供担保；（2）公司为其全资子公司开展经营活动提供担保；（3）担保合同系由单独或者共同持有公司三分之二以上对担保事项有表决权的股东签字同意。上市公司对外提供担保，不适用前述第2项、第3项情况的规定。

实践中需要注意，上述第3项中规定的特定条件是对担保事项有表决权的股东而言的。一般而言，公司章程中不会规定哪些股东对担保事项有表决权，哪些无表决权。此处的“对担保事项有表决权的股东”，应指公司为股东担保时（接受担保的股东对表决事项没有表决权）除接受公司担保的股东外的其他股东。

认为金融机构和担保公司无须决议的理由是：公司担保属于其正常的经营范围，且以提供担保为其主营业务并保持公司可持续经营发展时，若还要求其每次担保活动均遵循《公司法》第15条第1款规定的程序，既有违商事交易的效率和便捷原则，也背离了立法目标。因为《公司法》有关公司对外担保的程序控制的目的是保护公司利益，间接保护公司利益、中小股东等的利益，反之，无须决议即可促进交易。[②] 笔者认为，上述理由十分牵强。金融机构出具保函，无论是具有从属性的保函，还是独立保函，都不是其主营业务。保函也不是金融机构业务收入的主要来源，且风险比较大；担保公司对外出具担保

① 此处所谓“绕得开”，是指特定公司对外签订担保合同时，债权人无须审查公司决议，如同避开了《公司法》第15条的适用。

② 高圣平、谢鸿飞、程啸：《最高人民法院民法典担保制度司法解释理解与适用》，中国法制出版社2021版，第74页。

函虽是其主要业务，但并非没有任何审查，如为规避风险，对于有些担保需求，担保公司也需要审查债务人的偿还能力及出现债务危机的可能性。担保公司的对外担保还是需要股东会或者董事会审议的。相比可能出现的危机和风险，效率不是担保公司追求的目标。金融机构和担保公司不需要决议的情形，难以避免法定代表人恶意担保侵害公司利益及中小股东利益的情形。即使母公司为其全资子公司提供担保，无须母公司决议，也可能损害母公司其他中小股东的利益。[①] 故，笔者并不认同上述特定公司对外担保时可以不需要公司决议的观点。

笔者认为，最高人民法院的该项解释，突破了法律规定，超越了司法解释自身权限。司法解释的目的在于对在法律适用过程中遇到的问题给予明确说明，解释法律的含义，不能突破法律的规定，甚至创造法律。《公司法》第 15 条规定，无论公司对外担保，还是关联担保，均需要经过公司决议机关决议，没有例外。但现在该司法解释将几类公司划出来，无须公司决议，可说是突破了法律规定，且理由牵强，没有必要性。

2. 上市公司担保只需审查公司公告

《民法典担保制度司法解释》第 9 条规定了上市公司提供的担保合同效力。上市公司有众多的中小股东，对上市公司担保行为进行规制，不仅有利于维护公司及中小股东利益，而且对于维护资本市场稳定，促进经济社会发展具有重要意义。2005 年，中国证监会等发布的原《关于规范上市公司对外担保行为的通知》（证监发〔2005〕120 号）对上市公司对外担保行为作出过严格规定：上市公司及其控股子公司的对外担保要经过董事会或者股东大会审议通过，特定情况下，需要董事会和股东会双重审议，董事会决议在先；上市公司的担保行为必须对外公开，以使公众投资者据此作出决定。中国证监会等 2022 年 1 月发布的取代上述通知文件的《上市公司监管指引第 8 号——上市公司资金往来、对外担保的监管要求》，作出了类似规定：

因为证券管理机构对上市公司的担保行为有的严格监管，所以对上市公司的对外担保行为效力的审查与非公众公司不同。对上市公司担保行为的审查，应注意以下方面：

---

① 高圣平、谢鸿飞、程啸：《最高人民法院民法典担保制度司法解释理解与适用》，中国法制出版社 2021 版，第 76 页。

（1）对上市公司提供的担保，相对人无须审查董事会或者股东大会决议，只需要审查该担保行为是否根据董事会或者股东会同意担保的公告作出即可。债权人根据公开披露的担保事项，已经董事会或者股东会决议通过的信息，与公司法定代表人签订担保合同，此时的公司担保行为符合《公司法》第15条的规定，无须借助善意制度，担保合同对上市公司发生效力，上市公司依法承担担保责任。如果不是根据上市公司公开披露的担保事项决议的信息，与上市公司签订担保合同，则担保合同对上市公司不生效。是否根据上市公司的公开披露信息提供的担保，应当根据担保合同签订的时间认定：合同在决议信息公开前签订的，应当认定担保合同不生效；合同在决议信息公开后签订的，应当认定合同生效。注意，并非所有的上市公司均适用此条。此条仅适用于在境内注册、在境内上市的公司。对于在境内注册、在境外上市，或者在境内注册、在境内外同时上市的公司，是否适用此条，最高人民法院仍在研究，意见成熟后，再通过正式途径表明最高人民法院的态度。①

实践中应注意，相对人不依据上市公司公告与上市公司签订的担保合同，对上市公司不发生效力。上市公司对债权人不承担担保责任，也不承担赔偿责任。

（2）上市公司的控股子公司签订的担保合同，适用上市公司的担保的规定。其理由是，上市公司的控股子公司的担保事项，依据证券监管机构的规定，属于上市公司的重大事项，上市公司必须依法进行公告。故，相对人与上市公司的控股子公司签订担保合同，无须审查公司决议，只审查上市公司相关公告。

（3）相对人与股票在国务院批准的其他全国性证券交易场所交易的公司签订担保合同，应审查其是否依据相关公告签订合同。国务院批准的其他全国性证券交易场所是指全国中小企业股份转让系统。股票在全国中小企业股份转让系统交易的公司（简称“非上市公众公司”），虽然不是上市公司，但需要按监管规定，公开披露对公司股价有重大影响的信息。相对人与非上市公众公司签订的担保合同，适用上市公司的担保合同效力的相关规定，无须审查公司决议相关决议，但应审查相关公告。

（4）实践中出现的“有公告无决议”“有决议无公告”的情形

对于“有公告无决议”情形，笔者认为，基于对公司公告的信赖，应当

---

① 最高人民法院民事审判第二庭:《最高人民法院民法典担保制度司法解释理解与适用》,人民法院出版社2021年版,第150—151页。

认为相对人是善意的，此时成立担保合同，担保合同对公司发生效力。但应审查公告中的下列信息：一是该担保事项是否已经董事会或股东会通过；二是主债务人是谁；三是担保金额。对于“有决议无公告”情形，司法实践中的观点认为，应对董事会决议进行实质审查。最高人民法院在亿阳信通股份有限公司、交银国际信托有限公司金融借款合同纠纷案的二审民事裁定书中认为，在担保合同成立后，作为上市公司的担保人都没有公告上述事项，相对人在此时应承担实质审查义务。[①] 这种裁定背后的原因是，担保人是上市公司，上市公司召开董事会会议后，都会及时公告，因此，债权人完全可以在看到公告后再签订合同，故科以其实质审查义务，对其并无不公。[②]

（三）一人有限责任公司对外担保问题

一人有限责任公司（简称“一人公司”）的对外担保包括两种情形：一是一人公司对股东（或者实际控制人）的担保；二是一人公司对外担保。一人公司对外担保，适用《公司法》第 15 条规定的决议程序（在一人公司的情况下，公司章程中应当规定公司对外担保决议由董事会审批）。一人公司可否对股东提供担保，实践中争论较多，持赞成说者有之，持反对说者亦有之，还有人持法律漏洞说，认为《公司法》第 15 条对于一人公司可否为其股东担保，属于法律漏洞。[③]《民法典担保制度司法解释》第 10 条采纳了理论界和实务界的通说，认可公司为其股东担保的能力，而且不适用《公司法》第 15 条规定的决议程序，即一人公司对股东担保，不适用公司法规定的担保决议程序。为防止股东通过担保方式掏空一人公司，使一人公司其他债权人陷于孤立无援的境地，《民法典担保制度司法解释》第 10 条规定了一人公司对股东担保时的法人资格否认制度。其具体适用条件是：（1）一人公司因承担担保责任而导致无法清偿其他债务。基于一人公司与股东这种天然的资产混同嫌疑以及股东利用公司资产受益时的权利义务一致原则，如果公司承担对股东债务的担保责任后，导致一人公司无法清偿债务，应当启动公司法人资格的人格否认

① 最高人民法院(2019)最高法民终 111 号民事裁定书。

② 最高人民法院民事审判第二庭编著:《〈全国法院民商事审判工作会议纪要〉理解与适用》,人民法院出版社 2019 年版,第 199 页。

③ 高圣平、谢鸿飞、程啸:《最高人民法院民法典担保制度司法解释理解与适用》,中国法制出版社 2021 版,第 88—89 页。

制度，追究股东的责任。（2）提供担保时的股东不能证明公司资产独立于自己的财产。在上述情形下，公司其他债权人可以要求公司股东对公司债务承担连带责任。

（四）公司分支机构未获授权提供担保的效力

《民法典》第74条规定，法人可以依法设立分支机构。法律、行政法规规定分支机构应当登记的，依照其规定。分支机构以自己的名义从事民事活动，产生的民事责任由法人承担；也可以先以该分支机构管理的财产承担，不足以承担的，由法人承担。法人的分支机构，一般称为分公司、分理处、项目部等。关于公司与其分支机构的关系，理论上有代理说和代表说之争。代理说的观点：第一，分支机构以自己的名义从事民事活动，它与法人在民事活动中的人格并不一致。第二，分支机构设立的目的是扩展法人业务，与《民法典》第170条有关职务代理内容中规定的“执行其工作任务”相近。代理说更能妥当处理分支机构在授权范围内与超越授权的法律适用问题。代表说的观点：第一，分支机构与其法人名称高度类似，分支机构的名称具有公示效力，第三人通过名称应当知道分支机构是法人的组成部分。第二，法人分支机构的业务具有一定的独立性和综合性，其负责人可能是法人的代理人或者代表人，其职责有一定的独立性和综合性。《民法典》第170条有关职务代理的规定无法解决分支机构的权限问题，只能通过《民法典》第61条规定的法人代表制度解决。第三，代表说比代理说更能保护善意相对人。①

从分支机构对外开展活动的权力来源于总公司授权的角度看，笔者倾向于代理说，而且认为二者之间是一种职务代理关系，分支机构的民事责任由法人承担。根据《民法典》第74条的规定，法人的分支机构可以以自己的名义从事民事活动，包括担保。但原《担保法》第10条、第29条以及原《担保法司法解释》第17条、第18条，均没有赋予企业分支机构对外担保的能力，但又同时规定，企业法人的分支机构经过法人书面授权，可以对外提供保证。实践中，法人的分支机构提供担保的情形并不少见，《民法典担保制度司法解释》第11条专门规定了公司分支机构的担保效力问题。

---

① 夏平：《法人分支机构的法律地位与责任承担——以民法总则第74条为考察重点》，载《西部法学评论》2019年第4期。

1. 一般公司的分支机构提供担保的效力

根据《公司法》第15条的规定，公司提供担保，未经董事会或者股东(大)会同意，除非相对人善意，该担保合同对公司不发生效力。法人的担保权力尚且来自董事会或者股东（大）会的决议，法人的分支机构提供担保，更应当经过公司决议机关的决议。未经公司董事会或者股东（大）会的决议，公司分支机构对外提供的担保，担保合同对分支机构和公司无效，但是相对人不知道且不应当知道分支机构对外提供担保未经公司决议程序的除外，即相对人是善意的除外。相对人应当以自己已合理审查公司决议的证据来证明自己的善意。相对人善意的，公司以及分支机构应当对相对人承担担保责任。

2. 金融机构的分支机构提供担保的效力

金融机构的分支机构提供担保包括两种情形：一是提供保函；二是提供保函形式以外的担保。

第一，关于提供保函的效力判断。

前已述及，金融机构对外（仅是对外，不是对股东或者实际控制人）出具保函，可以不需要公司决议机关的决议。故，金融机构提供保函时，其效力判断较为简单。

（1）如果金融机构分支机构的营业执照上的经营范围记载了开立保函内容，则该分支机构开立的保函对分支机构有效。

（2）金融机构分支机构的营业执照上的经营范围没有包含开立保函，但是经过了有权开立保函的上级机构授权，则该分支机构出具的保函有效。

综上，如果金融机构分支机构以担保未经公司决议机关决议为由，否认担保效力的，人民法院不予支持。相反，如果金融机构分支机构以营业执照经营范围中没有开立保函这一内容，就能获得法院的支持。相对人如果主张担保合同成立，则应审查金融机构分支机构的营业执照上登记的经营范围，或者审查其担保行为是否经过授权。

第二，金融机构分支机构提供担保函以外的担保的效力判断。

分支机构未经授权提供保函以外的担保的，分支机构或者金融机构主张不承担责任的，人民法院应予支持，但是相对人不知道且不应知道未经授权的除外，即善意的情形下，该担保有效。

3. 担保公司分支机构提供担保的效力

担保公司的分支机构未经担保公司授权对外提供担保，担保公司或者其分支机构主张不承担担保责任的，人民法院应予支持，但是相对人不知道且不应当知道分支机构对外提供担保未经担保公司授权的除外。

综观上述公司分支机构对外担保的规定，可以发现，无论是一般公司还是金融机构、担保公司的分支机构对外担保，对相对人来说均有一个十分明确的要求，即相对人必须是善意的，体现在条文上即“不知道且不应当知道”的表述。相对人善意时，分支机构的担保合同有效。该项对相对人善意的要求在实践中遇到的问题是，相对人如何证明自己“不知道且不应当知道”？笔者认为，对金融机构和担保公司而言，相对人应当提供在签订担保合同时担保人提供的总公司授权文书，一般公司需要提供股东会（董事会）决议。相对人审查上述文书后，可以推定相对人善意。相对人非善意的，担保合同无效，应当依据《民法典担保制度司法解释》第 17 条的规定处理。但对上市金融机构而言，相对人未依据公司公告而与其分支机构签订担保合同的，应认定担保合同不生效，上市金融机构及其分公司不承担赔偿责任。

关于公司职能部门可否签订保证合同的问题，《民法典》以及《民法典担保制度司法解释》未作规定。应当认为，公司职能部门不能以部门名义从事民事行为，故以部门名义签订的担保合同无效。

二、特别法人的担保资格

《民法典》第 96 条规定：“本节规定的机关法人、农村集体经济组织法人、城镇农村的合作经济组织法人、基层群众性自治组织法人，为特别法人。”特别法人可否成为担保人，尤其是村民委员会、居民委员会的担保资格问题，在实践中认识偏差较大，裁判上并不统一。如，在青岛市李沧区浮山路街道办事处东李社区居民委员会、青岛旭东房地产开发有限公司企业借贷纠纷案中，二审法院认为，居委会并非以公益为目的的事业单位或者社会团体，其作为担保人并无法律禁止性规定。① 而在凤台县农村信用合作联社刘集信用社与被上诉人凤台县城北乡前马场社区居委会、凤台县城北乡后马场社区居委会借款合同纠纷案中，二审法院认为，村委会的性质、职能决定其是办理本村公共事务和公益事业的自治性群众组织，承担公益的职能。根据原《担保法》第 9 条关于学校、幼儿园、医院等以公益为目的的事业单位、社会团体不得为

① 山东省青岛市中级人民法院(2017)鲁 02 民终 9726 号民事判决书。

保证人的规定，村委会不应成为保证的主体。[①] 为规范上述几类特别法人的担保资格，《民法典担保制度司法解释》第 5 条、第 6 条对上述特别法人的担保资格问题作了统一规定。

（一）机关法人的担保资格问题

1. 机关法人原则上不得担任担保人

国家机关是依据国家法律和行政命令组建的，履行公共管理职责的国家职能部门，包括国家立法机关、行政机关、监察机关、司法机关等。《民法典》第 97 条规定，有独立经费的机关和承担行政职能的法定机构从成立之日起，具有机关法人资格，可以从事为履行职能所需要的民事活动。一般来说，机关法人提供担保不是其履行职责所需要的民事活动。国家机关的财产和经费若用于清偿保证债务或者为他人债务提供担保，则不仅与其活动宗旨不符，也会影响其正常职能的发挥。[②] 故，我国一直不允许国家机关担任担保人。原《担保法》第 8 条规定，国家机关不得为保证人，但经国务院批准为使用外国政府或者国际经济组织贷款进行转贷的除外。该项规定不周延，未对国家机关可否担任物上担保人的问题作出规定。《民法典》不再称此类主体为“国家机关”，而是称其为“机关法人”。《民法典》第 683 条第 1 款规定机关法人不得为保证人，没有规定机关法人担任担保人的效力问题。《民法典担保制度司法解释》第 5 条第 1 款对机关法人担任担保人的问题进行了规范。该司法解释使机关法人不得担任担保人的情形得以周延，“机关法人提供担保的，人民法院应当认定担保合同无效”，使用“担保”字样，就把物上担保的问题也包括在内了，即机关法人无论是担任保证人还是担任物上担保人，其担保合同均无效。

2. 机关法人担保的例外

在“经国务院批准为使用外国政府或者国际经济组织贷款进行转贷的”情形下，机关法人进行的担保有效。通常，机关法人对外国银行的商业贷款不能提供担保。根据财政部《国际金融组织和外国政府贷款赠款管理办法》

① 安徽省高级人民法院（2009）皖民二终字第 0134 号民事判决书。

② 黄薇主编：《中华人民共和国民法典合同编解读》（上册），中国法制出版社 2020 年版，第 743 页。

（2016年修订）的规定，该办法所称贷款是指财政部经国务院批准代表国家统一筹借并形成政府外债的贷款，以及与上述贷款搭配使用的联合融资。按照政府承担还款责任的不同，贷款分为政府负有偿还责任贷款和政府负有担保责任贷款。政府负有偿还责任贷款，应当纳入本级政府的预算管理和债务限额管理，其收入、支出、还本付息纳入一般公共预算管理。政府负有担保责任贷款，不纳入政府债务限额管理。政府依法承担并实际履行担保责任时，应当从本级政府预算中安排还贷资金，纳入一般公共预算管理。财政部可以将贷款拨付给省级政府（包括计划单列市）或国务院有关部门（含直属单位）使用。省级财政部门可以将财政部拨付的贷款逐级拨付给下级政府或者有关部门和单位使用。财政部也可以将贷款转贷给省级政府、国务院有关部门、中央企业、金融机构等使用。省级财政部门既可以将转贷的贷款拨付给下级政府或者有关部门和单位使用，也可以将转贷的贷款逐级转贷给下级政府或者有关部门和单位使用。国家发展改革委员会颁布的《国际金融组织和外国政府贷款投资项目管理暂行办法》（2005年3月1日施行）规定，借用世界银行、亚洲开发银行、国际农业发展基金会等国际金融组织贷款和外国政府贷款及与贷款混合使用的赠款、联合融资等投资项目的管理，适用该办法。境内企业、机构、团体均可申请借用国外贷款。国外贷款属于国家主权外债，按照政府投资资金进行管理。国外贷款主要用于公益性和公共基础设施建设，保护和改善生态环境，促进欠发达地区经济和社会发展。

根据上述规定，基于国外贷款是主权外债及贷款主要用于公益事业和基础性设施建设的实际，为确保国家信誉，政府财政部门对项目实施单位提供的使用国外贷款的担保，应当给予担保合同效力。

3. 机关法人违法担保时的过错

根据《民法典担保制度司法解释》第17条的规定，担保合同被确认无效后，应当根据债权人、担保人的过错程度各自承担相应责任。机关法人因过错造成债权人损失的，应当承担赔偿责任。问题是，该项赔偿责任如何得到强制执行？根据《预算法》（2018年修正）第4条的规定，政府的全部收入和支出都应当纳入预算，但政府的违法担保导致的赔偿无法进入预算。鉴于此类主体并无独立的责任财产，在判令其承担责任后，如何执行是长期以来困扰实践的问题。但是我们不能因为可能面临执行难的问题，就否定其承担损害赔偿责任的必要性。[①]

（二）居民委员会、村民委员会的担保资格

1. 居民委员会、村民委员会不得为担保人

《民法典担保制度司法解释》第5条第2款规定，居民委员会、村民委员会提供担保的，担保合同无效。这是首次对居委会、村委会的担保资格进行的统一规定，这是对居委会、村委会性质的正确把握和认识。

《城市居民委员会组织法》（2018年修正）规定，居民委员会是居民自我管理、自我教育、自我服务的基层群众性自治组织。《民法典》第101条赋予其法人资格。城市居民委员会的主要任务：（1）宣传宪法、法律、法规和国家政策，维护居民的合法权益，教育居民履行依法应尽的义务，爱护公共财产，开展多种形式的社会主义精神文明建设活动；（2）办理本居住地区居民的公共事务和公益事业；（3）调解民间纠纷；（4）协助维护社会治安；（5）协助人民政府或者它的派出机关做好与居民利益有关的公共卫生、计划生育、优抚救济、青少年教育等项工作；（6）向人民政府或者它的派出机关反映居民的意见、要求和提出建议。

《村民委员会组织法》（2018年修正）规定，村民委员会是村民自我管理、自我教育、自我服务的基层群众性自治组织，实行民主选举、民主决策、民主管理、民主监督。村民委员会办理本村的公共事务和公益事业，调解民间纠纷，协助维护社会治安，向人民政府反映村民的意见、要求和提出建议。村民委员会向村民会议、村民代表会议负责并报告工作。

从上述法律规定看，居民委员会、村民委员会的性质是基层群众性自治组织，其从事的都是本辖区内的公益事业和公共事务，因此，居民委员会、村民委员会对外担保的合同无效。

2. 村民委员会担保例外

《民法典担保制度司法解释》第5条第2款后半句，例外地规定了村民委员会签订的担保合同有效的情形。根据该规定，村民委员会签订的担保合同有效的条件有二：

---

① 最高人民法院民事审判第二庭:《最高人民法院民法典担保制度司法解释理解与适用》,人民法院出版社2021年版,第120页。

其一，该村民委员会依法代行村集体经济组织的职能。《民法典》第 101 条规定，居民委员会、村民委员会具有基层群众性自治组织法人资格，可以从事为履行职能所需要的民事活动。未设立村集体经济组织的，村民委员会可以依法代行村集体经济组织的职能。《民法典》第 99 条规定，农村集体经济组织依法取得法人资格。依据上述规定，村民委员会和村集体经济组织都是独立的法人。只有在未设立村集体经济组织的情况下，村民委员会可以代行村集体经济组织的职能。但是需要看到，村民委员会代行农村集体经济组织职能，尤其是村干部不一定能够代表村民集体的利益，因此，要严格限制其对外提供担保。故，要求村民委员会对外提供担保需要履行严格的程序。①

其二，村民委员会对外担保依法进行了讨论决定。为实现村民的自我管理，《村民委员会组织法》第 24 条规定，对涉及村民利益的“以借贷、租赁或者其他方式处分村集体财产”的事项，由村民会议讨论决定。对外担保应属于此类情况。故村民委员会对外担保应依法应当经过村民会议讨论决定。如果经过村民会议授权，村民代表会议可以讨论第 24 条规定的事项。实践中，对于仅经过村民代表会议讨论通过的对外担保，被认定为无效。②

对村民会议决议的审查，应当参照《民法典担保制度司法解释》中对公司决议的审查原则，以合理审查为主要方式。笔者认为，对村民会议决议的审查，比审查公司决议更为困难。村委会是否可以以村民签名虚假为由进行抗辩，需要在实践中进一步完善村民决议审查制度。对村民决议的审查应当更加严格，以保护村集体经济组织的权益，进而维护全体村民的权利。

应当注意，《民法典担保制度司法解释》第 5 条规定，与财政部、农业农村部 2021 年印发的《农村集体经济组织财务制度》第 23 条规定的冲突问题。后者第 23 条第 2 款规定：“农村集体经济组织以及农村集体经济组织经营管理人员，不得以本集体资产为其他单位和个人提供担保。”该规章明确规定，村集体经济组织不得对外提供担保，村集体经济组织没有担保的权力，代行村集体经济组织权限的村民委员会亦不得对外担保，因此与上述司法解释的规定存在冲突。如果村集体经济组织经营管理人员违反该规定对外提供担保，应当认

① 最高人民法院民事审判第二庭:《最高人民法院民法典担保制度司法解释理解与适用》,人民法院出版社 2021 年版,第 119 页。

② 最高人民法院民事审判第二庭:《最高人民法院民法典担保制度司法解释理解与适用》,人民法院出版社 2021 年版,第 120 页。

定该担保行为无效。其理由是：(1)《九民纪要》第31条规定，“违反规章一般情况下不影响合同效力，但该规章的内容涉及金融安全、市场秩序、国家宏观政策等公序良俗的，应当认定合同无效。人民法院在认定规章是否涉及公序良俗时，要在考察规范对象基础上，兼顾监管强度、交易安全保护以及社会影响等方面进行慎重考量，并在裁判文书中进行充分说理”。从上述内容看，违反规章的行为，有时应当认定为无效。(2) 以村集体经济组织财产进行担保，会给农村集体经济造成严重危害，进而侵害全体村民的利益。村民是弱势群体，侵害弱势群体利益会造成严重的社会影响，影响中央农村政策的推行。因此，对违反上述规章的行为，宜认定合同无效。

三、非营利法人的担保资格

在《民法典》生效之前，我国法律禁止以公益为目的的单位从事担保。原《担保法》第9条规定，学校、幼儿园、医院等以公益为目的的事业单位、社会团体不得为保证人。原《担保法司法解释》第3条规定，国家机关和以公益为目的的事业单位、社会团体违反法律规定提供担保的，担保合同无效；因此给债权人造成损失的，应当根据原《担保法》第5条第2款的规定处理。《民法典》第683条第2款规定，以公益为目的的非营利法人、非法人组织不得为保证人。从原《担保法》到《民法典》，虽然在概念上“非营利法人、非法人组织”取代了“事业单位、社会团体”，但是以公益为目的的单位被禁止担保的原则是一脉相承的。

（一）从事业单位、社会团体到非营利法人

《事业单位登记管理暂行条例》（2004年修订）规定，事业单位是指国家为了社会公益目的，由国家机关举办或者其他组织利用国有资产举办的，从事教育、科技、文化、卫生等活动的社会服务组织。事业单位依法举办的营利性经营组织，必须实行独立核算，依照国家有关公司、企业等经营组织的法律、法规登记管理。事业单位经县级以上各级人民政府及其有关主管部门批准成立后，应当依照上述条例的规定登记或者备案。事业单位应当具备法人条件。《社会团体登记管理条例》（2016年修订）规定：“本条例所称社会团体，是指中国公民自愿组成，为实现会员共同意愿，按照其章程开展活动的非营利性社会组织。国家机关以外的组织可以作为单位会员加入社会团体。”“成立社

会团体，应当经其业务主管单位审查同意，并依照本条例的规定进行登记。社会团体应当具备法人条件。下列团体不属于本条例规定登记的范围：（一）参加中国人民政治协商会议的人民团体；（二）由国务院机构编制管理机关核定，并经国务院批准免于登记的团体；（三）机关、团体、企业事业单位内部经本单位批准成立、在本单位内部活动的团体。"

从上述两部行政法规的规定看，事业单位和社会团体是依法建立并进行登记的社会组织，承担重要的社会职能。事业单位是使用国有资产建立的社会服务组织。事业单位可以举办营利性的组织，其举办的营利性组织必须独立核算，依据国家有关公司、企业等经营组织的法律、法规的规定进行登记管理。社会团体只能是非营利性的组织。

《民法典》最大的变化之一是对法人制度的改革，不再采用"事业单位""社会团体"称谓，改用"营利法人"与"非营利法人"分类。对于非营利法人，《民法典》第 87 条规定，为公益目的或者其他非营利目的成立，不向出资人、设立人或者会员分配所取得利润的法人，为非营利法人。非营利法人包括事业单位、社会团体、基金会、社会服务机构等。此处采用国际通行标准，对非营利法人进行界定，即非营利法人最重要的特征是不能分配利润。① 非营利法人还包括基金会②和社会服务机构③，应当说非营利法人的范围更具有广泛性。所以，讨论公益非营利法人的担保问题，应当立足于上述四类主体，而不仅仅是事业单位和社会团体。最常见的以公益为目的的非营利法人是学校、幼儿园、医疗机构、养老机构等，法律常以此来示例公益非营利法人。

---

① 高圣平、谢鸿飞、程啸：《最高人民法院民法典担保制度司法解释理解与适用》，中国法制出版社 2021 版，第 49 页。

② 《基金会管理条例》（2004 年国务院第 400 号令发布，自 2004 年 6 月 1 日起施行）规定："本条例所称基金会，是指利用自然人、法人或者其他组织捐赠的财产，以从事公益事业为目的，按照本条例的规定成立的非营利性法人。"基金会分为面向公众募捐的基金会和不得面向公众募捐的基金会。公募基金会按照募捐的地域范围，分为全国性公募基金会和地方性公募基金会。

③ 目前，管理社会服务机构的条例是《民办非企业单位登记管理暂行条例》（1998 年国务院第 251 号令发布，自发布之日起施行）。该条例第 2 条规定："本条例所称民办非企业单位，是指企业事业单位、社会团体和其他社会力量以及公民个人利用非国有资产举办的，从事非营利性社会服务活动的社会组织。"《慈善法》（2016 年公布，2023 年修正）第 8 条首次使用了"社会服务机构"一词，但未对社会服务机构进行定义。

（二）学校、幼儿园、医疗机构、养老机构等的法人性质及其担保资格

学校、幼儿园、医疗机构、养老机构等公益法人，如果登记为营利法人，其对外提供担保没有任何障碍，《民法典担保制度司法解释》第6条第2款对此作了明确规定。需要讨论的是没有登记为营利法人的公益机构的担保资格问题。对营利法人和非营利法人的判断方法通常是，在市场监督管理部门登记的是营利法人，在民政部门登记的是非营利法人。

《民法典担保制度司法解释》第6条规定："以公益为目的的非营利性学校、幼儿园、医疗机构、养老机构等提供担保的，人民法院应当认定担保合同无效，但是有下列情形之一的除外……"要理解上述规定，应当注意：

第一，以公益为目的的非营利性学校、幼儿园、医疗机构、养老机构，在当前形势下，既有公立的，也有民办的。该条并没有对公立和民办公益机构进行区别对待，因此根据该条规定，无论是公立的还是民办的此类公益机构对外提供担保，人民法院应当认定担保同无效。

在实践中，应用该条还应当理解两个关键词：一个是"公益目的"，另一个是"非营利"。适用该条必须两个条件都具备，缺一不可。笔者认为，为不特定的多数人服务的机构，是公益性机构；仅为特定的少数成员服务的学校、幼儿园等，不具备公益性，比如服务于特定成员的村办学校、公司或企业的子弟学校。其是否具备担保资格，目前缺乏明确规定，但理论上说其应当具有担保资格。[①] 营利性是判断公益法人是否具有担保资格的另一个关键要素。公立机构的非营利性毋庸置疑。问题是：如何认定民办的学校、幼儿园、医疗机构及养老机构的非营利性？一些资深法官认为，对民办学校是否具有担保资格，首先应当考察该单位的登记情况和实际运行情况，以判断其营利性或者非营利性。其次是根据实际运行情况和章程进行审查。非营利性的特征在于不分配利润。之所以要据实判断而不是简单地按照根据登记情况进行判断，主要是因为实际运行情况与登记可能存在不一致的情况。[②] 此观点可谓精当。从理性角度讲，一般而言创办民办学校或民办养老机构的目的在于获取利润，没有利润分

---

① 最高人民法院民事审判第二庭：《最高人民法院民法典担保制度司法解释理解与适用》，人民法院出版社2021年版，第129页。

② 司伟、肖峰：《担保法实务札记：担保纠纷裁判思路精解》，中国法制出版社2019年版，第138页。

配也就没有创办动力。所以，尽管可能有些民办机构登记为非营利法人，但是在实际中分配了利润，因此应当把登记与章程、实际运作情况综合起来考察，判断这些公益机构的性质。这样做的法律依据是《民法典》第 65 条，该条规定法人的实际情况与登记的事项不一致的，不得对抗善意相对人。

第二，使用“担保”一词，表明无论是提供保证，还是提供物的担保，这些担保合同均被认定为无效。

（三）公益学校、幼儿园、医疗机构、养老院等非营利法人担保的例外

为满足人民群众日益增长的、多方位的教育、托幼、医疗、养老的需求，需要促进民办的非营利法人公益机构的发展。在发展过程中，公益非营利法人机构难免与其他民事主体发生各种法律关系，比如公益设施的采购等。如果完全禁止采购过程中的担保，则可能妨碍公益事业的发展。《民法典担保制度司法解释》第 6 条一改原《担保法》以及原《担保法司法解释》绝对禁止事业单位、社会团体担保的做法，与时俱进，例外地规定了公益非营利机构担保效力。

例外情形包括两种：

第一，在购入或者以融资租赁方式承租教育设施、医疗卫生设施、养老服务设施和其他公益设施时，出卖人、出租人为担保价款或者租金实现而在该公益设施上保留所有权。

鉴于《民法典》第 399 条第 3 项明确规定，学校、幼儿园、医疗机构等为公益目的成立的非营利法人的教育设施、医疗卫生实施和其他公益设施不得抵押，因而此处明确排除了公益设施抵押的可能，仅规定了两种其他担保方式，即所有权保留和融资租赁。相关主体新购入公益设施时，可以在公益设施上为价款设定所有权保留或者采用融资租赁这两种担保方式。笔者认为，无论是融资租赁还是所有权保留，当债权不能实现时，其最后实现债权的方式和抵押权的实现没有什么区别，都是采取拍卖、变卖标的物（抵押物）的形式，并以拍卖、变卖所得价款优先受偿，所以，对公益设施允许设定所有权保留或者采用融资租赁方式，实质上突破了《民法典》规定的公益设施不得担保的规定。

第二，以教育设施、医疗卫生设施、养老服务设施和其他公益设施以外的不动产、动产或者财产权利设立担保物权。

简单来说，以公益设施以外的财产设定担保物权的，有效。比如，学校的

校长专用车辆、校办工厂设施设备、公寓收费权、医院收费权等，对外担保是有效的。

第三节　担保人之三——非法人组织

原《民法总则》第102条首次规定了非法人组织的概念："非法人组织是不具有法人资格，但是能够依法以自己的名义从事民事活动的组织。非法人组织包括个人独资企业、合伙企业、不具有法人资格的专业服务机构等。"法律对非法人组织作为担保人没有限制性规定。非法人组织可以作为担保人进入担保法律关系。

需要注意，我国对于不具有法人资格的团体，同时使用了两个法律名词：一个是上文提到的"非法人组织"，另一个是《民事诉讼法》用到的"其他组织"。《民事诉讼法》第51条第1款规定："公民、法人和其他组织可以作为民事诉讼的当事人。"《民事诉讼法司法解释》第52条规定："民事诉讼法第五十一条规定的其他组织是指合法成立、有一定的组织机构和财产，但又不具备法人资格的组织，包括：（一）依法登记领取营业执照的个人独资企业；（二）依法登记领取营业执照的合伙企业；（三）依法登记领取我国营业执照的中外合作经营企业、外资企业；（四）依法成立的社会团体的分支机构、代表机构；（五）依法设立并领取营业执照的法人的分支机构；（六）依法设立并领取营业执照的商业银行、政策性银行和非银行金融机构的分支机构；（七）经依法登记登记领取营业执照的乡镇企业、街道企业；（八）其他符合本条规定条件的组织。"有观点认为，用"非法人组织"这一概念来统称这些法人外团体，可能更加合适，因为它体现了与自然人及法人的区别，比"其他组织"具有更强的包容性。[①]

笔者认为，《民事诉讼法》和《民法典》使用的概念应保持一致，避免产生歧义。

① 李永军：《民法总则》，中国法制出版社2018年版，第478页。

一、个人独资企业的担保资格

（一）个人独资企业的概念

《个人独资企业法》（2000 年 1 月 1 日施行）第 2 条规定了个人独资企业的概念："本法所称个人独资企业，是指依照本法在中国境内设立，由一个自然人投资，财产为投资人个人所有，投资人以其个人财产对企业债务承担无限责任的经营实体。"从上述个人独资企业的定义中可以看出，个人独资企业与一人公司存在显著区别：第一，法人资格不同。个人独资企业具有一定的组织机构和财产，能够以企业名义从事民事活动，但其无独立财产且不具备法人资格，属于《个人独资企业法》的调整范围；一人公司虽同样由一个自然人股东出资设立，但其具备独立的财产和法人资格，属于《公司法》的调整范畴。第二，责任方式不同。个人独资企业由投资人个人所有的资产对企业债务承担无限责任。一人公司的投资人的资产与公司财产相互独立，在涉及企业债务承担时，以公司的独立财产承担有限责任。[①] 第三，个人独资企业之"个人"，仅指自然人。《个人独资企业法》第 16 条规定，法律、行政法规禁止从事营利性活动的人，不得作为投资人申请设立个人独资企业。一人公司之"一人"，包括自然人与法人。

（二）个人独资企业担保时的责任承担

在实践中，关于个人独资企业的担保责任承担，已经形成一套普遍认可的裁判规则：由于个人独资企业不具备独立法人资格，当个人独资企业充当担保人时，应视为投资人以个人所有财产对外提供担保，且该担保责任的承担不因企业因故被解散或转让而免除。此外，在个人独资企业投资人以自己的名义签订保证合同时，如涉及保证责任承担，人民法院可以直接执行其个人独资企业的财产。[②] 该裁判规则是将个人独资企业视为自然人，认为个人独资企业的债务与投资人的债务高度统一，个人独资企业的财产等同于投资人财产。个人独

① 曹士兵主编：《担保纠纷案件裁判规则（一）：保证人主体资格与担保效力》，法律出版社 2019 年版，第 134 页。

② 曹士兵主编：《担保纠纷案件裁判规则（一）：保证人主体资格与担保效力》，法律出版社 2019 年版，第 123 页。

资企业与投资人是“两位一体”的关系。

二、合伙企业的对外担保资格

（一）合伙企业的定义

《合伙企业法》（1997年2月23日公布，2006年8月27日修订）第2条规定：“本法所称合伙企业，是指自然人、法人和其他组织依照本法在中国境内设立的普通合伙企业和有限合伙企业。普通合伙企业由普通合伙人组成，合伙人对合伙企业债务承担无限连带责任。本法对普通合伙人承担责任的形式有特别规定的，从其规定。有限合伙企业由普通合伙人和有限合伙人组成，普通合伙人对合伙企业债务承担无限连带责任，有限合伙人以其认缴的出资额为限对合伙企业债务承担责任。”第3条规定：“国有独资公司、国有企业、上市公司以及公益性的事业单位、社会团体不得成为普通合伙人。”

根据上述定义，合伙企业的主要特点是普通合伙人对合伙企业债务承担无限连带责任，有限合伙人对合伙企业债务承担有限责任。

（二）合伙企业对外担保的有关问题

《合伙企业法》第31条规定，除非合伙协议中有明确约定，合伙企业对外担保应经全体合伙人一致同意。作此规定的原因在于：

第一，合伙企业具有人合性。在对合伙企业事项作出决策时，应当尊重各个合伙人的意见。合伙企业是共同出资、共同经营、共担责任的经营性组织，互信是人合组织的基本特征，法律要求合伙人一致同意是为了进一步加强互信，更好地促进企业的长远发展。

第二，合伙企业对外担保，存在损害合伙人利益的可能性。基于担保债务的或有性特征和合伙人对合伙企业债务承担连带责任的规定，合伙企业对外担保可能给合伙企业或者合伙人资产带来损失。为保障合伙人利益，对外担保事项应经全体合伙人一致同意。一旦合伙企业担保给合伙人带来损失，也是合伙人意思自治的结果，合伙人对此有心理预期。

第三，对外担保事项须经全体合伙人一致同意是法律规定的特别事项，除非另有约定。另有约定体现了各合伙人意思自治，是合伙人一致同意的例外情形。

在担保纠纷案件中，在无法证明担保事项已经全体合伙人一致同意的情况下，应认定担保合同无效。司法实践中，认定“全体合伙人一致同意”的证明标准有以下几个方面：

第一，“合伙企业公章加全体合伙人签名”。

这个标准比较好理解，但问题是：担保合同上有公章，仅有合伙事务代表人的签名，是否可以认定是全体合伙人签名？有法院认为，《合伙企业法》的要求是全体合伙人签名同意，仅有部分合伙人签名的，该担保合同无效。该法院的上级法院认为，《合伙企业法》第 31 条第 5 项，属于合伙企业的内部规范，不属于效力性强制性规定，签字人是合伙事务执行人，有权代表其他合伙人执行合伙事务，故该担保合同有效。①

笔者认为，此案是十几年前的案件，如果用现行的法律规则审判，应当认定担保合同无效。《合伙企业法》是公开的法律，法律的基本要求在于每个企业、个人都应当遵守其规定。债权人可能无法对担保合同上签字的真实性进行识别，但是对于担保合同形式上的要求，比如签字人数，应当加以识别。签字人数不符合基本要求的，不能认定债权人是善意的。法律没有规定合伙事务执行人可以代替其他合伙人签字。故，合伙事务执行人的个人签字，不能代表其他合伙人。仅有公章和合伙事务执行人的签名，应认定担保合同无效。②

第二，“合伙企业公章加全体合伙人同意担保的会议决议”。

在这种情形下，满足了合伙企业对外担保的法定条件，应认为担保事项已经全体合伙人一致同意。此外，全体合伙人一致在担保合同上签字，也符合该要求。

第三，“仅有全体合伙人签字”。

担保合同上没有加盖合伙企业公章，仅有全体合伙人签字的情况，可否认定是合伙企业的有效担保？笔者认为，应当认定合伙企业担保合同成立。合伙企业的公章只是全体合伙人意志的体现，而全体合伙人的签字已经表明了合伙人的意志。当全体合伙人以签名的形式表现意志时，公章的作用已经体现出来，公章已经变得可有可无。故，没有合伙企业的公章，有全体合伙人的签

---

① 浙江省台州市中级人民法院(2010)浙台商终字第 77 号民事判决书。

② 曹士兵主编:《担保纠纷案件裁判规则(一):保证人主体资格与担保效力》,法律出版社 2019 年版,第 152 页。

字，应当认定担保合同成立。

第四，“仅有公章”。

仅有公章而没有全体合伙人签字的，应依法认定担保合同无效，无须多言。

根据《民法典担保制度司法解释》第17条的规定，当担保合同被确认无效时，担保人依据其过错程度承担赔偿责任。此时涉及合伙人的责任承担问题。合伙企业对外担保的赔偿责任，对合伙人而言，有两种责任承担方式：第一种是全体合伙人依据合伙比例分担。《合伙企业法》第33条规定：“合伙企业的利润分配、亏损分担，按照合伙协议的约定办理；合伙协议未约定或者约定不明确的，由合伙人协商决定；协商不成的，由合伙人按照实缴出资比例分配、分担；无法确定出资比例的，由合伙人平均分配、分担。合伙协议不得约定将全部利润分配给部分合伙人或者由部分合伙人承担全部亏损。”第40条规定：“合伙人由于承担无限连带责任，清偿数额超过本法第三十三条第一款规定的其亏损分担比例的，有权向其他合伙人追偿。”根据上述规定，合伙企业的赔偿责任，以合伙企业现有资产赔偿，不足部分由合伙人依据出资比例分担。第二种是由造成企业损失的合伙人承担。其理由是，合伙企业对外担保带来的损失赔偿义务，总是个别合伙人的行为造成的，应由该合伙人予以赔偿，或者在合伙利润分配时予以扣除。笔者认为，按照第二种思路处理比较合适，体现了过错责任原则。对于未经其他合伙人同意进行的担保，不符合其他合伙人的意思，因此不应当对担保产生的债务负责。该项约定应当在合伙协议中进行明确并予以公示。

三、不具有法人资格的专业服务机构的担保资格

在我国，不具有法人资格的专业服务机构，最典型的是律师事务所和会计师事务所。有观点认为，仅在非国家出资的律师事务所和合伙形式的会计师事务所为保证人，签订保证合同时，可视为自然人。① 对于该观点，笔者有不同看法。

第一，根据《律师事务所管理办法》的规定，我国目前的律师事务所有

① 曹士兵主编:《担保纠纷案件裁判规则(一):保证人主体资格与担保效力》,法律出版社2019年版,第155页。

三种形式，即国资所、个人律师事务所和合伙制律师事务所。在个人律师事务所担保时，应把该律师事务所作为个人独资企业对待，使该律师事务所与设立人的财产、责任“两位一体”。合伙制律师事务所是当前律师机构的主要形式，但是关于合伙制律师事务所的管理、运作和责任承担模式，我国法律没有规定。笔者认为，该种形式的律师事务所担任担保人时，应把其作为合伙企业对待，参照《合伙企业法》的规定来认定合伙制律师事务所的担保责任。《合伙企业法》第 31 条规定，担保事项应经全体合伙人一致同意，律师事务所的担保合同要成立也应当遵守该项规定。有的观点将合伙制律师事务所视为自然人，这并不准确，因为合伙制律师事务所有多个合伙人，将律师事务所视为某一个自然人，将无法分清。所以，还是把合伙制律师事务所看作合伙企业更为科学，并以合伙企业的有关规定规范、约束合伙制律师事务所的担保行为、担保责任。合伙制会计师事务所也应当参照《合伙企业法》的规定，确定该种形式的会计师事务所的担保合同效力以及担保责任。

第二，根据笔者上述观点，“专业服务机构的负责人未经授权对外签订担保合同，符合表见代理要件的，应认定合同成立”① 的观点不能成立。

依据《合伙企业法》的规定，对合伙企业对外担保之类的重大事项，如果合伙协议内部没有明确的约定，专业服务机构的负责人无权代表各合伙人对外签订担保合同。因为在重大事项问题上，全体合伙人一致同意是法定要求，债权人不能只相信专业服务机构负责人的签名。所以，合伙制专业服务机构的担保行为，都应当符合《合伙企业法》的规定，表见代理制度在此并不适用。

应当注意，具备法人资格的专业服务机构对外担保，应当适用《公司法》关于对外担保的相关规定。

---

① 曹士兵主编:《担保纠纷案件裁判规则(一):保证人主体资格与担保效力》,法律出版社 2019 年版,第 164 页。

第六章　担保人的权利与义务

第一节　担保人的权利

之所以把担保人的权利放在第一节进行研究，主要原因是，基于担保制度的无偿性，现代担保法律越来越重视对担保人权利的保护。我国《民法典》将未约定保证方式的保证推定为一般保证，一方面是基于保证从属性的理性回归，另一方面也有保护担保人权利，减轻保证人责任的意图。显然，如果不注重保护担保人的权利，将出现担保人难寻的局面，不利于发挥担保制度对经济发展的促进作用，不利于促进商品流通以及融资，进而妨碍社会经济发展。我国《民法典》对保证人的权利作了较为全面的规定。根据《民法典担保制度司法解释》第20条的规定，保证人的权利亦适用于物上保证人。为避免叙述上的重复，本书将担保人的权利研究放在担保法总论部分。

在担保法律关系中，担保人的权利包括两个方面：一是担保人对债权人的权利，二是担保人对债务人的权利。

一、担保人对债权人的权利

（一）形成权

形成权是依照权利人的单方意思表示就能使既存的法律关系发生变化的权利。[①] 形成权是一个集合概念，从不同角度可对形成权进行不同的分类，合同中的撤销权、抵销权或者约定的合同解除权都是典型的形成权。[②]

根据《民法典》第388条、第681条的规定，担保是担保人与债权人之间的

---

① 张俊浩主编：《民法学原理》（上册），中国政法大学出版社2000年版，第78页。

② ［德］迪特尔·梅迪库斯：《德国民法总论》，邵建东译，法律出版社2000年版，第75页。

约定，属于合同关系。基于担保合同，如果存在《民法典》第 147 条（重大误解）、第 148 条（欺诈）、第 149 条（第三方欺诈）、第 150 条（胁迫）情形的，担保人可以请求人民法院或者仲裁机构撤销担保合同，毋庸置疑，不再赘述。

需要讨论的是以下几个问题：

1. 担保人可否因为显失公平而撤销担保合同？

不可。担保制度本身就具有无偿性，是单方义务，债权人无须支付对价。担保法律中的显失公平具有“合法性”，担保人不能因为显失公平而请求撤销担保。

2. 担保人行使撤销权后，是否对债权人的损失承担赔偿责任？

《民法典》第 682 条第 2 款规定：“保证合同被确认无效后，债务人、保证人、债权人有过错的，应当根据其过错各自承担相应的民事责任。”根据该条规定，担保合同只有被确认无效后，才应当根据过错责任原则确定担保人的民事责任，法律没有规定担保合同被撤销后担保人的民事责任。笔者认为，根据《民法典》第 147 条、第 148 条、第 149 条、第 150 条的规定，担保人可以行使撤销权；担保合同被撤销后，依据《民法典》第 155 条的规定，等同于担保合同无效。应当依据撤销的原因，分析担保人的过错，进而确定担保人的责任。《民法典》第 157 条规定：“有过错的一方应当赔偿对方由此受到的损失；各方都有过错的，应当各自承担相应的责任。”担保人责任不适用《民法典担保制度司法解释》第 17 条关于担保人赔偿责任的规定。

3. 情事变更时，担保人可否解除担保合同？

我国《民法典》第 533 条规定了情事变更原则：“合同成立后，合同的基础条件发生了当事人在订立合同时无法预见的、不属于商业风险的重大变化，继续履行合同对于当事人一方明显不公平的，受不利影响的当事人可以与对方重新协商；在合理期限内协商不成的，当事人可以请求人民法院或者仲裁机构变更或者解除合同。人民法院或者仲裁机构应当结合案件的实际情况，根据公平原则变更或者解除合同。”根据上述规定，情事变更须具备以下要件：（1）合同的基础条件发生重大变化。基础条件是当事人缔结合同关系的条件，因存在此基础条件才缔结此合同。重大变化是指变化达到这样的程度，若当事人知道或者预见到这样的变化就不会缔结该合同关系，或者至少不会按照原合同内容签订合同。法院判定“重大变化”时，应当采用“富有经验的诚信商人”标准。(2) 重大变化发生在合同成立以后。(3) 对此重大变化，当事人不能预见。(4) 不属于商业风险。(5) 继续履行合同对当事人一方显失公平。①

担保合同情事变更的情形，常发生在公司的法定代表人、股东、董事、监事、高级管理人员为公司融资或者履约提供担保时。当在担保期间内，担保人的职务身份可能会发生重大变化。担保人可否因身份的变化主张解除合同？对此，学界和实务界存在分歧，概言之有以下三种观点：(1) 否定说认为，保证人不能因为离职而要求解除合同，仍应承担担保责任。(2) 肯定说认为，保证人离职时，有权解除担保合同。持有该种观点的学说与判例中，理论依据并不相同，我国台湾地区的运用诚实信用这一基本原则，而韩国利用的是情事变更原则。(3) 附条件肯定说采取折中态度，认为保证人于离职时主张解除保证合同是有条件的，只有接替的新任股东、董事、监事等另行提供保证，原保证人的责任方可解除。②

我国法律对于公司领导人离职时可否享有解除担保合同的权利问题没有作规定，笔者也没有查到相关案例。如果发生此类情形，不同的法院会有不同的裁判。笔者认为，债权人之所以要求公司股东、高管对公司债务提供担保而不是要求债务人员工为公司债务提供担保，原因在于股东以及公司高管的身份。股东可以享有因公司贷款带来的利益，公司高管可以决定融资的使用方式，并且从债务人的经营中享有利益。而公司股东或者公司高管之所以自愿为公司债务承担担保责任，也是源于其公司高层管理人员的身份且预计到担保会给自身带来利益。所以，公司股东、高管与债权人的担保合意，更多的是基于股东与高管的身份，很少是基于股东或者高管的偿还能力，所以债务人的股东、高管身份是担保合同的客观条件。在担保合同成立后，担保人的身份发生变化，符合情事变更原则时，应当允许担保人解除合同。

---

① 梁慧星:《合同通则讲义》,人民法院出版社 2021 年版,第 208—209 页。梁先生认为,不能合理预见要件与不属于商业风险要件实质相同,能够合理预见的属于商业风险,不能预见的不是商业风险。笔者对此存疑。《民法典》第 533 条将不能预见与不属于商业风险并列使用,可见二者是两个要件。不能预见的可能是天灾,而天灾不属于商业风险。商业风险应当作狭义解释,是指价格、市场等商业因素的变动,而不是一切客观情况。

② 费安玲、龙丽云:《信用担保人权利救济之研究——以保证人权利制度完善为研究视角》,中国政法大学出版社 2013 年,第 83—89 页。

（二）抗辩权

1. 关于抗辩权的理论

保证人的抗辩权是保证人得以对抗债权人请求权的权利，是保证人非常重要的权利之一。在我国，无论是司法实务界还是理论界，对于保证人的抗辩权都存在诸多争论与模糊之处；无论是在民事法律条文、司法判决文书中还是在学者论著中，“保证人有权进行抗辩”与“保证人享有抗辩权”这样不同的表述方式常常交叉使用，对于保证人抗辩权形态的认定尺度宽窄不一。有学者将原《担保法》规定的保证人的免责事由明确纳入抗辩权范围，有学者则指出保证人主张免责事由不属于保证人的抗辩权，还有学者主张将免责事由表述为有权进行抗辩，但是否为抗辩权则避而不谈。简而言之，人们在讨论保证人对于债权人请求的对抗与异议时，同时使用“抗辩”与“抗辩权”概念。[①] 笔者认为，出现这种现象的原因是对“抗辩”与“抗辩权”的概念认识不清。

抗辩与抗辩权都源于罗马法中的 exceptio（抗辩、反对），二者既相互区别，又互相联系。通说认为，抗辩共有三种，即权利未发生的抗辩、权利消灭的抗辩和权利排除抗辩。前两类为诉讼上的抗辩（狭义抗辩），只有第三种权利排除抗辩以民法上的抗辩权为基础，实施此项抗辩为行使民法上的抗辩权。[②] 有学者将前两种抗辩称为“事实抗辩”，将第三种抗辩称为“权利抗辩”[③]。“诉讼上的抗辩”（事实抗辩、狭义抗辩）与“抗辩权”都为广义“抗辩”的下位概念。[④]

笔者认为，上述关于抗辩的分类、抗辩与抗辩权的关系、广义与狭义的论述，在中国语境下理解起来十分困难。在中国法和现代语境下，应当对抗辩、抗辩权、抗辩事由进行准确区分。

（1）关于“抗辩”。我国《民法典》多处使用了“抗辩”一词，但是均

---

① 费安玲、龙丽云：《信用担保人权利救济之研究——以保证人权利制度完善为研究视角》，中国政法大学出版社 2013 年，第 89 页。

② 史尚宽：《债法各论》，中国政法大学出版社 2000 年版，第 906—907 页。张俊浩主编：《民法学原理》（上册），中国政法大学出版社 2000 年版，第 79 页。

③ 柳经纬、尹腊梅：《民法上的抗辩与抗辩权》，载《厦门大学学报》（哲学社会科学版）2007 年第 2 期。

④ 费安玲、龙丽云：《信用担保人权利救济之研究——以保证人权利制度完善为研究视角》，中国政法大学出版社 2013 年版，第 96 页。

未对其含义进行解释。《票据法》第13条第3款规定："本法所称抗辩，是指票据债务人根据本法规定对票据债权人拒绝履行义务的行为。"该抗辩的概念，如果去掉定语"票据"二字，即可形成抗辩的一般概念。抗辩是债务人依法拒绝债权人请求权的行为。其特点：一是抗辩是一种行为，以拒绝履行义务为目标，维护债务人自身利益。二是抗辩必须依法行使。"法律是善良与公正的艺术"，法律赋予债权人请求权，同时赋予债务人对抗权，请求权与对抗权必须在法律的框架内对抗并在对抗中发现公正、公平。

（2）关于"抗辩权"。《民用航空法》中使用了"抗辩权"一词，但对抗辩权的含义没有规定。该法第167条规定，保险人和担保人享有与经营人相同的抗辩权，但对抗辩权的含义没有规定。原《担保法》第20条规定："抗辩权是指债权人行使债权时，债务人根据法定事由，对抗债权人行使请求权的权利。"显然，抗辩权是当事人的一种权利。《民法典》中规定的先诉抗辩权、同时履行抗辩权、先履行抗辩权、不安抗辩权，仅是民法理论的总结，法条中并没有使用"抗辩权"字样，对抗辩权的表述为"一方在对方履行之前有权拒绝其履行请求"（《民法典》第525条），"后履行一方有权拒绝其履行请求"（《民法典》第526条）。不安抗辩权与先诉抗辩权均是以"可以""有权"进行表述。笔者认为，抗辩权与抗辩的关系是抗辩权产生抗辩行为，抗辩权是抗辩的前提和基础，犹如有选举权产生合法的选举行为。抗辩权作为民事权利，当事人可以行使，也可以放弃。

（3）关于抗辩事由。梁慧星先生认为，抗辩事由，可以是某种事实，也可以是某项权利。基于事实的抗辩是"事实抗辩"，基于权利的抗辩是"权利抗辩"。如，在违约责任诉讼中，主张合同不成立、合同因违法行为而无效，或者主张合同已经解除、合同已经撤销、合同履行完毕，均属于事实抗辩。在事实抗辩中，法庭必须查明事实或者予以释明。[①] 笔者认为，在诉讼中将合同撤销等事实提出来，目的在于说明原告的权利不存在或者存在瑕疵。民法保护合法的民事权利，不保护不存在的民事权利。因此，事实抗辩根本不是一种独立的抗辩类型。事实仅是权利抗辩必须具备的前提条件。不能因为提出案件事实即认为是"事实抗辩"，所有的抗辩事由都是权利抗辩。

总之，抗辩权具有私权性，抗辩事由是抗辩权的内容，合法的抗辩事由产

① 梁慧星：《合同通则讲义》，人民法院出版社2021年版，第184—185页。

生合法的抗辩结果。

在担保法律中，如果法律明确规定，基于特定情形（抗辩事由），担保人不再承担责任、拒绝履行、免除（相应）责任等，都是以拒绝履行的权利进行的抗辩，属于权利抗辩权。

2. 抗辩权的样态

担保人的一般抗辩权，是适用于人的担保和物的担保的共同的抗辩权样态。担保人抗辩权可分为三类：一是基于主合同的抗辩权；二是基于担保合同的抗辩权；三是其他抗辩权，是指基于主合同与担保合同之外的其他事由产生的抗辩权。此处重点论述擅自变更主合同抗辩权以及其他抗辩权中的抵销权、撤销权抗辩权。担保人的特别抗辩权，如先诉抗辩权等其他抗辩权随着本书的展开再具体论述。

（1）擅自变更合同抗辩权

《民法典》第695条第1款规定："债权人和债务人未经保证人书面同意，协商变更主债权债务合同内容，减轻债务的，保证人仍对变更后的债务承担保证责任；加重债务的，保证人对加重的部分不承担保证责任。"

该条款的依据是合同的同一性理论。该条款内容显然是以借款合同为原型，比较容易理解，看似对担保人比较公平，但在实践中难以应用。一是"减轻债务"如何认定？比如，主合同约定购买钢材，货款总金额200万元；后变更为购买铝锭，货款总金额200万元。原告预付货款，担保人对被告交付货物提供了担保。因铝锭价格上涨，被告不能履约。担保人须承担180万元的担保责任。同期，钢材价格下降，被告可以完全履约，担保人无须承担责任。此处，变更主合同标的物是减轻债务还是加重债务？此处"债务"是担保债务还是主合同约定的债权债务？语焉不详。笔者认为，此处"债务"应是指担保人的担保债务。担保债务并不等同于主债权债务。本案中，应当认为是加重了担保人的担保责任。再比如，上述案例中主合同变更了卸货地点，由青岛港变更为上海港，结果是被告货物按时到达青岛港，但在前往上海港的过程中突遇海风，为避险，货物被抛。被告最终有100万元货物没有完成交付。这种变更是减轻债务还是增加债务？二是"加重的部分"如何确定？加重部分的计算应当作加减法，原担保债务减掉现在的担保债务。问题是原担保债务如何计算？原担保债务取决于变更前主合同的履行。变更前主合同未履行，故无法得知债权数额和担保债务数额。

笔者认为，担保人对主合同债权之所以同意担保，是基于对主合同标的物、履行期限、履行地点的分析判断，担保人的担保风险系于主合同的各履行要素，担保人对主债权风险有明确的认知，基于意思自治，对此主合同承担担保责任，但是任何合同履行要素的变更，都可能使担保风险发生变化，而且对于"加重的部分"在实践中难以把握。故笔者主张，应对该条进行变更，凡未经担保人同意的合同内容变更，担保人不再承担担保责任。以示对担保合同意思自治原则的尊重。

（2）担保人的抵销、撤销抗辩权

债务人对债权人享有抵消权或者撤销权的，保证人可以在相应范围内拒绝承担保证责任（《民法典》第 702 条），笔者称之为担保人的抵销、撤销抗辩权。对此项内容分述如下：

第一，各国立法例对债务人享有对债权人的抵销权或者撤销权时的保证人保护模式。

《民法典》第 702 条是保证合同制度的新增条文，该条赋予保证人一项新的抗辩权。有学者认为，该制度是《民法典》保证合同诸多新规中最值得研究的一项制度。[①] 该制度虽然在我国是一项新制度，但在世界范围内早已有之。债务人对债权人享有抵销权时，各国民法对保证人保护形成两种不同的立法模式。一是抵销模式。其内容是保证人援用债务人的抵销权。二是抗辩模式。其内容是保证人基于债务人对债权人的抵销权，拒绝债权人要求其履行担保责任。[②] 笔者称第一种模式为"曲线救国"，即通过行使债务人的抵销权来免除担保人责任；称第二种模式为"赤膊上阵"，即通过保证人的直接抗辩，获得保证债务减免。债务人对债权人有撤销权时，对保证人仅有一种保护方式，即享有抗辩权。

《德国民法典》第 770 条规定："（1）只要主债务人有权撤销构成其债务的基础的法律行为，保证人就可以拒绝使债权人受偿。（2）只要债权人可因抵销已到期的主债务人债权而受清偿，保证人就有同样的权能。"该条第 1 款显然是对债务人的撤销权采取了保证人抗辩模式，第 2 款对债务人抵销权采取

① 程啸：《论〈民法典〉第 702 条上的保证人抗辩权》，载《环球法律评论》2020 年第 6 期。

② 徐同远：《主债务人对债权人有抵销权时保护保证人的两种模式及其选择》，载《南大法学》2021 年第 5 期。

了保证人抵销模式。

《法国民法典》第1347-6条规定："保证人可以主张债权人欠主债务人的债务的抵销。连带债务人可以主张债权人欠共同债务之一的债务的抵销，并从债的总额中减去分开的份额。"该条对债务人抵销权采取了保证人抵销模式。

《瑞士债务法》第121条规定："主债务人有抵销权者，保证人得拒绝向债权人清偿债务。"① 该条对主债务人的抵销权，保证人有抗辩权。

我国台湾地区民事有关制度中规定："保证人得以主债务人对于债权人之债权，主张抵销。""主债务人就其债之发生原因之法律行为有撤销权者，保证人对于债权人，得拒绝清偿。"其对抵销权采取了抵销模式，对撤销权采取了抗辩模式。

第二，我国《民法典》对债务人享有对债权人的抵销权或者撤销权时的保证人保护模式。

在我国《民法典》编纂之前，梁慧星教授与王利明教授分别主持两部民法典草案学者建议稿，对债务人享有对债权人的抵销权或者撤销权时的保证人保护模式有不同的规定。

梁教授主持的草案，对债务人享有对债权人抵销权和撤销权时，保证人的保护模式分别进行了规定，完全是采用了《德国民法典》的立法模式。王利明教授的草案，仅规定债务人对债权人享有抵销权时，保护保证人的处理模式；对债务人享有对债权人的撤销权时，如何保护保证人利益没有规定，完全是采用了《法国民法典》的立法模式。②

《中国社会科学院民法典分则草案建议稿》的合同编采纳了上述梁教授的观点，于第451条规定："主债务人对作为主债务发生原因的法律行为有撤销权的，保证人对债权人有权拒绝清偿。"第453条规定："保证人有权以债务人对债权人的债权，主张抵销。"③ 从《民法典》编纂草案来看，《民法典》第702条最早出现在2017年8月8日的《中华人民共和国民法典合同编（草案）》（民法室室内稿）当中，该室内稿第289条规定："债务人对债权人主张抵销，或者债务人撤销主合同的，保证人可以在相应范围内拒绝承担保证责

---

① 本书所引该法的条文均出自戴永盛译《瑞士债务法》(中国政法大学出版社2016年版)。

② 王利明主编:《中国民法典学者建议稿及立法理由·债法总则编、合同编》,法律出版社2005年版,第781—782页。

③ 陈甦主编:《中国社会科学院民法典分则草案建议稿》,法律出版2019年版,第275、276页。

任。”2018年3月15日，在面向社会公众公开征求意见的《民法典合同编（草案）》（征求意见稿）中，该条被做了一些修改，成为第249条，规定：“债务人对债权人享有抵销权或者撤销权的，保证人可以在相应范围内拒绝承担保证责任。”自此以后，《民法典》合同编草案的第一、二、三次审议稿均维持了内容不变，直至《民法典》颁布，成为正式的《民法典》第702条：“债务人对债权人享有抵销权或者撤销权的，保证人可以在相应范围内拒绝承担保证责任。”

从《民法典》的上述规定看，我国立法对债务人享有对债权人的抵销权或者撤销权时，对保证人的保护采取了一元化的模式，即授予保证人在相应范围内的免责抗辩权。笔者认为，这种一元化的处理方式有其合理性。

首先，无论是抵销权还是撤销权，均是形成权。该权利是否行使取决于权利人根据自身利益的全面衡量。无论是撤销权还是抵销权，如果行使会涉及两个主体之间的权利义务关系的重大变化，只有权利人自己行使才具有合理性。如果保证人援用债务人的抵销权，通过“曲线救国”的方式保护保证人，一是可能不符合债务人的本意，二是保证人行使了抵销权可能不符合债务人和债权人的经济计划的安排，属于实际上介入债权人债务人之间的合同关系。因此，德国、法国民法中规定的保证人可以行使债务人对债权的抵销权的做法，与保证目的不符，相当于主合同之外的第三人具有了干预主合同当事人实体权利的权能，这对于合同相对性原理是一个冲击。保证的目的是保障债权的实现。面对债权人的要求，保护保证人自身利益的主要武器是抗辩。因此，笔者认为，赋予保证人对债权人的抗辩权，更有利于实现保证合同目的，实现法律体系内部和谐。

其次，债务人对债权人享有的撤销权或者抵销权采取区别对待的保护方式，有无必要？这是需要讨论的问题。笔者认为，对比法律后果，行使撤销权的法律后果更为严重。一般而言，主债务人撤销合同后，根据《民法典》第157条的规定，依据该行为取得的财产应当予以返还，不能返还的或者没有必要返还的，应当折价赔偿。有过错的一方应当赔偿另一方遭受的损失。抵销权则是把互负债务予以清算，不涉及返还赔偿问题，故，抵销的后果相对简单。《德国民法典》对债务人撤销权下的保证人赋予抗辩权，对债务人抵销权下的保证人赋予抵销权，有一种避重就轻的感觉。

再次，从法律实践的角度看，保证人行使抗辩权较为容易，只需要证明有可以抗辩的事实即可。而抵销权的行使较为复杂，需要证明有可以抵销的事实，同时需要证明债务数额等诸多事实，而身为主合同之外的保证人无从知道这些事实，徒增保证人的举证难度，使抵销权的行使十分困难。

因此，对于债务人享有对主债权人的抵销权和撤销权的情形下，对于保证人应当给予同等的平等保护。给予拒绝履行抗辩权是较为合理的选择。

《民法典》第702条的适用，需要保证人举证的事实比较多，比如证明债务人对债权人抵销权或撤销权的存在，该权利的范围大小等等。该法条的适用对担保人来说实属不易。

二、担保人对债务人的权利

（一）追偿权

保证人的追偿权，又称保证人的求偿权，是指保证人在承担保证责任后，可以向主债务人请求偿还的权利。《民法典》第700条规定："保证人承担保证责任后，除当事人另有约定外，有权在其承担保证责任的范围内向债务人追偿，享有债权人对债务人的权利，但是不得损害债权人的利益。"该条同时适用于物上保证人。其中"享有债权人对债务人的权利，但是不得损害债权人的利益"是《民法典》较原《担保法》第31条增加的内容，在理论上争议较大。

1. 担保人追偿权的立法考察

在罗马法时期，没有担保人追偿权的直接表述，但是有相关的制度安排。比如，当保证人是受委任而提供保证的，保证人应对主债务人提起"受任人诉"；如果保证人提供担保不为主债务人所知，则保证人需按照"无因管理"处理；如果保证违反主债务人的意思时，保证人不享有追偿权。[①] 近现代大陆法系担保法律制度承认了担保人承担责任后可以向主债务人追偿。追偿权发生的基础有两种不同的立法模式。一种是不考虑担保人与主债务人之间的关系，由立法直接规定，担保人承担责任后有权向主债务人追偿，以《法国民法典》为代表。该法典第2308条第1款规定，已经清偿全部或部分债务的保证人，就其清偿的款项以及利息和费用，对债务人享有个人的求偿权。另一种是依据

① 周枏：《罗马法原论》（下册），商务印书馆2014年版，第899页。

保证人与主债务人之间的原因关系（委托或者无因管理）而享有追偿权，以日本、意大利、德国、瑞士等为代表。英美法系国家的法律和判例中，也有追偿权的法律规定和实践。[①]

2. 保证人行使追偿权必须具备的要件[②]

（1）必须是保证人已经对债权人承担了保证责任。此处“对债权人承担了保证责任”，包括保证人代债务人向债权人为主债关系中的给付义务的清偿，或向债权人承担损害赔偿责任，保证人向债权人为代物清偿或以物抵债，或抵销，或提存。《民法典担保制度司法解释》第18条将保证人承担的赔偿责任列入可以追偿的范围。保证人的追偿，必须限于自己有所给付，致使有偿地消灭主债务人对于债权人的责任。假如自己毫无给付，仅因其尽力致使主债务消灭，如说服债权人，使债权人免除主债务人的债务，则不得向主债务人追偿。

有观点认为，即使没有实际支付，但是保证人基于自身努力，通过调解、谈判等行为，使债权人放弃了债权，保证人应当对债务人有利益请求权。其理由是，保证人的努力使债务人获得了利益，而该利益为不当得利，债务人应当返还。这种返还的请求权基础不是追偿权，而是不当得利返还请求权。[③]

（2）必须是主债务人对债权人因保证而免责。如果主债务人的免责不是由保证人承担保证责任的行为引起的，那么保证人就没有追偿权。再者，在保证人的给付额高于主债务人的债务数额时，如以价值超过主债务数额之物抵债或者代物清偿，保证人只能就债务数额追偿；在保证人的给付额低于主债务人的债务数额时，保证人只能就给付额追偿。

（3）必须是保证人没有赠与的意思。这是保证人的追偿权的消极要件，保证人在行使追偿权时不必就此举证。

此外，保证人的清偿是否有过错，也是担保人行使追偿权的重要考量因素。比如，担保人没有行使主债权诉讼时效抗辩，或者明知主债务人与债权人

---

① 费安玲、龙丽云:《信用担保人权利救济之研究——以保证人权利制度完善为研究视角》,中国政法大学出版社2013年版,第137页。

② 黄薇主编:《中华人民共和国民法典合同编解读》(上册),中国法制出版社2020年版,第781—782页。

③ 费安玲、龙丽云:《信用担保人权利救济之研究——以保证人权利制度完善为研究视角》,中国政法大学出版社2013年版,第141页。

存在可以抵销、撤销的情形而没有拒绝履行。关于担保人没有行使抗辩权而对主债权人清偿担保人可否追偿，各国立法有不同的规定。既有认为是否行使抗辩权是保证人自由的，又有认为是有违诚信的权利滥用的；还有立法不为担保人设定必须援用的抗辩的义务，而是通过确认保证人不援用明知的抗辩将承担某种不利益的负担——丧失对债务人的追偿权来保护债务人的利益的；最为严格的做法是在立法中明确规定保证人援用主债务人的抗辩权既是权利也是义务。[①]

我国法律对保证人不援用债权人抗辩权是否丧失追偿权没有规定，但最高人民法院认为，保证人对已经超过诉讼时效的债务予以清偿，仍对主债务人有追偿权。[②]

笔者认为，担保人不主张基于担保合同的抗辩权，比如保证期间的抗辩，导致承担担保责任或者赔偿责任，构成权利滥用，若允许担保人向债务人追偿，将损害主债务人的利益。故，不应当允许担保人向主债务人追偿。如果主债务人放弃抗辩，表明主债务人自愿承担过多的债务。此时担保人没有援用主债务人的抗辩权，应当允许担保人向债务人追偿，不应当对担保人过多责难。

3. 保证人追偿权行使的效力范围

该效力范围是指担保人可以就哪些款项向债务人追偿。《民法典》第700条规定，担保人在“承担保证责任的范围内”追偿。其言外之意，即担保责任外的金额，不能追偿。比如，一份判决要求主债务人承担本息700万元的偿还责任，担保人对此债务承担连带清偿责任。判决生效后，担保人和主债务人都没有履行判决。法院依法扣划了担保人的银行存款，包括主债权、利息、迟延履行金、诉讼费、保全费、执行费等，共计820万元。其中，700万元属于保证责任范围，120万元不属于保证责任范围，根据《民法典》的上述规定，该120万元不能向主债务人追偿。

笔者认为，该120万元应当具体分析，对于其中因担保人不主动履行法院判决而增加的迟延履行金，属于担保人自身行为引起的损失，不应当向债务人追偿；其中的诉讼费、执行费、保全费，如果在担保责任范围内，则可以向主

---

① 费安玲、龙丽云:《信用担保人权利救济之研究——以保证人权利制度完善为研究视角》，中国政法大学出版社2013年版,第123页。

② 曹士兵:《关于担保人的追偿权》,载最高人民法院民事审判第二庭编:《经济审判指导与参考》(第4卷),法律出版社2001年版,第81页。

债务人追偿。要确定是担保责任范围内还是范围外，应当依据担保合同的约定。

关于混合担保中的追偿权范围问题，本书将另外专门论述。

（二）代位权

1. 担保人代位权的立法例

担保人的代位权，是指担保人承担担保责任消灭主债务后，承受债权人对于主债务人的债权，而对主债务人行使原债权人的权利。其法理基础是法定债权转移。担保人的代位权以担保的从属性为基础，在性质上属于次债务人专有的具有排他性质的权利。[①] 罗马法已经对保证人的代位权作了相应的规定。依据古罗马法，当保证人为主债务人履行了债务之后，其有权向主债务人请求偿还，但是因保证的情形不同，请求偿还的方法也不相同。此外，古罗马法中保证人还享有“代位利益”即代位权，当保证人在履行给付之时，他有权请求债权人将其对主债务人和其他保证人的一切权利转让给自己。若债权人拒绝转让，保证人可提起“欺诈抗辩”，拒绝履行保证债务。[②] 近现代许多大陆法系国家的民法继受罗马法的规定，承认了保证人的追偿权与代位权。但是，大陆法系国家民法中对于保证人追偿权与代位权的规定有所不同。

法国、意大利、日本等国的民法典，对于保证人的追偿权有明文规定，关于保证人的代位权则适用一般的清偿人代位的规定，没有特意作出规定。如《法国民法典》第 2308 条规定了保证人的追偿权，第 2309 条规定了保证人的代位权，即“已经全部或部分清偿债务的保证人，代为取得债权人对债务人的权利”。再如，《日本民法典》第 459 条第 1 款规定：“保证人受主债务人委托提供保证的情形，代替主债务人清偿及其他以自己的财产消灭债务时，对于因此支出的财产额（该财产额超过因债务消灭行为消灭的主债务额时，消灭的主债务额），该保证人对主债务人享有求偿权。”[③] 第 2 款规定：“第四百四十二条第一款的规定，准用于前款的情形。”另外，根据第 462 条第 1 款的规定，“未受主债务人委托而提供保证的人消灭债务的情形”，准用第 459 条之 2

---

① 高圣平:《担保法前沿问题与判解研究》(第一卷),人民法院出版社 2019 年版,第 388 页。

② 周枏:《罗马法原论》(下册),商务印书馆 2014 年版,第 898 页。

③ 本书所引《日本民法典》条文均出自刘士国、牟宪魁、杨瑞贺译《日本民法典》(中国法制出版社 2018 年版)。

第 1 款中“该保证人在主债务清偿期前消灭债务时，在主债务人当时所受利益的限度内对主债务人享有求偿权”的规定。而保证人的代位权出现在《日本民法典》的第 501 条。依据该条规定，当清偿人得到债权人的承诺而为债务人进行清偿时，或者清偿人就清偿具有正当利益时，皆因其清偿而当然代位债权，在基于自身权利可以求偿的范围内有权行使债权人所有的、作为债权效力及担保的一切权利。

在德国、瑞士等的法律中，关于保证人的代位权有明文规定。如《德国民法典》第 774 条第 1 款规定：“以保证人已使债权人受清偿为限，债权人对主债务人的债权转移给保证人。不得使债权人受不利益而主张该项转移。因主债务人和保证人之间的现有法律关系而发生的主债务人抗辩，不受影响。”《瑞士债务法》第 507 条第 1 款规定：“债权人的权利在保证人向其为清偿的范围内转移于保证人。保证人在其所清偿的债务届其清偿期后，得立即行使该权利。”但这些国家的民法典中没有明文规定保证人的追偿权，这是因为保证人完全可以依据其与主债务人之间的委托合同或无因管理关系，请求保证人予以偿还，因此民法典中无须重复加以规定。

普通法系国家也承认保证人履行保证债务之后享有的求偿权与代位权。例如，在英国法中，成文法与判例法均认为，保证人对于债务人享有两项独立的权利：（1）他有权代替债权人，行使债权人的权利，以债权人的名义向债务人追讨欠款，即保证人的代位权（the guarantor’s right of subrogation）；（2）他有权向债务人以自己的身份索取补偿，即保证人的补偿权或追偿权（the guarantor’s right of indemnity），该权利独立于保证人的代位权。保证人的代位权通常是以转让有关担保的方式行使的。保证人代位的权利不限于债权人对债务人的权利，还包括债权人对其他人的权利。[①]

2. 代位权与追偿权的区别与联系

有观点认为，保证人的代位权与追偿权之间存在密切的联系，前者是为了确保求偿权的实现而产生的，没有追偿权就没有代位权。第三人只能在行使追偿权的限度之内才能代位行使债权人的权利，因此代位权的行使以追偿权的存在为前提。而且，其中的一项权利因行使而达到目的之后，另一项权利就归于

① 何美欢:《香港担保法》(上册),北京大学出版社 1995 年版,第 78—79 页。

消灭。[①] 另有观点认为，在代位权的基础上推导出了担保人内部追偿权。[②] 笔者认为，代位权与追偿权的共同点在于它们都是以担保人代替主债务人履行了清偿义务（部分履行也可）为基础的，以追偿为手段的保护担保人利益的措施。因此，从目的方面而言，代位权和追偿权没有明显的区别。本书将担保人仅对债务人的权利定义为追偿权，而将担保人对债务人及其他担保人的权利定义为代位权。代位权是扩大版的追偿权。

代位权与追偿权的区别：

（1）产生的基础法律关系不同

保证人的追偿权产生的基础在于保证人与债务人之间的法律关系。保证人与债务人之间的法律关系通常包括三类，即委托合同关系、无因管理关系以及赠与关系。如果保证人是因受到主债务人的委托而与主债权人订立保证合同的，则保证人与主债务人之间属于委托合同关系。据此，保证人在代主债务人向债权人履行债务或者从事其他消灭债务的行为之后，其作为主债务人的受托人有权依据委托合同关系要求委托人偿还其因此支出的各种费用，此时保证人的追偿权的基础关系是其与主债务人之间的委托合同关系（原《合同法》第398条、第407条）。如果保证人没有受到主债务人的委托而自行为主债务人提供保证担保的，则保证人与主债务人之间属于无因管理关系。此时依据无因管理的规定，如果保证人的无因管理行为的结果有利于主债务人且没有违反主债务人的明示或可推知的意思，那么其有权请求主债务人偿还因此支出的各种费用（原《民法通则》第93条与原《民法通则意见》第132条）。如果保证人出于赠与的意思而为主债务人提供保证担保，此时保证人与主债务人的关系属于赠与法律关系，保证人对主债务人不享有追偿权。我国原《担保法》和现《民法典》对担保人的追偿权事由没有规定，从解释角度理解，应是所有的已担责担保人均有权对债务人进行追偿，除非担保人基于赠与原因放弃。

有观点认为，保证人代位权产生的基础不在于保证人与债务人之间的法律关系。保证人之所以享有代位权是因为保证人并非主债权债务关系的当事人，其代主债务人向债权人履行债务的行为属于债务人之外的人为债务人进行清偿，在民法上被称为“代位清偿”或“第三人清偿”。尽管，此种清偿是第三

① 程啸、王静：《论保证人追偿权与代位权之区分及其意义》，载《法学家》2007年第2期。

② 高圣平：《担保物权司法解释起草中的重大争议问题》，载《中国法学》2016年第1期。

人所为的清偿，但是由于保证人属于与债务履行有利害关系的第三人，且保证人与债权人之间存在保证合同，因此当保证人履行保证债务之后，其向债务人享有追偿权，并在该追偿权的范围内发生法定的债权移转，即保证人有权代位行使债权人针对主债务人的债权及有关的从权利。因此，保证人的代位属于人的代位中的当然代位。所以，保证人代位权产生的法律基础在于民法关于“第三人清偿”的规定。[①] 笔者认可上述观点。我国《民法典》首次规定了第三人清偿制度。《民法典》第 524 条第 1 款规定：“债务人不履行债务，第三人对履行该债务具有合法利益的，第三人有权向债权人代为履行；但是，根据债务性质、按照当事人约定或者依照法律规定只能由债务人履行的除外。”该条同时规定，债权人接受第三人清偿后，其债权转移给第三人，即第三人的代位权是法定的债权转移。第三人清偿，本质是债权债务关系之外的第三人介入债权债务关系中，通过其履行行为产生债权债务消灭的后果。典型的第三人清偿情形是债务人以设定抵押权的房屋出售给第三人（买受人），抵押权人追索该抵押物。买受人代替债务人向债权人清偿。[②] 担保人是否属于对债权债务有合法利益的人，我国法律对此没有规定。由于第三人清偿具有改变债权人与债务人之间债权债务关系的强大效力，为更好地平衡债权人、债务人以及第三人之间的关系，避免第三人过度干预债权债务关系，对第三人的范围进行设定和限制是十分必要的。《民法典合同编通则司法解释》第 30 条第 1 款第 1 项规定，人民法院可以把保证人或者提供物的担保的第三人认定为对债务履行具有合法利益的人。

（2）功能不同

保证人的追偿权是一种依法产生的新的权利，其面向债务人。因此，保证人仅仅凭借追偿权不得过问原债权的担保，无论该担保是人的担保还是物的担保，保证人都无从主张。如果债务人不清偿，则追偿权毫无保障。然而代位权正好可以弥补这一缺陷，因为代位权人在求偿范围内承受债权人的权利属于债权的法定移转，其效力与债权让与相同，所以不仅本债权，而且与该债权有关的人的担保、物的担保以及其他从属性权利都一并移转给代位权人，包括履行请求权、损害赔偿请求权、债权人代位权、债权人撤销权、同时履行抗辩权、

① 程啸、王静：《论保证人追偿权与代位权之区分及其意义》，载《法学家》2007 年第 2 期。

② 梁慧星：《合同通则讲义》，人民法院出版社 2021 年版，第 181 页。

抵押权、质权等。因此，追偿权从功能上而言，仅能指向债务人，而代位权可以指向债务人或者原债权人的其他担保人。

（3）诉讼时效的起算点不同

保证人的追偿权是一种普通债权，适用普通债权的诉讼时效，即三年。诉讼时效起算点，可以参照原《担保法司法解释》第 42 条第 2 款规定：“保证人对债务人行使追偿权的诉讼时效，自保证人向债权人承担责任之日起开始计算。”

就保证人的代位权而言，因其取代债权人的地位，其向债务人、未承担责任的担保人追偿时，受追偿者享有的对原债权人的抗辩权可以对保证人行使，所以，代位追偿权的实现受到主债务诉讼时效以及保证期间等多种因素的制约。

（4）代位权与追偿权的追偿对象不同

在缺乏代位权的情况下，已担责担保人的追偿权，其追偿对象限于主债务人，效力及于已担责范围。在代位权存在的情况下，因追偿对象含有债务人，应首先向债务人追偿；债务人履行不能的部分，已承担担保责任的保证人对超出自身担保责任外的部分，可以向其他担保人追偿；各被追偿的担保人按照担保比例承担责任。

3. 关于我国法律是否建立担保人代位权的分析

我国法律是否建立担保人代位权制度，是一个从原《担保法》时代就开始在理论界争论不休的问题。经过原《物权法》时代，直至现在的《民法典》时代，该争论依旧没有停止。

（1）原《担保法》时代。理论界有学者认为，现行法没有承认保证人的代位权，而只是承认了保证人的追偿权。其主要理由是，原《担保法》第 28 条第 1 款[①]已经使得保证人本来应依代位权承受的作为债权从权利的担保物权被先行实现，所以规定保证人的代位权没有实益。况且，即便按照原《担保法司法解释》的规定，物上担保人与保证人居于同等的地位，也应当排除保证人代位行使债权人的担保物权的可能性，否则将造成循环代位的局面。[②] 但

① 原《担保法》第 28 条第 1 款：“同一债权既有保证又有物的担保的，保证人对物的担保以外的债权承担保证责任。”

② 叶金强：《担保法原理》，科学出版社 2002 年版，第 72—73 页。

也有观点认为，原《担保法》第28条第2款[①]的规定是建立在承认代位权的基础之上的，因为如果不承认保证人在履行保证债务之后有权代位行使债权人的债权及其从权利，那么债权人抛弃物的担保，就完全与保证人无关。为何保证人能够在“债权人放弃权利的范围内免除保证责任”？只有承认保证人的代位权，作此规定才具有合理性。保证人代位权的设立就是为了确保保证人的追偿权能够实现，而代位权优越于追偿权之处就在于：保证人不仅在求偿权的范围内取得债权人的债权，而且该债权的担保权，无论是人的担保还是物的担保，均一并移转给保证人，因此如果债权人可以任意抛弃此种担保权，必将对保证人造成极大的损害。为此，各国法律都规定了债权人负有保存担保权的义务。[②]

（2）原《物权法》时代。对于原《物权法》第176条[③]，有人理解为授予了担保人之间的内部追偿权，而有些人认为并没有赋予担保人之间的内部追偿权。争议的实质，是法律有无规定已担责担保人的代位权。该条与原《担保法司法解释》第38条第1款规定相互冲突。后来，司法界和理论界对原《物权法》此条的理解趋于一致，即该条并没有赋予担保人之间的内部追偿权。《民法典》第392条作了与原《物权法》第176条一致的规定。学界普遍认为，《民法典》颁布之前，立法上并没有承认担保人享有代位权。[④]

（3）《民法典》时代。《民法典》第700条[⑤]后半句规定的“有权在其承担保证责任的范围内向债务人追偿，享有债权人对债务人的权利”，这样的表述易令人产生多种理解。这是否象征着立法者初步肯定了保证人的代位权？受此影响，针对保证人是否享有代位权，产生了不同理解。有学者认为，该追偿

---

① 原《担保法》第28条第2款：“债权人放弃物的担保的，保证人在债权人放弃权利的范围内免除保证责任。”

② 程啸、王静：《论保证人追偿权与代位权之区分及其意义》，载《法学家》2007年第2期。

③ 原《物权法》第176条：“被担保的债权既有物的担保又有人的担保的，债务人不履行到期债务或者发生当事人约定的实现担保物权的情形，债权人应当按照约定实现债权；没有约定或者约定不明确，债务人自己提供物的担保的，债权人应当先就该物的担保实现债权；第三人提供物的担保的，债权人可以就物的担保实现债权，也可以要求保证人承担保证责任。提供担保的第三人承担担保责任后，有权向债务人追偿。”

④ 朱雅倩：《已担责担保人权利研究——以〈担保制度解释〉第18条为中心》，载《太原城市职业技术学院学报》2022年第1期。

⑤ 《民法典》第700条：“保证人承担保证责任后，除当事人另有约定外，有权在其承担保证责任的范围内向债务人追偿，享有债权人对债务人的权利，但是不得损害债权人的利益。”

权是请求权，保证人取得追偿权就成为债务人新的债权人。最高人民法院民法典贯彻实施工作领导小组主编的《中华人民共和国民法典合同编理解与适用》指出：保证人承担保证责任后，被清偿的债权本应归于消灭，但法律拟制债权继续存在，保证人取得“法定代位权”。这种权利的实质是债权的法定转移，经研究，多数学者对《民法典》第 700 条的解读意见都包括保证人取得“法定代位权”的观点，认为该条蕴含着“双重追偿权”[①]，还有观点将《民法典》第 700 条与《民法典担保制度司法解释》第 18 条结合起来进行分析，得出我国法律实际规定了“有限制的代位权”，与《民法典》第 519 条规定的“完整的代位权”不同。[②]

笔者认为，我国法律没有规定代位权，理由如下：

其一，从国外关于代位权的立法例可以发现，担保人的代位权都是法律明文规定的权利。设置代位权的目的在于使取得代位权的担保人可以对其他担保人进行追索，且这种追索不以存在法律关系为前提，因而其带有“公权力”性质，需要从法律上进行明确规定。对这种法定权利不适宜以对某个法律条文的理解而推断出来。对同一法律条文，不同的学者有不同的理解。学理解释法律条文并揣摩立法者的立法意图得出的结论充满个人见解和观点。从我国《民法典》现有规定看，法律没有规定已担责的担保人可以享有债权人的权利。

其二，前文已经述及，担保人代位权是担保人内部追偿权的基础，故代位权与担保人内部追偿权相伴而生。立法者从原《物权法》第 176 条开始否认担保人之间的追偿权，《九民纪要》第 56 条进一步明确原《物权法》第 176 条规定的含义，统一了司法实践。《民法典担保制度司法解释》第 13 条规定，仅有连带责任关系的担保人之间有追偿权利，没有连带责任关系的担保人之间不得互相追偿。我国法律没有规定对内部担保的人的追索权，故可认为我国法律没有规定代位权。

其三，《民法典》第 700 条规定，已担责任的担保人可向债务人追偿，享有债权人对债务人的权利。从字面意思理解，已担责担保人仅享有对债务人的

---

① 贺剑：《担保人内部追偿权之向死而生—— 一个法律和经济分析》，载《中外法学》2021 年第 1 期。

② 朱雅倩：《已担责担保人权利研究——以〈担保制度解释〉第 18 条为中心》，载《太原城市职业技术学院学报》2022 年第 1 期。

权利。这些权利包括付款请求、财产保全、强制执行、和解、放弃等权利。从法理角度而言，只有债权人可以对债务人行使上述权利，担保人行使上述权利没有法律上的依据。但是保证人如果没有上述权利，很难实现其追偿权。故，法律有必要赋予担保人行使债权人对债务人的权利，解决司法程序中的当事人适格问题。比如，担保人需要拍卖债务人提供的抵押物，但是该抵押物的抵押权人是债权人，此时，担保人的拍卖无法进行，只有从法律上赋予担保人享有债权人的权利，才能解决拍卖申请人不适格问题。《民法典担保制度司法解释》第 18 条第 2 款对此进行了明确："同一债权既有债务人自己提供的物的担保，又有第三人提供的担保，承担了担保责任或者赔偿责任的第三人，主张行使债权人对债务人享有的担保物权的，人民法院应予支持。"

其四，有观点认为，对《民法典》第 700 条有两种解释方案：第一种是该条没有规定保证人之间的追偿权，第二种是该条规定了保证人内部追偿权。在第二种方案中，前述保证人"享有债权人对债务人的权利"，不仅包括主债权，还包括担保权利。这与保证人有权"向债务人追偿"并无冲突，作为债权人权利承继者，保证人向债务人追偿，不仅可以主张主债权，还可以主张担保权利。换言之，保证人有权向债务人"追偿"，不等于保证人仅享有对债务人的"追偿权"；相反，其蕴含"双重追偿即保证人对债务人之追偿权和保证人对其他保证人之追偿权"。[①] 笔者认为上述第二种解释有断章取义之嫌。第一，已担责担保人不是主债权的继受者。主债权因担保人的清偿已经消灭，何来继受主债权和主债权的继受者？债务人的追偿权是基于自身的清偿行为对主债务人产生的债权。第二，债权人对债务人的权利，包含担保权利吗？"债权人对债务人的权利包含从权利"是一个伪命题，主债权债务合同与担保合同是两个合同，债权人基于担保合同，享有对担保人的担保利益，可以向担保人追偿；债权人对债务人没有担保利益，也不能向债务人追偿担保利益（债务人自物担保除外）。对法律条文的解释，必须先从文义入手，且所作解释不能超过可能的文义，否则，即超越法律解释的范围，而进入另一阶段的造法活动。解释法律应尊重条文，才能维护法律的尊

① 贺剑:《担保人内部追偿权之向死而生—— 一个法律和经济分析》,载《中外法学》2021 年第 1 期。

严及其安定性价值。①

其五，《民法典》第 524 条规定了第三人代为清偿制度。具有合法利益的第三人代为履行债务后，债权人的债权转移给第三人，担保人属于《民法典》第 524 条规定的第三人。但是，《民法典合同编通则司法解释》第 30 条第 3 款规定，担保人代为履行债务取得债权后，其向其他担保人主张权利的，依据《民法典担保制度司法解释》第 13 条、第 14 条以及第 18 条第 2 款的规定处理。而《民法典担保制度司法解释》第 13 条、第 14 条以及第 18 条第 2 款恰恰限制了已担责担保人向其他担保人的追偿权。这说明，最高司法机关拒绝认可担保人的代位权。

第二节　担保人的义务

一、担保人的义务与责任

司法实践和有些论著中，在担保合同有效的情形下把担保人履行债务说成是承担担保责任，在担保合同无效的情形下把担保人依法承担的赔偿义务说成是赔偿责任，形成了“责任”与“义务”混用的情况。从严格的法理上说，“责任”与“义务”并不能通用。原《民法通则》首创“民事权利—民事义务—民事责任”的立法模式，后来的原《合同法》、原《侵权责任法》、原《民法总则》以及今天的《民法典》延续和发展了这种立法模式。法理学者认为，近代以来，权利、义务和责任共同成为立法关键，从而形成了“权利—义务—责任”的立法格局。② 民法学者认为，我国民法采取“权利—义务—责任”的立法模式，符合立法发展趋势。经过多年实践，“民事权利—民事义务—民事责任”已经成为我国民事立法和司法的思维方法。③ 这种立法和司法的思维方式是继受罗马法的结果。罗马法将民事责任分为两种，即合同责任与侵权责任，大陆法系国家继承了这一分类法。英美法稍有不同，它把民事责任分为违反合同的责任、违反信托的责任及侵权责任。合同债务与合同责任，是

① 梁慧星：《民法解释学》（第五版），法律出版社 2022 年版，第 180 页。

② 张文显：《法哲学范畴研究》（修订版），中国政法大学出版社 2001 年版，第 117 页。

③ 魏振瀛主编：《民法》（第七版），北京大学出版社 2017 年版，第 43 页。

两个不同的法律概念。所谓合同债务，是合同中约定当事人应为的一定行为。债务人按照合同约定正确履行债务，不会发生责任问题。只有当债务人不履行或不适当履行债务时，才发生合同责任。所谓合同责任，即法律视不履行或不适当履行合同债务为违法行为，使行为人处于一种受制裁的法律地位。① 合同债务与合同义务是同义词。在我国民法体系中，责任与权利、义务并列，为我国民法学的基本概念之一。在权利与责任的关系上，责任人承担责任是权利人实现其权利的一种形式；在义务与责任的关系上，责任是违反义务的某种不利法律后果。② 责任与义务存在以下三点主要区别：一是性质不同。义务是“当为”，反映正常的社会秩序。当为而不为产生责任。责任反映不正常的社会秩序，责任人承担责任是恢复正常的社会秩序。二是功能不同。义务是权利主体实现权利的必要条件，权利人实现权利与义务人履行义务通常同时存在，二者相辅相成。责任是促使义务人履行义务、保证权利人实现权利的辅助条件。三是拘束力不同。义务的拘束力是指义务人应当履行义务，不是可履行可不履行。不履行义务或者侵害他人的权利，义务人就变成责任人，必要时司法机关可以对责任人采取强制措施。③

基于上述理论，“担保责任”一词虽然在实践中已经成为一个具有特定含义的词语，但在理论上并不准确，含有对担保人违约的一种贬义性评价。尽管担保义务与担保责任的内容相同（都是代替债务人履行），但本书在论述时，为体现公平，并与担保权人权利相对应，使用了“担保人义务”一词。在担保合同有效时，担保人承担替代债务人向债权人履行的义务；在担保合同无效时，依据其过错承担赔偿义务。只有担保人不履行义务，债权人通过法院要求担保人履行义务时，担保人才承担清偿或者赔偿的责任。

二、担保人的代为履行义务

担保人的替代履行义务是担保人基于担保合同的“当为”的内容。我国《民法典》关于保证人的义务，是通过规定保证合同定义的方式予以明确的。《民法典》第681条规定：“保证合同是为保障债权的实现，保证人和债权人

---

① 梁慧星:《论合同责任》,载《学习与探索》1982年第1期。

② 冯珏:《我国民事责任体系定位与功能之理论反思》,载《政法论坛》2022年第4期。

③ 魏振瀛主编:《民法》(第七版),北京大学出版社2017年版,第42页。

约定，当债务人不履行到期债务或者发生当事人约定的情形时，保证人履行债务或者承担责任的合同。”根据该规定，保证人的义务是“履行债务或者承担责任”，这是对保证而言的。对物的担保而言，物上保证人的义务却不那么明确。《民法典》第386条规定：“担保物权人在债务人不履行到期债务或者发生当事人约定的实现担保物权的情形，依法享有就担保财产优先受偿的权利，但是法律另有规定的除外。”该条仅规定了债权人的权利，没有规定担保人的义务。优先受偿权是债权人对物的担保享有的一项民事权益，该优先受偿权具有对世性，除法律另有规定外，包括担保人在内的人，不得侵犯该优先受偿权。所以在物的担保中，担保人的义务是不侵犯债权人的该项物权，任由债权人依法折价，拍卖、变卖担保物。关于担保人的义务，主要从担保人的代为履行义务以及担保人的赔偿义务方面进行探讨。

担保人的代为履行义务是在担保合同有效的情形下担保人的主要义务，也是担保法律追求的全部目标。

1. 担保人的履行义务是附条件的

根据《民法典》第681条的规定，保证人的履行义务是附条件的：一是债务人不履行到期债务，二是发生约定的承担义务的情形。前者是法定条件，应当包括债务人全部不履行以及部分不履行的情形。后者是约定条件，在最高额担保中，当事人常常约定担保人履行担保义务的事由；当然在普通担保中，当事人也可以约定一些情形，使担保人发生替代履行义务。只有具备前两项条件之一时，才可能发生保证人替代履行义务情形。这两项条件，相比原《担保法》有很大改变。原《担保法》只规定了债务人不履行到期债务这一种情形。除具备上述条件外，债权人必须在法定期限内向担保人主张权利，否则，担保人不承担履行义务。

2. 担保人替代履行义务的范围

根据《民法典》的规定，担保人替代履行的范围，可以约定。担保合同是意定合同，合同内容意思自治。因此，作为担保合同重要内容的担保范围是可以约定的，比如，约定担保主债务的二分之一或者三分之一等，均无不可。在当事人没有约定的情况下，采取法定的担保范围。《民法典》第389条规定：“担保物权的担保范围包括主债权及其利息、违约金、损害赔偿金、保管担保财产和实现担保物权的费用。当事人另有约定的，按照其约定。”第691条规定：“保证的范围包括主债权及其利息、违约金、损害赔偿金和实现债权的费用。当事人另有约定的，按照其约定。”

关于法定担保范围，有以下几个问题需要探讨：

第一，此处“利息”仅指主债权到期之前的利息。主债权到期后，往往约定逾期利息、罚息或者违约金，这些逾期利息或者罚息从性质上说也是违约金。因此，债权人主张主债权利息及违约金时，应当区分利息的起算时间。

第二，利息，除去逾期利息和罚息，在常态、适当的情况下，应为本金的孳息，遵守原物与孳息之间关系的规则，不以违约与否为条件。即使没有利用资金的事实，利息也是本金的孳息。与之不同，违约损害赔偿必须以违约的实际发生为条件，反倒与资金的利用无关，其确定不遵循资金与其利用对价之间关系的规律，而是根据违约行为给债权人造成的损失。既然除逾期利息、罚息外的利息与违约损害赔偿的本质属性及所遵循的规律不同，功能存在差异，那么，在同一个案件中将两者并用，可以说有其理由。只是民法不高举惩罚的大旗，而关注损失的填补，力求双方当事人之间的利益关系达到平衡，因而在债权人一并主张利息和违约损害赔偿时应有限额的考量。① 担保人对债权人同时主张逾期利息与违约金的或者损害赔偿金的，可以提出抗辩。

第三，实现债权的费用是否包括律师费？如何认定律师费？这是法律规定中被遗漏的问题。学界对此研究也比较少。在一个债权实现过程中，可能发生的受理费、申请费等有明确规定的费用，比较容易理解和接受，但是律师费是否应当包括在实现债权的费用中？在民事纠纷日益复杂化和民事诉讼活动日益专业化的今天，当事人对法律的认识能力和对具有法律意义的事实和证据的识别及处理能力是有限的，同时由于缺乏专门的训练而在辩论能力方面存在不足，加之对诉讼程序和诉讼行为规则的不了解，当事人并不能完全独立、有效地行使诉讼权利和履行诉讼义务。可以看出，由代理律师代表其利益参加诉讼，是当事人充分行使权利的有利条件。实践中对“律师费是实现债权的费用”这一观点不持异议，但是我国法律对律师费承担没有规定，国外立法在律师费负担规则方面有可参考的规定。关于律师费负担规则，主要有两种具有代表性且较为成熟的做法：一是以英国为代表的“英式规则”，规定了胜诉方

---

① 崔建远：《论利息之债》，载《中州学刊》2022 年第 1 期。

律师费用由败诉方承担的转付制度；二是以美国为代表的“美式规则”，规定不论诉讼的胜负，当事人聘请律师的费用都由自己承担。但在“美式规则”下，涉及人权保护、消费者权益保护、环境保护、反垄断和公益诉讼的案件，也实行了律师费由败诉方承担的转付制度。此外，当事人以外的第三方包括国家、非政府组织和保险公司，也可能在法律援助和诉讼费用保险制度下，成为律师费的实际负担主体。[①] 一直以来，我国司法实践中对律师费的认定一般是由败诉方承担，以“约定加合理”为标准，即如果合同中对律师费承担有明确的规定，则判决中认可律师费，且仅支持合理的律师费。合理的律师费是指符合当地律师主管部门规定标准的律师费。在律师活动市场化的今天，律师费的收取更多地取决于当事人的意思自治，多地司法行政机关对律师费采取更灵活的态度，在实际活动中，很难确定律师费的“合理标准”。在担保纠纷案件中，由于律师费是法定的担保范围，在债权人胜诉把握较大的时候，无法避免债权人与代理律师故意约定较大数额的律师费，侵犯担保人利益的情况。这对担保人而言将是一项较重的义务。另外，法院支持律师费的时候，是否还要考虑实际支付与约定支付[②]的区别？风险代理的律师费[③]如何认定？这些问题各地存在不同的做法，实践中并不统一。笔者认为，为维护公平正义，促进经济发展，改变“难寻担保”的局面，对担保案件中的律师费问题急需要在法律层面予以规范。[④]

第四，关于“实现担保物权的费用”的理解。“实现担保物权的费用”应当说是一个含义模糊的概念。在实现担保物权的过程中，会发生很多费用，比如法院申请费、律师费、鉴定费、评估费、拍卖费、过户费等，这些费用对担保人而言是一笔不小的开支，可能出现去掉这些费用后，剩余的价款无法满足

① 汤维建、李海尧:《〈诉讼费用法〉立法研究》,载《苏州大学学报》(哲学社会科学版)2017 年第 3 期。

② 比如,约定 10 万元律师费,先支付 5 万元,案件终结后支付另外 5 万元。审判中是支持 10 万元还是 5 万元？笔者见到的实际情形是法院支持已经实际支付的部分。这样的判决显然是有问题的。

③ 风险代理费一般约定得比较高,往往是约定出现一定的结果后,当事人才支付该笔费用,前期支付的律师费很少。法院如果不支持风险代理的律师费或者支持很少的部分,可能无法弥补债权人(通常是债权人委托的律师)的损失。

④ 有观点认为,律师费应当被列入诉讼费用中进行规范。诉讼费用应由国家立法机关行使立法权,国务院制定的《诉讼费用交纳办法》不符合现行法律规定。笔者认同上述观点。参见汤维建、李海尧:《〈诉讼费用法〉立法研究》,载《苏州大学学报》(哲学社会科学版)2017 年第 3 期。

债务支付需要的情形。评估费、拍卖费可能无法避免一些不公正的情形出现，因此需要对这些费用进行甄别，以确定哪些费用应由担保人承担。建议对实现担保物权案件中发生的费用作出专门规定，否则不利于维护债权人和担保人的利益。

三、担保人的赔偿义务

担保人的赔偿义务，主要是担保合同无效时，担保人应当承担的义务。原《担保法》第 5 条规定，担保合同被确认无效后，债务人、担保人、债权人有过错的，应当根据其过错各自承担相应的民事责任。《民法典》第 682 条第 2 款规定，保证合同被确认无效后，债务人、保证人、债权人有过错的，应当根据其过错各自承担相应的民事责任。

该“相应的民事责任”是什么责任，原《担保法》和今《民法典》均没有规定。原《担保法司法解释》第 7 条规定：“主合同有效而担保合同无效，债权人无过错的，担保人与债务人对主合同债权人的经济损失，承担连带赔偿责任；债权人、担保人有过错的，担保人承担民事责任的部分，不应超过债务人不能清偿部分的二分之一。”第 8 条规定：“主合同无效而导致担保合同无效，担保人无过错的，担保人不承担民事责任；担保人有过错的，担保人承担民事责任的部分，不应超过债务人不能清偿部分的三分之一。”

《民法典担保制度司法解释》第 17 条在原《担保法司法解释》相关规定的基础上进行了修订，删除了“主合同有效而担保合同无效，债权人无过错的，担保人与债务人对主合同债权人的经济损失，承担连带赔偿责任”的规定。之所以删除这个规定，原因是该规定存在以下不妥之处：“一是推定担保人有过错于实际情况不符；二是担保人有过错而债权人无过错时，要求担保人与债务人承担连带责任，缺乏法律依据”①。

担保人的民事赔偿义务见表 6-1。

---

① 最高人民法院民事审判第二庭：《最高人民法院民法典担保制度司法解释理解与适用》，人民法院出版社 2021 年版，第 209 页。

表 6-1　担保人的民事赔偿义务

主合同效力	担保合同效力	债权人有无过错	担保人有无过错	担保人赔偿义务
有效	无效	有	有	不超过主债务人不能清偿部分 1/2
		无	有	主债务人不能清偿部分
		有	无	不承担
无效	导致无效		无	不承担
			有	不超过主债务不能清偿部分的 1/3

备注：本表的制表依据是《民法典担保制度司法解释》第 17 条。

为便于记忆在担保合同无效时担保人的民事责任，笔者归纳如下顺口溜：
担保无效时常见，保人过错责任担；全错全担不冤枉，无错不担理在先；
债主保人均有错，保人只担债半边；主债无效保人错，三分只有一分还。

（一）导致担保合同无效的理由

司法实践中经常遇到的担保合同无效主要有两类情形：第一类是主合同有效而担保合同无效，第二类是主合同无效导致担保合同无效。

就第一类情形而言，导致担保合同无效的情形又包括：

其一，担保人欠缺担保能力。比如，违反《公司法》第 15 条规定，对外提供担保；机关法人、居民委员会违法作为担保人；公益非营利法人以公益设施设定的抵押、质押等。

其二，担保合同的意思表示存在瑕疵、担保人行使撤销权或者担保人的债权人行使撤销权。

其三，担保合同属于虚伪表示、违反法律法规强制性规定，违反公序良俗的、恶意串通损害他人利益的情形，被法院确认合同无效的。

其四，担保财产属于法律禁止抵押的财产。

其五，抵押人对抵押物无处分权，抵押权人明知的。

其六，抵押人有数个债权人，已经陷于资不抵债的情形，将全部财产抵押给一人的抵押合同，被法院确认无效。[①]

（二）担保人承担赔偿义务的几个问题

1. 过错责任原则

从《民法典担保制度司法解释》第17条的规定看，无论是担保合同自身无效还是因主合同无效而导致的担保合同无效，担保人承担责任的基础都是过错责任原则，担保人没有过错的，不承担责任。担保人的赔偿责任从其性质上看，属于缔约过失责任，属于广义的缔约责任的一种。担保人所负缔约过失责任的特征有：（1）责任发生于担保无效之时；（2）责任的大小、有无与担保人在缔约中的过错相联系。[②] 在主合同无效导致担保合同无效的情形下，所谓担保人的过错，是指担保人明知主合同无效仍为之提供担保，或者明知主合同无效仍促使主合同成立或者为主合同的签订作中介等情形。[③] 在主合同有效、担保合同无效的情形下，担保人的过错一般体现为对法律法规等强制性规定的违反，其过错形式表现为“应知而违反”，如应知公司对外提供担保应经公司决议机关决议，而违反该规定。也可能存在明知法律有规定，故意违之，致使担保合同无效的情形。

2. 担保人承担责任的基数是“债务人不能清偿的部分”

首先，必须明确，担保人无论是承担二分之一责任还是三分之一责任，其计算基数都不是债务人的全部债务，而是“债务人不能清偿的部分”。

其次，“债务人不能清偿的部分”的认定。

一般来说，法院在担保人过错赔偿案件中使用“债务人不能清偿的部分”这一表述，但对具体数额没有明确认定，而“债务人不能清偿的部分”的含义在《民法典担保制度司法解释》中没有规定。原《担保法司法解释》第131条中规定：“‘不能清偿’是指对债务人的存款、现金、有价证券、成品、半成品、原材料、交通工具等可以执行的动产和其他方便执行的财产执行完毕后，债务仍未能得到清偿的状态。”言外之意，只有经过法院强制执行后，债务如果仍有得不到清偿的，才存在担保人承担责任的基础。所以，认定“债务人不能清偿的部分”在司法实践中是一个比较难以界定的问题，需要经过

---

① 梁慧星：《民法物权讲义》，法律出版社2022年版，第154—155页。

② 曹士兵：《中国担保诸问题的解决与展望——基于担保法及其司法解释》，中国法制出版社2001年版，第29页。

③ 最高人民法院（2003）民四终字第21号民事判决书。

较长时间的执行程序后，才可以确定“债务人不能清偿的部分”的数额，这样会影响债权人利益的实现。笔者认为，为准确界定“债务人不能清偿的部分”的数额，提高执行效率，可以有多种办法解决。一是参照《民法典》第687条第2款的规定，在三种情形下，认定债务人不能清偿的部分就是债权人起诉金额：（1）债务人下落不明，且无财产可供执行；（2）人民法院已经受理债务人破产案件；（3）债权人有证据证明债务人的财产不足以履行全部债务或者丧失履行债务能力。二是责令债务人进行财产申报，查看便于执行的财产；根据债务人的财产状况，扣除便于执行的部分后，就是“债务人不能清偿的部分”的数额。三是责令担保人提供债务人便于执行的财产信息。实践中，债务人和担保人往往关系密切，担保人对债务人的财产比其他人清楚，也有动力去提供相关信息，所以该方法能够施行下去。

执行程序中，对“债务人不能清偿的部分”的数额应当作出裁定，据此计算担保人承担赔偿责任的数额。该裁定应允许担保人提出执行异议。

3. 担保人承担赔偿责任的三条线

为便于理解、掌握担保人的赔偿责任限额，本书依据《民法典担保制度司法解释》第17条规定，将担保人的赔偿限额分成三条线：全部债务线、二分之一线、三分之一线。

首先，必须明确，上述三条线是最高线，实际判决中不得超越。

其次，应当允许法院根据案件实际情况进行调整，调整为低于上述界线，但是实践中对此比例进行调整的很少，一般会直接判决二分之一或三分之一。无论判决担保人承担二分之一还是三分之一责任，都存在较为激烈的批评，主要理由是有违归责原理，忽视了过错在决定责任数额时的基础地位。

再次，担保合同被动无效时，担保人的过错认定是一个关键问题。司法实践中，长期按照担保人“知道或者应当知道主合同无效”来判定当事人是否有过错。其逻辑是，在担保人知道或者应当知道主合同无效时，还提供担保，足以表明担保人对主合同的成立起过中介促进作用。[①] 认定担保人过错，比较合理的观点是：一方面，不能仅仅因为担保人知道或者应当知道主合同无效就认定担保人存在过错；另一方面，不能否认担保人对主合同无效有时会有过

① 李国光等：《最高人民法院〈关于适用《中华人民共和国担保法》若干问题的解释〉理解与适用》，吉林人民出版社2000年版，第72—73页。

错，但是只有担保人的过错与主合同的订立有关时，担保人才承担责任。[①] 此观点可谓恰当。在刘爱华、湖北兴泽科技有限公司民间借贷纠纷再审申请案中，法院认为，担保人刘爱华、湖北兴泽科技有限公司向借款人提供空白担保合同书，为借款人童彬等人向社会不特定公众吸收存款提供了便利，也会让出借人有理由相信担保合同的真实性，导致出借人被骗签订《借款合同》。刘爱华、湖北兴泽科技有限公司有明显过错，故被判决承担借款人不能清偿部分的三分之一。[②] 该案是债权人相信从合同（担保合同）有效，进而签订了主合同（借款合同）。担保人的过错与主合同的签订有关联，因而承担三分之一的赔偿责任。担保合同对于主合同的订立没有任何关联的，不能认定担保人有过错。

4. 担保人赔偿责任超过其心理预期的问题

在担保物权关系中，担保人是以待定的物的价值为限，为主债务提供担保，其本质是有限责任。担保合同无效后，物的担保不能实施，对主债务人不能清偿的部分，转化为担保人的赔偿责任，这一赔偿责任是一种无限责任。实践中可能会出现担保合同有效成立时其责任小于担保合同无效时承担的责任，存在债权人恶意签订无效物权担保合同的风险。比如，甲、乙之间有 1000 万元债务，乙无力清偿，甲与丙约定以丙 100 万元的房产作担保。后因某种原因，担保合同被确认无效。根据《民法典担保制度司法解释》第 17 条的规定，丙无论是承担该债务的二分之一还是三分之一，均会出现上述担保合同有效时的责任小于担保合同无效时的责任的情形。出现这种情形显然不符合担保人丙的心理预期，超出丙的意思自治范畴，违背民法公平精神。有观点认为，应当在“二分之一”“三分之一”之外，给担保人承担的责任再加一个明确的“盖子”，即在担保人承诺担保的债权范围内或在其担保物价值范围内承担责任。[③] 此观点可谓适当。

---

① 刘言浩编著:《担保法典型判例研究》,人民法院出版社 2002 年版,第 42 页。

② 湖北省高级人民法院(2020)鄂民申 3195 号民事裁定书。

③ 付颖哲、陈凯:《担保法理论与实务精要》,中国法制出版社 2019 年版,第 71 页。

第七章　共同担保

实践中，为强化债权实现，还有同一债权有两个甚至多个担保人对同一债务提供共同担保的现象。共同担保使各方的权利义务关系更为复杂。共同担保的具体形式有，共同人保、共同物保（以下简称“单纯共同担保”）以及人保物保并存的“混合共同担保”。如何厘清共同担保中各方的权利义务关系，成为法学理论研究的重点和法律实务中必须面对的现实问题。我国理论界对共同担保制度的研究，主要集中在混合共同担保人之间的追偿权问题上，对担保人之间的追偿比例的研究鲜有涉及。本文从三个方面论证共同担保制度：一是共同担保人何者优先担责的问题；二是清偿担保人①对其他担保人的追偿权问题；三是追偿比例的计算问题。

第一节　共同担保人担责顺序问题

一、混合共同担保人的担责顺序

共同担保人担责顺序，一直是理论研究的重点，原因在于原《担保法》第28条、原《担保法司法解释》第38条以及原《物权法》第176条对此问题作出过不同的规定。其焦点是保证人与物的担保人之间是否存在承担担保责任的先后顺序。何者优先承担担保责任对当事人的利益影响甚巨。先承担担保责任者可能面临支付巨额款项以及追偿不能的风险，是混合担保合同纠纷中担保人与债权人对抗的关键之处。关于混合共同担保时的责任优先问题，各国立法和学说上有三种主张②：

① 清偿担保人，指在共同担保中承担了担保责任的担保人。

② 渠涛、刘保玉、高圣平：《物权法学的新发展》，中国社会科学出版社2021年版，第647—648页。

一是“物保绝对优先说”。此说认为，债权人应先向物上保证人主张权利，在其不受清偿的范围内，再向保证人主张权利。在立法例上，我国原《担保法》第28条第1款采用此说。笔者认为，物保具有价值稳定性、可控制性、流通性、易变现性等特征，故抵押可以称为担保之王。而保证制度由于担保人的经营风险等原因，其资产、信用价值不具有稳定性和可靠性。物保增强了债权实现的可能性，在抵押方式下还能满足债务人继续使用担保物的需求，一举多得。物的担保以其特有的物权优先品质确保债权受偿，成为优于保证担保的债权担保方式。

二是“物保相对优先说”。此说认为，债权人可以选择行使担保权利，但保证人承担保证责任后可向债务人求偿，并代位行使债权人享有的担保物权。在立法例上，《德国民法典》《法国民法典》等采用此说。我国有学者主张此种观点，其理由是，物上保证人与保证人在责任范围上存在巨大差异，物上保证人以担保物价值为限承担有限责任，而保证人是以其现有和将有的全部财产对债权承担无限责任，直至债权得以全部清偿。人的担保责任对担保人形成的压力更大，被追究担保责任对保证人生存产生的影响可能性更大，赋予保证人的优越地位，并无不当。①

三是“人保物保责任平等说”。此说认为，债权人可以选择行使担保权利，已承担担保责任的担保人可向其他担保人追偿其应承担的份额。《日本民法典》采用此说。基于公平理念，物的担保与人的担保都是担保债权实现，其作用相同，地位没有差别，债权人对人的担保和物的担保应当有行使选择权。②

《民法典》第392条承袭了原《物权法》第176条的规定，“兼采保证人绝对优待主义和平等主义两种模式”③。其要点有：

一是约定优先。当事人约定物的担保或者人的担保优先承责的，债权人应按照约定行使担保权。债权人没有按照约定的顺序主张担保权利的，后履行一方可以主张先履行抗辩权。不过，约定担责顺序的情形比较复杂，容易引起当事人的强烈不满，激化矛盾。比如，债权人与保证人签订合同（物上保证人

① 叶金强:《担保法原理》,科学出版社2002年版,第72—73页。

② 郑玉波:《民法债编各论》(下册),1981年自版发行,第854页。

③ 中国审判理论研究会民事审判理论专业委员会编著:《民法典物权编条文理解与司法适用》,法律出版社2020年版,第425页。

为合同外第三人）约定，当发生约定的或者法定的承担担保责任情形时，由物上保证人先承担责任。物上保证人可能主张对第三人无效，也可引用《民法典》第 154 条的规定，主张此类约定因债权人与保证人互相串通，损害第三人利益而无效。同理，约定保证优先的，保证人也可能提出约定无效的抗辩。约定优先的，只能出现在同一份担保合同中多方担保人签字盖章的情形中。

二是对物保与人保的担责顺序没有约定的，债务人提供物的担保的，债权人应先就担保物受偿，不足部分再向保证人主张。保证人享有顺序利益抗辩权。如果债权人放弃了债务人提供的物的担保，则保证人在债权人放弃物的担保范围内免责。[①] 债务人担保物优先担责的理由是，如果让其他担保人优先担责，无法避免清偿担保人承担责任后向债务人再追偿带来的麻烦和讼累，降低司法效率，浪费司法资源，故不如直接让债务人这个最终责任人首先担责。约定不明时，亦是如此。

三是对物保与人保的担责顺序没有约定（或者约定不明）的，非由债务人自物担保时，奉行人保与物保平等主义原则。此时，物的担保与人的担保两者地位平等，债权人有权选择就物的担保实现债权，也可以选择请求保证人承担保证责任。

对上述规则，有两个问题需要探讨：一是何为约定不明（或者约定明确）？这是需要首先判断的问题。二是在对担保责任顺序没有约定（或者约定不明）时，债权人可否同时选择物的担保与人的担保同时承担责任？

先看一个案例。一份《最高额保证合同》中约定："合同所担保的债权同时存在物的担保（含债务人或第三人提供）和保证担保的，债权人可以就物的担保实现债权，也可以要求保证人承担保证责任。债权人已经选择某一担保来实现债权的，也可同时主张通过其他担保来实现全部或部分债权。"[②] 该约定包含了上述两个问题，我们以此约定来分析探讨。

第一句，当事人使用了"可以""也可以"句式。一审法院认为是约定了物保与人保担责的先后顺序，且约定明确，据此判决债权人应当首先行使物的担保权。二审判决认为约定不明，进而作出各保证人在债权人对抵押财产折价

① 虽然《民法典》第 392 条对债权人放弃债务人提供物的担保的保证人可否免责的问题没有规定。笔者认为，基于实现债务人物保优先的立法目的，应赋予保证人免责的权利。

② 最高人民法院（2018）最高法民申 446 号民事裁定书。

或者拍卖、变卖该财产的价款优先受偿后，仍不足以实现债权的，各保证人对不能实现债权的部分在最高担保额1200万元内承担连带保证责任的判决。最高人民法院认为二审法院适用法律不当，指令再审。

上述约定如何认识？“可以”“也可以”句式，与“既可以”“又可以”句式含义等同。原《担保法司法解释》第44条的规定出现过类似表述：“保证期间，人民法院受理债务人破产案件的，债权人既可以向人民法院申报债权，也可以向保证人主张权利。”对“既可以”“又可以”句式，有“择一说”和“并行说”两种不同的理解。实务中，大部分法院采纳并行说。依据并行说的观点，前述约定只是赋予了当事人的选择权，具有程序上的意义，并没有明确人的担保与物的担保的担责顺序。

明确约定担责顺序，应当语言表达准确、无疑义。

对于前文合同中约定的第二句，债权人同时选择人保和物保实现债权的，该约定是否有效？笔者认为该约定不违反法律规定，应属有效。在债权人起诉不同担保人，在不同法院审理时，可能难以避免债权人多重受偿，应当引起注意。

二、单纯共同担保人的担责顺序

实践中，单纯的共同担保十分常见，笔者曾见到一笔债权有10人提供保证担保的情形。对单纯共同担保何者优先承担责任的问题，《民法典》没有规定。笔者认为，对于共同人保应当参照混合共同担保的理念确定单纯共同担保人之间的担责顺序。一是当事人之间约定优先承担责任的，债权人应当按照约定行使担保权。二是当事人之间没有约定优先承担责任的，基于担保人地位平等原则，赋予债权人自由选择权。债权人可以依据自己的意思要求某一担保人承担责任，也可以要求部分或者全部担保人承担责任。对于共同物保，债务人提供物的担保的，债权人应就该担保物优先受偿；对其他担保人提供担保物的，应当按照《民法典》第414条规定的登记优先原则，确立物上保证人承担担保责任的顺序。理由是，登记优先原则已是深入人心的规则，社会公众已经对此产生心理预期。适用该原则，有助于保护信赖利益。

第二节　共同担保中担保人之间的追偿问题

确定共同担保人的担责顺位后，债权人向优先担责的担保人主张担保权。已经承担责任的担保人，通常情况下向债务人追偿不能弥补其损失。如何向其他担保人追偿，是平衡清偿担保人利益时必须考虑的问题。

一、清偿担保人追偿权研究探讨的误区

清偿担保人对其他担保人的追偿权问题，从原《担保法》时代一直争论到《民法典》时代。笔者认为，我国学界目前对此问题的探讨走入了两个误区：第一，仅研究混合共同担保情形中清偿担保人对其他担保人的追偿权问题；第二，脱离法律规定，靠推理探讨清偿担保人的追偿权。

第一，在知网中检索，可以看到目前研究的重点都在混合共同担保情形下，清偿担保人的内部追偿权问题，对单纯共同担保情形下，清偿担保人的追偿权问题少有涉及，这是目前对清偿担保人追偿权的误区。实践中，清偿担保人的追偿不限于混合共同担保情形，单纯的共同担保中也存在清偿担保人的追偿问题。笔者认为，对于清偿担保人对其他担保人的追偿问题应一体研究，不能顾此失彼。

第二，对清偿担保人追偿权研究脱离法律规定主要靠推理。这一点主要体现在对原《物权法》第 176 条是否规定清偿担保人对其他担保人的追偿权的论争中。原《担保法司法解释》第 38 条第 2 款规定：“当事人对保证担保的范围或者物的担保的范围没有约定或者约定不明的，承担了担保责任的担保人，可以向债务人追偿，也可以要求其他担保人清偿其应当分担的份额。”原《物权法》第 176 条中规定：“提供担保的第三人承担担保责任后，有权向债务人追偿。”该法第 178 条还规定：“担保法与本法的规定不一致的，适用本法。”

原《物权法》第 176 条最后一句“有权向债务人追偿”该怎样解读？是法律规定了承担担保责任的人只能向债务人追偿从而将之前的担保法司法解释予以替代，还是法律仅仅是再次强调了可以向债务人追偿而并未废除司法解释确立的追偿原则？这乍看微观的制度及理论，实则关系着意思自治及公平、平等、效率、道德、风险等重要范畴或者核心价值及其落实，反映出解释者的民

法路径、方法是否适当以及民商法各项制度及规则的整体把握是否到位，这既事关民法典物权编的走向和定型，亦关涉中国民法学说的建构。[①]如何理解上述规定，学界呈现两派观点。

否定论者认为原《物权法》第176条没有吸纳原《担保法司法解释》第38条的规定，并非法律漏洞，而是立法者有意为之，目的在于排除混合共同担保人之间的求偿关系。否定论者将担保人的预期、意思与公平相联系，认为法律尽可能地尊重、满足担保人有无追偿权的预期、意思，这是公平的，符合理性主义、意思主义和自己责任原则，有其道理。在交易中，当事人的预期是客观存在，且事关若干民法制度或规则，法律不得忽视。[②] 如果认可担保人之间的追偿权，实际上部分违背了担保人仅对债务人提供担保的初衷。[③]

肯定论者认可清偿担保人对其他担保人的追偿权，认为原《物权法》第176条规定的“提供担保的第三人承担担保责任后，有权向债务人追偿”，并未否认担保人之间的内部求偿关系，新法对既有规则的“沉默”，不是对原有规则的否定，《担保法司法解释》第38条仍有适用的空间。[④] 司法实践中，大多数裁判采纳了肯定说的观点，承认了混合共同担保人之间的内部求偿权。最高人民法院有时也采取肯定说的观点。[⑤] 上述理论和实践的争议，在《民法典》制定过程也有体现。《中国社会科学院民法典分则草案建议稿》中采用肯定说，并规定了其他担保人承担比例的计算方式。其理由是，在混合共同担保中，担保人相互之间构成事实上的担保连带关系，确认其追偿权为事理之必然，否定追偿权不仅可能在当事人之间引发不公平，还可能导致担保人与债权人恶意串通损害其他担保人的风险。[⑥]

上述论争表明，各方对清偿担保人对其他担保人的追偿权，主要依靠法律分析和推理，没有扎实的法律依据，所以呈现见仁见智的局面。

---

① 崔建远：《混合共同担保人相互间无追偿权论》，载《法学研究》2020年第1期。

② 崔建远：《混合共同担保人相互间无追偿权论》，载《法学研究》2020年第1期。

③ 渠涛、刘保玉、高圣平：《物权法学的新发展》，中国社会科学出版社2021年版，第651页。

④ 黄忠：《混合共同担保之内部追偿权的证立及其展开——〈物权法〉第176条的解释论》，载《中外法学》2015年第4期。

⑤ 最高人民法院（2018）最高法民申1628号民事裁定书。

⑥ 陈甦主编：《中国社会科学院民法典分则草案建议稿》，法律出版社2019年版，第64页。

二、清偿担保人向其他担保人追偿的权利是担保人代位权

共同担保人之间追偿权的争议，实质是我国民法是否规定清偿担保人的代位权的大问题。代位权是弥补清偿担保人损失的重要手段，代位权人除向债务人追偿外，也可以向其他担保人追偿。这比向债务人的追偿权，扩大了清偿担保人的求偿范围，因此该制度在担保法中广受瞩目。现代各国的民法继受罗马法的规定，承认了保证人的追偿权与代位权。大陆法系国家民法中对于保证人追偿权与代位权的规定有所不同。法国、意大利、日本等国的民法典，对于保证人的追偿权有明文规定，关于保证人的代位权则适用一般的清偿人代位的规定，没有特意作出规定。[①]在德国、瑞士等的法律中，关于保证人的代位权定有明文，但在民法典中没有明文规定。这是因为保证人完全可以依据其与主债务人之间的委托合同或无因管理关系，而请求保证人予以偿还，因此民法典中无须重复加以规定。[②]

三、我国民法没有规定清偿担保人的代位权制度，不能内部追偿

《民法典》第 700 条规定："保证人承担保证责任后，除当事人另有约定外，有权在其承担保证责任的范围内向债务人追偿，享有债权人对债务人的权利，但是不得损害债权人的利益。"有观点将《民法典》第 700 条与《民法典担保制度司法解释》第 18 条结合起来进行分析，认为我国法律实际规定了"有限制的代位权"，与《民法典》第 519 条规定的"完整的代位权"不同。[③]

笔者不认同上述观点，而是认为我国法律没有规定代位权，理由如下：

其一，观察国外关于代位权的立法例可以发现，担保人的代位权都是法律明文规定的权利。从我国《民法典》现有规定看，法律没有规定已担责的担保人可以享有债权人的权利（代位权）。

其二，《九民纪要》第 56 条规定，被担保的债权既有保证又有第三人提供的物的担保的，原《担保法司法解释》第 38 条明确规定，承担了担保责任

① ［日］於保不二雄：《日本民法债权总论》，庄胜荣校订，台北五南图书出版公司 1998 年版，第 266 页。

② 邱聪智：《新订债法各论》（下册），2003 年自版发行，第 569—570 页。

③ 朱雅倩：《已担责担保人权利研究——以〈担保制度解释〉第 18 条为中心》，载《太原城市职业技术学院学报》2022 年第 1 期。

的担保人可以要求其他担保人清偿其应当分担的份额。但原《物权法》第 176 条并未作出类似规定，根据原《物权法》第 178 条关于“担保法与本法的规定不一致的，适用本法”的规定，承担了担保责任的担保人向其他担保人追偿的，人民法院不予支持，但担保人在担保合同中约定可以相互追偿的除外。

其三，全国人大常委会法工委在《中华人民共和国民法典释义》和《中华人民共和国物权法释义》两书中均明确，担保人之间不能互相追偿，主要考虑的因素有：第一，理论上讲不通。担保人之间如果没有共同的意思联络，不可能存在连带或者按份担责的法律关系，如果允许各担保人之间相互追偿，无异于法律强行在当事人之间设定担保，违背意思自治原则。第二，程序上不经济。各担保人互相追偿后，被追偿的担保人还需要再行向债务人追偿，程序烦琐，浪费司法资源，程序设置并不经济。第三，规定清偿担保人不能向其他担保人追偿符合当事人的心理预期，因为他只知道自己为他人担保，并且要承担担保责任。同时，担保人追偿的过程面临份额确定和计算的问题，该问题在实践中难以准确界定。①

综上，我国法律没有规定清偿担保人的代位权，不能向其他担保人追偿，但是担保人之间另有约定的除外。

四、共同担保人之间有意思联络的，可以追偿

《民法典担保制度司法解释》第 13 条规定，特定情况下清偿担保人可以向其他担保人追偿，具体为：

（一）当事人约定互相追偿的，可以追偿

担保人之间约定相互追偿及追偿数额的，按照约定追偿。该约定必须具有可操作性：一是必须担保人之间有相互追偿的约定。债权人与担保人之间的约定，不可以追偿。二是约定了相互追偿份额。

（二）有约定但约定不清晰的，可以追偿

这种追偿需要满足一个前提，符合两种情形。一个前提是承担担保责任的

① 最高人民法院民事审判第二庭:《最高人民法院民法典担保制度司法解释理解与适用》,人民法院出版社 2021 年版,第 185 页。笔者认为,可操作性问题不是一个理由。

担保人应首先向债务人追偿，追偿不能的部分才能向其他担保人追偿。在满足“不能追偿”的前提下，对“不能追偿”的部分，下列情形可以向其他担保人追偿：（1）担保人之间仅约定相互追偿，未明确约定担保份额或者约定不清的；（2）担保人之间仅约定承担互相连带共同担保责任，没有其他条件的。

（三）没有约定，符合特定条件的，担保人之间也可以追偿

担保人在同一份合同上签字、盖章、按指印，即担保人之间有客观上意思联络的情形下，清偿担保人可以追偿主债务人不能清偿的部分。

上述规定体现了中国特色的清偿担保人内部追偿制度：一是清偿担保人内部追偿不是其法定的代位权，而是一种约定的权利，充分尊重当事人意思自治原则。二是追偿范围是债务人不能清偿的部分。其他担保人的补偿性质非常明显，即使是连带保证人，被清偿担保人追偿时，承担的依然是补充责任。三是共同担保人在共同的担保文书上签字盖章按指印的，法律推定其有共同的意思联络，符合当事人的心理预期。四是清偿担保人的约定追偿权在单纯共同担保和混合共同担保中均可适用。

第三节　共同担保人之间追偿比例的计算问题

除约定外，清偿担保人对其他担保人追偿的范围是债务人不能清偿的部分，由各担保人按比例分担。这涉及复杂的事实判断和数学计算。

一、关于“不能追偿”理解和认定

约定追偿权的前提条件是“向债务人不能追偿的部分”，但是如何理解和证明“不能追偿的部分”是司法实践中的重大问题，需要后续的司法文件进一步解释。笔者认为，目前可以参照《民法典》第687条的规定，符合限制一般保证人先诉抗辩权情形的条件进行认定，或者参照《民法典担保制度司法解释》第28条规定的执行法院作出终结本次执行程序裁定、终结裁定或者执行法院收到申请执行书之日起1年内未作出裁定的情形下，可以认定向债务人“不能追偿”。具体做法上，可以将债务人及其他担保人作为共同被告一并起诉，判决中要求债务人首先向清偿担保人承担偿还责任，同时表明不能清偿的部分根据计算的比例，由其他担保人按照比例分担（分担基数应扣除清偿担保人应付部分）。

二、按照“比例分担”之计算

按照什么比例？怎样计算比例？《民法典》以及最高人民法院司法解释对此没有规定。

（一）欧洲示范民法典草案的规定的计算方式

根据欧洲示范民法典草案第4.7-1:106条规定，在个担保人之间按照每个担保人按其所担保的最大风险占所有担保人所担保的最大总风险的比例承担保证责任，保证人另有约定的除外。[①] 最大风险，即每个担保人保证的债权数额，或者担保物的价值。如，A、B、C、D四人对1000万元债权提供混合共同担保。其中，A、B是连带责任保证，C提供500万元房产抵押；D提供1200万元仓单质押。根据上述原则，A、B、C、D四人的最大总风险是（1000万元+1000万元+500万元+1200万元）3700万元。A、B、C、D的比例分别是：A的比例等于1000万元÷3700万元；B的比例等于1000万元÷3700万元；C的比例等于500万元÷3700万元；D的比例是1200万元÷3700万元。根据上述计算出的比例，乘以债务总额，可以计算每个人承担的份额。

欧洲示范民法典草案还有二次分担的规定。即连带债务人其中一人无偿付能力，则其所应承担的份额由其他由担保能力的人按照比例进行二次分担。[②]

（二）《日本民法典》规定的计算方式

还是以上例说明，其计算过程如下：

第一步，债权总额1000万元，四个担保人，相除得到每个人的人均担保数额250万元（1000万元÷4）。

第二步，物的担保人是2人，其担保总额是250万元×2，即500万元。

C的担保物价值500万元，D的担保物价值是1200万元。则，C的担保物价值比例是500万元÷（500万元+1200万元），D的担保物价值比利是1200万元÷（500万元+1200万元）。

---

① 欧洲民法典研究组、欧盟现行私法研究组编著：《欧洲示范民法典草案：欧洲私法的原则、定义和示范规则》，高圣平译，中国人民大学出版社2012年版，第292-293页。

② 欧洲民法典研究组、欧盟现行私法研究组编著：《欧洲示范民法典草案：欧洲私法的原则、定义和示范规则》，高圣平译，中国人民大学出版社2012年版，第208页。

最后，依据各担保人的份额是250万元的条件，计算C承担的份额是250万元×C的担保物价值比例；D承担的份额是250万元×D的担保物价值比例。[①]

以上可以看出，《日本民法典》在责任分配方面，既坚持保证人于物上保证人类型平等的基础上，又能在各类型担保人内部根据类型的不同，实行不同的分配方式，可以说是相得益彰。[②]

（三）我国台湾地区规定的计算方式

2010年后，我国台湾地区对混合共同担保采用的分配规则是：（1）债务人提供的物的担保的优先承担责任。（2）保证人与债务人以外的物上保证人的责任应当以保证额与担保物的价值或限定之金额的比例确定。（3）保证人与债务人以外的物上保证人之间就超过自己应当承担责任的部分，相互之间有代位追偿权。上述原则与欧洲示范民法典草案相关规定相同。[③]

（四）我国对担保人的内部追偿权应当采取的计算方式

笔者认为，判决担保人之间的内部追偿权应采取以下计算方式：每个担保人应承担的部分=不能从债务人清偿的部分×每个担保人的最大风险比例。

其中，每个人的最大风险比例=每个担保人的最大风险数额÷全部担保人的最大风险之和。

每个人的最大风险数额，对保证人而言是，是全部债权数额；对物上保证人而言，是担保物的价值。

全部担保人的最大风险之和是每个担保人的最大债权数额之和。

上述计算方式与欧洲示范民法典规定的计算方式相同（但计算基础不同）。笔者认为，上述计算方式，一是简单方便，容易计算。在诉讼中，各担保人的担保数额是清晰的，通过简单的加减乘除运算即可算出每个人的应担比例。二是符合各担保人的心理预期。由于我国法律上可以追偿的情形全部是当事人有意思联络的情形，可以在担保人之间形成心理预期。各担保人对自己最后承担的数额有较为清晰的认识，其心理上即认为自己不会承担全部责任，还

① 李光琴:《混合共同担保论》,人民法院出版社2019年版,第158页。

② 李光琴:《混合共同担保论》,人民法院出版社2019年版,第158页。

③ 李光琴:《混合共同担保论》,人民法院出版社2019年版,第164页。

有人会分担。三是贯彻了担保人平等原则。无论是保证还是物上保证，各担保人是平等的，在承担担保责任问题上没有亲疏远近，只由比例决定各担保人应当承担的数额。

三、清偿担保人追偿时遇到的几个问题

（一）保证人先诉抗辩权问题

清偿担保人向其他担保人追偿时，会遇到某保证人的先诉抗辩权抗辩。陈荣传教授认为，按照台湾地区的计算方法，对一般保证人追索首先将导致保证人其原来仅是“备胎”的权益被溯及既往地剥夺，订立保证契约的信赖利益荡然无存，对原有规定的保证人既有利益撼动甚大。对此问题，有学者认为，应当赋予其他担保人先诉抗辩权。① 笔者认为，在我国现有制度下，根据《民法典担保制度司法解释》第 13 条的规定，清偿担保人对其他担保人追偿的前提是已经对债务人进行了追偿。清偿担保人向债务人追偿后，无须再赋予其他担保人先诉抗辩权，否则会导致追偿效率低下。

（二）对物上保证人追偿问题

清偿担保人可否以拍卖、变卖资产抵押（质押物）的方式追偿？笔者认为不可，原因在于特定财产仅是特定债务提供的担保。我国法律没有规定代位权制度，故清偿担保人不能取代债权人成为债务人的“新债权人”，第三人的特定财产对清偿担保人没有担保责任，清偿担保人不能行使。所以，清偿担保人不能通过申请拍卖、变卖抵押财产的方式追偿其他担保人的应担份额。但是，在对其他物上保证人的强制执行程序中，可以拍卖、变卖抵押财产的方式实现债权。根据《民法典》第 393 条的规定，此时债权人的担保物权已经灭失，清偿担保人可以申请强制拍卖担保物并获得清偿。

（三）担保人受让债权的，担保人对其他担保人的追偿问题

担保人受让债权，可否向其他担保人追偿是在共同担保人之间可否相互追偿的论争中的焦点之一。如果混合共同担保人之间相互有追偿权，则会出

---

① 李光琴：《混合共同担保论》，人民法院出版社 2019 年版，第 177 页。

现担保人受让债权人的债权并基于债权人的身份请求其他共同担保人实际承担担保责任的情况。为规避此类问题发生，《民法典担保制度司法解释》第14条规定："同一债务有两个以上第三人提供担保，担保人受让债权的，人民法院应当认定该行为系承担担保责任。受让债权的担保人作为债权人请求其他担保人承担担保责任的，人民法院不予支持；该担保人请求其他担保人分担相应份额的，依照本解释第十三条的规定处理。"该规定首先明确担保人受让债权的性质是承担担保责任；在此认定下，担保人不能取得债权人地位向其他担保人要求承担担保责任。

（四）清偿担保人向其他担保人追偿范围问题

在担保人之间约定有追偿权的情况下，根据《民法典担保制度司法解释》第13条的规定，清偿担保人在向债务人不能追偿的范围内向其他担保人追偿。笔者认为，清偿担保人作为共同担保的当事人之一，理应自己承担一部分责任，照此计算方式，清偿担保人没有承担责任，存在问题，上述司法解释规定不恰当。清偿担保人应就超过其应担份额的部分向其他担保人追偿，原因分析如下：

首先，共同保证分为按份共同保证和连带共同保证。连带共同保证中的连带，是指各保证人之间有连带关系而非指保证人与债务人之间的关系，学理上称之为保证连带。连带共同保证符合连带债务对外连带性和对内分担性的基本特征，性质属于连带债务。[①]

其次，《民法典》第519条规定："连带债务人之间的份额难以确定的，视为份额相同。实际承担债务超过自己份额的连带债务人，有权就超出部分在其他连带债务人未履行的份额范围内向其追偿，并相应地享有债权人的权利，但是不得损害债权人的利益。其他连带债务人对债权人的抗辩，可以向该债务人主张。"根据上述规定，在连带共同保证情形下，如果没有约定各自的担保份额，应视为担保数额相同。只有超出自己应担数额的部分，才能向其他保证人追偿。如，有4人为800万元债务提供担保，如果没有约定担保数额，则每个人的担保份额为200万元。如果某担保人对外承担了800万元的担保责任，超出其应担份额600万元，其又向债务人追索了300万元，则其向其他担保人追偿的范围应是300万元（600万元−300万元）。如果该

① 王利明:《合同法研究》(第二卷修订版),中国人民大学出版社2011年版,第47页。

清偿担保人向其他担保人追偿500万元（800万元-300万元），无疑是使自己摆脱了担保责任。

应当明确，连带物上保证应与连带共同保证做一体化解释。《民法典担保制度司法解释》第13条第1款后半句和第2款后半句的规定应作相应修改，修改为："扣除清偿担保人应担份额后，在向债务人不能追偿的范围内，向其他担保人追偿。"

第八章　最高额担保

最高额担保是指为担保债务履行，债务人或者第三人对一定时期内连续发生的债权提供人的担保或者财产担保，债务人不履行到期债务或者发生当事人约定的情形时，债权人有权在最高债权限度内，请求担保人承担保证责任或者依法就担保财产优先受偿。最高额担保包括最高额抵押、最高额质押、最高额保证三种形式。相对于普通担保，最高额担保是一种特殊的担保方式，以其预定最高限额的独特设计，突破了传统担保制度与被担保债权一一对应的相互关系，适应了现代社会交易发展的迫切需要，为各国立法所采纳。我国《民法典》第420条规定了最高额抵押，第439条规定了最高额质权，第690条规定了最高额保证。但无论是最高额质押，还是最高额保证，在最高额担保合同的成立、最高额担保的效力、最高额债权的确定等方面均规定参照最高额抵押的相关规定，因此，最高额抵押是最高额担保的典型形式。本章以最高额抵押制度为例，论述最高额担保制度。

最高额担保的设立，应依照最高额抵押设立的方式设立。最高额抵押权的设立，应当具备以下的条件：（1）须在基础合同关系之外订立最高额抵押协议（合同）；（2）须预先确定被担保债权的最高限额；（3）须约定被担保债权的基础合同关系；（4）被担保债权的发生一般具有交易上的连续性（连续发生）。设立最高额抵押权，采用与普通抵押权相同的公示方法，即向登记机关办理抵押登记，抵押权自登记时设立。①

① 梁慧星:《民法物权讲义》,法律出版社2022年版,第235页。

第一节　最高额抵押权的价值分析和立法实践

一、最高额抵押权的价值分析

最高额抵押权之所以受到各国的普遍重视，其原因在于最高额抵押权具有普通抵押权所不具有的功能，其创设的目的在于配合继续性交易形态的需要，促进社会经济的繁荣，因而具有生命力。在现代市场经济条件下，商品生产经营者所需要的资金大都是通过银行借贷取得的。利用自己的财产去获取银行的信用，融通资金，已成为经济发展的必然要求。如果对于长期贷款合同、银行透支合同及批发商与零售商之间的继续性交易合同等，每次交易都需要分别设定一个普通抵押权，不仅程序烦琐，给双方当事人带来诸多不便，而且交易额或信用额不易确定。因此，普通抵押权难以达到多次融资的目的。既然当事人为达到同一目的，反复实施同一性质的交易行为，并且在一定时期内维持这种交易行为，则不必每次交易行为都分别设定抵押权，而仅需当事人设定抵押权的最高额，即最高额抵押权。这不仅简化了手续，方便了当事人，而且有利于资金融通，同时也满足了继续性交易的特殊需要。在不久的将来，最高额抵押权制度将可兼有普通抵押权制度的功能，而普通抵押权制度将变成空洞的存在。

尽管最高额抵押权具有普通抵押权所不具有的功能，对社会经济生活具有不可替代的作用，但最高额抵押权也并非十全十美。与任何法律制度一样，最高额抵押权也有其自身的缺陷。其一，不利于发挥抵押物的经济价值。由于最高额抵押权所担保的债权在确定之前经常处于变动之中，甚至债权额远低于抵押物的价值。在这种情况下，抵押权人就可以不需要足够多的债权额而对抵押物持续地享有抵押权，这无异于抵押权人独占抵押物，使抵押物的剩余担保价值无法被利用，影响了抵押物经济价值的实现。其二，对资金流通及经济的支配关系有一定的影响。在具有独占性的行业中，当事人往往利用其独占的地位，设定与其债权额极不相称的最高额抵押权，从而使资金流通和社会经济关系蒙受不利。对于最高额抵押权的弊端，必须加以克服，以最大限度地发挥最高额抵押权的功能。《日本民法典》所规定的最高额抵押权确定制度、减额请求权制度和消灭请求权制度，就是为克服最高额抵押权的上述弊端而设立的。①

二、最高额担保制度的立法实践

《德国民法典》第1190条规定：“（1）抵押权可以以这样的方式予以设定，使得只有土地所应负责任的最高额被规定，除此以外，债权的确定予以保留。该最高额必须登记入土地登记簿。（2）债权附利息的，利息算入最高额。（3）即使抵押权在土地登记簿上未被标明为保全性抵押权，也被视为保全性抵押权。（4）该项债权可以依关于债权转让的一般规定予以转让。该项债权被依这些规定转让的，抵押权的转移即被排除。”《瑞士民法典》第794条规定：“1. 不动产担保的设立，必须有确定的债权金额，债权金额以瑞士货币计算。2. 如债权的金额不确定，当事人应当指定一个确定的数额，以代表不动产担保的最高数额。”②

我国《民法典》规定了最高额保证、最高额抵押、最高额质押 制度，构筑起以最高额抵押为核心的完整的最高额担保制度。

《民法典担保制度司法解释》第15条对司法实践中有关最高额担保中的“最高债权额”范围进行了规范，统一了法律适用标准。

第二节　最高额抵押权的特征

最高额抵押权是一种特殊的抵押权，具有不同于普通抵押权的特性。对于最高额抵押权具有哪些法律特征，学者们的看法不一。笔者认为，最高额抵押权具有如下法律特征。

一、被担保债权具有不特定性

最高额担保是面向未来债权所作的担保。从最高额担保合同生效到最高额债权确定这一段时期，相关债权进进出出，或发生，或因清偿而消灭，或展

① 周友军：《最高额抵押制度的若干疑难问题》，载《南都学坛》2008年第6期。

② 本书中涉及的《瑞士民法典》相关规定，均引自如下图书：《瑞士民法典》，于海涌、赵希璇译，法律出版社2016年版。

期，债权处于不断的变动之中。最高额担保债以将来可能发生为原则，以已经发生的债权协议进入担保范围为例外。最后确定的最高额担保债权是一系列债权之和。这一系列债权应当符合以下条件：（1）债权的发生具有连续性，即债权的发生有先后或者先后发生的可能性；（2）连续发生的债权以合同之债为限，对合同之外的债权不得设立最高额抵押权；（3）发生债权的合同关系种类相同，但是基于票据关系的债权（票据权利），不论票据关系所发生的原因关系是否相同，均可设定最高额抵押权。[①] 尽管被担保债权是不确定的，但是被担保债权的债权人、债务人必须是确定的、同一的，债权人与不同债务人之间产生的债权，不能属于最高额担保的债权。

普通抵押权兼具担保物的特定性和被担保债权特定性两个特征，而最高额抵押权仅具备抵押物的特定性，被担保债权不具备特定性。

二、担保人的责任限额确定

最高额担保的最大特点是预先设置被担保的债权数额。而普通担保，除非提前约定担保数额，总体而言，其担保数额是不确定的。《民法典》第389条规定，担保物权的担保范围包括主债权及其利息、违约金、损害赔偿金、保管担保财产和实现担保物权的费用。当事人另有约定的，按照其约定。《民法典》第691条规定，保证的范围包括主债权及其利息、违约金、损害赔偿金和实现债权的费用。当事人另有约定的，按照其约定。这些法定的担保范围，对普通的担保人来说，最终责任无法确定，有时无法避免当事人恶意拖延，导致利息、迟延履行金等费用扩大，严重侵害担保人的利益。

理论和实践中出现的问题是，如何理解《民法典》第420条与第690条规定的“最高债权额”？债权究竟是指本金，还是指包含本金、利息等费用在内？是累计数额，还是余额？以登记为公示方法的担保物权，是以公示的为准，还是以约定的为准？《民法典担保制度司法解释》第15条对此进行了规定：“最高额担保中的最高债权额，是指包括主债权及其利息、违约金、损害赔偿金、保管担保财产的费用、实现债权或者实现担保物权的费用等在内的全部债权，但是当事人另有约定的除外。登记的最高债权额与当事人约定的最高债权额不一致的，人民法院应当依据登记的最高债权额确定债权人优先受偿的

① 梁慧星:《民法物权讲义》,法律出版社2022年版,第236—237页。

范围。”

首先，最高债权额的范围确定对于统一司法实践有重要意义，实践中对最高债权额的理解，有“本金最高额说”和“债权最高额说”两种学说。本金最高额说的特点是把本金作为最高债权限额，但最高额担保效力及于利息、违约金、实现债权的费用等，最终计算的结果，远大于约定的担保最高数额。该学说倾向于保护债权人的利益，忽视担保人利益。债权最高额说是把本金、利息违约金、实现债权的费用等全部计入最高额内，这有利于保护担保人的利益。

实践中应当注意上述第 15 条中“当事人另有约定的除外”的规定，其含义是，如果当事人在有关最高额担保合同中约定，担保范围仅是本金，不包括利息、违约金等，可以认定是本金最高额。

如果在有关最高额担保合同中没有约定担保范围，在解释上应当依据上述司法解释的规定，认定最高债权额包括本金、利息、违约金、损害赔偿金等。

最高债权额是通过决算确定的债权人实际享有的债权余额的最高限额，而非指债权的累计发生额。[①]

债权是否到期，不影响最高债权额确定，即未到期债权应计入最高额债权。值得注意的是，主合同无效导致主债务人承担的损害赔偿金，根据前述司法解释第 15 条的规定，应计入最高额债权的范围。

其次，对于有登记的最高额担保。依据前述司法解释第 15 条的规定，登记的最高债权数额优于约定的最高债权额，这主要适用于最高额抵押和最高额质押。其基本逻辑是，基于公示公信原理以及担保人利益和对其他债权人的保护原则，在当事人对最高债权额的约定和登记不一致时，以登记的债权范围作为确定的标准。

《九民纪要》第 58 条规定，以登记作为公示方式的不动产担保物权的担保范围，一般应当以登记的范围为准。但是，我国目前不动产担保物权登记，不同地区的系统设置及登记规则并不一致，人民法院在审理案件时应当充分注意制度设计上的差别，作出符合实际的判断。一是多数省（区、市）的登记系统未设置“担保范围”栏目，仅有“被担保主债权数额（最高债权数额）”

① 高圣平、谢鸿飞、程啸：《最高人民法院民法典担保制度司法解释理解与适用》，中国法制出版社 2021 年版，第 129 页。

的表述，且只能填写固定数字。而当事人在合同中又往往约定担保物权的担保范围包括主债权及其利息、违约金等附属债权，致使合同约定的担保范围与登记不一致。显然，这种不一致是由该地区登记系统设置及登记规则造成的该地区的普遍现象。人民法院以合同约定认定担保物权的担保范围，是符合实际的妥当选择。二是一些省（区、市）不动产登记系统设置与登记规则比较规范，担保物权登记范围与合同约定一致在该地区是常态或者普遍现象，人民法院在审理案件时，应当以登记的担保范围为准。

上述《九民纪要》规定的总体思想是，对登记型的最高额担保，以登记的担保范围为原则，同时考虑地区登记规则的不同，据实选择。这显然与《民法典担保制度司法解释》第 15 条的规定不一致。《民法典担保制度司法解释》公布后，上述《九民纪要》第 58 条的规定不应再适用。

三、担保从属性的缓和

其一，成立上从属性的缓和。一般说来，抵押权以债权的存在为前提，即成立上的从属性。但是，最高额抵押权是否具有成立上的从属性，学界有三种不同的观点：（1）担保将来债权说，（2）从属于基本合同说，（3）无从属性说。[①]

笔者认为，最高额担保在成立上仍然具有从属性，只是从属性相对缓和，理由是：在实践中，比如连续借款合同双方签订最高额担保合同之前，借贷双方对借款金额、发放频次、担保方式等进行了充分协商，已经形成合意，金融机构（债权人）为了完善手续，便于审批，通常都是先签订最高额担保合同，然后才办理借款合同、发放贷款，因此，与其说最高额担保是对未来债权的担保，不如说是对确定发生的债权提供担保。如果没有确定发生的债权，当事人就不会签订最高额担保合同，毕竟最高额担保合同的签订不是那么容易，有时还需要到有关机关办理手续，支付费用耗费时间和精力。因此，从实践角度看，最高额担保合同是为确定发生的债权而生的，没有债权的确定发生，就没有最高额担保合同。所以，最高额担保合同的依附性不用质疑。最高额担保的缓和性体现在，它不像普通担保那样，每一份担保合同依附于每一笔主合同，存在担保与债权的一一对应关系，而一份最高

① 周友军:《最高额抵押制度的若干疑难问题》,载《南都学坛》2008 年第 6 期。

额担保对应于约定时间内发生的全部债权，即最高额担保对于一定时期内连续发生的债权是一种概括对应。

其二，处分上从属性的缓和。《民法典》第407条规定："抵押权不得与债权分离而单独转让或者作为其他债权的担保。债权转让的，担保该债权的抵押权一并转让，但是法律另有规定或者当事人另有约定的除外。"

该条来源于原《物权法》第192条，从正反两个方面规定了抵押权的从属性：抵押权不得与主债权分离而单独转让；抵押权不得作为其他债权的担保，比如将抵押权作为质押标的担保其他债权。债权转让的，抵押权一并转让，这是担保物权的基本原则"法律另有规定"，就是《民法典》第421条规定的"最高额抵押担保的债权确定前，部分债权转让的，最高额抵押权不得转让，但是当事人另有约定的除外"。这被称为最高额担保从属性的缓和①，即在最高额担保范围内的债权转让的，最高额担保并不随之转让。

注意一点，在"最高额担保并不随之转让"基本原则之外，允许当事人作出例外约定，即如果当事人约定最高额担保权随主债权一并转让，该约定有效。

其三，消灭上从属性的缓和。一般说来，抵押权要随其所担保债权的消灭而归于消灭。但是，最高额抵押权是具有独立性的"框子支配权"，它所担保的是不特定债权，即使具体的债权因清偿、提存、混同、抵销等消灭，最高额抵押也不因随之而消灭或缩减。这是其能够满足继续性交易需要的原因。

第三节　最高额抵押权的变更

《民法典》第422条规定了最高额抵押权的变更问题。根据该条规定，最高额抵押权可以变更债权确认的时间、债权范围以及最高债权额。梁慧星先生认为，最高额抵押权的变更应当符合以下条件：（1）须在最高额抵押所担保的债权确定之前。所担保的债权一经确定，最高额抵押权已经与普通抵押权无异，即不得再行变更。（2）可以变更的内容，限于债权确认期间、所担保债权范围及最高债权额。（3）须抵押权人与抵押人订立变更协议，此变更协议是原最高额抵押协议的补充协议。（4）须向登记机关办理变更登记，自登记

① 周友军：《最高额抵押制度的若干疑难问题》，载《南都学坛》2008年第6期。

时发生最高额抵押权变更的效力。[①]

关于最高额抵押权变更，有两个问题需要探讨。

一、变更债权范围是否需要办理抵押权登记的问题

最高额抵押权变更的三种情形中，变更债权确认时间、变更最高债权额比较容易理解，唯有对债权范围的理解在实践中发生了争议。争议的关键点是，当事人通过协议，将《最高额抵押合同》约定的担保期间范围之前存在的债权，转入《最高额抵押合同》中的被担保债权，是否属于最高额抵押权的变更？是否需要进行登记？最高人民法院第 95 号指导案例[②]（2018 年 6 月 20 日公布）确立的裁判原则是：当事人另行达成协议将最高额抵押权设立前已经存在的债权转入该最高额抵押担保的债权范围，只要转入的债权数额仍在该最高额抵押担保的最高债权额限度内，即使未对该最高额抵押权办理变更登记手续，该最高额抵押权的效力仍然及于被转入的债权，但不得对第三人产生不利影响。最高人民法院发布该指导案例的背景是，各地司法机关对于不动产最高额抵押权变更是否需要以登记为生效要件存在分歧。该案例的生效判决是由安徽省高级人民法院作出的。该院在交通银行股份有限公司马鞍山分行与马鞍山市友邦花园大酒店有限公司等借款合同纠纷案

---

① 梁慧星:《民法物权讲义》,法律出版社 2022 年版,第 239 页。

② 该案例的基本案情:2012 年 4 月 20 日,中国工商银行股份有限公司宣城龙首支行(以下简称“工行宣城龙首支行”)与宣城柏冠贸易有限公司(以下简称“柏冠公司”)签订《小企业借款合同》,约定柏冠公司向工行宣城龙首支行借款 300 万元,借款期限为 7 个月,自实际提款日起算。同年 4 月 24 日,工行宣城龙首支行向柏冠公司发放了上述借款。2012 年 10 月 24 日,工行宣城龙首支行与凯盛公司签订《最高额抵押合同》,约定凯盛公司以宿房权证宿豫字第 201104767 号房地产权证项下的商铺为自 2012 年 10 月 19 日至 2015 年 10 月 19 日期间,在 4000 万元的最高余额内,凯盛公司为工行宣城龙首支行向柏冠公司、闽航公司、航嘉公司、金亿达公司签订的借款合同等主合同债权提供抵押担保,担保的范围包括主债权本金、利息、实现债权的费用等。同日,双方为该抵押房产依法办理了抵押登记,工行宣城龙首支行取得宿房他证宿豫第 201204387 号房地产他项权证。2012 年 11 月 3 日,凯盛公司再次经过股东会决议,并同时向工行宣城龙首支行出具房产抵押承诺函。当日,凯盛公司与工行宣城龙首支行签订《补充协议》,明确双方签订的《最高额抵押合同》担保范围包括 2012 年 4 月 20 日工行宣城龙首支行与柏冠公司、闽航公司、航嘉公司和金亿达公司签订的四份贷款合同项下的债权。但转入债权未办理抵押登记。担保人凯盛公司以后转入债权未办理抵押登记为由,主张后转入的债权不能对抵押物变现价值享有优先受偿权。该理由被安徽省高级人民法院驳回。该案一审法院为安徽省宣城市中级人民法院,案号为(2013)宣中民二初字第 00080 号。二审法院安徽省高级人民法院维持原判,案号为(2014)皖民二终字第 00395 号。

（以下简称“交行马鞍山分行案”）中作出更具突破性的判决。[①] 在交行马鞍山分行案中，当事人将债权确定期间由 2013 年 2 月 7 日至 2016 年 2 月 7 日调整为 2014 年 3 月 19 日至 2015 年 9 月 19 日，将最高债权额由 2500 万元降低为 1600 万元。安徽省高级人民法院在生效判决书中指出，按照当事人之间的约定，最高额抵押权的担保期间有所缩减，担保数额有所减少，在此种情形下抵押权是否需要办理变更登记，法律未作出强制性要求。鉴于上述变更无碍其他抵押权人的权益，即使未登记亦可生效。该生效判决的逻辑是，只要不给其他抵押权人造成不利影响，最高额的变更不必办理登记即可生效。

需要探究的是，最高人民法院第 95 号指导案例确立的裁判规则是否符合法理？

该案生效判决指出：“本案所涉 2012 年 4 月 20 日《小企业借款合同》项下的债权已转入前述最高额抵押权所担保的最高额为 4000 万元的主债权范围内。就该《补充协议》约定事项，是否需要对前述最高额抵押权办理相应的变更登记手续，《物权法》没有明确规定，应当结合最高额抵押权的特点及相关法律规定来判定。根据《物权法》第二百零三条第一款的规定，最高额抵押权有两个显著特点：一是最高额抵押权所担保的债权额有一个确定的最高额度限制，但实际发生的债权额是不确定的；二是最高额抵押权是对一定期间内将要连续发生的债权提供担保。由此，最高额抵押权设立时所担保的具体债权一般尚未确定，基于尊重当事人意思自治原则，《物权法》第二百零三条第二款对前款作了但书规定，即允许经当事人同意，将最高额抵押权设立前已经存在的债权转入最高额抵押担保的债权范围，但此并非重新设立最高额抵押权，也非《物权法》第二百零五条规定的最高额抵押权变更的内容。同理，根据《房屋登记办法》第五十三条的规定，当事人将最高额抵押权设立前已存在债权转入最高额抵押担保的债权范围，不是最高抵押权设立登记的他项权利证书及房屋登记簿的必要记载事项，故亦非应当申请最高额抵押权变更登记的法定情形。”

根据第 95 号指导案例的上述描述，可以归纳该判决的主要理由是：（1）对前债权转入《最高额抵押合同》中的担保债权是否需要办理登记，原

① 安徽省高级人民法院（2016）皖民终 584 号民事判决书。

《物权法》没有规定；（2）前债权转入《最高额抵押合同》中的担保债权，不是重新设立抵押权，不是原《物权法》第 205 条规定的最高额抵押的变更；（3）《房屋登记办法》第 53 条规定，债权范围变更不是他项权证书及房屋登记簿的必要记载事项，故不应当申请变更登记。

对上述判决理由，分析如下：

第一，前债转入《最高额抵押合同》中的担保债权，是不是原《物权法》第 205 条规定的最高额抵押权变更内容？

原《物权法》第 205 条规定的最高额抵押权变更的条件，如同前述《民法典》第 422 条规定的变更条件，变更范围仅限于债权确定的期间、债权范围以及最高债权额三个方面。[①] 笔者认为，从法律规定看，最高额抵押权变更内容已经是类型法定，不得对变更内容作扩大解释。这涉及物权法定原则的坚守问题。第 95 号指导案例中前债权转入《最高额抵押合同》中的被担保债权，首先不是债权确认的时间，其次也不是变更最高债权额，因为该指导案例判决的前提是转入的债权额与实际发生额之和不超过最高债权额。所以需要判断的是，前债权加入是不是《最高额抵押合同》被担保债权的范围变更？原《物权法》第 194 条、第 205 条分别规定了一般抵押权与最高额抵押权的变更问题，两个条文中均规定“被担保债权”问题是可以变更的内容。其中，原《物权法》第 194 条使用的词语是“债权数额”，第 205 条使用的词语是“债权范围”，在同一部法律相距不远的条款中，分别使用“债权数额”“债权范围”两个名词，显然二者不是同义词。法律对“债权范围”的含义没有规定。在理解上，抵押人与抵押权人协议变更“债权范围”，其变更的情形有三种：一是取代型，如原约定最高额抵押权担保的范围是因经销电器产品契约所生之债权，变更为经销塑胶制品契约之债权；二是追加型，如原约定担保经销电器产品契约之债权，另追加担保经销五金产品契约所生之债权；三是缩减型，如原约定担保因委托合同所产生之债权及因票据关系所产生之债权，变更为仅因

① 我国原《物权法》第 205 条及今《民法典》第 422 条规定的最高额抵押权的变更，是否实行类型法定主义，即只能变更债权确定的期间、债权范围以及最高债权额，还是允许其他变更？武鹏先生认为，不宜理解为对不动产最高额抵押权变更实行类型法定主义，而应解释为只要不违反最高额抵押权的目的，就应当允许当事人约定变更其他方面的内容。进而，武鹏先生认为，前债权加入《最高额抵押合同》中的被担保债权属于最高额抵押权的变更。参见武鹏：《不动产最高额抵押权的变更——兼评指导案例 95 号》，载《政治与法律》2020 年第 4 期。

委托合同所产生之债权。[1]

如果按照上述对"债权范围"的理解，前债权转入《最高额抵押合同》中的被担保债权，不属于最高额抵押权变更的情形。由此，该情形不适用原《物权法》第205条关于最高额抵押权变更的法律规定。这一点，第95号指导案例适用法律正确。

第二，前债转入《最高额抵押合同》中的被担保债权，是否必须进行登记？

第95号指导案例认为："根据《房屋登记办法》第五十三条的规定，当事人将最高额抵押权设立前已存在债权转入最高额抵押担保的债权范围，不是最高抵押权设立登记的他项权利证书及房屋登记簿的必要记载事项，故亦非应当申请最高额抵押权变更登记的法定情形。"

笔者认为，该论述存在两个方面的错误：

一是逻辑错误。最高额抵押权是为将来之债设立的担保，其设立登记时，不存在前债权转入最高额抵押权的担保债权的情形。因此，设立登记簿不会存在前债权转入事项的必要记载。最高额抵押权设立后，法律允许抵押人和抵押权人将之前存在的债权转入最高额抵押的担保债权中，是设立登记后的后发事实。在登记行为中，后发事实是通过变更登记、更换权利证书、更改物权登记簿等方式实现登记内容与客观事实一致的。

二是存在对《房屋登记办法》理解不当的问题。首先，在第95号指导案例处于一审、二审阶段的时候，《不动产登记暂行条例》还没有公布[2]，仅有一部行政规章，即原《房屋登记办法》（2008年7月1日施行）。根据《最高人民法院关于裁判文书引用法律、法规等规范性法律文件的规定》（法释〔2009〕14号，2009年11月4日施行）第4条的规定，民事裁判文书应当引用法律、法律解释或者司法解释，对于应当适用的行政法规、地方性法规或者自治条例和单行条例，可以直接引用。根据该规定，行政规章不是法院审判文书直接引用的依据，但是该文件第6条规定："对于本规定第三条、第四条、

① 最高人民法院民法典贯彻实施工作领导小组主编：《中华人民共和国民法典物权编理解与适用》（下册），人民法院出版社2020年版，第1156页。

② 第95号指导案例的二审判决在2014年10月21日作出。《不动产登记暂行条例》于2014年11月24日公布，自2015年3月1日起施行。

第五条规定之外的规范性文件，根据审理案件的需要，经审查认定为合法有效的，可以作为裁判说理的依据。”第 95 号指导案例显然是把《房屋登记办法》作为判决的说理依据，必须准确理解该规定的含义。

《房屋登记办法》第 53 条规定，对符合规定条件的最高额抵押权设立登记，除该办法第 44 条所列事项外，登记机构还应当将最高额债权额、债权确定的期间记载于房屋登记簿，并明确记载其为最高额抵押权。根据其第 44 条第 2 项规定，被担保债权的数额是房屋登记簿必须记载的事项。也就是说，根据《房屋登记办法》第 53 条的规定，最高额抵押登记项目中，被担保债权数额是必须记载的事项，而且必须记载于房屋登记簿中。该办法第 54 条规定，变更最高额抵押权登记事项或者发生法律、法规规定变更最高额抵押权的其他情形，当事人应当申请最高额抵押权变更登记。根据这条规定，前债权转入最高额担保的债权，实质确是被担保债权数额的增加。最高额担保的债权数额是最高额抵押登记事项，其发生变更，当事人应当申请登记。该办法第 52 条也规定，当事人将最高额抵押权设立前已存在的债权转入最高额抵押担保的债权范围，申请登记的，应当提交下列材料：（1）已存在债权的合同或者其他登记原因证明材料；（2）抵押人与抵押权人同意将该债权纳入最高额抵押权担保范围的书面材料。所以，根据《房屋登记办法》第 52 条、第 53 条、第 54 条的规定，前债权转入最高额抵押债权的，应当进行变更登记，而不是不用申请登记。第 95 号指导案例提到了《房屋登记办法》，但是有断章取义之嫌。

第三，依据法理，债权转入最高额抵押中的担保债权数额，必须经过抵押权变更登记，才能对抵押物产生优先受偿效力。

首先，原《物权法》第 14 条规定了不动产抵押登记生效制度。不动产物权的设立、变更、转让和消灭，依照法律规定应当登记的，自记载于不动产登记簿时发生效力。根据此规定，我国奉行不动产登记生效主义，通过建立公示公信原则，以此来调整社会关系，保护当事人的信赖利益。基于抵押权对债权的依附性，当事人对抵押物价值的优先受偿权，取决于该抵押物担保的债权范围以及数额。因此，抵押权登记，不仅应当登记谁是抵押权人，债权数额也是必须登记的事项。为此，原《物权法》第 185 条规定，抵押合同中应当包括被担保债权的种类、数额及担保范围。

其次，第 95 号指导案例给人们的一个启示是，不经过登记的债权，可以拥有抵押权的效力，这是对抵押权登记原则的破坏，更不符合《民法典担保制度司法解释》第 15 条规定的以登记为准的原则。

因此，第 95 号指导案例在《民法典》施行以后不应当作为指导案例继续适用。

二、最高额抵押权变更不得对其他抵押权人产生不利影响

这是对最高额抵押权变更的限制。最高额抵押权的变更，根据当事人意思自治原则，应当不受制约。但是，私法自治并非绝对的、无限制的，任何自由都是相对的、有限度的。即便在旗帜鲜明地奉行个人主义的近代民法中，私法自治也受到一定的限制。[①] 当事人设定最高额抵押权以后，基于抵押物的剩余价值，当事人可以再次设定抵押权，产生一个新的抵押权人。若在先最高额抵押权发生变更，可能会影响到在后抵押权人的利益。比如，在先抵押权人与抵押人协商变更抵押权的最高债权额，会使抵押物剩余价值减少，使在后抵押权人的利益得不到保障。因此，最高额抵押权变更的一个重大原则是，变更不得对其他抵押权人（在后抵押权人）产生不利影响。按照“但书”的规定，变更后的“债权确定时间”只能比原约定的时间短，不能比原约定的时间长；变更后的“所担保债权范围”只能比原约定的范围窄，不能比原约定的范围宽；变更后的“最高债权额”，只能比原约定的债权额小，不能比原约定的债权额大。[②]

《不动产登记暂行条例实施细则》第 72 条第 2 款规定，因最高债权额、债权范围、债务履行期限、债权确定的期间发生变更申请最高额抵押权变更登记时，如果该变更将对其他抵押权人产生不利影响的，当事人还应当提交其他抵押权人的书面同意文件与身份证或者户口簿等。

第四节　最高额抵押的债权确定

最高额抵押权的确定，是指最高额抵押权所担保的一定范围内的不特定债权，因为一定事由的发生而归于特定。最高额抵押权的确定实际上就是最高额抵押权所担保的债权由不特定变为特定的过程，但因为担保债权的特定致使最高额抵押权在性质上也发生变更，所以也称之为最高额抵押权的确定。最高额

---

① 杨代雄:《法律行为论》,北京大学出版社 2021 年版,第 7 页。

② 梁慧星:《民法物权讲义》,法律出版社 2022 年版,第 240 页。

抵押权确定的意义在于以下两点：一是最高额抵押权所担保的债权是一定期间内发生的不特定债权，但最高额抵押权作为担保物权的一种，其根本目的在于担保债权优先受偿，因此实现抵押权的时候必须确定优先受偿的债权的数额；二是可以保护后次序抵押权人与一般债权人利益，只有最高额抵押权所担保的债权与金额确定后，后次序抵押权人才可能从最高额抵押权所担保债权优先受偿的范围之外获得清偿。[①]

根据《民法典》第423条的规定，最高额抵押权所担保的债权得以确定的情形，包括法定情形和约定情形。下面对该条列举的情形分别进行分析。

一、约定的债权确定期间届满

约定的债权确定期间届满是一条约定的最高额抵押债权确定情形，意思较易理解，但是有几个问题需要探讨。

（一）约定的是“期间”还是“期日”

《民法典》第423条规定的是最高抵押权的担保债权的确定，但条文内部并不和谐。其第1项规定是“债权确定期间”，使用“期间”一词，而第3项“新的债权不可能发生”和第4项“抵押财产被查封、扣押”，显然是一个时点，不是期间。笔者认为，这里存在期间和期日的混用问题。《民法典》第423条使用了“约定的债权确定期间”一词，从现代汉语角度理解，该用法不妥。首先，期间是指从起始的时间到终止时间所经过的时之区间。期日，是指不可分或者视为不可分的特定时间，如某年、某月、某日。期间的特征是表示时间长度中的某一点到另一点的区间。与期日所表示的时间之“点”不同，期间表示时间之“线”。[②] 比如3个月是期间，10月1日是期日。最高额抵押担保债权确定，只需要一个时间点，比如10月1日就可以，如用3个月确认最高额抵押担保债权是不可想象的。《民法典》第420条规定，最高额抵押是对一定期间内连续发生的债权提供担保，此处“一定期间”是债权发生的期间。比如约定在3月1日至5月1日发生的债权在200万元范围内提供担保，

① 最高人民法院民法典贯彻实施工作领导小组主编：《中华人民共和国民法典物权编理解与适用》（下册），人民法院出版社2020年版，第1156页。

② 中国审判理论研究会民商事专业委员会编著：《〈民法总则〉条文理解与司法适用》，法律出版社2017年版，第386—387页。

此处3月1日至5月1日是债权发生的期间。该期间届满发生的债权计入最高额抵押担保的范围。债权发生期间与债权确定期日不可混用。

在比较法上，日本民法中有期间和期日的区别，且明定以双方约定“确定期日”为必要，将决算期仅限于“确定期日”。①

笔者建议，将第423条第1项更改为“约定的债权确定期日到来”。最高抵押合同中除约定债权发生的期间，同时应当约定最高额抵押担保的债权决算期日。决算期的记载可以采取两种方式：（1）可以记载为“自抵押权设定后某年确定”；（2）可以记载为某年某月某日确定。②

（二）当事人约定的债权发生期间是否应当受到限制

我国原《物权法》及今《民法典》均未规定当事人约定的债权发生期间的长短问题。根据法无禁止皆自由的私法原则，当事人可以约定该期间的长短。《日本民法典》第398条之6规定，最高额抵押权所担保的本金的确定日期，可以约定或者变更，但是自其约定或者变更之日起，不得超过5年。梁慧星先生认为，当事人约定的担保期限不得超过3年，超过3年的，应当缩短为3年。③

（三）最高额抵押权债权发生截止日后，是否需要做一般抵押权登记

《不动产登记暂行条例实施细则》第73条规定，当发生导致最高额抵押权担保的债权被确定的事由，从而使最高额抵押权转变为一般抵押权时，当事人应当持不动产登记证明、最高额抵押权担保的债权已确定的材料等必要材料，申请办理确定最高额抵押权的登记。

二、没有约定债权确定期间或者约定不明确，抵押权人或者抵押人自最高额抵押权设立之日起满二年后请求确定债权

如果当事人之间没有对债权确定期间进行约定或约定不明确，抵押人将会长期承受最高额抵押权的负担，这对抵押人而言是不公平的。所以在此种情形下，最高额抵押所担保债权何时确定则成为问题。对此，比较好的解决方案就

① 杨文辉：《最高额抵押权决算期之研究》，载《法学》2009年第3期。
② 杨文辉：《最高额抵押权决算期之研究》，载《法学》2009年第3期。
③ 梁慧星：《民法物权讲义》，法律出版社2022年版，第242页。

是直接通过法律规定为其确定一个法定的债权确定期间，期间经过后，当事人可提出确定请求。设置二年的时间限制，一方面可以避免抵押人长时间承受最高额抵押权的负担，另一方面又满足了最高额抵押权为系列交易提供担保的目的。这一规定是法律对当事人没有约定债权确定期间或者约定不明确情况的特别规定，当事人不能约定排除其适用。另外，“二年”为固定期间，其起算点为最高额抵押权设立之日，不会中止或中断。①

适用该规定，需要注意以下问题：

第一，请求确认最高额抵押权债权的主体是抵押权人或者抵押人。主债权合同中的债务人不得请求确认债权额。

第二，关于请求的方式，我国法律没有规定。日本民法中规定应以书面请求方式，自请求到达相对人两周后债权确定。我国原《担保法》第27条规定：“保证人依照本法第十四条规定就连续发生的债权作保证，未约定保证期间的，保证人可以随时书面通知债权人终止保证合同，但保证人对于通知到债权人前所发生的债权，承担保证责任。”故，在抵押权人或抵押人在行使债权确定请求权时，可以在最高额抵押权设定之日起两年后，以书面的形式向对方发出请求确定的通知。以通知“到达主义”生效原则为基础，在通知到达时最高额债权确定。抵押权人或抵押人向法院提起“债权请求权”确定之诉的，是否应当受理？上文中已提到抵押人或抵押权人可以以书面形式请求确定最高额抵押权，确定债权请求权不需通过司法程序，但启动司法程序请求确定债权是允许的，只是前者是自力救济，后者是公力救济。而且，当自力救济没有达到预期的效果时，当事人还可以再寻求公力救济。故，抵押人或抵押权人向法院提起债权请求权确定之诉的，人民法院应当受理。

三、新的债权不可能发生

最高额抵押担保的是一定期间内不断发生的不特定债权，如果不特定的债权不再发生，最高额抵押权所担保的债权也就自然确定了。《民法典》第423条并没有明确如何判断新的债权不可能发生的标准，但通常认为“新的债权不可能发生”主要包括以下情形：

---

① 最高人民法院民法典贯彻实施工作领导小组主编：《中华人民共和国民法典物权编理解与适用》(下册)，人民法院出版社2020年版，第1160页。

第一，连续交易的终止。如果最高额抵押是对连续交易提供担保，则连续交易的结束日期就是债权额的确定时间，即使当事人约定的债权确定期间或法定期间未至。

第二，最高额抵押关系的基础法律关系消灭而导致新的债权不可能发生。如在连续的借款交易中，借款人的严重违约致使借款合同依照合同约定或者法律规定被解除，新的借款行为自然不再发生，最高额抵押权所担保的债权额自然得以确定。在这种情况下，债权额的确定时间也不受当事人约定的或者法定确定的期间影响。

第三，最高额抵押权所担保的债权决定标准变更。如最高额抵押权所担保的是当事人之间的电视机买卖合同产生的债权，后债务人改行做电冰箱买卖。故按变更后的标准，被担保的债权无再发生的可能性的，最高额抵押权即应确定。

四、抵押权人知道或者应当知道抵押财产被查封、扣押

在最高额抵押权存续期间，抵押财产可能会因被查封、扣押而面临被拍卖或者变卖。在此情形下，最高额抵押权担保的债权确定。在抵押财产被查封、扣押的情形下，无论是最高额抵押权人还是其他债权人，均希望确定最高额抵押权所担保的债权。对于最高额抵押权人而言，抵押财产被扣押会直接影响抵押财产的价值，从而影响最高额抵押权人债权的实现；对于其他债权人而言，最高额抵押权所担保的债权的确定，可以避免抵押财产所担保的新债权的不断产生，避免对其获得清偿造成不利影响。另外，抵押物被查封、扣押的，最高额抵押权所担保的债权确定的时间点定在最高额抵押权人知道或者应当知道抵押财产被查封、扣押之时。其原因在于，只有在抵押权人知道或者应当知道抵押财产被查封或扣押的情况下，最高额抵押权担保的债权才确定，否则即使抵押财产被查封、扣押，最高额抵押权担保的债权也不确定。[①]

该项规定来自原《物权法》第 206 条第 4 项，并作了重大修订。原《物权法》第 206 条中规定“抵押财产被查封、扣押”时债权确定，并没有“抵押权人知道或者应当知道”这一前置条件，这在实践中引发了大量争议。有

① 最高人民法院民法典贯彻实施工作领导小组主编:《中华人民共和国民法典物权编理解与适用》(下册),人民法院出版社 2020 年版,第 1161 页。

专家就最高额抵押物被法院查封、扣押之后，抵押权人继续发放贷款，可否支持其优先受偿权的问题，进行专项统计，发现存在两种相反的裁判结果：一种是查封规定说，即根据最高人民法院《查扣冻规定》第27条的规定，查封、扣押最高额抵押财产如果没有通知抵押权人的，抵押权人在抵押物被查封、扣押之后发放的贷款，应当置于最该额抵押的债权范围内。另一种是物权法说，即根据原《物权法》第206条第4项规定，最高额抵押的财产被查封后，最高额抵押担保的债权即已确定，其后发放的贷款不能置于最高额抵押的担保债权范围。[①]

上述截然不同的判决在福建上杭农村商业银行股份有限公司与王光执行分配异议之诉案[②]中得到统一。在该案中，最高人民法院认为：（1）原《物权法》第206条是对最高额抵押权所担保债权确定事由作出的规定，即出现该条规定的几项事由时，最高额抵押债权数额的确定就满足了实体要件；而《查扣冻规定》第27条则是对最高额抵押债权数额的确定明确了具体的时间节点，即最高额抵押权担保的债权数额自抵押权人收到人民法院通知时或从抵押权人知悉抵押物被查封的事实时起不再增加，可以理解为最高额抵押债权数额确定的程序要件。（2）设定最高额抵押权的主要目的是为连续性融资交易提供担保，提高交易效率，若在贷款还款没有异常情况下，要求最高额抵押权人在每次发放贷款时仍要对借款人或抵押物的状态进行重复实质审查，则有违最高额抵押权设立的立法目的。因此，最高额抵押债权数额的确定应当以人民法院查封抵押物且抵押权人收到人民法院通知时为准更为合理。

但是实践中，抵押权人收到法院通知抵押物被查封的情形非常少见。《民法典》在“抵押财产被查封、扣押”前增加了“抵押权人知道或者应当知道”这一前提条件，相信可在实践中减少争议，但也会带来新的争议，即如何判断债权人知道或者应当知道抵押财产被查封或者扣押。

五、债务人、抵押人被宣告破产或者解散

如果债务人、抵押人被宣告破产或者解散，则债务人、抵押人将进入破产

① 曹淑伟:《商业银行最高额抵押债权保护司法建议》,载民商法律网,https://www.civillaw.com.cn/bo/t/?id=31362,2022年7月20日访问。

② 最高人民法院(2018)最高法民终787号民事判决书。

程序或者清算程序。在破产程序或清算程序中，所有的债权应当是固定的，如果进入破产程序或清算程序后，债权仍然在不断发生变化，则不利于其他债权人的利益，破产程序和清算程序也无法进行。因此，最高额抵押权担保的债权必须确定。①

有学者指出，该规定不妥：

第一，会影响最高额抵押债权人的债权申报及相关程序的进行。人民法院原则上是在债权申报期满、第一次债权人会议召开后，且管理人完成债权审核、确认和必要的审计、资产评估工作，并提出破产宣告申请时，才作出破产宣告裁定。这些工作的一个基础条件就是必须以破产申请受理为债权数额确定的时点。但按照《民法典》的规定，破产案件受理时债权人的债权不允许得到确定，所以抵押债权人无法在破产案件受理时法院就已经确定的债权申报期内，及时、正常地申报债权。管理人当然也就更无法及时进行全面的债权审核、确认等工作。其他相关破产程序都难以顺利进行。

第二，会损害最高额抵押债权人的合法权益。若依《民法典》的规定，最高额抵押债权人破产宣告之前因债权不符合确定条件，无法申报债权，在这一阶段的破产程序中，不能行使任何权利，如不能参加债权人会议、不能表决权等。虽然最高额抵押债权人可以在债务人被宣告破产后补充申报债权，但因此产生的所有不利后果，如对此前已经进行了分配不再补充分配、承担为审查和确认补充申报债权的费用等，均由无辜的债权人承受，这显然是不公平、不公正的。

第三，会损害最高额抵押债权人的担保债权可以及时受偿的权利。最高额抵押债权人作为担保债权人，在破产清算和破产和解程序中，是随时可以向管理人主张处置抵押物行使优先受偿权的。而按照《民法典》的上述规定，最高额抵押债权人因破产宣告之前债权不能得到确定，无法行使任何权利，尤其是最为重要的债权及时受偿的权利。这会给其权利的保障与实现造成严重的风险。

第四，我国《企业破产法》规定的破产程序包括清算、重整与和解。在由当事人直接申请启动或者通过清算程序转换申请启动的重整程序或者和解程序中，一直到破产程序依法终结，债权清偿完毕，根本就不存在对进入破产程序的债务人、抵押人作出破产宣告的情况。但是，最高额抵押债权的数额在重

---

① 最高人民法院民法典贯彻实施工作领导小组主编:《中华人民共和国民法典物权编理解与适用》(下册),人民法院出版社 2020 年版,第 1162 页。

整与和解程序启动时必须及时确定，方能保障债权人在重整计划与和解协议中得到清偿，保障其各项权利顺利行使，保障重整与和解程序的顺利进行。如果以债务人、抵押人被宣告破产作为债权确认的时点，由于这一时点在重整与和解程序中根本不可能出现，必然造成司法实践中不存在问题的最高额抵押债权的确定，反而因为《民法典》的规定陷于无法解决的难堪状态。

第五，《民法典》规定最高额抵押债权人的债权在破产宣告时才确定，就是说，即使债务人已经进入破产程序，但在法院作出破产宣告之前，最高额抵押债权仍处于不确定状态，在法律上仍可以继续发生变动。这是正常的破产程序所不可想象、不能允许的。①

最高人民法院认同上述学者的观点，认为最高额抵押债权的确定，不能依据“债务人、抵押人被宣告破产”时，而是应当以“债务人申请破产被受理”时为准。②

六、法律规定债权确定的其他情形

此为兜底性条款。也就是说，除了前述债权确定的事由外，法律可能也对债权确定的其他情形作了规定。例如，发生当事人约定的实现最高额抵押权的事由时，被担保的债权确定。还有，如果抵押物被强制拍卖，则抵押权消灭。所以，在最高额抵押权存续期间，如果要强制拍卖抵押物，那么必须使最高额抵押权确定。因此，抵押物的强制拍卖也成为最高额抵押债权确定的原因。同时，此规定也为以后法律对最高额抵押权所担保债权确定事由规定的完善留下了空间。③

在审判实践中，适用本条要注意最高额抵押权确定后的效力问题。最高额抵押权确定后的效力，主要有以下两个方面：

第一，最高额抵押权担保的债权范围确定。最高额抵押权确定时存在的债权，不管其是否已到清偿期或者是否附有条件，均属于最高额抵押权担保的债权范围。同时，最高额抵押权确定时已存在的被担保债权的利息、违约金、赔

---

① 王欣新：《〈民法典〉与破产法的衔接与协调》，载《山西大学学报》（哲学社会科学版）2021年第1期。

② 最高人民法院民事审判第二庭：《最高人民法院民法典担保制度司法解释理解与适用》，人民法院出版社2021年版，第310页。

③ 最高人民法院民法典贯彻实施工作领导小组主编：《中华人民共和国民法典物权编理解与适用》（下册），人民法院出版社2020年版，第1162页。

偿金，均属于被担保债权的范围，只要在最高额抵押权确定时的发生额与主债权加起来没有超过最高限额即可。

第二，最高额抵押权转变为一般抵押权。最高额抵押权适用一般抵押权的法律规则，在债务人到期不履行债务或者出现当事人约定的实现抵押权的情形时，抵押权人可以依照一般抵押权的规定行使其抵押权。由于最高额抵押权所担保的债权是连续发生的，因此，这些债权的履行期往往并不一致。为了抵押权人行使权利的便利与高效，只要债务人对受最高额抵押权担保的多项债务中的一项发生不履行，即可满足"债务人不履行债务"的抵押权实现条件，不必等待所有被担保债权都出现不能清偿的情形时，才得以实现最高额抵押权。[①]

① 最高人民法院民法典贯彻实施工作领导小组主编:《中华人民共和国民法典物权编理解与适用》(下册),人民法院出版社 2020 年版,第 1163 页。

第九章　反担保与再担保

第一节　反担保

一、反担保的概念

反担保是对担保人履行担保义务后取得求偿权的担保，是指第三人为债务人向债权人提供担保的同时，又反过来要求债务人对担保人提供担保的行为，可称之为担保之担保，其目的在于保证担保人追偿权的实现。其他国家立法对反担保问题均未明文规定，无论是罗马法还是近现代大陆法系或者英美法系的担保立法制度均未见记载。唯我国以立法的方式首次明文规定了反担保制度。[①] 原《担保法》第 4 条、原《物权法》第 171 条和今《民法典》第 387 条第 2 款、第 689 条规定了反担保制度。反担保是相对于本担保而言并在既存本担保关系的基础上设立的，作为反担保的对称并作为反担保存在基础的本担保，只能是第三人向债务人提供的担保，债务人向债权人提供的担保不存在求偿问题。[②] 反担保制度的主要功能：能有效降低保证人的风险，可以强化第三人提供担保的意愿，从而缓解觅保难的问题。

二、反担保的特征

(一) 反担保担保的债权与本担保不同

反担保具有从属性，这不言而喻。但是与原担保相比，其从属的债权不同。原担保从属于主债权债务，是对债权人债权提供的担保。而反担保是对原担保中的担保人的追偿权提供的担保，其担保的对象指向担保人向债务人不能

---

① 车辉:《对反担保法律适用问题的思考》,载《法律适用》2006 年 8 期。

② 刘保玉主编:《担保法原理精要与实务指南》,人民法院出版社 2008 年版,第 48 页。

追偿的债权。担保对象的不同是反担保区别于原担保合同的本质特征，也决定了担保合同是债权债务合同的从合同，而反担保合同并非担保合同的从合同。[①] 其实，担保合同与反担保合同的关系问题，一直有争议。一种观点认为，反担保合同是担保合同的从合同，担保合同无效时，反担保合同应当认定为无效，应当根据反担保人是否存在过错确定其责任承担。另一种观点认为，反担保合同担保的是担保人对于主债务人的追偿权，其与担保合同之间并非主合同与从合同的关系，担保合同无效不影响反担保合同的效力。反担保人应当按照反担保合同的约定在担保人实际承担责任的范围内承担担保责任。[②]

《民法典担保制度司法解释》第 19 条规定，担保合同无效，承担了赔偿责任的担保人按照反担保合同的约定，在其承担赔偿责任的范围内请求反担保人承担担保责任的，人民法院应予支持。

反担保合同无效的，依照上述司法解释第 17 条的有关规定处理。当事人仅以担保合同无效为由主张反担保合同无效的，人民法院不予支持。

要理解第 19 条，应注意以下几个方面：

第一，担保合同无效并不导致反担保合同无效。这说明反担保合同与担保合同在合同效力上不具有从属性。

第二，反担保合同无效的，其对担保人的赔偿，根据过错责任原则，依据《民法典担保制度司法解释》第 17 条的规定办理。

第三，担保合同无效，承担赔偿责任的担保人可以要求反担保人承担担保责任，即反担保人对担保人的赔偿责任也应当承担担保责任。

（二）反担保方式与本担保不同

反担保与本担保均可以采取保证、抵押、质押方式，理论和实务上均无异议。有争议的是留置是否可以作反担保的具体形式。在此问题上，有否定说和肯定说两种主张。否定说认为，首先，从法律属性角度而言，留置权是法定担保物权，依据原《担保法》的规定，只有保管、运输、加工承揽合同以及法律规定可以留置的其他合同，才有适用留置权的可能。而对于担保产生的债

① 最高人民法院民事审判第二庭:《最高人民法院民法典担保制度司法解释理解与适用》,人民法院出版社 2021 年版,第 218 页。

② 最高人民法院民事审判第二庭:《最高人民法院民法典担保制度司法解释理解与适用》,人民法院出版社 2021 年版,第 217 页。

权，依法不能适用留置方式。肯定论者认为，留置权不能以意思表示而设立，其法定性并不意味着仅有法律明文规定的加工承揽、仓储保管、运输合同，其他合同也可以适用。从立法精神看，设立担保的目的在于促进资金融通，保障债权实现，如果对留置权的适用仅限于特定的几类合同，有悖于担保法的立法目的。[①] 有的学者根据原《担保法》第 4 条第 2 款“反担保适用本法担保的规定”这一内容的规定，认为反担保方式也有保证、抵押、质押、留置、定金五种担保方式。[②] 最高人民法院持否定说，认为在反担保中，并非所有的担保方式均可以作为反担保的方式，其中留置权属于法定担保物权，不能适用于因约定而产生的反担保。[③]

原《担保法司法解释》第 2 条第 2 款规定：“反担保方式可以是债务人提供的抵押或者质押，也可以是其他人提供的保证、抵押或者质押。”笔者认为最高人民法院的观点值得商榷 ：

第一，在担保人承担民事责任后，对反担保人的追偿债权已经确定，且已到期，担保人具备留置反担保人动产的一般要件。

第二，在担保人与反担保人均为企业法人的情况下，留置权的行使不要求债权与被留置动产具有同一法律关系。因此，反担保债权人可以留置反担保人的资产。

第三，在担保手段日益现代化的今天，固守留置权仅适用于特定的几类合同的观念，无疑不适应现代社会发展。留置权是法定担保方式，无须与债务人协商，债权人即可采取留置措施，简单快捷，至于债权人的身份，法律没有作特别规定，故留置权人是张三、李四，或者是担保人，均无不可。

定金方式不适用于反担保方式，原因在于，如果债务人能提供定金，无须再寻找第三人作为担保人，其直接可以向债权人提供担保。

（三）反担保合同与担保合同的当事人不同

当第三人提供担保时，担保合同的当事人是债权人、债务人、担保人三方

---

① 高圣平:《担保法论》,法律出版社 2009 年版,第 67 页。

② 董开军主编:《〈中华人民共和国担保法〉原理与条文释义》,中国计划出版社 1995 年版,第 14 页。转引自李霞、林宪民:《论反担保及其方式》,载《当代法学》1998 年 3 期。

③ 最高人民法院民事审判第二庭:《最高人民法院民法典担保制度司法解释理解与适用》,人民法院出版社 2021 年版,第 220 页。

当事人；当债务人为提供物的担保时，担保合同当事人是债权人和债务人两方当事人。反担保合同的当事人是两方当事人还是三方当事人，法律规定对此语焉不详，值得探讨。

《民法典》第689条规定，保证人可以要求债务人提供反担保；第387条第2款规定，第三人为债务人向债权人提供担保的，可以要求债务人提供反担保。上述法条中使用的词语是“债务人提供反担保”，关键词是“提供”。“提供”在字面意思上有广义和狭义两种解释。狭义的解释是债务人自身提供担保；广义的解释则既包括债务人自身提供的担保，也包括债务人提供的其他人所做的担保，比如其他人的保证和物上保证。从狭义上理解，反担保合同包括担保人、反担保人（债务人）两方当事人；从广义上理解，反担保合同包括反担保人、担保人、债务人。笔者认为，正常情况下，应从广义上理解“提供”的含义，反担保合同应当包括三方当事人，理由如下：

第一，债务人自身提供反担保的可行性不够。债务人如果自身有良好的履行能力或者有提供担保的物资条件，在主合同关系中，债务人自身可以向债权人提供担保，无须另外的担保人介入主合同关系，毕竟寻找担保人对债务人来说并不是容易的事。只有债务人自身不具备向债权人提供担保的条件时，债务人才会寻找第三方向债权人提供担保。正常情况下，若债务人自身不具备担保条件，担保人也不可能接受债务人向其提供的反担保。

第二，担保人为自身权益的实现，总是会寻找资信良好、担保物价值变现容易的第三方担保。实践中，担保人与债务人存在千丝万缕的联系，对债务人的资产状况比较了解。从担保人角度看，其更愿意债务人之外的其他人为其提供反担保。

三、反担保人的责任范围

《民法典担保制度司法解释》第19条规定，反担保人对担保人的赔偿责任承担担保责任，担保限额是担保人的赔偿范围。根据举重以明轻原则，反担保人应当对担保人的担保责任承担担保责任，故，反担保人的担保责任范围包括两个方面，即担保人的赔偿责任与担保责任。法条中对反担保人对担保人的赔偿责任承担担保责任没有例外规定，应理解为不能以约定排除之。

有学者认为，反担保的效力范围，原则上与担保人承担责任的范围相一致，除有约定外，应当包括主债权、利息、违约金、损害赔偿金、实现债权的费用。①

四、反担保人的抗辩权

反担保人面对担保人的起诉，是否享有抗辩权？这是需要探讨的问题。

笔者认为，反担保人的抗辩权包括以下方面：

一是反担保人基于反担保合同的抗辩权。比如，反担保人的主体资格不符合规定，反担保的程序不符合法律、司法解释的规定，担保方式的抗辩等，这些基于反担保合同的抗辩权，反担保人依法享有，自无疑问。

二是反担保人是否可以享有对债务人的抗辩权？法律对此没有规定。笔者认为，反担保人应当享有债务人的抗辩权。理由是：第一，担保人享有的对债务人的抗辩权是担保法律制度的重要特征，反担保是一种特殊的担保方式，反担保人应当有这种抗辩权。第二，避免担保人与债权人串通，侵害反担保人的利益。第三，担保合同与反担保合同虽是两个合同，但并非没有联系，而是有着天然的联系。因此，对于担保人没有提出的债权诉讼时效抗辩，债务是否发生的抗辩，债权人与债务人互相串通的抗辩等，反担保人可以向担保人提出，法院应当予以支持。

第二节　再担保

一、再担保的含义及特征

再担保制度是社会信用的延伸，是一种特殊的担保方式。它是指第三人向债权人承诺，当债权人的担保人不能独立承担责任时，该第三人（即再担保人）将代替担保人向债权人继续清偿剩余的债务，以保障债权的实现。② 再担保是对担保设定的担保，目的是增强债权受偿保障，更好地促进资金融通，繁荣经济贸易活动。再担保制度在国外有明确的法律规定，我国对此没有规定。《国务院关于促进融资担保行业加快发展的意见》（国发〔2015〕43 号）中指

① 李霞、林宪民:《论反担保及其方式》,载《当代法学》1998 年 3 期。

② 曹士兵:《中国担保诸问题的解决与展望——基于担保法及其司法解释》,中国法制出版社 2001 年版,第 10 页。

出，要发挥政府主导作用，推进再担保体系建设，加快再担保机构的发展，研究设立国家融资担保基金，推进政府主导的省级再担保机构基本实现全覆盖，构建国家融资担保基金、省级再担保机构、辖内融资担保机构三层组织体系，有效分散融资担保机构风险，发挥再担保机构的稳定器作用。该项政策明显是政府为解决中小企业融资难、融资贵的问题而出台的，由政府提供再担保基金。这与法律语境及市场经济下的再担保制度有区别，其目的不是保障主债权的实现，而是通过责任分担的形式，维持担保机构的清偿能力。

再担保法律关系涉及众多主体，包括债权人、债务人、担保人、再担保人。在债务人是担保人的情况下，存在三方主体。再担保法律关系的主体是指债权人和再担保人，只有这两方主体在再担保法律关系中存在权利与义务关系。再担保法律关系的客体是担保人的给付行为，即在担保人承担担保责任后，仍然不足以清偿债务的，债权人和再担保人共同指向担保人的给付行为。再担保法律关系的内容是，债权人有权在其债权没有得到全部满足后，向再担保人主张担保责任，要求再担保人代为履行不足部分；再担保人有义务依据约定承担担保责任。

再担保法律关系中，由于存在众多主体，因此内部合同关系比较复杂。比如，债权人和债务人之间的主合同关系，债务人和担保人之间的委托关系或者无因管理关系，债权人和担保人之间的担保合同关系，债权人与再担保人之间的再担保合同关系。

再担保具有以下特点：

第一，以主担保的存在为前提。再担保的设定必须以在主债权上已经设定担保为前提，这是再担保设定的对象条件。已经存在的担保在再担保法律关系中被称为主担保。作为再担保设立的主担保，既可以是主债务人提供的担保，也可以是第三人提供的担保。主担保是再担保的前提和条件，主担保合同无效可否导致再担保合同无效？笔者认为，再担保合同与主担保合同一样，都以债权人的债权实现为目标，再担保合同与主债权债务合同存在依附关系，其不是保障主担保人的利益而存在的，因此，再担保人与主担保之间不存在依附关系，主担保合同无效不能导致再担保合同无效。但是，主债权债务合同无效会导致再担保合同无效。

第二，再担保人必须是主担保人之外的人。当主担保人是债务人之外的第三人时，再担保人必须是债务人、主担保人之外的第三人。

第三，再担保的设定需要当事人明确约定。由于再担保是一种特殊形式的担保，不论在设立条件上，还是在设立的范围方式和效力上均有特殊性，因此，再担保的设定必须有当事人之间的明确约定。当事人之间没有约定或者约定不明时，除非有证据证明，应推定为共同担保。

第四，再担保的形式可以是再保证、再抵押、再质押。定金和留置方式不适于再担保制度。[①]

再担保在设立上附属于主担保。但是，再担保合同的效力不依附于主担保合同效力。主担保合同无效，并不必然导致再担保合同无效。主债权债务合同无效，再担保合同无效。

二、再担保人的责任范围

再担保除自身特性外，仍受担保法律的规制。在主债权债务合同及主担保合同均有效的情况下，再担保人承担补充清偿责任，即对主担保人不能清偿的部分，承担补充责任，因此，再担保人是第二顺序的担保人。[②]

首先，再担保人的清偿范围可以约定。再担保人需要承担担保责任或者其他责任时，再担保人依据约定向债权人承担责任。

其次，没有约定的情况下，应当推定为主担保人不能清偿的部分。

再担保人的责任范围存在以下问题需要探讨：

第一，如何认定主担保人不能清偿的范围？这是判定再担保人责任范围时首先遇到的问题。笔者认为，关于“主担保人不能清偿的部分”，建议参照原《担保法司法解释》第131条规定的债务人“不能清偿”进行判定。该条规定，“对债务人的存款、现金、有价证券、成品、半成品、原材料、交通工具等可以执行的动产和其他方便执行的财产执行完毕后，债务仍未能得到清偿的状态”，是不能清偿。剩余债权部分可以认定主担保人不能清偿的部分。在主担保人进入破产程序后，再担保人第二顺序责任的抗辩权应当受到限制，债权人可以向再担保人主张权利。

第二，主债权债务合同无效、主担保合同无效、再担保合同无效等情形

---

① 刘保玉主编：《担保法原理精要与实务指南》，人民法院出版社2008年版，第60页。

② 曹士兵：《中国担保诸问题的解决与展望——基于担保法及其司法解释》，中国法制出版社2001年版，第10页。

下，再担保人的责任问题，应依据《民法典担保制度司法解释》第 17 条的规定进行处理，先由主担保人承担赔偿责任，再由再担保人承担赔偿责任（前提是再担保人有过错）。

第三，主债权债务合同有效、主担保合同无效、再担保合同有效情况下，再担保人的责任范围如何界定？笔者认为，根据再担保合同的性质，此时并不影响再担保合同的效力，再担保人的担保范围是主担保人不能清偿的部分。

三、再担保与共同担保的区别

共同担保是指数人为同一笔债权提供担保，担保人为二人以上。其与再担保有相似之处，因而在实践中容易混淆。再担保与共同担保的区别：第一，担保的对象不同。共同担保是为同一债权提供的担保，各担保人之间在履行担保责任问题上没有先后顺序；再担保设立的前提是主担保。没有主担保就没有再担保，其担保对象是主担保。第二，履行担保责任顺序不同。在有特别约定时，共同担保人向债权人承担连带责任；再担保只能是在主担保不能完全清偿时，才承担补充责任。第三，担保范围不同。共同担保的担保范围一般是主债权以及利息、违约金等；再担保的范围是主担保人不能清偿的部分。第四，共同担保与再担保在诉讼时效、抗辩权等方面也存在不同。实践中，准确判定再担保与共同担保，对当事人权利义务影响很大。

四、再担保人的抗辩权及追偿权

再担保人的抗辩权是再担保制度的重要组成部分。再担保人同主担保人一样依法享有抗辩权及追偿权。再担保人的权利主要有以下几个方面：

第一，享有主债务人的抗辩权。由于再担保是对主债务的担保，因此再担保人享有主债务人的抗辩权，对于主债务是否发生、是否超过诉讼时效等问题，均有抗辩权。

第二，享有履行顺序抗辩权。在再担保合同中明确约定再担保范围的情况下，再担保人无法提出履行顺序抗辩。在未对担保范围明确约定的情况下，再担保人是第二顺序担保人，因此，对于债权人向其提出的承担责任主张，其有权提出其是第二顺序担保人的抗辩。

第三，再担保人的专属抗辩权。比如，再担保合同不成立、无效，债权人超过担保期间以及债权人超过诉讼时效等抗辩事由。

第四，再担保人的追偿权。再担保人承担责任后，有权向债务人提起追偿。特殊情况下，再担保人甚至可以向主担保人提起追偿。比如，主担保合同无效，主担保人对此有过错的情形下，应允许再担保人向主担保人追偿不能从债务人处追偿的部分，以体现公平公正。

五、再担保制度与反担保制度的区别

再担保制度与反担保制度等都是担保制度的特殊表现形态，都服从担保法律制度规制，都与主债权债务合同有关，相同点比较多。但是，两者的区别也是明显的。首先，两者的最大区别是担保的范围不同。再担保人担保的是主担保人不能向债权人清偿的部分，属于债权人债权的一部分；对于主担保而言，再担保人是第二顺序担保人。反担保人担保的范围是担保人已经向债权人清偿且不能从债务人处获得清偿的部分，其担保范围不再是主债权的一部分，而是担保人的清偿数额。两者之间的担保范围有质的区别。其次，受益人不同。再担保的受益人是债权人，是为保证债权人利益而设置的制度；反担保的受益人是担保人，是为保障担保人的利益而设置的制度。此外，由于担保范围不同，二者也会在担保时效、期间等方面存在不同。

第十章　借新还旧

第一节　借新还旧的认定

“借新还旧”并非真正的金融专业术语或者法律概念，其基本内涵是债权人和债务人在旧的贷款尚未清偿的情况下，再次签订贷款合同，并以新贷出的款项偿还旧的贷款的一种现象。这种操作模式在我国金融机构中被普遍使用，并成为化解不良贷款的重要方式之一。究其原因：一是部分借款人为了达到短期借款长期使用的目的，人为地对到期贷款不办理展期手续，而是通过借新还旧的方式，降低财务成本。二是部分金融机构基于考核和监管压力，采取借新还旧的方式消灭逾期贷款，降低不良贷款率，使得账面上符合监管要求。[①] 但是，借新还旧在一定程度上对社会信用产生负面影响，使借款人信用意识弱化，在某种程度上掩盖了信贷资产质量的真实情况，推迟了信贷风险的暴露时间，沉淀并积累了信贷风险。

借新还旧问题在中国有其独特的语境，《民法典》作为民事领域的基本法不宜直接规定这一问题，只能留待司法解释具体规定。[②] 原《担保法司法解释》第 39 条规定：“主合同当事人双方协议以新贷偿还旧贷，除保证人知道或者应当知道的外，保证人不承担民事责任。新贷与旧贷系同一保证人的，不适用前款的规定。”《民法典担保制度司法解释》沿袭上述思路，并进行了修订扩展，形成该司法解释第 16 条：“主合同当事人协议以新贷偿还旧贷，债权人请求旧贷的担保人承担担保责任的，人民法院不予支持；债权人请求新贷的担保人承担担保责任的，按照下列情形处理：（一）新贷与旧贷的担保人相同

---

① 最高人民法院民事审判第二庭:《最高人民法院民法典担保制度司法解释理解与适用》,人民法院出版社 2021 年版,第 203 页。

② 高圣平、谢鸿飞、程啸:《最高人民法院民法典担保制度司法解释理解与适用》,中国法制出版社 2021 年版,第 135 页。

的，人民法院应予支持；（二）新贷与旧贷的担保人不同，或者旧贷无担保新贷有担保的，人民法院不予支持，但是债权人有证据证明新贷的担保人提供担保时对以新贷偿还旧贷的事实知道或者应当知道的除外。（三）主合同当事人协议以新贷偿还旧贷，旧贷的物的担保人在登记尚未注销的情形下同意继续为新贷提供担保，在订立新的贷款合同前又以该担保财产为其他债权人设立担保物权，其他债权人主张其担保物权顺位优先于新贷债权人的，人民法院不予支持。”

准确界定借新还旧的概念是正确适用法律，合理确定担保人民事责任的前提。通常认为，界定“借新还旧”需要满足两个基本条件：一是新贷和旧贷的当事人相同，即新贷的借贷双方与旧贷的借贷双方完全相同。二是新贷与旧贷具有目的上的关联性。就金融机构而言，其之所以发放贷款，是为了收回前期贷款，不是为了满足借款人的生产经营需要；就借款人而言，其借款并非为了生产经营目的，而是为了偿还借款。所以，为了确保专款专用，保障资金安全，新贷款项往往在借款人账户上留存时间非常短，甚至不留存，很快被金融机构划走。新贷具备贷款特征的合同文件、转账凭证等。

如果在新贷合同中没有约定借新还旧，则可以从以下行为中推定是借新还旧：一是款项根本没有贷出，只是更换贷款凭证的；二是借款人短时间归还贷款的（如上午贷出，下午归还的）；三是新贷数目恰好是旧贷的本息之和，借款人又在较短时间内归还旧贷款的。①

金融机构与借款人之间以贷还贷的共同意思表示是以贷还贷的成立要件，因此，要避免简单将以下两种情况作为以贷还贷处理：一是借款人单方面决定将借款偿还旧贷的；二是金融机构单方面扣收借款人的借款还贷的。如果无法查明金融机构与借款人之间的共同意思表示，又不能推定的，不能作为以贷还贷处理。②

关于借新还旧的性质，最高人民法院民事审判第二庭先后有两种不同的认识：一种观点认为，借新还旧是“主合同变更”。在借新还旧中，前后合同两个合同就借款期限、用途、金额等发生变更，由此认为是新合同对旧合同的变

---

① 最高人民法院经济审判庭编：《经济审判指导与参考》（第1卷），法律出版社1999年版，第225页。

② 最高人民法院经济审判庭编：《经济审判指导与参考》（第1卷），法律出版社1999年版，第225页。

更。新贷用于归还旧贷，旧贷因清偿而消灭。[①] 另一种观点认为，借新还旧，其性质属于债务更新，即通过设立新债的方式消灭旧债。[②]

笔者认为，债务更新说更适合描述借新还旧的性质。债务更新又称债的变更、债的更改，是消灭旧债成立新债的手段，对于旧债而言是一种债务消灭的原因。正是因为旧债消灭，所以旧债权上所附着的利益与瑕疵一并归于消灭。[③]

第二节　借新还旧担保人的担保责任

根据《民法典担保制度司法解释》第 16 条的规定，借新还旧担保问题涉及以下几类要素：新贷、旧贷、新贷担保人、旧贷担保人。借新还旧的担保责任主要考察新贷债权和新贷担保人的担保责任。

一、债权人请求旧贷担保人承担责任的，法院不予支持

当事人借新还旧后，旧贷债权已经消灭，根据担保的依附性原则，旧贷债权消灭后，旧贷担保人的担保责任解除，所以新贷债权人请求旧贷担保人承担责任的，没有法律依据，人民法院应当不予支持。

二、新贷担保人与旧贷担保人相同的，应当对债权人承担担保责任

关于新贷担保人与旧贷担保人相同时担保人的责任问题，理论和实务界有两种观点：一种观点认为，即使新贷担保人不知道贷款用途是借新还旧，但旧债务未清偿，若没有新贷的发生，担保人依然要对旧贷承担担保责任。新贷没有加重担保人责任，不构成对新贷保证人利益的损害，因此，新贷保证人应当对债权人提供担保责任。[④] 另一种观点认为，在借新还旧情形下，主合同当事

---

① 最高人民法院民事审判第二庭编著：《〈全国法院民商事审判工作会议纪要〉理解与适用》，人民法院出版社 2019 年版，第 355 页。

② 最高人民法院民事审判第二庭：《最高人民法院民法典担保制度司法解释理解与适用》，人民法院出版社 2021 年版，第 203 页。

③ 韩世远：《合同法总论》（第三版），法律出版社 2011 年版，第 451 页。

④ 李国光：《最高人民法院〈关于适用《中华人民共和国担保法》若干问题的解释〉理解与适用》，吉林人民出版社 2000 年版，第 163—167 页。转引自高圣平、谢鸿飞、程啸：《最高人民法院民法典担保制度司法解释理解与适用》，中国法制出版社 2021 年版，第 137 页。

人通常只在担保借款合同中写明流动资金贷款，保证人在不知道借新还旧的情况下，为新贷提供担保，属于主合同双方当事人串通骗取保证人提供担保的情形，妨碍了保证人对债务人的监督权，增加了保证人的风险，故保证人不再承担保证责任。[①]

上述两种观点的焦点在于，新贷担保人与旧贷担保人相同时，新贷担保人对新贷承担责任的前提是对借新还旧的事实“明知”或者“应知”？结论是不需要以“明知”或者“应知”为前提。借新还旧的事实为承担担保责任的要件，理由是新贷和旧贷是两个不同的合同，既然担保人为新贷和旧贷同时提供担保，担保人就应当对新贷和旧贷两份借款合同承担担保责任。现在，以新贷偿还了旧贷，债务人的责任减轻，担保人的担保责任亦随之减轻。因此，借新还旧有利于担保人，并不侵害担保人的利益。在新贷与旧贷是同一担保人的情形下，担保人需对新贷债权人承担担保责任。

三、新贷与旧贷不是同一担保人的，以新贷担保人知道或者应当知道借新还旧事实为担责要件

新贷与旧贷不是同一担保人的，包括三种情况：一是新贷与旧贷均有担保人，但是担保人不相同；二是旧贷无担保人而新贷有担保人；三是旧贷有担保人而新贷没有担保人。无论哪种形式的新贷与旧贷担保人不同的情况，与普通的借款相比，在借新还旧情形下，并没有资金流入债务人，因此其对外承担民事责任的责任财产没有增加，这对担保人求偿权的实现来说，极为不利，对担保人是极大的风险。为免于使新贷担保人陷于不利的风险中，保障社会公平，需要担保人根据自愿原则确定是否承保。为此，需要保障担保人的知情权，即对于借新还旧的事实必须知情，否则不应当对新贷担保人课以担保责任。司法实践一直重视新贷与旧贷不是同一担保人情形下新贷担保人的知情权问题。在宁夏圣雪绒国际企业集团有限公司、宁夏圣雪绒房地产开发有限公司借款合同纠纷案[②]中，最高人民法院认为，再审申请人为新贷的保证人，并非旧贷的保证人，因此，判断其是否知道或者应当知道案涉借款为借新还旧的事实是该案的焦点问题。该案中，没有证据证明案涉 32 号主合同、36 号主合同的债权

① 车辉：《借新还旧的担保责任研究》，载《新疆社会科学》2005 年第 3 期。

② 最高人民法院（2018）最高法民申 6172 号民事裁定书。

人、债务人或其他人将所借款项用于偿还旧贷一事告知了保证人圣雪绒企业集团公司和圣雪绒房地产公司。虽然32号主合同、36号主合同均列明借款用途为偿还旧贷，但仅凭主合同上列明借款用途不能认定保证人应当对借新还旧的事实是知情的。其理由是：（1）案涉保证合同为《最高额保证合同》，即保证人在最高债权额限度内就一定期间连续发生的借款向债权人提供保证，但具体每笔被担保债权的发生则无须经过保证人的同意。《最高额保证合同》履行方式的特殊性导致除非相关主体主动告知，否则保证人难以及时知晓被担保债权的发生、用途、数额等情况。（2）案涉两份《最高额保证合同》的订立时间为2013年5月30日，早于32号主合同、36号主合同订立的时间，圣雪绒企业集团公司和圣雪绒房地产公司在订立《最高额保证合同》时，客观上无法知道案涉主债权的发生和用途。（3）案涉《最高额保证合同》也没有相关约定，无法使保证人圣雪绒企业集团公司和圣雪绒房地产公司有途径了解到包括案涉主债权在内的被担保债权的用途。（4）担保人是否知道或应当知道所担保的债权属于借新还旧，该事实应有直接证据证明，且举证责任在债权人。该案中，债权人在原审和再审申请期间均没有提供证据证明“担保人知道或者应当知道所担保的债权属于借新还旧”的事实存在。故，原审判决仅基于主合同列明贷款用途为借新还旧，就认定保证人圣雪绒企业集团公司和圣雪绒房地产公司应当知道该事实缺乏事实和法律依据。此案判决在保障新贷担保人知情权方面具有典型性，即即使主合同中注明借新还旧的事实，也不能推定信贷担保人对此知情，担保人是否知道或应当知道所担保的债权属于借新还旧，该事实应有直接证据证明，且举证责任在债权人。

四、新贷担保物权的顺位确定

这个问题是在这个应用场景下讨论的：担保人为旧贷提供了物的担保。借新还旧时，债权人和担保人约定，担保人继续为新贷提供担保。此时担保人为旧贷提供的物上担保登记尚未涂销。在新贷合同签订前，担保人以此抵押物为其他债权设定了担保。问题是：新贷担保物权和后来为其他债权设定的担保物权，何者优先？

讨论这个问题，必须首先解决第一个层面的问题，即旧贷担保物权可否延续到新贷上？如果旧贷担保物权不能延伸到新贷上，则该问题不用讨论，答案自明。如果旧贷担保可以延伸到新贷上，则此问题还可以继续讨论。

关于旧贷担保权可否延续到新贷上的问题，司法实践中有不同的判决。在“利群公司与大地公司抵押权纠纷上诉案”① 中，一审法院认为，在借新还旧的情况下，新的贷款与旧的贷款存在牵连关系，应认为新贷是对旧贷的展期，且两份借款合同项下的抵押物是同一的，抵押关系在时间上并不间断，抵押权的效力并不间断，因此无须办理抵押登记，抵押权的效力自动延伸至新贷。最高人民法院认为，贷新还旧是用新贷出的款项归还了旧的贷款，其本质是以新债偿还了旧债，旧的债权消灭，新的债权产生。在担保方面，尽管抵押物可能还是原有的物，但是一般会在登记部门办理抵押权注销登记，同时办理抵押权的重新设立登记。无论注销和重新设立抵押权是否在同一天，在法律上仍是两个法律行为，即原抵押权消灭和新抵押权设立两个行为。该案中的借贷双方即于 2009 年 11 月 28 日办理了抵押权注销登记并重新设立了抵押权。从利益与风险相一致的角度来看，银行享受了贷新还旧所带来的利益，自然也需承担由此带来的风险。并且，对于此种风险，银行也应当是知情的。此外，从金融监管的角度看，贷新还旧并不能对降低不良贷款率有多少实质性的作用，相反，如果滥用这一做法，还可能助长不良的信用行为，最终导致更为严重的后果。因此，将贷新还旧的法律风险归于金融机构，也可督促其更为审慎地采取这样的做法。故金融机构贷新还旧，尽管新贷款与旧贷款之间存在牵连，抵押物也是原有的物，但应当认为是以新债偿还了旧债，旧的债权及其所附抵押权消灭，新的抵押权自重新办理抵押登记时设立。当事人向银行贷款并作了抵押权登记，事后又将该抵押物租赁给他人，贷款到期后又以贷新还旧的方式归还了上一笔贷款，重新做了抵押权登记，至此应认为原债权及其所附抵押权消灭，自重新登记时起成立新的抵押权。

《民法典担保制度司法解释》第 16 条第 2 款完全不采纳此案的上述观点，而是认可旧贷的担保物权的效力自动延伸至新贷之上，“只要抵押人同意继续为新贷提供担保，不需要重新办理抵押登记，旧贷的抵押权即可自动担保新贷债权。而且，该抵押权具有对抗新贷合同签订前抵押人为其他担保人设定的担

---

① 辛正郁、刘高：《利群公司与大地公司抵押权纠纷上诉案——如何认定金融机构“贷新还旧”时抵押权的设立时间》，载最高人民法院民事审判第一庭编：《民事审判指导与参考》（2013 年第 4 辑），法律出版社 2014 年版。该案焦点是解决抵押权与租赁权的关系问题，但首先要解决旧贷物的担保是否可以自动延伸至新贷上的问题。

保物权的效力”①。

最高人民法院采取旧贷担保物权自动延伸到新贷债权的做法，虽有合理性，但在实践中会出现理论上的不自洽，侵害其他债权人利益。首先，抵押权以登记为生效原则，而抵押权登记与其担保的债权存在对应关系。新贷债权人未经抵押登记而享有抵押权，破坏了抵押登记生效原则。尽管新贷与旧贷有牵连关系，但毕竟是两笔不同的债，新债与旧债不具备同一性，旧贷抵押登记并不同于新贷抵押登记。抵押登记生效原则是物权法的基本原则，为新贷债权人利益而破坏物权法的基本原则，实属没有必要。其次，当事人借新还旧时，旧贷债务履行期满，而抵押物尚未被处分，其他债权人以该抵押物为债之担保，存在信赖利益，如果新贷债权人优于其他债权人优先受偿，将会使其他债权人面临难以预测的风险，侵害当事人的信赖利益，由此形成的结果是债权人在以旧贷抵押物再次办理抵押时，必须查询在此之前是否有借新还旧抵押，徒增交易烦琐性。故，笔者认为，最高人民法院将旧贷担保自动延伸到新贷债权并享有优越地位的规定欠妥当。

① 高圣平、谢鸿飞、程啸:《最高人民法院民法典担保制度司法解释理解与适用》,中国法制出版社 2021 年版,第 141 页。

第十一章　担保纠纷处理

担保纠纷案件的审理较为复杂，主要原因是担保纠纷案件的当事人较多，其诉讼地位不一，权利义务关系多样。我国《民事诉讼法》对当事人较多的诉讼程序在制度设计上存在明显不足，司法实务分歧较大。[①] 尤其是担保纠纷案件与破产程序相互交织时，担保纠纷案件的审理对当事人权利义务影响更大。有鉴于此，《民法典担保制度司法解释》对担保纠纷的处理进行了专门的规定。本章以四个部分对担保纠纷的处理进行说明：一是担保纠纷案件管辖，二是担保纠纷与破产程序的衔接，三是保证人权利规则的参照适用，四是担保物权的代持问题。

第一节　担保纠纷案件管辖

担保纠纷案件，无论是人的担保还是物的担保，最终大多是通过诉讼或者仲裁方式解决的。担保纠纷案件涉及债权债务合同及担保合同两个既独立又有关联的合同，由于签订主体不同、地点不同，在约定管辖或者地域管辖等方面不同于普通民事案件，担保纠纷的管辖因而具有自身特点。

《民法典担保制度司法解释》第 21 条规定："主合同或者担保合同约定了仲裁条款的，人民法院对约定仲裁条款的合同当事人之间的纠纷无管辖权。债权人一并起诉债务人和担保人的，应当根据主合同确定管辖法院。债权人依法可以单独起诉担保人且仅起诉担保人的，应当根据担保合同确定管辖法院。"

该条文共有三句话，划定了担保纠纷案件主管及管辖的边界，规定了担保纠纷案件管辖的基本原则。

---

① 曹士兵：《中国担保制度与担保方法——根据物权法修订》，中国法制出版社 2008 年版，第 381 页。

一、主合同或者担保合同约定仲裁管辖时的管辖权

主合同或者担保合同约定了仲裁的，人民法院对约定仲裁的合同当事人之间的纠纷无管辖权，即不论是主合同还是担保合同，只要其中有一个合同约定了仲裁条款，法院对于约定仲裁条款的合同，不得行使案件管辖权。这样规定的理由：一是诉讼与仲裁是并行的争议解决方式，对于同一纠纷，我国奉行或审或裁原则——约定仲裁的，法院不得管辖；没有约定仲裁的或者约定无效的，法院应当管辖。当事人基于自愿约定仲裁解决纠纷方式，是民商事活动“私法自治”“契约自由”原则的重要体现，而契约自由是民商事活动健康发展的基石，而用诉讼方式解决纠纷，是国家司法主权介入民事活动，具有强制性，不以当事人意志为转移。尊重当事人合法的意思自治，是司法机关的重要职责。权力止于权利。所以，在当事人约定了仲裁的情况下，法院不能且不必要介入当事人的纠纷解决中。

二、债权人一并起诉债务人和担保人时的管辖法院

债权人一并起诉债务人和担保人的，应当根据主合同确定管辖法院。该规定与前述规定不同，其应用场景应当是，主合同和担保合同均未约定仲裁管辖或者约定的仲裁管辖无效，主合同与担保合同均由法院管辖的情况下，依据主合同确定案件的管辖法院。如此规定的依据是，如不确定主债权合同，担保债权就无法确定。①

需要研究的是，如果主合同约定了仲裁，但是从合同中约定了与主合同不同的仲裁机构，是否可以参照上述“从随主”的原则，确定案件由主合同仲裁机构管辖？对此，学界有肯定说、否定说及区分说三种学说。② 笔者认为，当事人在民事活动中地位平等，主合同中约定的仲裁机构，体现了债权人与债务人之间的合意；而担保人与债权人之间的担保合同约定的仲裁机构，体现了担保人与债权人之间的合意；前者的合意与后者的合意不能互相取代。基于此，主合同约定的仲裁机构不能取代担保合同约定的仲裁机构。故，不能依据

① 高圣平、谢鸿飞、程啸:《最高人民法院民法典担保制度司法解释理解与适用》,中国法制出版社 2021 年版,第 181 页。

② 高圣平、谢鸿飞、程啸:《最高人民法院民法典担保制度司法解释理解与适用》,中国法制出版社 2021 年版,第 183 页。

“从随主”的原则，确定担保合同的仲裁机构。

三、债权人依法单独起诉担保人且仅起诉担保人的案件管辖

债权人依法起诉担保人且仅起诉担保人的，应当依据担保合同确定案件管辖。《民法典》第 688 条第 2 款规定，连带责任保证的债务人不履行到期债务或者发生当事人约定的情形时，债权人可以请求债务人履行债务，也可以请求保证人在其保证范围内承担保证责任。据此，债权人单独起诉担保人且仅起诉担保人的，依据担保合同确定案件管辖，即担保合同有约定的，依据约定确定案件管辖；没有约定的，依据法律规定确定案件管辖。此外，根据《民法典》第 687 条，一般保证人失去先诉抗辩权的，债权人可以单独起诉一般保证人。担保人提供物的担保的，物上保证人对于主债务人并无先诉抗辩权，当发生约定情形或者法定情形时，债权人可以直接起诉物上担保人。

第二节　担保纠纷与破产程序衔接

在担保合同纠纷中，遇有债务人破产，债权人、担保人的权利义务关系因破产程序的加入而变得更为复杂。债权人遇到的问题有以下几个方面：一是可否同时向债务人申报债权和向担保人主张担保责任；二是担保债务是否停息；三是如何避免债权人在债务人破产程序与追究担保责任中双重受偿问题；四是担保人的通告抗辩权问题。

一、债权人可否同时向债务人申报债权和向担保人主张担保责任

关于该问题，《企业破产法》对此没有作出规定。原《担保法司法解释》第 44 条规定：“保证期间，人民法院受理债务人破产案件的，债权人既可以向人民法院申报债权，也可以向保证人主张权利。债权人申报债权后在破产程序中未受清偿的部分，保证人仍应当承担保证责任。债权人要求保证人承担保证责任的，应当在破产程序终结后六个月内提出。”对于该条规定的第一句使用的“既可以”“也可以”等词语，司法实务中有不同理解。

择一说认为，破产程序中，债权人申报债权与向担保人主张权利，二者只能选择其一。如果选择了申报债权，就不能选择向担保人主张权利，反之亦然。择一说的主要理由是避免债权人双重受偿。择一说的另外一个理由是，第

44 条第 2 款规定的债权人向担保人主张权利应当在破产程序终结后的 6 个月内，该规定从侧面说明了择一说。

并行说认为，该规定赋予了债权人同时申报债权和向担保人提起诉讼的权利，二者可以并行，理由是原《担保法司法解释》第 44 条扩展了债权人的权利内容，其目的在于保护债权人的利益而非限制。如果将其解释为债权人只能在破产程序终结 6 个月后向担保人主张权利，与条文目的不符。如山东省德州市中级人民法院在（2015）德中商初字第 36 号民事判决书中认为："《担保法司法解释》第 44 条没有禁止债权人在向人民法院主张申报债权的同时向保证人主张权利，对于债权人既向人民法院申报债权，又向担保人主张权利的情况，可以结合案件的具体情况，在确认担保有效的情况下，判决保证人在破产程序结束后，对债权人未受清偿的部分承担保证责任，而不必驳回债权人的诉讼请求。"[①]

最高人民法院在对《关于担保期间债权人向保证人主张权利的方式及程序问题的请示》的答复[②]中认为："对于债权人申报了债权，同时又起诉保证人的保证纠纷案件，人民法院应当受理。在具体审理并认定保证人应承担保证责任的金额时，如需等待破产程序结束的，可依照《中华人民共和国民事诉讼法》第一百三十六条第一款第（五）项的规定，裁定中止诉讼。人民法院如径行判决保证人承担保证责任，应当在判决中明确应扣除债权人在债务人破产程序中可以分得的部分。"该答复显然采取了并行说的观点。

实务中，大部分法院采纳并行说。[③]

并行说主要是解决程序问题，债权人的债权仍以债权人在破产程序中得到的份额为基础，进而确定担保人的责任限额，即并行说只是具有程序意义，未在实体层面上彻底解决债权人的受偿权问题。[④]

《民法典担保制度司法解释》第 23 条第 1 款规定："人民法院受理债务人

---

① 最高人民法院民事审判第二庭：《最高人民法院民法典担保制度司法解释理解与适用》，人民法院出版社 2021 年版，第 248 页。

② 最高人民法院〔2002〕民二他字第 32 号。该答复是针对青海省高级人民法院〔2002〕青民二字第 10 号《关于担保期间债权人向保证人主张权利的方式及程序问题的请示》的答复。

③ 高圣平、谢鸿飞、程啸：《最高人民法院民法典担保制度司法解释理解与适用》，中国法制出版社 2021 年版，第 192 页。

④ 最高人民法院民事审判第二庭：《最高人民法院民法典担保制度司法解释理解与适用》，人民法院出版社 2021 年版，第 249 页。

破产案件，债权人在破产程序中申报债权后又向人民法院提起诉讼，请求担保人承担担保责任的，人民法院依法予以支持。”

对该款的理解，应当从以下两个方面：

第一，从程序上，债权人既可以申报债权，又可以向担保人主张权利。这显然是并行说的观点，但是比原《担保法司法解释》第44条的表述更加清晰明了了。虽然从字面上理解，债权人是在申报债权后向主担保人张权利，但是理解上还应当认为，债权人向担保人主张权利后，向被受理破产的债务人申报债权，也可适用本条规定。

第二，“依法予以支持”表明，人民法院不仅仅只是受理保证责任诉讼，而是应对债权人的主张予以实体审理并作出相应判决[①]，而不必等待债权人在破产程序中分得的数额。这样有利于保护债权人的利益，有利于迅速化解矛盾和纠纷。这样规定对一般担保也不存在法律障碍，债务人进入破产程序后，一般保证不享有先诉抗辩权，故，无论对于连带责任保证还是对于一般保证，债权人均可以对担保人提起诉讼。

有学者认为，根据《企业破产法》第58条的规定，债权人申报的债权，最终需要由法院裁定确认，在主债权未得到确认之前主张担保债权，将造成司法资源的浪费，还可能出现两个法院同时审查主债权，但判决不一致的情况。[②]

笔者认为，上述担心不必要，理由如下：

首先，《企业破产法》第58条规定：“依照本法第五十七条规定编制的债权表，应当提交第一次债权人会议核查。债务人、债权人对债权表记载的债权无异议的，由人民法院裁定确认。债务人、债权人对债权表记载的债权有异议的，可以向受理破产申请的人民法院提起诉讼。”据此，债权申报后的债权确认是非常简易的过程，债权人没有异议即可。债权人对债权表记载有异议的，法院不会确认该债权。

其次，除非债权人向受理破产的法院提出债权确认之诉，否则不会出现两家法院审理主债权的情况。债权人会同时提出债权确认之诉和担保责任之诉吗？笔者认为，从经济理性角度看不太可能，因为债权人对担保人的诉讼包括

① 最高人民法院民事审判第二庭:《最高人民法院民法典担保制度司法解释理解与适用》,人民法院出版社2021年版,第250页。

② 高圣平、谢鸿飞、程啸:《最高人民法院民法典担保制度司法解释理解与适用》,中国法制出版社2021年版,第192页。

对主债权的确认，债权人没有必要再对债务人提起一个单独的确认之诉。

再次，债权人对债权表不认可，向债务人提出确认之诉，由受理债务人破产的法院受理。债权人向担保人提出的担保案件之诉，由于需要列债务人为共同被告，根据《企业破产法》第21条规定的集中管辖原则，也应当是由受理债务人破产案件的法院管辖。这样就不会出现同一笔债权由两家法院判决的情况。

二、担保人担保的主债权利息是否因债务人破产而“止息”

根据《民法典》第388条、第389条、第682条和第691条的规定，担保的范围为主债权及利息、违约金、损害赔偿金、担保物的保管费用等。这些费用中，利息是最活跃的部分，随着时间的推移而不断增加。《企业破产法》第46条规定：“未到期的债权，在破产申请受理时视为到期。附利息的债权自破产申请受理时起停止计息。”债务人破产案件被法院受理后，主债权利息停止计息，担保债务利息是否停止计息？由于法律对此问题没有规定，因此在理论和实践中有不同的认识。

最高人民法院第二巡回法庭法官会议纪要中认为，主债务人破产，一般保证人的先诉抗辩权受到限制，债权人可以径行向一般保证人主张保证责任。人民法院裁定受理主债务人破产申请后，附利息的债权停止计息，债权人不能向主债务人主张破产申请受理后所产生的利息。但，对于未破产的保证人而言，主债务人破产，保证债权并不停止计息，保证人仍应承担破产申请受理后所产生的利息，并不得就已承担的该部分利息向主债务人追偿。[①]

浙江省高级人民法院、广东省高级人民法院、四川省高级人民法院与最高人民法院的上述观点一致。

审判实践中，最高人民法院关于担保债务是否停止计息的裁判存在冲突。在（2018）最高法民再19号浙商金汇信托股份有限公司、浙江三联集团有限公司金融借款合同纠纷案中，最高人民法院认为：“金汇信托公司的债权范围因主债务人三联集团公司进入破产重整程序而确定为254867898.2元。马文生、楼娟珍作为保证人，基于保证债务的从属性，其所承担的债务范围不应大于主债务人。故原审判决在确认金汇信托公司对三联集团公司的债权利息计算

① 贺小荣主编：《最高人民法院第二巡回法庭法官会议纪要》（第一辑），人民法院出版社2019年版，第206页。

截止到2015年8月17日人民法院受理破产重整申请之日止的同时，判令保证人马文生、楼娟珍在2015年8月18日之后继续按年利率24.4%向金汇信托公司继续支付利息至实际清偿之日止，明显缺乏法律依据，亦严重损害了保证人马文生、楼娟珍的合法权益，本院予以纠正。”但是在（2018）最高法民申6063号偃师中岳耐火材料有限公司、上海浦东发展银行股份有限公司洛阳分行保证合同纠纷案中，最高人民法院认为债务人进入破产程序后，主债务停止计息的效力不应及于保证人。（2020）最高法民申1054号江西天人生态公司、江西天祥通用航空股份有限公司金融借款合同纠纷案，（2019）最高法民申6229号重庆老虎资产经营管理有限公司、高山雪合同纠纷案，（2019）京民终804号西藏信托有限公司与广州凯路仕自行车有限公司等金融借款合同纠纷案，相关法院均持有类似观点。

为统一裁判尺度，《民法典担保制度司法解释》第22条中规定：“担保人主张担保债务自人民法院受理破产申请之日起停止计息的，人民法院对担保人的主张应予支持。”该规定采用停止计息说，担保债务具有从属性，主债权债务已经停止计息，担保债务仍然计息，该计息部分无所依从，成为空中楼阁。停止计息是公平公正的选择。

三、如何避免债权人在债务人破产程序与追究担保责任中双重受偿问题

《民法典担保制度司法解释》第23条第2款规定：“担保人清偿债权人的全部债权后，可以代替债权人在破产程序中受偿；在债权人的债权未获全部清偿前，担保人不得代替债权人在破产程序中受偿，但是有权就债权人通过破产分配和实现担保债权等方式获得清偿总额中超出债权的部分，在其承担担保责任的范围内请求债权人返还。”

理解该条款，应注意以下方面：

第一，只有担保人全部清偿了债权后，才可以代替债权人在破产程序中受偿。其言外之意是，担保人未全部清偿债权的，不能代替债权人在破产程序中受偿。担保人在债务人破产程序中，可以通过向管理人申请转付的方式，主张债权人应当分得的数额。[①] 对于“在债权人的债权未获全部清偿前，担保人不

① 最高人民法院民事审判第二庭:《最高人民法院民法典担保制度司法解释理解与适用》,人民法院出版社2021年版,第251页。

得代替债权人在破产程序中受偿”的法理依据，根据《民法典》第 700 条的规定，基于债权与担保的不可分原理，担保人的代位权的前提是承担全部担保责任后，才享有对债权人对债务人的权利。担保人部分履行担保责任的，不能向管理人申请取得债权人的应得部分。同时，该规定也有避免担保人获得超额收益的作用。

第二，担保人有向债权人的追偿权。担保人承担了担保责任，使债权人在破产程序中得到的清偿与担保人的清偿总额超过了债权总额的，担保人有权在其承担责任的范围内追偿。该举措可避免债权人超额受偿。比如，债权人在破产程序中得到 30 万元，在对保证人追偿诉讼中得到 50 万元清偿，超过其债权总额 10 万元，对于该 10 万元，因在保证人承担的责任范围（50 万元）之内，可向债权人追回该 10 万元。

第三，《民法典担保制度司法解释》第 23 条第 3 款规定：“债权人在债务人破产程序中未获全部清偿，请求担保人继续承担担保责任的，人民法院应予支持；担保人承担担保责任后，向和解协议或者重整计划执行完毕后的债务人追偿的，人民法院不予支持。”根据该条款，担保人承担担保责任后，如果和解协议或者重整计划尚未执行完毕，债务人仍应当受到担保人的追偿。

四、担保人的通告抗辩权

担保人的通告抗辩权，即债权人在知道或者应当知道债务人破产时，有义务在申报债权的适当时间内，向担保人作出不参加破产程序而向担保人求偿的意思表示。如果债权人在知道债务人破产时，既不申报债权，又不告知担保人债务人破产、自己不申报债权但不放弃求偿这些情况，导致担保人错过债权申报期限而未能预先从债务人破产财产中得到补偿的，担保人在其如及时申报债权就可以从破产财产中分到的价款范围内免责。[①]《民法典担保制度司法解释》第 24 条规定了担保人的通告抗辩权。理解担保人的通告抗辩权，主要注意以下几个方面：

1. 担保人的通告抗辩权的行使条件

一是债权人知道或者应当知道债务人破产；二是债权人既未申报债权也没

---

① 最高人民法院民事审判第二庭：《最高人民法院民法典担保制度司法解释理解与适用》，人民法院出版社 2021 年版，第 254—255 页。

有通知担保人申报债权；三是担保人因未能及使行使预先追偿权而遭受损失；四是担保人的利益受损是由于债权人的不作为造成的。[①] 从上述担保人通告抗辩权的行使条件看，担保人向债权人主张的是侵权责任。通告抗辩的后果是，债权人的侵权赔偿与担保人的担保责任抵销（或者部分抵销）。

关于担保人的通告抗辩权，还应探讨以下几个问题：

（1）关于债权人的知道与应当知道

根据《企业破产法》第 14 条第 1 款的规定，人民法院应当自受理破产申请之日起 25 日内通知已知债权人，并予以公告。通知和公告是人民法院受理债务人破产申请以后，两种重要的法律文书。通知的意义在于告知债权人债务人破产的事实，以及向管理人申报债权的有关事项。在担保人通告抗辩权的诉讼过程中，如果有人民法院通知债权人申报债权的证据，则通告抗辩权的第一个要件事实已经具备。

关于人民法院公告后，可否认定为债权人“应当知道”债务人破产，是一个值得分析的问题。

一般说来，人民法院受理债务人破产的公告张贴在债务人的厂区，或者法院的公告栏上，或者通过报纸以及在更大范围公告的方式。法院的公告一经作出，即视为债权人应当知道。如此，则不存在债权人不知道或者不应当知道主债务人破产的情形。但是，由于现实情况复杂，尤其是存在大量自然人债权的情形，如何衡平其注意义务与担保人的责任问题，值得在实践中进一步探索。

（2）债权人的通知义务

首先，债权人通知义务的法理基础。在债务人进入破产程序的情况下，债权人利益与担保人的利益休戚相关。债权人从破产程序中得到的清偿的多少，在一定意义上决定了担保人的损失程度，因为债务人进入破产，意味着担保人对债务人的追偿权无法足额实现。固然，在债务人进入破产程序后，债权人有放弃向法院申报债权的权利，但是根据债权人与担保人的担保协议，债权人对其知晓的有关债务人破产的情形有通知、协助等附随义务。债权人的通知义务（通告义务）是其应当履行的义务。

其次，关于债权人通知的方式。现行法律和司法解释没有规定通知的方

① 最高人民法院民事审判第二庭:《最高人民法院民法典担保制度司法解释理解与适用》,人民法院出版社 2021 年版,第 258—259 页。

式，因此可以认为债权人可以采取书面、口头等方式。有疑问的是，当债权人未为通知时，保证人已经知道债务人破产的，担保人是否可以以债权人未通知为由进行抗辩？有观点认为，在保证人知道债务人已经破产的情况下，而且债权人的行为足以使担保人知道债权人不申报债权参加破产程序的（比如，债权人已经要求保证人全额履行债务或者已经对保证人提起诉讼的），债权人未通知保证人申报债权预先行使追偿权，不能成为保证人抗辩的理由。原《担保法司法解释》第45条的规定（即《民法典担保制度司法解释》第24条规定），应当限制适用在保证人为善意的情况下，即适用于保证人既不知债务人破产也不知债权人未申报债权的情形下。[①] 笔者认为，保证人的预先追偿权是担保人的法定权利，债权人的通知是担保人获取债务人破产信息的途径之一，担保人不通过债权人途径而是通过自身途径获取的适于行使预先追偿权的信息时，如果不积极主张权利，显然是过错。

（3）补充申报期间预先行使追偿权过程中的债权确认费用承担问题

《企业破产法》第56条第1款规定："在人民法院确定的债权申报期限内，债权人未申报债权的，可以在破产财产最后分配前补充申报；但是，此前已进行的分配，不再对其补充分配。为审查和确认补充申报债权的费用，由补充申报人承担。"可见，债权人逾期申报债权并不视为放弃债权，在补充申报期间，担保人也可以预先行使追偿权。问题是，担保人补充申报期间预先行使追偿权产生的费用应由谁来承担？举一例说明：债务人A破产，债权人B逾期没有申报债权，也没有通知担保人C预先行使追偿权。在A破产程序即将结束的时候，经人指点，债权人B通知C预先行使追偿权。C在行使预先追偿权的过程中，与债务人经过一审、二审等法定程序才最终确定债权。此时，C支付诉讼费、律师费、差旅费、资料收集费等20万元，但最终从破产财产中只分得5万元。C要求B承担该20万元费用，B拒绝。此案该如何解？对于C而言，如果不预先行使追偿权，就无法避免损失。从理论上说，担保人行使预先追偿权，其为自身利益，其应当承担费用。但是应当看到，如果不是债权人怠于通知担保人，则担保人及时行使预先追偿权得到的分配可能更多，可能少受损失。因此，担保人即使在补充申报期间行使了预先追偿权，也可以提出破

① 曹士兵：《中国担保诸问题的解决与展望——基于担保法及其司法解释》，中国法制出版社2001年版，第174页。

产通告抗辩。

2. 通告抗辩权行使的程序问题

在债权人起诉担保人的案件中，如果法院最终查明担保人存在通告抗辩权的，由于破产程序较长，破产财产甚至需要经过一次、二次分配，所以，最终法院可能在扣除担保人“可能受偿的范围”时存在问题。法院的做法要么是中止审理，要么在判决文书中载明“保证人承担保证责任，但应扣除保证人本应在破产程序中获得的、按照债务人破产分配比例计算的分配额”等类似语言。但这会增加执行部门的工作量，给执行部门造成工作压力。[①]

笔者认为，对于存在担保人通告抗辩权的诉讼，法院的判决不必等待破产分配后。首先，《民法典担保制度司法解释》第 24 条规定的是“可能受偿的范围”，强调可能性，并不是确定性。故，法院应当以可能性的范围确定扣除的数额。其次，法院在受理债务人的破产申请的过程中，会在受理裁定书中载明债务人的资产数额、债务数额，该资产数额及债务数额虽然不是最终确定数额，但是与最终确定数额可能不会存在较大差距，据此计算破产债权的分配比例，可以计算出可能受偿的范围。再次，如果等待破产债权的确切的分配比例，可能导致担保案件的审理时间过长，不利于维护债权人的利益。

但是，如果债务人最终没有被破产清算，对担保人而言，其在担保诉讼中得以扣除的部分，属不当得利，应返还给债权人。

3. 担保人存在自身过错

因自身过错没有预先行使追偿权的，担保人不得行使破产通告抗辩权。

第三节　保证人权利规则的参照适用

《民法典担保制度司法解释》第 20 条规定：“人民法院在审理第三人提供的物的担保纠纷案件时，可以适用民法典第六百九十五条第一款、第六百九十六条第一款、第六百九十七条第二款、第六百九十九条、第七百条、第七百零一条、第七百零二条等关于保证合同的规定。”该条是相比原《担保法司法解释》新增加的内容，是最高人民法院制定司法解释以问题为导向的最好体现，

① 曹士兵:《中国担保诸问题的解决与展望——基于担保法及其司法解释》,中国法制出版社 2001 年版,第 174 页。

目的是解决人民法院在审理物的担保纠纷的时候可否适用保证人规则的问题。从目前情况看，《民法典》对保证人的权利保护规定得较为充分，而对于物上保证人的权利保护并未作周全的保护。由于保证与第三人提供的物的担保规则多有重合，为避免条文的矛盾与重复，相互准用是较好的解决方式。①

根据上述第 20 条的规定，人民法院在审理第三人提供物的担保时，可以准用保证的相关规则。准用的具体内容包括以下几个方面：

第一，主债权债务合同内容变更对担保责任的影响。

《民法典》第 695 条第 1 款规定："债权人和债务人未经保证人书面同意，协商变更主债权债务合同内容，减轻债务的，保证人仍对变更后的债务承担保证责任；加重债务的，保证人对加重的部分不承担保证责任。"该条款适用于第三人提供物的担保情形，即物上保证人可以依据此条款的规定，对债权人提出抗辩。

第二，债权转让对担保人发生效力的条件。

《民法典》第 696 条第 1 款规定："债权人转让全部或者部分债权，未通知保证人的，该转让对保证人不发生效力。"

第三，第三人加入债务对担保责任的影响。

《民法典》第 697 条第 2 款规定："第三人加入债务的，保证人的保证责任不受影响。"

第四，共同担保中的责任承担。

《民法典》第 699 条规定："同一债务有两个以上保证人的，保证人应当按照保证合同约定的保证份额，承担保证责任；没有约定保证份额的，债权人可以请求任何一个保证人在其保证范围内承担保证责任。"

第五，担保人的追偿权及相关权利。

《民法典》第 700 条规定："保证人承担保证责任后，除当事人另有约定外，有权在其承担保证责任的范围内向债务人追偿，享有债权人对债务人的权利，但是不得损害债权人的利益。"

第六，担保人享有债务人对债权人的抗辩权。

《民法典》第 701 条规定："保证人可以主张债务人对债权人的抗辩。债

---

① 最高人民法院民事审判第二庭：《最高人民法院民法典担保制度司法解释理解与适用》，人民法院出版社 2021 年版，第 223 页。

务人放弃抗辩的，保证人仍有权向债权人主张抗辩。”

第七，担保人享有对债权人的抵销权或撤销权。

《民法典》第702条规定：“债务人对债权人享有抵销权或者撤销权的，保证人可以在相应范围内拒绝承担保证责任。”

第八，“等”的含义。

除上述典型条款外，在保证人权利保护规则中，还有一些其他条款可以对物上保证人适用。因无法列举周全，《民法典担保制度司法解释》第20条以“等”字表示，进行兜底规定。

第四节 担保物权的代持问题

在审判实践中，经常出现担保物权代持的现象，即债权人的担保物权由其他人持有。出现这种现象的原因是合同交易债权的特殊性、登记机关的因素，致使债权人（真实担保物权人）与登记的担保物权人相分离。[①]

一、担保物权代持的主要问题

担保物权代持导致享有担保利益的债权人和登记的担保物权人不同一，其因形式上突破了担保物权从属性而在商事实践中引发了不少纠纷。法院遇到的首要问题是：在担保物实现债权的诉讼中，谁是适格的原告？是登记担保权人，还是债权人？由于法官对担保物权从属性的理解不一，不同法院对担保物权代持的效力作出了不同的法律评价。[②] 对谁是真正的担保物权人，一种观点认为，登记的担保物权人是担保物权人，因为在登记生效主义中，登记是物权设立的条件，只有登记簿记载的权利人才是实际权利人。况且，登记的权利人与实际权利人不一致往往是因为委托关系所致，而委托关系属于债的关系，委托人只能请求显名，不能请求确权。另一种观点则认为，应当根据当事人之间实际的权利义务关系，确定委托人为实际权利人。委托关系并非物权变动的原

---

① 高圣平、谢鸿飞、程啸：《最高人民法院民法典担保制度司法解释理解与适用》，中国法制出版社2021年版，第32页。

② 熊敬：《商事交易中担保物权代持的解释论——以〈民法典担保制度司法解释〉第4条为中心》，载《财经法学》2023年第2期。

因，委托人与受托人之间是权利归属关系，而非物权变动问题。[①] 为解决司法实践分歧，统一裁判规则，《民法典担保制度司法解释》第 4 条对此进行了规范："有下列情形之一，当事人将担保物权登记在他人名下，债务人不履行到期债务或者发生当事人约定的实现担保物权的情形，债权人或者其受托人主张就该财产优先受偿的，人民法院依法予以支持：（一）为债券持有人提供的担保物权登记在债券受托管理人名下；（二）为委托贷款人提供的担保物权登记在受托人名下；（三）担保人知道债权人与他人之间存在委托关系的其他情形。"该条的中心思想是，从形式上突破担保物权的公示公信原则，在担保物权代持情形下，债权人或者受托人可以行使担保物权。债权人或者受托人行使担保物权时，排除登记担保人行使权利。

需要从以下几个角度理解上述规定：

第一，受托人的角色定位。

条文中使用了"受托人""委托关系"字样，因受托人也是在委托关系中产生的，所以整个条文列举的三种情形均与委托关系联系在一起。由于社会分工越来越细，越来越专，有些专业领域的事项越来越需要专业人员去处理，这样可以大大提高效率和效益，于是就产生了委托关系。为规范委托人与受托人之间的权利义务关系，罗马法时期就出现了委托契约。在当时，委托契约是一种不完全的双务合意契约，这种契约在法律上讲，具有无偿性，从社会角度讲，被托付的事务具有精细性和崇高性，这也使得委托与承揽租赁相区别。[②] 我国原《合同法》首次规定了委托合同，《民法典》第 3 编第 23 章专门规定了委托合同。通过委托合同，当事人之间形成代理关系、行纪关系等，实现民事主体假手他人以从事民事活动的效果。也就是说，委托合同是基础合同，委托合同可以产生代理关系、行纪关系等。[③] 委托合同产生的关系不同，则当事人之间的权利义务不同。前述第 4 条对委托人与受托人之间因委托合同产生的关系没有明确，导致受托人的角色定位没有明确规定。从司法裁判观点和学界

---

① 最高人民法院民事审判第二庭：《最高人民法院民法典担保制度司法解释理解与适用》，人民法院出版社 2021 年版，第 108 页。

② ［意］彼得罗·彭梵得：《罗马法教科书》（2005 年修订版），黄风译，中国政法大学出版社 2005 年版，第 291 页。

③ 黄薇主编：《中华人民共和国民法典合同编释义》，法律出版社 2020 年版，第 877 页。

既有研究来看，担保物权代持行为的性质主要有隐名代理和信托两种解释路径。[①] 这两种解释路径，均可解释担保物权代持的正当性。在两种解释路径下，受托人的地位有两种：一是代理人，二是信托人。

在受托人是委托人代理人的情况下，应属于《民法典》第925条规定的隐名代理。代理关系下，应当认为担保物权的从属性没有被破坏。对善意第三人的利益也没有影响。担保物权登记的公示效果可以推定善意第三人知悉担保财产上存在权利负担，即使最终行使担保物权的主体并非登记的权利人，也不会影响善意第三人对担保财产可能会被变价并有主体对变价款优先受偿的预期。[②]

在受托人是信托人的情况下，有观点认为，从信托的逻辑出发，受托人（或名义抵押权人）以自己名义为债权人利益设立的抵押权构成独立的信托财产，可以对抗受托人的个人债权人。[③] 笔者认为，抵押权可否成为独立的信托财产不无疑问。担保物权与其系属的债权不可分离，故，信托财产应包括债权与担保物权。

实践中，把受托人地位认定为代理人还是信托人，需要对比分析两者的优劣。从比较法的角度观察，担保权信托已被诸多采用担保物权从属性原则的大陆法系国家和地区立法确认。除了一些国家和地区在公司发行附担保债券制度中承认了担保权信托外，还有国家在民法典和信托法层面直接确立了担保权信托制度。[④] 笔者认同受托人的信托人地位。但是在我国司法实践中，以《民法典》第925条规定的隐名代理判决的较多。

采用信托技术构造抵押权代持有如下优势[⑤]：

第一，既然名义抵押权人享有的抵押权与其自己的责任财产相区隔，那么，委托人（也多是受益人）可对抗名义抵押权人的破产债权人和强制执行债权人。受托人为真实权利人管理和实现抵押权所产生的相应收益，也构成信

① 熊敬：《商事交易中担保物权代持的解释论——以〈民法典担保制度司法解释〉第4条为中心》，载《财经法学》2023年第2期。

② 熊敬：《商事交易中担保物权代持的解释论——以〈民法典担保制度司法解释〉第4条为中心》，载《财经法学》2023年第2期。

③ 刘骏：《抵押权代持的类型和效力》，载《经贸法律评论》2021年第2期。

④ 熊敬：《商事交易中担保物权代持的解释论——以〈民法典担保制度司法解释〉第4条为中心》，载《财经法学》2023年第2期。

⑤ 刘骏：《抵押权代持的类型和效力》，载《经贸法律评论》2021年第2期。

托财产，与其自己的责任财产相区隔，这可最大限度地维护真实权利人的利益。

第二，在存在多个债权人参与的信贷中，例如银团信贷或互联网平台借贷，信托的逻辑以及受托人以自己名义享有和管理抵押权，使得其不仅可以为设立时的众多债权人，还可以为信托设立之后进入该信贷或资金池的债权人的利益行事，而不须为此办理担保权人变更登记等手续。

第三，相比于适用《民法典》第925条隐名代理式的代持，信托式抵押权代持适合无论短期还是长期、无论债权人人数多少的交易需要。此外，信托式代持在操作上也比较便捷，只需要债权人与受托人订立信托协议，指明代持的标的、受托人的任务及权限范围等即可，也不需要信托登记。

二、担保物权代持与公示公信原则

根据《民法典担保制度司法解释》第4条的规定，在名义担保物权人与债权人不一致的时候，债权人是真正权利人，可以行使担保物权。这与公示公信原则相违背。《民法典》第216条第1款规定："不动产登记簿是物权归属和内容的根据。"但需明确，不动产登记簿仅具有推定权利真实的作用，并不能起到最终的确权作用。《民法典物权编司法解释（一）》第2条规定："当事人有证据证明不动产登记簿的记载与真实权利状态不符、其为该不动产物权的真实权利人，请求确认其享有物权的，应予支持。"在司法实践中，这一规则成为人民法院或者债权人推翻不动产登记簿登记的理由。因此，担保物权代持从实质上并不是与公示公信原则相违背，只是从形式上突破了公示公信原则。

三、担保物权代持的情形

（一）为债券持有人提供的担保物权登记在债券受托管理人名下

《公司债券发行与交易管理办法》（2023年10月20日证监会令第222号公布）第57条规定："公开发行公司债券的，发行人应当为债券持有人聘请债券受托管理人，并订立债券受托管理协议；非公开发行公司债券的，发行人应当在募集说明书中约定债券受托管理事项。在债券存续期限内，由债券受托管理人按照规定或协议的约定维护债券持有人的利益。发行人应当在债券募集说明书中约定，投资者认购或持有本期公司债券视作同意债券受托管理协议、债券持有人会议规则及债券募集说明书中其他有关发行人、债券持有人权利义务的相关约定。”立法上规定债券受托人的原因在于，公司债券购买者人数众多，高度分散，个人无法有效维护自身合法权益，为此设立债券受托人，代表债券持有人维护其权利。该办法第 59 条第 7 项规定，发行人为债券设定担保的，债券受托管理人应在债券发行前或债券募集说明书约定的时间内取得担保的权利证明或其他有关文件，并在增信措施有效期内妥善保管。所以，受托人取得担保物权是受托人的法定职责。

但在债券受托人不履行起诉等维护债权人利益的职责时，应当允许债权人提起诉讼，主张登记在受托人名下的担保物权。债券持有人是实际权利人。

需要明确的是，当担保物是一个整体时，部分债权人主张担保物权，可以引起整个担保物被拍卖、变卖或者折价，而如何维护没有主张担保物权人的利益，是司法实践中应当注意的问题。《全国法院审理债券纠纷案件座谈会纪要》（法〔2020〕185 号）第 14 条规定：“为节约司法资源，对于由债券持有人自行主张权利的债券违约纠纷案件，以及债券持有人、债券投资者依法提起的债券欺诈发行、虚假陈述侵权赔偿纠纷案件，受诉人民法院可以根据债券发行和交易的方式等案件具体情况，以民事诉讼法第五十二条、第五十三条、第五十四条，证券法第九十五条和《最高人民法院关于适用〈中华人民共和国民事诉讼法〉若干问题的解释》的相关规定为依据，引导当事人选择适当的诉讼方式，对案件进行审理。”判决拍卖、变卖抵押物的，原告应当在价款范围内优先受偿，其余款项应由受托人保管。

（二）为委托贷款人提供的担保物权登记在受托人名下

根据《商业银行委托贷款管理办法》（银监发〔2018〕2 号）第 3 条的规定，委托贷款是指委托人提供资金，由商业银行（受托人）根据委托人确定的借款人、用途、金额、币种、期限、利率等代为发放、协助监督使用、协助收回的贷款，不包括现金管理项下委托贷款和住房公积金项下委托贷款。因委托贷款中受托人（商业银行）不承担贷款不能收回的风险，仅收取手续费（《贷款通则》第 7 条），《商业银行委托贷款管理办法》第 14 条规定，委托贷款采取担保方式的，委托人和担保人应就担保形式和担保人（物）达成一致，并签订委托贷款担保合同。根据上述规定，应是委托人与担保人签订担保合同。但是在实践中，基于委托人与受托人的特殊关系，商业银行作为专业机构，且负有协助收回款项的义务，往往受托与担保人签订担保合同，成为登记的担保物权主体。

（三）担保人知道债权人与他人之间存在委托关系的其他情形

此为兜底条款，其前提是担保人知道债权人与他人之间存在委托关系。关于如何概括该兜底条款，在《民法典担保制度司法解释》起草过程中，争议比较大。主要的顾虑是，一旦放得过宽，将会使名义抵押权人与实际抵押权人的分离成为常态，不仅损害登记制度的公信力，而且还可能为流通式甚至证券化抵押权的广泛运用开启方便之门，从而背离担保物权的从属性。考虑到实践中之所以出现名实不一的情形，往往是名义权利人与实际权利人之间存在委托关系，且第三人对此知情，故兜底条款作了该项规定。在此限定下，一般不会存在权利滥用或者走向流通式或者证券化抵押权的情形。①

出现代持的情形主要有：

（1）因登记部门拒绝为自然人提供担保物登记，导致代持。

（2）在网络借贷中，借款人与出借人互不接触，借款人提供的担保登记在网络平台公司名下。

（3）主债权已经转让，但是担保物权没有办理变更登记，但是担保人已经知道债权转让的事实。

（4）数个债权人委托一个债权人代持全部担保物权的。如，在银团贷款中，各银行委托牵头行代持全部担保物权。②

---

① 最高人民法院民事审判第二庭：《最高人民法院民法典担保制度司法解释理解与适用》，人民法院出版社2021年版，第109—110页。

② 高圣平、谢鸿飞、程啸：《最高人民法院民法典担保制度司法解释理解与适用》，中国法制出版社2021年版，第34—36页。

第十二章 保 证

担保制度有典型担保和非典型担保制度之分。典型担保制度是相对于非典型担保制度而言的。典型担保制度是在长期的历史发展中逐渐形成的、定型化的、为各国法律所确认的担保制度。在债之关系形成的时候，罗马法便出现了债的担保制度，随着罗马法的传播，这些担保制度与各国的政治、经济、文化逐渐融合，在世界上形成了各具特色、精彩纷呈的担保规则体系，并为各国法律所认可。典型担保制度的特点有以下几个方面：

第一，典型担保制度是法定化的担保制度。法律对这些担保形式的构成要素、效力条件、抗辩事由以及效果、担保权的实现方式有明确规定，实践中对这些担保方式应用广泛，甚至有固定的担保合同文本。

第二，典型担保方式是担保制度的主流，并为非典型担保提供方法。尽管在历史发展中出现了不少的非典型担保方式，如所有权保留、保理等，但是典型担保方式仍是担保法律中的主流制度，是实践中应用最为广泛的制度。使用非典型担保方式的，担保权的实现，仍然需要依靠典型担保方式提供的方法。比如，采用所有权保留制度担保债权的，该担保权益实现时，必须借助抵押担保规定的变卖、拍卖担保物并从变卖、拍卖所得的价款中优先受偿。

第三，典型担保制度包括人的担保和物的担保两种方式。人的担保主要是保证，是建立在担保人财产信用基础上的担保，因而属于信用担保。其担保机理在于在债务人之外，另提供一人或者多人的财产为债权提供担保。因此，人的担保是无限责任；物的担保是以债务人或者第三人的特定物的价值为限，对特定债权提供的担保，因此物的担保是有限责任。物的担保制度，根据担保物的不同特性，物的担保分为抵押、质押、留置、定金等不同方式。

第四，典型担保方式中，物的担保方式发展变化很快。1804 年《法国民法典》规定，抵押担保仅适用于不动产；2006 年法国担保法改革后，抵押担保方式也可适用于动产。我国《民法典》也规定，抵押担保适用于动产。原来泾渭分明的抵押适于不动产、质押适于动产的界限已经被打破。物的担保具体方式在实践中的区分已经不是重点，债权人关注的是担保物的价值以及优先顺位。欧洲示范民法典草案和美国动产担保交易法已经不再区分抵押和质押担保方式，而是对动产担保适用统一的登记规则、优先顺位规则，打破动产担保条条分割。但是，不动产担保与动产担保在登记效力规则上任然有分野。不动产登记的效力是登记生效主义，即不动产担保只有经过担保登记才有效力；而动产担保登记是登记对抗主义，即动产担保只有经过登记才可以对抗善意第三人。

从本章开始，论述典型担保制度。

人的担保，是指在债务人的全部财产之外，又附加了其他有关人的一般财产作为债权实现的总担保，其形式主要有保证、连带债务、并存的债务承担。[①] 这是崔建远先生早年的观点。从连带债务与并存的债务承担扩张了担保债权实现的责任财产的角度，把连带债务与并存的债务承担划归担保的范围，但从衡量担保的全部法律特征和规格要求出发，认为这两种制度不具备担保的从属性以及补充性特点，因此不再将连带债务与并存的债务承担列入担保的范畴。但是这两种制度毕竟扩张了担保债权的责任财产，不同于普通债务以及民事责任，故而展现出担保作用。[②] 笔者认为，连带债务制度与多数人担保制度类似，不属于人的担保的独立形式。我国《民法典》在“担保制度”一章中增加了并存的债务承担内容，表明我国立法机关将并存的债务承担作为了一种担保形式。故，笔者将并存的债务承担作为人的担保的一种方式。人的担保在法律上具有以下优点：（1）简单性。不需要公告，对当事人行为能力的核实不太复杂，不需要登记，没有费用。（2）很少受集体程序的影响。主债务人进入集体程序（指破产程序——笔者注），担保人处于破产程序之外，仍然承担全部债务。（3）人的担保保持担保人的信用，不像物的担保那样影响担保人的借款能力甚至融资能力。[③]

---

① 崔建远：《物权：规范与学说——以中国物权法的解释论为中心》（下册），清华大学出版社 2021 年版，第 312 页。

② 崔建远：《担保辨——基于担保泛化弊端严重的思考》，载《政治与法律》2015 年第 12 期。

③ 沈达明编著：《法国/德国担保法》，中国法制出版社 2000 年版，第 7 页。

第一节 保证概述

一、保证的概念及特征

关于保证的概念，各国学者有不同的观点。英国学者认为，保证是由某人作出的一项允诺，根据这一允诺，他将在另一个人不按照要求履行义务（含合同义务或者法定义务）时，替代其履行适当的义务。法国学者认为，保证是一种债权人得到清偿的法律保障机制，属于人的担保，这种担保授予债权人对另一个人的起诉权。[①] 在大陆法系国家中，对保证的解释有不同的视角。[②] 一是从合同的角度对保证进行阐释，如《德国民法典》第 765 条规定："（1）因保证合同，对第三人的债权人，保证人有义务对该第三人债务的履行负责任。（2）保证也可以是为将来的或附条件的债务而被承担的。"我国《民法典》第 681 条规定："保证合同是为保障债权的实现，保证人和债权人约定，当债务人不履行到期债务或者发生当事人约定的情形时，保证人履行债务或者承担责任的合同。"二是从保证的责任与义务的角度进行阐释，如《法国民法典》第 2288 条规定："保证是保证人向债权人承诺在债务人不履行债务的情况下履行其债务的合同。"我国原《担保法》第 6 条规定："本法所称保证，是指保证人和债权人约定，当债务人不履行债务时，保证人按照约定履行债务或者承担责任的行为。"欧洲示范民法典草案第 4. 7-1：101 条规定，"从属保证"是保证人为了担保债务人对债权人的现有或将来的债务的履行而对债权人承担的债务，该债务仅在主债务到期及应当履行的范围内履行。[③]

依据上述规定，笔者认为，保证是一种保障债权实现的机制，在这种机制中，保证人根据约定，在债务人不履行其义务时，保证人代替债务人向债权人清偿，同时，保证人在此过程中享有系列权利。

保证具有以下特征：

---

① 蔡永民：《比较担保法》，北京大学出版社 2004 年版，第 1—2 页。

② 费安玲主编：《比较担保法——以德国、法国、瑞士、意大利、英国和中国担保法为研究对象》，中国政法大学出版社 2004 年版，第 3—4 页。

③ 欧洲民法典研究组、欧洲现行私法研究组编著：《欧洲示范民法典草案：欧洲私法的原则、定义和示范规则》，高圣平译，中国人民大学出版社 2012 年版，第 291 页。

第一，保证是一种综合性机制。保证的成立、保证人的抗辩权、保证期间、保证人的追偿权、共同保证等系列问题，共同构成保证制度复杂的运作关系，形成一套完整的运行机制。这个机制的主要目的是保证债权的实现，但是其他各环节必不可少，否则影响保证机制的运行效率，或者导致保证制度无法运行。因此，单独强调保证人的义务是对保证制度理解上的偏颇。

第二，保证涉及复杂的法律关系。不同于物的担保，保证涉及至少三方当事人，有主合同关系、委托关系、担保合同关系、追偿关系等多重法律关系。

第三，保证法律制度围绕担保人的权利义务而展开。保证人的义务是代为履行，但是其履行是在特定条件下才产生的。履行条件不成立时，担保人可以进行抗辩，拒绝承担义务。保证行为是意思自治的结果，保证行为后果却体现为法律强制。

第四，从立法例看，我国担保法制中保证人的责任更重，主要体现为保证人除承担履行责任外，还要承担赔偿责任。

二、保证的种类

依据不同的分类标准，保证可以分为不同的种类。

第一，商事保证与民事保证。法国法上，商事保证适用特别规则。在以下三种情况下，保证具有商事性：（1）保证人是商人为他的商业上的需要作出的；（2）在票据上作为票据的保证而作出的；（3）保证人对被担保的债务有财产性利益。商事担保受商事法院管辖，且总是连带担保；保证人不能在10年之后被诉，而民事时效是30年。①

第二，自然人保证与法人保证。作此区分的目的在于更好地保护保证人的利益。我国法律对自然人保证与法人保证在保证合同成立方面区别对待，比如法人保证必须经过特定程序等。法国法上，立法与判例愈来愈重视保证人的身份，对于不太懂生意的外行保证人，在特定情况下，保证人可以追究债权人责任；对企业主要领导人，可以推定保证。②

第三，普通保证与连带责任保证。当事人约定，只在债务人不能履行债务时，保证人才承担保证责任者，是普通保证，亦称一般保证。普通保证有先诉

---

① 沈达明编著:《法国/德国担保法》,中国法制出版社2000年版,第19页。

② 沈达明编著:《法国/德国担保法》,中国法制出版社2000年版,第20—21页。

抗辩权，而连带责任保证则没有先诉抗辩权。

第四，单一保证与共同保证。根据同一债务保证人的人数划分，保证可以分为单一保证和共同保证。一笔债务只有一个保证人的，为单一保证。一笔债务有多个保证人的，为共同保证。单一保证的法律关系比较简单，要么是普通保证，要么是连带责任保证；共同保证的关系比较复杂，除多个保证人对应同一债权人的保证关系外，还涉及多个保证人之间的内部求偿关系。

第五，有限保证与无限保证。如果保证人在向债权人作出承诺时，明确约定了保证的范围或者金额的，为有限保证；无限保证是指当事人未约定保证范围或者金额的情形下，保证人的责任形式。当事人未约定保证范围或者金额的，依据法律规定履行保证责任。而各国法律规定的保证责任，一般包括主债权、利息、违约金、损害赔偿金以及实现债权的费用。一般来说，有限保证对保证人来说，比较容易判断责任大小，可以有明确的心理预期，承担民事责任符合其意思自治；而对无限保证，最终的保证范围超出保证人的心理预期，因此对抗债权人行为强烈。

第六，从属性保证与独立保证。2006 年法国担保法改革时，将独立保证作为一种独立的保证形式予以规定，独立保证成为与从属性保证并列的保证形式。欧洲示范民法典草案第 4. 7-1：101 条规定独立保证“是指担保人为担保目的而对债权人承担的债务，该债务明示或默示地表明不依赖于他人对债权人的债务”①。独立保证打破担保法中的核心原则——从属性原则，在现实社会实践中越来越得到广泛应用。

第七，其他保证种类，如再保证、职务保证、反保证、赔偿保证、票据保证等②，不再一一列举说明。

三、保证合同

保证是一种协议，根据这一协议，一人为他人的债务、过失和错误负责。③ 保证人责任是通过债权人与保证人的保证合同约定的，所以，保证的成立取决于保证合同。

---

① 欧洲民法典研究组、欧盟现行私法研究组编著：《欧洲示范民法典草案：欧洲私法的原则、定义和示范规则》，高圣平译，中国人民大学出版社 2012 年版，第 291 页。

② 蔡永民：《比较担保法》，北京大学出版社 2004 年版，第 11—13 页。

③ 何美欢：《香港担保法》，北京大学出版社 1995 年版，第 32 页。

（一）保证合同的形式

目前，大多数国家的法律明确规定，保证合同应为书面形式。① 《德国民法典》第 766 条规定："为使保证合同有效，必须以书面作出保证的表示。不得以电子形式作出保证的表示。保证人履行主债务的，形式的瑕疵即被补正。"《法国民法典》没有规定保证的书面形式，但其第 2294 条规定："保证应当明示。保证不得被扩张至超过约定的范围。" 英国 1677 年《欺诈法》第 4 条规定，"每一合同，据此，某人为另一人债务（debt）、债务的不能清偿（default）、不适当履行（miscarriage）承担责任（answerfor），必须采用书面形式，要么存在书面的备忘录证明"②。该条规定，一方面确立了保证制度，另一方面确立了保证合同的书面形式。我国原《担保法》第 13 条规定："保证人与债权人应当以书面形式订立保证合同。" 我国《民法典》第 685 条规定："保证合同可以是单独订立的书面合同，也可以是主债权债务合同中的保证条款。第三人单方以书面形式向债权人作出保证，债权人接收且未提出异议的，保证合同成立。" 从《民法典》的上述规定看，我国法律对保证也是要求书面形式，而且对保证合同的形式规定得更加宽泛，包括：（1）单独的书面保证合同；（2）主合同中的保证条款；（3）第三人单方书面允诺，债权人不提出异议的。实践中还有第 4 种形式，即第三人在主合同中以保证人身份签字盖章。③

根据我国《民法典》关于保证形式的规定，有几个问题需要谈论。

第一，当事人之间没有采用书面形式，保证合同可否成立？

保证合同是要式合同，必须是书面形式。④ 法律对特定事项规定形式强制，往往出于特定目的。在《德国民法典》的立法理由书中，规定形式强制的理由有："遵循某种形式之必要性，可给当事人产生某种交易性之气氛，可唤醒其法律意思，促使其三思，并确保其作出之决定之严肃性。此外，遵守形式可明确行为之法律性质，仿佛硬币上之印纹，将完整的法律意思刻印在行为

① 蔡永民：《比较担保法》，北京大学出版社 2004 年版，第 19 页。

② 许明月：《英美担保法要论》，重庆出版社 1998 年版，第 12 页。

③ 付颖哲、陈凯：《担保法理论与实务精要》，中国法制出版社 2019 年版，第 164 页。

④ 蔡永民：《比较担保法》，北京大学出版社 2004 年版，第 16 页。

上面，并使法律行为之完成确定无疑。最后，遵守形式还可永久性保全法律行为存在及内容之证据；并且亦可减少或者缩短、简化诉讼程序。”[①] 担保合同的无偿性，决定担保交易是一种最不正常的交易关系。[②] 为保护保证人利益，法律规定了保证行为的形式强制，即书面的担保合同。在诉讼中，没有采用书面形式的保证合同是否成立？笔者认为，在诉讼中主张保证合同成立，可以适用自认规则。法庭上当事人承认保证关系，法庭应当认可保证合同成立。但是，我国《民法典》第490条第2款规定：“法律、行政法规规定或者当事人约定合同应当采用书面形式订立，当事人未采用书面形式但是一方已经履行主要义务，对方接受时，该合同成立。”根据此项规定，未采用书面形式，只有另一方已经履行主要义务且对方接受的，才能成立保证合同。笔者认为，即使第三人代替债务人只偿还了1元钱，也应当认可当事人之间的保证合同成立。如同《德国民法典》第766条规定的：“保证人履行主债务的，形式的瑕疵即被补正。”

第二，第三人单方的书面保证，可否撤回或者撤销？

根据《民法典》第685条第2款的规定，第三方书面作出的保证承诺，只有在债权人接收且未提出异议的情况下，才成立保证合同，故仅有第三方的书面承诺，并不能成立保证合同，其效力取决于债权人是否接收以及有无异议。故，第三方的书面承诺仅是单方意思表示，并不是单方法律行为。单方法律行为仅有一个意思表示就可以成立，因有“仅能给第三人创设权利不能给第三人创设义务”的规则限制，决定了单方法律行为仅是为了给他人设定权利或者是为了行使法定权利（如形成权）。[③] 单方法律行为一旦做出，即生效力。笔者认为，第三人单方的书面保证是一种要约，债权人对该要约以默示的方式进行承诺，从而形成一个担保合同。根据《民法典》第475条、第476条的规定，要约可以撤回，也可以撤销。要约的撤回或者撤销涉及两个时间点：一是要约撤回的通知早于要约到达的时间或者同时到达；二是承诺作出之前撤销。由于单方书面保证的承诺没有承诺的期限，因此，第三方书面保证不存在撤销的问题，但是可以撤回。

---

① [德]迪特尔·梅迪库斯：《德国民法总论》，邵建东译，法律出版社2000年版，第461页。

② 付颖哲、陈凯：《担保法理论与实务精要》，中国法制出版社2019年版，前言第2页。

③ 李永军：《民法总则》，中国法制出版社2018年版，第577—578页。

实践中可能出现的问题是，比如，甲公司向乙银行送出了一份担保函，承诺为丙公司在乙银行的贷款提供保证担保，保证函注明保证范围是本金、利息及违约金等。甲公司经研究认为，此次担保函的保证范围太宽，风险太大，于是对此次担保函的内容进行修改，把担保范围限于本金，然后重新又送给银行。银行由于疏忽，没有提出异议。现在的问题是，前后两次担保函，以哪一份担保函为准成立保证合同？笔者认为，第一份担保函由于没有撤回，乙银行已经接受且未提出异议，因此应以第一份担保函成立保证合同。

《民法典》第685条第2款没有规定债权人提出异议的期限，对于作出单方保证意思表示的一方十分不利，保证人将长期受该书面保证的束缚，即使担保债权被转让好多手，担保人依然需要承担保证责任。为了保护担保人的利益，使担保人对提供担保有合理预期，建议《民法典》对债权人以默示方式进行承诺作出改变。比如，规定债权人在收到第三人的书面保证后，在7天或者5天时间内表示受领；超过该期限的，即视为拒绝该要约。

第三，保证合同内容不完整时的法律适用。

我国《民法典》第684条规定："保证合同的内容一般包括被保证的主债权的种类、数额，债务人履行债务的期限，保证的方式、范围和期间等条款。"这是保证合同内容的一般规定。但是在保证合同其他形式中，比如保证条款、第三人单方允诺、以保证人身份签字这些形式中，一般不具备完整的保证合同的内容。如果实践中认定保证合同成立，则保证数额、保证方式等内容，需要依赖法律规定进行补充。因此，保证合同的内容不完整时，适用法律规定。比如，对担保范围没有约定时，可以适用法律规定。

（二）保证合同的核心内容——代替偿还债务的意思表示

根据我国《民法典》的规定，保证合同的核心内容是，在主债务人不履行到期债务或者发生当事人约定的情形时，保证人履行债务。据此，判断保证合同成立的核心内容是保证人代替履行债务的意思表示。没有该项意思表示的，不构成保证合同关系。

在最高人民法院的一起案例中，被告的承诺函这样表述："本政府原意督促该驻港公司切实履行还款责任，按时归还贵行的贷款本息。如该公司出现逾期或者拖欠贵行本息的情况，本政府将负责解决，不让贵行在经济上蒙受损失。"最高人民法院认为，首先，从名称上看，承诺函并非担保函。其次，

“负责解决”“不让贵行蒙受……损失”并无明确的承担担保责任或者代为还款的意思表示。该承诺函不构成担保法意义上的保证。[①]

第二节　保证形式

保证方式，是指根据保证人承担保证责任顺序的不同而划分的责任承担形式。[②] 保证人在债务人之后承担责任的，是一般保证。一般保证充分体现了保证人责任的补充性；保证人与主债务人之间没有先后履行顺序的，是连带责任保证。在上述两种不同的保证方式中，保证人在一般保证中的地位比较优越，承担责任的风险较小；而在连带责任保证中，保证人的风险较大，只要债务人不履行债务，保证人就要满足债权人提出的履行要求。[③] 一般保证与连带责任保证的主要区别是先诉抗辩权的有无。一般保证中有先诉抗辩权，连带责任保证没有先诉抗辩权。从国外立法看，《德国民法典》规定了连带责任保证和先诉抗辩权，没有规定一般保证；《法国民法典》把普通保证（一般保证）作为主要保证制度加以规定，保证人承担的义务较小，主要表现为法律承认其有两项特权，即先诉权和划分权。[④] 我国原《担保法》第 16 条规定了一般保证和连带责任保证；《民法典》继承了原《担保法》的规定，于第 686 条继续规定了一般保证与连带责任保证。

---

① 最高人民法院(2004)民四终字第 5 号民事判决书。对于该案判决,笔者持不同意见。“负责解决”的前提是本息有拖欠,相当于债务人不能履行债务。“负责解决”已经包含了代替偿还的意思,负责解决的具体方式只能是代替偿还,只有代替偿还才能避免“贵行蒙受损失”。该承诺函应当构成法律意义上的保证。有学者与笔者持相同意见,参见付颖哲、陈凯:《担保法理论与实务精要》,中国法制出版社 2019 年版,第 189 页。

② 刘保玉主编:《担保法原理精要与实务指南》,人民法院出版社 2008 年版,第 180 页。

③ 刘保玉主编:《担保法原理精要与实务指南》,人民法院出版社 2008 年版,第 180 页。

④ 费安玲主编:《比较担保法——以德国、法国、瑞士、意大利、英国和中国担保法为研究对象》,中国政法大学出版社 2004 年版,第 60—61 页。划分权,起源于罗马法。古罗马哈德良皇帝第一次允许在保证人有数个的情况下享有“诉权划分照顾”(beneficium divisionis)。凭借这种照顾,受到起诉的保证人可以要求债权人对各有清偿能力的现存保证人分别行使诉权。参见[意]彼得罗·彭梵得:《罗马法教科书》(2005 年修订版),黄风译,中国政法大学出版社 2005 年版,第 258—259 页。《法国民法典》第 2306 条规定,“受到追偿的保证人可以对债权人主张分割抗辩权,于此情形,债权人有义务分割追偿,并且仅能要求受到追偿的保证人清偿其负担的份额。所有的连带保证人之间,以及放弃分割抗辩利益的诸保证人,均不得主张享有分割抗辩利益”。此为保证人的划分权。

一、一般保证与连带责任保证的含义

《民法典》第687条第1款规定："当事人在保证合同中约定，债务人不能履行债务时，由保证人承担保证责任的，为一般保证。"第688条第1款规定："当事人在保证合同中约定保证人和债务人对债务承担连带责任的，为连带责任保证。"第686条第2款规定："当事人在保证合同中对保证方式没有约定或者约定不明确的，按照一般保证承担保证责任。"

从上述法律规定可以看出：（1）一般保证和连带责任保证的区分，取决于当事人之间的约定，体现了当事人的意思自治。一般保证中的约定，其实质是约定了一种客观条件，是债务人到期不能履行的真实状态，而连带责任保证中的约定，约定的是责任形态。连带责任保证的定义是用"连带责任"循环论证，没有解释清连带责任保证内涵。（2）对保证方式没有约定或者约定不明确的，为一般保证。原《担保法》第19条中"当事人对保证方式没有约定或者约定不明确的，按照连带责任保证承担保证责任"这一规定，体现了当时立法者侧重关切债权人利益的立法意图，但是该规定一方面违背了保证补充性的原理，另一方面加重了保证人责任，违背公平原则，同时也与大陆法系各国的规定相反，因此该规定出台后，受到学界和实务界的广泛批评。[①]《民法典》对原《担保法》该项内容的修正，可谓是正本清源，体现了立法理念的变化。（3）"不能履行债务"是保证人承担一般保证责任的前提，即只有在债务人不能履行债务时，保证人才承担责任。但是何为"不能履行债务"，《民法典》及《民法典担保制度司法解释》均无规定。笔者认为，"不能履行"与"不能清偿"是同义语，可以参照"不能清偿"的含义确定"不能履行"的含义。对于"不能履行"，有四种意见：第一种意见认为，"不能清偿"是指债务人经过破产清算后仍不能清偿债务的状态；第二种意见认为它是指债务人实际不能清偿债务的真实状态；第三种意见认为它是指对债务人经过了强制执行的程序人不能清偿债务的状态；第四种意见认为它是指就债务人的方便财产经过强制执行后，不能清偿债务的状态。原《担保法司法解释》最终采纳了第四种意见，其第131条规定："本解释所称'不能清偿'指对债务人的存款、现金、有价证券、成品、半成品、原材料、交通工具等可以执行的动产和其他

---

① 高圣平：《担保法论》，法律出版社2009年版，第88页。

方便执行的财产执行完毕后，债务仍未能得到清偿的状态。”该规定的核心在于提出了“方便执行的财产”这一概念。[①] 尽管上述司法解释已经失效，但是该规定已经在实践中运用多年，已经成为一项习惯，因此在实践中还应当遵守，即只能在对主债务人的方便执行的财产执行完毕后，如果债务未能清偿，才可以执行保证人。如果法院违背该项原则对保证人采取执行措施，保证人可以依法提出执行异议。

二、一般保证与连带责任保证的识别

鉴于一般保证与连带责任保证对于保证人利益的影响十分巨大，所以，识别保证方式成为司法实践中必须首先解决的问题。

（一）《民法典担保制度司法解释》生效之前的识别标准

最高人民法院曾在原《关于涉及担保纠纷案件的司法解释的适用和保证责任方式认定问题的批复》（法释〔2002〕38 号）中指出：“担保法生效之前订立的保证合同中对保证责任方式没有约定或者约定不明的，应当认定为一般保证。保证合同中明确约定保证人在债务人不能履行债务时始承担保证责任的，视为一般保证。保证合同中明确约定保证人在被保证人不履行债务时承担保证责任，且根据当事人订立合同的本意推定不出为一般保证责任的，视为连带责任保证。”根据该规定，“不”和“不能”作为认定连带责任保证与一般保证责任的标准。有学者认为，该批复符合原《担保法》有关规定的精神，但是应当注意，由于语言表达的局限性，单纯机械地拘泥于字面意思进行推敲，有时并不能完全反映当事人的真实意思，甚至会得出与当事人意思完全相反的结论。如约定“债务人在 6 月 1 日前不能履行债务”和“债务人在 6 月 1 日前不履行债务”，分别使用了“不能”和“不”，但是仔细推敲，两者约定的含义是一致的。所以对上述标准不能简单使用，应结合案件情况探求当事人的真实意思。[②]

① 曹士兵:《中国担保诸问题的解决与展望——基于担保法及其司法解释》,中国法制出版社 2001 年版,第 89 页。

② 刘保玉主编:《担保法原理精要与实务指南》,人民法院出版社 2008 年版,第 190 页。

（二）《民法典担保制度司法解释》生效之后的识别标准

为克服简单、机械地适用“不”“不能”标准带来的问题，《民法典担保制度司法解释》对该标准进行了修正。该司法解释第25条规定：“当事人在保证合同中约定了保证人在债务人不能履行债务或者无力偿还债务时才承担保证责任等类似内容，具有债务人应当先承担责任的意思表示的，人民法院应当将其认定为一般保证。当事人在保证合同中约定了保证人在债务人不履行债务或者未偿还债务时即承担保证责任、无条件承担保证责任等类似内容，不具有债务人应当先承担责任的意思表示的，人民法院应当将其认定为连带责任保证。”该规定不再单纯以“不”“不能”为判断标准，而是增加了探究当事人本意的规定。

对保证方式的识别可采取两步走方式。

首先，看约定。看担保人在承担保证责任前有没有约定条件状语。有条件状语的，一般认为是明确约定了保证方式。没有任何条件状语的，为没有约定保证方式。没有约定保证方式（或者约定不明确）的为一般保证。

其次，对有约定的，判断条件状语的含义，从而区分一般保证和连带责任保证。

（1）以下表述应认定为一般保证：使用“一般保证”字样的；使用“补充赔偿责任”字样的；使用“承担第二顺序责任”“承担第二顺序清偿责任”或者类似意思字样的；使用“债务人不能履行债务”字样作为承担保证责任条件的；使用“债务人无力偿还债务”字样作为承担保证责任条件的；使用其他含有债务人先承担责任的意思表示的词语的。

（2）以下表述应当认定为连带责任保证：使用“连带责任”字样的；使用“无条件保证”字样的；使用“债务人不履行债务”即承担保证责任表述的；使用“债务人未偿还债务”即承担保证责任表述的；使用“对债权人的催款不持任何异议立即偿还”字样的；使用“债权人有权委托银行从保证人账户扣收”字样的；使用其他不具有债务人应当先承担责任的意思表示的词语的。

（3）以下表述应认定为没有约定保证方式或者约定不明：保证人愿对债务人所负债务承担保证责任；仅有“担保书”或者“担保函”字样；其他在保证责任前没有规定条件状语的情形。

以上的识别标准仅是通常情况下的区分标准。由于实务中各种保证用语千差万别，对担保方式的识别还是有难度的，当事人之间的争议也比较大，必须仔细斟酌。如在甘肃省高级人民法院（2016）甘民申952号案件中，吕某某作为保证人，在保证书中写有“如王某某同事按时还不上由我偿还”字样，该意思表示究竟是一般保证还是连带责任保证？法院认为是一般保证，有学者认为是连带责任保证。[①]“到期无力偿还”“到期还不上”“到期不能”等是一般保证。在“不能履行”之前冠以“某年某月某日”字样的，是连带责任保证，而不是一般保证。[②]“负责到底，直至收回，否则由某人承担”为一般保证。

实践中可能出现的问题是，在诉讼中，保证人未依据一般保证原理提出先诉抗辩的，可否成立连带责任保证？或者法院可以按照连带责任保证的规定令保证人承担责任？对这个问题，法律没有规定。笔者认为，依据保护保证人的宗旨，即使保证人没有提出先诉抗辩，法院也应当依职权作出合法认定。

三、一般保证人的特有权利——先诉抗辩权

识别一般保证与连带责任保证的目的是保障一般保证人的特有权利——先诉抗辩权。

（一）先诉抗辩权的概念

先诉抗辩权，又称检索抗辩权，是指债权人未就主债务人的财产进行强制执行而不能清偿之前，保证人享有可以拒绝债权人要求其履行保证责任的权利。[③] 现代先诉抗辩权起源于罗马法，古罗马优士丁尼皇帝第一次赋予保证人以“先诉照顾”（beneficium excussionis）。根据这种照顾，被诉的保证人可以向债权人提出抗辩，让其先去找主债务人；这时，保证人的债务不再完全同主债务人的债务相同。[④]《德国民法典》第771条规定了先诉抗辩权：“只要债权人未尝试对主债务人强制执行而无效果，保证人就可以拒绝使债权人受清偿（先诉抗辩权）。保证人提出先诉抗辩权的，债权人对保证人的请求权的消灭

---

① 付颖哲、陈凯：《担保法理论与实务精要》，中国法制出版社2019年版，第194页。

② 付颖哲、陈凯：《担保法理论与实务精要》，中国法制出版社2019年版，第196页。

③ 刘保玉主编：《担保法原理精要与实务指南》，人民法院出版社2008年版，第182页。

④ ［意］彼得罗·彭梵得：《罗马法教科书》（2005年修订版），黄风译，中国政法大学出版社2005年版，第259页。

时效停止，直至债权人已尝试对主债务人强制执行而无效果之时。”欧洲示范民法典草案没有先诉抗辩权概念，以保证人的连带责任与补充责任替代了连带责任保证与一般保证。但是先诉抗辩制度仍有存续的空间，只不过不再像《德国民法典》那样，先诉抗辩制度仅仅是保证人的权利，而且从债权人义务的角度，保障保证人先诉抗辩的权利。欧洲示范民法典草案第 4. 7-2：106 条规定：“（1）约定保证人承担补充责任的，保证人可以向债权人主张其保证责任的补充性质。有拘束力的安慰信推定为仅产生补充责任；（2）在符合本条第（3）款的规定的情况下，债权人在请求保证人履行保证债务之前，必须先对债务人和其他就同一债务承担连带责任的保证人或者物上保证人（如果有的话）采取适当措施，以使其债权得以清偿。”① 先诉抗辩权的本质是保证人对抗债权人清偿要求的防御性、阻却性权利，对债权人而言，先诉抗辩权行使的结果是暂时停止或者延缓请求权的行使，而不是消灭请求权，赋予保证人享有“顺序利益”或者“先诉利益”，即保证人与主债务人承担责任有顺序之分，其中主债务人是第一顺序，保证人是第二顺序。②

（二）先诉抗辩权行使的限制

一般保证人的先诉抗辩权并不总是能够行使，在一定情形下，一般保证人不得主张先诉抗辩权。《德国民法典》第 773 条规定了先诉抗辩权的排除，规定有下列情形时，不得主张先诉抗辩权：（1）保证人抛弃抗辩权，特别是保证人自己已作为债务人承担保证的；（2）由于在保证被承担后所发生的主债务人住所、工商营业所或居留地的变更，对主债务人的权利追诉极为困难的；（3）就主债务人的财产已启动支付不能程序的；（4）须认为对主债务人财产的强制执行将不导致债权人受清偿的。在前述第 3 项、第 4 项情形下，在债权人可以从主债务人的动产中受清偿，而债权人享有该动产上的质权或者留置权的限度内，准许主张先诉抗辩权，适用该法典第 772 条第 2 款第 2 句的规定。

我国《民法典》第 687 条规定了先诉抗辩权行使的限制情形：（1）债务人下落不明，且无财产可供执行；（2）人民法院已经受理债务人破产案件；

① 欧洲民法典研究组、欧洲现行私法研究组编著：《欧洲示范民法典草案：欧洲私法的原则、定义和示范规则》，高圣平译，中国人民大学出版社 2012 年版，第 295 页。

② 高圣平、谢鸿飞、程啸：《最高人民法院民法典担保制度司法解释理解与适用》，中国法制出版社 2021 年版，第 213—214 页。

（3）债权人有证据证明债务人的财产不足以履行全部债务或者丧失履行债务能力；（4）保证人书面表示放弃第687条第2款规定的权利（即先诉抗辩权）。

关于限制行使先诉抗辩权的情形，讨论如下：

第一，关于举证责任。先诉抗辩权虽然可以在诉讼外行使，但主要在诉讼程序中行使。是否存在限制行使先诉抗辩权的情形？是由债权人承担举证责任还是由保证人承担举证责任？这是实务中首先要解决的问题。笔者认为，先诉抗辩权是保证人的权利，债权人要限制保证人行使该项权利，应当由债权人承担举证责任。

第二，在诉讼实务中，如果限制一般保证人行使先诉抗辩权，如何判令一般保证人承担责任？“此时，应当判决一般保证人直接承担保证责任。”① 此时，一般保证责任没有变成连带责任保证。

第三，关于债务人下落不明且无财产可供执行。显然这是两项条件，即找不到人也找不到财产，仅适用于债务人是自然人的情形。笔者认为，在诉讼中，各种通信方式联系不上，依据身份证地址无法送达起诉状等文书，通过公告送达，债务人不出庭的，可以认定为债务人下落不明。无财产可供执行这个条件有点苛刻，假如债务人有1000万元负债，但有一辆车或者不良的应收账款等财产，在这种情况下，保证人依法应当有权主张先诉抗辩权。但是，如果赋予保证人先诉抗辩权，明显对债权人权利有损害的，如何处理？笔者认为，《德国民法典》第773条第1款第4项的规定较为合理，只要认为债务人的财产不足以导致债权人受清偿的，既可以限制保证人行使先诉抗辩权。

第四，关于人民法院已经受理债务人破产案件。注意一点，这里只是要求人民法院受理了债务人的破产申请，不要求法院裁定债务人破产。债务人进入破产程序的，保证人的先诉抗辩权更应当受到限制。在执行程序中，债务人申请破产的，法院应当直接执行保证人的财产。

第五，关于债务人的财产不足以履行全部债务或者丧失履行债务能力。笔者认为，债务人的财产不足以履行全部债务，此时债务人符合申请破产条件。债权人对该项事实可以提交审计报告等证据。丧失履行债务能力的情形包括债

① 最高人民法院民事审判第二庭：《最高人民法院民法典担保制度司法解释理解与适用》，人民法院出版社2021年版，第277页。

务人资产被冻结、被扣押以及其他不可抗力导致的债务人财产损毁、灭失。

第六，关于保证人书面放弃先诉抗辩权。笔者认为，书面放弃的形式，可以是在保证合同中，或者在保证条款中，或者在第三人的单方承诺中，甚至在法院询问中保证人放弃该权利并计入法院笔录中，此时不一定需要保证人另外提出书面放弃的声明。

（三）一般保证诉讼中的当事人

《民法典担保制度司法解释》第26条规定了一般保证的诉讼当事人问题。根据该规定：（1）一般保证中，债权人以债务人为被告提起诉讼的，人民法院应予受理；（2）如果主债权债务合同未经审判或者仲裁，仅起诉一般保证人的，人民法院应当驳回起诉；（3）债权人一并起诉债务人和保证人的，除先诉抗辩权限制行使的情形外，人民法院应当在判决书主文中写明，保证人仅对债务人财产被依法强制执行后仍不能履行的部分承担保证责任；（4）债权人未对债务人财产申请保全，或者保全的债务人的财产足以清偿债务，债权人申请对一般保证人的财产进行保全的，人民法院不予准许。

笔者认为上述第4项规定，实行起来可能存在问题。对一般保证和连带责任保证的识别，有较为严格的标准，往往需要经过审判程序，倾听当事人陈述和辩解后作出认定。法院负责财产保全的部门，在审查财产保全申请时，没有经过审判程序或者不适宜采用听证程序，只是进行形式审查，对当事人的保证方式难以作出正确判定。而一旦作出判定，就会对审判部门或者当事人在庭审程序中的抗辩权产生影响。故，法院准许或者不予准许债权人对保证人的保全申请，是一个棘手的问题。

第三节　保证期间

一、保证期间的含义和特征

（一）保证期间的含义

在各国担保法律中，保证期间问题深深地影响着当事人的权利和义务。但是实际上，各国并不存在一个统一的、成熟的“保证期间”法律制度。德国、意大利、瑞士都规定，保证人的实体责任产生于主债务人不履行债务之时，但是这项实体上的权利还有程序上的要求，即在一定期间内有所作为，如果不在该期间内向担保人主张权利，那么债权人该项实体上的权利也将消灭。该“一定期间”被称为保证期间。可见，除了时效制度外，保证人多了一项防御债权人怠于行使权利的武器。[①] 保证期间制度是法律在考量保证人和债权人利益之后的理性选择，体现了合理分担风险的原则，同时也能达到稳定经济秩序的目的。设定保证期间，将保证人的保证责任限定在一定的期间内，可以避免保证人无止境处于承担债务的不利状态或是长期处于随时可能承担债务的财产关系不确定状态。通过保证期间，对债权人请求权的行使从期间上加以必要的限制，督促债权人依法定方式积极行使债权。[②]

我国原《担保法》中关于“保证期间”的规定是非常具有中国特色的一项制度，同时也一直是在理论和实务上分歧最大的民法规则之一。[③] 这一概念最早出现在1994年的《最高人民法院关于审理经济合同纠纷案件有关保证的若干问题的规定》（已失效），其第10条规定：“保证合同中约定有保证责任期限的，保证人在约定的保证责任期限内承担保证责任。债权人在保证责任期限内未向保证人主张权利的，保证人不再承担保证责任。”该保证责任期间的规定后为原《担保法》、原《担保法司法解释》所继承，但是在《民法典》公布之前，我国法律对保证期间的概念未作规定，对该概念的探讨主要限于学理范围。《民法典》第一次对保证期间的概念作出明确规定。《民法典》第692条第1款规定：“保证期间是确定保证人承担保证责任的期间，不发生中止、中断和延长。”

（二）保证期间的特征

保证期间具有如下特征：第一，保证期间是就保证责任的承担所设定的期间。它既非保证合同的有效期间，也非附期限合同中的期限，而是仅仅为针对保证责任的承担所设定的期间。第二，保证期间可以由当事人约定，也可以由

---

① 费安玲主编：《比较担保法——以德国、法国、瑞士、意大利、英国和中国担保法为研究对象》，中国政法大学出版社2004年版，第43—44页。

② 司伟、肖峰：《担保法实务札记：担保纠纷裁判思路精解》，中国法制出版社2019年版，第148页。

③ 杨巍：《〈民法典〉保证期间规则修改评释》，载《河北法学》2020年第9期。

法律作出规定。约定优先，只有在没有约定或者约定不明时，才可以适用法定期间。第三，保证期间是保证合同的重要组成部分。①

在《民法典》的制定过程中，是否保留保证期间是一个存在争议的问题。最后保留该制度是基于了以下考虑：第一，保证期间可以限制保证人的责任，避免保证人无限期地承担责任；第二，督促债权人及时行使权利。②

关于保证期间的性质，学理上有不同的观点：第一，保证期间属于诉讼时效期间；第二，保证期间属于除斥期间；第三，特殊期间说，即保证期间是特殊的权利行使期间或者责任免除期间，并无必要将其归入诉讼时效期间或者除斥期间。③ 保证期间的作用是确定保证人责任的期间。超过该期间的，保证人的责任无法“确定”，即保证人免除保证责任。保证期间是以具备保证债权行使条件为起点，以期间届满为终点的时间段。

理解《民法典》第 692 条第 1 款规定的保证期间的概念，需要注意：

第一，该款对保证期间概念的规定应解释为不完全法条。其一，当事人不能仅依据该款规定主张保证责任消灭，还应当结合《民法典》第 693 条关于保证期间内向保证人主张权利的方式确定保证人应否承担保证责任；其二，保证债务诉讼时效也具有确定保证人承担保证责任期间的效果。

第二，保证期间是不变期间，不发生中止、中断、延长。这项原则继承了原《担保法司法解释》第 31 条的规定。“中止”“中断”“延长”是时效制度中的特有概念。保证期间如果准许中止、中断或者延长，存在技术上的障碍，违背设立保证期间制度的初衷。④

二、保证期间的种类

根据《民法典》692 条第 2 款规定，保证期间可分为两类，即约定期间和法定期间。

（一）约定的保证期间

保证期间属于保证合同的一部分，当然可以进行约定。但是，如果约定的

① 黄薇主编:《中华人民共和国民法典合同编释义》,法律出版社 2020 年版,第 500 页。
② 黄薇主编:《中华人民共和国民法典合同编释义》,法律出版社 2020 年版,第 501 页。
③ 高圣平:《担保法论》,法律出版社 2009 年版,第 113 页。
④ 杨巍:《〈民法典〉保证期间规则修改评释》,载《河北法学》2020 年第 9 期。

保证期间早于主债务履行期间或者等同于主债务履行期间，即视为没有约定。这是约定保证期间需要注意的第一个问题。如果当事人约定的保证期间违背常理，对一方当事人极度不公平的，该约定不能获得法律的保护，应当按照法律规定确定保证期限。比如，将保证期间约定为几日或者几十年，对债权人或者保证人极度不公平，法律不予以保护。①

（二）法定的保证期间

对于法定的保证期间，《民法典》较原《担保法司法解释》有重大变化。原《担保法司法解释》第 32 条区分了约定不明和没有约定的情形。在约定不明的情形下，保证期间为 2 年；没有约定的，保证期间为 6 个月。《民法典》第 692 条统一了保证期间的长度："没有约定或者约定不明确的，保证期间为主债务履行期限届满之日起六个月。"保证合同约定保证人承担保证责任直至债务本息还清为止等类似内容的，视为约定不明确。

保证期间的适用，遵循"先约定后法定原则"，即有约定保证期间的，优先适用约定保证期间；只有在对保证期间没有约定或约定不明时才适用法定保证期间。

（三）保证期间的起算

约定的保证期间，其起算点取决于约定，无须赘言，需要研究的是法定期间的起算点。根据《民法典》第 692 条第 2 款、第 3 款的规定，法定保证期间的起算点是主债务履行期届满之日。主债务没有约定债务履行期的或者约定不明确的，保证期间自债权人请求债务人履行债务的宽限期届满之日起计算。

以上规定是针对主债务一次履行而言的。需要讨论的是，当主债务是分期履行的债务时，保证期间究竟是从哪一期债务履行期限届满之日起算的问题。是从每一期债务履行期限届满分别起算，还是从最后一期债务履行期限届满起算？法律没有规定。若担保人对整个债务提供担保，主流的裁判观点认为，应当从最后一期债务履行期满起算保证期间。若保证人对其中的某一笔债务或者某几笔债务提供担保，有观点认为，应从最后一笔债务的履行期限届满之日开

---

① 曹士兵:《中国担保制度与担保方法——根据物权法修订》,中国法制出版社 2008 年版,第 147 页。

始起算保证期间。[①] 笔者认为，应分别从各自担保的债务的履行期限届满之日起算保证期间。比如，一笔 300 万元的借款，约定分五期偿还，其中第二期需要偿还 100 万元，保证人为这 100 万元的偿还提供担保。那么，保证期间应从这 100 万元的履行期限届满之日起算。若待第五期债务到期后起算保证期间，则不符合《民法典》第 692 条关于主债务履行期限届满之日起算保证期间的规定。上例中，对担保人而言，100 万元是主债务，而 300 万元并非主债务。还是上例，若保证人对第二期、第三期、第四期还款承保，则应从最后一起债务期限届满之日起算保证期间，避免多个保证期间起算点对债权人带来的烦琐与不利。

实践中，还有债务预期违约与保证期间的起算问题。对于这一问题在事务中的具体体现，下述案例可以说明。1999 年 5 月，中国银行某支行与某县酒业公司、电力公司签订借款合同一份。合同约定，中国银行某支行向酒业公司贷款 650 万元，还款日期为 2001 年 5 月 20 日。酒业公司以自有设备作价 380 万元，设定抵押。电力公司为其余借款及利息承担连带保证责任，期间为一年。中国银行某支行依约发放贷款。1999 年 10 月，当地政府对所属国有企业进行改制。贷款的酒业公司、担保的电力公司属于被出售对象。中国银行某支行得知后认为，出售方案执行后，酒业公司和电力公司将变成"空壳公司"，其尚余 270 万元债权将会落空。2000 年 3 月，在有关部门对出售方案正式批复前两天，该支行向人民法院提起诉讼，要求酒业公司提前归还 270 万元贷款，并要求电力公司承担连带保证责任。审理中，电力公司提出，主债权尚未到期，担保责任尚未发生，因此拒绝承担保证责任。[②]

上例中，争议焦点实质上就是预期违约制度与保证之债是否适用的问题。原《担保法》第 25 条、第 26 条规定的保证期间起算点为"主债务履行期满之日"的计算标准与原《合同法》第 108 条的预期违约规定，存在立法冲突。[③] 就预期违约制度对保证之债是否适用的问题，理论和实务中仍然存在争议。一种观点认为，债权人只能等到履行期限届满，才能要求保证人承担保证

① 司伟、肖峰:《担保法实务札记:担保纠纷裁判思路精解》,中国法制出版社 2019 年版,第 170 页。

② 江西省赣州市中级人民法院(2000)赣中法经初字第 106 号民事判决书。

③ 司伟、肖峰:《担保法实务札记:担保纠纷裁判思路精解》,中国法制出版社 2019 年版,第 166 页。

责任，否则就会违反原《担保法》的规定和合同的约定；只有在保证人也有预期违约的情况时，债权人才能要求保证人也提前承担责任。[①] 另有观点认为，即便债务人和保证人均构成预期违约，债权人也只能等到履行期限届满才能要求保证人承担责任，因为保证人对保证合同约定有期限利益。保证人对原已约定债务清偿期限的债务并无提前承担保证责任的义务。还有观点认为，主债务履行期限非因当事人原因提前届满的，债权人可以要求保证人提前承担保证责任。[②] 笔者认为，对于预期违约，待到主债务履行期限届满起算保证期间没有任何意义，应当从主债务人发生预期违约的事由发生之日起算保证期间，以维护保证人的利益。

三、债权人在保证期间内对保证人行使权利的方式以及效力

不论是连带责任保证还是一般保证，在保证期间内，债权人必须向保证人或者债务人主张权利，才能确定保证人的保证责任，否则，担保人免除担保责任。因此，在保证期间内，债权人对保证人如何作为，才能确定担保人的担保责任，是实践中的关键问题。《民法典》及《民法典担保制度司法解释》对此问题有较为详细的规定，大大丰富了保证期间制度内容，需要在实践中认真研究、理解。

第一，担保方式不同，债权人主张权利的方式不同。一般保证情形下，债权人在此期间内向债务人提出仲裁或者诉讼；债权人仅向保证人提出承担责任的要求，而未向债务人提出诉讼或仲裁的，不产生保证责任确定的效果。而连带责任保证情形下，仅要求向保证人提出要求，请求保证人承担连带责任即可，不需要通过诉讼或者仲裁的方式主张权利（《民法典》第 693 条）。

第二，在一般保证中，债权人取得对债务人具有强制执行效力的公证文书后，在保证期间内向人民法院申请强制执行的，保证人以未申请仲裁或者诉讼为由，主张不承担责任的，法院不予支持。此处强调的是，在保证期间内对债务人申请法院强制执行的，具有确定一般保证人责任的效力（《民法典担保制度司法解释》第 27 条）。笔者认为，如果债权人和债务人依据《人民调解法》的规定制作的调解协议书，经人民法院确认有效，在保证期间内向人民法院申

① 金永熙：《借贷合同诉讼》，人民法院出版社 2002 年版，第 176 页。

② 江必新、何东林：《最高人民法院指导性案例裁判规则理解与适用 · 担保卷》，中国法制出版社 2011 年版，第 210—211 页。

请强制执行的，也具有确定保证人责任的效力。

第三，对于一般保证，债权人在保证期间内对债务人提起诉讼或者仲裁，又撤回的，在保证期间内未再行提起诉讼或者仲裁的，保证人免除责任（《民法典担保制度司法解释》第31条第1款）。注意此处规定：（1）撤诉或者撤回仲裁申请，既可以是立案后，也可以是审理后，还可以在程序因故中止期间，但总之是未取得有关的裁判文书；（2）前次撤回仲裁申请或者起诉状，在保证期间内未再次提起。

在这种情况下，视为债权人未在保证期间内依法行使权利，保证人免责。之所以作出如此规定，在于督促债权人尽早取得据此强制执行的法律文书，通过强制执行实现债权，保护保证人的利益。如果债权人单纯以诉讼或者仲裁手段达到保证期间行使权利的要求，并不想把案件进行下去，不想尽早取得强制执行依据，则对一般保证人较为不利。

但是，根据该条规定，债权人撤回起诉或者仲裁申请后，在保证期间内再次起诉或者提起仲裁申请，在保证期间经过后再次撤回的，保证人可否免除责任？法律没有规定。笔者认为，保证人应当免除责任，理由是，债权人一再撤回起诉或者仲裁，非属善意行为，法律应当对该种行为予以否定性回应。

第四，对连带责任保证，债权人在保证期间内对保证人提起诉讼或者仲裁，又撤回诉讼或者仲裁的，只要起诉状副本或者仲裁申请书已经送达保证人，即认为债权人已经依法行使了权利，保证人不能免责（《民法典担保制度司法解释》第31条第2款）。最高人民法院之所以如此规定，原因在于《民法典》第694条第2款规定，连带责任保证的债权人在保证期间届满前“请求保证人”承担保证责任的，从债权人请求保证人承担保证责任之日起计算保证债务诉讼时效。该款没有规定“请求”的具体方式，但既然请求，就应当把债权人“请求”的意思表示传达给保证人，即人民法院应当把起诉状副本或者仲裁机构把仲裁申请书副本送达保证人。因为保证期间是或有期间，只有人民法院把起诉状副本或者仲裁机构把仲裁申请书副本送达保证人，债权人“请求”的意思表示到达保证人，或有期间才变成确定期间，保证人才承担保证责任。[①]

---

① 最高人民法院民事审判第二庭：《最高人民法院民法典担保制度司法解释理解与适用》，人民法院出版社2021年版，第313页。

第五，同一债务有两个以上保证人，债权人如果在保证期间内对部分保证人主张权利，对其他保证人不发生效力（《民法典担保制度司法解释》第29条第1款）。关于对此条的理解，笔者认为：（1）保证人的责任是个别责任，对个别保证人主张权利，对其他保证人无效。未被主张权利的保证人可以免除保证责任。（2）对连带责任保证而言，各保证人之间是连带债务关系。《民法典》第520条规定，部分连带债务人履行、抵销债务、提存标的物以及债权人受领迟延这四个事项属于绝对效力事项，对全部连带债务人发生效力。其他事项不属于绝对效力事项。因此，部分保证人被确定保证责任，不对其他保证人发生效力。（3）因债权人未向部分保证人主张权利，致使部分保证人得以免除担保责任。如果保证人之间约定了追偿权，承担了责任的保证人无权向免除责任的保证人追偿。该不能追偿的部分，被主张权利的保证人可以向债权人主张免责（《民法典担保制度司法解释》第29条第2款）。

第六，对连带混合保证人的保证期间，债权人应当根据不同情况，分别采取对债务人起诉、仲裁或者向保证人主张权利的方式，才能使全体保证人确定保证责任。

第七，最高额保证的保证期间。有约定的，按照约定处理。没有约定或者约定不明的，按照以下方式确定：被担保债权的履行期限均已届满的，保证期间自债权确定之日起开始计算；被担保债权的履行期限尚未届满的，保证期间自最后到期债权的履行期限届满之日起开始计算（《民法典担保制度司法解释》第30条）。最高额保证期间确定后，应区分最高额一般保证和最高额连带责任保证，债权人采取不同的作为方式，以确定保证人的责任。

第八，保证人的赔偿责任适用保证期间。债权人主张保证人承担赔偿责任的，如果没有在保证期间内主张权利，则保证人免责（《民法典担保制度司法解释》第33条）。关于保证人的赔偿责任是否适用保证期间的问题存在争议，否定说认为：（1）在主合同被宣布无效或者被撤销的情况下，保证合同中约定的保证期间当然无效；（2）保证期间是确定保证人承担保证责任的期间，赔偿责任依其性质，不得适用。肯定说认为：（1）保证合同无效时，对保证人的赔偿责任应当予以限制，否则会出现保证人承担的赔偿责任大于保证合同有效的责任利益的失衡现象；（2）即使保证合同无效，保证合同中的清理条款仍然有效，仍根据需要承担赔偿责任，债权人仍然应当在保证期间内进行清理。[①] 最高人民法院倾向于肯定说，理由是：（1）债权人未在法定期限内依法向保证人主张权利，通常可以解释为债权人不再要求保证人承担责任，当然也就无意要求保证人承担赔偿责任。（2）在保证合同无效的情况下，并不能认为保证期间也无效。这是由保证期间的性质决定的，保证期间的性质是或有期间，是债权人要求保证人承担责任的期间。保证合同无效，并不当然引起保证期间无效。（3）保证人在保证合同有效时承担的责任应当比保证合同无效时承担的责任要重，以维护合同效力体系范围内的内部和谐。[②]

第九，保证责任消灭后，债权人书面通知保证人要求承担保证责任，保证人在通知书上签字、盖章或者按指印的情形下，债权人请求保证人继续承担保证责任的，人民法院不予支持，但是债权人有证据证明成立了新的保证合同的除外（《民法典担保制度司法解释》第34条第2款）。

四、人民法院应当主动审查保证期间

应当看到，《民法典》明确了保证期间的概念，《民法典担保制度司法解释》对保证期间适用的不同情形进行了较为系统、详尽的规定，保证期间已经成为保证制度中的重要概念，保证期间是否届满，债权人是否在保证期间内依法行使权利，决定着保证人的实体权利和义务，因此，保证期间的事实成为民事诉讼案件的基本事实。“基本事实，是指对原判决裁定有实质性影响、用以确定当事人的主体资格、案件性质、具体的权利义务和民事责任等主要内容所依据的事实。”[③]

保证期间这一基本事实是由法院主动依职权查明还是由当事人主张，学说上有肯定说和否定说两种主张。否定说认为，保证期间是确定保证责任的期间，主要目的是维护保证人的利益，并不涉及公共利益，况且，当保证期间届满而债权人没有依法定方式行使权利时，保证人只是享有拒绝承担保证责任的

---

① 高圣平、谢鸿飞、程啸：《最高人民法院民法典担保制度司法解释理解与适用》，中国法制出版社2021年版，第259—261页。

② 最高人民法院民事审判第二庭：《最高人民法院民法典担保制度司法解释理解与适用》，人民法院出版社2021年版，第323—324页。

③ 沈德咏主编：《最高人民法院民事诉讼法司法解释理解与适用》（下册），人民法院出版社2015年版，第1023页。

抗辩权，此种抗辩权的行使与否只能由当事人决定。肯定说认为，保证期间不是诉讼时效，而是消灭保证债务，属于人民法院应当依职权查明的事实。[①] 最高人民法院认为，法院应当依职权主动查明保证期间是否届满，债权人是否在保证期间内依法行使权利，理由是：第一，保证期间不同于诉讼时效，诉讼时效抗辩的效果是妨碍债权人的请求权的实现，债务人的债务并不消灭；而保证期间经过抗辩，其效果是消灭保证人的责任，涉及当事人的实体权利义务的消灭。第二，从实体公正的角度看，诉讼时效经过后，债务人偿还债务，并不违背公平原则；保证期间经过后，保证人基于无偿性再承担保证责任，如果法院不干预，就会造成实体的不公。第三，从司法的功能和社会效果看，保证责任是从债务，如果在保证期间内债权人从不主张权利，突然判令保证人承担责任，从社会效果看，也不会好。第四，从当事人角度看，保证人不提出保证期间抗辩的，多是自然人为保证人，或是小微企业作为保证人，他们欠缺法律知识，无力聘请律师进行抗辩，对这部分弱势群体进行保护，符合国情。第五，从审级看，假设一审期间当事人没有抗辩，二审时抗辩了，或者是在再审期间抗辩了，显然上级法院要改判。既然如此，不如一审期间就将该保证期间的相关事实查清。第六，从法官心理看，案件审理过程中，法官明白保证人不需要承担保证责任，但是保证人没有抗辩，法官会主动进行释明，因为在我国法官的心中，案件的实体公正还是占有绝对分量的。[②] 依据最高人民法院的上述观点，《民法典担保制度司法解释》第34条第1款规定，法院应当将保证期间是否届满、债权人是否在保证期间内依法行使权利等事实作为案件基本事实予以查明。该规定“更具艺术和智慧，很好地处理了中立主义与职权主义的关系”[③]。

第四节　保证债务诉讼时效

保证人在期间上有两次不受债权人追究的机会，一次是保证期间，一次是

---

① 高圣平、谢鸿飞、程啸：《最高人民法院民法典担保制度司法解释理解与适用》，中国法制出版社2021年版，第264—265页。

② 最高人民法院民事审判第二庭：《最高人民法院民法典担保制度司法解释理解与适用》，人民法院出版社2021年版，第327—328页。

③ 最高人民法院民事审判第二庭：《最高人民法院民法典担保制度司法解释理解与适用》，人民法院出版社2021年版，第329页。

诉讼时效。[①] 保证人享有保证期间抗辩权和时效抗辩权，前者是保证人基于保证合同享有的抗辩权，后者是保证人基于债务原因享有的抗辩权。这两种抗辩权的作用不同：保证期间抗辩是权利消灭的抗辩，即债权人对保证人的权利（即保证人的责任）消灭；时效抗辩权是权利妨碍抗辩权，只是妨碍债权人对保证人行使请求权，保证人的责任并不消灭。对保证人而言，如果保证期间抗辩发挥作用，就无须诉讼时效的抗辩；只有在保证期间抗辩无效的情形下，诉讼时效抗辩才可发挥作用。

一、保证期间与保证债务诉讼时效的对接

保证期间与保证债务的诉讼时效之间基本上是无缝对接的关系。根据原《担保法司法解释》第 34 条规定，对于一般保证，债权人在保证期间内向债务人提起诉讼或者申请仲裁的，剩余的保证期间没有作用；保证债务的诉讼时效“登场”，诉讼时效的起算点从判决或者仲裁裁决生效之日起计算。第 34 条没有考虑到一般保证的保证人责任时点是对主债务人进行强制执行仍不能履行债务之时，但是鉴于司法实践中执行程序的漫长和无效，为保护保证人的利益，故规定一般保证人的保证债务的诉讼时效从判决（或者仲裁裁决）生效之日起计算。连带责任保证的诉讼时效，从债权人在保证期间内向保证人主张权利之日起开始计算。连带保证责任的保证期间与诉讼时效是压茬进行的。一般保证的保证期间终结与诉讼时效的起算并不压茬，而是有一条“缝隙”，由于仲裁和诉讼的审限限制，该“缝隙”并不大。《民法典》第 694 条第 1 款改变了一般保证的诉讼时效的起算点，将原《担保法司法解释》第 34 条规定的诉讼时效的起算点由判决或者仲裁裁决生效之日起算，改成了“从保证人拒绝承担保证责任的权利消灭之日起”计算。第 694 条第 2 款对连带保证人保证债务的诉讼时效的起算点没有改变，仍是从债权人在保证期间内向保证人主张权利之日起开始计算。有学者认为，所谓“保证人拒绝承担保证责任的权利消灭之日”，就是保证人抗辩不实际承担保证责任的事由消失之日，也就是保证人有义务实际承担保证责任之日。依《民法典》第 188 条第 2 款中“诉讼时效期间自权利人知道或者应当知道权利受到损害以及义务人之日起计算”

① 曹士兵：《中国担保诸问题的解决与展望——基于担保法及其司法解释》，中国法制出版社 2001 年版，第 139 页。

的规定，此时尚不应起算保证债务的诉讼时效期间。只有到了保证人有义务承担保证责任却不承担保证责任即违约之时，或者说侵害债权人的债权之时，才满足《民法典》第188条第2款规定的起算诉讼时效期间的要件。可见，《民法典》第694条第1款中“从保证人拒绝承担保证责任的权利消灭之日起，开始计算保证债务的诉讼时效”的规定，不符合《民法典》设计的诉讼时效期间起算的基本要求且无特殊对待的理由，存在瑕疵。《民法典》第694条第2款规定的“从债权人请求保证人承担保证责任之日起，开始计算保证债务的诉讼时效”，意思是连带责任保证的债权人积极行使其权利时便起算诉讼时效期间，这背离了诉讼时效制度旨在使“躺在权利上睡眠者”承受不利后果，保护积极行使权利之人，从而促使权利人积极行使其权利的初衷。可见，《民法典》第694条第2款的规定与诉讼时效制度的本质相抵触，应予以修正。合理的设计应当是，“从保证人拒绝实际承担保证责任之日起，开始计算保证债务的诉讼时效”①。“保证人拒绝承担保证责任的权利消灭之日”是个难以捉摸的表述，可以理解为一般保证人先诉抗辩权消灭之日起，开始计算保证债务的诉讼时效。②

表12-1列出了保证期间与保证债务诉讼时效对接的情况。

表12-1　保证期间与保证债务诉讼时效的对接对比表

时段	一般保证	连带责任保证
《民法典》生效前	在保证期间内向债务人提起诉讼或申请仲裁，从判决或仲裁裁决生效之日起计算诉讼时效	从债权人在保证期间内向保证人主张权利之日起计算诉讼时效
《民法典》生效后	在保证期间内向债务人提起诉讼或申请仲裁，从保证人拒绝承担保证责任的权利消灭之日起计算诉讼时效	从债权人在保证期间内向保证人主张权利之日起计算诉讼时效

① 崔建远:《论保证规则的变化》,载《中州学刊》2021年第1期。但是也有学者认为,《民法典》关于一般保证诉讼时效起算点的规定相较于原《担保法司法解释》第34条的规定更为科学合理。参见程啸:《论〈民法典〉第702条上的保证人抗辩权》,载《环球法律评论》2020年第6期。

② 刘贵祥:《民法典关于担保的几个重大问题》,载《法律适用》2021年第1期。

二、一般保证的保证债务诉讼时效起算规则

《民法典》第 694 条第 1 款规定，一般保证的保证债务诉讼时效，从保证人拒绝承担保证责任的权利消灭之日起计算。如何理解“保证人拒绝承担保证责任的权利消灭之日”？通说认为，该权利消灭之日即指先诉抗辩权消灭之日，而先诉抗辩权的消灭之日是指主债务经过诉讼或者仲裁，并就债务人的财产依法强制执行仍不能履行债务时。但就“债务人的财产依法强制执行仍不能履行债务”的标准是什么，存在不同的观点。一种观点认为，应采客观说，即人民法院就债务人财产依法强制执行仍不能履行债务的客观情况。司法解释不宜制定一个统一的标准，否则与实际情况不符，不符合立法本意。另一种观点认为，客观说不好把握，对债权人的利益影响很大，因为债权人对此是无从知晓的。为了充分保护债权人的利益和一般保证人的利益，司法解释应制定一个简单易行的标准，便于债权人、一般保证人了解，便于法官办案。最高人民法院经过研究，认为在 4 种情况下，可以确定计算一般保证人保证债务诉讼时效的起点。①

第一，人民法院作出终结本次执行程序裁定，自裁定书送达债权人之日起计算。终结本次执行程序是人民法院为清理执行积案而采取的措施。2015 年 2 月 4 日起实施的《民事诉讼法司法解释》正式规定了该制度：“经过财产调查未发现可供执行的财产，在申请执行人签字确认或者执行法院组成合议庭审查核实并经院长批准后，可以裁定终结本次执行程序。依照前款规定终结执行后，申请执行人发现被执行人有可供执行财产的，可以再次申请执行。再次申请不受申请执行时效期间的限制。”从上述规定看，终结本次执行程序有两种方式：一是申请执行人同意；二是申请执行人不同意的，需要经过法院内部合议庭审议并经院长批准。鉴于终结本次执行程序对申请执行人的权利有较大影响，因而规定采用裁定书的方式。裁定书送达的时间有证据证明，故有利于开始计算一般保证人保证债务的诉讼时效。

---

① 最高人民法院民事审判第二庭：《最高人民法院民法典担保制度司法解释理解与适用》，人民法院出版社 2021 年版，第 283—284 页。

第二，人民法院依据《民事诉讼法》第257条第3项、第5项[1]的规定，作出终结执行裁定书的，自裁定书送达债权人之日起计算。“终结执行”与“终结本次执行”是不同的概念，前者终结执行的裁定作出后，执行程序完结，不能再恢复。终结执行的原因比较复杂，但是终结执行并不完全意味着债务人无能力可供清偿，只有部分终结原因能够符合《民法典》第687条第2款规定的“就债务人财产依法强制执行仍不能履行债务”的情形。《民事诉讼法》第257条第3项规定，“作为被执行人的公民死亡，无遗产可供执行，又无义务承担人的”；第5项规定，“作为被执行人的公民因生活困难无力偿还借款，无收入来源，又丧失劳动能力的”。这两种情况下，法院可以作出终结执行裁定，裁定书送达后，开始计算一般保证债务的诉讼时效。

第三，人民法院收到申请执行书之日起一年内没有作出终结本次执行裁定或者终结执行裁定的，自人民法收到申请执行书满一年之日起开始计算保证债务诉讼时效，但是保证人提出证据证明债务人有财产可供执行的除外。从人民法院收到申请执行书之日起，即便不作出终结本次执行程序裁定或者终结执行裁定，那么最长的完成执行程序的时间就是一年。经过一年的执行程序未能执行完结的，可以认为债务人经过强制执行仍不能履行债务。但是，保证人举证证明债务人还有其他财产可供执行的，不能起算保证债务的诉讼时效。

笔者认为，最高人民法院作出“一年”规定，实属无奈之举。一年没有执结，就认为债务人经过强制执行仍不能履行债务，显然有些不合理。实践中案多人少的结构性矛盾，法院无法解决，一个执行案件想在一年内执结完毕，那是理想化状态。为了平衡债权人和保证人利益，最高人民法院只好采取这种做法，但是这种做法在某种程度上可能会损害一般保证人的利益。

第四，在先诉抗辩权被限制行使的情况下，一般保证人保证债务诉讼时效起算点。

一般保证的保证债务诉讼时效如此复杂的原因，在于一般保证人具有先诉

---

① 此处第257条第3项、第5项是指2017年6月27日十二届全国人大常委会第28次会议决议修正的《民事诉讼法》的对应条文，现为《民事诉讼法》(2023年9月1日十四届全国人大常委会第5次会议决议修正)第268条第3项和第5项，下文同。

抗辩权。因此，当先诉抗辩权被依法予以限制的时候，一般保证人和连带责任保证人无异。但是，一般保证的保证债务诉讼时效从债权人知道或者应当知道先诉抗辩权被限制行使的事由之日起计算。

保证债务的诉讼时效是否可以中止、中断，法律对此没有规定。应当认为，保证债务与普通债务并无二致，可以因法定事由中止、中断或延长。

第十三章　债务加入

第一节　债务加入概述

一、债务加入作为担保方式的考量

笔者将债务加入制度列入人的担保制度进行论述，基于以下考虑：

其一，债务加入是第三人加入他人债务，以第三人的全部财产增加了债权实现的责任财产，不同于物的担保就特定财产优先受偿制度，显然符合人的担保的作用机理。

其二，债务加入具有从属性。从属性作为担保的基本特征，是判断某项法律制度是不是担保形式的标尺。债务加入后，债务加入人的债务虽然具有独立性，但是该债务的发生、变更、消灭均依附于主债务，没有主债务也就不可能有债务加入人的债务。从实践中的案例看，没有一件案例是主债务已经履行完毕，“债权人”再去追究债务加入人的责任的。可以说，债务加入人的债务与主债务“同生死，共命运”。

其三，法律规定债务加入的目的是什么？史尚宽先生对债务加入的定义可谓一语中的：“以他人之债务有效的成立为前提，第三人以担保为目的，对于同一债权人新负担与该债务于其承担时有同一内容之债务之契约，谓之并存的债务承担或重叠的债务承担，亦称债务加入或共同的债务承担。”① 债务加入的目的是担保债的履行，除此之外笔者没有想到债务加入的其他目的。当一项法律制度的全部目的是担保债的履行时，如果不将其定位于担保措施，就无法对其进行准确定位。

其四，诚然，债务加入人的责任与连带责任保证具有相似性，但不妨碍两

---

① 史尚宽:《债法总论》,中国政法大学出版社 2000 年版,第 750—751 页。转引自夏昊晗:《债务加入法律适用的体系化思考》,载《法律科学》2021 年第 3 期。

者的独立性。债务加入人的责任源于在非担保形式下因法律规定而应承担的责任，是法定责任；而连带责任保证是保证的形式之一，是一种约定的责任。两者的责任基础并不相同，可以并存。

其五，《民法典》第 697 条第 2 款规定了债务加入与保证责任的关系："第三人加入债务的，保证人的保证责任不受影响。"该条款处于"保证合同"一章中，立法者将两种制度进行并列论述，显然是认为两者具有共性，可以共存，一方的存在（第三人加入债务）不影响另一方的责任。如果是两个毫不相干的制度，则没有并列论述的必要，也没有必要特别说明一方不影响另一方。所以，分析立法本意，立法者是将债务加入作为人的担保的形式之一，与保证制度并列。司法实践观点认为，从债务人承担责任的轻重来说，基本可以形成下列顺序：一般保证<连带保证<债务加入<独立担保。债务加入的责任一般要重于连带保证责任，当然更重于一般保证责任。①

基于上述理由，笔者将债务加入作为人的担保的一种形式予以论述。

二、债务加入的概念

《民法典》第 552 条首次从立法层面规定了债务加入："第三人与债务人约定加入债务并通知债权人，或者第三人向债权人表示愿意加入债务，债权人未在合理期限内明确拒绝的，债权人可以请求第三人在其愿意承担的债务范围内和债务人承担连带债务。"该规定在学理上被称为并存的债务承担。并存的债务承担与免责的债务承担（《民法典》第 551 条）共同完善了我国民法中的债务承担制度。

从民法原理角度讲，债的变更有广义与狭义之分。广义上债的变更，包括债的主体、客体和内容的变更。狭义的债的变更则只包括债的客体和内容的变更。通常所说的债的变更是指债的狭义变更。债的主体变更又称为债的转移，是指在债的内容不变的情况下，仅是债的主体变化。债的主体变更又包括债权主体的变更（债权让与）、债务主体的变更（债务承担）、债权与债务的同时变更（债权债务的概括承受）。债务承担，又称债务引受，是指在保持债务的同一性的前提下，依合同将债务转移的现象。它包括承担人（引受人）取代

① 刘贵祥：《民法典关于担保的几个重大问题》，载《法律适用》2021 年第 1 期。

债务人的地位而负担债务以及加入债中与债务人共同负担债务两种情形。[①] 前者称为免责的债务承担，后者称为并存的债务承担。债务加入，指的就是并存的债务承担。[②]

原《合同法》第 84 条规定了免责的债务承担，但是对并存的债务承担没有规定，由此导致我国的债务承担制度与传统民法原理相比缺少一块。在《民法典》的立法过程中，关于是否增加债务加入的规定存在不同意见。[③] 有的意见认为，关于债务转移尤其是债务部分转移的规定，已经包含了债务加入，无须对此规定；有的意见认为，债务转移指的是免责的债务转移，与作为并存的债务转移的债务加入不同，应当对债务加入作出明确规定。经研究，债务加入与免责的债务承担存在构成要件、法律效果等多方面的不同，对债务加入予以明确规定，有利于明确两者的不同，有利于法律适用的清晰，有利于债权人权利的实现，也在一定程度上强化了其他债务人的负担。最终，我国《民法典》第 552 规定了债务加入制度。

债务加入的成立有两种方式：一是第三人与债务人约定加入债务并通知债权人。此为约定加入。二是第三人向债权人表示愿意加入债务，债权人未在合理期限内拒绝。此为第三人的单方允诺加入。

对第三人加入债务，有两点需要明确：一是第三人的通知义务，二是债权人拒绝的权利。债务加入，因其使第三人承担责任，必须以第三人明确的意思表示为基础。如果第三人没有明确的意思表示，不得认定为债务加入，所以债务加入需要第三人通知债权人。债务人通知债权人的，显然对第三人不具有效力。债权人的拒绝权利，是指法律条文中的“合理期限内明确拒绝”。“合理期限”究竟是多长时间？明确拒绝是书面形式，还是口头形式也可以？在约定加入情形下，如果债权人拒绝（第三人加入债务），第三人与债务人约定加入债务的合同效力如何认定？这些都是需要明确的问题。

当然，第三人、债权人、债务人三方签订债务加入协议，也是债务加入的成立方式。问题是，第三人向债务人表示加入债务，是否有效？从前述法条看，第三人对债务人的单方允诺，不构成债务加入。

---

① 陈华彬:《债法通论》,中国政法大学出版社 2018 年版,第 378 页。

② 江必新编著:《民法典编纂若干争议问题实录》,人民法院出版社 2021 年版,第 179 页。

③ 黄薇主编:《中华人民共和国民法典合同编释义》,法律出版社 2020 年版,第 203 页。

债务加入的后果是债务加入人与债务人承担连带债务，债权人有权要求第三人承担连带债务。注意此处的法律用语是“第三人在其愿意承担的债务范围内”承担连带债务。“债务范围”不仅是主债权数额上的范围，还可以是债务的种类，比如利息、违约金、赔偿金等。第三人约定只承担主债权，不承担赔偿金等是有效的。我国《民法典》第518条规定了连带债务：“债务人为二人以上，债权人可以请求部分或者全部债务人履行全部债务的，为连带债务。”债务加入人与债务人承担连带债务的规定表明，债务人和债务加入人是两个独立的债务人，两个债务人之间没有从属性。《民法典》第519条规定，“连带债务人之间的份额难以确定的，视为份额相同”。如果债务加入人没有约定“愿意承担的债务范围”，依上述规定认定债务加入人的债务份额与债务人相同。

第二节 债务加入与保证

一、债务加入与保证担保的区别

债务加入与保证担保的区别体现在如下方面：

其一，债务发生原因不同。保证人的债务于债务人不履行债务或者发生当事人约定的情形时，启动运行。债务加入人的债务的产生基于第三人的承诺（约定）条件，不以债务人到期未履行主债务为条件。所以，债务加入人的债务与保证人债务在发生条件上有区别。但是，债务人的债务与债务加入人的债务互相独立，债务加入时具有从属性，但是在成立后，即作为独立的债务而存在，原债务人债务之变动，如非基于加入时已存在的原因，对债务加入人的债务原则上没有影响。[①]

其二，行使期间的限制不同。债务加入中，债权人对债务加入人行使债权请求权没有行使期间限制，只有诉讼时效的约束；而债权人对保证人行使请求权则要受保证期间和诉讼时效的双重限制。

---

① 郑玉波：《民法债编总论》（修订二版），陈荣隆修订，中国政法大学出版社2004年版，第431—454页。转引自刘保玉、梁远高：《民法典中债务加入与保证的区分及其规则适用》，载《山东大学学报》（哲学社会科学版）2021年第1期。

其三，责任形态及范围不同。根据《民法典》的规定，债务加入人对债务的履行负连带债务，其份额为债务人加入“愿意承担的债务范围”；而保证担保中，保证人对债务的履行以负补充责任为原则，以负连带责任为例外(在保证合同明确约定保证方式为连带责任保证的情况下)[①]，其债务范围可以是约定的，也可以是法定的。

其四，对债务人追偿权的规定不同。担保法律关系中，保证人承担责任后，有权在其承担责任的范围内向债务人追偿，这种追偿权是法定追偿权，是担保法律法律关系补充性特点的体现。对债务加入人而言，《民法典》第519条第2款规定：“实际承担债务超过自己份额的连带债务人，有权就超出部分在其他连带债务人未履行的份额范围内向其追偿，并相应地享有债权人的权利，但是不得损害债权人的利益。其他连带债务人对债权人的抗辩，可以向该债务人主张。”根据上述规定，如果债务加入人承担的债务数额没有超过其愿意承担（或依法承担）的债务范围，能否向债务人追偿问题，没有涉及，导致理论和实务中存在较大争议。最高人民法院认为，由于债务加入的情形比较复杂，债务加入的第三人对债务人享有追偿权不能一概而论，应当根据《民法典》第552条规定的具体情形区别对待。在第三人与债务人对于追偿权有明确约定且约定合法有效提下，应当予以承认和支持。在没有明确约定的情况下，依照连带债务论，结合债务加入自身的特色，第三人自愿加入承担的债务确实难以理解为是超过其自身应承担的份额。因而《民法典》第519条所规定的以“超出”作为请求权基础的追偿权规则在逻辑上难以用于解释债务加入的追偿权。但从公平以及充分发挥债务加入这一增信乃至促进融资的功能的角度赋予其追偿权具有正当性和可行性。此追偿权是否存在以及追偿范围通常要受第三人和债务人之间的基础法律关系的影响。第三人为债务人承担债务后，除赠与外，都可以基于基础法律关系向原债务人主张相应的权利，该权利可以是费用偿还请求权、代偿请求权等，权利名称的不同并非否定追偿权的正当理由。[②] 基于上述认识，《民法典合同编通则司法解释》第51条规定，债务加入人可以依据约定或者不当得利、无因管理等原因，向债务人追偿。但是第

① 刘保玉、梁远高:《民法典中债务加入与保证的区分及其规则适用》,载《山东大学学报》(哲学社会科学版)2021年第4期。

② 最高人民法院民事审判第二庭、研究室编著:《最高人民法院民法典合同编通则司法解释理解与适用》,人民法院出版社2023年版,第563页。

三人知道或者应当知道债务加入会损害债务人利益的，不得向债务人追偿。

其五，抗辩权不同。保证担保有保证期间抗辩权、保证债务诉讼时效抗辩权等基于主合同和担保合同的抗辩权，而债务加入人对债权人仅有基于主合同的抗辩权，故对第三人意思表示必须准确识别，以准确适用不同的抗辩权。

二、债务加入与保证的识别

一份承诺书究竟是债务加入还是保证，是审判实践中经常需要判断的问题。正确判断承诺书的性质，对当事人利益影响巨大。但是，实践中对债务加入与保证的识别十分困难。

（一）难以识别的原因

债务加入与保证历来不易区分，甚至有人认为，二者的区分是民法上的一大难题，这不仅是因为二者具有天然的相似性，而且在交易实践中，由于第三人在意思表达上的模糊性，导致区分二者成为司法实践中涉及第三人债务关系的难点。有学者认为，债务加入与保证区分困难的原因有以下几个方面[①]：

（1）制度规定上的相似性。第一，从主体上看，不论是债务加入还是保证，都是债的关系之外的第三人作出了意思表示，而且此种意思表示大多是向债权人作出的。第二，从功能上说，二者都具有担保债权实现的功能。由于债务加入增加了债权实现的责任财产，因此债务加入的担保功能不言而喻。第三，从责任层面上说，连带责任保证人的责任与债务加入人的责任完全相同，都是债务人与第三人对债权人承担连带责任。

（2）语言表述上的模糊性。当事人意思表示用语不规范，是导致二者识别上困难的原因之一。债务加入本身没有规范的语言表述。一方面，实践中出现的大量的增信措施，如差额补足、流动性支持等，都是当事人结合交易实践的需要而采取的一些灵活处理措施，有一些甚至是为了规避法律上关于担保的规定的程序性安排。第三人的意思表示的语言表述含混不清，致使实践中纠纷比较多。另一方面，某些经营者制定的格式合同文本，对第三人所作的要求不同。此外，大量的民间借贷合同中，出现的借条收据或者其上出现的类似担保

---

① 王利明:《论“存疑推定为保证”——以债务加入与保证的区分为中心》,载《华东政法大学学报》2021 年第 3 期。

的词句，很难定性。比如，第三人在借据中表示“保证债权人不受经济损失”，该意思表示究竟是共同还款、保证还是安慰函？

（3）二者并存的可能性增大了区分的难度。由于《民法典》第697条第2款的规定，实践中对同一债权有出现债务加入与连带责任保证并存的可能。这种情况下，需要对不同的第三人的意思表达进行区分，难度增大。

（二）识别债务加入与连带责任保证的方法

笔者认为，债务加入和连带责任保证区分应坚持以下原则：

第一，必须坚持文义优先原则。意思表示中如果仅出现“连带清偿”“共同偿还”“承担连带责任”等表述的，一般应按债务加入认定。在庄金霖、詹敏金融借款合同纠纷二审民事判决①中，案件争议焦点是庄金霖、詹敏出具的《共同还款承诺书》的意思表示是否为承担连带责任保证。最高人民法院审理认为，该意思表示为债务加入。如果合同中出现“保证”“保证期间”“担保”字样的，宜认定为保证法律关系。实践中，把握文义优先原则时，应注意措辞。一是不能拘泥于某些措辞的字面意思，而应当考察当事人的真实意思。例如，第三人承诺“加入……债务，以保证某债务清偿”“为保证该债务按时清偿，第三人加入该债务”，此处“保证”一词，并非担保法意义上的用语，而是“保障”之义。二是虽然无“保证”字样，但是写明“到期无法归还，由我方承担责任”等含有先后归还顺序字样的，是保证法律关系。②

第二，判断当事人关于履行债务顺位的真实意思。一般而言，保证债务的履行具有履行顺位，在约定担保人承担债务之前往往含有条件词语，表明担保人承担责任的条件，这个条件词语往往表明担保人承担责任的顺位，比如约定“债务人无力偿还时”“债权人应要求债务人首先偿还”等。债务加入则没有履行顺位，如果第三人履行债务不以债务人到期未履行为前提，而是直接表明第三人代替债务人履行，则可以直接认定为债务加入。③ 在绥芬河龙江商联进

① 最高人民法院(2020)最高法民终10号民事判决书。

② 刘保玉、梁远高:《民法典中债务加入与保证的区分及其规则适用》,载《山东大学学报》(哲学社会科学版)2021年第4期。

③ 最高人民法院民事审判第二庭编著:《〈全国法院民商事审判工作会议纪要〉理解与适用》,人民法院出版社2019年版,第479—481页。

出口有限公司、毛小敏民间借贷再审审查与审判监督民事裁定[①]中，最高人民法院认为，毛小敏已经签署保证合同，其在《责任人确认书》中载明“本人对此笔借款承担第一责任，如借款发生不良，由本人负责赔偿”，此处“第一责任”的表述，是对担保责任顺序的确认，并非债务加入。

第三，在无法作出有说服力的合同解释的情况下，应向责任较轻的方向进行推定。《民法典担保制度司法解释》第36条第3款规定，对难以区分是连带责任保证还是债务加入的第三方承诺，推定为保证。“存疑推定为保证”，该项规定充分尊重了当事人的意思自治，有效平衡了各方利益。[②]

第四，对价利益不可以作为判断债务加入与保证关系的依据。有观点认为，应以对价给付利益为实质判断标准。若当事人对于债务的履行具有给付上的对价利益，则应认定为并存的债务承担。若无此利益，应区分一般民事行为与商事行为而分别判断：如果担保行为具有商事属性，基于商事行为的特性，应认定为并存的债务承担，以使当事人承担较重的连带债务；如果为一般民事行为，则应认定为保证，使当事人承担较轻的保证债务。[③] 另有观点认为，加入的债务人是否具有相应的利益，只能作为综合判断因素，不能作为必要因素，因为保证和债务加入都可能有利益考量，不能单从是否有利益而得出结论。[④] 笔者认同该观点，无论是债务加入还是保证，均有发生给付对价或者利益的情形，单凭此一点，无法确认是债务加入还是保证法律关系。

三、债务加入对保证规则的类推适用

对于保证规则可否类推适用于债务加入这个问题，我国《民法典》没有规定，属于法律漏洞。在债务加入没有法典化之前，就原《担保法》中的保证规定是否可类推适用于债务加入的问题，我国学者缺乏足够关注。[⑤] 实务界倾向于对债务加入适用保证的有关规定。最高人民法院在“青岛新华友建工

---

① 最高人民法院(2020)最高法民申763号民事裁定书。

② 王利明:《论“存疑推定为保证”——以债务加入与保证的区分为中心》,载《华东政法大学学报》2021年第3期。

③ 朱奕奕:《并存的债务承担之认定——以其与保证之区分为讨论核心》,载《东方法学》2016年第3期。

④ 刘贵祥:《民法典关于担保的几个重大问题》,载《法律适用》2021年第1期。

⑤ 夏吴晗:《债务加入法律适用的体系化思考》,载《法律科学》2021年第3期。

集团股份有限公司、青岛新华友建工集团股份有限公司新泰分公司民间借贷纠纷再审案”中适用了担保制度的有关规则。在债务加入法典化以后，探讨债务加入可否适用担保制度的有关规则，对于正确适用债务加入制度十分重要。担保制度有关规则在债务加入上的应用，主要有以下几个方面：

（一）关于抗辩权

最高人民法院刘贵祥法官认为，“债务加入人享有原债务人的抗辩权，连带保证人也享有主债务人的抗辩权”[①]。上述实务界的观点，可谓恰当。加入债务后，加入人成为新的债务人，但其债务与主合同息息相关，因此，对主合同的抗辩权，加入人应当享有。理论界对于债务加入在总体上认为，债务加入人仅能享有债务加入时存在的抗辩权。[②] 笔者认为该观点有失偏颇。债务加入后，债务人又有履行的，导致债权数额变化，债务加入人应当有抗辩权。比如，债务加入人承诺在400万元范围内向债权人承担责任，现在主债务只还有200万元，债务加入人对债权人要求偿还400万元的请求有抗辩权。

关于撤销权抗辩。有观点认为，《民法典》第702条关于撤销权抗辩的规定可以类推适用于债务加入。其理由是，一旦原债务人在债务加入人履行债务后撤销债务，基于加入债务在成立之时与原债务具有同一性，债务加入将因此而溯及无效。此时，履行了债务的债务加入人只能通过要求债权人返还不当得利的方式寻求救济，而这就意味着债权人支付不能的风险将由债务加入人负担，这对其极其不利，并且这种不利本不应由其负担。因此，应当允许债务加入人在相应范围内拒绝履行债务。[③] 另有观点认为，如果允许债务加入人享有撤销权，会不当地影响原当事人之间的权利义务关系，也可能会使原债权债务关系归于消灭，不利于保护交易安全，有悖于债务加入的目的。[④] 笔者认为，《民法典》第702条规定撤销权抗辩的目的在于防止债权人不当受偿，保护担保人的利益。对原债务有可撤销事由的，为保护债务加入人的利益，避免债务

---

① 刘贵祥：《民法典关于担保的几个重大问题》，载《法律适用》2021年第1期。

② 韩世远：《合同法总论》（第四版），法律出版社2018年版，第636页；王洪亮：《债法总论》，北京大学出版社2016年版，第471页。

③ 夏吴晗：《债务加入法律适用的体系化思考》，载《法律科学》2021年第3期。

④ 刘保玉、梁远高：《民法典中债务加入与保证的区分及其规则适用》，载《山东大学学报》（哲学社会科学版）2021年第4期。

人与债权人互相串通侵害债务加入人，应当赋予债务加入人享有撤销抗辩权。

关于抵销权的抗辩。关于原债权债务人之间存在抵销事由的，应当赋予债务加入人享有抵销抗辩权，理由同上。需要注意的是，债务加入人对债权人享有抵销权利的，也可以向债权人主张。

关于债权债务转移的抗辩。《民法典》第696条规定，债权让与通知保证人后，原则上保证人对受让人承担相应的保证责任，除非存在特别约定；第697条规定，债权人未经保证人书面同意允许债务人移转债务的，保证人原则上不再承担保证责任，除非存在特别约定。有观点认为，这两条规定均可类推适用于债务加入，因为债务加入人与保证人所处的利益状况完全一致。① 笔者认可上述观点，债务加入是第三人基于某种特定事由向特定债权人所为，包含第三人特殊的利益考量。未经债务加入人的同意转让债权（或转让债务），违背加入人的意思自治，有违债务加入人的利益考量。故，无论是债权转让还是债务转移，只要没有经过债务加入人的同意，均应当使债务加入免除债务。这一点应适用担保制度规则。

关于时效抗辩。笔者认为，在债务加入时，原债务已经超过诉讼时效的，债务加入人不得提起原债务的诉讼时效抗辩，但是债务加入人可以基于债务加入后约定的期间（如果有的话），对债权人提起诉讼时效的抗辩。

（二）关于债务加入人资格

《民法典》第683条规定，机关法人不得为保证人，但是经国务院批准为使用外国政府或者国际经济组织贷款进行转贷的除外。以公益为目的的非营利法人、非法人组织不得为保证人。该条规定，应类推适用于债务加入。否则，将会为当事人变相利用债务加入规避保证人资格限制提供机会。

（三）关于担保的书面形式的规定

《民法典》第552条对债务加入的形式没有规定，可以认为书面形式和口头形式均无不可。《民法典》第685条对保证的形式有明确规定，要求是书面形式。就权利义务的构造看，债务加入同样涉及三方当事人的利益，尤其是涉及债务加入人的财产责任的承担，且债务加入人的责任重于保证人的责任，故

① 夏昊晗:《债务加入法律适用的体系化思考》,载《法律科学》2021年第3期。

依据举轻明重的法律解释原则，债务加入同样应以书面形式为要件。

（四）关于债务加入合同的效力

《民法典》第682条规定，主债权债务合同无效，保证合同无效。债务加入合同的效力，是否类推适用保证合同上述从属性规则，在主债务合同无效的情况下，债务加入合同认定为无效？刘贵祥法官认为，在主合同无效时，债务加入的合同无效，债务加入人与债务人一般都应当承担缔约过失责任。① 笔者认为该认识存在问题。对债务加入合同效力的判断，应当依据《民法典》第143条的规定。如果债务加入合同没有《民法典》规定的合同无效的法定情形，否定债务加入合同的效力就没有法律依据。在主债务合同无效的情形下，主债务人应负担的赔偿责任或者返还责任，不是第三人"愿意承担的债务范围"，债务加入应拒绝债权人的履行请求。

（五）关于担保范围的规定

《民法典》第691条规定，如果对担保范围没有约定的，采用法定担保范围，包括主债权、利息、违约金、损害赔偿金等。如果在债务加入合同中，债务加入人没有表明"愿意承担的债务范围"，可否类推适用《民法典》第691条规定，要求债务加入人承担全部债务（包括利息、违约金等）？笔者认为，根据《民法典》第518条的规定，在没有约定"愿意承担的债务范围"的情况下，债权人可以要求债务加入人就全部债务承担责任，这是连带债务的法定要求，不存在类推适用保证规则的问题。债务加入人承担债务后，可以依据与债务人的约定向债务人追偿。

总之，对债务加入可否类推适用保证规则的问题，应坚持连带债务的基本理论，兼顾债务加入担保作用的性质，合理确定类推适用保证规则。

除上述从法理上谈到保证规则的类推适用外，我国法律还明确规定了债务加入的法律准用。

① 刘贵祥：《民法典关于担保的几个重大问题》，载《法律适用》2021年第1期。

第三节　公司债务加入的规制

《民法典担保制度司法解释》第12条规定："法定代表人依照民法典第五百五十二条的规定以公司名义加入债务的，人民法院在认定该行为的效力时，可以参照本解释关于公司为他人提供担保的有关规则处理。"因债务加入是人的担保的另外一种形式，为防止公司法定代表人规避公司对外担保的程序性限制而通过债务加入的方式对外实施担保，危害公司股东利益，需要对公司加入债务进行规制。上述条文即为规范公司对外债务加入所做的规制。

理解上述条文，应注意以下方面：

第一，债务加入合同的效力不随着主债权债务合同无效而无效，对债务加入合同的效力应做独立判断。债务加入合同不同于其他买卖合同、委托合同等合同类型，它通常会给公司带来大额损失，因此对加入合同的效力除应适用判断合同效力的规则外，还需要依据《公司法》有关对外担保的有关规定。

第二，公司关于对外担保的规则，具体包括《民法典担保制度司法解释》第7、8、9、10、11条。

第三，对"可以参照"的理解。第12条使用了"可以参照"这个表述，表明公司在进行债务加入时，法院依然需要依据具体情形判断是否适用《公司法》第16条及《民法典担保制度司法解释》。[①]

第四节　债务加入与担保责任的关系

《民法典》第697条第2款规定："第三人加入债务的，保证人的保证责任不受影响。"理解该规定常发生误解：第三人加入债务，保证人又承担责任，岂不是导致债权人双重受偿，违背公平原则？笔者认为，对该规定的理解应当分这样几个层次：

其一，该规定的法理依据是什么？笔者认为，债务加入合同与保证合同是两个独立的合同。两个合同的权利义务关系沿着不同的道路各自运行发展，互

① 高圣平、谢鸿飞、程啸：《最高人民法院民法典担保制度司法解释理解与适用》，中国法制出版社2021版，第107页。

不干扰。第三人加入债务的合同，并不能影响保证合同的效力。因保证合同产生的保证责任，不能因第三人加入债务而受到影响，这是债务加入合同独立性原则的体现。注意此处是说“责任不受影响”，并不是说“责任数额不受影响”。其含义：一是保证人责任形式不发生变化，即该是一般保证的还是一般保证，该是连带责任的还是连带责任保证；二是保证人责任范围不发生变化。

其二，债务加入人承担全部或者部分责任后，债权人的债权数额消灭或者减少；保证人将因主债权消灭或者减少而免于承担保证责任或者减少责任数额。

其三，对一笔债权，既有保证，又有第三人加入债务的，是否可以同时起诉保证人和债务加入人？笔者认为，债务加入人和保证人地位平等，且保证合同与债务加入合同分属于两个不同的合同关系，债权人可以选择债务加入人或者保证人承担责任。但是，两个合同关系不能出现在同一起案件中，否则会造成诉的标的混乱。因此，对于债权人同时起诉债务加入人和保证人的，人民法院应当行使释明权，要求债权人做出选择，而作为被告的债务加入人和保证人应当要求原告做出选择，以便进行答辩。

其四，在债务人提供物的担保的情况下，债务加入人可否在物的担保范围内免责？根据《民法典》第 392 条、第 409 条和《民法典担保制度司法解释》第 18 条的规定，同一债权既有债务人自己提供的物的担保，又有保证的，在没有约定的情况下，若债权人放弃了物的担保，则保证人在债权人放弃的物的担保的范围内免除责任。在债务加入的情况下，可否适用上述规则，免除债务加入人的部分责任？有观点认为，《民法典》第 552 条设计的债务加入规则与第 392 条、第 409 条的立法目的不同，上述保证人在物的担保范围内免除担保责任的规定，不能适用于债务加入人。[①] 笔者认为，担保制度的发展趋势是平衡债权人、债务人、担保人之间的利益，担保人有法定追偿权作为保障，尚且有权拒绝债权人放弃的物的担保范围的支付请求，对于债务加入人更应当赋予此种拒绝权，这是保护债务加入人利益的需要。

---

① 刘保玉、梁远高:《民法典中债务加入与保证的区分及其规则适用》,载《山东大学学报》(哲学社会科学版)2021 年第 4 期。

第十四章　特殊保证

保证制度除适用于普通的债权担保外，还可用于一些特殊的场合，比如票据债务保证、法院诉讼活动保证等，笔者称之为特殊保证。

第一节　票据保证

一、票据保证的概念

票据是现代社会经济生活中最重要的信用支付工具。为确保票据债务人能在票据到期时履行义务，保证票据流通的效率和安全，增强票据信用，一些国际公约、多数国家和地区的票据法均确立了票据保证或者类似制度。票据保证是指票据债务人以外的第三人以担保特定票据债务人履行票据债务为目的而在票据上所为的附属票据行为。① 我国《票据法》第二章第四节用 8 个条文（从第 45 条至第 52 条）规定了相关保证的内容。我国《票据法》规定的票据保证适用于汇票和本票，不适用于支票。但是日内瓦统一票据法体系规定汇票、本票、支票都适用票据保证。在英美法系国家，由于支票属于特殊的汇票，因此票据保证适用于上述三种票据。

票据保证的成立，需要三个要件：一是票据保证必须依法定形式作成；二是票据保证人必须是出票人、承兑人、背书人以外的第三人；三是第三人不能是国家机关、以公益事业为目的事业单位、社会团体，但是，经国务院批准为使用外国政府或者国际经济组织贷款进行转贷，国家机关提供票据保证的除外（《票据纠纷司法解释》第 59 条）。

---

① 汤玉枢:《票据法原理》,中国检察出版社 2004 年版,第 80 页。

二、票据保证的分类

票据保证按照不同的标准可以分为不同的类别。①

1. 正式保证与略式保证

根据票据保证的记载事项，《日内瓦统一汇票本票法》承认两种形式的保证。其一，正式保证，即保证人不但要在汇票或者本票上签章，还必须记载“保证”字样或其他任何相同的字样。如为出票人或者承兑人保证，应记载在票据的正面；如为背书人保证，应记载在票据的背面或者粘单上。其二，略式保证，即只有保证人签章而没有记载“保证”字样的保证。一般认为，单是签名，只在下列情况下才产生保证的意思表示的效力，即在票据的正面但又不是作为付款人的签名。②

2. 全部保证与部分保证

按照保证债务与票据债务的关系，可以将票据保证分为全部保证和部分保证。对票据的全部金额进行担保的是全部保证。只担保票据部分金额的为部分保证。根据《票据法》第 50 条的规定，我国只承认全部保证，不承认部分保证。即使注明只承担部分票据债务的保证，其限定的范围也被视为没有书写，其保证有效，而限定本身没有效力。这与其他许多国家的规定有所不同。世界多数国家和地区的票据法承认票据保证中部分保证的效力。《日内瓦统一汇票本票法》第 30 条规定，“汇票之付款得由保证人担保其金额全部或一部之支付”。

3. 单独保证与共同保证

按照保证的人数，票据保证可以分为单独保证与共同保证。保证人为一人的是单独保证。保证人为二人以上的为共同保证。依据原《担保法》的规定，民事共同保证分为按份共同保证与连带共同保证。我国《票据法》没有规定按份共同保证。根据《票据法》第 51 条的规定，保证人为二人以上的，保证人之间承担连带责任。持票人可以向任何一个保证人请求全额清偿，已经承担保证责任的保证人可以向其他保证人追偿。

---

① 朱凡:《人的担保基本制度研究》,西南政法大学 2004 年博士学位论文。

② 沈达明编著:《法国/德国担保法》,中国法制出版社 2000 年版,第 213 页。

4. 单纯保证与不单纯保证

单纯保证与不单纯保证的区别在于为票据保证时是否附有条件。不负加任何条件的保证是单纯保证，附加条件的则为不单纯保证。我国《票据法》第48条规定，保证不得附有条件。附有条件的，不影响对汇票的保证责任。由此可见，我国只承认单纯保证。

三、票据保证行为的特点

票据行为是指以负担票据债务为目的而实施的法律行为。根据其对票据权利的影响及其在票据行为中的地位不同，票据行为可分为基本票据行为以及附属票据行为。基本票据行为直接创设票据权利，仅指出票行为；而附属票据行为是指在票据流通过程中，仅仅起转让已经存在的票据权利或者强化已经存在的票据权利的行为，包括背书、承兑、保证三种行为。[①] 票据保证行为有两层含义：其一，票据保证是票据行为之一种，而票据行为以成立方式的严格性为基本特征，因此票据保证比民事保证的形式要件更为严格。其二，票据保证作为附属票据行为具有对票据主债务的附属性。这种附属性表现在：第一，票据保证以原始票据行为的形式合法有效为前提，如果原始票据因形式要件欠缺而不能有效成立，则附着于其上的保证不能有效成立；第二，票据保证记载于票据上，不论票据如何转让，保证人始终承担责任；第三，当票据债务消灭时，票据上保证随之消灭。[②]

由于票据保证是一种附属票据行为，因此票据保证只能为现存债务提供保证，不能为未来债务提供保证。其特点为：

1. 票据保证是一种特殊的要式行为

第一，票据保证载体的特殊性。票据保证必须在汇票或者粘单上记载。最高人民法院《票据纠纷司法解释》第61条规定，保证人未在票据或者粘单上记载“保证”字样而另行签订保证合同或者保证条款的，不属于票据保证，人民法院应当适用《民法典》的有关规定。

第二，记载位置的特殊性。《票据管理实施办法》第23条规定：“保证人为出票人、付款人、承兑人保证的，应当在票据的正面记载保证事项；保证人

① 汤玉枢：《票据法原理》，中国检察出版社2004年版，第63页。

② 朱凡：《人的担保基本制度研究》，西南政法大学2004年博士学位论文。

为背书人保证的，应当在票据的背面或者其粘单上记载保证事项。”

第三，票据记载事项的强制性。《票据法》第 46 条规定，保证人必须在汇票或者粘单上记载下列事项，即表明“保证”字样、保证人名称和住所、被保证人名称、保证日期和保证人签章。从上述法律规定看，汇票保证的记载事项属于强制性规定，但《票据法》没有规定缺少上述记载的保证行为无效。《票据法》第 47 条规定了对被保证人及保证的推定方法：“保证人在汇票或者粘单上未记载前条第（三）项的，已承兑的汇票，承兑人为被保证人；未承兑的汇票，出票人为被保证人。保证人在汇票或者粘单上未记载前条第（四）项的，出票日期为保证日期。”

第四，保证人签章的特殊性。保证人签章是票据保证的必备要件。《票据法》第 7 条规定：“票据上的签章，为签名、盖章或者签名加盖章。法人和其他使用票据的单位在票据上的签章，为该法人或者该单位的盖章加其法定代表人或者其授权的代理人的签章。”《票据法》和《票据管理实施办法》均未规定票据签章是该单位的合同专用章或者财务专用章还是单位印章，但是参考《票据管理实施办法》第 14 条、第 15 条的规定，应当理解为是财务专用章，同时还要有法定代表人或者授权代理人的签章。根据《票据纠纷司法解释》第 45 条的规定，保证人签章不符合《票据法》以及《票据管理实施办法》规定的，签章无效，即保证行为无效。

2. 票据保证效力具有广泛性

第一，票据保证的债权人具有不可知性。债权人不仅是票据保证人签章后的直接后手，还可能是全部后手中的某一位。这与一般民事担保显著不同。在一般民事担保中，保证人首先要知道债权人是谁，并且向债权人作出承诺；债权人转让债权，未经通知的，对保证人不产生效力。这些规则在票据保证中并不适用。在票据保证中，最终债权人是持票人，但直到被追索，保证人才能知道最终何人是债权人。

第二，票据保证人追索对象的广泛性。票据保证人承担保证责任后，可以向被保证人主张权利，也可以向其前手行使追索权。被追索人不再是单一的债务人，这对于保证人追索权的实现较为有利。

第三，《票据法》第 51 条规定，保证人为 2 人以上的，保证人之间承担连带责任。承担了责任的保证人可否向其他保证人追偿？根据《民法典担保制度司法解释》的有关规定，多数担保人在同一张票据上签章，票据保证人之间有追偿权。

3. 票据保证具有独立性

第一，票据保证独立于票据基础关系。票据保证仅对票据债务承担保证责任，从属于票据债务。如果被保证人基于票据无效而免于承担责任的，保证人也因此而免责。但是，票据保证关系与票据基础关系无关。基于票据的文义性特点，票据保证人不能像普通民事保证人那样主张票据基础关系中的抗辩权。因此，票据保证和普通民事保证中的独立保证类似。

第二，独立于其他票据行为。保证行为独立于承兑、背书等附属票据行为，这些行为的效力对票据保证行为的效力没有影响。票据保证行为的效力取决于票据保证人在票据或者粘单上的记载，记载无效的，保证人免于承担责任。对于伪造或者变造的票据，票据保证的效力不受影响。《票据法》第 14 条第 2 款规定，票据上有伪造、变造的签章的，不影响票据上其他真实签章的效力。第 3 款规定，票据上其他记载事项被变造的，在变造之前签章的人，对原记载事项负责；在变造之后签章的人，对变造之后的记载事项负责；不能辨别是在票据被变造之前或者之后签章的，视同在变造之前签章。票据保证人的签章，应适用上述规则。

第三，票据保证兼具从属性和独立性的双重特性，学界通常将票据保证的本质属性表述为是将从属性与独立性融合为一体而形成的相对独立性。[①]

4. 票据保证人责任的法定性

根据《票据法》第 50 条的规定，票据保证人与被保证人之间承担连带责任。持票人可以向保证人追偿 ，也可以向被保证人追偿 。因此，票据保证人没有先诉抗辩权，其责任范围是《票据法》第 70 条规定的下列金额：（1）被拒绝付款的汇票金额；（2）汇票金额自到期日或者提示付款日起至清偿日止，按照中国人民银行规定的利率计算的利息；（3）取得有关拒绝证明和发出通知书的费用。

四、票据保证需要讨论的问题

第一，票据保证期间。票据保证是保证制度在商事领域的进一步延伸。票据保证制度除适用《票据法》的一些规定外，应当适用普通保证的有关规定。

① 刘智慧：《两岸票据保证立法比较启示录》，载《清华法律评论》2012 年第 1 辑。

关于票据保证应否适用保证期间这个问题，《票据法》没有规定。笔者认为，票据保证应当适用保证期间制度。前已述及，保证期间的作用是确定保证责任，债权人在保证期间内依法行使权利，才能确定保证人的责任。持票人如果没有在票据保证期间内向票据保证人主张权利，票据保证人可以拒绝付款。

票据保证在票据粘单上记载的 5 项内容中，没有保证期间的规定。因此，票据保证期间应适用《民法典》第 692 条第 2 款的规定，即 6 个月的保证期间，该期间从主债务履行期满开始计算。此处的主债务是指票据支付义务。主债务履行期满，根据《票据法》第 38 条的规定，汇票到期日为主债务履行之日。因此，票据保证的期间是从汇票到期日起算 6 个月的时间为保证期间。

一般来说，保证人被直接追索的时候，保证期间不会届满，保证人的保证责任容易确定。如果保证人成为再追索对象，有可能会出现保证期间届满的情形，票据保证人可以以此理由拒绝承担保证责任。

第二，公司作为票据保证人，可否以未经法定程序为由主张保证无效？

公司虽然是最合适的保证人，但公司对外提供担保须遵守《公司法》第 15 条的规定，否则，保证无效。那么，在票据保证诉讼中，保证人可否以公司进行票据保证未经法定程序决策为由，主张保证行为无效？

笔者认为不能，原因：一是从立法目的上说，票据的生命在于其流通效率，故票据的设计规则是减少抗辩，促使其迅速流通。为此，票据法律关系与基础关系相互区分，票据权利凭票据背书的连续性来证明。票据债务的抗辩权主要基于票据的记载、票据权利期限等基于票据法规定的事由。关于票据保证未经法定程序的问题，并非基于票据法的抗辩，不能得到支持。二是票据的文义性特征决定票据权利义务取决于票据记载。对于票据保证来说，保证人签章之后的每一个人都可能成为持票人（也就是票据保证的债权人），要求这些潜在债权人查验保证人的董事会决议或者股东会决议，既不可能也不现实。

第二节　司法担保

我们用“司法担保”一词指代在法院诉讼程序尤其是民事强制执行程序中出现的担保行为。担保是保障债权实现的手段，法院诉讼程序活动中大量适用担保手段，而且这些担保手段由于司法强制执行的介入而变得与普通的民事担保不同，呈现别具一格的特点。司法担保是担保法律中的重要组成部分。司法担保在民事诉讼程序最多，故本节以民事诉讼程序为例说明司法担保的问题。

一、司法担保的具体类型

（一）财产保全措施担保

《民事诉讼法》[①] 第 103 条规定，人民法院采取保全措施，可以责令申请人提供担保，申请人不提供的，裁定驳回起诉。第 104 条规定，申请诉前财产保全的，应当提供担保。最高人民法院《关于人民法院办理财产保全案件若干问题的规定》（法释〔2020〕21 号，2021 年 1 月 1 日施行）第 6 条、第 7 条、第 8 条详细规定了财产保全担保的内容：其一，申请保全人或者第三人应当出具担保书，担保书载明担保人、担保方式、担保范围、担保财产及其价值、担保责任等内容，并附有关证据；担保行式可以是物的担保，也可以是人的担保。其二，财产保全担保须经人民法院审查同意，不得违反《公司法》《民法典》的规定。其三，保险机构可以以其与申请保全人签订财产保全责任险合同的方式为财产保全申请人提供担保；合法金融机构可以以独立保函的方式提供担保。

（二）先予执行的担保

《民事诉讼法》第 110 条规定，对于先予执行的申请，可以责令申请人提供担保。申请人败诉的，应当赔偿因先予执行给被申请人带来的损失。

（三）暂缓执行担保

现行法律关于暂缓执行担保的规定，源于 1991 年颁行的《民事诉讼法》第 212 条的规定。2007 年《民事诉讼法》修正后，该条内容没有变化，只是在顺序上调整为第 208 条。2012 年《民事诉讼法》修正后，该条变为第 231

① 截至 2024 年 12 月，我国《民事诉讼法》历经 5 次修正。此处《民事诉讼法》是指根据 2023 年 9 月 1 日十四届全国人大常委会第五次会议的决定修正后的《民事诉讼法》，其自 2024 年 1 月 1 日起施行。

条，内容也没有变化。[①] 2021 年修正的《民事诉讼法》，该条变为第 238 条，内容依然没有变化。2023 年修正的《民事诉讼法》第 242 条沿用了之前的规定："在执行中，被执行人向人民法院提供担保，并经申请执行人同意的，人民法院可以决定暂缓执行及暂缓执行的期限。被执行人逾期仍不履行的，人民法院有权执行被执行人的担保财产或者担保人的财产。"最高人民法院《民事诉讼法司法解释》[②] 第 467 条、第 468 条、第 469 条对此作了详细规定。其主要内容有：第一，如果担保有期限，暂缓执行的期限应与担保期限一致，但最长不超过 1 年。被执行人或者担保人在暂缓执行期间对担保的财产有转移、隐藏、变卖、毁损等行为的，人民法院可以恢复强制执行。第二，向人民法院提供执行担保的，可以由被执行人或者他人提供财产担保，也可以由他人提供保证。担保人应当具有代为履行或者代为承担赔偿责任的能力。他人提供执行保证的，应当向执行法院出具保证书，并将保证书副本送交申请执行人。被执行人或者他人提供财产担保的，应参照《民法典》的有关规定办理相应手续。第三，被执行人在人民法院决定暂缓执行的期限届满后仍不履行义务的，人民法院可以直接执行担保财产，或者裁定执行担保人的财产，但执行担保人的财产以担保人应当履行义务部分的财产为限。

（四）中止执行担保

《民事诉讼法司法解释》第 297 条规定："受理第三人撤销之诉案件后，原告提供相应担保，请求中止执行的，人民法院可以准许。"此为中止执行担保。其主要内容为，第三人认为发生法律效力的判决、裁定、调解书侵害其合法权益，向作出判决、裁定、调解书的人民法院提起第三人撤销之诉。第三人应被列为案件原告。为保证申请执行人利益免受损失，原告提供相应担保，请求中止执行的，人民法院可以中止执行。

（五）继续执行担保

最高人民法院《执行程序司法解释》（法释〔2020〕21 号）第 15 条、第

---

① 石婷、石长城：《我国民事执行担保的理性检讨与制度重构》，载《河北青年管理干部学院学报》2017 年第 2 期。

② 此处《民事诉讼法司法解释》于 2022 年 3 月 22 日修正，自 2022 年 4 月 10 日起施行，与 2023 年修正的《民事诉讼法》并不完全配套。

16条规定，案外人对执行标的提出异议，异议审查或者异议之诉审理期间，人民法院不得对执行标的进行处分，申请执行人提供充分有效的担保请求继续执行的，应当继续执行。因申请执行人错误，给案外人造成损失的，应当赔偿。

（六）解除执行措施担保

解除执行措施担保有两种情形：一是案外人提出执行异议或者提出异议之诉时请求解除执行措施的担保。《执行程序司法解释》第15条、第16条规定，案外人提出执行异议，在异议审查期间或者异议之诉审理期间要求解除查封、扣押等措施，并且案外人提供充分、有效担保的，人民法院可以准许；因案外人提供担保解除查封、扣押、冻结有错误，致使该标的无法执行的，人民法院可以直接执行担保财产。二是第三人在被执行人诉讼程序中的担保。最高人民法院《关于人民法院执行工作若干问题的规定（试行）》第54条规定，人民法院在审理案件期间，保证人为被执行人提供保证，人民法院据此未对被执行人的财产采取保全措施或解除保全措施的，案件审结后如果被执行人无财产可供执行或其财产不足清偿债务[①]时，即使生效法律文书中未确定保证人承担责任，人民法院有权裁定执行保证人在保证责任范围内的财产。

（七）执行和解担保

最高人民法院《执行和解规定》（法释〔2020〕21号）第18条规定，执行和解协议中约定担保条款，且担保人向人民法院承诺在被执行人不履行执行和解协议时自愿接受直接强制执行的，恢复执行原生效法律文书后，人民法院可以依申请执行人申请及担保条款的约定，直接裁定执行担保财产或者保证人的财产。

---

① 关于对无财产可供执行或者财产不足以清偿债务的理解，最高人民法院认为，该类保证应适用一般保证的规则，在方便执行的财产执行完毕后仍未清偿债务的，即可执行保证人在保证责任范围内的财产。方便执行的财产一般是指可以执行的动产和其他方便执行的财产。对于不动产是否方便执行，应当根据案件具体情况作出判断。参见邵长茂、马蓓蓓：《〈青海金泰融资担保有限公司与上海金桥工程建设发展有限公司、青海三工置业有限公司执行复议案〉的理解与参照》，载《人民司法》2022年第11期。

二、司法担保的性质

从上述司法担保的类型看，除诉讼保全担保外，执行担保占据绝大多数。学者们对司法担保的性质的讨论主要在对执行担保性质的论述上。有学者认为，民事执行担保是民事担保与民事执行程序相互融合作用的结果，也正如此，造就了民事执行担保性质的特殊性与复合性。民事执行担保中既有当事人权利的主导性，又有执行机关权力的参与性，因而是公法参与监督下的私法行使。[①] 笔者同意上述观点，认为司法担保的性质应为司法主导下的当事人的意思自治。在此过程中，司法机关起主导作用。具体为：

第一，债务人或者第三人必须向司法机关提出担保申请，请求为司法程序中的当事人提供担保。这一点与普通的民事担保有很大区别。普通民事担保不需要向司法机关提出申请。

第二，是否准许担保，由司法机关决定。在司法担保中，司法机关对担保书的形式、内容依据《民法典》等实体法有关担保的规定进行审查。符合有关实体法要求的，准许担保；不符合的，予以驳回。

第三，违反担保书的承诺，司法机关主动采取强制执行手段，不需要再经过立案审判环节，直接制作裁定书作为执行依据，对担保财产或者担保人强制执行。

第四，司法担保的目的是启动司法程序、改变司法程序。笔者认为，在正常的司法活动中，一旦进入程序，要根据法律规定展开司法活动，不受当事人因素的影响，这是由司法活动的公法性质决定的。但在特殊情况下，基于利益衡量的考虑，准许在当事人提供担保的情况下，改变司法活动程序，比如暂缓执行、继续执行、中止执行等，正常的司法进程由此改变。

第五，担保的目的在于赔偿。申请财产保全或者继续执行、中止执行都对当事人的利益影响很大，一方申请改变进程或者继续进程，可能造成另一方当事人的利益损失。因此，错误地启动或者改变司法进程，申请人应当承担另一方当事人利益损失的赔偿责任。这与普通民事担保中的履行责任有质的区别。

---

① 汤洪：《民事执行担保制度之完善》，载《山西省政法管理干部学院学报》2015 年第 4 期。

三、我国司法担保存在的问题

第一，司法担保大多被规定在最高人民法院的司法解释中，比较分散。在法律层面进行规定的，主要有财产保全担保、暂缓执行担保。对于第三人撤销之诉中的中止履行担保、继续履行担保，异议人在异议审查期间和异议之诉中的继续履行担保、继续执行担保及相关和解担保均没有法律层面的规定，而其现存相关文件的效力等级较低，对担保人财产权利的剥夺没有法律上的依据，其合法性易受质疑。

第二，有些司法担保规定还不具体。对于错误申请给对方造成的损失，如何启动程序，如何确定损失数额缺乏明确而具体的规定，对于司法担保人的救济措施，缺乏相应规定。司法机关在司法担保中的巨大作用，使得民事活动意思自治受到挤压。

四、立法建议

建议对我国的司法担保活动进行专门立法。例如，可以在《民事诉讼法》中对司法担保的范围、期限、种类、抗辩、救济程序作出明确规定，以建立一套行之有效的司法担保制度，规范司法担保活动，保障司法担保活动中各方的利益。

第三节　人事保证

在保证法律关系中，专门就有关人事关系所做保证的，为人事保证，又称为人格担保。通说认为，其源于罗马法。立法意义上的人事保证制度最早出现在 1911 年的《瑞士债法典》中；日本 1933 年公布《关于身元保证之法律》对人事保证作了专门规定；法国、德国的民法典则对人事保证制度未有明文规定；英美法系国家亦有人事保证的类似判例。人事保证是一种特殊的人的担保，在实践中应用广泛，但在理论和实践中的认识偏差比较大。

一、人事保证的概念和特点

学者从多个角度对人事保证进行过定义。笔者认为，参照普通保证的概念，人事保证可被定义为，保证人就雇主所雇佣人员，就将来所发生的可归责于受雇人员的损失向雇主承担赔偿责任的合同。该定义从合同角度揭示了人事保证的责任形态、责任发生原因。此为狭义上的人事保证。广义上的人事保证，还包括保证人对受雇人的品质、学历、经验等的保证以及在出国、入境、应考、进修、诉讼等活动中所作的担保。此处主要研究狭义的人事保证。人事保证同普通保证一样，是人事保证人以其个人财产对雇主债权承担民事责任，具有保证法律关系的一般特点。人事保证具有以下特点：

（1）身份关系与财产关系的双重性。人事保证中的债务人与债权人存在身份关系，一方是雇主，另一方是雇工。同时，保证人对债权人的债权提供担保，因此人事保证中有了财产关系。人事保证的身份关系与财产关系的双重性特点，使其与普通保证关系相区别。

（2）情谊性。普通保证中，保证人提供保证一般是基于利益关系，而人事保证一般是保证人为其亲友提供担保，基于对被保证人的品质、能力、工作态度的了解和信赖，出于情谊关系提供的保证。保证人一般是被保证人的举荐人。

（3）担保债权具有专属性和不确定性。人事担保的担保债权是雇主的财产损失，该损失与雇工的行为具有因果关系，是雇工在履行职务过程中的不当行为给雇主造成的损失。雇工非履行职务造成的雇主损失，不属于人事保证的保证范围。该损失只是未来可能发生的，具有很大的不确定性。但是，保证人赔偿责任限额有规定。我国台湾地区规定，人事保证的保证人，以雇佣人不能依他项方法受赔偿者为限，负其责任；保证人依前项规定负赔偿责任时，除法律另有规定或契约另有约定外，其赔偿金额以赔偿事故发生时，受雇人当年可得报酬的总额为限。

（4）长期性。普通保证一般就特定债权提供担保，具有时间短暂性特点。人事保证一般具有长期性特点，是基于继续性法律关系所作的保证。我国台湾地区规定，人事保证期间可以约定，但不得超过 3 年；没有约定期间的，为 3 年，从人事保证合同成立之日起算。

（5）不可撤回性。对于为将来发生的债务提供的一般保证，通说认为，保证人可以在债务产生之前随时撤回其保证。但是对于人事保证，因雇主基于保证人提供的保证而雇用被保证人，此时债务虽没有具体化，但若允许保证人随时撤回其保证，则对雇主的信赖利益无从保护，故应限制人事保证的可撤回性。

二、人事保证的性质

学界关于人事保证性质的认识不同，主要有三种学说①：

第一，损害担保契约说。这种观点认为人事保证不同于普通保证。在普通保证中，债务人不履行债务时才由保证人代履行责任，有主债务与从债务之分；而在人事保证中，当被保证人给雇佣人造成伤害时，保证人负独立的赔偿责任，是独立债务，不存在从属之分。

第二，特殊保证说。持此种观点的学者认为人事保证应是从属于普通保证的一个类别，但人事保证是其中的特殊形式。除和普通保证一样具有从属性、无偿性等特点，它还具有自身特有的不可预期性、不确定性等特点。因此，对于人事保证的相关规定，应当在普通保证的法律规定的基础上作出特殊的规定。

第三，区分说。持此种观点的主要是日本学者。在日本，人事保证被称为"身元保证"，并被分为三种类别：第一种是"人的身元保证"，保证人一方面对雇佣人负有与受雇人相同的债务和责任，另一方面还单独负有使受雇人不违反其契约义务的责任；第二种是"物的身元保证"，保证人对受雇人因违反契约或法律而造成的伤害赔偿之债负保证责任，是对将来之债的保证；第三种是"损害担保契约"，一旦受雇人给雇佣人造成伤害，保证人就对雇佣人负有赔偿义务。具体属于哪一种依当事人意思而定。

笔者认为，人事保证是一种特殊的保证合同。

首先，从目的上说，设立人事保证的目的在于保障雇主在雇工的职务行为中免受危害的权益。比如，雇工在职务行为中故意破坏机器设备，故意制作假账，甚至卷款潜逃等，都会给雇主造成难以估量的损失。为保障自身权益，要求第三人提供雇工的履职担保是一种预防性措施。

其次，人事担保与普通担保相比，具有明显的特殊性。正是因为人事保证一系列的特殊性，在规则适用上不能等同于一般保证，所以应当建立特殊保证规则以维持契约关系中实质的公平。②

再次，雇工在职务行为中造成雇主权益受损，产生雇工对雇主的侵权责

① 胡萍萍:《台湾人事保证制度初探》,载《呼伦贝尔学院学报》2016年第1期。

② 彭宁:《人事保证制度存废研究》,武汉大学2018年硕士学位论文。

任。雇工对雇主的赔偿责任是法定的、第一位的，这是民法过错责任原则的根本要求。只有在雇工无能力赔偿时，才需要保证人进行赔偿。保证人的赔偿责任是第二位的，具有从属性。如果将人事保证人的赔偿责任定位独立于雇工的责任之外，采取损害担保契约说，一是与民法过错原则相冲突，不利于保护人事保证人的利益；二是易导致用工单位滥用意思自治原则，将其用人风险全部转嫁到第三人身上，有损社会公平。[①]

三、人事保证制度在我国的立法和司法实践

人事保证制度在我国惯例上并不罕见。过去雇佣工人要求有保人担保工人的人品、技能和健康状况，如有打架斗殴，卷款潜逃等情事，保人负责赔偿或领回。新中国成立后，劳动者的地位有很大提高，国有或集体所有制单位要求员工提供人事担保的情况非常罕见。改革开放后，不同所有制的市场主体进入经济大市场，促进人才流动的人才市场逐渐形成。在现实面前，人们的就业观念有了很大转变。劳动者为谋到一份满意的工作，往往会满足用工单位提出的要求。港资、台资以及日资企业招聘员工，通常会让求职者提供人事保证书，以分散异地劳动者的劳动风险。国内一些企业也借鉴国外“先进”经验，纷纷要求员工提供保证人作为任职条件。[②] 但是，除港澳台地区外，我国对人事保证一直持否定态度。

早在1995年《劳动法》生效以前，1994年劳动部、公安部、全国总工会就联合发布《关于加强外商投资企业和私营企业劳动管理切实保障职工合法权益的通知》（劳部发〔1994〕118号），其中规定：“企业不得向职工收取货币、实物等作为‘入厂押金’，也不得扣留或者抵押职工的居民身份证、暂住证和其他证明个人身份的证件。对擅自扣留、抵押职工居民身份证等证件和收取抵押金（品）的，公安部门、劳动监察机构应责令企业立即退还职工本人。”

《劳动合同法》第9条规定：“用人单位招用劳动者，不得扣押劳动者的居民身份证和其他证件，不得要求劳动者提供担保或者以其他名义向劳动者收取财物。”第84条规定：“用人单位违反本法规定，扣押劳动者居民身份证等

---

① 朱凡：《论我国人事保证制度之构建》，载《法律适用》2004年第3期。
② 朱凡：《论我国人事保证制度之构建》，载《法律适用》2004年第3期。

证件的，由劳动行政部门责令限期退还劳动者本人，并依照有关法律规定给予处罚。用人单位违反本法规定，以担保或者其他名义向劳动者收取财物的，由劳动行政部门责令限期退还劳动者本人，并以每天五百元以上二千元以下的标准处以罚款；给劳动者造成损害的，应当承担赔偿责任。劳动者依法解除或者终止劳动合同，用人单位扣押劳动者档案或者其他物品的，依照前款规定处罚。”这从法律层面禁止了人事保证。但是，人事保证在实践中应用广泛，司法裁判观点不一。

最高人民法院曾认为人事保证纠纷不是人民法院的受理范围。在浙江省宁波市国际经济技术合作公司（下称宁波公司）诉单威祥劳务担保合同纠纷一案中，最高人民法院在《关于劳务输出合同的担保纠纷人民法院应否受理问题的复函》［法（经）函〔1990〕73 号］中，认为宁波公司与单洁因及其父单威祥签订的出国劳务人员保证书，是派出单位宁波公司为保障与美国佛罗里达州奥兰多大中集团劳务输出合同的顺利实施，而依其行政职权要求派出人员在出国期间遵守所在国的法律和所在公司各项制度方面作出的行为保证。这是派出单位对派出人员进行管理的一种行政措施。单威祥提供的担保不属于民法和经济合同法范畴。该类纠纷暂无法律规定可以向人民法院起诉。依照《民事诉讼法（试行）》[①] 第 84 条的相关规定，告知宁波公司向有关行政部门申请解决。

后来，最高人民法院在《关于金龙万、金龙哲与黑龙江省国际经济技术合作公司出国劳务合同纠纷案是否适用最高人民法院［法（经）函〔1990〕73 号］复函的答复》（民立他字〔2001〕第 3 号）中，否定了自己先前的意见，认为金龙万、金龙哲与黑龙江省国际经济技术合作公司之间的劳务关系与担保关系是平等主体之间基于合同建立的民事法律关系，属于民法调整的范围，人民法院应予受理。法（经）函〔1990〕73 号不适用于本案。但是，最高人民法院没有明确说明其废止该函，以致不少法院仍对人事保证合同采取不受理或者不承认其效力的态度。

最高人民法院对人事保证的态度前后不一致，导致不同地区或者同一地区不同级别的法院对人事保证纠纷的裁判出现矛盾。在中国工商银行哈尔滨和平支行诉高延民担保合同纠纷案中，哈尔滨市东丽区人民法院认为，高延民为其

① 上述案件发生于 1991 年之前，而《民事诉讼法》1991 年 4 月 9 日才开始施行。

子高峰岩做经济担保人的意思是明确的，原告和平支行与高延民之间签订的担保合同成立且生效，高延民应按照合同的约定承担担保人的连带民事责任。哈尔滨市中级人民法院则认为，本案担保合同要求上诉人高延民担保的是高峰岩在和平支行工作期间的行为，而和平支行与高峰岩之间存在的是单位与职工的内部从属关系，不是平等主体之间形成的民事关系；高峰岩在此期间实施的贪污，盗窃等行为，不是应当由民法调整的行为；该担保合同的目的不是平等主体之间的债权实现，而是企业内部的管理工作，是要保证被担保人的违纪违法行为不损害企业利益；该案中的担保合同不符合当时《民法通则》和《担保法》的规定，不属于人民法院受理案件的民事案件范围。哈尔滨市中级人民法院与一审法院的观点完全相反。[①]

在上诉人（原审被告）樊某与被上诉人（原审原告）陈某人事保证纠纷案[②]中，法院认为，原告和被告之间的人事保证合同无效，担保人因缔约过失责任承担原审原告损失的1/3。

对人事保证合同纠纷审判问题，笔者认为，首先，人事保证合同的内容虽然和劳动者（被保证人）与用人单位之间的劳动关系有一定牵连关系，但从签订主体来看，其一方主体（保证人）与另一方主体（用人单位）没有任何劳动关系和其他人身依附关系，双方完全是平等民事主体，各方意思表示真实，因而对人事保证合同纠纷，法院没有不受理的依据。[③] 其次，用人单位较之于劳动者而言通常处于强势地位，巨大的就业压力迫使保证人为劳动者获得就业机会而做出让步。可以说，是劳动者的弱势地位导致保证人承担了不合理的风险。从这个意义上来讲，人事保证并非真正意义上的自愿。为保障公平，促进公平就业，保障劳动者权益，依据《劳动合同法》第9条的规定，应认定人事保证合同无效。再次，基于人事保证是特殊保证的理念，适用担保合同无效情形下的过错责任赔偿原则，裁定人事保证人的民事责任是较为稳妥的处理办法。

依据我国目前的劳动法律，实践中应一律判决人事保证合同无效，但这种判决的司法效果无法与社会效果实现统一。人事保证制度发展有悠久历史，且

---

① 参见《最高人民法院公报》2001年第5期。

② 一审案号为(2008)沙法民初字第416号，二审案号为(2010)渝一中法民终字第471号。

③ 贾科、王永红：《人事保证合同效力认定及其责任承担》，载《人民司法》2011年第8期。

在多国立法中获得承认，有其存在的社会学和经济学价值，一味全盘否定人事保证制度并不是理想选择。一些学者对我国人事保证制度的立法选择，有以下几种观点：一是重构说。该说主张对人事保证制度进行重构，将保证范围界定为劳动者建立劳动关系时向用人单位提供的个人信息，将保证内容限于个人信息的真实性，将保证期间限于劳动关系存续期间以及劳动关系终止后 3 年内，以连带责任保证为担保形式。[①] 二是替代说。该说认为，仅有少部分国家和地区承认人事保证制度，通过人事保证的构建来增强信用和分散经营风险并非国际上的通行做法，相较于人事保证制度的状况百出，美国采用诚实保证保险作为替代的措施运行良好，反映出未来制度的演化方向。[②] 三是肯定说。该说认为，人事保证制度是举荐人的担保制度，举荐人必须承担举荐的担保责任。徐国栋教授在其主编的《绿色民法典草案》第 819 条至第 827 条设置了人事保证制度。

笔者认为，我国应当建立人事保证制度。其理由是，人事保证制度在社会学意义上是通过改变人际关系的状态促成劳动关系的建立，在经济学意义上能够减少用人单位在缔约过程中的信息成本、时间成本和缔约风险。[③] 不仅如此，在劳动者跳槽日益频繁的现实情况下，一些企业投入巨资培养的专项人才跳槽后，往往给企业造成重大损失；缺少人事保证，企业对科技研发、人才培养会心有顾虑，不利于科技进步和发展。人事保证的适用应当限于较小的范围，比如从事科技、金融等行业的人员。至于人事保证的立法体例，可以在《民法典》中设专节予以规定。

---

① 段晓红:《论人事保证的制度功能及我国的立法选择——兼评〈劳动合同法〉第 9 条》,载《华中农业大学学报》(社会科学版)2008 年第 5 期。

② 彭宁:《人事保证制度存废研究》,武汉大学 2018 年硕士学位论文。

③ 段晓红:《论人事保证的制度功能及我国的立法选择——兼评〈劳动合同法〉第 9 条》,载《华中农业大学学报》(社会科学版)2008 年第 5 期。

第十五章　担保物权概述

物的担保和人的担保不仅是学理上的分类，而且在立法上也有规定。我国原《担保法》第28条、原《物权法》第176条均使用了物的担保概念。《民法典》也有“物的担保”用语。物的担保是与人的担保相对称的一种担保方式。不同于人的担保的替代履行和赔偿责任，“物的担保是对付债权人们竞合得到清偿的规则的抗体”[①]。这句话形象地说明了物的担保的核心思想：它抗拒债权平等，实现债权优先受偿。法国Cabrillac教授对物的担保提出如下概念：“这是债权的一种附属物，授予债权人从拨给他的一项财产或财产总和的价值中优先得到清偿的权利。”[②] 物的担保以优先受偿权为目的，所考虑的不是用途，而是它的市场价值。债权人占有小提琴用于担保其债权，但不可以用其演奏。[③]

物的担保和担保物权是既有区别又有联系的两个概念。物的担保是债权担保的一种形式，属于债权法领域；而担保物权则是物权的一种形式，“指以确保债务的清偿为目的，于债务人或第三人所有之物或权利所设定的物权”[④]。物权属于物权法领域。物的担保与担保物权两者是内容与形式的关系。物的担保是内容，其形式体现为担保物权。内容依靠形式体现。研究物的担保主要研究物的担保的具体形式，即抵押、质押、留置。

第一节　担保物权的概念与特征

《民法典》第386条规定：“担保物权人在债务人不履行到期债务或者发

① 沈达明编著:《法国/德国担保法》,中国法制出版社2000年版,第88页。

② 沈达明编著:《法国/德国担保法》,中国法制出版社2000年版,第89页。

③ 李世刚:《法国担保法改革》,法律出版社2011年版,第50页。

④ 王泽鉴:《民法物权》,北京大学出版社2009年版,第366页。

生当事人约定的实现担保物权的情形，依法享有就担保财产优先受偿的权利，但是法律另有规定的除外。”该条规定来自原《物权法》第170条，规定了担保物权的概念。

担保物权具有以下特征：

第一，担保物权以保障债权实现为根本任务，具有依附性。

马克思主义政治经济学告诉我们，任何商品都有价值。而价值包括两个方面：一是商品的使用价值，二是商品交换价值。经济学上的商品与民法学上的物并不完全相同。对物的使用价值而言，法律创造了用益物权的概念；对于物的交换价值而言，法律创造了担保物权。债权人之所以同意使用物为其债权担保，在于担保物具有流通性，能够变现，债权人可从变现的价款中优先获得。但是，用益物权可以独立存在，担保物权必须依附于主债权，因此，“担保物权本身不具有独立的存在意义，其以担保债权的实现为目的，这也是担保物权与同属于定限物权、他物权的用益物权的重要区别之一”①。

担保物权的上述特征决定了：其一，担保物必须是可以流通的物。禁止流通的物因其不能流通变现，不得作为担保物权的标的物。其二，必须有主债权的存在。没有主债权也就不存在担保物权。

第二，担保物权是他物权。

他物权是与所有权相对应的概念，对他人之物享有的权利称为他物权。他人之物指的是债务人或者第三人提供的物。由于担保物对实现债权有重要意义，债权人一般接受看得见、摸得着的物作为担保，因此，债务人或者第三人提供的物，必须是现存的、特定的。将有之物一般不得作为担保的标的物(浮动抵押除外)。担保物的特定性决定了债权实现的可靠性。该项特征决定了担保物权的成立，必须有“他物权”的权利外观。这种权利外观具体表现为两个方面：一是占有。“就历史渊源言，占有为所有权的根据。”② 我国台湾地区规定，占有有权利推定的效力，即占有人于占有物上行使之权利，推定其适法有此权利；占有他人之物，可以彰显对他人之物的“他物权”。二是登记。不便于占有的，需要进行登记，没有登记凭证无法彰显对他人之物享有权利。担保物权要求对他人之物的占有或者进行登记，也限制了所有权人对物的

① 程啸：《担保物权研究》(第二版)，中国人民大学出版社2019年版，第12页。

② 王泽鉴：《民法物权》，北京大学出版社2009年版，第409页。

处分权。同时，他物权人亦不得对他人之物随意处分，因此担保物权是定限物权。

第三，担保物权人对担保财产享有优先受偿的权利，法律另有规定的除外。

担保物权对债权的担保功能是通过优先受偿权实现的。可以说，担保物权存在的全部价值在于债权人对担保物享有的优先受偿权。“没有优先受偿权，担保物权毫无意义。”① 但优先受偿权不是绝对的，要受法律的限制。

目前法律对优先受偿权的限制，主要有以下几个方面：

其一，国家税收优先于担保物权。《税收征收管理法》第 45 条第 1 款规定：“税务机关征收税款，税收优先于无担保债权，法律另有规定的除外；纳税人欠缴的税款发生在纳税人以其财产设定抵押、质押或者纳税人的财产被留置之前的，税收应当先于抵押权、质权、留置权执行。”第 46 条规定：“纳税人有欠税情形而以其财产设定抵押、质押的，应当向抵押权人、质权人说明其欠税情况。抵押权人、质权人可以请求税务机关提供有关的欠税情况。”

根据上述法律规定，国家税收优先于担保物权的前提条件是欠税发生在的担保物权成立之前。欠税的情形，纳税人应当向担保权人作出说明。该条比较笼统，实际应用上存在如下问题：（1）在什么情况下，欠多少税，会影响到担保物权人的优先受偿的权利？这应当有一个限度。仅有少许欠税，不应当影响担保物权人的优先受偿权利。（2）纳税人破产，税务机关可否阻止担保物权人行使别除权？在纳税人破产的情形中，欠税、欠债是常见情形。在符合税收优先的原则下，税务机关如何阻止担保物权人就抵押、质押、留置财产行使优先受偿权？目前缺乏制度保障。

其二，建设工程价款优先受偿权，优先于抵押权。最高人民法院 2002 年 6 月 20 日公布《关于建设工程价款优先受偿权问题的批复》（法释〔2002〕16 号），规定建设工程价款优先受偿权优于抵押权受偿。这是为了平衡建设工程承包人与发包人的关系，制约发包人拖欠承包人工程款的行为，保障建筑工人的劳动收入、维护消费者和劳动者等社会弱势群体的利益而采取的措施。

对该批复，有学者给予强烈批评，认为“这一规定明显违背了法律的规

① 程啸：《担保物权研究》（第二版），中国人民大学出版社 2019 年版，第 13 页。

定，不符合担保物权作为物权的属性，严重损害了担保物权人的优先受偿权”[①]。上述批复在《民法典》实施后，已经被废止。建筑工程价款优先受偿权已经被列入《民法典》第 807 条。笔者认为，建筑工程价款优先受偿权是法定抵押权，是为保护弱势群体所做的立法考量，应当优先于约定的担保物权。

其三，特殊情形下，破产企业职工债权优于担保物权。根据《企业破产法》第 132 条的规定，2007 年 6 月 1 日前形成的职工债权，优于抵押权人受偿。应当说，此类情况已经不存在。

抵押权作为典型的担保物权，从罗马法沿用至今。抵押权具备担保物权所具有的从属性、不可分性和物上代位性，通过支配财产的交换价值，来实现清偿债权的目的。《民法典》相较于原《担保法》与原《物权法》，对抵押权制度进行了四个方面的创新：一是扩大了抵押财产的范围，允许土地经营权等集体土地使用权的抵押；二是确立了动产抵押权无追及效力的制度；三是增加了抵押与质押竞合的顺位规则；四是引入了购买价款抵押担保超级优先权制度。[②]

第二节　担保物权的分类与体系

一、担保物权的分类

根据不同的分类标准，可以对担保物权作出不同的分类。

（一）意定担保物权和法定担保物权

这是根据担保物权产生的方式进行的分类。意定担保物权是合同当事人通过其意思表示设立的担保物权。抵押权、质押权是典型的意定担保物权。法定担保物权是指依据法律的直接规定而产生的担保物权，如留置权、建筑工程价款优先受偿权、《海商法》规定的船舶优先权、《民用航空法》规定的民用航

---

① 程啸：《担保物权研究》（第二版），中国人民大学出版社 2019 年版，第 14 页。

② 中国审判理论研究会民事审判理论专业委员会编著：《民法典物权编条文理解与司法适用》，法律出版社 2020 年版，第 429 页。

空器优先权，均属法定担保物权。

（二）占有型担保物权和非占有型担保物权

根据是否占有担保物，担保物权可以分为占有型担保物权和非占有型担保物权。质押和留置是占有型担保物权，而抵押是非占有型担保物权。“抵押，这种担保方式与其他担保物权相比，是一种出现较晚而发展变化又最大的担保方式，从法制史上看，抵押的出现晚于质押，起初其适用范围和作用也不及质押的广和大，而在现代，抵押已成为最主要的担保方式，并有‘担保之王’之美称。”① 抵押和抵押权是有本质区别的两个概念，抵押是债务人或者第三人提供抵押物为债务履行提供担保的民事法律行为；抵押权是债权人在抵押法律关系中依法享有的权利。我国立法和学者对抵押和抵押权的认识有一个过程。原《民法通则》第 89 条规定：“债务人或者第三人可以提供一定的财产作为抵押物。债务人不履行债务的，债权人有权依照法律的规定以抵押物折价或者以变卖抵押物的价款优先得到偿还。”此规定没有说明抵押物是否转移占有，原《担保法》第 33 条规定：“本法所称抵押，是指债务人或者第三人不转移对本法第三十四条所列财产的占有，将该财产作为债权的担保。债务人不履行债务时，债权人有权依照本法规定以该财产折价或者以拍卖、变卖该财产的价款优先受偿。”因此，“抵押是指债务人或者第三人不转移对得抵押财产的占有而将该财产供为债权担保的法律现象”②。在抵押关系中，提供财产为债权做担保的人是抵押人，债权人是抵押权人，被用作担保的财产是担保物。所以，抵押权来自抵押，没有抵押就没有抵押权。区分抵押和抵押权在实践中具有重要意义。

（三）动产担保物权、不动产担保物权和权利担保物权

这是根据担保物的不同而作出的分类。动产担保物权是指以动产或者权利所做的担保物权，如动产抵押、权利抵押。不动产担保物权是指以不动产为标的设立的担保物权。权利担保物权是指以权利为标的设立的担保物权，如权利质押权、权利抵押权。

---

① 郭明瑞、杨立新：《担保法新论》，吉林人民出版社 1996 年版，第 87 页。

② 郭明瑞、杨立新：《担保法新论》，吉林人民出版社 1996 年版，第 79 页。

（四）特定财产担保物权和非特定财产担保物权

这是以担保物是否特定对担保物权进行的分类。抵押、质押等，在担保物权合同成立时，担保物已经特定化，抵押人承担担保物价值的变化责任。但是，有些担保并非以特定财产对债权进行担保，如浮动担保。《民法典》第396条规定，企业、个体工商户、农业生产经营者可以将现有的或者将有的生产设备、原材料等进行抵押。在债务到期之前，这些动产不断地出去，脱离担保财产范围；又不断地进来，成为担保物。因此，浮动担保的担保物并不特定。

二、担保物权体系

担保物权可以追溯至罗马法，但担保物权体系的建立和完善是在近现代。自欧洲近代民法法典化运动以来，物权和债权、不动产和动产的区分理念逐渐明晰，不动产登记制度日益普及和完善，物权法定主义、物权公示主义也逐渐被确认为物权制度的基本原则，并在此基础上，形成了不动产抵押权与动产质权。20世纪以来，为适应经济发展的需要，担保物权的标的物范围不断扩大，担保物权的种类和方式不断增多。特别是动产抵押、最高额抵押、所有权抵押、财团抵押、假登记抵押、最高额质押、所有权保留、让与担保等诸多新型担保方式不断被采用，不仅突破了传统法典化的立法模式，形成了一个以民法典中担保物权制度为核心，以有关担保的民事特别法为骨干的担保物权体系，而且愈来愈强调担保物权的独立性和流通性。[①] 法国担保物权体系，包括抵押权、质押权、优先权、留置权。2006年法国担保法改革，建立了“可再负担抵押”这一新型担保方式，禁止流押制度被取消，允许债权人在没有法官介入的情况下取得抵押物的所有权。德国的担保物权体系，包括抵押权、土地债务、定期土地债务、动产质押权、权利质押权、所有权保留和让与担保等方式。在英美法系国家，虽然没有担保物权的概念，但常以“担保权”概念表达。英美法上的物权担保方式，通常有按揭、财产上负担、质押、留置四种。

我国担保物权体系的萌芽于原《民法通则》，发展于原《担保法》及其司法解释，完善于原《物权法》，成熟于《民法典》。依据《民法典》，我国担保

---

① 高圣平：《担保法论》，法律出版社2009年版，第247—248页。

物权体系包括一般抵押权、最高额抵押权、质权、留置权、所有权保留、融资租赁、保理等，《民法典担保制度司法解释》中还规定了让与担保方式。

第三节　担保物权的产生与消灭

一、担保物权的产生

根据产生方式的不同，担保物权可以分为约定的担保物权与法定的担保物权。

（一）基于法律行为产生的担保物权

1. 担保物权依据民事法律行为设立，是取得担保物权的主要方式

设立担保物权的民事法律行为，包括两个过程：一是订立书面合同，为债权行为；二是对担保物办理登记或者转移占有，为物权行为。

《民法典》第400条关于抵押权设定，第427条关于质押权设定，均要求采用书面形式；对于其他具有担保功能的合同，如融资租赁、保理等，也要求书面形式。订立书面合同是一种负担行为（债权行为阶段）。“负担行为产生一项或多项请求权，或者——在现金交易行为中——至少产生一项能够保留给付的法律原因。”① 合同当事人不履行担保物权设立合同的，对债权人而言，不能取得担保物权，仅产生损害赔偿请求权。此时的损害赔偿金的范围，以抵押财产或者质押财产的价值为最高限度。“这是因为，就算抵押权质权成立了，抵押人或者出质人的责任也仅是物上保证责任，以抵押财产或者质押财产的价值为限。”②

办理登记或者转移占有，是担保物权成立的必要条件，只有完成登记或者转移占有，担保物权才能成立。因此，办理登记或转移占有是一种处分行为。“处分即为权利的转让、权利的消灭，在权利上设定负担或变更权利的内容。处分的例子有：移转物的所有权、让与债权；抛弃所有权或免除债务；设定质

---

① ［德］迪特尔·梅迪库斯：《德国民法总论》，邵建东译，法律出版社2000年版，第167页。

② 程啸：《担保物权研究》（第二版），中国人民大学出版社2019年版，第81页。

权；将土地债务变更为抵押权”[①]。

2. 因债权受让而取得担保物权，是民事法律行为取得担保物权的另一种方式

基于担保物权与主债权的不可分性，债权转让，担保物权同时转让。受让人通过取得债权，同时取得附属于债权之上的担保物权。

（二）非基于法律行为的原因取得的担保物权

其一，因法律规定而直接取得的担保物权，即法定担保物权，包括留置权、建筑工程价款优先受偿权、民用航空器优先受偿权与船舶优先权。

其二，因继承而取得被继承人负有担保物权的债权。

其三，因法院判决、仲裁、强制执行等行为，取得担保物权。

其四，债权人死亡无人继承遗产或无人受遗赠的，根据《民法典》第1160条的规定，该遗产归国家所有，用于公共事业。此时国家因法律规定，可以取得依附于债权的担保物权。

上述非基于法律行为而取得担保物权，无须书面合同，但除法定担保物权外，还需要办理有关权利登记。

二、担保物权的消灭

担保物权的消灭以担保物权有效存在为前提。在担保物权合同没有生效、无效、被撤销、未履行等情形下，权利人不能取得担保物权，当然也就不存在担保物权消灭的问题。关于担保物权消灭的共同原因，《民法典》第393条规定："有下列情形之一的，担保物权消灭：（一）主债权消灭；（二）担保物权实现；（三）债权人放弃担保物权；（四）法律规定担保物权消灭的其他情形。"

（一）主债权消灭

担保物权依附于主债权而存在，其存在的目的是保障债权的实现。当主债权因为履行、提存、混同、抵销等原因，已经实现或者不需要现实时，担保物权因无所可依，失去存在的意义，此时，担保物权消灭。

---

① [德]迪特尔·梅迪库斯:《德国民法总论》,邵建东译,法律出版社2000年版,第168页。

（二）担保物权实现

“担保物权实现，亦被称为担保物权的实行，系指在债务人不能履行债务时，担保物权人行使其担保物权将担保财产变价以满足其优先受偿的过程。”① 在此过程中，担保物被处分，债权得以实现。因担保物不存在，担保物权只能消灭。

（三）债权人放弃担保物权

担保物权是债权人的权利，自可依据债权人的意思自由处分，或转让，或抛弃。放弃是债权人的单方意思表示，只要放弃人具有民事行为能力，意思表示真实，放弃物权担保的意思到达物上担保人时，即可发生担保物权消灭的效果。

债权人放弃物的担保需要注意两点：

其一，债权人放弃担保物权不得损害其他人的利益。债权人放弃担保物权，可能导致债权人无法实现债权，可能侵害其他人的利益，其他人可能会对债权人的行为提起撤销之诉。

其二，放弃物的担保需要履行必要的注销登记程序。

比如，办理抵押权登记注销手续，将占有的动产返还给物权人。应收账款的质押登记解除等。只有完成这些必要的手续，方能认为债权人放弃物的担保。仅仅声明放弃，或者与物上担保人协议放弃，没有实际行为的，不能理解为放弃。

（四）法律规定担保物权消灭的其他情形

目前，仅有《民法典》第457条规定了留置权消灭的情形：“留置权人对留置财产丧失占有或者留置权人接受债务人另行提供担保的，留置权消灭。”

现行法律规定了上述几种担保物权消灭的情形，是否周全呢？笔者认为，下述情形也应被认为担保物权消灭：不可抗力导致担保物灭失、损毁的。不可抗力发生时，动产、不动产均可能遭受灭失、毁损，通常情况下也没有担保物的替代物，此时，继续维持担保物权已经没有实际意义，因此应规定因不可抗力导致担保物权灭失、损毁的，担保物权消灭。

---

① 中国审判理论研究会民事审判理论专业委员会编著:《民法典物权编条文理解与司法适用》,法律出版社2020年版,第427页。

第十六章　担保合同

第一节　担保合同概述

一、担保合同的形式及内容

物的担保制度中，担保合同应当采取书面形式，包括三种类型：一是抵押合同，二是质押合同，三是最高额担保合同。

根据《民法典》第 400 条、第 427 条的规定，担保合同包括以下内容：(1) 被担保债权的种类和数额；(2) 债务人履行债务的期限；(3) 担保财产的名称、数量等情况；(4) 担保的范围。除上述内容外，质押合同中还有一项内容，即质押财产交付的时间、方式。最高额担保合同还应当包括最高额债权的确定期限。

担保合同的效力，除遵守一般合同的生效规则外，还适用以下三个原则：

一是书面原则。《民法典》明确规定担保合同应当是书面合同。书面合同是担保物权登记、备案的必需资料。虽然从理论上说，即使没有订立书面合同，但当事人履行主要义务的，担保合同仍然成立，但是从实践的角度，没有书面的担保合同，可能无法进行登记、备案，直接影响担保物权的成立。

二是担保人适格原则。本书前文已经对担保人进行过详细的论述，不再赘述。公司对外担保的程序性规范也必须遵守。

三是担保物合法原则。并非所有财产都可以成为担保物，只有允许流通的、可以变现的物或者权利可以作为合法的担保物。《民法典》对担保财产有明确的规定。

二、担保财产

担保财产是担保合同的重要内容。《民法典》中多个条文规定了担保财产，并且从正反两个方面规定了担保财产的范围。

（一）我国担保的财产范围非常广泛

根据《民法典》第 395 条及第 440 条的规定，债务人或者第三人有权处分的不动产、动产、权利等均可以作为担保物财产。对于动产和不动产而言，只要法律没有禁止，皆可以作为担保财产，奉行“法无禁止皆可为”原则；对于权利而言，只有法律允许的权利才可以出质，奉行“法有授权才可为”原则。两个条款规定的差别，既有立法技术上的原因，也有一定的现实考量。就立法技术而言，《民法典》第 395 条除规定了可以抵押的财产外，还规定了不可抵押的财产，故第 395 条的兜底条款采开放式。而就权利质而言，《民法典》中未反向规定不可出质的财产权利，故兜底条款只能采封闭式。从现实考量，随着经济社会发展和融资需求的扩大，在平衡风险和利益的前提下可用于担保的财产范围也会变化。立法机关在确定某一权利是否可以抵押时，需要考虑权利是否具有可转让性，是否具备可行的公示方式以及以这些权利作担保存在何种风险等因素。在第 440 条列举的前 6 项不能涵盖所有可以出质的权利范围的情况下，《民法典》作了一个授权性规定，即根据现实需要以及权利质押的可行性、市场风险等因素变化，可由法律、行政法规规定其他财产权利是否可以出质。①

担保财产的广泛性还体现在以下两个方面：

第一，未来财产可以设定担保。担保制度现代化要求未来可以取得的财产也能够作为被担保的财产。所谓未来财产，就是说现在还没有取得，但是依据合同法律规定或者交易的通常情况将来可以获得的财产，如应收账款就是典型的未来财产。从比较法上来看，《魁北克民法典》第 2670 条、英国的浮动担保制度和美国的统一担保制度都承认未来财产的担保。以未来财产作担保，不仅有利于促进融资，而且“以原料、货品之供应商得以供应之货品、出售所生之应收账款等作为担保物，则可促进信用、担保等融资制度的多样化，消极避免仅依靠银行以不动产融资，于发生危机时，对经济之冲击”。未来财产的实现虽然具有一定的不确定性，但具有相当大的可能性来获取。

针对未来财产担保，《民法典》中有两个方面出现重要的变化：

---

① 刘贵祥:《民法典关于担保的几个重大问题》,载《法律适用》2021 年第 1 期。

第一个方面是对将来应收账款质押的规定。《民法典》第440条新增规定“将有的应收账款”也可以出质。虽然只是几个字的变化，却是一个重大的制度变化，这也是经过反复的斟酌讨论所确定的。

第二个方面是《民法典》第400条、第427条对抵押合同或者质押合同中有关担保财产描述的相关条款的简化规定。《民法典》不再要求对担保财产进行具体、详细描述，允许概括描述，这也符合世界银行营商环境评估报告中对担保现代化的要求。世界银行营商环境评估指标中明确要求对担保物不宜要求具体描述，这有利于鼓励对动产以及未来财产进行担保。如果将《民法典》第400条关于抵押合同的规定，与原《物权法》、原《担保法》的规定相比，就会发现，《民法典》简化了抵押财产的描述信息的范围和事项，允许概括性描述，只要当事人把担保财产的数量和名称等信息描述清楚即可。这样的制度设计为未来财产的抵押或者质押预留发展空间，提供规范依据和解释空间。[①]

第二，集合财产作为担保财产。集合财产分为事实上的集合财产和法律上的集合财产。事实上的集合财产，是指根据当事人的意思和经济上的目的，使一些单一财产集合在一起成为集合财产。如将许多商品放在一个商店中，该商店内的全部商品就形成了一个集合财产。所谓法律上的集合财产，是指权利和物的结合，包括营业财产、企业财产、破产财产、共同继承财产、合伙财产、夫妻共同财产、失踪人的财产等等。因为各个物和权利集合在一起仍然具有交换价值，而这些交换价值可以被确定，所以，它们在观念上可以构成独立的物。集合物担保主要是指财团抵押、浮动抵押等。集合财产担保是担保制度现代化的重要内容，而为了适应这样的发展需要，我国《民法典》对此作了很大的完善，有一些亮点值得关注。首先，《民法典》第395条第1款第7项，采取负面清单的模式来规定可供抵押的财产的范围，即“法律、行政法规未禁止抵押的其他财产”均可设立抵押，这为集合财产抵押留下了解释空间，而且该条第2款明确规定“抵押人可以将前款所列财产一并抵押”，它的意思就是法律上认可一并抵押或者说集合抵押的效力。其次，从《民法典》的相关规定中可以解释出其承认了存货担保制度。《民法典》第396条规定的浮动

① 王利明：《担保物权制度的现代化与我国〈民法典〉的亮点》，载《上海政法学院学报（法治论丛）》2021年第1期。

抵押制度，实质就是集合财产担保的一种特殊类型。①

总体来说，我国的担保财产十分广泛。担保财产的广泛性，被学者称为“极限动产抵押”②。

（二）禁止抵押的财产只有很少几类

1. 民事基本法规定的不得抵押的财产

《民法典》第399条规定了多种不得抵押的财产。

（1）土地所有权。

土地是重要的生产资料。《宪法》第10条规定：“城市的土地属于国家所有。农村和城市郊区的土地，除由法律规定属于国家所有的以外，属于集体所有；宅基地和自留地、自留山，也属于集体所有。国家为了公共利益的需要，可以依照法律规定对土地实行征收或者征用并给予补偿。任何组织或者个人不得侵占、买卖或者以其他形式非法转让土地。土地的使用权可以依照法律的规定转让。一切使用土地的组织和个人必须合理地利用土地。”

土地归国家所有或集体所有，是社会主义生产资料公有制的重要体现，是社会主义制度的根本特征之一，而土地所有权的抵押，可能会导致土地所有权主体变化，土地所有权可能会流向法人、其他组织或者自然人手中，从而侵蚀社会主义生产资料公有制。土地问题事关国本，所以宪法禁止非法转让土地所有权。

（2）宅基地、自留地、自留山等集体所有土地的使用权，但是法律规定可以抵押的除外。

《民法典》第399条删除了原《物权法》第184条第2项表述中的“耕地”。《宪法》规定，宅基地、自留地、自留山属于集体所有。它们能够为农民提供基本的生活保障和生产资料，具有一定的社会保障性质。禁止将这些土地的土地使用权抵押，在目前农村社会保障体系尚不健全的情况下，是对农民利益的重要保障。有观点认为：“禁止宅基地使用权以及农民私有住房抵押并不合理。这种规定导致了广大农民无法获得融资，妨害了社会主义新农村建

---

① 王利明:《担保物权制度的现代化与我国〈民法典〉的亮点》,载《上海政法学院学报(法治论丛)》2021年第1期。

② 董学立:《中国动产担保物权法编纂研究》,法律出版社2020年版,第37页。

设，不利于解决'三农'问题。事实上，从我国以往一些地方允许农民宅基地和农民私有住房抵押的实践看，适当放开宅基地使用权和农民私有住房抵押，不仅不会导致农民流离失所等社会问题的发生，相反对于农民的融资和社会主义新农村建设具有非常好的促进作用。"①

2015年12月27日，第十二届全国人大第十八次会议通过了《全国人民代表大会常务委员会关于授权国务院在北京市大兴区等232个试点县（市、区）、天津市蓟县等59个试点县（市、区）行政区域分别暂时调整实施有关法律规定的决定》，规定在蓟县等59个试点县（市、区）可以以宅基地使用权进行抵押。

（3）学校、幼儿园、医疗机构等为公益目的成立的非营利法人的教育设施、医疗卫生设施和其他公益设施。

（4）所有权、使用权不明或者有争议的财产。

所有权、使用权不明或者有争议的财产，本身即矛盾重重，如果以其抵押，可能会引起更多的矛盾和纠纷，不利于抵押权的实现和社会稳定，故为简化担保法律关系，禁止所有权、使用权不明或者有争议的财产设定抵押。但是，这些规定在实践中很少适用，因为虽然法律禁止以所有权、使用权不明或者有争议的财产设定抵押，但并不等于实践中以此等财产设定的抵押一概无效，因为可能存在善意取得问题。

（5）依法被查封、扣押、监管的财产。

依法被查封、扣押、监管的财产，财产权利人没有发生变化，但对这些财产权的转让、处分要受到法律的限制，因此这类财产不得设定抵押，但是设定抵押后再被查封、扣押、冻结的，不在此限。

（6）法律、行政法规规定不得抵押的其他财产。

如《文物保护法》第24条规定："国有不可移动文物不得转让、抵押。建立博物馆、保管所或者辟为参观游览场所的国有文物保护单位，不得作为企业资产经营。"第25条规定："非国有不可移动文物不得转让、抵押给外国人。"再如，《宗教事务条例》第54条规定："宗教活动场所用于宗教活动的房屋、构筑物及其附属的宗教教职人员生活用房不得转让、抵押或者作为实物投资。"

---

① 程啸：《担保物权研究》（第二版），中国人民大学出版社2019年版，第268页。

注意，此类财产必须是法律、行政法规规定不得抵押的其他财产，部门规章或者地方性法规、规章不得规定禁止抵押的财产范围。

2. 其他法律法规规定的禁止出质的财产

《民法典》第426条规定，法律、行政法规禁止转让的动产不得出质。现行法律法规中，禁止转让的动产主要有枪支、弹药、毒品等可能危害国家和社会利益的动产。另外，《文物保护法》第52条第3款规定："国家禁止出境的文物，不得转让、出租、质押给外国人。"《海关法》第37条第1款规定："海关监管货物，未经海关许可，不得开拆、提取、交付、发运、调换、改装、抵押、质押、留置、转让、更换标记、移作他用或者进行其他处置。"《典当管理办法》第27条规定："典当行不得收当下列财物：（一）依法被查封、扣押或者已经被采取其他保全措施的财产；（二）赃物和来源不明的物品；（三）易燃、易爆、剧毒、放射性物品及其容器；（四）管制刀具，枪支、弹药，军、警用标志、制式服装和器械；（五）国家机关公文、印章及其管理的财物；（六）国家机关核发的除物权证书以外的证照及有效身份证件；（七）当户没有所有权或者未能依法取得处分权的财产；（八）法律、法规及国家有关规定禁止流通的自然资源或者其他财物。"

第二节　以禁止担保的财产作为抵押标的物的担保合同效力

《民法典》第399条第4项、第5项规定了两类财产不得设定抵押。问题是，如果以该两类财产设定了抵押，抵押合同是否有效？

一、以所有权、使用权不明或有争议的财产设定抵押

（一）以所有权、使用权不明或者有争议的财产为标的物的抵押合同效力

《民法典》第399条第4项规定源于原《担保法》第37条第4项、原《物权法》第184条第4项。该项规定的理由是，如果一项财产的所有权归属或者使用权尚且不明确，甚至存在很大争议，那么将该财产设定抵押，不仅会引发更多的法律上的纠纷与争议，更会出现侵犯真正权利人合法权益的问题。虽然法律禁止以"所有权、使用权不明或者有争议的财产"设定抵押，但是

这种规定并不意味着以此类财产设定的抵押权无效，而是可能存在善意取得抵押权的情形。[①] 因此，禁止以“所有权、使用权不明或者有争议的财产”设定抵押的规定，更多的是一种宣誓性规定，并无实际意义。[②] 在《民法典》立法过程中，有学者建议删除不得以所有权、使用权不明或者有争议的财产设定抵押的规定。[③] 权属不明或有争议，其结果不外乎两种情形：其一，抵押人有权处分；其二，抵押人无权处分。抵押人有权处分，当然不影响合同的效力。即使抵押人无权处分，参照《民法典》第597条关于出卖人无权处分所订立买卖合同应承担违约责任的规定亦应认为无权处分不影响抵押合同的效力。[④] 故，以所有权、使用权不明或者有争议的财产为抵押物的抵押合同有效。

（二）所有权、使用权不明或者有争议的财产抵押合同的法律效果

1. 抵押权人取得抵押权

《民法典担保制度司法解释》第37条第1款规定，以权属不明的财产设定抵押，经查实构成无权处分的，人民法院应当依照《民法典》第311条规定的善意取得原则进行处理。因此，如果审查发现存在以下情形，则合同一方取得抵押权：一是无权处分者将财产抵押给另一方。二是合同另一方是善意的。判断是否善意，应因动产与不动产而有所区别。对于不动产而言，《民法典物权编司法解释（一）》第15条规定：“具有下列情形之一的，应当认定不动产受让人知道转让人无处分权：（一）登记簿上存在有效的异议登记；（二）预告登记有效期内，未经预告登记的权利人同意；（三）登记簿上已经记载司法机关或者行政机关依法裁定、决定查封或者以其他形式限制不动产权利的有关事项；（四）受让人知道登记簿上记载的权利主体错误；（五）受让人知道他人已经依法享有不动产物权。真实权利人有证据证明不动产受让人应当知道转让人无处分权的，应当认定受让人具有重大过失。”如果不存在上述情形，则认为合同另一方是善意的。对于动产而言，判断抵押权人是否善意，应当更加严格，即只有债权人不知道或者应当知道而非因重大过失不知道占有

① 高圣平、谢鸿飞、程啸：《最高人民法院民法典担保制度司法解释理解与适用》，中国法制出版社2021年版，第283页。

② 曹士兵：《中国担保制度与担保方法》（第四版），中国法制出版社2017年版，第220页。

③ 程啸：《民法典物权编担保物权制度的完善》，载《比较法研究》2018年第2期。

④ 刘贵祥：《民法典关于担保的几个重大问题》，载《法律适用》2021年第1期。

抵押财产的抵押权人并非物权处分人，方构成善意。通过提出“应当知道而非因重大过失不知道”标准，就给抵押权人施加了一定的审查义务，以便使其更加谨慎，避免盲目信赖占有这种并不具有坚实基础的公示方法。我国司法实践也倾向于采用这种判断标准。[①] 三是抵押的不动产或者动产依照法律规定应当登记的已经登记。

2. 抵押人承担违约责任后果

如果抵押权人没有取得抵押权，则抵押人应当承担违约责任，即对抵押权人的损失，在担保债权范围内承担损失赔偿责任。

二、以被查封、扣押或者监管的财产设定抵押

（一）查封、扣押及监管

查封，是指人民法院或者有权行政机关，依法将被保全的财产或者违反有关法律的财产贴上封条就地封存，并严禁该财产被转移或者处理。查封通常针对不易或者不能挪动的物品。最高人民法院《查扣冻规定》第 7 条较为详细地规定了查封的有关程序：贴封条（或者公告），可以保存或者提取有关证照；通知有关机构办理登记手续，未经登记的，不得对抗已经登记的查封、扣押、冻结行为。除查封外，还有预查封制度。根据《最高人民法院、国土资源部、建设部关于依法规范人民法院执行和国土资源房地产管理部门协助执行若干问题的通知》第 15 条第 3 项的规定，被执行人购买的办理了商品房预售合同登记备案手续或者商品房预告登记的房屋，人民法院可以进行预查封。该通知第 16 条规定：“国土资源、房地产管理部门应当依据人民法院的协助执行通知书和所附的裁定书办理预查封登记。土地、房屋权属在预查封期间登记在被执行人名下的，预查封登记自动转为查封登记，预查封转为正式查封后，查封期限从预查封之日起开始计算。”

扣押，是指法院或者有权机关将财物就地或者异地扣留，财物所有人在扣押期间不得动用或者处分财物。

监管，是依据《海关法》的规定，海关对自进境起到办结海关手续的进

① 高圣平、谢鸿飞、程啸：《最高人民法院民法典担保制度司法解释理解与适用》，中国法制出版社 2021 年版，第 288 页。

口货物，自向海关申报起到出境止的出口货物和过境、转运、通运货物，以及暂时进口货物、保税货物和其他尚未办理海关手续的进出境货物进行监督管理的行为。

一般认为，查封（扣押、监管亦同）的核心效力在于剥夺债务人的处分权。在财产依法被查封之后，所有权人对该财产丧失处分权，无权再对该财产进行事实处分或法律处分。所以，原《物权法》第 184 条及今《民法典》第 399 条才会承继原《担保法》第 37 条的规定，明确禁止以被查封财产设定抵押。由此来看，此种论断主要是从查封的绝对效力出发而作出的。[①] 赋予查封以绝对效力，全面剥夺所有权人的处分，有利于保障申请主体的债权利益实现。但从比较法来看，就查封对债务人的效力而言，赋予查封以绝对效力并不具有必然性。德国、日本等都认为查封效力具有相对性，债务人（即所有权人）就查封财产设定负担，对于债权人不生效力，但对于其他主体仍具有效力。[②] 最高人民法院在 2004 年公布的《查扣冻规定》第 26 条中作出了不同于之前的规定，改采查封效力相对性解释。该条第 1 款规定："被执行人就已经查封、扣押、冻结的财产所作的移转、设定权利负担或者其他有碍执行的行为，不得对抗申请执行人。"该司法解释确立查封相对效力"主要是考虑到，查封的目的在于使得执行法院取得查封财产的处分权，以便变价后清偿申请执行人的债权，只要被执行人所为的处分对申请执行人不生效力已经足够，并没有使该处分在被执行人与相对人之间无效的必要"[③]。由此可见，对债务人（被执行人）而言，查封措施仅具有相对效力，而非绝对效力。其后，最高人民法院在《关于人民法院能否在执行程序中以被执行人擅自出租查封房产为由认定该租赁合同无效或解除该租赁合同的答复》中坚持了前述解释，认为"被执行人擅自处分查封物，与第三人签订的租赁合同，并不当然无效，只是不得对抗申请执行人"。最高人民法院在 2020 年修正后的《查扣冻规定》第 24 条中继续保持了查封相对效力的立场。《民事强制执行法（草案）》第 108 条第 1 款规定："被执行人就已经查封的财产所作的移转、设定权利负担或者其他有碍执行的行为，不得对抗申请执行人。"这表明我国立法对查封的效力

① 张尧：《以民事司法查封财产设定抵押的效力分析》，载《法学家》2022 年第 1 期。

② 刘璐：《民事执行重大疑难问题研究》，人民法院出版社 2010 年版，第 176 页。

③ 赵晋山、王赫：《不动产登记样态对强制执行的影响与塑造》，载《法律适用》2018 年第 15 期。

可能即将采取相对效力原则。查封效力的相对性实际指的是处分禁止的相对性。如果债务人就查封财产作出的移转、设定权利负担等处分行为不会贬损财产交换价值，不会妨碍变价程序开展，就无须对债务人的处分自由进行限制。①

（二）以被查封、扣押及监管的财产设定抵押的合同效力

《民法典》出台之后，针对以查封财产设定抵押的行为效力，最高人民法院从区分原则出发，将合同效力区别于物权效力。《民法典》第 399 条规定不得以“依法被查封、扣押、监管的财产”设定抵押，不应简单从强制性规定的角度对其效力作一体解释。对此，《民法典担保制度司法解释》第37 条第 2 款第 2 句规定：“抵押人以抵押权设立时财产被查封或者扣押为由主张抵押合同无效的，人民法院不予支持。”这显然是基于《民法典》第 215 条所规定的“区分原则”而作出的合理解释。②

《民法典担保制度司法解释》第 37 条第 3 款规定，以依法被监管的财产抵押的，适用上述第 2 款的规定。以被查封、扣押或者监管的财产设定抵押的，抵押合同有效。但是，在物权效力上有如下不同情形：

第一，抵押权人享有担保物权，只是该担保物权并不能优先受偿。如果查明查封、扣押或者监管措施已经解除的，人民法院可以支持抵押权人行使抵押权（《民法典担保制度司法解释》）第 37 条第 2 款第 1 句）。

第二，如果抵押物被人民法院依法处分后，没有剩余的，抵押人应当向抵押权人承担违约责任。

第三，有观点认为，抵押物被轮候查封，即使轮候查封晚于抵押权登记，仍然优于抵押权受偿。③ 笔者认为该观点值得商榷。根据《民法典》第 406 条的规定，登记时间是优先受偿权的依据，轮候查封相比于在先抵押权登记，是一个新的登记。如果轮候查封时间晚于抵押登记，但效力优于抵押登记，无疑会破坏登记优先原则，使抵押权人陷入不可预测风险中。

---

① 毋爱斌：《民事执行查封相对效的体系展开》，载《法律科学》2022 年第 6 期。
② 张尧：《以民事司法查封财产设定抵押的效力分析》，载《法学家》2022 年第 1 期。
③ 张尧：《以民事司法查封财产设定抵押的效力分析》，载《法学家》2022 年第 1 期。

三、以被查封、扣押或者监管的财产设定抵押，难点是抵押权登记

虽然《不动产登记暂行条例》及其实施细则并未规定依法被查封的财产不得办理抵押权登记，但在我国登记实务中，登记机构对已被依法查封的财产原则上不予办理抵押权登记手续。依据《不动产登记暂行条例》第8条第3款规定，不动产登记簿应当记载的事项包括“涉及不动产权利限制、提示的事项”，一般认为其中所规定的“权利限制、提示”主要包括司法机关要求的查封登记、依法纳入登记簿的异议登记以及预告登记等。在人民法院等国家有权机关依法要求办理不动产查封登记的情形下，依据该条例及其实施细则的规定，在提交法定材料之后，不动产登记机构应当办理查封登记。但在办理查封登记之后，不动产登记机构能否为当事人办理新的抵押权登记手续？该条例及其实施细则并未予以明确。长期以来，我国抵押登记机关是行政机关，一直坚持法无授权不可为原则。因此，在《不动产登记暂行条例》对被查封财产办理抵押登记规定进行修改以前，登记机关对被查封财产不予办理新的抵押登记，是被查封财产再次抵押遇到的难题。

第三节 流押（流质）合同效力

流押契约，在质押担保中也称流质契约，“是指当事人双方在设立担保物权时约定，当债务人不履行债务时，由债权人取得担保物所有权的合同”。“流质契约因不利于双方当事人利益的实现与平衡，而受到罗马法以来的多数国家立法所禁止”①。

我国法律沿袭大陆法系国家的民法传统，分别在原《担保法》和原《物权法》中，规定了流质契约的禁止问题。

禁止流质契约的目的在于保护债务人。债务人举债之时，往往是处于困顿之中，债权人可能利用优势地位，迫使债务人以较大价值物对较小的债权进行担保，如果允许流质契约有效，则无异于助长债权人对债务人的盘剥，不利于维护债权人与债务人利益平衡。但是，并非全部流质（押）契约均能保护债务人利益，对抵押物价值和债权数额大体相当的流质契约，一概绝对地规定为

---

① 高圣平:《担保法论》,法律出版社2009年版,第330页。

无效，有时会造成债务人融资更困难。2006年法国担保法改革时，对禁止流质契约原则进行了彻底改革，不仅允许流质契约，而且对流质契约的价值评估进行了规定。《法国民法典》第2348条规定："设立有体动产质押时或者其后可以约定，在受担保的债务没有得到履行的情况下，债权人将成为质押财产的所有权人。财产的价值，在没有《货币与金融法典》意义上的市场交易平台的正式市价时，按照协商指定或法院裁判指定的鉴定人于所有权转移之日确定。任何相反条款均视为不曾订立。财产的价值超过受担保的债务数额时，等于差额的款项支付给设质人，或者如果还有其他质权债权人，款项予以寄存。"

我国《民法典》改变了原《担保法》和原《物权法》对流质契约绝对禁止的观点，对流质契约的效力作了有限承认。《民法典》第401条规定："抵押权人在债务履行期限届满前，与抵押人约定债务人不履行到期债务时抵押财产归债权人所有的，只能依法就抵押财产优先受偿。"上述规定与原《物权法》第186条相比，删除了"不得"二字，增加了"只能依法就抵押财产优先受偿"的规定。由此可以推断，立法对流押行为作出了有限承认：第一，在市场经济环境下，当事人有权以自由意志订立契约，国家应尊重当事人的意志，只有当契约内容涉及国家利益和社会公共利益时才有权干涉；第二，为避免担保物价值与担保债权额之间的失衡造成当事人之间的交易不公平，《民法典》通过确立清算制度，规定当事人之间的契约流质条款的，只能依法就抵押财产优先受偿，以最大限度达到保护债权人利益的目的。[①]

要理解《民法典》第401条"流质契约"规定，应着眼以下几个方面：

第一，当事人约定抵押财产在债务人不履行到期债务时抵押财产归债权人所有的，该条款不再无效。这是对原《物权法》第186条的根本性变革，尊重了当事人的意思自治，体现了法律与时俱进的特点。

要正确理解"只能依法就抵押财产优先受偿"这一清算制度。清算在理论上可以分为处分型清算和归属型清算。二者的区别在于，发生约定的实现担保权的事由时，前者将担保物拍卖、变卖，并用所得价金清偿债务，后者是担保物权人可以直接取得担保物的所有权，超出担保债权实现债权额的，超出部分应当返还给担保人。《民法典》物权编对抵押权实现的规定："债务人不履

---

① 中国审判理论研究会民事审判理论专业委员会编著:《民法典物权编条文理解与司法适用》,法律出版社2020年版,第446页。

行到期债务或者发生当事人约定的实现抵押权的情形，抵押权人可以与抵押人协议以抵押财产折价或者以拍卖、变卖该抵押财产所得的价款优先受偿。”可将“只能依法就抵押财产优先受偿”理解为归属型清算，即在债务人不履行到期债务或者发生当事人约定的实现抵押权的情形时，抵押权人可以与抵押人协议约定以抵押财产折价的方式，由抵押权人取得抵押财产的所有权，此时若抵押财产的价值超出债权额，则抵押权人必须将超出抵押财产的价值返还给抵押人。①

第二，这种约定必须发生在“债务履行期限届满前”，在债务履行届满后进行的约定不属于流质契约，不能适用该条规定。“在债务履行期限届满前”在理解上可以是在订立抵押合同时或抵押合同签订后另签订流质契约。

第三，流质契约与抵押登记的关系。从《民法典》第401条规定看，流质契约具有担保功能，抵押权人可以取得优先受偿权。基于消灭隐性担保的考量，流质契约规定中，没有规定流质的财产需要进行登记，这是一大立法疏漏。无论是动产流质契约，还是不动产流质契约，如果仅有当事人之间的流质契约，显然无法对抗善意第三人，也无法行使追索权。因此，流质契约仅具有相对效力，不具有对世性，在抵押人进入破产程序或者抵押权人将抵押财产又进行转让的情况下，流质契约中的抵押权人不能取得优先受偿权。

第四节　其他具有担保功能的合同

《民法典》第388条规定，担保合同包括抵押合同、质押合同和其他具有担保功能的合同。在大陆法系物债二分的体系化框架下，《民法典》将“其他具有担保功能”的非典型担保纳入法典，体现了两大法系的融合、典型担保和非典型担保的融合、体系主义和功能主义的融合，这也是《民法典》担保物权分编最大的亮点和特色。长期以来，我国奉行物权法定主义原则。《民法典》第116条对物权法定原则予以明文规定。物权法定首先指物权种类法定，即哪些权利属于物权、哪些不是物权要由法律规定。据此，物权的具体类型必须由法律明确规定，当事人不得创设法律未予规定的新类型物权。这种物权法

① 中国审判理论研究会民事审判理论专业委员会编著:《民法典物权编条文理解与司法适用》,法律出版社2020年版,第466页。

定和类型强制的立场，有时无法满足现实生活的需要。这不仅严重影响了金融创新，不利于鼓励交易，还间接加大了当事人的交易成本，使得当事人不得不通过法律规避的形式进行交易。

为了消解物权法定原则的副作用，立法和司法采取的态度是缓和物权法定原则。就担保物权领域而言，在大陆法系，德国就通过司法确认了动产让与担保等法律未规定的担保物权；在英美法系，美国《统一商法典》第九编突破既往的物权法定的形式主义，转向缓和法定的功能主义，即对具有担保功能的各种动产担保交易安排进行统一规定，以统一的动产担保概念统合各种复杂的担保形态。在国际商法统一化运动中，联合国国际贸易法委员会先后通过《动产担保交易立法指南》和《动产担保交易示范法》，采纳了功能主义的担保观念，建议各国将通过合同在动产上设定的旨在担保债务履行的一切权利统一归类为“担保物权”。不管当事人如何设计交易结构，只要起着担保功能，即应适用相同的设立、公示、优先顺位、违约救济和实行规则，以此使动产担保交易制度具有足够的灵活性，兼顾现有的融资方式以及未来可能发展起来的创新方式。体现着欧洲最新比较法研究成果的欧洲示范民法典草案也深受功能主义影响，采取统一的动产担保物权构造，将依担保合同所设定的，意在使担保权人有权就担保财产优先受偿，或依合同可以达到这一效果的定限物权纳入其中。同时明确，依担保合同移转或拟移转动产的所有权，意在担保债务的履行或达到担保债务履行的效果的，仅能在该动产上为受让人设立动产担保物权。让与担保、售后回租均被纳入担保物权的范畴。与这种国际发展趋势一致，《民法典》第388条第1款的规定也体现了缓和物权法定的立场。其实，《九民纪要》第66条就已经在司法层面肯定了非典型担保的效力：“当事人订立的具有担保功能的合同，不存在法定无效情形的，应当认定有效。虽然合同约定的权利义务关系不属于物权法规定的典型担保类型，但是其担保功能应予肯定。”《民法典》第388条可以说是立法层面对于司法政策意见的呼应。

王利明先生认为，《民法典》第388条第1款的缓和物权法定主义体现如下[①]：

第一，扩大担保合同的范围，并承认了各类担保合同的效力。立法者在说

① 王利明：《担保制度的现代化：对民法典第388条第1款的评析》，载《法学家》2021年第1期。

明《民法典》第 388 条第 1 款时，指出该款“扩大担保合同的范围，明确融资租赁、保理、所有权保留等非典型担保合同的担保功能，增加规定担保合同包括抵押合同、质押合同和其他具有担保功能的合同”。出于融资便利和金融创新的需要，股权转让回购、动产让与担保、收费权质押、所有权保留、融资租赁等新类型担保在实践中不断涌现。《民法典》第 388 条第 1 款将它们全部纳入担保合同之中，对其统一进行法律调整，能在最大程度上尊重当事人的意思自治和合同自由，允许当事人根据自己的意愿订立各类担保合同，从而不会因为法律未明确规定担保类型而影响合同效力，也不会因违反物权法定原则而否定这些新类型担保合同的效力。为进一步贯彻上述立法理念，《民法典担保制度司法解释》第 1 条规定：“因抵押、质押、留置、保证等担保发生的纠纷，适用本解释。所有权保留买卖、融资租赁、保理等涉及担保功能发生的纠纷，适用本解释的有关规定。”该规定显然是以《民法典》第 388 条第 1 款为上位法依据，意在统一调整各类担保方式，消除各类担保方式公示方法不统一、效力顺位不明确等问题。

第二，为非传统担保的物权化提供了法律空间。《民法典》第 388 条第 1 款中的“其他具有担保功能的合同”，是指抵押合同和质押合同之外的其他担保合同，以合同编规定的所有权保留、融资租赁、保理等交易形式为其典型。对于合同编规定的这些非传统担保，《民法典》允许通过登记来体现或增强其效力。第 641 条规定所有权保留未经登记不得对抗善意第三人；第 745 条规定融资租赁中出租人对租赁物享有的所有权，未经登记不得对抗善意第三人；第 768 条规定保理人对其受让的应收账款的权利具有登记能力，并可以以登记的时点确立其优先顺位。在这样的制度设计中，即便不认为前述的非传统担保是担保物权，它们也在登记后才具有对抗第三人效力，也即实质担保化。其实，就担保物权而言，其核心功能在于确保债权人优先受偿，这种功能的落实要依托于登记等公示手段。正是通过公示，才能将标的物上的担保负担对外展示，为他人所知，从而排斥和对抗其他债权人。这就为当事人创设新的担保权利形式、实行各种金融创新提供了法律依据。

第三，为统一担保交易规则提供了规范基础。除了所有权保留、融资租赁、保理，新类型担保还有让与担保、保兑仓交易、动态质押、寄售买卖等其他形态，它们都属于该条中的“其他具有担保功能的合同”情形。不过，《民法典》并未规定所有权保留、融资租赁、保理之外的其他非传统担保的公示机制，这就会让人觉得其他非传统担保无法物权化。其实不然，《优化营商环境条例》（国务院令第 722 号）第 47 条第 2 款中规定“国家推动建立统一的动产和权利担保登记公示系统”，这为统一动产和权利担保登记制度提供了法律依据。统一的动产担保登记系统是一个国家或经济体的金融基础设施的重要组成部分，世界银行《全球营商环境报告》指出，统一的现代化动产担保登记系统在各国缓解中小企业贷款融资难融资贵方面发挥重要作用，并将其纳入营商环境评估体系“获得信贷”指标。而《民法典》之所以删除有关担保物权具体登记机构的规定，就是“为建立统一的动产抵押和权利质押登记制度留下空间”。《民法典》第 388 条第 1 款除了明确担保合同的范围，更为重要的是在统一的动产和权利担保登记公示系统的支撑下，把抵押权等传统担保物权，以及合同编规定的所有权保留、融资租赁、保理之类的非传统担保，再加上法律并未规定的其他新类型担保，均归为“动产和权利担保”，产生相同的法律效力。

总之，《民法典》将其他具有担保功能的合同纳入担保合同范围，必将对我国担保制度现代化、激发创新创造热情、改善营商环境、促进经济发展起到积极推动作用。

关于“其他具有担保功能的合同”类型，将在以后的章节中详细论述。

第十七章　担保物权的效力

第一节　担保物权效力概述

一、担保物权效力的含义

担保物权虽有抵押权、质权、留置权等法定类型，但以抵押权最为典型。《民法典》以抵押权为代表，全面规定了担保物权的效力。为论述方便，本书以抵押权为代表论述担保物权的效力。

“理论上，抵押权的效力是指抵押权所产生的具有强制力的各种法律效果。其中包括：（1）抵押权对所担保债权的效力，此种效力决定了抵押权所担保的债权范围；（2）抵押权对抵押物的效力，此种效力决定了用以担保债权实现的抵押物的具体范围；（3）抵押权对于抵押人的效力，此种效力决定了抵押人所享有的权利和承担的义务；（4）抵押权对于抵押权人的效力，此种效力决定了抵押权人所享有的权利和承担的义务。”[①] 简言之，抵押权的效力及于人、物和债三个方面。

二、担保物权的整体效力

担保物权的效力及于担保财产的全部和债权的全部。此规则称为担保物权的整体性，也称为担保物权的不可分性。担保物权的不可分性是担保物权的基本特征之一，是指担保物权人于全部债权受清偿之前，担保物的分割、部分灭失或者转让，以及被担保债权的分割或部分转让，均不影响担保物权，担保物权人仍可完整地行使担保物权。

担保物权的整体性，简单说即抵押物的每一部分，系担保债权的全部；债

① 尹田：《物权法》（第二版），北京大学出版社 2017 年版，第 526 页。

权的每一部分，系由抵押物全部担保。[①]

立法上之所以要明确担保物权的不可分性，就是为了强化担保物权的效力，更好地保障债权的实现。原《物权法》和原《担保法》都没有对担保物权的不可分性作出规定，只有原《担保法司法解释》在第71条、第72条、第96条和第110条分别对抵押权、质权和留置权的不可分性作了规定。在《民法典》的编撰过程中，有学者建议，为了更好地发挥担保物权的担保功能，我国《民法典》物权编应借鉴原《担保法司法解释》，在担保物权的总则部分对担保物权不可分性作出规定。[②] 但是非常令人遗憾，《民法典》再次忽视了该问题，既没有概括性地规定担保物权的不可分性，也没有在有关抵押权等具体担保物权的规定中明确不可分性。这就使得在《民法典》颁布后，不得不通过司法解释来弥补这一法律上的漏洞。[③]

（一）担保物权及于全部担保财产

《民法典担保制度司法解释》第38条规定："主债权未受全部清偿，担保物权人主张就担保财产的全部行使担保物权的，人民法院应予支持，但是留置权人行使留置权的，应当依照民法典第四百五十条的规定处理。担保财产被分割或者部分转让，担保物权人主张就分割或者转让后的担保财产行使担保物权的，人民法院应予支持，但是法律或者司法解释另有规定的除外。"

理解该规定，需要注意以下几个方面：

（1）除留置外，主债权未受清偿的，债权人可以对抵押财产的全部主张担保物权。这里的未清偿，既包括全部未清偿，也包括部分未清偿。但是对留置权的不可分性，《民法典》第450条作了一定程度的缓和规定："留置财产为可分物的，留置财产的价值应当相当于债务的金额。"如果留置财产的价值超过了债务的金额，则债务人有权取回；拒不返还的，留置权人应当承担民事责任。但是，如果留置权人通知债务人取回，而债务人不取回的，则不能认定留置权人留置不当。

---

① 陈华彬：《民法物权论》，中国法制出版社2010年版，第407页。

② 程啸：《民法典物权编担保物权制度的完善》，载《比较法研究》2018年第2期。

③ 高圣平、谢鸿飞、程啸：《最高人民法院民法典担保制度司法解释理解与适用》，中国法制出版社2021年版，第292页。

（2）法律或者司法解释另有规定的，担保物权人不得主张担保财产被分割部分或者被转让的部分。

这里的法律规定和司法解释“另有规定”，主要是指以下情况：

第一，以动产抵押时，如果动产抵押未经过登记，则不得对抗善意第三人（《民法典》第403条）。

第二，即使抵押权经过登记，也不得对抗正常经营活动中已经支付合理价款并取得抵押财产的人（《民法典》第404条）。《民法典担保制度司法解释》第56条就“正常经营活动”买受人作了具体规定。

（二）担保财产担保主债权的全部

《民法典担保制度司法解释》第39条规定：“主债权被分割或者部分转让，各债权人主张就其享有的债权份额行使担保物权的，人民法院应予支持，但是法律另有规定或者当事人另有约定的除外。主债务被分割或者部分转移，债务人自己提供物的担保，债权人请求以该担保财产担保全部债务履行的，人民法院应予支持；第三人提供物的担保，主张对未经其书面同意转移的债务不再承担担保责任的，人民法院应予支持。”该条包括两款，分别以债权转移和债务转移的角度规定债权与担保物权的关系。

第1款，主债权不论是被分割还是被部分转让，各债权受让人可以就其债权行使担保物权，只是各债权人行使担保物权的范围是其分割或者转让得到的债权部分。但是，法律另有规定或者当事人另有约定的除外。“法律另有规定”是指《民法典》第421条规定的最高额抵押。在最高额债权确定前，部分债权转让的，最高额抵押权不随之转让。最高额抵押权对于债权的从属性减弱，并不依附于个别债权，故部分债权转让，担保物权不随之转让。“当事人另有约定”包括两种情形：一是债权人转让部分债权时，与受让人约定，受让人受让的债权不受抵押权的担保；二是债权人转让部分债权时，与受让人约定，受让人受让的债权受抵押权的担保，剩余部分的债权不受抵押担保。[①]笔者认为，如果抵押人与债权人约定，债权不得转让的，债权人未经抵押人同意转让的部分债权，抵押人不承担担保责任。

---

① 高圣平、谢鸿飞、程啸：《最高人民法院民法典担保制度司法解释理解与适用》，中国法制出版社2021年版，第297页。

第2款，主债务被分割或者部分转移的，区分担保物提供者有不同的处理方式：

一是债务人自己提供担保物的，主债务被分割或者转移，不论债务辗转落入何人之手，担保物权仍对该债务负责，担保物权及于该债务。

二是第三人提供物的担保，第三人主张对未经其同意的债务不再承担担保责任的，人民法院应予支持。

第二节　抵押权对抵押物的效力

抵押权对抵押物的效力，主要包括以下四个方面：一是抵押权及于从物；二是抵押权及于添附物；三是抵押权及于代位物；四是抵押权效力及于孳息。

一、抵押权及于从物

我国原《物权法》和今《民法典》没有对主物和从物给出定义。孙宪忠先生认为："所谓主物，指能够独立发挥作用的物。非主物的组成部分而附着于主物，并对主物发挥辅助作用的物，在法学上称为从物。在主物和从物的关系中，必须有从物依附于主物的事实，即主物和从物必须发生空间上的联系，并且从物对主物发挥着辅助性的作用。"①

王泽鉴先生对主物没有正面的定义，而是认为："从物所从属者，即为主物。从物的要件有四：①非主物主成分；②常助主物之效用；③从物与主物同属一人；④交易上无特别习惯。"②

《德国民法典》第97条对从物的定义："（1）不是主物的成分而以服务于主物的经济上目的为用途，并和主物处于与这一用途相应的空间关系中的动产，是从物。某物在交易上不被看作从物的，它不是从物。（2）为他物的经济上目的而对某物的暂时使用，并不使从物属性产生。某从物与主物的暂时分离，并不使从物属性丧失。"

从上述《德国民法典》的规定来看，从物仅为动产。而"依现代民法观

① 孙宪忠：《中国物权法总论》（第二版），法律出版社2009年版，第222页。

② 王泽鉴：《民法物权》，北京大学出版社2010年版，第43页。

念，从物不限于动产，不动产也可能成为从物”①。

基于从物和主物的空间上附着关系和经济效用上的辅助关系，从稳定社会经济秩序和保证物能够发生最大经济效用的角度出发，确定从物随同主物一并处分的原则，世界主要国家的立法确定的规则大体上都是如此。②

对主物进行抵押的，其抵押权效力及于从物。比如，以笔记本电脑抵押的，抵押权效力及于鼠标及电源线。对从物随同主物抵押问题有争议的是，在抵押权设立后、抵押权实现前才成为抵押物的从物的，是否也为抵押权的效力之所及？对此存在三种学说③：

其一，抵押权的效力仅及于抵押权设立时的从物，若及于设立后增加的从物，则有悖于当事人的意思。

其二，应区别动产与不动产。从物为动产的，无论是抵押之前还是抵押之后存在的从物，均为抵押权效力所及；若为不动产，于抵押权设立后，应为抵押权所不及。

其三，抵押权设立后所增加的从物，不为抵押权的效力之所及，必要时可将该主物与从物合并拍卖，但对该从物的价金，抵押权人无优先受偿权。

原《担保法司法解释》第63条对担保物权的效力及于从物作了原则性规定：“抵押权设定前为抵押物的从物的，抵押权的效力及于抵押物的从物。但是，抵押物与其从物为两个以上的人分别所有时，抵押权的效力不及于抵押物的从物。”该条对抵押设定后成为抵押物从物的，抵押权的效力是否及于从物没有作出规定。该司法解释存在一定缺陷：其一，该解释中“抵押物与其从物为两个以上的人分别所有时，抵押权的效力不及于抵押物的从物”的认识错误，当抵押物与从物分属不同人所有时，两者谈不上主从关系。其二，没有主物与从物一并处分的规定，只能分别处分，这样会使主物价值大打折扣。《民法典担保制度司法解释》第40条在此基础上进行了补充完善：“从物产生于抵押权依法设立前，抵押权人主张抵押权的效力及于从物的，人民法院应予支持，但是当事人另有约定的除外。从物产生于抵押权依法设立后，抵押权人主张抵押权的效力及于从物的，人民法院不予支持，但是在抵押权实现时可以

① 陈华彬:《民法物权论》,中国法制出版社2010年版,第416页。

② 孙宪忠:《中国物权法总论》(第二版),法律出版社2009年版,第223页。

③ 陈华彬:《民法物权论》,中国法制出版社2010年版,第416—417页。

一并处分。”该司法解释坚持了上述第三种主张，填补了原《担保法司法解释》留下的漏洞。

(一) 抵押权设立前存在的从物为抵押权所及

抵押权设立以前，从物依附于主物，且为主物的经济效用发挥作用，是抵押物价值的重要保障，如果没有从物，则主物的价值有可能不能覆盖债权金额。因此，抵押权设立前存在的从物，必为抵押权效力所涉及，符合当事人的意思自治。但是主物与从物是两个独立的物，当事人可以约定抵押权效力不及于从物。

(二) 抵押权设立后新增的从物不为抵押权所及

对于抵押权设立后抵押财产的从物是否包含在抵押权范围内，存在很大争议，主要有以下观点：

第一，肯定说。既然主物与从物都归于同一人，如果抵押权的效力不及于从物，则主物的效用无法充分发挥，抵押物的价值会变得狭小，这样既损害抵押权人的利益，也不利于社会资源的有效配置。有观点认为，抵押权设立后新产生的从物是否为抵押权的效力所及，涉及抵押权人和一般债权人的利益平衡。此种情况下涉及两个利益：一是抵押权人的利益。从经济目的来看，从物辅助抵押物发挥效能，抵押物与其从物之间具有依存关系。抵押权的效力不及于从物就意味着抵押权实行时不得一并拍卖抵押物与其从物，这势必减损抵押物的价值，影响抵押权人的利益。二是一般债权人的利益，抵押权设立后增加的从物，若为抵押物效力所及，抵押权人就从物的变价优先受偿，等于从抵押人的责任财产中划出一部分归入抵押物中，一般债权人难免蒙受损失。为兼顾各方当事人的利益，原则上应认为抵押权的效力及于抵押权设立后增加的从物，若因此而影响到一般债权人的利益时，则抵押权人于实行抵押权时，虽然可以把抵押物与从物一同拍卖，但就该从物无优先受偿权。①

第二，否定说。抵押权的效力不应及于设立后新增的从物。因为抵押权设

① 崔建远：《物权：规范与学说——以中国物权法的解释论为中心》(下册)，清华大学出版社2011年版，第789—790页。转引自申卫星：《中国法上抵押权效力与可及标的范围》，载《山东大学法律评论》2015年刊。

立时，双方当事人合意仅以某物作为抵押权的标的，将抵押权的效力及于新增的抵押物的从物，显然不符合当事人的意思。当事人设立抵押权时，是以现存担保物的价值为限，并未预见到将来抵押物会有新的从物。因此，将抵押权的效力扩及于抵押权设立以后产生的从物殊无必要。①

笔者赞同否定说，原因是，抵押担保是意定担保，担保物的范围以及担保债权的范围、担保期间等问题，当事人均可以自由约定。意思自治是推动经济发展与社会进步的基础，是社会公平的前提。在合同领域，法律应当止步于当事人的意思自治。在设立抵押权之初，双方当事人以现存担保物的价值为债权担保的意思表示是自由的，符合当事人的心理预期。抵押设立以后产生的从物，是一方当事人自身努力奋斗的结果，这种结果应当只归属于一方当事人自己。在一方当事人无意将此从物归属于担保物时，不论基于什么原因，法律均不应当将此看作担保物与主物同时变卖或者拍卖，否则是对意思自治原则的侵犯。因此，抵押权设立后产生的从物不应当被及于抵押权，这是为了维护合同法制的需要。《民法典担保制度司法解释》所持否定说的观点值得肯定。

从物不为抵押权所及，在抵押权实现时，主物与从物“可以一并处分”，但对从物处分所得债权人不得主张优先受偿。当然，也可以不一并处分。

二、抵押权及于添附物

（一）添附制度以及添附物归属规则

涵括附合、混合与加工在内的添附制度系统，是一项古老而历久弥新的引起物权发生变动的特殊规则系统。其肇源于罗马法，经中世纪物权法、近代物权法乃至现代物权法的传承而于当代终成，形成为物权法中的一项与债法的不当得利请求权制度精妙谐配的重要规则体系。② 添附，就是不同所有人的财产合并在一起形成不能分离的财产的一种法律事实，是指一物由于自然或人为因素而添加到了另外物属之上，致使本来为两个所有权归属发生附加性变化，即需要重新确定该被添加后的物的所有权归属问题。物与物发生添附情形，组构

① 许明月：《抵押权制度研究》，法律出版社 1998 年版，第 237 页。

② 陈华彬：《我国民法典物权编添附规则立法研究》，载《法学杂志》2019 年第 9 期。

新型物属，不是物之所有人意愿之结果，而是非人为因素所致。[①] 在《民法典》之前，我国法律未对添附制度作出规定，主要是认为添附制度等同于侵权行为的观念占据了上风。须知，添附制度解决的是添附物的归属问题，添附既能发生在侵权行为的场合，也可能发生在不存在侵权行为的场合。[②]

我国《民法典》第 322 条首次规定了添附制度："因加工、附合、混合而产生的物的归属，有约定的，按照约定；没有约定或者约定不明确的，依照法律规定；法律没有规定的，按照充分发挥物的效用以及保护无过错当事人的原则确定。因一方当事人的过错或者确定物的归属造成另一方当事人损害的，应当给予赔偿或者补偿。"

添附共有三种形式：加工、附合、混合。加工是近现代与当代添附制度系统的重要组成部分，为添附的具体形态之一。其含义是指将他人的动产加以制作或改造，使其成为新物或使之价值发生巨额增加的法律事实。[③] 附合是一种重要的添附类型，包括动产与不动产的附合及动产与动产的附合。前者是指一人的动产附合于他人的不动产，而为其重要成分的法律事实；后者则指所有人各异的动产互相结合，非毁损不能分离或分离需费过巨的法律事实。[④] 混合是添附的另一种重要形态，是指物主各异的动产互相混合后不能识别或识别需费过巨的法律事实。[⑤]

在《民法典》的立法过程中，当添附制度还是草案内容的时候，即受到学界的广泛批评，批评的焦点在于，允许当事人对添附物的归属进行约定，可能会出现当事人约定恢复原状，导致社会财富的极大浪费。[⑥] 有学者提出，该条文显示其主要还是按合同与侵权规则来处理附合、混合与加工问题，而未采取物权法之视角，尤其是未基于近现代比较法上添附的立法成例、法理等来厘

---

① 王明锁:《论添附与添附物的所有权归属——对我国〈物权法〉所有权原始取得的一项补充》,载《晋阳学刊》2015 年第 4 期。

② 高圣平、谢鸿飞、程啸:《最高人民法院民法典担保制度司法解释理解与适用》,中国法制出版社 2021 年版,第 306 页。

③ 谢在全:《民法物权论》(上册),新学林出版股份有限公司 2014 年版,第 339 页。

④ 温丰文:《民法物权案例研究》,新学林出版股份有限公司 2017 年版,第 154 页。

⑤ 郑玉波:《民法物权》(修订 15 版),黄宗乐修订,三民书局 2007 年版,第 135 页。

⑥ 徐国栋:《〈民法典〉第 322 条规定的添附规则之历史起源与比较法研究》,载《东南学术》2020 年第 5 期。

定因添附而生的物权变动，并调和及维护添附关系发生后的各方利益关系。①

有学者对《民法典》第322条规定的添附物的归属原则进行解读②，有三个方面：一是有约定从约定。即便当事人约定添附物既非归一方所有，也非归各方共有，而是按约定恢复原状，也不能因此否定当事人约定的效力。③二是无约定或者约定不明的，从法定。三是综合发挥物的效用与保护无过错当事人原则衡量确定。

添附制度中物权归属规则对担保物权制度影响甚大。因为一个合成物可否成为担保物标的，取决于其所有权的归属。我国担保法律中已经意识到添附物的担保问题，原《担保法司法解释》第62条规定："抵押物因附合、混合或者加工使抵押物的所有权为第三人所有的，抵押权的效力及于补偿金；抵押物所有人为附合物、混合物或者加工物的所有人的，抵押权的效力及于附合物、混合物或者加工物；第三人与抵押物所有人为附合物、混合物或者加工物的共有人的，抵押权的效力及于抵押人对共有物享有的份额。"该条规定存在两个问题：第一，该条运用抵押权的物上代位性原理，将抵押权的效力扩及于抵押权的代位物，这没有问题，但统称为"补偿金"不妥，比如，当第三人恶意添附，抵押权人获得的是损害赔偿金。第二，未规定抵押权的效力及于添附物时，其效力范围应以原有价值为限。如果一概认定抵押权的效力范围及于所有的添附物，那么显然使抵押权人获得了不当利益，而使抵押人以及抵押人的普通债权人遭受了损失。因为经过添附之后，抵押物的价值通常会增加。增加的部分可能是抵押人自身的投入所致。④

（二）抵押权效力及于添附物

《民法典担保制度司法解释》第41条以3款条文对抵押权效力及于添附物进行规制（第4款是解释性条款）。具体分析如下：

---

① 陈华彬:《我国民法典物权编添附规则立法研究》,载《法学杂志》2019年第9期。

② 刘智慧:《添附物的所有权归属确定——以民法典添附规则的司法适用为中心》,载《人民检察》2021年第5期。

③ 有观点认为,添附是物权的原始取得方式,根据物权法定原则,允许当事人约定添附物的归属,会造成物权法体系的混乱,《民法典》关于添附有约定从约定的规则不妥。见黄晨雨:《论当事人约定添附物权属的效力》,载《上海法学研究》集刊2021年第23卷。

④ 高圣平、谢鸿飞、程啸:《最高人民法院民法典担保制度司法解释理解与适用》,中国法制出版社2021年版,第311页。

1. “抵押权依法设立后，抵押财产被添附，添附物归第三人所有，抵押权人主张抵押权效力及于补偿金的，人民法院应予支持。”

该条款实质是抵押权的物上代位问题，适用《民法典》第 390 条及《民法典担保制度司法解释》第 42 条的规定，自无疑义。有疑问的是以下三个方面：一是《民法典》第 322 条允许当事人约定添附物的归属，如果当事人约定添附物属于第三人，且抵押人免于索要补偿金，此时该如何处理？从合同法的角度而言，上述约定有效，但是对担保权人来说，担保物权因担保物的灭失而不复存在。担保物权人可以依据《民法典》第 408 条的规定，请求担保人撤销其行为。撤销该约定后，视为对添附物的归属没有约定，应当依据法律规定确定添附物的归属。二是当事人对添附物的归属没有约定，而是约定恢复原状，该如何处理？无论是动产与不动产的附合，还是动产与动产的附合，恢复原状都是对担保物性能的破坏，损及担保物价值。目前担保物权人只能依据《民法典》第 408 条的规定，请求提前清偿债务或者要求提供其他担保。但是这些制度实际上对债权实现没有益处。三是如果法律规定了添附物的归属，自然没有补偿金的问题，也对债权实现没有帮助。因此，在抵押权设定后，如果发生抵押财产被添附的情况，可能会危及债权的实现。

本款的适用场景仅是一个非常狭窄、非常理想的情形，即添附物归属第三人，且第三人支付补偿金。

2. “抵押权依法设立后，抵押财产被添附，抵押人对添附物享有所有权，抵押权人主张抵押权的效力及于添附物的，人民法院应予支持，但是添附导致抵押财产价值增加的，抵押权的效力不及于增加的价值部分。”

添附物归属于抵押人时，抵押权及于该添附物。笔者认为，该款也存在三个问题：一是抵押物和添附物属于两个物，A 物被添附之后，其物性状已经发生改变，已经不是 A 物，而是 B 物。抵押权由 A 物转移到 B 物，其理由何在？两个物之间有内在联系，不是抵押权由此及彼的理由。司法解释规定 A 物被抵押被添附后抵押权效力及于 B 物没有道理。二是实践中可能存在的问题是，抵押登记的担保物是 A，添附物是 B，B 没有进行登记，或者 B 被第三人以善意手段获得。抵押权人可否向第三人追及 B 物？笔者认为，B 没有进行抵押登记，因而没有对世效力。第三人可以合法取得后，可以对抗抵押权人行使抵押权的请求。三是如此规定带来的更大后果就是，每个人在正常经营活动中，必须查清所购之物是否为添附物，否则可能受到抵押权追究，如此将带来社会交易秩序的极大混乱，危及交易效率和安全。

3. “抵押权依法设立后，抵押人与第三人因添附成为添附物的共有人，抵押权人主张抵押权的效力及于抵押人对共有物享有的份额的，人民法院应予支持。”

本款没有规定共有是共同共有还是按份共有，实践中如何进行登记是一个难题。

三、抵押权及于代位物

（一）我国法上物上代位性的立法沿革

由于担保物权是对担保物的交换价值的支配权和优先受偿权，所以，当担保物毁灭或者被征收时，担保物所有人因此而获得的赔偿金（包括损害赔偿金、财产保险金以及征地拆迁的补偿金等），即成为担保物的替代物，担保物权人有权就此主张优先受偿权，此种现象，在理论上被称为担保物权的“物上代位性”。①

我国原《担保法》第 58 条规定：“抵押权因抵押物灭失而消灭。因灭失所取得的赔偿金，应当作为抵押财产。”第 73 条规定：“质权因质物灭失而消灭。因灭失所得的赔偿金，应当作为质押财产。”原《物权法》第 174 条规定：“担保期间，担保财产损毁、灭失或者被征收等，担保物权人可以就获得的保险金、赔偿金或者补偿金等优先受偿。被担保债权的履行期未届满的，也可以提存该保险金、赔偿金或者补偿金等。”《民法典》第 390 条与原《物权法》第 174 条除个别字词外，作了相同的规定。

（二）物上代位权的性质

债权人基于担保物权的代位性享有的权利，称为物权代位权。学理上对物权代位权的性质有两种学说：一是法定债权质权说，二是担保物权延续说。②

法定债权质权说认为，担保物权人的物上代位权是法定债权质权，确切地说，是以代位物给付请求权这一债权作为标的物，依据法律规定直接产生的权

① 尹田：《物权法》（第二版），北京大学出版社 2017 年版，第 474 页。

② 程啸：《担保物权研究》（第二版），中国人民大学出版社 2019 年版，第 51—53 页。

利质权。采取法定债权质权说的有德国、瑞士等。

担保物权延续说认为，担保财产转为代位物后，原担保物权继续存在于代位物的请求权之上。日本采此说。学者们之间关于原《物权法》第 174 条规定的物上代位权究竟为法定债权质权说还是担保物权延续说素有争议。[①]

在《民法典》的立法过程中，担保代位权的问题是《民法典》物权编（征求意见稿）中要求修改的内容之一。有些部门建议，应明确担保物权人对代位物的权利性质和顺位。有些单位提出，为了增强担保的作用，建议明确担保财产毁损、灭失或者被征收后，担保物权人就保证金、赔偿金或者补偿金债权享有法定的债权质权。[②]《中国社会科学院民法典分则草案建议稿》中的物权编第 194 条，对物上代位性作了如下规定："担保期间，担保人因担保物毁损、灭失或添附而对第三人享有保险金请求权、赔偿金请求权或者其他权利的，第三人应按担保物权的顺位向担保物权人履行义务，但担保人提供相应担保的除外。给付义务人因故意或重大过失向担保人为给付的，对担保物权人不生效力。"如此规定的理由是，第一，原《物权法》第 174 条将担保财产毁损、灭失或者被征收等情形下的优先受偿权仅限于实际取得的保险金、赔偿金或者补偿金等，未使担保物权的效力及于保险金等请求权，对于担保物权的效力规定不尽完整。本条规定使担保物权人对债权人的请求权成为法定质权，同时明确义务人因故意或者重大过失向担保人的给付，对担保物权人不发生效力，以保障担保物权人应获得的利益不被减损。第二，增加担保物因添附而由第三人取得所有权的情形，此时担保物权人的利益与担保物的毁损、灭失不应存在差异。第三，承认担保人另行提供相应担保的权利，以获得补偿金等，有利于担保人和债权人之间的利益平衡。[③]

我国《民法典》没有采取法定债权质权的观点，而是采取了担保物权延续说的观点。[④] 担保物权延续说存在以下弱点：

第一，代位物尤其是金钱难以甚至无法实现特定化。给付义务人直接向抵

---

① 程啸：《担保物权研究》（第二版），中国人民大学出版社 2019 年版，第 55 页。

② 《民法典立法背景与观点全集》编写组编：《民法典立法背景与观点全集》，法律出版社 2020 年版，第 109 页。

③ 陈甦主编：《中国社会科学院民法典分则草案建议稿》，法律出版社 2019 年版，第 63 页。

④ 高圣平、谢鸿飞、程啸：《最高人民法院民法典担保制度司法解释理解与适用》，中国法制出版社 2021 年版，第 317 页。

押人给付代位物，难以避免与抵押人财产发生混同，代位物会失去财产特定性，从而导致抵押权丧失客观实现的可能性。美国《统一商法典》尚有“十日规则”加以补充，而我国无此类规则以解决“金钱不具个性”的疑难。

第二，在抵押物转化为代位物之前，有物权追及制度来保障物权的实现；在抵押物转化为代位物之后，有物上代位制度加以保障。但是这一转化的过程却未受关注，由此只能凭借抵押权人与第三人的积极交涉以实现债权来保障，抵押权似乎已沦为“弱化的物权”，丧失控制力和支配力，存在债权化的倾向。这导致了一个现实问题：它难以解决抵押人对第三人不作为的情形。因为抵押权人只能对既得的代位物主张权利，而如果抵押人不去积极获得代位物，则抵押权人很难突破合同相对性去向第三人主张权利。在这种情况下，抵押人的消极不作为很可能使抵押权人的原债权丧失优先受偿效力，有时甚至无法得到清偿。如果抵押权人仅可对抵押人主张给付，则只能等待抵押人将其特定化，或者根据原《担保法司法解释》的规定，请求法院进行保全，但法律未言明抵押权人如何及时获得标的物状况的途径，使得抵押权人的地位尤为尴尬。如果抵押权人可以直接主张权利，则可以避开抵押人不作为的窘境。抵押权人掌握着控制权和支配权，处于较为主动的地位。

第三，在原抵押权延续说下，配套义务的缺失使得代位物只能先给付于抵押人，抵押权人往往无法获得第一时间的资讯，第三人也不会去积极尽到谨慎注意义务，若抵押人将代位物挥霍一空，则只能出现司法判例中抵押权人权利无从救济的局面。①

鉴于此，有专家认为，未来我国《民法典》应当将担保物权人的物上代位权明确界定为法定的债权质权。具体来说，就是以代位物给付请求权这一债权作为标的物的、依据法律规定而直接产生的权利质权，即无论担保物权人原先享有的是抵押权还是质权，均依法转化为以保险金、补偿金和赔偿金的给付请求权——这一普通债权——为标的的权利质权。依据权利质权的基本原理，代位物给付义务人即便没有得到出质人的同意，向质权人为清偿的，依然会使得质权人在所受利益的限度内发生债权受清偿的效力，从而使得出质人在该范围内免责，而代位物给付义务人也可以以该清偿为由，向出质人主张在所受利

① 沈明焱：《物上代位时担保物权人权利的明晰与实现路径》，载《天津商业大学学报》2018年第4期。

益的范围内，消灭出质人对代位物给付义务人的债权。反之，如果代位物给付义务人没有得到质权人的同意，而自行向出质人清偿，该清偿对质权人不发生效力，质权人依然能够在实现质权时，对代位物给付义务人主张权利。在这种情况下，代位物给付义务人势必要查询不动产登记簿，从而了解是否存在抵押权，并在向担保财产所有人给付保险金、赔偿金或补偿金之前得到担保物权人的同意，否则其要继续承担向质权人给付代位物的义务。如此一来，就能非常有效地保护担保物权人的利益，真正实现法律上确立担保物权的物上代位性的目的。[①]

笔者认为，法定债权质权说的局限性在于：以保险金、赔偿金、补偿金的给付请求权——这一普通债权——为权利标的权利质权，依据权利质权的基本原理处理质权人与出质人、债权人的权利义务关系。[②] 其论述的重点在于：担保物因毁损或者被征收而成为保险金、保险金、补偿金的情形。其基本原理是，担保物权本身是价值权[③]，担保物权的最终履行也需要变现。所以保险金、赔偿金、补偿金与担保物价值具有共同性，可以通过法定债权请求权方式主张。假如担保物权标的物的房产被征收，担保人获得的补偿不是补偿金，而是实物安置房，该实物安置房应为代位物，抵押权人可否对此实物安置房享有抵押权？如何进行登记？法定债权质权说没有给出答案。有观点认为，基于物上代位的取得是一种法定自动取得，无须权利人主张。首先，新物权的取得无须满足相应的公示要件，物上代位构成物权公示原则的例外。由于新物权未公示，权利人面临第三人善意取得的风险。因此，权利人应尽快完成代位物物权的公示，加强自己的物权人地位。其次，法定自动取得效果意味着物上代位不受破产或者查封扣押的影响。原物权的消灭与代位物的成立同时发生，并且原物权人能够针对代位物自动取得新物权。因此，原物权的消灭与新物权的取得不存在“逻辑上的一秒”间隙。即便在物上代位发生时，代位物旋即被查封或者代位物所有权人陷入破产，原物权人依旧能够正常取得新物权。因此，新物权是否能够对抗破产或查封扣押，取决于原物权能否对抗破产或查封扣押。例如，未登记的抵押权发生物上代位的，债权人取得的新担保物权在担保人破

① 程啸:《民法典物权编担保物权制度的完善》,载《比较法研究》2018 年第 2 期。
② 程啸:《担保物权研究》(第二版),中国人民大学出版社 2019 年版,第 59 页。
③ 尹田:《物权法》(第二版),北京大学出版社 2017 年版,第 467 页。

产时依旧未登记的，新物权不能免受破产的影响（《民法典担保制度司法解释》第 54 条第 4 项）。[①] 笔者认同上述观点。

（三）物上代位权的实现程序

对于物上代位权如何实现，从国外经验看，《德国民法典》第 1128 条给保险人和被保险人（第三人与债务人）施加了“通知”义务，要求他们必须将引发物上代位的事实通知抵押权人，并且在通知起 1 个月之后，才能向被保险人支付赔偿金。对于抵押权人而言，他的信息获得通道得以拓宽，并且可在先前规定的 1 月期限内，对于保险人的支付赔偿金提出异议。另外，抵押权人可以向保险人登记。登记生效主义的规则使得保险人必须查询登记簿，且只有在得到抵押权人书面同意之后，才能向被保险人支付赔偿金。否则，清偿不生效力。《瑞士民法典》第 970 条规定，主张有利害关系的人，有权查询不动产登记簿或获取登记摘录；任何人均可以获取不动产的名称和相关描述、所有权人的名字和身份、所有权的类型和取得日期等主簿中的信息；任何人均不得以不知道不动产登记簿上的登记为由提出抗辩。可见，瑞士也依靠登记的公示效应，让第三人去查询，这一点与德国立法无异。[②]

我国原《担保法》对物上代位权的实现完全没有规定。为了弥补这一缺陷，原《担保法司法解释》第 80 条第 2 款规定：“抵押物灭失、毁损或者被征用的情况下，抵押权所担保的债权未届清偿期的，抵押权人可以请求人民法院对保险金、赔偿金或补偿金等采取保全措施。”原《物权法》第 174 条，不再规定可以采取保全措施，而是规定“被担保债权的履行期未届满的，也可以提存该保险金、赔偿金或者补偿金等”。《民法典》第 390 条规定了抵押权人的物上代位权，但未就物上代位的实现程序作出规定。《民法典担保制度司法解释》第 42 条分 3 款规定了代位权的实现程序。

1. “抵押权依法设立后，抵押财产毁损、灭失或者被征收等，抵押权人请求按照原抵押权的顺位就保险金、赔偿金或者补偿金等优先受偿的，人民法院应予支持。”

① 张静:《物上代位的体系整合与教义学结构》,载《环球法律评论》2021 年第 4 期。

② 沈明焱:《物上代位时担保物权人权利的明晰与实现路径》,载《天津商业大学学报》2018 年第 4 期。

该款规定了抵押权人对抵押物的代位物可以主张优先受偿权，赋予了抵押物权对代位物的抵押效力，且只能依据原抵押权的顺位与担保债权范围受偿。

2. “给付义务人已经向抵押人给付了保险金、赔偿金或者补偿金，抵押权人请求给付义务人向其给付保险金、赔偿金或者补偿金的，人民法院不予支持，但是给付义务人接到抵押权人要求向其给付的通知后仍然向抵押人给付的除外。”

有论者认为，这一款很重要，因为它实际上就是认可了抵押权的物上代位的效力是保险金、赔偿金或者补偿金等代位物的给付请求权，而非保险金、赔偿金或者补偿金，因此，给付义务人接到债权人向其给付的通知后，向抵押人给付的，对抵押权人不生效力。给付义务人仍需向抵押权人支付。[①] 给付义务人的再一次支付，实质上是侵害抵押权承担的损害赔偿责任。但是，本款仍然没有解决发生抵押物代位物的时候，何人通知抵押权人的问题，抵押权人的利益保障仍然缺乏制度性安排。通知抵押权人是实现物上代位权的核心要素，除此，保障抵押权人物上代位权实现是空谈。

3. “抵押权人请求给付义务人向其给付保险金、赔偿金或者补偿金的，人民法院可以通知抵押人作为第三人参加诉讼。”

笔者认为，将抵押人作为第三人固然可以查清案情，但是如果将抵押人作为案件共同被告，法院判决时，一方面判决给付义务人向担保物权人支付补偿金等，另一方面判决给付义务人与抵押人的补偿支付关系消灭，岂不是一举两得？

四、担保物权及于孳息

（一）孳息的含义

原物与孳息作为对物的重要分类，起源于罗马法时代。在罗马法里，孳息是指“从某物中分离出来的、在社会习惯中被视为该物收益的部分”，包括天然孳息和法定孳息两类。[②] 大陆法系的近现代各国民法典对此也有规定，我国

① 高圣平、谢鸿飞、程啸：《最高人民法院民法典担保制度司法解释理解与适用》，中国法制出版社 2021 年版，第 325 页。

② ［意］彼德罗·彭梵得：《罗马法教科书》（2005 年修订版），黄风译，中国政法大学出版社 2005 年版，第 145、159 页。

1995 年颁布的《担保法》第 47 条、1999 年颁布的《合同法》第 163 条和 2007 年颁布的《物权法》第 116 条、第 243 条虽然使用了孳息的概念，并将孳息分为天然孳息与法定孳息，但对于何谓孳息、天然孳息和法定孳息未作出明确的立法界定。

1. 天然孳息

在我国民法理论上，学界通说认为天然孳息是指原物因自然规律而产生或者依照物的用法而收获的物[①]，包括果实、动物的出产物及其他按照物的使用方法的收获物[②]。孕育孳息的物称为原物，又称为母物。原物与孳息是产出与被产出关系，天然孳息是原物的派生物。《德国民法典》第 99 条第 1 款规定："某物的孳息，是指该物的出产物和按照该物的用途而从该物中所取得的其他收获物。"《瑞士民法典》第 643 条第 2 款和第 3 款规定："天然孳息是指周期性的出产物以及习俗允许的依照物的用途所获得的产物。""天然孳息，在与原物分离前，为原物的组成部分。"《日本民法典》第 88 条第 1 款规定："依物的用法所收取的出产物，为天然孳息。"原物与孳息的关系，表面上是物与物的关系，实际上是以物为媒介的人与人之间的法律关系，是孳息所有权的归属关系。[③]

理解天然孳息，须注意以下几个方面：

第一，原物与孳息虽然存在孕育关系，但是是两个独立的物。民法规定孳息的目的在于解决孳息的归属问题。孳息产生后，不影响原物的存在，原物的本质是不消费物，原物产生孳息以后，原物依然"风姿依旧"。[④]

第二，天然孳息应当与原物分离，否则只是原物的一部分，不能称之为孳息。[⑤]《德国民法典》第 953—957 条明确规定物的出产物和其他成分的所有权必须在分离后才能取得。尚未诞生的羔羊和挂在枝头的苹果，不能被称为孳息，只能是原物的一部分。天然孳息不同于从物。简而言之，天然孳息分离之后其归属不因原物的处分而发生变化，而从物与主物的分类价值就在于从物一

① 陈本寒:《孳息界定的立法缺失及其完善》,载《烟台大学学报》(哲学社会科学版)2019 年第 6 期。

② 崔建远:《物权:规范与学说——以中国物权法的解释论为中心》(上册),清华大学出版社 2011 年版,第 54 页。

③ 隋彭生:《天然孳息的属性和归属》,载《西南政法大学学报》2009 年第 2 期。

④ 隋彭生:《天然孳息的属性和归属》,载《西南政法大学学报》2009 年第 2 期。

⑤ 张子亮、宁红丽:《关于天然孳息概念的辩疑》,载《学习论坛》2014 年第 8 期。

般随同主物为法律处分。[①]

第三，天然孳息具有自然属性，但“并不排斥天然孳息的产生经过人工培养、种植、饲养等生产投入”[②]，也即天然孳息可以是人工培育而成的，此即罗马法中所言的“加工孳息”[③]。但是罗马法上的加工孳息并非指加以人工而获得的孳息，与“纯粹的”天然孳息并列，而是天然孳息的下位概念。[④]

第四，“依物之用法产生”，其旨在明确限定天然孳息的范围，以区别于其他收益，如地下埋藏的宝藏，因为它们不是根据“地产的用途”而产生的，所以应认定其为埋藏物。[⑤]

2. 天然孳息的归属

对天然孳息的归属，有两种立法例，即“分离主义”与“生产主义”。“分离主义”认为孳息应归属于其原物权人，即所有人与用益物权人等，此为大陆法系物权法广泛采用。“生产主义”认为，孳息为劳动所得，应归属于投入劳动的人所有，此为英美法系财产法所接受。[⑥]“所有权人对其所有的物享有收益的权利”是一种社会生活共识，故“原物主义”（“分离主义”）理应成为孳息归属的原则，这也能体现法典是对正义的文字表述的成文法精神。[⑦]英美法系的“生产主义”其实是孳息来源本质的一种体现。“人们占有使用原物并对其进行生产劳动，其目的就是获得出产物、收获物，因此法律规定天然孳息的归属，实际上就是对劳动的保护。”[⑧]

《民法典》第321条第1款规定：“天然孳息，由所有权人取得；既有所有权人又有用益物权人的，由用益物权人取得。当事人另有约定的，按照其约定。”可见，我国《民法典》对天然孳息的归属有三项原则：所有权人取得；用益物权人取得；允许当事人对孳息的归属进行约定。

第一，所有权人取得孳息。在所有权人直接占有原物的情况下，收取孳息

---

① 隋彭生：《天然孳息的属性和归属》，载《西南政法大学学报》2009年第2期。

② 罗昆：《〈物权法〉第116条的适用范围探讨》，载《法学杂志》2009年第10期。

③ 周枏：《罗马法原论》（上册），商务印书馆2014年版，第333页。

④ 张子亮、宁红丽：《关于天然孳息概念的辩疑》，载《学习论坛》2014年第8期。

⑤ 张子亮、宁红丽：《关于天然孳息概念的辩疑》，载《学习论坛》2014年第8期。

⑥ 梅仲协：《民法要义》，中国政法大学出版社1998年版，第86页。

⑦ 张明楷：《刑法分则的解释原理》（第二版上册），中国人民大学出版社2011年版，序说部分。

⑧ 胡康生主编：《中华人民共和国物权法释义》，法律出版社2007年版，第255页。

没有问题。在不直接占有原物的情况下，不妨碍其取得天然孳息所有权。例如，提存物产生的孳息、加工物产生的孳息、遗失物产生的孳息、无因管理的物产生的孳息以及被盗窃物产生的孳息等被他人有权占有或者无权占有的物产生的孳息，仍归所有权人。所有权人对孳息有返还物权请求权。[①] 不过，在未直接占有的状态下，所有权人对孳息的权利可能因除斥期间经过而丧失。例如，提存物经过五年，所有权人（兼债权人）未到提存机关领取，原物及孳息均归国家所有。[②] 还有，遗失物经一年无人认领，原物及孳息均归国家所有。[③]

第二，用益物权人就用益物享有使用利益或者获得孳息的利益。用益物权人一般是通过对用益物的人力和生产资料的投入来收取天然孳息。例如，土地承包人通过对土地的经营，取得农产品。用益物权人对天然孳息的取得，可谓是“生产主义”的体现。用益物权人对天然孳息占有和所有，均属于原始取得。用益物权人在孳息的取得上，是优于所有权人的，这也是用益物权为定限物权的一个表现。[④]

3. 法定孳息

我国民法理论通说认为，法定孳息是指因法律关系而获得的收益。[⑤] 法定孳息是由他人使用原物而产生的。自己利用财产所得到的收益以及劳务报酬等，不是法定孳息。[⑥] 法定孳息是对天然孳息的拟制，法定孳息与原物也是独立的两个物，产生法定孳息的物并不损耗或者脱离其所有人。因此，有观点认为，法定孳息只能产生于财产供他人有偿使用而形成的用益法律关系。这种用益法律关系并不以物权制度中的用益物权关系为限，也可以是债权性质的租赁关系、金钱借贷关系，还可以是对他人知识产权的有偿使用形成的许可使用关

---

① 隋彭生：《天然孳息的属性和归属》，载《西南政法大学学报》2009 年第 2 期。

② 《民法典》第 574 条第 2 款中规定：“债权人领取提存物的权利，自提存之日起五年内不行使而消灭，提存物扣除提存费用后归国家所有。”

③ 《民法典》第 318 条规定：“遗失物自发布招领公告之日起一年内无人认领的，归国家所有。”

④ 隋彭生：《天然孳息的属性和归属》，载《西南政法大学学报》2009 年第 2 期。

⑤ 陈本寒：《孳息界定的立法缺失及其完善》，载《烟台大学学报》（哲学社会科学版）2019 年第 6 期。

⑥ 王利明：《物权法研究》（修订版上卷），中国人民大学出版社 2007 年版，第 76 页。

系。[①] 德国学者拉伦茨指出，买卖价格不属于物或权利的法定孳息，因为买卖价格不是收益，而是对处分物的所有权所给予的对价。[②] 我国台湾地区学者黄立教授认为，他人因对物或权利的使用所支付的对价，如利息、租金、特许收入、版税等，均属法定孳息。[③] 上述观点可谓正确。《日本民法典》第 88 条第 2 款规定："作为物的使用对价而收取的金钱及其他物，为法定孳息。"我国学界对法定孳息的定义或解释多参照上述规定，认为法定孳息的本质是基于对他人物或权利的用益而支付的对价。[④] 故，取得法定孳息，总是以债权人的身份，而不是以物权人的身份。我国《民法典》第 321 条第 2 款规定："法定孳息，当事人有约定的，按照约定取得；没有约定或者约定不明确的，按照交易习惯取得。"这体现了法定孳息取得人的债权人身份特征。即便是抵押权人在抵押物扣押后收取对抵押物用益的法定孳息，也是代抵押人（对用益人收取对价的债权人）之位向第三人（用益抵押人财产的人）收取，抵押人向第三人收取的请求权基础是意定的，抵押权人向第三人收取的请求权基础是法定的；取得法定孳息的人，身份则呈现出多样性。[⑤]

在《民法典》立法过程中，有专家建议稿提出了对天然孳息与法定孳息的定义，即"天然孳息，是指原物的出产物以及依物的使用方法从原物中收获的物。法定孳息，是指租金、利息等因法律关系而取得的收益"[⑥]，但最终立法机关没有采纳。这种立法上的空白，直接导致了在孳息的界定问题上无法可依的局面，也导致了学术界在讨论孳息问题时，学者们各说各话的混乱现象。[⑦]

（二）抵押权效力及于孳息

《民法典》第 412 条规定："债务人不履行到期债务或者发生当事人约定

---

① ［德］迪特尔·梅迪库斯：《德国民法总论》，邵建东译，法律出版社 2000 年版，第 893 页。

② ［德］卡尔·拉伦茨：《德国民法通论》，王晓晔等译，法律出版社 2013 年版，第406 页。

③ 黄立：《民法总则》，中国政法大学出版社 2002 年版，第 182 页。

④ 陈本寒：《孳息界定的立法缺失及其完善》，载《烟台大学学报》（哲学社会科学版）2019 年第 6 期。

⑤ 隋彭生：《天然孳息的属性和归属》，载《西南政法大学学报》2009 年第 2 期。

⑥ 李永军、刘家安、翟远见等：《中华人民共和国民法物权编（专家建议稿）》，载《比较法研究》2017 年第 4 期。

⑦ 陈本寒：《孳息界定的立法缺失及其完善》，载《烟台大学学报》（哲学社会科学版）2019 年第 6 期。

的实现抵押权的情形，致使抵押财产被人民法院依法扣押的，自扣押之日起，抵押权人有权收取该抵押财产的天然孳息或者法定孳息，但是抵押权人未通知应当清偿法定孳息义务人的除外。前款规定的孳息应当先充抵收取孳息的费用。”

上述规定，从以下几个方面理解：

第一，抵押财产被依法扣押时起，抵押权人有权收取天然孳息或者法定孳息。

查封与扣押是两种不同的民事强制措施。我国理论界一般认为查封与扣押是有区别的，其区别的标准是标的物的位置是否发生转移。查封的财产一般仍留在原地，由债务人自身保管，只是禁止债务人处分或者转移。扣押的财产一般要转移地点，脱离债务人的实际控制，禁止债务人占有、使用和处分，所以理论上有就地查封和异地扣押之说。① 最高人民法院《查扣冻规定》将查封、扣押、冻结三者并列，可见这三种强制措施并非同一概念。对于本条，从严格意义上说，只有被法院扣押的财产，抵押权人可以收取孳息，对于查封、冻结的财产不能收取孳息。而在实践中，适于采用查封措施的不动产租赁费、股票分红等是法定孳息的重要来源，如果对于查封、冻结的财产不能收取孳息，不仅在实践中很难得到社会认同，而且对保障抵押权人利益十分不利。笔者认为，这是立法漏洞。对于此处的扣押，应从最广泛的意义上进行理解，将之理解为等同查封、冻结等强制执行措施，不能片面地将扣押理解为对动产的异地扣留。

第二，抵押权人通知法定孳息的义务人。

根据法条原意，抵押权人应当通知孳息支付义务人向抵押权人支付而不再向原物权人支付。但这样的通知可能会在实践中产生问题，法定孳息的支付义务人不可能仅凭抵押权人的一纸通知，即向抵押权人支付法定孳息。为安全起见，法定孳息支付义务人会谁也不付，最终还是要走上诉讼途径。所以，抵押权人通知法定孳息的义务人往往还需要法院的支持。

第三，抵押权人未通知法定孳息义务人的，法定孳息义务人支付行为有效。

此规定含义清晰，无须解释。反向解释是，抵押权人通知了法定孳息支付

① 邹川宁：《论我国强制执行制度的完善》，中国政法大学2002年博士学位论文。

义务人，法定孳息支付义务人仍然向原物权人支付，不产生效力，该义务人应当向抵押权人支付。

第四，孳息首先充抵收取孳息的费用。

此处费用应当包括诉讼费用、执行费用，甚至包括律师费用以及抵押权人的通信费用、差旅费用等。但是，充抵完之后还有剩余的如何处理，此处没有规定。有专家建议稿认为，抵押权人依据前款规定收取的孳息，应当优先充抵收取孳息的费用，再充抵利息和原债权。抵押权人收取的孳息非为金钱的，应当按照抵押权实现的方式予以处分。① 笔者同意上述观点。

第三节　抵押权对人的效力

抵押权对人的效力，包括抵押权对抵押人的效力和抵押权对抵押权人的效力两个部分。

一、抵押权对抵押人的效力

由于抵押物并不转移占有，抵押人依然享有对抵押物的占有、使用、收益和处分的权利。

（一）使用权

抵押权是一种价值权，关注物的交换价值，对于物的使用价值，抵押权并不关注。抵押权设立后，抵押人仍可继续使用该抵押物，也可以通过在该抵押物上再次设立抵押权的方式获取融资。

（二）收益权

抵押人可以通过将抵押物出租、出借等方式获取收益。在租赁权与抵押权冲突时，对承租权的影响不同。《民法典》第405条规定：“抵押权设立前，抵押财产已经出租并转移占有的，原租赁关系不受该抵押权的影响。”此处与原《物权法》第190条规定不同。原《物权法》第190条规定：“订立抵押合

① 李永军、刘家安、翟远见等:《中华人民共和国民法物权编(专家建议稿)》,载《比较法研究》2017年第4期。

同前抵押财产已出租的，原租赁关系不受该抵押权的影响。抵押权设立后抵押财产出租的，该租赁关系不得对抗已登记的抵押权。”

（三）处分权

传统民法上，抵押人设立抵押后，可以将抵押财产的权利再转让给第三人，其主要理由是：抵押物权利人虽然将其财产设立了权利给他人，但并不因此丧失对抵押财产的处分权，其自然保有对抵押财产的处分权，尤其是出让的权利。对此，《法国民法典》《瑞士民法典》均有规定。“如抵押物所有人对债权人约定，自己负有不将土地出让或不再继续设定负担于土地的义务的，该约定无效。”[①] 我国担保法律对抵押人处分权的规定经历了一个复杂的变化过程，本书将专门论述。

二、抵押权对抵押权人的效力

抵押权是抵押权人的物权。抵押权对于抵押权人而言，主要包括抵押权人的顺位权、对抵押权的处分权、抵押权的保全权、抵押权人的物权请求权、抵押权人的债权损害赔偿请求权以及抵押权人实行抵押权的权利。本部分重点讨论抵押权人的顺位权、抵押权人对顺位权的处分和变更以及保全权，其余内容在有关章节论述。

（一）抵押权人的顺位权及其确定

“同一抵押财产上存在数个抵押权时，按抵押权设定顺位受偿，先顺位的抵押权人有较后顺位的抵押权人优先受偿的权利，这就是抵押权人的顺位权。”[②] 抵押权人的顺位对抵押权人而言，意义重大，因为抵押物的价值是固定的，在先的抵押权人如果先从抵押物的交换价值中受偿，可能所剩无几，在后的抵押权人可能无法得到清偿，可见顺位权就是利益权。世界各国对抵押权顺位的立法模式有两种：

第一，顺位固定主义。同一物上设定数个抵押权后，抵押权的顺位按设定时的顺位保持不变，即便顺位在先的抵押权所担保的债权受到清偿或因其他原

---

① 陈华彬：《民法物权论》，中国法制出版社 2010 年版，第 421 页。

② 高圣平：《担保法论》，法律出版社 2009 年版，第 347 页。

因消灭时，顺位在后的抵押权也不递升，仍然按原来的顺位获得清偿，顺位在先的抵押权利益归属于抵押人。德国、瑞士采取这一立法模式。

第二，顺位升进主义。顺位在先的抵押权因债务清偿等原因消灭时，顺位在后的抵押权升进至前一顺位，取代在先抵押权的顺位受偿。法国、日本等国民法采取这一立法主义。①

两种立法模式在各自制度体系内都是合理的，不存在谁比谁更优的问题。我国原《物权法》没有明确规定抵押权是采顺位固定主义还是顺位升进主义，《民法典》对此也没有明确规定。

《民法典》第414条规定："同一财产向两个以上债权人抵押的，拍卖、变卖抵押财产所得的价款依照下列规定清偿：（一）抵押权已经登记的，按照登记的时间先后确定清偿顺序；（二）抵押权已经登记的先于未登记的受偿；（三）抵押权未登记的，按照债权比例清偿。其他可以登记的担保物权，清偿顺序参照适用前款规定。"该规定是抵押权顺位的确定标准，可简单归纳为登记优先原则。

本条旨在解决以登记作为公示方式的担保权竞存时的顺位问题，具有强大的体系效应和广泛的适用价值，它构建了统一的动产重复抵押的顺位规则，解决了权利重复抵押的顺位规则、抵押权与可以登记的权利质权冲突规则，明确了典型担保与非典型担保之间的顺位关系，并可参照适用于权利质权竞存情形下权利顺位的确定，为多重的担保性债权转让的顺位规则提供了基础。但正常经营买受人、合法的价金超级优先权规则可以排除《民法典》第414条的适用。

其一，抵押权已登记的，按照登记的时间先后确定清偿顺序。

关于抵押权的生效要件，《民法典》区分动产和不动产作出了不同的规定。《民法典》第402条规定，以建筑物和其他土地附着物、建设用地使用权、海域使用权或正在建造的建筑物抵押的，抵押权自登记时设立。第403条规定，以动产抵押的，抵押权自抵押合同生效时设立；未经登记，不得对抗善意第三人。第404条规定，以动产抵押的，不得对抗正常经营活动中已经支付合理价款并取得抵押财产的买受人。该条规定按照登记时间先后确定抵押权清偿顺序，其不仅适用于以登记为生效要件的不动产抵押，也适用于以登记为对

① 高圣平：《担保法论》，法律出版社2009年版，第347—348页。

抗要件的动产抵押。抵押登记时间应以登记机关记载的时间为准。先办理抵押登记的被担保债权就拍卖、变卖抵押财产所得价款优先受偿，后办理抵押登记的被担保债权能就先登记债权清偿后的剩余价款受偿。

其二，抵押权已经登记的先于未登记的受偿。

不动产抵押以登记为生效要件，动产抵押以登记为对抗要件。因此，所谓“未登记的”抵押权，限于不以抵押登记为生效要件的动产抵押权。因为其他类型的抵押权均以登记为生效要件，未办理抵押登记，抵押权不存在。抵押权不存在，自然没有资格与已经存在的抵押权在效力顺序上一争高下，不存在抵押权担保的债权为普通债权，在受偿的顺序上低于抵押权担保的债权。

其三，抵押权未登记的，按照债权比例清偿。

在抵押权未进行登记的情形下，该抵押权要么未生效，要么不能对抗善意第三人，均不具备公示效力和对抗效力，而仅仅在抵押人与抵押权人之间产生法律拘束力。本条所谓“抵押权未登记的，按照债权比例清偿”，可有几种解释。第一种解释是，该规定仅仅适用于动产抵押权这种不以登记为生效要件的抵押权，此类抵押权未登记时不得对抗善意第三人，故在未能举证证明其他债权人非为善意的情况下，各个由动产抵押权担保的债权无优先于其他债权的效力，各个债权只得依其比例受偿。依此种解释，该规定具有合理性。第二种解释是，动产抵押权虽然未予登记，但抵押人的其他债权人知晓该抵押权的存在，根据《民法典》第 403 条的规定，该动产抵押权具有对抗其他债权人的效力，该动产抵押权担保的债权具有优先于其他债权受偿的效力。于是，该债权就不是“按照债权比例清偿”，而是可以完全受偿。如此，该规定涵盖过宽，应该依规范意旨予以目的性限缩，即不适用于其他债权人非善意的场合。第三种解释是，该规定可以适用于动产抵押权和以登记为生效要件的抵押权两大领域，因为动产抵押权未予登记时无对抗善意第三人的效力，其担保债权与因尚未登记而仅有抵押合同“担保”的债权似无二致，所以，在未能举证证明其他债权人非为善意的情况下，各个债权也只好按照比例受偿。

其四，其他可以登记的担保物权可以参照适用本条规定。

该规定属于准用条款。它贯通了典型担保与非典型担保的受偿顺序，体现了典型担保与非典型担保一体保护的原则和登记在所有权保留、保理、融资租赁等非典型担保中的重要作用。根据该规定，抵押权和所有权保留的优先受偿规则，均以登记时间为准，故登记时间的确定非常重要。

（二）抵押权顺位的放弃和变更

《民法典》第409条规定了抵押权人抵押权顺位的放弃和变更问题。下文从三个方面进行分析。

1. 抵押权顺位的放弃

抵押权顺位的放弃包括相对放弃和绝对放弃两种。所谓抵押权顺位的相对放弃，是指同一抵押财产上先顺位抵押权人为了特定后顺位抵押权人或者无担保债权人的利益，放弃自己的优先受偿利益的行为。准确理解抵押权顺位的相对放弃，要把握以几点：一是相对放弃的对象包括后顺位抵押权人和无担保债权人，并不限于后顺位抵押权人。二是相对放弃的方式是双方签订以放弃抵押权为内容的协议，该协议仅在当事人之间发生效力，不影响其他顺位抵押权人的权利，因而无须进行变更登记。三是相对放弃的后果。后顺位抵押权人或者无担保债权人在先顺位抵押权人所能受偿的范围内，按各自的债权比例清偿。①

抵押权顺位的绝对放弃，是指先顺位抵押权人放弃顺位利益的行为。准确理解抵押权顺位的绝对放弃，应注意以下几点：一是与相对放弃需要签订协议不同，绝对放弃仅须先顺位抵押权人作出放弃抵押权顺位的单方意思表示即可。二是绝对放弃的效果及于所有的后顺位抵押权人，而只有将放弃的意思表示进行登记，才能产生此种后果。故与相对放弃无须登记不同，绝对放弃应当办理登记手续。三是就绝对放弃的后果而言，存在不同观点。有一种观点认为，绝对放弃的后果是使先顺位抵押权人成为无担保的普通债权人。另一种观点则认为，其后果是使放弃人退居为最后顺位的抵押权人。我们认为，根据《民法典》第393条的规定，放弃抵押权的后果是导致抵押权消灭。而抵押权顺位的放弃，放弃的是顺位，并非放弃抵押权。因而其后果是使放弃人退居最后顺位，而非成为普通债权人，否则，就是抵押权的放弃而非顺位的放弃了。就此而言，第二种观点更为可采。②

---

① 最高人民法院民法典贯彻实施工作领导小组主编：《中华人民共和国民法典物权编理解与适用》（下册），人民法院出版社2020年版，第1105页。

② 最高人民法院民法典贯彻实施工作领导小组主编：《中华人民共和国民法典物权编理解与适用》（下册），人民法院出版社2020年版，第1106页。

2. 抵押权顺位的变更

抵押权顺位的变更，指的是同一抵押财产上的数个抵押权人通过协议方式变更抵押权的顺位。抵押权顺位的变更，意味着签订协议的当事人之间抵押权顺位的交换。如，第一顺位与第四顺位的抵押权人交换顺位，由此产生抵押权顺位的变更。抵押权的放弃与变更，不同之处是前者是单方行为，后者是合意行为。抵押权顺位变更对抵押人没有影响，因此无须征得抵押人同意。需要讨论的是，顺位交换，抵押数额是否发生交换？如第一顺位抵押的债权数额是100万元，第四顺位抵押的债权数额是200万元，二者抵押权交换顺位后，根据立法原意，笔者认为，债权数额并不随之同时交换。理由是：

第一，抵押权的顺位利益与两个方面相关：一是先后位置，二是与位置有关的债权。这两个方面可以同时约定，也可以只约定一个。如果当事人仅仅约定变更抵押权顺位，则与位置有关的债权数额并不随之变更。

第二，《民法典》第409条规定，当事人可以变更抵押权顺位和被担保的债权数额等内容。此处将抵押权顺位与被担保债权数额一并列举，表明仅变更抵押权顺位并不随之变更债权数额。只有将二者变更同时出现在变更抵押权的协议里，才发生顺位与债权数额同时变更的效果。抵押权顺位的变更对其他顺位抵押权人的利益并无影响。只有变更抵押债权的数额时，才会对其他抵押权人产生不利影响。

在仅仅约定变更抵押权顺位的情况下，抵押债权的受偿会变成两个部分。比如前例，一、四交换顺位后，第四顺位的债权数额，一部分在第一顺位受偿，另一部分在第四顺位受偿。

变更担保债权数额，不得对后顺位抵押权人产生不利影响，即不得增大被担保数额，除非得到后顺位抵押权人的书面同意。

有学者认为，《民法典》第409条第1款中规定由抵押权人和抵押人签订协议变更抵押权的顺位，未规定抵押权人之间协议变更抵押权的顺位，不太妥当。宜按照抵押权顺位变更的规范意旨，对该条款予以目的性扩张，补充各抵押权人之间成立顺位变更合同这个条件。[①] 此观点可谓正确。

---

① 崔建远：《物权：规范与学说——以中国物权法的解释论为中心》（下册），清华大学出版社2021年版，第456页。

3. 抵押权人对债务人提供担保的放弃、变更的效力

债务人提供的担保物，抵押权人放弃抵押权、放弃担保物权顺位、变更抵押权的，其他担保人在抵押权人放弃的范围内免除责任。但是，其他担保人另有约定的除外。

（三）抵押权人的保全权

抵押权是为抵押权人的利益设立的担保权，当抵押人的行为足以造成或已造成抵押财产价值减少时，实际上已经构成了对抵押权人权益的侵犯，抵押权人有权采取一系列措施来保障自己的权利。具体来说，抵押权人应当有保全抵产价值和维护抵押担保效力的权利。抵押权人的该项权利称为抵押权人的保全权。

《民法典》第 408 条规定：“抵押人的行为足以使抵押财产价值减少的，抵押权人有权请求抵押人停止其行为；抵押财产价值减少的，抵押权人有权请求恢复抵押财产的价值，或者提供与减少的价值相应的担保。抵押人不恢复抵押财产的价值，也不提供担保的，抵押权人有权请求债务人提前清偿债务。”

根据上述条文，抵押权人的保全权有以下几个方面：

第一，防止权。在抵押人的行为足以造成抵押财产价值减少的情形下，抵押权人要求抵押人停止其行为。此种情形下，抵押人的行为虽尚未造成抵押财产价值减少，但为了避免其行为继续造成抵押财产价值的减损，法律赋予了抵押权人对抵押财产价值减少的防止权。防止权的行使需具备两个条件：一是足以造成财产价值减少的行为是抵押人的行为；二是抵押人的行为确实有造成抵押物价值减少的可能。抵押人足以造成抵押财产价值减损的行为或出于故意，或出于过失，或是作为，或是不作为。①

在判断抵押人是否对抵押物造成侵害的标准上，理论上有不同的观点，归纳起来有实质损害债权说、恶意侵害说、客观减少说等。② 实质损害债权说以抵押物的价值减少至低于被担保债权为标准；恶意侵害说以抵人故意或者过失侵害抵押物为标准；客观减少说以抵押物价值绝对减少为标准。由于抵押物变

---

① 中国审判理论研究会民事审判理论专业委员会编著:《民法典物权编条文理解与司法适用》,法律出版社 2020 年版,第 458 页。

② 司伟、肖峰:《担保法实务札记:担保纠纷裁判思路精解》,中国法制出版社 2019 年版,第 416 页。

现前，难以举证证明抵押物价值减少至被担保债权数额以下，因此实质侵害债权说不能操作。恶意侵害说主要考察抵押人的主观状态，在日本民法中被采纳为判断标准。客观减少说对抵押权人而言最为有利且判断简单，无须考察抵押人的主观状态，也不需要对损失程度作出预测，只需有足以造成抵押物价值减少的可能时，即可应用，故为我国《民法典》采纳。

防止权的应用不以损害实际发生为必要。只要抵押人的某些行为，有必然导致抵押物价值减少的可能性，抵押权人就可以行使防止权，以避免抵押物价值减少的实际发生。故，防止权是抵押权人的预防性措施。

第二，增保请求权。在抵押人的行为已经造成抵押财产价值减少的情形下，抵押人因故意或过失造成抵押财产价值减少的，抵押权人有权要求恢复抵押财产的价值。如，要求抵押人修复破损的房屋。若有些财产价值难以恢复或恢复成本过高，抵押权人有权要求抵押人提供与减少的价值相应的担保，担保方式可以是保证，也可以是以其他的财产设定抵押权、质权。此种场合下，抵押权人是要求恢复抵押物的价值，还是要求提供相应的担保，由其选择决定。

第三，提前清偿债务请求权。经抵押权人要求，抵押人不恢复抵押财产的价值，也不提供担保的，抵押权人为维护自己的权益，有权请求提前清偿债务。

实践中，非因抵押权人的行为造成抵押物的价值减损，不适用上述防止权、增保请求权以及提前清债务请求权，但是可能会发生抵押权人的代位物请求权。《民法典担保制度司法解释》第 42 条规定了抵押权人对抵押物因灭失、毁损等原因得到的保险金、赔偿金或者补偿金等抵押物的代位物有优先受偿权。增保请求权与抵押物代位物权并不冲突，前者是抵押人的过错行为造成的，后者是非因抵押人的过错造成的。另外，因抵押人的正常使用、收益、处分等行为造成的抵押物价值减损，属于抵押财产自身价值的合理损耗，也不应归入此种情形。

第十八章　抵押财产转让

第一节　我国抵押财产转让规则的历史沿革和立法背景

一、我国抵押财产转让规则的历史沿革

抵押物转让规则，是一个充满学术魅力与实务关切的问题。[①] 在原《民法通则意见》第 115 条、原《担保法》第 49 条、原《担保法司法解释》第 67 条、原《物权法》第 191 条、《民法典》第 406 条、《民法典担保制度司法解释》第 43 条的规定中，我国对抵押物转让规则问题的立场一向变动不居，体现了我国对抵押财产转让规则经历了严格限制—缓和—严格限制—自由转让的变化过程。

（一）原《民法通则意见》的严格限制主义

1988 年《民法通则意见》第 115 条第 1 款规定："抵押物如由抵押人自己占有并负责保管，在抵押期间，非经债权人同意，抵押人将同一抵押物转让他人，或者就抵押物价值已设置抵押部分再作抵押的，其行为无效。"该规定严格限制抵押人将抵押财产转让，非经债权人同意，转让抵押物行为无效。

（二）原《担保法》及其司法解释的缓和主义

原《担保法》第 49 条规定："抵押期间，抵押人转让已办理登记的抵押物的，应当通知抵押权人并告知受让人转让物已经抵押的情况；抵押人未通知抵押权人或者未告知受让人的，转让行为无效。转让抵押物的价款明显低于其

① 刘家安：《〈民法典〉抵押物转让规则的体系解读——以第 406 条为中心》，载《山东大学学报》（哲学社会科学版）2020 年第 6 期。

价值的，抵押权人可以要求抵押人提供相应的担保；抵押人不提供的，不得转让抵押物。抵押人转让抵押物所得的价款，应当向抵押权人提前清偿所担保的债权或者向与抵押权人约定的第三人提存。超过债权数额的部分，归抵押人所有，不足部分由债务人清偿。”原《担保法》的这一规定为抵押物的转让确立了4项具体制度：转让通知告知制度、未履行通知告知义务的转让无效制度、增担保请求制度和转让价款清偿与提存制度（价款上的物上代位制度）。这是对原《民法通则意见》严格限制主义的缓和，放松了对抵押人转让抵押物的限制。

原《担保法司法解释》第67条对原《担保法》中未履行通知和告知义务时财产转让的效力作了解释：“抵押权存续期间，抵押人转让抵押物未通知抵押权人或者未告知受让人的，如果抵押物已经登记的，抵押权人仍可以行使抵押权；取得抵押物所有权的受让人，可以代替债务人清偿其全部债务，使抵押权消灭。受让人清偿债务后可以向抵押人追偿。如果抵押物未经登记的，抵押权不得对抗受让人，因此给抵押权人造成损失的，由抵押人承担赔偿责任。”该规定弥补了之前原《担保法》遗漏的未履行告知义务是否影响抵押权的存续问题，明确了抵押权登记与否的不同效力。

（三）原《物权法》第191条的严格限制主义

原《物权法》第191条规定：“抵押期间，抵押人经抵押权人同意转让抵押财产的，应当将转让所得的价款向抵押权人提前清偿债务或者提存。转让的价款超过债权数额的部分归抵押人所有，不足部分由债务人清偿。抵押期间，抵押人未经抵押权人同意，不得转让抵押财产，但受让人代为清偿债务消灭抵押权的除外。”该条实际上也确立了4项具体制度：抵押物转让抵押权人同意制度、未经同意不得转让制度、转让价款提前清偿与提存制度和替代清偿制度。从原《担保法》第49条到原《物权法》第191条，在抵押物转让的问题上，我国立法作出了以下实质性修改：（1）从通知到同意。原《担保法》规定，抵押人转让抵押物，应预先通知抵押权人，并告知受让人；原《物权法》则规定，抵押人转让抵押物，应当获得抵押权人的同意。（2）从转让无效到转让禁止。原《担保法》明确规定了未通知抵押权人转让抵押物或未告知受让人抵押权存在时，抵押物转让无效；原《物权法》则规定，未取得抵押权人的同意，不得转让。（3）增加了替代清偿规定，删除了增担保请求规定。

替代清偿作为消灭抵押物上抵押权的一种方式，其存在是完全必要的。原《物权法》的抵押物转让规则直接回归到原《民法通则意见》时代的严格限制主义，通知义务转变为抵押权人同意条件，告知义务所降低的转让门槛又因为同意的条件而提高。尤其是其未经抵押权人同意，在抵押期间不得转让，但受让人代为清偿可以消灭抵押权的规定，造成诸多争议。其中"不得转让"的规定，回避了转让效力的问题。

(四)《民法典》第406条的自由转让主义

《民法典》第406条规定："抵押期间，抵押人可以转让抵押财产。当事人另有约定的，按照其约定。抵押财产转让的，抵押权不受影响。抵押人转让抵押财产的，应当及时通知抵押权人。抵押权人能够证明抵押财产转让可能损害抵押权的，可以请求抵押人将转让所得的价款向抵押权人提前清偿债务或者提存。转让的价款超过债权数额的部分归抵押人所有，不足部分由债务人清偿。"

对该条分析如下：

第一，《民法典》第406条彻底重塑了抵押物转让的规则，抛弃了限制抵押物转让的立法政策，回归了抵押权的对世效力及抵押物自由转让的传统法理，并限制了抵押物价款代位规则的运用①，确立了抵押物自由转让主义和抵押权追及效力，取消了原《物权法》中须抵押权人同意才可以转让抵押财产的规定。

第二，立法者通过但书对抵押当事人给予意思自治的空间，允许当事人以双方合意就抵押物转让采取限制。抵押权人能够证明抵押财产转让可能损害抵押权的，可以请求抵押人将转让所得的价款向抵押权人提前清偿债务或者提存。转让的价款超过债权数额的部分归抵押人所有，不足部分由债务人清偿。

二、抵押财产自由转让的立法背景

原《物权法》采取严格主义的理由：第一，抵押权设定后，物的交换价值已经转让给担保物权人，抵押人已经不再享有物的交换价值，如果说抵押人

---

① 刘家安:《〈民法典〉抵押物转让规则的体系解读——以第406条为中心》,载《山东大学学报》(哲学社会科学版)2020年第6期。

可以自由转让抵押物，意味着还可以再卖一次，这是鼓励一物二卖。有的国家规定，抵押物可以做第二次抵押或者转让抵押物，实际上是后顺位的抵押权人或者受让人相信抵押人有能力还钱，而不是相信一百万元的房子可以卖两次，值两百万元。第二，从立法上看，是事先限制好，还是事后补救好？事先限制就是抵押物不能再卖，要卖的话须经抵押权人同意。事后补救就是追及权的办法。追及权导致的结果是，在抵押期间，抵押人还可以再卖抵押物，甲转让乙，乙转让丙，抵押权人丁可以追到丙。两个方案，一个是“防患于未然”，一个是“力挽狂澜”。追及权的方案是“力挽狂澜”，把已经形成的财产秩序重新打乱，中间的买卖当事人要一一追索，最终可能追到原出让人。如果一开始就限制，经抵押权人同意才可以转让，就可以“防患于未然”。第三，过去只有不动产抵押，现在有大量动产抵押。不动产抵押公示靠登记，动产抵押公示当然也可以采取登记的方式。动产公示的问题很难解决，主要靠诚信和道德来维持。我国以及其他国家现在的规定，包括今后的发展，都是抵押既包括不动产抵押，也包括动产抵押。如果采取追及权的方案，动产适用善意取得制度，追及权有很大可能要落空。①

有观点与此相反，认为原《物权法》第 191 条规定毫无必要地强化了对抵押权人利益的保护，打破了债权人与债务人之间的利益平衡，大大增加了债务人预期的融资成本，必然会严重影响抵押权制度信用放大功能的发挥。② 抵押人虽然将财产设定抵押，用于担保，但并没有因此丧失财产的所有权或者处分权。要求抵押人转让抵押财产必须得到抵押权人的同意，就意味着抵押人丧失了对抵押财产的处分权，从理论上说不通。再者，抵押权的目的在于对债权的优先受偿权，如果一抵押物的价值完全由抵押权人控制，那么为什么同一财产上可以设定多个抵押权？故此不能认为抵押权设立就意味着完全禁止抵押权人转让抵押财产。③ 抵押权的追及效力源自担保物权的物权属性，即直接支配特定物之权利的排他性和优先性，不因抵押物的转让而受影响，这是无条件的，即使抵押物的转让未经抵押权人同意，对抵押权的追及效力也不会产生影

① 王胜明：《物权法制定过程中的几个重要问题》，载《法学杂志》2006 年第 1 期。

② 许明月：《抵押物转让制度之立法缺失及其司法解释补救——评〈中华人民共和国物权法〉第 191 条》，载《法商研究》2008 年第 2 期。

③ 高圣平、谢鸿飞、程啸：《最高人民法院民法典担保制度司法解释理解与适用》，中国法制出版社 2021 年版，第 331 页。

响。追及制度的设立，意在对抗抵押物的转让，如果禁止抵押物转让，则抵押物的追及效力制度没有存在的必要。若以保全抵押权人的利益为目的，原《物权法》以抵押权人的同意和抵押转让的交易价金合理性控制（价金不合理时另行提供担保）来限制抵押物的转让，并不能实现保全抵押物的交换价值的目的，其作用不如抵押权人行使保全抵押物的交换价值之物上请求权所能够获得的救济有效。正如有学者所称，原《物权法》通过后，正是基于对原《物权法》第 191 条的误解，不少抵押权人担心同意抵押人转让抵押物将导致丧失抵押权而不愿同意抵押人转让抵押物，使得实践中大量出现抵押财产被闲置的现象。例如开发商将在建工程抵押给银行后，银行往往不愿意开发商出售房屋，导致开发商无法出售房屋回笼资金，严重影响开发商的偿债能力，损害开发商的利益。① 再者，抵押人转让抵押物的，应以转让价金向抵押权人提前清偿债务或提存，如此法定义务的创设，增加了抵押人的额外负担，有失公允。② 这与抵押权人对抵押物已有的追及权和物上请求权的保护相比，更凸显了抵押人和抵押权人之间的利益分配严重失衡，进一步加剧了抵押人的不利地位。这些限制抵押物转让的规定，貌似可以达成缓和抵押权的追及效力，以维护抵押人或抵押物取得人利益的目的，但理论上和制度结构上都无法在抵押物的转让和抵押权的追及效力之间寻找到连接的平衡点，以致原《物权法》限制抵押物转让的规定成为单纯恶化抵押人不利地位的制度工具。我国民法理论、司法实务以及原《物权法》第 191 条限制抵押物转让的立场，在制度逻辑上无论如何都应当“寿终正寝”了。③

《民法典》编纂时，对于原《物权法》第 191 条的存废问题，立法机关研究后认为，如果当事人设立抵押权时进行了登记，受让人可以知悉财产上是否负担抵押权。受让人知道或者应当知道财产上设有抵押权仍受让的，应当承担相应的风险。如果当事人设立抵押权时没有进行登记，则不能对抗善意的受让人，受让人将获得没有抵押负担的财产所有权。随着我国不动产统一登记制度

① 刘贵祥、吴光荣:《论未经抵押权人同意之抵押物转让的效力》,载《比较法研究》2013 年第 5 期。

② 崔建远:《物权:规范与学说——以中国物权法的解释论为中心》(下册),清华大学出版社 2011 年版,第 799 页。

③ 邹海林:《论抵押权的追及效力及其缓和——兼论〈物权法〉第 191 条的制度逻辑和修正》,载《法学家》2018 年第 1 期。

的建立以及动产抵押登记制度的完善，抵押人转让抵押财产时抵押权人和抵押财产的买受人可能承担的风险大大降低。为了充分发挥物的效用，促进交易便捷，应当允许抵押人在抵押期间转让抵押财产，并承认抵押权的追及效力。同时，应当允许当事人对抵押期间能否转让抵押财产另行约定，以平衡抵押人与抵押权人之间的利益，保护抵押权人为行使抵押权而作的预先安排，尊重当事人之间的意思自治。①

第二节　对我国《民法典》第406条的解读

一、对第406条第1款的解读

（一）适用范围

从文义解释的角度看，本款可以适用于动产抵押和不动产抵押，抵押财产转让后，抵押权效力不受影响。有观点认为，对不动产抵押而言，这一立法修正完全是正确的。一方面，考虑到不动产的性质，不动产抵押物的自由转让，只要承认抵押权的追及效力，就不会影响抵押权人的利益。另一方面，不动产抵押权遵循严格的登记设立规则，抵押权的对世性得到了物权公示的支撑，不仅使抵押物受让人承受抵押权负担具有了正当性，而且使得抵押物价金的物上代位成为不必要的设计。不过，《民法典》第406条第1款未将其适用范围限缩在不动产抵押上，而是一般性地针对“抵押财产”，从而也就未将动产抵押排除出去。这一立法转向实有矫枉过正的嫌疑。② 更有观点认为，抵押权是对抵押物交换价值的支配权。由于抵押权人不直接占有抵押物，其对抵押物交换价值的支配很重要的方式是通过抵押物所有人来实现的，故抵押权是一种对人权性质很强的对物权。抵押物转让后，受让人的管理水平、经营状况、诚信意识、抵押物用途的改变等因素都会对抵押物价值和交换价值产生影响，抵押物特别是动产抵押物的易主甚至会让抵押权人追及抵押物都产生困难，这些无疑

① 黄薇主编：《中华人民共和国民法典物权编解读》，中国法制出版社2020年版，第681页。

② 刘家安：《〈民法典〉抵押物转让规则的体系解读——以第406条为中心》，载《山东大学学报》（哲学社会科学版）2020年第6期。

都影响抵押权的实现。这就是无论原《担保法》还是原《物权法》一直都对抵押物转让采取严格限制立场的重要原因之一。如果真的以为抵押物转让抵押权“不受影响”，实在是掩耳盗铃之举。①

笔者认为，对于动产抵押而言，抵押物转让后，如果抵押权人对抵押物进行追及，确实存在对抵押物受让人不公平的问题；如果许可对未登记的动产抵押物进行追及，无疑会妨碍交易效率，危害交易秩序。故，对法条中的“抵押财产”应作限缩解释，以解释为不动产和可以登记的动产为宜。至于抵押物价值降低影响债权实现的问题，是抵押担保应当承受的风险，不应当影响抵押物的转让。

（二）禁止或限制抵押财产转让约定的效力

《民法典担保制度司法解释》第 43 条对当事人约定禁止或者限制抵押物转让的效力进行了规范：“当事人约定禁止或者限制转让抵押财产但是未将约定登记，抵押人违反约定转让抵押财产，抵押权人请求确认转让合同无效的，人民法院不予支持；抵押财产已经交付或者登记，抵押权人请求确认转让不发生物权效力的，人民法院不予支持，但是抵押权人有证据证明受让人知道的除外；抵押权人请求抵押人承担违约责任的，人民法院依法予以支持。当事人约定禁止或者限制转让抵押财产且已经将约定登记，抵押人违反约定转让抵押财产，抵押权人请求确认转让合同无效的，人民法院不予支持；抵押财产已经交付或者登记，抵押权人主张转让不发生物权效力的，人民法院应予支持，但是因受让人代替债务人清偿债务导致抵押权消灭的除外。”

该条分两款，以物债二分为原则，从禁止或者限制抵押物转让的约定是否登记的角度，对抵押物转让的效力进行规范。其具体内容有：

第一，从抵押物转让合同效力角度而言，无论禁止或者限制抵押物转让的约定是否进行登记，只要不存在致使抵押物转让合同无效的其他理由，均不影响合同的效力。这是物债二分原则的具体体现。

第二，禁止或者限制抵押物转让的约定未经登记的，如果抵押物已经交付或者登记，发生物权转让的效力。禁止或者限制抵押物转让的约定仅在抵押人与抵押权人之间发生效力，对抵押物受让人而言，没有拘束力。如果抵押物已

---

① 景光强:《抵押物转让新规则释论》,载《山东法官培训学院学报》2021 年第 5 期。

经交付或者登记，则发生抵押物物权变动的效果。抵押权人不得对抵押物进行追及，抵押物受让人因善意而取得抵押物所有权。

但是，如果受让人明知抵押人和抵押权人之间存在禁止或者限制转让抵押物的约定而受让抵押物的，即使抵押物已经交付或者登记，受让人亦不得取得抵押物的所有权，抵押权人可以追及抵押物。这需要抵押权人对受让人的“知道”提供证据证明。注意，这里不包括“应当知道”的情形。

第三，禁止或者限制抵押物转让的约定已经登记的，即使抵押物交付或者登记的，也不发生物权变动的效果。抵押权人可以对该抵押物进行追及并拍卖。但在实践中，该条规定会与物权公示公信原则相抵触。抵押人与抵押权人的约定效力涉及第三人取得物权，这在合同相对性原则下不能成立。此时，抵押权人追究登记机关侵权责任是较为可取的办法。登记机关一方面登记抵押权人的抵押权，另一方面又根据转让合同对抵押物登记所有权，是怎么做到的？总之，笔者认为最高人民法院的上述规定值得商榷。

如果受让人自愿代替债务人偿还债务，抵押权人可不进行追及，受让人取得抵押物所有权。

二、对第 406 条第 2 款的解读

第一，抵押人的通知义务。

《民法典》第 406 条第 2 款规定，抵押人转让抵押财产的，应当通知抵押权人。通知是抵押人的义务。法律并未规定不告知转让情况的法律后果。立法者认为，设立告知义务主要是为了便于行使追及权。但依据追及效力规则，不管通知与否，抵押权的追及效力均不受影响。[①] 通知产生两个作用：一是抵押权人可以借以知悉受让人，便于进一步行使追索权；二是便于抵押权人衡量此次交易是否可能损害抵押权，进而决定是否采取必要的措施维护自身权益。因此，抵押人的通知对抵押权人来说十分重要。法律没有规定通知的时点。通知的时点有通常两种情况：一是准备转让的时候通知，即在为转让寻求买主、商谈价格、签订合同阶段；二是转让已经完成的通知，比如完成了抵押财产的登记或者交付。应当认为，事后通知为宜。

第二，对“可能损害”抵押权的理解。

① 黄薇主编：《中华人民共和国民法典物权编解读》，中国法制出版社 2020 年版，第 682 页。

其一，“可能损害”要件的意义。《民法典》第406条与原《物权法》第191条规定的不同处是，抵押权人有证据证明抵押财产转让可能损害抵押权的时候，可以请求抵押人将转让所得的价款向抵押权人提前清偿债务。有观点认为，新增的“抵押权人能够证明抵押财产转让可能损害抵押权的”这一要件，实现了抵押权人和抵押人利益的平衡，因而相较于原《物权法》的规则更为合理。[①]“可能损害抵押权”要件的存在，不仅能够实现抵押财产的自由转让，防止受到抵押权人的不当限制，而且为抵押权人在抵押权追及力无法发生效用时提供替代性的救济方案，具有规范意旨上的双重性。[②]

相反解释，抵押权人没有证据证明抵押财产转让可能损害抵押权的时候，不得要求提前清偿债务或者要求提存。这种情形发生在抵押物价值远远大于债务的时候，抵押物的转让可能不损害抵押权。

其二，对“可能损害”的认定。它是一个非常抽象的概念。“损害”本身这个词的含义多种多样，有精神损害、财产损害之分，不同人对此有不同的看法，没有一个客观的认定标准；“可能”更是一个模糊的概念，具有主观性。两个词连在一起，更加抽象。但是，对“可能损害”抵押权的认定不仅是抵押权的追及力救济转向价款物上代位救济的媒介，而且也与抵押财产价值保全规则存在体系关联，故在实践中必须解决认定“可能损害”的问题。对于“可能损害”抵押权的情形，法律没有作出规定。有观点认为，对“可能损害”主要应当参考如下因素予以确定：（1）转让抵押物明显增加抵押权实现的风险。例如，房屋在设定抵押后转让，该房屋成为受让人的唯一住房，在执行中可能导致无法清退腾房。同时，如果受让人变更抵押物的使用方法，也可能增加抵押物毁损、灭失的风险。例如，受让人将作为抵押物的客运汽车用于运输货物，则可能增加该汽车的损耗，并导致汽车提前报废，从而影响抵押权的实现。（2）抵押人在明显资不抵债情形下转让抵押物，转让后获得的价值额可能会被其他债权人获得，此时应当认定该行为可能损害抵押权。（3）抵押物是动产，转让导致追及难度较大。动产可能被多次转让，因此，即便抵押权已经办理了登记，抵押人转让作为抵押物的动产时，也可能造成抵押权人在

---

① 崔建远：《中国民法典释评·物权编》（下卷），中国人民大学出版社2020年版，第379页。

② 黄清新：《论抵押物转让时抵押权损害风险之认定》，载《北京理工大学学报》（社会科学版）2023年第5期。

客观上难以追及抵押物，影响抵押权的实现。（4）抵押物的转让未及时通知抵押权人。[①] 还有观点认为，抵押权遭受损害基本上体现为两个层次：一是抵押权本身遭受侵害，二是抵押财产的价值不足以清偿全部债权。抵押权的侵害可分为抵押权之侵害与抵押标的物之侵害两种类型。[②]

笔者认为，“可能损害抵押权”的情形多种多样，但是判断标准应当万变不离其宗。抵押权是价值权，损害抵押权即损害抵押物的价值。如果转让行为导致抵押物价值减少，或者出现价值减损的另一种形式——增加实现抵押权的费用（一般而言，实现抵押权的费用由抵押物拍卖款支付），出现这两种结果，即可认为是损害抵押权。至于转让价格的高低，并不影响抵押物的原有价值；难以追及可能会增加实现抵押权的费用，可以成为损害抵押权的一种情形。至于抵押人明显资不抵债，转让款被其他债权人获得等情形，不会导致抵押物价值减少，不宜成为损害抵押权的情形。

其三，“可能损害”的证明问题。很显然，“可能损害”的举证责任在于抵押权人，证明标准是高度盖然性标准，即只要依据优势证据规则，证明存在高度可能性即可。有观点认为，因“可能损害”抵押权的待证事实大多发生在将来，抵押物转让之时举证难度较大，而在很多情况下价金物上代位又实为保护抵押权所必需，且一般情况下价金物上代位对各方当事人有利无害，故对证明标准的要求不宜过高，以适度扩大价金物上代位的适用范围。[③] 笔者认为此观点正确。

当然，抵押人也可以举证证明不可能损害抵押权。

第三，“可能损害”抵押权的后果。

其一，如果不能证明“可能损害”抵押权，则抵押权人不能要求抵押人将转让所得价款提前清偿债务或者提存。

其二，如果存在“可能损害”抵押权的情形，则抵押权人可以请求将转让所得的价款向抵押权人提前清偿债务或者提存。注意，此处有两个问题需要澄清：一是转让款已经给付抵押人的时候，抵押权人可以向抵押人提出此类要

---

① 王利明：《〈民法典〉抵押物转让规则新解——兼评〈民法典〉第406条》，载《法律科学》2021年第1期。

② 黄清新：《论抵押物转让时抵押权损害风险之认定》，载《北京理工大学学报》（社会科学版）2023年第5期。

③ 景光强：《抵押物转让新规则释论》，载《山东法官培训学院学报》2021年第5期。

求。如果受让人尚未支付转让款，可否直接要求受让人向抵押权人支付？答案是肯定的。抵押物转让价款具有价金物上代位性质，参照《民法典担保制度司法解释》第42条的规定，抵押权人可以向受让人发出价款支付通知，向受让人要求清偿。二是抵押权人拿到转让款的时候，应当进行清算，即转让款超过债权数额的，多余部分应返还给抵押人；不足部分由债务人继续清偿。

第十九章　抵押权存续期间

第一节　抵押权存续期间立法的历史沿革

保证有保证期间限制。保证期间经过，保证人不再承担保证责任。抵押权是否也有期间限制？“如果允许抵押权永续存在，则势必限制抵押财产的使用和转让，无法充分发挥财产的使用价值，不利于物的流通。如果允许抵押权人随时都能行使抵押权，则对于抵押人来说，义务具有不确定性，因此有必要对抵押权行使期限作出规定，促使当事人迅速了解债权债务关系，这既有利于发挥抵押财产的效能，也有利于维护双方当事人的合法权益，更有利于促进市场的有序发展。”① 我国对抵押权存续期间的立法过程是逐步进行的，其历史沿革过程如下所述：

第一，原《担保法》时期。原《担保法》未规定抵押期间。此应非立法疏漏，因有专家的主张得到了立法机关的认同，即“抵押权、质权属于物权，只要债权存在，抵押权、质权也应同时存在”②。但是，如此拘泥于担保物权的物权属性及担保功能而否定担保期间的应然存在，使得担保权人可能长期怠于行使担保物权，对担保物的使用与流转均有限制。③ 基于此，原《担保法司法解释》第12条第2款规定：“担保物权所担保的债权的诉讼时效结束后，担保权人在诉讼时效结束后的二年内行使担保物权的，人民法院应当予以支

---

① 中国审判理论研究会民事审判理论专业委员会编著:《民法典物权编条文理解与司法适用》,法律出版社2020年版,第474页。

② 《全国人大法律委员会关于〈中华人民共和国担保法(草案)〉审议结果的报告》,载汪贻祥主编:《〈中华人民共和国担保法〉理论与实务》,中国政法大学出版社1995年版,第404页。

③ 曹士兵:《中国担保诸问题的解决与展望——基于担保法及其司法解释》,中国法制出版社2001年版,第261页。

持。”应该说，该规定缺乏相应的立法依据，只是为解决实践中存在的突出问题，统一裁判尺度，借鉴国外立法例不得已而为之。但问题接踵而至，主债权诉讼时效届满，债权人丧失胜诉权，债务人则产生诉讼时效抗辩权。而按照原《担保法》的规定，作为从债务人的担保人享有主债务人的一切抗辩权，当然也包括诉讼时效抗辩权。原《担保法司法解释》第12条岂不是剥夺了原《担保法》赋予担保人的抗辩权，与原《担保法》的规定相悖？此外，主债权超过诉讼时效后担保物权人承担了担保责任，是否可以向主债务人追偿？若不能追偿，对担保人实属不公；若能够追偿，诉讼时效抗辩权对主债务人而言就失去意义，使主债权人本已丧失的胜诉权失而复得。①

第二，原《物权法》时期。原《物权法》起草过程中对担保物权的担保期间问题曾有多种观点：一是主张担保物权应在主债权履行期限届后满4年内不行使而消灭；二是主张借鉴原《担保法司法解释》第12条进行规定；三是主张担保权在主债权诉讼时效期间内不行使的，法院不予保护。原《物权法》最终基本采纳了第三种观点。②“这样规定的主要考虑是，随着市场经济的快速运转，如果允许抵押权一直存续，可能会使抵押权人怠于行使抵押权，不利于发挥抵押财产的经济效用，制约经济的发展。因此，规定抵押权的存续期间能够促使抵押权人积极行使权利，促进经济的发展。由于抵押权是主债权的从权利，因此……将抵押权的存续期间与主债权的消灭时效或者诉讼时效挂钩的做法值得借鉴。”③

原《物权法》第202条规定：“抵押权人应当在主债权诉讼时效期间行使抵押权；未行使的，人民法院不予保护。”该条规范采用极具司法解释风格的“人民法院不予保护”表述，引发学理研究与司法实务的分歧。有鉴于此，《九民纪要》第59条规定，抵押权人在主债权诉讼时效届满前未行使抵押权，抵押人在主债权诉讼时效届满后请求涂销抵押权登记的，人民法院依法予以支持。此规定以该情形下抵押权的消灭作为支持注销抵押权登记的内在基础，借以消除分歧混乱，统一裁判思路，增强民事审判的可预期性。

---

① 刘贵祥：《〈物权法〉关于担保物权的创新及审判实务面临的问题（下）》，载《法律适用》2007年第9期。

② 刘贵祥：《〈物权法〉关于担保物权的创新及审判实务面临的问题（下）》，载《法律适用》2007年第9期。

③ 胡康生主编：《中华人民共和国物权法释义》，法律出版社2007年版，第439—440页。

第三，《民法典》时期。《民法典》第419条完全承继原《物权法》第202条，规定抵押权存续期间长度等于主债权的诉讼时效期间长度。主债权诉讼时效中止、中断和延长的，抵押存续期间相应地中止、中断和延长。

《民法典担保制度司法解释》第44条第1款明确规定，对于主债权诉讼时效期间届满后主张行使抵押权的，不予支持。

第二节 抵押权存续期间的性质探讨

关于抵押权存续期间的性质，有三种学说：

一是除斥期间说。抵押权存续期间显然不是诉讼时效期间，应属于除斥期间。按除斥期间法理，在该期间内不行使权利，导致权利消灭的后果。对抵押权存续期间的表述不能因表述上的巧合而望文生义，得出丧失胜诉权的结论。①

二是诉讼时效说。该说认为，抵押权的效力体现为优先受偿力，抵押权的实现需要与抵押人协商折价或者请求人民法院进行拍卖、变卖抵押财产，并从拍卖、变卖抵押财产的价款中优先受偿。因此，抵押权实现过程中抵押权人无论向抵押人请求协商，还是请求人民法院介入，该请求权与债权实现过程中的请求权并无不同，抛弃理论总结的成见，将抵押期间视为诉讼时效期间，未为不可。②

三是单独期间说。该说认为，原《物权法》第202条实际上规定的是主债权诉讼时效对抵押权行使的影响，是抵押权从属性的体现，并不是抵押权的诉讼时效，也不是抵押权的除斥期间。其理由是，将期间作“诉讼时效”与“除斥期间”非此即彼的区分，在逻辑上并不周延。在我国民法上，确实存在着既不具有“诉讼时效”性质，又不具有“除斥期间”性质的期间，如原《民法通则》第137条规定的最长保护期、原《担保法》规定的保证期间。学界对这些期间的性质一直争议不断，其主要原因在于上述非此即彼的解释论。我们大可抛开这两种区分，依规范本身定其性质而不是生硬地套入这两者之

① 刘贵祥：《〈物权法〉关于担保物权的创新及审判实务面临的问题（下）》，载《法律适用》，2007年第9期。

② 郑永宽：《论抵押期间的性质与效力》，载《法学家》2022年第3期。

一，以致造成解释论上的困难。①

出现上述争议的原因还在于，《民法典》第 419 条中的“人民法院不予保护”字样，该表述的模糊性给予了学者理解的空间。学术界对于《民法典》第 419 条规定的争论大体可以分为支持“存续说”和“消灭说”的两大阵营。其中，“存续说”又包括两种主张：一种为胜诉权丧失说；另一种为抗辩权发生说。“消灭说”认为，主债权罹于时效，抵押权不再受司法保护，这实质上是对主债权诉讼时效届满时抵押权优先受偿性的否定。在抵押权不具备优先受偿的特性下，其不具备担保物权的特征，丧失继续存在的意义。此种情况下，抵押权归于消灭更为合理。②

笔者认为，对抵押权存续期间性质的探讨，应与对“人民法院不予保护”表述的理解结合在一起，当事人丧失的是抵押权受人民法院保护的权利即获得司法强制执行的权利，而抵押权本身并没有消灭，如果抵押人自愿履行担保义务，抵押权人仍可以行使抵押权。③ 抵押权存续期间应当被认为是一种诉讼时效期间，原因如下：

第一，抵押权的消灭必须基于法定原因。根据《民法典》第 393 条的规定，担保物权的消灭原因具有法定性。目前的法律没有规定，主债权诉讼时效经过可以导致抵押权消灭。因此，抵押权存续期间只是当事人请求人民法院给予司法保护的期限，是诉讼时效期间。

第二，从法律语言上分析，“人民法院不予保护”这一表述，是一个宾语前置的句法结构，其宾语是抵押权，即人民法院不保护的对象是抵押权。在一定条件下不予保护，并没有该抵押权已经消灭的意思。如果抵押权已经消灭，从习惯上讲不会使用不予保护的字样。故，不予保护的前提暗含抵押权依旧存在的意思。

第三，物权的效力来自法院的强制保护。“人民法院不予保护”的抵押权效力已经减弱，除非抵押人同意，抵押权人不得将抵押物拍卖、变卖、折价以

---

① 高圣平：《担保物权的行使期间研究——以〈物权法〉第 202 条为分析对象》，《华东政法大学学报》2009 年第 1 期。

② 孙雄：《论主债权诉讼时效届满后的抵押权效力——以〈民法典〉第 419 条为分析对象》，载《湖北经济学院学报》（人文社会科学版）2022 年第 9 期。

③ 黄薇主编：《中华人民共和国民法典物权编释义》，法律出版社 2020 年版，第 547 页。

实现抵押权；主债权变成自然债权，抵押权相应地成为自然物权。[①] 抵押权效力减弱到不具有对世性，不得对抗善意第三人以及在该物上设定其他顺位抵押权的抵押权人，但抵押权的效力依然存在于签订抵押合同的当事人之间，这是抵押合同的效力使然。[②] 抵押人自愿将抵押物折价抵偿或者出售后，支付给抵押权人，抵押权人不会构成不当得利。如果认为抵押权消灭，则抵押权人的受偿将构成不当得利，这与抵押合同的效力理论格格不入。

第四，不论是不动产抵押还是动产抵押，登记是抵押权获得对世效力的标识。不具有对世效力的抵押权不能使用登记这种标识。故《九民纪要》第 59 条规定，主债权诉讼时效结束后，抵押人请求涂销抵押权登记是合理的。[③] 涂销抵押权登记就是涂销该抵押权的对世效力。

第五，诉讼时效的目的在于惩罚“躺在权利上睡大觉”的人，督促权利人及时行使权利，维持社会秩序的高效运转。诉讼时效经过后，义务人获得了拒绝履行的抗辩。在主债权到期或者约定的情形出现时，债务人不履行义务与抵押权人不履行义务，均使债权人权利受到侵害。主债务与抵押债务没有先后之分，故抵押人债务与主债务处于同一地位，应适用统一的时效期间。故，主债务人的诉讼时效期间适用于抵押债务的诉讼时效期间。

第三节 “行使抵押权”的认定

抵押权人在主债权诉讼时效期间内行使抵押权是保持抵押权效力的关键条件。但是，如何认定行使抵押权，法律没有规定。有观点认为，原《物权法》第 202 条规定的“行使抵押权”受到如下限制：第一，必须是在“债务人不履行到期债务或者发生当事人约定的实现抵押权的情形”之后至“主债权诉讼时效期间”届满之前行使抵押权。第二，行使抵押权的方式仅限于达成实现抵押权的协议以及向人民法院请求拍卖、变卖抵押财产。同时，在上述期间之内，抵押权人向人民法院提起抵押权诉讼也是行使抵押权的方式之一，并不

① 黄薇主编:《中华人民共和国民法典物权编释义》,法律出版社 2020 年版,第 547 页。

② 郑永宽:《论抵押期间的性质与效力》,载《法学家》2022 年第 3 期。

③ 郑永宽:《论抵押期间的性质与效力》,载《法学家》2022 年第 3 期。

一定以“请求人民法院拍卖、变卖抵押财产”为唯一方式。[①]《民法典担保制度司法解释》第45条规定了一种新的抵押权实现方式，即抵押权人自行拍卖。抵押权人向抵押人发出拍卖通知的，该通知到达抵押人时，应当认为抵押权人行使了抵押权。

抵押权人主张行使抵押权，对主债权诉讼时效是否有影响？有观点认为，行使抵押权对主债务诉讼时效有影响，可导致主债权诉讼时效的中断。[②]笔者认为，上述观点并不全面。主债务与抵押债务是两个不同的债务，应从抵押人是不是债务人的角度进行分别探讨。在抵押人为债务人本人的情况下，抵押权人向抵押人主张抵押权，可以视为同时主张主债权，自无疑义。在抵押人为第三人的情况下，抵押权人向抵押人主张行使抵押权，甚至与抵押人达成了折价补偿的协议，这只是抵押权人与抵押人之间的协议，发生抵押权存续的效果。主债务诉讼时效的中断源于债权人向主债务人主张权利。如果债权人未向主债务人主张权利，则主债务诉讼时效并不中断。

此外，还有一个问题需要注意，即主债权诉讼时效期间届满后担保物权的效力如何。

对此，《民法典担保制度司法解释》第44条对主债权诉讼时效届满后抵押权、质权和留置权是否消灭以及如何实现作了全面规定。

第一，主债权诉讼时效届满抵押权适用以下规则：

（1）主债权诉讼时效届满后，抵押权人主张行使抵押权的，法院不予支持；在抵押权人通过“实现担保物权的案件”程序行使抵押权的情况下，法院应当主动查明主债权诉讼时效是否届满。这是法院处理实现担保物权案件应当注意的问题。

（2）抵押人以主债务诉讼时效届满为由，主张不承担责任的，法院应予支持。这是在抵押权人与抵押人诉讼的场景下抵押人提出的抗辩，法院支持此抗辩。此处，法院显然支持了抵押权“存续说”之中的“抗辩权”发生说。

（3）在诉讼时效届满前，抵押权人取得对债务人的生效法律文书但未在

---

① 高圣平:《担保物权的行使期间研究——以〈物权法〉第202条为分析对象》,载《华东政法大学学报》2009年第1期。

② 杨巍:《行使抵押权与主债权诉讼时效之关联——以〈民法典〉第419条和司法解释新规定为视角》,载《北方法学》2021年第6期。

申请执行时效期间内依法申请执行的，其向抵押权人主张行使抵押权的，法院不予支持。理由是，抵押权人持生效的法律文书而未申请执行，其实质是放弃了申请法院的强制执行权。而放弃了强制执行权的债权，无异于超过诉讼时效的债权，是自然债权。主债权是自然债权，作为从债务的抵押权亦不具备强制执行的效力。

第二，占有公示的留置财产，不适用主债权诉讼时效届满的抗辩，即主债权超过诉讼时效期间后，留置权人可以继续留置财产，并可以通过处置留置财产优先受偿。其理由是，留置权是债权人为实现债权而留置债务人的财产，因此，只要留置权人未丧失对财产的占有，不仅留置权继续存在，且意味着债权人一直主张权利，自无适用主债权超过诉讼时效抗辩的空间。

第三，以登记作为公示方式的权利质权适用上述抵押权的规则，适用主债权诉讼时效届满的抗辩；动产质权、交付权利凭证生效的权利质权，参照上述留置权规则，不适用主债权诉讼时效届满的抗辩。

对《民法典担保制度司法解释》第 44 条的规定，有观点认为不妥。[①] 笔者认为，对动产质权、交付权利凭证生效的权利质权以及留置权而言，如果主债权已经超过诉讼时效，在法律上，主债务人已经无须被强制履行义务，但是担保人不能提出主债务时效抗辩，不能摆脱被强制执行的命运，这样会使担保人责任重于主债务人，有损担保物权从属性原则。

① 高圣平、谢鸿飞、程啸：《最高人民法院民法典担保制度司法解释理解与适用》，中国法制出版社 2021 年版，第 347—348 页。

第二十章　抵押权的实现

第一节　抵押权的实现条件和方式

担保物权的实现本质是变价权与优先受偿权的实现，是整个物的担保制度的核心。我国《民法典》分 3 个条文对抵押权、质权、留置权的实现条件、方式、程序进行了规范。《民法典担保制度司法解释》第 45 条对担保物权实现的程序中出现的问题进行了规范。上述规定构成了我国担保物权实现的制度流程。

下面以抵押权的实现为例分析担保物权的实现中的相关问题。

一、抵押权的实现条件

（一）抵押权有效存在

抵押权的实现以抵押权的有效存在为前提。动产抵押权的有效设立以抵押合同生效为要件，不动产抵押权的有效设立以抵押合同生效并办理抵押登记为要件。抵押权如未能有效设立则不发生抵押权实现的问题。动产抵押权未登记的，根据《民法典担保制度司法解释》第 54 条的规定，不得对抗善意第三人，即动产被善意第三人取得的，抵押权人不能行使抵押权。

（二）债务人不履行到期债务或发生当事人约定的实现抵押权的情形

“债务人不履行到期债务”是实现抵押权的法定事由。这里的“不履行到期债务”既包括完全没有履行，也包括部分没有履行。通常情况下，应以债务履行期限是否届满来判断是否履行债务。但在下列情形中，债务提前到期，抵押权人可于原定的债务履行期届满前实现抵押权：其一，债务人被受理破产申请。根据《企业破产法》第 46 条的规定，未到期的债权在破产申请受理时视为到期，抵押权人可以实现抵押权。其二，根据《民法典》第 408 条的规定，抵押人的行为足以使抵押财产价值减少，抵押权人请求恢复抵押财产的价值或提供增担保遭到拒绝，抵押权人可要求债务人提前清偿债务。债权人此时可行使抵押权。

“当事人约定实现抵押权的情形”是抵押权实现的约定事由。当事人约定实现抵押权的情形，主要见于浮动抵押权等的实现场合。[①] 除浮动抵押外，其他一些抵押合同，当事人基于某种特殊利益衡量，也可以约定实现抵押权的条件，比如分期借款合同，当事人约定，只要其中任何一笔借款没有按期偿还，即视为全部到期，抵押权人可以实现抵押权。最高额抵押合同可以约定实现抵押权的条件。允许当事人在合同中约定实现抵押权的条件，目的在于对抵押人的行为予以约束，防止抵押人的非正常经营行为或恶意行为造成抵押财产价值大量减少，无法对抵押权人债权起到担保作用，从而损害抵押权人的利益。[②] 除上述情形外，还包括抵押人的股东变更、高管变动等情形，只要存在可能导致抵押财产价值减损的风险，并且由抵押人与抵押权人双方达成合意，均可被作为抵押权的实现事由。但无论当事人如何进行约定，约定的抵押权实现条件不能突破抵押权的从属性。[③]

（三）不存在法律保障

无论抵押权实行的是法定条件还是约定条件，债务人享有合法抗辩权的时候，抵押权人不得实施抵押权。在法律规定的某些情况下，抵押权的行使应当暂停。如《破产法》第 75 条第 1 款规定：“在重整期间，对债务人的特定财产享有的担保权暂停行使。但是，担保物有损坏或者价值明显减少的可能，足以危害担保权人权利的，担保权人可以向人民法院请求恢复行使担保权。”也就是说，在破产重整期间，即使债务人不履行到期债务，抵押权人也只能暂停行使抵押权。

抵押权行使必须在主债权诉讼时效期间内，不再赘言。

---

① 陈华彬：《民法物权论》，中国法制出版社 2010 年版，第 436 页。

② 黄薇主编：《中华人民共和国民法典物权编解读》，中国法制出版社 2020 年版，第 695 页以下。

③ 武亦文：《〈民法典〉第 410 条（抵押权的实现）评注》，载《法学家》2022 年第 3 期。

二、抵押权的实现方式

抵押权的实现方式包括折价、折卖、变卖三种方式。

（一）折价

折价是自救主义的典型代表，是指抵押权人与抵押人就抵押财产估价后达成以物抵债协议，由抵押权人取得抵押财产以抵偿相应债务的行为。折价与流押契约有本质上的不同，主要体现为协议成立时间的不同，如果抵押权人和抵押人在抵押合同中事先约定，一旦出现实现抵押权的事由，则抵押权人不需估价即可直接取得抵押物的所有权，该约定便属于流押契约范畴，依《民法典》第 401 条，产生“依法就抵押财产优先受偿”的效果。

（二）拍卖

拍卖是指以公开竞价的形式，通常抵押权人委托专业拍卖机构依据《拍卖法》的规定，将特定物品或财产权利转让给最高应价者或拍卖规则确定的应价者的买卖方式；也可请求法院依照法定程序对抵押财产强制拍卖。拍卖具有公开性强、透明度高、变现能力强等特点，因此能使得拍卖的价款最大限度地体现拍卖财产的价值，以充分发挥抵押财产对债权的担保作用。因此，拍卖的公信力较强。无论是成功拍卖还是流拍，其价格基本可以公允反映市场价值或者市场态度。根据最高人民法院《网络司法拍卖规定》第 10 条，网络司法拍卖应当确定保留价，即起拍价。起拍价由人民法院参照评估价确定；未作评估的，参照市价确定，并征询当事人意见。起拍价不得低于评估价或者市价的 70%。网络司法拍卖不限制竞买人数量。一人参与竞拍，出价不低于起拍价的，拍卖成交。网络司法拍卖竞价期间无人出价的，本次拍卖流拍。流拍后应当在 30 日内在同一网络司法拍卖平台再次拍卖，拍卖动产的应当在拍卖 7 日前公告；拍卖不动产或者其他财产权的应当在拍卖 15 日前公告。再次拍卖的起拍价降价幅度不得超过前次起拍价的 20%。再次拍卖流拍的，可以依法在同一网络司法拍卖平台变卖。无论拍卖、变卖，均应依据最高人民法院《确定财产处置参考价规定》第 1 条的规定，对需要拍卖、变卖的财产，应当在 30 日内启动确定财产处置参考价程序。

（三）变卖

变卖是指以一般买卖而非公开竞价的形式出卖抵押财产，并以变价款实现债权的方式。由于拍卖方式的公开性和透明程度更高，对于抵押人和其他债权人更为公平，所以人民法院处置抵押财产，一般是以拍卖为原则，以变卖为例外。因为变卖透明度和公开度不高，所以为维护债权人的利益，法律上严格限制其适用范围。这些限制措施包括：（1）除非债权人或债务人申请，否则不采取变卖的方式；（2）变卖原则上只能适用于动产、有价证券和一些特殊的情形；（3）变卖必须参照市场价格。[①] 变卖抵押财产也并非只能通过人民法院来执行，抵押人和抵押权人在达成协议的情况下也可自行变卖。这是私法自治理念的贯彻。

三、抵押权实现方式中应注意的问题

（一）价格

《民法典》第410条第3款规定：“抵押财产折价或者变卖的，应当参照市场价格。”该款是实现抵押权必须遵循的原则，即“市场化原则”。理解该条款，应当注意的问题是：

其一，市场化原则适用的范围是“折价或者变卖”的情形。前已述及，折价或变卖方式中，由于程序随意、价款不透明，可能损害其他债权人利益或者抵押权人、抵押人的利益，为平衡各方利益关系，要求必须参照市场价格。

其二，“市场价格”，应理解为成交行为时的市场价格。抵押权设立和抵押权实施时，时间往往相隔较长，抵押物价值往往变化较大。

其三，此处“参照市场价格”，主要是倡导性规定[②]，即市场价格仅仅是“参照”，高于或低于市场价格均无不可，并非必须是市场价格。有些物品可能没有市场价格，比如文物、名人字画等，在折价或变卖时，应当请专业鉴定机构给出评估价格。

---

① 崔建远：《物权法》，中国人民大学出版社2009年版，第524页。

② 最高人民法院民法典贯彻实施工作领导小组主编：《中华人民共和国民法典物权编理解与适用》（下册），人民法院出版社2020年版，第1112页。

（二）其他债权人的撤销权

《民法典》第 410 条第 1 款中规定："协议损害其他债权人利益的，其他债权人可以请求人民法院撤销该协议。"要理解该句，应当从以下几个方面进行：

第一，此处"协议"，是指债权人与抵押人达成的以抵押财产折价抵偿债务的协议，也即负担行为的协议。

第二，"其他债权人"的范围。其他债权人对抵押物享有抵押权，范围包括：一是在债务人以其财产设定抵押的场合，撤销权人包括债务人的一般债权人、同一抵押财产的后顺位抵押权人；二是在债务人以外的第三人财产设定抵押的场合，撤销权人包括同一抵押财产的后顺位抵押权人。[①]

第三，"协议"损害其他债权人的情形。笔者认为，"协议"损害其他债权人的情形主要有以下几个方面：其一，折价价格太低，致使抵押人责任财产减少，危害其他债权人债权实现。其二，转让抵押财产，可能损害其他债权人抵押权的实现。其三，侵害登记在先的权利人的利益。抵押人自愿与抵押权人以折价或者变卖方式实现抵押权，该抵押权人可能并不是登记在先的权利人。其四，其他损害债权人利益的情形。如对抵押财产的处分，没有通知"其他债权人"，致使其权利落空等。

第四，撤销该"协议"的法律适用。

《民法典》关于撤销权的规定，主要分布在《民法典》总则部分第 147 条对重大误解的撤销、第 148 对欺诈行为的撤销、第 149 条对第三方欺诈的撤销、第 150 条对胁迫行为的撤销、第 151 条对显示失公平行为的撤销以及合同编第 539—541 条。其中，总则部分的撤销权，归属于受欺诈方、受胁迫方、显失公平受害方，这些主体通常是债务人；合同编撤销权属于债的保全中的债权人撤销权，因此，《民法典》第 410 条第 1 款中规定的"其他债权人"撤销权行使适用的法律依据是合同编的第 539—541 条。具体而言：

其一，在构成要件层面，第 539 条要求相对人知道或应当知道债务人的行为影响其他债权人债权的实现。在通过协议实现抵押权时，以过低价格对抵押财产进行折价，抵押人所负债务消灭，同时抵押权人获得抵押财产所有权，构

---

① 江苏省无锡市中级人民法院（2017）苏 02 民初 323 号民事判决书。

成有偿转让抵押财产所有权。通过过低价格协议折价实现抵押权的情形与债权人撤销权中低价转让财产存在相似性，此时同样应要求抵押权人知道或应当知道协议损害其他债权人的利益，即只有抵押权人是恶意的时候才能撤销。

其二，根据《民法典》第 540 条，其他债权人行使撤销权的范围以其自身的债权范围为限，行使撤销权的必要费用应由抵押人承担。但是，这在实践中可能难以实现，如折价协议是一个整体，假设其他债权人的债权是 5 万元或者只是债务总额的一半或者 1/3，如何撤销其中的 5 万元、一半或者 2/3？故，撤销权的适用范围应是整个折价协议。

其三，《民法典》第 541 条关于债权人撤销权的期间："撤销权自债权人知道或者应当知道撤销事由之日起一年内行使。自债务人的行为发生之日起五年内没有行使撤销权的，该撤销权消灭。"

第二节　抵押权的实现程序

我国《民法典》第 410 条规定的抵押权的实现程序，既允许协商，又允许向法院申请，"我国抵押权的实现程序应当属于司法保护下的自救主义"①。自救主义的主要方式是约定实现程序，司法保护主要是法院的强制拍卖或变卖。

一、约定实现程序

约定实现程序是指抵押权人可与抵押人协商实现抵押权，以抵押财产折价或以拍卖、变卖该抵押财产所得的价款优先清偿。抵押权人与抵押人不仅可对抵押权的实现条件作出约定，还可在抵押权实现条件成就时协商以何种方式实现抵押权，同时双方应对抵押财产折价的金额或变卖的最低价格达成一致，约定实现抵押权的协议也可能在法院的调解之下达成。如果抵押人不履行协议，抵押权人可诉请履行以及要求抵押人承担违约责任。抵押权人如在未与抵押人协商的情况下，擅自出卖或扣押抵押财产的，属于侵害抵押人财产权的行为，应返还原物并对造成的财产损失承担赔偿责任。通过约定实现程序达成实现抵

① 曹士兵：《中国担保制度与担保方法——根据物权法修订》，中国法制出版社 2008 年版，第 265 页。

押权的协议并履行后，抵押权人和抵押人应及时向登记机构申请抵押权注销登记，再由抵押人与抵押财产的取得人共同申请所有权转移登记。①

约定实现担保物权效率更高，时间更短，有利于迅速实现债权，但该实现程序能否成功在很多情况下取决于抵押人的配合程度，尤其是对不转移占有的抵押更是如此。②

根据《民法典担保制度司法解释》第 45 条第 1 款的规定，发生当事人约定的实现担保物权的情形时，担保物权人有权将担保财产自行拍卖、变卖并就所得的价款优先受偿。但是，因担保人的原因导致担保物权人无法自行对担保财产进行拍卖、变卖，担保物权人请求担保人承担因此增加的费用的，担保人应当承担。“这一规定很重要，有助于防止担保人不讲诚信、阻挠担保物权的实现。”③

二、司法程序

实践中，抵押权人和抵押人利益尖锐对立，能够达成抵押权实现协议或者能顺利执行抵押协议的，概率非常低。因此，寻求司法保护是抵押权实现的重要途径。我国法律规定的实现抵押权的方式有两种：一是诉讼程序模式，二是实现担保物权案件特别程序。诉讼程序实现担保物权有完善的诉讼法做保障。《民法典担保制度司法解释》第 45 条第 3 款规定，债权人以诉讼方式行使担保物权的，应当以债务人和担保人作为共同被告，这是一条强制性规定。该项规定与保证制度有所区别。根据《民法典担保制度司法解释》第 26 条的规定，一般保证人可以起诉债务人，也可以同时起诉债务人和保证人。对连带责任保证也作同样解释④，即保证制度对于当事人的诉讼地位没有作出规定，而是取决于当事人的意思。实现担保物权案件由于程序法不完善，现行裁判主要以《民事诉讼法司法解释》为依据。笔者主要分析担保物权实现的特别程序。

---

① 武亦文:《〈民法典〉第 410 条(抵押权的实现)评注》,载《法学家》2022 年第 3 期。

② 高圣平、谢鸿飞、程啸:《最高人民法院民法典担保制度司法解释理解与适用》,中国法制出版社 2021 年版,第 350 页。

③ 高圣平、谢鸿飞、程啸:《最高人民法院民法典担保制度司法解释理解与适用》,中国法制出版社 2021 年版,第 351 页。

④ 高圣平、谢鸿飞、程啸:《最高人民法院民法典担保制度司法解释理解与适用》,中国法制出版社 2021 年版,第 219 页。

（一）实现担保物权特别程序的立法过程

原《担保法》第53条第1款明确规定，在抵押权实现路径上，“协议不成的，抵押权人可以向人民法院提起诉讼”。通过法院判决实现抵押权，显然效率较低，成本较高。在原《物权法》的起草过程中，“不少人提出，要求抵押权人向人民法院提起诉讼以实现抵押权的规定变得复杂而且漫长，有时抵押权需要一两年才能实现。建议为使抵押权的实现程序更加简便，应当允许抵押权人在协议不成的情况下，直接向人民法院申请拍卖、变卖抵押财产”①。立法机关采纳了该建议，原《物权法》设置了第195条第2款：“抵押权人与抵押人未就抵押权实现方式达成协议的，抵押权人可以请求人民法院拍卖、变卖抵押财产。”该规定表明，抵押权实现不必经过诉讼程序，可以直接请求法院拍卖、变卖抵押财产。2012年修正的《民事诉讼法》中首次明确规定了实现担保物权的特别程序。该程序的设立初衷就是帮助担保物权人快速、有效地实现担保物权，有利于维护担保物权人的利益。但当时的《民事诉讼法》中对于这一程序的规定仅有第196条和第197条两个法律条文，相关操作细则并不明确。在服务金融改革的背景下，2012年12月25日，浙江省高级人民法院在全国率先出台首个指导实现担保物权案件审理的地方性业务指导文件《浙江省高级人民法院关于审理实现担保物权案件的意见》，拉开了司法机关推动实现担保物权程序的序幕。之后，黑龙江省、重庆市等也分别出台了有关实现担保物权案件的指导意见。最高人民法院在2015年出台的《民事诉讼法司法解释》中对这一程序进行了更为具体的规定，涉及13个条文。② 对实现担保物权的申请主体、法院管辖、提交材料、受理期限、审判机构组成人员、审查要点、保全以及审查处理结果等方面作了明确规定，指导民商事主体以及人民法院依法适用实现担保物权案件程序。

（二）实现担保物权案件中的几个问题

1. 实现担保物权案件程序的性质

国内主流观点认为，该程序是非讼程序。非讼程序是指适用于非讼事件的

---

① 全国人大常委会法制工作委员会民法室编：《〈中华人民共和国物权法〉条文说明、立法理由及相关规定》，北京大学出版社2007年版，第357页。

② 2022年4月10日起施行的新修正的《民事诉讼法司法解释》作了同样的规定。

程序，凡是不存在私权利争议或者纠纷的事件就是非讼事件。在实现担保物权的案件中，无论是法院作出允许拍卖还是驳回申请的裁定，都不是对实体权利义务的确定，因此这些裁定都没有既判力。① 但是有观点认为，担保物权实现程序的司法实践表明，该种程序不是单纯确认法律事实，它不可避免地要对民事权利进行实体审理并作出确认，所以担保物权实现程序不是非讼程序。② 其主要观点为：其一，在制度目标与程序标的上，担保物权实现程序处理的主要是民事主体谋求民事权利实现的案件。该种程序的标的指向实现实体权利的请求，而非讼程序的目标是对特定法律事实的状态进行审理判断。其二，在审查内容与审查方式上，按照《民事诉讼法司法解释》的规定，人民法院处理担保物权实现程序，应当就主合同的效力、担保物权是否有效设立、被担保的债权是否已届清偿期等担保物权实现的条件，以及是否损害他人合法权益等实体内容进行审查。如果被申请人或者利害关系人提出异议的，人民法院应当一并审查。此种审查方式与当事人异议制度，会形成当事人之间的对抗状态，与诉讼程序无异。其三，在程序运行机理上，与非讼程序实行完全的职权探知主义不同，在担保物权实现程序中，法官主要依据当事人提供的证据进行审查判断。按照《民法典》关于担保物权实现的规定，民事主体在向人民法院提出启动担保物权实现程序的请求时，必须提供证据证明其申请满足《民法典》关于担保物权实现的法律要件。其四，在裁判效力性质上，非讼程序的结果是法院对某项法律事实作出认定，其裁判一旦生效将引发特定法律关系的发生、变化或消灭的法律效力，发生实体法上的形成力。而法院适用担保物权实现程序是对担保物权实现请求予以肯定或否定的评价，在肯定申请人申请的情况下，会发出准许权利实现的裁定。这种裁判在本质上是一种基于实体法而生的执行名义，其法律效力主要是执行力。笔者认为，实现担保物权案件，首先必须确认相关债权是否存在、是否到期，只有主债权符合实现担保物权，才能决定是否准许实现担保物权。因此，实现担保物权案件涉及复杂的权利确认和激烈的对抗，应以诉讼程序的观点来认识和解决担保物权实现程序中的问题，实现担保物权案件应定性为诉讼程序。

---

① 高圣平、谢鸿飞、程啸：《最高人民法院民法典担保制度司法解释理解与适用》，中国法制出版社 2021 年版，第 350 页。

② 吴英姿：《担保物权实现程序的性质重识与规则补全——基于略式程序法理的分析》，载《苏州大学学报》（法学版）2022 年第 4 期。

2. 实现担保物权案件的管辖

《民事诉讼法》（2023 年修正）第 207 条规定，申请实现担保物权，应向担保财产所在地或者担保物权登记地基层人民法院提出。另根据《民事诉讼法司法解释》（2022 年修正）第 360、361、362 条的规定，实现票据、仓单、提单等有权利凭证的权利质权案件，可以由权利凭证持有人住所地人民法院管辖；无权利凭证的权利质权，由出质登记地人民法院管辖；实现担保物权案件属于海事法院等专门人民法院管辖的，由专门人民法院管辖；同一债权的担保物有多个且所在地不同，申请人分别向有管辖权的人民法院申请实现担保物权的，人民法院应当依法受理。

需要关注的问题是，担保权人分别依多项担保财产向多地申请拍卖、变卖担保财产，如何避免担保权人超标的受偿？这将会是在实践中遇到的问题，立法者对此没有明确。

3. 抵押权实现过程中的“实质性争议”

《民事诉讼法司法解释》第 370 条规定，对实现担保物权的案件，人民法院审查后，按下列情形分别处理：（1）当事人对实现担保物权无实质性争议且实现担保物权条件成就的，裁定准许拍卖、变卖担保财产；（2）当事人对实现担保物权有部分实质性争议的，可以就无争议部分裁定准许拍卖、变卖担保财产；（3）当事人对实现担保物权有实质性争议的，裁定驳回申请，并告知申请人向人民法院提起诉讼。

上述规定表明，实质性争议是实现担保物权案件中的最大问题。实质性争议实际是指实体利益对立的当事人在该特别程序中通过申请和异议的抗衡塑造出的难以简单判明是非的实体权利义务争议。① 如何判断实质性争议？法律及司法解释均作出了规定：

首先，实质性争议是《民事诉讼法司法解释》第 369 条规定的内容。这些内容既是法院审查的重点，也是抵押人提出异议的地方。该条规定：“人民法院应当就主合同的效力、期限、履行情况，担保物权是否有效设立、担保财产的范围、被担保的债权范围、被担保的债权是否已届清偿期等担保物权实现的条件，以及是否损害他人合法权益等内容进行审查。”该条规定的任何一项

① 马丁:《论实现担保物权程序中对申请和异议的审查》,载《中国政法大学学报》2022 年第 2 期。

内容的争议，都涉及当事人实体权利义务的变化，因而都是实质性争议。比如，主合同的效力问题，如果存在主合同无效、可撤销等情况，可涉及抵押合同的效力、抵押人的担保（或者赔偿）范围问题；担保财产范围不清的，涉及担保合同成立与否的问题。担保物权是否有效设立，其重要性不言而喻。故，这些内容的争议是实质性争议。

其次，实质性争议应当在证据对抗的基础上产生，不能因为抵押人提出上述异议即认为构成实质性争议。抵押人提交的证据明显不符合证据规则或者证据没有证明力的，不能形成“争议”。如果抵押人提交的证据符合证据规则，且有证明力的，即构成实质性对抗。在这种情况下，法院需要运用证据规则，结合主合同进行判断，进而确认案件事实及当事人之间的权利义务关系。此时应当认为存在实质性争议。

4. 实现担保物权案件的仲裁管辖抗辩

前已述及《民事诉讼法司法解释》第370条对实现担保物权案件的处理办法。在担保物权合同中如果约定仲裁条款，该如何处理？《民法典担保制度司法解释》第45条第2款作出了明确规定：“当事人依照民事诉讼法有关‘实现担保物权案件’的规定，申请拍卖、变卖担保财产，被申请人以担保合同约定仲裁条款为由主张驳回申请的，人民法院经审查后，应当按照以下情形分别处理：（一）当事人对担保物权无实质性争议且实现担保物权条件已经成就的，应当裁定准许拍卖、变卖担保财产；（二）当事人对实现担保物权有部分实质性争议的，可以就无争议的部分裁定准许拍卖、变卖担保财产，并告知可以就有争议的部分申请仲裁；（三）当事人对实现担保物权有实质性争议的，裁定驳回申请，并告知可以向仲裁机构申请仲裁。”笔者认为，作出如此规定的原因是为了提高效率。《仲裁法》第2条规定，平等主体的公民、法人和其他组织之间发生的合同纠纷和其他财产权益纠纷，可以仲裁。仲裁是解决平等主体之间争议的程序，如果当事人之间对实现抵押权不存在实质争议，适用实现担保物权程序来实现担保物权完全是可以的，不存在法院程序强势代替仲裁程序的问题。

5. 对同一财产上设立多个担保物权的处理

《民事诉讼法司法解释》第364条规定：“同一财产上设立多个担保物权，登记在先的担保物权尚未实现的，不影响后顺位的担保物权人向人民法院申请实现担保物权。”应当从以下几个方面理解该规定：

一是该条具有程序意义，即登记在先的权利人即使没有实现担保物权，顺位在后的权利人也可以向法院申请拍卖、变卖抵押财产。顺位在后的权利人，应当包括在后登记的权利人或者未经登记的权利人。之所以允许后顺位权利人提起处置抵押财产的要求，目的在于提高抵押财产实现效率，迅速实现债权。

二是法院受理此类案件的处理。法院受理了此类案件有两种处理办法：其一，在审理过程中，在先登记权利人可能会提出异议，该异议属于实质性争议，法院应当驳回申请；其二，申请人与债务人、在先权利人协商，允许将抵押财产拍卖、变卖，对未到期的债权提前清偿或者提存。剩余部分由申请人受偿。

三是对于《民法典》第415规定的“同一财产既设立抵押权又设立质权的，拍卖、变卖该财产所得的价款按照登记、交付的时间先后确定清偿顺序”情形，需要法院查明哪一方是在先权利人，哪一方是后顺位权利人，并据此对拍卖、变卖价格做出分割处理。

6. 担保物权实现案件的救济

根据《民事诉讼法司法解释》第372条规定，担保物权实现案件救济程序是，当事人、利害关系人认为人民法院作出的判决、裁定有错误的，可以向作出该判决、裁定的人民法院提出异议。人民法院经审查，异议成立或者部分成立的，作出新的判决、裁定撤销或者改变原判决、裁定；异议不成立的，裁定驳回。当事人有异议的，应当自收到裁定之日起15日内提出；利害关系人有异议的，自知道或者应当知道其民事权益受到侵害之日起6个月内提出。笔者认为，如果将实现担保物权的案件定性为诉讼案件，应允许当事人通过上诉程序寻求救济，而不是异议程序处理。

第二十一章　不动产抵押权

第一节　不动产概述

一、不动产的概念

人类社会的生存发展一刻也离不开物资。从原始社会起，物资的有限性与人类生存需求的无限性就是一对矛盾，伴随人类从过去走向现在并将继续走向未来。奴隶制国家建立以后，一方面对外扩张占领更多的资源，另一方面却在国内制定财产取得、转让以及定分止争的系列法律。由此产生的财产法律成为人类法律文明成果的重要组成部分。财产的法律文明是在认识规范“物”并对物进行分类管理的基础上开始的。

周枏先生将罗马法上的物的特征总结如下：首先，物不仅仅指自然人以外的东西，还包括奴隶。其次，物须能为人所支配。再次，物是自由人和神灵财产的组成部分，必须具有财产性、财富性。最后，物并不限于有体物，无体物或权利也包含在内。如地役权、用益权、债权等权利在罗马法上都被称为无体物，它们也是物的组成部分。①

意大利罗马法学家彼得罗·彭梵得在《罗马法教科书》中，将物定义为外部世界的某一有限部分，它在社会意识中是孤立的并被视为一个自在的经济实体。②

从罗马法时期开始，人们就对物进行分类。优士丁尼以前的罗马法中，物主要分为要式物（resmancipi）和略式物（necmancipi）。要式物包括奴隶、牲畜和驮畜（牛、马、驴和骡子）、意大利的土地和针对上述土地的地役权（例

---

① 周枏：《罗马法原论》（上册），商务印书馆2014年版，第315—316页。

② ［意］彼得罗·彭梵得：《罗马法教科书》（2005年修订版），黄风译，中国政法大学出版社2005年版，第141页。

如，通行权和用水权）；所有其他的物则是略式物。这样区分的法律意义在于：要式物的转让只能以要式买卖或者拟诉弃权的方式来进行，简单的交付不足以使所有权的转移成立。要式物和略式物的划分一直是罗马法的基础，直到拉丁世界发生危机而为优士丁尼彻底废除为止。它一直同在意大利占主导地位的农业经济相适应。优士丁尼废除要式物和略式物的划分，而在新法中将物划分为不可动物和可动物。不可动物包括土地或地产（它们分为城市的和乡村的，即建筑物和田野），其他物则为可动物。从这一点可以看出，罗马法有关不可动物和可动物的划分依据的是物的直观的物理标准，而物的这种直观的“动”与“不可动”物理标准恰恰适合了罗马人对财产重要性与否的认同。因此，依据物理标准对物的分类也就成了法律标准。①

法国民法对于动产和不动产的区分，始于13世纪，后成为《法国民法典》中最重要、最基本的分类。《法国民法典》第516条规定：“一切财产，或为动产，或为不动产。”财产的这一分类依然建立在物理标准之上，即是否能够移动及是否定着于土地，是确定不动产的主要标准。②

《德国民法典》中并没有不动产的概念。《德国民法典》在物权编的财产权制度中将财产分为不可动物和可动物，大致相当于不动产和动产。在《德国民法典》中，不动产有着绝对重要地位，因此在法律中表现为立法条文占绝对多数，规则非常复杂。根据《德国民法典》第94条和95条的规定，土地和土地上的建筑是不动产，且添附于土地或者建筑上的物都属于不动产。根据第1018条、第1094条、第1105条，地役权、先买权、物上负担都视为土地的成分。可见《德国民法典》与法国有着诸多相异之处，权利也第一次被引人不动产。这是前所未有的创设。③

关于不动产，我国现行的法律并未作出精确定义。试图加以定义的当属1995年实施的《担保法》：“本法所称不动产是指土地以及房屋、林木等地上定着物。”它以列举加兜底的方式对不动产加以了描述。2007年的《物权法》

① 戚兆岳：《动产与不动产区分的历史考察及比较分析》，载《中国矿业大学学报》（社会科学版）2005年第4期。

② 戚兆岳：《动产与不动产区分的历史考察及比较分析》，载《中国矿业大学学报》（社会科学版）2005年第4期。

③ 李琨：《从经济发展看不动产概念变迁》，载江西农业大学边缘法学研究中心第四届边缘法学届国际学术会议暨第六届全国边缘法学研讨会论文，2015年11月28日于南昌。

和2017年的《民法总则》均回避了对不动产的定义，仅在“物包括不动产和动产”的规定中把不动产作为物的一种分类，对何为不动产并未加以界定。给予较为精确定义的当属《民法典（草案）》，其第97条规定：“不动产，是指依自然性质或者法律的规定不可移动的物，包括土地、土地定着物、与土地尚未脱离的土地生成物、因自然或者人力添附于土地并且不能分离的其他物。”可惜最终通过的《民法典》中删除了此定义内容，为理论界探讨不动产定义留下了广泛的讨论空间。

土地定着物，是指固定于土地之上不能移动的有独立经济价值的物。能够拆除而不损害其经济价值或无经济价值的土地定着物，临时搭设者，如庙会戏台；或与土地密不可分离者，如围墙、假山，皆非不动产。土地定着物根据能否在其内部进行生产、生活，可分为建筑物和构筑物。建筑物，指定着于土地的上下，具有顶盖、梁、柱、墙壁等，可供个人或数人居住或其他目的使用的构造物，包括房屋（含个人住房、企业厂房等）、道路、桥梁、沟渠、轨道、隧道、码头、停车场、建筑改良物等。构筑物，指一般不直接在里面进行生产和生活的建筑物，如水塔、烟囱等。

与土地尚未脱离的土地生成物，主要是指“种植在土地上尚未采伐或摘取的树木、蔬菜或稻麦等”。因自然或者人力而添附于土地并且不能分离的其他物，应包括两种情形：一是不动产添附于不动产，如河流改道而使土地扩张；二是动产添附于不动产，成为不动产的重要组成成分，如在他人土地中施肥。事实上，除了添附于土地外，添附于房屋等其他不动产且不能分离的其他物也应被纳入不动产的范围。

综上，土地、房屋、道路、桥梁、沟渠、轨道、隧道、码头、停车场、建筑改良物、水塔、烟囱、地下管道、定着于土地的树木和稻麦、不动产添附物等，均为不动产的表现形式。[①]

12世纪前后，德国北部城市法律规定土地物权的变动需要记载于城市公簿上，标志着德国不动产登记制度的滥觞。经由《法国民法典》和《德国民法典》的进一步肯定和加强，不动产与登记制度紧密联系在一起。

《民法典》第208条规定：“不动产物权的设立、变更、转让和消灭，应当依照法律规定登记。动产物权的设立和转让，应当依照法律规定交付。”第

① 王志勤：《不动产抵押权证券化的理论基础》，载《上海法学研究》集刊，2020年第14卷。

209 条规定："不动产物权的设立、变更、转让和消灭，经依法登记，发生效力；未经登记，不发生效力，但是法律另有规定的除外。依法属于国家所有的自然资源，所有权可以不登记。"

二、不动产登记簿

登记制度是构建物权法体系的基石。物权的对世效力、追及效力源于登记制度，同时登记制度也是不动产担保获得物权效力的必经途径，而登记的载体是不动产登记簿。所谓不动产登记簿，是指相关登记机关对物权的设立、变更、转移、消灭等事项进行记载的专用簿册。不动产登记簿的功能有以下几个方面：

第一，不动产登记簿是实现物权公示原则的载体。物权公示原则是物权法的基本特征。唯有公示，物权法才能获得与其他法律制度截然不同的法律特征，物权才能获得绝对效力。而物权公示首先必须有一个载体，这个载体就是不动产登记簿。该登记簿通过向社会公开，其上记载的权利现状得以众所周知，同时赋予该权利他人不得侵害的效力。

第二，不动产登记簿是当事人物权的根据。该登记簿是登记机关管理的簿册，其管理机关的权威性、办理程序的规范性，国家对其效力规定的强制性，使得不动产登记簿成为当事人获得物权的根据。《民法典》第 216 条规定，不动产登记簿是物权的归属和内容的根据。当事人权利证书与不动产登记簿不一致的，除有证据证明不动产登记簿错误的外，以不动产登记簿为准。

第三，不动产登记簿是善意取得原则得以建立的基础。基于公示，即使登记错误，善意第三人因信赖登记，与登记权利人为交易，可以善意取得相关物权。故，不动产登记簿使登记公信力得以建立，善意取得制度得以建立。我国在《不动产登记暂行条例》中规定了不动产登记簿制度。

根据《不动产登记暂行条例》的规定，不动产登记簿的特点有：

第一，统一性。《不动产登记暂行条例》第 8 条规定，不动产登记机构应当按照国务院国土资源主管部门的规定设立统一的不动产登记簿。不动产登记簿应当记载以下事项：（1）不动产的坐落、界址、空间界限、面积、用途等自然状况；（2）不动产权利的主体、类型、内容、来源、期限、权利变化等权属状况；（3）涉及不动产权利限制、提示的事项；（4）其他相关事项。第 9 条规定，不动产登记簿应当采用电子介质，暂不具备条件的，可以采用纸质介质。不动产登记机构应当明确不动产登记簿唯一、合法的介质形式。从上述规定看，我国不动产登记簿具有格式、内容以及储存方式的统一性。

第二，确定性。不动产登记簿的确定性体现在，采用电子介质的，应当定期进行异地备份，并具有唯一、确定的纸质转化形式。不动产登记机构应当依法将各类登记事项准确、完整、清晰地记载于不动产登记簿。任何人不得损毁不动产登记簿，除依法予以更正外不得修改登记事项。

第三，永久性。作为物权登记档案，不动产登记簿具有永久性。不动产登记机构应当指定专人负责不动产登记簿的保管，并建立健全相应的安全责任制度。采用纸质介质不动产登记簿的，应当配备必要的防盗、防火、防渍、防有害生物等安全保护设施。采用电子介质不动产登记簿的，应当配备专门的存储设施，并采取信息网络安全防护措施。不动产登记簿由不动产登记机构永久保存。不动产登记簿损毁、灭失的，不动产登记机构应当依据原有登记资料予以重建。行政区域变更或者不动产登记机构职能调整的，应当及时将不动产登记簿移交相应的不动产登记机构。《不动产登记法》（征求意见稿）对于不动产登记簿的永久性作了与上述规定相同的规定。

第四，公开性。纵观域外立法实践，对不动产登记簿的查阅主体的规范大致分为三类：一是对查阅主体没有任何强制。任何人对登记簿上的任何内容都可以自由查阅。典型者如新西兰、爱尔兰、韩国、俄罗斯、美国的明尼苏达州和夏威夷州、澳大利亚的昆士兰州以及我国香港地区等。此种立法模式尽管可以彰显自由之精神，但不利于不动产权利人的隐私保护。二是社会公众不能自由查阅，但如有需要可要求登记机构告知不动产有关权利信息或提供该不动产权利状况证明。典型者如日本和我国澳门地区。此种立法模式尽管会增大登记机构的成本，但对保护权利人的隐私有利，同时也不会影响交易安全。三是仅允许利害关系人查阅不动产登记簿。典型者如德国、瑞士。此种立法模式尽管有利于保护权利人的隐私和防止无关之人纠缠登记机构，但是利害关系人难以确定，不利于司法操作。[①] 根据《不动产登记资料查询暂行办法》（2024 年修正）的规定，不动产登记资料查询，遵循依法、便民、高效的原则。不动产权利人、利害关系人，或者其委托的律师、其他代理人可以依照该办法的规定，查询、复制不动产登记资料。利害关系人是指：（1）因买卖、互换、赠

① 向明：《我国不动产登记簿制度研究》，载《政治与法律》2011 年第 2 期。

与、租赁、抵押不动产构成利害关系的；（2）因不动产存在民事纠纷且已经提起诉讼、仲裁而构成利害关系的；（3）法律法规规定的其他情形。在维持权利人和利害关系人查询的基础上，《不动产登记法》（征求意见稿）第111条增加了一般民事主体查询权限，规定任何组织或者个人提交合法有效的身份证明，可以按照不动产的坐落、不动产权属证书号或者不动产单元号查询该不动产的登记簿中记载的下列信息：（1）不动产的自然状况；（2）不动产是否共有；（3）不动产是否存在居住权登记、地役权登记、抵押权登记、租赁权登记、预告登记或者异议登记；（4）不动产是否存在查封登记；（5）法律、行政法规限制处分的其他情形。

第二节　不动产抵押权登记

一、不动产登记的功能

“登记一向被作为行政机关的职能行为，不太提得起民法学者的兴趣。其实，在大陆法系民法中，登记的地位和作用绝非一个行政法律关系所能说明。在很大程度上，登记是民法中必不可少的部分，如法国民法典涉及抵押权登记的《登记簿的分布和登记员的责任》有8条；德国民法典《关于土地权利的一般规定》则有30条是规定土地登记的；瑞士民法典在每一种不动产物权配之以如何登记。这显然不是因为行政权力侵入了民法领域，而是因为民法在其物权领域必须有登记的程序。从登记机关的角度看，登记是一种行政管理行为，但从当事人登记的角度看，登记是一个民事权利的组成部分。从某种意义上说，后者的意义更重要，更实在，是其根植于民事领域的生命力所在。”①

登记制度是国家对社会财富进行特别管理的手段。不同的历史时期，不同的社会制度，不同的国家和地区，都在做同样的一件事，就是将一些重要的财产纳入国家的特别管理和保护之中。“在现代社会，登记是各个国家和地区管理重要财产的普遍方式，在财产法律制度中具有不可缺少的地位和作用。登记使得社会上的重要财产的位置、特征、数量等在档案中一目了然，使得财产的

① 孟勤国:《物权二元结构论——中国物权制度的理论重构》(第三版),人民法院出版社2009年版,第128页。

确权、转移和变动处于社会的监管之下，使得财产权利的实现和保护有了足够扎实和权威的依据。”① 正是因为登记制度的重要作用，有学者主张，以是否进行登记作为判断不动产及动产的依据，“须进行登记的是不动产，不需登记的为动产”②，并以此重新确立不动产与动产的分类标准。

物权登记有两种：一种是设权登记。所谓设权登记，就是创设权利效力的登记。另一种是宣示登记，仅仅是对已经成立的物权变动，昭示于人的登记。③《民法典》第 209 条规定：“不动产物权的设立、变更、转让和消灭，经依法登记，发生效力；未经登记，不发生效力，但是法律另有规定的除外。依法属于国家所有的自然资源，所有权可以不登记。”这是设权登记。《民法典》第 225 条规定：“船舶、航空器和机动车等的物权的设立、变更、转让和消灭，未经登记，不得对抗善意第三人。”这是宣示登记。无论是何种性质的物权登记，“根据学者公认的观点，它的社会价值主要是体现社会公信，从而能够起到善意保护、权利推定与风险警示的作用”④。

不动产登记的法律效力，体现在以下方面：

1. 登记生效主义

根据《民法典》第 209 条的规定，不动产物权以登记生效为基本原则。发生效力的时点是记载于不动产登记簿时（《民法典》第 214 条）。《民法典》第 395 条、第 402 条规定，不动产抵押采取登记生效主义。

2. 推定权利正确效力

不动产登记簿登记的推定效力，也称为不动产登记簿的正确性推定，是指法律推定在登记簿上的权利是真实的。⑤ 不动产登记簿推定效力最典型的立法例是《德国民法典》第 891 条。该条规定，在土地登记簿上，某项权利已被为某人的利益而登记的，推定此人享有该项权利；在土地登记簿上，某项已登记的权利已被涂销的，推定该项权利不存在。其他承认登记推定力的国家在制定法上多是依据上述德国立法，在含义上没有太大区别。我国法律对不动产登

---

① 孟勤国：《物权二元结构论——中国物权制度的理论重构》（第三版），人民法院出版社 2009 年版，第 127 页。

② 孟勤国：《物权二元结构论——中国物权制度的理论重构》（第三版），人民法院出版社 2009 年版，第 127 页。

③ 王轶：《物权变动论》，中国人民大学出版社 2001 年版，第 160—161 页。

④ 陈坚：《我国物权登记行为的性质与法律效力辨析》，载《求索》2012 年第 5 期。

⑤ 陈文明：《不动产登记簿若干法律问题研究》，载《四川教育学院学报》2008 年第 1 期。

记簿上登记的推定效力没有作出明确规定。原《物权法》第16条（对应《民法典》第216条）规定的“不动产登记簿是物权归属和内容的根据”，从字面意思上理解，可以认为不动产登记簿是当事人物权情况的一种证据。立法者的本意在于，在不动产登记簿上记载的物权权利是真实的。但是上述规定显然是宽泛的、模糊的，应借鉴上述《德国民法典》的立法经验，明确规定不动产登记簿推定正确的效力，并允许当事人以相反的证据推翻不动产登记簿上的记载。

3. 警示效力

不动产登记簿上的警示效力在于，在登记簿上记载不动产担保以及存在异议登记情况下，提示交易者在交易标的物上存在的风险和权利瑕疵，防止相关交易无效浪费社会资源，破坏社会稳定。同时，不动产登记簿上的登记的抵押权顺位、查封顺位，也对交易风险有警示作用。

二、物债二分原则

关于合同的效力与登记的效力，原《担保法》第41条将两者混为一谈，该条规定“当事人以本法第四十二条规定的财产抵押的，应当办理抵押物登记，抵押合同自登记之日起生效”，即登记是抵押合同的生效要件。这种混淆物权登记效力与合同效力的规定，受到理论界的批判。原《物权法》第15条规定：“当事人之间有关设立、变更、转让和消灭不动产物权的合同，除法律另有规定或者合同另有约定外，自合同成立时生效；未办理物权登记的，不影响合同效力。”《民法典》第215条沿袭了原《物权法》第15条的规定。由此形成我国法律上的物债二分原则，即合同效力取决于合同的生效要件，物权效力取决于物权是否登记，合同效力与物权效力互相独立、互不依附。关于抵押合同成立后，未办理抵押登记的合同效力问题，《民法典担保制度司法解释》第46条作了专门规定，为司法实践解决此类问题提供了统一规范。第46条共分3款，其中第1款规定，不动产抵押合同生效后，未办理抵押登记手续的，债权人可以要求抵押人办理登记手续。这是抵押合同效力的必然要求——继续履行要求，自无异议。需要讨论的是该条第2款、第3款规定的内容。

（一）《民法典担保制度司法解释》第46条第2款

抵押财产因不可归责于抵押人自身的原因导致不能办理抵押登记的，债权人要求抵押人在约定的担保范围内承担责任的，人民法院不予支持。其合理性在于，抵押财产因其自身原因灭失或者被征收，无法继续办理抵押登记，属于抵押合同履行不能，抵押人对此没有过错，不承担违约责任和赔偿责任。但是该款第2句的规定让人感到费解。该句规定，在抵押人对未办理抵押登记没有过错，当抵押物灭失后出现有保险金、赔偿金以及补偿金等代位物的情况下，债权人请求在其所获金额范围内请求赔偿的，人民法院应当予以支持。费解之一：抵押人赔偿的法理依据何在？费解之二：赔偿的范围止步于抵押人所获金额，原因是什么？

1. 费解之一

民法理论告诉我们，无论是违约责任赔偿，还是侵权责任赔偿，不仅要求当事人有过错，而且要求过错与损失之间有因果关系等要件。不符合赔偿责任之构成要件的，当事人不担责任。《民法典担保制度司法解释》第46条就抵押人责任规定的是过错责任原则。①

抵押合同生效以后，不归于抵押人的过错，导致抵押权未能设立。抵押权不成立，其效力怎能及于抵押物的代位物？在抵押物灭失没有代位物时，不承担责任；在抵押物灭失之后有保险金、赔偿金及补偿金时承担赔偿责任，笔者认为不符合法理和公平原则。

2. 费解之二

赔偿责任以当事人受到的损失为限，这是赔偿责任的基本原则之一。第46条第2款中规定，赔偿金以当事人收到的金额为限，匪夷所思。抵押权不成立，债权受到的损失并不确定，既可能大于也可能小于抵押人收到的补偿金数额。以收到的数额为限，意味着抵押人收到的赔偿金全部支付完毕即无须另外支付。

综上，笔者认为，《民法典担保制度司法解释》第46条第2款关于不可归责于抵押人自身的原因灭失或者被征收而无法办理抵押登记，抵押权不成立，却由抵押物代位物承担赔偿责任的规定十分不妥。

(二)《民法典担保制度司法解释》第46条第3款

该款规定，因抵押人转让抵押财产或者其他可归责于抵押人自身的原因导

① 王叶刚:《论未办理抵押登记时不动产抵押合同的效力——兼评〈《民法典》担保司法解释〉第46条》,载《现代法学》2022年第1期。

致不能办理抵押权登记的，债权人可以请求抵押人在约定的担保范围内承担责任。责任范围不得超过抵押权设立时抵押人应当承担责任的范围。

1. 可归责于抵押人的原因

该款列举的原因是抵押人转让财产或者其他原因。其他原因包括当事人故意、当事人疏忽忘记办理、当事人基于办理登记的费用问题或者当事人自以为有了抵押合同而无须办理登记等原因，这些原因既有主观认识错误，也有客观的原因，但是最终的结果是没有办理抵押权登记。

2. “在约定的担保范围内承担责任”的性质

抵押人承担的是担保责任，还是违约责任？这在实践中分歧很大，裁判观点不一。就未登记不动产抵押合同的效力而言，司法机关有三种裁判方式：

一是按合同责任处理。除认可当事人有权请求办理抵押登记手续外，相当数量的裁判文书并未言明抵押人基于抵押合同所承担的合同责任究竟为担保责任还是违约责任。有法院直接认为未登记不动产抵押合同有效，但是抵押权尚未设立，所以抵押人应当依法承担合同责任。[①] 不少法院则直接认定此时抵押人应当基于抵押合同的约定，在用于抵押担保的财产范围内，对其所担保的债务与债务人共同承担连带清偿责任，只是不能就担保财产享有优先受偿权。[②] 但也有法院在未明确责任性质的同时，认为未登记不动产抵押合同中抵押人应在抵押房产的价值范围内承担补充清偿责任。[③]

二是认定抵押人承担违约责任。在没有法律特别规定或当事人特别约定的情况下，未登记不动产抵押合同成立即生效，对当事人将产生法定拘束力。因此，在尚未办理抵押登记时，抵押权人有权要求抵押人办理抵押登记手续，但抵押人未依照约定办理抵押权登记，导致债权人届时无法实现所约定的抵押权时，抵押人应承担相应的违约赔偿责任。[④]

三是认定抵押人承担保证责任。司法实务中确实也有不少法院认为，虽然

---

① 江西省南昌市中级人民法院(2017)赣 01 民终 2348 号民事判决书、山西省阳泉市中级人民法院(2017)晋 03 民终 393 号民事判决书等。

② 北京市第三中级人民法院(2018)京 03 民终 4515 号民事判决书、江苏省张家港市人民法院(2018)苏 0582 民初 4106 号民事判决书、湖南省长沙市雨花区人民法院(2018)湘 0111 民初 403 号民事判决书。

③ 湖北省随州市中级人民法院(2015)鄂随州中民再终字第 00017 号民事判决书、黑龙江省哈尔滨市中级人民法院(2018)黑 01 民终 624 号民事判决书等。

④ 浙江省海宁市人民法院(2017)浙 0481 民初 6686 号民事判决书。

不动产抵押物没有办理抵押登记，但是双方当事人所签订的不动产抵押合同已经生效，双方设立抵押担保的意思表示真实，所以此时仍然应当认定抵押人须承担相应担保责任。在这一立场内部，司法裁判主要分化为“笼统认定为债权担保责任”和“转换为保证担保责任”两大类。①

有观点认为，在法律没有特别规定或当事人没有另行约定的情况下，将产生双重债法效力，且责任财产和责任数额的范围均与当事人诉讼请求存在紧密关系。当抵押权人主张违约责任时，如果其没有主张补办登记，而是主张损害赔偿请求权的，此时抵押人的责任财产并不限于抵押物本身但以抵押物价值范围为限，且抵押人并不需要对债权人因为没有取得抵押权而受损部分的债权承担损害赔偿责任，而应当考虑到双方的过错；当抵押权人主张实现其在抵押物上的保证担保权时，其责任财产将局限于抵押物本身，而且此时无须考虑双方当事人对未办理抵押登记的过错。概言之，未办理抵押物登记的不动产抵押合同这类非典型担保合同，可称为“特定财产保证合同”，即保证人有权在特定财产上设定保证担保权，其将产生“违约责任”和“担保责任”这一双重债法效力。②

但也有观点认为，就未办理抵押登记的不动产抵押合同而言，当事人在该合同中并没有提供保证的意愿。因此，认定未办理抵押登记的抵押合同具有设立保证的效力，将会违反保证的形式要件要求，也会不当增加抵押人承担担保责任的风险。故，未办理抵押权登记的抵押合同，不具有担保效力，只能产生违约损害赔偿的效力。③ 如果认定该抵押合同产生双重效果，将会冲击区分原则、担保分类、不动产抵押设定上的登记要件主义以及整个意定担保物权的公示要件主义体系。④《民法典担保制度司法解释》第 46 条第 3 款模糊了抵押人是违约责任还是担保责任的定性，用“承担责任”一词一带而过，虽然没有明确将抵押人的责任规定为担保责任，但从该条的行文表述来看，其对抵押人

① 石冠彬:《民法典应明确未登记不动产抵押合同的双重债法效力——“特定财产保证论”的证成及展开》,载《当代法学》2020 年第 1 期。

② 石冠彬:《民法典应明确未登记不动产抵押合同的双重债法效力——“特定财产保证论”的证成及展开》,载《当代法学》2020 年第 1 期。

③ 王叶刚:《论未办理抵押登记时不动产抵押合同的效力——兼评〈《民法典》担保司法解释〉第 46 条》,载《现代法学》2022 年第 1 期。

④ 周清林:《论〈民法典〉第 400 条未登记不动产抵押合同之法律效果——兼评“双重效果论”》,载《中国不动产法研究》2022 年第 1 辑。

的责任似乎采取了担保责任的立场。[①]

3. 抵押人承担责任的范围

抵押人承担责任的范围是抵押合同约定的范围，如果没有约定，则应适用法定的担保范围，包括本金、利息、违约金、损害赔偿金等。该范围不得超过抵押权能够设立时抵押人应当承担的责任范围。

三、登记范围与担保合同约定不一致的处理

不动产抵押登记是不动产登记的重要内容。不动产登记簿记载的内容与抵押合同约定不一致的情形在实践中经常出现。如何处理此类情况?《民法典担保制度司法解释》第 47 条规定，此时以不动产登记簿记载的内容为准。

实践中主要的不一致有以下两种情形:

1. 担保债权范围的不一致

由于我国现行不动产登记簿上只有被担保的主债权的数额，却没有抵押权担保范围的记载事项。当事人约定的担保范围还会出现无法在登记簿上记载的情况，从而出现担保范围的登记范围与约定范围不一致的情况。《九民纪要》第 58 条规定，以登记作为公示方式的不动产担保物权的担保范围，一般应当以登记的范围为准。但是，我国目前不动产担保物权登记，不同地区的系统设置及登记规则并不一致，人民法院在审理案件时应当充分注意制度设计上的差别，作出符合实际的判断:

一是多数省、区、市的登记系统未设置“担保范围”栏目，仅有“被担保主债权数额(最高债权数额)”的表述，且只能填写固定数字。而当事人在合同中又往往约定担保物权的担保范围包括主债权及其利息、违约金等附属债权，致使合同约定的担保范围与登记范围不一致。显然，这种不一致是由于该地区登记系统设置及登记规则造成的该地区的普遍现象。人民法院以合同约定认定担保物权的担保范围，是符合实际的妥当选择。

二是一些省、区、市不动产登记系统设置与登记规则比较规范，担保物权登记范围与合同约定一致在该地区是常态或者普遍现象，人民法院在审理案件时，应当以登记的担保范围为准。

---

① 王叶刚:《论未办理抵押登记时不动产抵押合同的效力——兼评〈《民法典》担保司法解释〉第 46 条》,载《现代法学》2022 年第 1 期。

《民法典担保制度司法解释》第47条显然没有采取上述观点，对于登记系统的原因造成的登记范围与约定范围不一致的，仍以登记为准。该条规定，有利于更好地维护不动产登记簿的公示力与公信力，保护不动产登记人的利益，同时维护交易安全。①

最高人民法院的司法解释之所以作出如此规定，原因在于：

一是在制定《民法典担保制度司法解释》过程中，最高人民法院与自然资源部的自然资源确权部门进行了充分沟通，了解到《民法典》施行后他们将对抵押权信息表格进行优化，增设“担保范围”栏目，当事人可以在该栏目中将合同约定的担保范围，如主债权及其利息、违约金等在内的债权，记载在登记簿上，完全可以实现合同约定与登记簿记载一致。

自然资源部印发的《关于做好不动产抵押权登记工作的通知》（自然资发〔2021〕54号）第2条规定：“当事人对一般抵押或者最高额抵押的主债权及其利息、违约金、损害赔偿金和实现抵押权费用等抵押担保范围有明确约定的，不动产登记机构应当根据申请在不动产记簿‘担保范围’栏记载；没有提出申请的，填写‘/’。”第4条规定：“对《国土资源部关于启用不动产登记簿证样式（试行）的通知》（国土资发〔2015〕25号）规定的不动产登记簿样式进行修改：1. 在‘抵押权登记信息’页、‘预告登记信息’页均增加‘担保范围’、‘是否存在禁止或限制转让抵押不动产的约定’栏目。2. 将‘抵押权登记信息’页的‘最高债权数额’修改为‘最高债权额’并独立为一个栏目，填写最高额抵押担保范围所对应的最高债权数额。”

二是符合《民法典》第216条的规定。《民法典》第214条确立了不动产登记生效原则。不动产登记簿自然成为不动产物权确立的根据。《民法典》第216条规定不动产登记簿是物权归属和内容的依据，这是不动产物权公示原则的当然体现。《民法典》第216条规定了登记权利正确性推定原则，使得不动产登记簿成为不动产物权制度的基础。不动产登记簿所记载的权利的正确性推定效力，对客观、公正的不动产交易秩序的建立有着极为重要的意义。不动产登记簿记载的权利和事实上的权利应当是一致的，法律也要求登记机构正确履行职责，如实记载登记事项。法律规定物权的归属和内容以不动产登记簿为根

① 高圣平、谢鸿飞、程啸：《最高人民法院民法典担保制度司法解释理解与适用》，中国法制出版社2021年版，第375页。

据，目的就是从国家公信力的角度对物权相对人的利益进行保护，从而建立一个能以客观标准衡量的公正的交易秩序。

三是与《民法典》第 389 条的规定不存在矛盾。《民法典》第 389 条规定："担保物权的担保范围包括主债权及其利息、违约金、损害赔偿金、保管担保财产和实现担保物权的费用。当事人另有约定的，按照其约定。"该条关于担保范围规定的规范意旨在于：担保范围的上限及于全部债权，但当事人可通过约定对其范围进行限缩。可见该条仅着眼于抵押人与抵押权人的内部关系，并不包含合同约定与登记簿记载不一致时以合同约定为准的意思。登记作为公示方法具有公信力，如果后顺位抵押权人主张其是基于登记簿记载而设立抵押权的，法律应当保护此种信赖。

需要注意的是，如果不动产登记簿记载的被担保债权范围大于担保合同约定的被担保债权范围，则应当依据担保合同的约定来确定押权人优先受偿的范围。①

2. 抵押财产不一致

出现抵押财产约定与登记不一致的情形，原因有以下几个方面：一是登记机关的错误输入造成的。比如，抵押房地产面积为 84 平方米，错误输入为 54 平方米；抵押的楼层是 1—3 层，错误输入 1—5 层等。二是当事人协议变更抵押合同中的抵押财产范围或者其他内容，但是没有及时办理抵押权变更登记。出现不一致时，应以抵押登记为准。

鉴于不动产登记簿的推定效力，加之人民法院以登记为准的办案思路，不动产登记簿上的错误记载将会给抵押权人的利益造成严重影响，对此，不动产登记机构应当负责。

四、不动产登记机构的赔偿责任

不动产登记机构的赔偿问题，在《民法典》和《民法典担保制度司法解释》中规定了两种形式：一是不动产登记机构错误登记的赔偿责任；二是因不动产登记机构错误而使当事人不能办理登记的赔偿责任。二者共同构成了不动产登记机构的完整责任体系。

---

① 最高人民法院民事审判第二庭：《最高人民法院民法典担保制度司法解释理解与适用》，人民法院出版社 2021 年版，第 418—420 页。

（一）登记机构错误登记的赔偿责任

不动产登记机构登记错误赔偿制度是不动产登记制度体系的重要一环，其对于不动产登记权利人因登记错误而遭受损害的救济至关重要。[①] 从立法上分析，关于不动产登记机构登记错误赔偿制度主要规定于原《物权法》第 21 条第 2 款："因登记错误，给他人造成损害的，登记机构应当承担赔偿责任。登记机构赔偿后，可以向造成登记错误的人追偿。"《民法典》第 222 条作了同样的规定。

登记机构错误登记的赔偿责任有三种学说：

1. 国家赔偿责任说

此种观点认为，由于我国办理不动产登记事务的机构属于行政管理机关，其以国家公信力为当事人提供不动产交易的安全保障，所以其由于行使职权而给当事人造成损害的，应承担国家赔偿责任。[②] 如果将不动产登记机构登记错误作为国家赔偿责任的原因予以定性的话，那么登记行为就要被视为行政机构的具体行政行为，登记错误就是具体行政行为发生错误。由具体行政行为造成他人损害的，行政机关自然要承担行政赔偿责任，如此就要适用《国家赔偿法》，赔偿费用应由国家统一支出。

2. 民事赔偿责任说

不动产登记错误赔偿责任兼具民事责任属性和行政责任属性，但应该以民事责任属性为主。[③] 其主要理由是，依原《物权法》第 21 条和今《民法典》第 222 条的规定，有关不动产登记错误损害赔偿责任由两个条款构成，第 1 款对申请人的赔偿作了规定，第 2 款对登记机构的赔偿责任作了说明。虽然第 2 款中未明确不动产登记机构承担的责任的性质，但第 21 条是一个整体，并非对立的两个责任，故根据法的解释论可推断两款规定的责任性质应当属于同一类，即无论是第 1 款确定的当事人提供虚假材料申请登记给他人造成损害的应当承担赔偿责任，还是因登记错误给他人造成损害的登记机构应当承担赔偿责

---

① 吴春岐：《论我国不动产登记机构登记错误赔偿责任制度要点和机制完善——以我国不动产统一登记工作实践为研究基础和视角》，载《人大法律评论》2017 年第 3 辑。

② 程啸：《不动产登记法研究》，法律出版社 2011 年版，第 596 页。

③ 吴春岐：《论我国不动产登记机构登记错误赔偿责任制度要点和机制完善——以我国不动产统一登记工作实践为研究基础和视角》，载《人大法律评论》2017 年第 3 辑。

任或者两者兼而有之，其结果都是对真正权利人财产权利造成侵害，承担损害赔偿责任的主要属性应为民事责任。

3. 责任性质不明说

全国人大常委会法制工作委员会民法室认为，对于不动产登记机构应当具有什么性质有不同意见，有待行政管理体制改革进一步明确，目前不宜规定登记机构的国家赔偿责任。有学者将民法室的上述观点归纳为“责任性质不明说”。[①] 持此种观点的学者充分认识到不动产登记错误赔偿责任的法制现状与法律发展之间的矛盾，并以法律发展的不确定性为基础，归纳出不动产登记错误赔偿责任性质不明的观点。

笔者认为，目前司法实践中均以自然资源管理部门为被告，对不动产登记中心的错误登记提起行政诉讼。但是，不动产登记中心是行政机关吗？这确需国家行政管理体制改革的进一步明确。《民法典》立法过程中有研究认为，对于登记机构应当具有什么性质还有不同意见，有待于进一步明确，目前不宜规定登记机构的国家赔偿责任。对于不动产登记赔偿基金可否设立，应当如何设立，也还可以进一步研究，即使以后规定，也宜由不动产登记的专门法律作出。《民法典》物权编作为民事基本法律规定，对于登记错误的问题，在本条作出的只是原则性规定。

对于登记机构赔偿性质的争议，涉及赔偿的归责原则。

有观点从登记行为是行政行为的角度，认为登记机构错误登记的赔偿是国家赔偿，应适用违法责任原则，并认为违法责任原则并不意味着不考虑登记机构是否已尽到注意义务、是否履行了合理审慎的职责。此处的违法责任原则应作广义上的解释，即不仅可以解释为违反法律规定，还可以解释为违反法律原则，如诚实信用原则、尽合理注意原则等。[②]

也有观点认为，对登记机构错误登记的损害赔偿，“现阶段应当采过错责任说”[③]。

① 杨立新：《论不动产错误登记损害赔偿责任的性质》，载《当代法学》2010 年第 1 期。

② 邢鸿飞、邵佳欣：《民法典视域下不动产登记错误及其纠纷解决》，载《江苏警官学院学报》2021 年第 5 期。

③ 吴春岐：《论我国不动产登记机构登记错误赔偿责任制度要点和机制完善——以我国不动产统一登记工作实践为研究基础和视角》，载《人大法律评论》2017 年第 3 辑。

（二）当事人不能办理抵押登记的登记机构赔偿问题

《民法典担保制度司法解释》第48条规定："当事人申请办理抵押登记手续时，因登记机构的过错致使其不能办理抵押登记，当事人请求登记机构承担赔偿责任的，人民法院依法予以支持。"

理解该条，需要着眼以下几个方面：

第一，上述规定与《民法典》第222条规定的范围不同，前者规定的是登记机构的过错使当事人不能办理抵押登记，后者规定的是登记机构错误登记给当事人造成损失的，登记机构应当赔偿。不同之处在于赔偿的原因不同。

第二，应当明确，该条规定的登记机构的赔偿责任是民事责任，不是国家赔偿责任。过错责任原则只适用于民事责任领域，国家赔偿不适用过错责任原则。

第三，登记机构的责任原则是过错责任原则，即登记机构有过错时，承担赔偿责任。过错责任原则在举证方面要求"谁主张，谁举证"，这无疑加重了受害人的举证负担。[①] 权利人证明登记机构的过错不是一件简单的事。登记机构对申请登记材料的审核标准、审核要求、审核程序并不公开透明。一些内部规章制度，申请人无从知晓，而这些规章制度是判定登记机构是否合规的重要依据。而对于同一份申请材料，不同的人有不同的认识。这造成了在判定登记机构的过错方面存在难题。

第四，过错程度达到使当事人不能办理抵押登记。根据该条，抵押人的过错必须达到"不能办理抵押登记"的程度。对于"不能办理"如何理解？是不符合办理条件，还是什么原因不能办理？该条对此语焉不详，应当在实践中进一步解释。

第五，该条没有规定登记机构的赔偿责任范围。比如，申请人登记的抵押面积是8000平方米，登记机构因自身过错使当事人未能办理抵押登记，这种错误造成的损失可能十分巨大，如果要求登记机构金额赔偿，可能会使登记机构承担巨额损失责任，这将导致不动产登记机构不能继续进行正常运作。

---

① 邢鸿飞、邵佳欣：《民法典视域下不动产登记错误及其纠纷解决》，载《江苏警官学院学报》2021年第5期。

第三节　不动产抵押权预告登记

一、不动产抵押权预告登记的意义

预告登记是相对于本登记而言的一种不动产登记，是通常在本登记无法办理时，当事人为保障将来取得物权而办理的临时登记，因此在有的国家和地区也被称为“假登记”。

《民法典》第221条规定：“当事人签订买卖房屋的协议或者签订其他不动产物权的协议，为保障将来实现物权，按照约定可以向登记机构申请预告登记。预告登记后，未经预告登记的权利人同意，处分该不动产的，不发生物权效力。预告登记后，债权消灭或者自能够进行不动产登记之日起九十日内未申请登记的，预告登记失效。”该条规定，源自原《物权法》第20条。从条文规定上看，不动产抵押权预告登记显然属于该条规定的“签订其他不动产物权的协议”。

抵押权预告登记为预告登记人借贷、买卖等民事活动提供担保，对相关债权人债权的实现有保障作用。因此，抵押权预告登记在民事活动中具有重要意义。

《不动产登记暂行条例实施细则》第88条规定：“抵押不动产，申请预告登记的，当事人应当提交下列材料：（一）抵押合同与主债权合同；（二）不动产权属证书；（三）当事人关于预告登记的约定；（四）其他必要材料。”第89条规定：“预告登记未到期，有下列情形之一的，当事人可以持不动产登记证明、债权消灭或者权利人放弃预告登记的材料，以及法律、行政法规规定的其他必要材料申请注销预告登记：（一）预告登记的权利人放弃预告登记的；（二）债权消灭的；（三）法律、行政法规规定的其他情形。”

二、不动产抵押权预告登记的法律效力

（一）权利保全效力

权利保全效力，即在预告登记有效期间，未经预告登记权利人的同意，不动产权利人不得处分其不动产，包括基于买卖、赠与等而将不动产所有权转移

给第三人、在不动产上为第三人设立抵押权等其他物权，从限制不动产权利人处分权的角度，保障相对方债权的实现。此项预告登记的效力，被称为（权利）债权保全效力。理论上由此引起的争议问题：不动产预告登记后，如果权利人对此另外实施处分行为，其行为的效力如何？对此问题有两种处理模式：一是绝对无效原则，即不动产预告登记后，不动产权利人对不动产进行处分的，绝对无效。《民法典》第221条第1款第2句规定："预告登记后，未经预告登记权利人同意，处分该不动产的，不发生物权效力。"《民法典物权编司法解释（一）》第4条进一步明确了预告登记的效力："未经预告登记的权利人同意，转让不动产所有权等物权，或者设立建设用地使用权、居住权、地役权、抵押权等其他物权的，应当依照民法典第二百二十一条第一款的规定，认定其不发生物权效力。"二是相对有效说，即在不动产预告登记期间，权利人仍可处分其不动产相关权利，但不得妨碍登记权利人的债权请求权。《民法典》第406条规定，抵押期间，抵押人可以转让抵押财产。根据举重以明轻的原则，不动产抵押权预告登记后，其权利人仍可处分不动产，但是不得妨碍抵押权预告登记权利人行使请求权。

预告登记虽然不能引发物权变动，但对权利人的处分权进行了限制，由此保全了预告登记权利人的权利，因此具有防止一物多卖的功能。

（二）顺位保全效力

在重复抵押的情况下，多个抵押权的实现，应当按照抵押登记的先后顺序进行。如果预告登记推进到本登记时，预告在先的抵押权获得在先的抵押权登记。这样，预告登记的顺位就保全了抵押权的顺位，从而保全了主债权的实现。故，理论上认为："预告登记本身没有独立的效力，只是在本登记时才具有意义。因此，预告登记的命运与效力完全依赖于日后本登记是否可以作成。经由预告登记，被保全的权利之顺位在被确定在预告登记之时。"①

（三）特定情形下的优先受偿权

预告登记后，预告登记权利人主张优先受偿的，根据《民法典担保制度

① 王轶：《不动产法上的预备登记制度——比较法考察报告》，载蔡耀忠主编：《中国房地产法研究》第1卷，法律出版社2002年版，转引自尹田《物权论》第178页。

司法解释》第52条的规定，人民法院不得一概认定预告登记权利人没有优先受偿权，而是应审查抵押权成立的要件是否具备。

其一，如果尚未办理建筑物所有权的首次登记，预告登记与建筑物首次登记的财产不一致、抵押权预告登记已经失效等情形，导致不具备办理抵押权登记条件的，法院不予支持优先受偿权。此处，法院对办理抵押权登记的实质条件进行审查，而不是驳回债权人的诉请，要求当事人先去办理抵押权登记。这项规定，是最高人民法院与自然资源部相关部门沟通的结果。后者赞成人民法院直接审查预告登记权利人是否具备办理抵押权登记的条件，并且认为，只要认为预告登记权利人具备办理抵押权的条件，即可认为权利人具有优先受偿权。[①] 笔者认为，《民法典担保制度司法解释》第52条规定的抵押权预告登记的效力，比预告登记的本来含义“走得更远”，即只要具备抵押权登记的实质条件，就可认为预告登记权利人可以行使优先受偿权，而不必要求预告登记权利人先去办理抵押权登记，这提高了效率。

其二，如果建筑物已经办理首次登记，且不存在预告登记失效等情形的，人民法院支持优先受偿权，并认定抵押权自预告登记之日起设立。

（四）特定情形下的别除权

破产程序中，抵押人破产，预告登记权利人仍然不具备办理抵押登记的条件的，预告登记权利人可否享有别除权？对此，《民法典担保制度司法解释》第52条第2款对此进行了明确，笔者称之为预告登记权利人享有有限别除权。

其一，经审查，抵押财产属于破产财产，预告登记权利人主张对抵押财产享有优先受偿权的，只能以破产申请受理时抵押财产的价值为限，优先受偿其债权。这也就是说，抵押财产拍卖时，价格高于受理破产时抵押物价值的，高出的部分，预告登记权利人不享有优先受偿权；拍卖价格低于破产申请受理时价格的，以拍卖价格为限，权利人有优先受偿权。

其二，在破产申请受理前1年内设立的抵押预告登记无效。之所以作出此规定，是因为《企业破产法》第31条规定：“人民法院受理破产申请前一年内，涉及债务人财产的下列行为，管理人有权请求人民法院予以撤销：

① 最高人民法院民事审判第二庭：《最高人民法院民法典担保制度司法解释理解与适用》，人民法院出版社2021年版，第457页。

（一）无偿转让财产的；（二）以明显不合理的价格进行交易的；（三）对没有财产担保的债务提供财产担保的；（四）对未到期的债务提前清偿的；（五）放弃债权的。”《民法典担保制度司法解释》第 52 条第 2 款认可了抵押人破产时抵押权预告登记的权利人具有优先受偿权，因此，抵押权预告登记具有了担保的功能，应当受到《企业破产法》第 31 条第 3 项的规制。[①]

① 高圣平、谢鸿飞、程啸：《最高人民法院民法典担保制度司法解释理解与适用》，中国法制出版社 2021 年版，第 414—415 页。

第二十二章　不动产抵押（一）

第一节　建筑物和其他地上附着物抵押

一、建筑物和其他地上附着物概念辨析

“建筑”“建筑物”“构筑物”“房屋”这四个名词，在《建筑法》、《房屋建筑和市政基础设施工程施工招标投标管理办法》、原《物权法》中得到了使用，但这些文件未对它们进行定义。根据《民用建筑设计术语标准》（GB/T 50504-2009）的规定，“建筑”既表示建筑工程的营造活动，又表示营造活动的成果。也就是说，建筑做名词时指的是建筑物。从狭义角度讲，建筑物即房屋，构筑物是房屋以外的建筑。从广义角度，建筑物是房屋和构筑物的统称，房屋是用材料与外界隔开的、内部供人在其中活动的建筑；构筑物是房屋以外的建筑，为某种使用目的而建造的，人们一般不直接在其内部进行生产和生活活动的工程实体或附属建筑设施。[①] 由上述概念出发，《城市房地产管理法》对房屋的内涵进行的界定就存在问题。该法第 2 条第 2 款规定：“本法所称房屋，是指土地上的房屋等建筑物及构筑物。”这条规定中所指的“房屋”包括“建筑物”和“构筑物”。而实际上“房屋”不能包括“构筑物”，如不能称桥梁、铁路是房屋。

“其他地上附着物”是《土地管理法》第 48 条出现的名词，但是《土地管理法》及其实施条例对“其他地上附着物”均未给出清晰的定义。各地对其他地上附着物的范围有不同规定。以天津市为例，地上附着物包括：非居住

---

① 范正根、曾国辉：《多行业视野下建筑基本术语定义的现状调查和问题研究》，载《建筑经济》2012 年第 3 期。

房屋、温室大棚、围墙、场地、道路、坟墓、沟、渠、机井、涵洞、涵管、电杆、变压器、输水管、苗木、果树、水产养殖塘（池），太阳能板、泵房、井房等。[①]

建筑物与其他地上附着物的共同特点：其一，都是人类活动的产物。无论是建筑物、构筑物还是地上附着物，都有人类活动的痕迹，或者是人类活动创造出来的物体。这一点决定非人类活动产生的洞穴、天坑等，不属于可以抵押的财产。某些溶洞经过了开发，供人类旅游，具有地上附着物的特点，应当可以进行抵押。其二，与土地不可分离。上述人类活动的创造物，与地壳表面不可分离，不具有可移动性、移动费用过高或者会产生其他风险。

建筑物和地上附着物属于不动产，可以转让，且一般经济价值巨大，是最常见的担保物。正常情况下的建筑物和其他地上附着物抵押没有问题，法律规范的重点在于非正常情况下建筑物和其他地上附着物的抵押效力。

二、违法建筑物的抵押效力

《民法典担保制度司法解释》第 49 条规定："以违法的建筑物抵押的，抵押合同无效，但是一审法庭辩论终结前已经办理合法手续的除外。抵押合同无效的法律后果，依照本解释第十七条的有关规定处理。当事人以建设用地使用权依法设立抵押，抵押人以土地上存在违法的建筑物为由主张抵押合同无效的，人民法院不予支持。"

理解该条款，需要从多个方面入手。

（一）违法建筑的认定标准及认定机构

从狭义的法律文件中看，我国法律并没有直接使用"违法建筑"这一名词术语，也没有明确界定"违法建筑"的确切含义，认定违法建筑的主要法律依据是《城乡规划法》以及各地制定的《城乡规划条例》等。除此之外，相关依据还包括《土地管理法》等相关法律。但上述法律、法规均没有直接

① 《天津市人民政府关于印发天津市征收土地地上附着物和青苗补偿标准的通知》，载《天津市人民政府公报》2022 年第 10 期。

规定何为违法建筑，而是间接规定各类建设行为必须经过事前许可方式来确认。[①] 例如《城乡规划法》第64条规定："未取得建设工程规划许可证或者未按照建设工程规划许可证的规定进行建设的，由县级以上地方人民政府城乡规划主管部门责令停止建设；尚可采取改正措施消除对规划实施影响的，限期改正，处建设工程造价百分之五以上百分之十以下的罚款；无法采取改正措施消除影响的，限期拆除，不能拆除的，没收实物或者违法收入，可以并处建设工程造价百分之十以下的罚款。"《城乡规划法》和《土地管理法》作为认定违法建筑的主要法律依据，是从两个方面来认定违法建筑的：一是未取得建设用地使用权以及未取得建设工程规划许可证的；二是不按照建设工程规划许可证或者违背建设工程规划许可证兴建的。

有学者从《城乡规划法》的规定即以是否取得并按照建设工程规划许可建设为标准来界定违法建筑，认为违法建筑就是"在城市、镇规划区内进行工程建设，无论单位和个人都必须申请办理建设工程规划许可证，否则，其建设行为就是违法建设，所建工程设施就是违法建筑"。[②] 还有学者认为上述界定仅考虑了《城乡规划法》的要求，其范围过窄，没有考虑其他法律、法规的要求，用这种观点来认定违法建筑不利于维护城乡规划和建设秩序。为此，学者提出，界定违法建筑还应当考虑是否获得土地使用权等法定条件来界定，认为"违法建筑是指应经而未经规划许可、建设用地许可和建筑工程施工许可，并发给许可证（或批准证书），或者虽经许可，但不按许可条件建造的建筑物"[③]。为进一步研究违法建筑及其治理，还有学者对违法建筑进行了类型化的研究，根据不同的标准将违法建筑分为农村违法建筑和城市违法建筑，实体违法建筑和程序违法建筑等。[④] 所有这些研究成果对界定违法建筑的内涵均具有启发意义。

笔者以为，违法建筑应以规划许可证标准，即有无建设工程规划许可证以及是否按照规划许可证建设为依据。首先，《城乡规划法》第64条坚持了建设工程规划许可证要件。最高人民法院《房屋租赁合同司法解释》第2条规

① 杨士林、孙中华：《试论违法建筑的认定及其处置——以济南市"拆违拆临"工作实际为例》，载《齐鲁师范学院学报》2018年第1期。

② 张慧：《城管视角对城乡结合地区的违法建筑浅析》，载《法制与社会》2014年第23期。

③ 张贺棋：《论违法建筑的认定》，载《吉林工商学院学报》2015年第4期。

④ 蒋拯：《违法建筑类型化研究》，载《社科纵横》2012年第3期。

定："出租人就未取得建设工程规划许可证或者未按照建设工程规划许可证的规定建设的房屋，与承租人订立的租赁合同无效。但在一审法庭辩论终结前取得建设工程规划许可证或者经主管部门批准建设的，人民法院应当认定有效。"该条采用了规划许可证标准。依照《城乡规划法》《土地管理法》等法律规定，工程建设需要取得土地使用许可证、建设用地规划许可证、建设工程规划许可证、建设工程开工许可证等行政审批手续。其中，建设工程规划许可证是解决建设工程合法性的法律凭证。①《城乡规划法》第40条第2款规定："申请办理建设工程规划许可证，应当提交使用土地的有关证明文件、建设工程设计方案等材料。需要建设单位编制修建性详细规划的建设项目，还应当提交修建性详细规划。对符合控制性详细规划和规划条件的，由城市、县人民政府城乡规划主管部门或者省、自治区、直辖市人民政府确定的镇人民政府核发建设工程规划许可证。"也就是说，一个建设规划许可证包括了土地使用权证、建设用地规划许可证等前提条件，没有建设工程规划许可证就意味着前期条件不具备，故坚持建设工程规划许可证条件，完全可以覆盖土地使用权等要求条件，没有必要再增加一个土地使用权条件。

根据上述认定标准，"违法建筑"主要指存在以下情形的建筑物：（1）未取得建设工程规划许可证的建筑物；（2）未按照建设工程规划许可证的规定进行建设的建筑物；（3）在乡、村规划区内未依法取得乡村建设规划许可证或者未按照建设工程规划许可证的规定进行建设的建筑物；（4）未经批准进行临时建设的建设工程、未按照批准内容进行临时建设的以及临时建筑物、构筑物超过批准期限不拆除的。②

根据《城乡规划法》的规定，违法建筑的认定主体是城乡规划管理部门，其认定是行政确认程序。同时，法院有权确认违法建筑。在债权人提起诉讼，要求另一方根据抵押合同办理抵押权登记时，合同另一方提出建筑物是违法建筑，抵押合同无效，该如何处理？对此，有两种处理方案：第一，案件中止审理，要对诉讼双方依据行政程序对建筑物的合法性进行确认；第二，法院直接认定是不是违法建筑。显然，第一种方案注重公平，第二种方案注重效率。笔

---

① 关丽：《最高人民法院〈关于审理房屋租赁合同纠纷案件具体应用法律若干问题的解释〉涉及的若干问题解析》，载《法律适用》2009年第10期。

② 高圣平、谢鸿飞、程啸：《最高人民法院民法典担保制度司法解释理解与适用》，中国法制出版社2021年版，第379页。

者倾向于第一种方案。建筑物是否违法对当事人利益影响甚巨，必须经过法定程序认定。确认建筑物的合法性问题要经过行政确认或者行政诉讼，不宜在民事诉讼中一并解决。

（二）违法建筑抵押合同无效的后果

《民法典》第 143 条规定，具备下列条件的民事法律行为有效：（1）行为人具有相应的民事行为能力；（2）意思表示真实；（3）不违反法律、行政法规的强制性规定，不违背公序良俗。笔者认为，违法建筑抵押合同无效的原因，是违法建筑抵押违背公序良俗。公序良俗是公共秩序与良好风俗的结合体，而公共秩序包括依据法律原则形成的社会秩序。在社会层面，违法行为是受到谴责的行为，以违法建筑抵押，并赋予其合法抵押的效力，无异于鼓励违法，破坏社会秩序，因此，应对违法建筑的抵押行为予以否定性评价，否认其合同效力。

为挽救合同效力，《民法典担保制度司法解释》第 49 条规定，当事人在一审法庭辩论终结前取得合法手续的，可以认定抵押合同有效。此处的时间是一审法庭辩论终结前，即一审法庭辩论终结后取得的合法手续不可认定抵押合同有效，二审期间及再审期间获得的合法手续也不可变更一审判决。

抵押合同无效的后果是应当依据《民法典担保制度司法解释》第 17 条的规定，依法合理确定抵押人、债权人的责任。

（三）违法建筑不影响土地抵押的效力

在房地分别抵押的情况下，违法建筑抵押的合同效力不影响土地抵押权的合同效力。之所以如此规定，原因在于土地和房产是两个独立的不动产，当事人如果已经取得了建设用地使用权，则该权利是合法财产，当然可以抵押，地上建筑物的违法性不及于土地抵押权。①

三、划拨土地上的建筑物抵押效力

《民法典担保制度司法解释》第 50 条第 1 款规定：“抵押人以划拨建设用

① 高圣平、谢鸿飞、程啸：《最高人民法院民法典担保制度司法解释理解与适用》，中国法制出版社 2021 年版，第 381 页。

地上的建筑物抵押，当事人以该建设用地使用权不能抵押或者未办理批准手续为由主张抵押合同无效或者不生效的，人民法院不予支持。抵押权依法实现时，拍卖、变卖建筑物所得的价款，应当优先用于补缴建设用地使用权出让金。”

首先，该条款适用的场景是划拨用地上的建筑物是合法建筑物的时候。本条主旨是，划拨土地上的建筑物抵押是有效的。

其次，该条款实际重申了《城市房地产管理法》第51条的规定，即“设定房地产抵押权的土地使用权是以划拨方式取得的，依法拍卖该房地产后，应当从拍卖所得的价款中缴纳相当于应缴纳的土地使用权出让金的款额后，抵押权人方可优先受偿”。该条款表面是规定以划拨方式取得的土地使用权，其地上房产可以设定抵押，根据房地一体抵押原则，其实暗含划拨地可以抵押。只是拍卖所得价款缴纳土地出让金后，抵押权人可以优先受偿。

再次，根据区分原则，建筑物用地的性质，不影响地上建筑物抵押合同的效力。土地和建筑物分属于不同的不动产，故，当事人以建设用地不能抵押或者未办理批准手续为由，主张建筑物抵押合同无效的，不具有法理基础。

最后，拍卖、变卖建筑物所得价款应当支付土地出让金，以保障国家利益。需要讨论的问题是，当事人可否以折价的方式实现抵押权？对此，笔者认为，根据《民法典》的规定，抵押权的实现包括折价、拍卖、变卖三种方式，虽然《民法典担保制度司法解释》第50条第1款仅规定拍卖、变卖所得价款优先支付土地出让金，但是该款并没有否认折价这种抵押权实现方式。在折价这种抵押权实现方式中，债权人取得建筑物的，应当支付土地出让金。

划拨土地上建筑物抵押权实现，且受让人缴纳土地出让金后，土地登记机构机关应当办理土地性质变更手续。

四、关于“地随房走”原则

《城市房地产管理法》第32条规定：“房地产转让、抵押时，房屋的所有权和该房屋占用范围内的土地使用权同时转让、抵押。”该条适用范围城市规划区房地产的转让抵押，也是最早规定“地随房走”的法律。应当说仅凭该条还不足以认定我国法律已经确定地随房走原则，该条的适用范围毕竟有限。《民法典》第397条规定：“以建筑物抵押的，该建筑物占用范围内的建设用地使用权一并抵押。以建设用地使用权抵押的，该土地上的建筑物一并抵押。

抵押人未依据前款规定一并抵押的，未抵押的财产视为一并抵押。”该条规定可以适用于任何地区任何类型的建筑物抵押。可以说，我国已经确立完备的“地随房走”“房随地走”原则。本部分首先讨论“地随房走”问题。

（一）“地随房走”的含义

通俗解释，“地随房走”是土地随着房子流动。“房”是主动因素，“地”是被动因素。建筑物所有权转让或者设定抵押的，建筑物占用范围内的土地使用权一并转让或者抵押。“地随房走”包括两种情形：一是当事人办理建筑物转让抵押时，同时办理建筑物占有范围的土地使用权抵押。此是约定的“地随房走”。二是当事人办理建筑物抵押登记但不同时办理土地使用权转让或者抵押时，未抵押的财产视为一并抵押。该种情形是法定的“地随房走”。

（二）关于建筑物“占用范围”的探讨

“地随房走”之地，是指建筑物“占用范围”之地。“占用范围”如何解释？裁判实践中尚存争议。第一种观点认为，建筑物抵押权所及的范围仅限于建筑物物理范围，即建筑物垂直投影面积内的建设用地使用权，抵押权人对于此范围之外的建设用地使用权则不享有抵押权。[①] 第二种观点认为，建筑物抵押权所及的范围包括整宗土地的建设用地使用权，而非限于地上建筑物的物理范围所占建设用地使用权。[②] 如宗地上有数栋建筑物且该建筑物不属于区分所有，权利人以其中部分建筑物设定抵押的，建筑物抵押权效力所及的建设用地使用权应以抵押建筑物面积占规划建设总面积的比例予以分摊确定。

高圣平先生认为，“占用范围”的具体认定须综合《城乡规划法》《不动产登记暂行条例》及其配套规则等加以具体认定。[③]

程啸先生认为：“无论土地上的建筑物是平层还是多层或是高层，在抵押建筑物时，均应以宗地范围来确定建筑物占用范围的建设用地使用权，而不应以建筑物的四周或容积率作为确定建筑物占用范围的建设用地使用权的标准。”[④] 其论据是，一宗地只有一个建设用地使用权，一个建设用地使用权也

① 最高人民法院(2017)最高法民申4257号民事裁定书。

② 湖北省高级人民法院(2018)鄂民终364号民事判决书。

③ 高圣平：《〈民法典〉房地一体抵押规则的解释与适用》，载《法律适用》2021年第5期。

④ 程啸：《担保物权研究》(第二版)，中国人民大学出版社2019年版，第279页。

只存在于一宗地上；一幢建筑物存在于一个建设用地使用权之上，当然该幢建筑物存在于此宗地之上，该幢建筑物的转让或抵押及于该宗地。

笔者认为，上述意见均不可取。第一，在普通人的认识范围里，如果一栋建筑物的“占用范围”及于该宗地，则远远超出当事人的心理预期，不符合意思自治原则，增大了抵押物变现的难度。比如，一宗地是5000平方米，该地上只有占地100平方米的建筑物，其余是院子。如果以该占地100平方米的建筑物抵押，抵押权效力及于5000平方米的土地使用权，这是不可想象的。第二，在法院审理过程中，如果确定“占地范围”涉及土地规划条件等复杂内容的，将产生巨大的实体争议，对抵押物资产评估带来不便。笔者认为，应参照实践中，资产评估机构对建筑物“占用范围”的认定方法，作为认定抵押物“占用范围”的依据。

实务中，计算建筑物的“占用范围”的面积，通常有三种方法：（1）一本土地使用证里记载的土地使用权面积范围上只建一幢楼房，如果只评估其中的一层或一个单元的房地产价值时要分摊其土地面积，可以用该层或该单元的建筑面积占总建筑面积的比例来进行分摊。（2）一块土地上建两幢以上建筑物时，应当以每栋建筑的基底面积，加上按照每栋建筑物面积占全部建筑物面积比例分摊的公共部位的面积之和。如果继续分割每一层或单元的面积，应按上述方法继续计算。（3）整体资产评估须分割经营性资产与非经营性资产的用地范围时，最好建议资产占有方请土地行政管理部门对这两部分土地根据实际使用情况，重新勘察划线定界以确定各自的用地面积和用地性质。分别办理两本土地使用证，评估人员依据土地行政管理部门划定各自地块的用地面积和用地性质进行评估可能更妥当。①

（三）房地分别抵押的问题

鉴于实践中存在土地抵押登记和房屋抵押登记不是同一部门管理，可能存在抵押人将建设用地使用权和地上建筑物分别抵押给不同债权人的情况，也可能存在抵押人只办理了土地使用权登记而未办理房屋抵押登记或者仅办理房屋抵押登记而未办理建设用地使用权抵押登记的情况。对后面两种情况的处理规则是清晰的，即“未抵押的财产视为一并抵押”，以贯彻房地一体化原则。但

① 柯复：《谈建筑物占用范围内土地面积的分摊》，载《中国资产评估》2004年第7期。

是，将房、地分别抵押给不同债权人，如何处理房产抵押权与地产抵押权的权利冲突呢？

《九民纪要》第 61 条对此作了规定："根据《物权法》第 182 条之规定，仅以建筑物设定抵押的，抵押权的效力及于占用范围内的土地；仅以建设用地使用权抵押的，抵押权的效力亦及于其上的建筑物。在房地分别抵押，即建设用地使用权抵押给一个债权人，而其上的建筑物又抵押给另一个人的情况下，可能产生两个抵押权的冲突问题。基于'房地一体'规则，此时应当将建筑物和建设用地使用权视为同一财产，从而依照《物权法》第 199 条的规定确定清偿顺序：登记在先的先清偿；同时登记的，按照债权比例清偿。同一天登记的，视为同时登记。应予注意的是，根据《物权法》第 200 条的规定，建设用地使用权抵押后，该土地上新增的建筑物不属于抵押财产。"

《民法典担保制度司法解释》第 51 条第 3 款规定："抵押人将建设用地使用权、土地上的建筑物或者正在建造的建筑物分别抵押给不同债权人的，人民法院应当根据抵押登记的时间先后确定清偿顺序。"实践中，应注意如下问题：一是必须首先对土地使用权和建筑物价值分别进行评估，以确定各抵押权人能够得到的清偿范围，即使是在先清偿者，也不能超出其抵押物价值范围。二是登记在先的债权人债权落后于后登记的债权人债权到期的，不影响在后抵押权人拍卖、变卖抵押物，但应当对在先权利人的抵押物价值进行提存。

第二节　在建建筑物抵押

在建建筑物抵押在原《担保法》中没有规定。1997 年建设部《城市房地产抵押管理办法》首次引入"在建工程"概念，并规定可以用作抵押。在建工程抵押是指抵押人为取得在建工程继续建造资金的贷款，以其合法方式取得的土地使用权连同在建工程的投入资产，以不转移占有的方式抵押给贷款银行作为偿还贷款履行担保的行为。原《担保法司法解释》第 47 条规定："以依法获准尚未建造的或者正在建造中的房屋或者其他建筑物抵押的，当事人办理了抵押物登记，人民法院可以认定抵押有效"。该司法解释肯定了原建设部《城市房地产抵押管理办法》中对在建工程抵押的规定，并对在建工程的内涵进行了解释，认为在建工程是依法获准尚未建造或者正在建造中的房屋或者其他建筑物。原《担保法司法解释》对在建工程的抵押财产范围界定得比较宽，依法获准尚未建造的房屋或者其他建筑物也可以抵押。原《物权法》第180条规定缩小了可以抵押的财产范围，去掉了尚未建造的房屋或者其他建筑物也可以抵押的规定，仅保留了正在建造的建筑物可以抵押的内容。《民法典》第395条第1款第5项沿袭了原《物权法》的规定，规定“正在建造的建筑物”是可以抵押的财产。《不动产登记暂行条例实施细则》第75条规定，在建建筑物是指正在建造、尚未办理所有权首次登记的房屋等建筑物。“正在建造的建筑物”的内涵相当于《城市房地产抵押管理办法》中的“在建工程”。①

以正在建造的建筑物设定抵押权的情形有两种：其一，在建工程抵押；其二，预购商品房抵押。这两类抵押都属于以正在建造的建筑物设定抵押的情形，只是后者抵押物是预售的商品房，抵押人是购房人；而前者抵押物既包括预售的商品房，也包括非商品房的建筑物，抵押人是在建工程的所有人。②

一、在建建筑物抵押登记的性质

根据《民法典》第402条的规定，在建建筑物抵押权经登记生效。《不动产登记暂行条例实施细则》第75、76、77条规定了在建建筑物抵押登记程序、登记所需资料以及变更、转移、注销登记等问题。《不动产登记操作规范（试行）》（2021年修订）第14.1.1条中规定，以正在建造的建筑物设定抵押的，当事人可以申请建设用地使用权及在建建筑物抵押权首次登记。《不动产登记暂行条例实施细则》第76条规定，申请在建建筑物抵押权首次登记的，当事人应当提交下列材料：（1）抵押合同与主债权合同；（2）享有建设用地使用权的不动产权属证书；（3）建设工程规划许可证；（4）其他必要材料。《不动产登记操作规范》第14.1.6条中规定，经审查，在建建筑物抵押不存在该规范第4.8.2条不予登记情形的，记载不动产登记簿后向抵押权人核发不动产登记证明。

关于在建建筑物抵押登记的性质，有预告登记说与本登记说的分歧。③ 区分不动产抵押的本登记与预约登记，其意义在于二者效力不同。本登记的效力

① 石晨谊：《在建建筑物抵押权登记的特殊性探析》，载《中国国土资源经济》2021年第11期。

② 程啸：《〈房屋登记办法〉中在建工程抵押权登记的理解与适用——〈房屋登记办法〉研讨之四》，载《中国房地产》2008年第7期。

③ 陈扬：《在建工程抵押制度研究》，载《西安建筑科技大学学报》（社会科学版）2020年第4期。

是使抵押权直接成立，而预约登记的效力仅在于保障将来实现物权，使未经预告登记权利人同意的对该不动产的处分不发生物权效力，其本身并不能使抵押权成立。对在建工程抵押登记性质的讨论在技术层面也有价值，不仅决定着在建工程抵押登记在不动产统一登记条例中所处的位置，而且影响着不动产登记簿中相关部分的设计。①

预告登记说认为，以在建工程抵押和以预购商品房抵押都属于原《物权法》第180条第1款规定的以“正在建造的房屋”设定抵押权的情形。预购商品房抵押，即购房人在支付首期规定的购房价款后，由贷款银行代其支付其余的购房款，将预购商品房抵押给贷款银行作为偿还贷款履行担保的行为。在建工程抵押的内涵如用预购商品房抵押。这两类抵押都属于以正在建造的建筑物向银行等金融机构设定抵押权进行融资的情形。由于正在建造的建筑物尚未完成，没有办理所有权初始登记，不可能办理抵押权登记，而只能办理预告登记，待房屋建造完成并办理初始登记后，再将抵押权的预告登记转为抵押权登记。②

本登记说认为，在建工程抵押权登记属于本登记，而非预告登记。理由在于：

第一，在建工程抵押不同于预购商品房抵押，前者抵押的只是在建工程已经完工的部分，将来全部完工后没有被抵押的部分属于新增建筑物。

第二，金融机构接受在建工程抵押时，看重的主要是已经建造完成部分的价值，基本上不考虑尚未建造完成部分可能具有的价值。因此，在建工程抵押中的抵押财产就是建设用地使用权以及房屋已经建造完成的部分，这与现房抵押没有本质的区别。

第三，原《物权法》第187条将建筑物抵押和正在建造的建筑物抵押一并加以规定，即均规定为“应当办理抵押登记”“抵押权自登记时设立”。因此，以在建工程设定的抵押权就是一般抵押权，应当办理抵押权登记，发放他项权利证书。

第四，如果认为在建工程抵押登记办理的是预告登记，则意味着债权人享

① 高圣平、申晨：《不动产抵押登记若干问题探讨——从不动产统一登记条例出发》，载《社会科学》2014年第5期。

② 程啸：《〈房屋登记办法〉中在建工程抵押权登记的理解与适用——〈房屋登记办法〉研讨之四》，载《中国房地产》2008年第7期。

有的仍然是请求权，尽管此种请求权的效力比普通的债权请求权更为强大，但仍非担保物权，对于接受在建工程抵押的债权人不利。[①]

笔者认为，在建建筑物抵押登记是本登记，而非预告登记。理由如下：

第一，从目的上说，在建建筑物抵押登记是为了保障债权的实现，以建筑物的价值变现所得价款优先受偿而进行的民事法律行为，债权人看中的是债务人已经投入的在建建筑物的资产价值。预告登记，根据《民法典》第 221 条的规定，是当事人签订买卖房屋协议或者签订其他不动产物权的协议，为保障将来实现物权而限制开发商等债务人随意处分在建房屋而进行的登记。本登记与预告登记，在当事人的心理预期方面存在很大区别。

第二，《民法典》第 402 条规定，在建建筑物抵押权自登记时生效。该法条直接表明了在建建筑物抵押登记的效力，即在建建筑物抵押登记产生抵押权效力，并非预告登记仅产生物权期待权。

第三，从不动产登记操作规范上讲，只要不存在不予登记的情形，不动产登记机构应当将在建建筑物抵押权记载于不动产登记簿，向申请人发放不动产他项权证书。不动产登记簿是物权的根据，将在建建筑物抵押记载于该登记簿，即表明债权人取得物权。

第四，在建建筑物是特定物。在建建筑物有独特的地理位置，其独特的建筑式样具有唯一性，因而属于特定物。对特定物的理解不能僵化，具有可识别性的物，即为特定物。“在建工程虽然尚未取得据以表彰权利的房屋所有权证书，但其已经是法律上的物，具有不动产的自然属性，同时权利人已就在建工程投入建设资金、建筑材料和人力，其交换价值至为明显，因此，在建工程可以作为抵押财产。”[②]

二、在建建筑物抵押权的客体

在建建筑物抵押权的客体，不仅是理论问题，而且具有重大实践意义，决定当事人的债权能否实现。

---

① 程啸：《〈房屋登记办法〉中在建工程抵押权登记的理解与适用——〈房屋登记办法〉研讨之四》，载《中国房地产》2008 年第 7 期。

② 高圣平：《担保法论》，法律出版社 2009 年版，第 318 页。

我们以《不动产登记暂行条例》及其实施细则的规定来讨论在建建筑物抵押权的客体范围，包括两个问题：一是在建建筑物抵押时，在建建筑物占用范围的土地是否一并抵押；二是在建建筑物抵押登记的范围。

其一，在建建筑物抵押时，在建建筑物占用范围的土地是否一并抵押。

法律对此没有规定。笔者认为，在建建筑物只是半成品，甚至只有一堆砖头或者水泥混凝土，其抵押时应包括在建建筑物占用范围内的土地使用权。在建建筑物转为建筑物抵押登记时，应当贯彻“地随房走”原则。

其二，在建建筑物抵押权的范围。

在建建筑物抵押权的范围，在实践中有不同的观点。第一种观点认为，在建工程抵押权实现时，优先受偿的范围应是实现时点的全部在建工程财产价值。在建工程担保的财产范围，是一个不断变化的数据。第二种观点认为，依据原《担保法》，抵押设定后新增的建筑物不属于抵押物，担保范围应为抵押时已完工且双方约定为抵押物的部分的面积。广州、成都、福州等城市均采用此种做法。第三种观点认为，在建工程抵押登记是一种对未来工程价值的预期，办理抵押登记应考虑工程将来可供人们使用，也才真正具有价值。上海、无锡等地在20世纪90年代按此观点操作过一段时期，当时将在建工程抵押归入预告登记类型。抵押登记的担保范围包括整个工程建设竣工后的所有面积，可按建设工程规划许可证所载建筑面积登记抵押担保范围。① 实践中的不同做法反映了在建建筑物抵押登记规定的不足。《不动产登记暂行条例实施细则》第76条列出的办理在建建筑物抵押登记所需的资料中，对抵押合同的内容没有规定。对此，应当根据《民法典》第400条第2款第3项规定，完善在建建筑物的名称、数量等情况信息。但是，在建建筑物的数量如何计量？在建建筑物本身是一个整体。《城市房地产抵押管理办法》第28条对抵押合同的内容作了规定：“以在建工程抵押的，抵押合同还应当载明以下内容：（一）《国有土地使用权证》、《建设用地规划许可证》和《建设工程规划许可证》编号；（二）已交纳的土地使用权出让金或需交纳的相当于土地使用权出让金的款额；（三）已投入在建工程的工程款；（四）施工进度及工程竣工日期；（五）已完成

---

① 杨黎萌、张辉、刘传龙等：《新形势下在建工程抵押登记疑难问题初探》，载《中国房地产》2020年第12期。笔者认同上海、无锡的做法。与其说债权人看中的是在建工程已经投入的部分，不如说债权人看中的是在建工程完工后的变现能力。这种变现能力才是债权人最为关心的部分。从某种意义上说，在建工程如果不完工，根本就没有价值。

的工作量和工程量。”其中的“已投入在建工程的工程款”“已完成的工作量和工程量”是否可以视为抵押权的客体范围？笔者认为不可以，“已投入在建工程的工程款”和“已完成的工作量和工程量”仅是一个数量概念，不具有物的形态，而拍卖、变卖抵押物，需要物的具体形态。物的具体形态决定抵押物的价值。

《民法典担保制度司法解释》第51条第2款规定：“当事人以正在建造的建筑物抵押，抵押权的效力范围限于已办理抵押登记的部分。”该款明确规定了抵押权的范围以登记为准，贯彻了物权公示公信原则，弥合了实践中的分歧，但是仍没有说清楚办理抵押登记应登记哪一部分。未办理登记的续建工程以及新增工程不能成为在建工程抵押权的客体。

三、在建建筑物抵押权与其他权利冲突

建筑工程由于建设环节多、周期长、价值巨大、资金密集，往往有一束权利依附其上。比如，开发商为了开发房地产，往往将在建工程抵押给银行以获取融资。银行取得在建工程抵押权。开发商开发房地产时，需要专业的施工队伍承包建设项目，甚至有施工队伍垫资施工。开发商如果不及时付清款项，那么该建筑工程上存在建筑工程价款优先受偿权。建筑工程达到一定建设程度，开发商取得建设预售许可证后，对社会销售“楼花”，购房者缴纳数额不等的预付款，由此产生对开发商交付房产的期待权。一栋楼房可能存在在建建筑物抵押权、工程价款权、购房者的期待权等各种权利交织现象，它们共同指向建筑物，容易形成权利冲突。①

（一）在建建筑物抵押权与工程价款优先受偿权之间的冲突

在建建筑物在未竣工验收之前，由于不符合我国法律规定的交付使用条件，因此在建建筑物抵押权的实现往往是在建建筑物建成且经过竣工验收之后。建筑物具备交付使用条件时，往往存在作为融资机构的在建建筑物抵押权与承包人的工程价款优先受偿权之间的矛盾和冲突。

---

① 陈思静：《在建工程抵押权实现中权利冲突及解决探析》，载《天津法学》2015年第2期。

1. 关于工程价款优先受偿权的性质争议

解决这两个权利之间的冲突，首先需要正确认定工程价款优先受偿权的性质。工程价款优先受偿权最早在 1999 年《合同法》第 286 条就进行了规定，立法本意是解决工程款拖欠问题。“发包人未按照约定支付价款的，承包人可以催告发包人在合理期限内支付价款。发包人逾期不支付的，除按照建设工程的性质不宜折价、拍卖的以外，承包人可以与发包人协议将该工程折价，也可以申请人民法院将该工程依法拍卖。建设工程的价款就该工程折价或者拍卖的价款优先受偿。”《民法典》第 807 条作了和原《合同法》第 286 条相同的规定，只是修改了个别文字。但对于工程价款优先受偿权的性质，从合同法第 286 条对此做出规定以来，争议不断。最主要的有两种主张，一是优先权；二是法定抵押权。这两种主张各有不少的支持者。[①]

梁慧星先生认为，从立法过程可知，原《合同法》第 286 条，从设计、起草、讨论、修改、审议直至正式通过，始终是指法定抵押权。在历次专家讨论会上，未有任何人对此表示异议。所谓在立法过程中曾发生激烈争论，形成三种不同观点，最后采纳了优先权主张的说法，是完全不符合事实的臆测。原《合同法》第 286 条所规定的既然是法定抵押权，当然其成立直接根据法律规定，不需要当事人间订立抵押合同，也不需要办理抵押权登记。其成立条件：一是建设工程已竣工。建设工程若未竣工，则不发生法定抵押权。建设工程未竣工而中途解除建设工程合同的情形，亦不发生法定抵押权。二是其须是建设工程承包合同所生债权。这里所谓建设工程合同，应当作狭义解释，仅指原《合同法》第 269 条中的施工合同，勘察合同和设计合同不包括在内。订立总承包合同后，再由总承包人订立分承包合同、转承包合同，仅总承包人享有法定抵押权，分承包人、转承包人无此权利。三是其债权标的为依建设工程合同所应支付的价款。所谓“价款”非指市场交易中的商品价款，而是发包人依建设工程合同约定应支付给承包人的承包费，包括承包人施工所付出劳动的报酬、所投入的材料和因施工所垫付的其他费用，及依合同发生的损害赔偿。其债权即报酬请求权、垫付款项请求权，及

① 关于建设工程价款优先受偿权性质的争议，还有一种观点，即认为建设工程价款优先受偿权具有留置权性质。但该观点因与留置权适用的对象不同而不再被学者们接受，故本文只介绍两种主要观点。

损害赔偿请求权。四是法定抵押权的标的物为承包人施工所完成的、属于发包人所有的建设工程不动产及其基地使用权，包括组装或固定在不动产上的动产，不包括建设工程中配套使用并未组装或固定在不动产上的动产。五是须不属于“不宜折价、拍卖的”建设工程。所谓“不宜折价、拍卖”的建设工程，应当解释为法律禁止流通物，包括：公有物，如国家机关办公的房屋建筑物及军事设施；公用物，如公共道路、桥梁、机场、港口，及公共图书馆、公共博物馆等。但国家机关的员工宿舍不属于公有物。法定抵押权的行使条件是：承包人向发包人发出催告通知后经过一个合理期限，而发包人仍未支付。此合理期限，应当从发包人收到催告通知之日起算。此催告通知应当采用书面形式。至于合理期限究竟是多少天，应由法院按照建筑行业习惯及建筑工程合同具体情形判断。①

崔建远先生认为，建设工程价款优先权属于法定抵押权的主张恐难成立，相关论证亦不充分②，其理由如下：

第一，除《民法典》第 397 条等极少数条款规定的法定抵押权以外，典型的不动产抵押权都以登记为生效要件，而《民法典》第 807 条及相关司法解释规定的建设工程价款优先受偿权并无此要求。建设工程价款优先受偿权随着建设工程价款债权的产生而自然设立。

第二，根据相关规定，建设工程价款优先受偿权所担保的范围不包括利息、违约金、损害赔偿金等利益，这与《民法典》第 389 条规定的抵押担保的范围不一致。

第三，《民法典》第 414 条和第 415 条就担保物权的优先顺位从整体上构建了“按照公示先后顺序”加以确立的规则，但是建设工程价款优先受偿权无论公示与否，都优先于抵押权担保的债权受偿。

第四，把建设工程价款优先受偿权划归抵押权，会使抵押权体系内部不尽和谐，例外过多。但是，若将建设工程价款优先受偿权作为优先权之一种，视为法定担保物权，则这一制度能与其他特别法规定的优先权一起共同组成优先权体系，更为合理。具体而言，《企业破产法》第 113 条第 1 款规

---

① 梁慧星：《是优先权还是抵押权——合同法第 286 条的权利性质及其适用》，载《中国律师》2001 年第 10 期。

② 崔建远：《论建设工程价款优先受偿权》，载《法商研究》2022 年第 6 期。

定的破产企业职工的工资债权优先权、《民用航空法》第三节规定的民用航空器优先权以及《海商法》第 21 条、第 22 条第 1 款、第 25 条第 1 款规定的各类海事优先权均属于特别法上的优先权。崔先生在将建设工程价款优先权界定为担保物权的基础上，进一步将建设工程价款优先受偿权的性质界定为不动产优先权。

笔者赞同上述观点。优先权和法定抵押权在法定性、优先性上是一致的，都体现了立法者基于某种价值取向或现实需要而对债权实现顺序的干预，只不过所使用的制度模式不同而已。从法理上而言，法定抵押权是由法律强力赋予债权人的一种担保物权，而优先权则是由法律直接赋予债权人优先于其他债权受偿的权利。优先权具有与担保物权相似的效力，但本身不能等同于担保物权，甚至不能等同于物权。法定抵押权和优先权最终是为取得一种对抗性的优先受偿力是不争的事实，但是我国现行法律对法定抵押权没有作出规定，如果将工程价款优先受偿权解释为法定抵押权，即解释为抵押权之一种，则必须说明此种抵押权不需要登记的理由。另外，《民法典》及其他法律只就法律行为设立抵押权作了规定，对于因事实行为产生抵押权的情形，没有规定。也就是说，抵押权是根据约定才能产生的。因此，将建设工程抵押权解释为优先权更符合现行法律规定的精神，而且与其他国家和地区的立法例一致。[①] 该条之所以出现如此之大的争议，原因是原《合同法》第 286 条并未有任何担保物权的规定，尽管法条后面有“就该折价或者拍卖价款优先偿还工程款”这一表述，但显然这种优先权偿还的后果只是某种实体担保物权的效力体现，不能代表权利本身。从法条上分析，承包人在发包人不支付工程款时，即有权催告，并在对方不支付的情况下，可以将工程折价或者拍卖。这就导致一个奇怪的现象，即仅根据债权存在和违约的事实，合同另一方就采取担保物权人享有的优先权和强制执行措施，这有违债权平等原则，也混淆了物权和债权的效力。如果说这一条在物权法的某一部分进行规定，还可以从相应部分规定的物权性质和效力进行推断，而这一条是在合同法中进行规定的，就无从推断出债权具有如此效力。基于不动产权利法定原则，诸如优先权、抵押权等物权性权利必须由法律明文规定，而在物权法律对此无明文规定的情况下，各种争议和观点都

① 最高人民法院民事审判第一庭编著:《最高人民法院新建设工程施工合同司法解释(一)理解与适用》,人民法院出版社 2021 年版,第 372—373 页。

是智识理论。[①]

2. 在建建筑物抵押权与建设工程优先受偿权冲突的解决

严格来说，在建建筑物抵押权与建设工程优先受偿权之间不存在冲突，因为两者的权利处于建设工程的不同时间段，前者处于建筑物在建期间，后者处于建筑物完成之后。但是，在建建筑物抵押权通常是在建筑物竣工验收之后才便于实现抵押权，在建筑物竣工后转变为建筑物抵押权。因此，在建建筑物的抵押权与建设工程价款优先受偿权的冲突实际表现为建筑物抵押权与建设工程优先受偿权之间的冲突。《建设工程施工合同司法解释（一）》第 36 条为两者之间的冲突提供了解决办法："承包人根据民法典第八百零七条规定享有的建设工程价款优先受偿权优于抵押权和其他债权。"

理解该条，须注意以下几个方面：

第一，该条明确工程价款优先受偿权优于抵押权和其他债权，即工程价款优先受偿权优于在建建筑物抵押权（建筑物抵押权）。《民法典》第 414 条规定了担保物权登记优先的原则，但是对于建设工程价款优先受偿权而言，虽没有登记，依然优先于其他已经登记的担保物权受偿。由此可能带来的问题是，债务人可能虚构建设工程价款，侵害在建建筑物抵押权人的利益。

第二，无论是优先权还是法定抵押权享有的优先受偿权，均可以打破债权平等原则，均是基于法律的明确规定。但是，我国以司法解释的形式，规定建设工程优先受偿权优于其他担保物权和其他债权，破坏了不动产物权登记公示公信原则。笔者认为《建设工程施工合同司法解释（一）》规定建设工程价款优先受偿权优于抵押权不妥，应从《民法典》的角度对此进行规范。

第三，此处的"承包人"是指建设工程施工合同的承包人。根据《民法典》第 788 条的规定，建设工程合同包括工程勘察、设计、施工合同三类合同。其中，工程勘察合同与设计合同在整个建设工程中，无论是金额还是工程量，份额不大，且多为专业机构承担，涉及群体范围不大。而施工合同是建设合同出现问题最多的部分，因此，最高人民法院专门出台司法解释予以规制。此处的"承包人"应当进行狭义解释，专指建设工程施工合同的承包人。《建设工程施工合同司法解释（一）》第 35 条对此也进行了明确规定，"实际施

---

① 梅夏英:《不动产优先权与法定抵押权的立法选择》,载《法律适用》2005 年第 2 期。

工人"[①]、分包人不享有建设工程价款优先受偿权。[②]

第四，根据《建设工程施工合同司法解释（一）》第40条的规定，此处"价款"应当"依照国务院有关行政主管部门关于建设工程价款范围的规定确定。"住房城乡建设部、财政部《关于印发〈建筑安装工程费用项目组成〉的通知》（建标〔2013〕44号）中指出，"建筑安装工程费用项目按费用构成要素组成划分为人工费、材料费、施工机具使用费、企业管理费、利润、规费和税金"。上述价款的利息、不及时支付的违约金及损害赔偿金不在优先受偿权的范围之内。

第五，关于联合体投标中的"承包人"问题。联合体投标常常出现于EPC（设计、施工、采购）总承包合同方式中。《招标投标法》第31条第1款规定："两个以上法人或者其他组织可以组成一个联合体，以一个投标人的身份共同投标。"《政府采购法》第24条第1款规定："两个以上的自然人、法人或者其他组织可以组成一个联合体，以一个供应商的身份共同参加政府采购。"《建筑法》第27条规定："大型建筑工程或者结构复杂的建筑工程，可以由两个以上的承包单位联合共同承包。共同承包的各方对承包合同的履行承担连带责任。两个以上不同资质等级的单位实行联合共同承包的，应当按照资质等级低的单位的业务许可范围承揽工程。"两个或两个以上的承包单位或其他组织，组成一个联合体，通过联合体之间的协议结成联营组织，并通过协议明确内部分工或共同经营的方式，对外作为一个整体向发包方承揽特定的工程。[③]

关于联合体的性质，我国法律规定得比较模糊。如果联合体中标的建设工程中，最后的工程价款发生拖欠，联合体可否向法院提起工程价款优先受偿权诉讼？笔者认为，联合体不属于《民法典》规定的民事权利主体，它只是为特定目的临时组成的松散型关系，也不是《民事诉讼法》规定的其他组织。因此，联合体不能作为一个民事主体要求对建设工程拍卖或者折

① "实际施工人"不是法律用语，是《建设工程施工合同司法解释（二）》中创造的概念，是指建设工程施工合同被认为无效后，具体实施工程建设的人，包括转包关系中的承包方、违法分包关系中的承包方、挂靠或者借用建筑业企业资质的承包方等。参见最高人民法院民事审判第一庭编著：《最高人民法院新建设工程施工合同司法解释（一）理解与适用》，人民法院出版社2021年版，第363页。

② 最高人民法院民事审判第一庭编著：《最高人民法院新建设工程施工合同司法解释（一）理解与适用》，人民法院出版社2021年版，第363—364页。

③ 王鹏、范向东：《工程总承包模式联合体法律问题研究》，载《铁道经济研究》2019年第5期。

价；应当根据联合体协议的约定确定原告，如果联合体协议中约定以牵头单位负责工程结算，则可以以牵头单位名义主张权利；如果联合体协议中没有约定牵头单位负责工程结算，则以实际负责工程施工的单位为原告。在审理中，法院应当审理查明拖欠款项的性质，对于施工合同的工程款可以主张优先受偿权，其他的材料采购款、勘察、设计款项不得主张优先受偿权。

（二）在建建筑物抵押权与商品房购买人的债权冲突

《不动产登记暂行条例实施细则》第75条第2款规定："当事人申请在建建筑物抵押权首次登记时，抵押财产不包括已经办理预告登记的预购商品房和已经办理预售备案的商品房。"该规定非常明确，在建建筑物的抵押财产不包括办理预售备案的商品房。照此办理，不会发生在建建筑物抵押权人与商品房预购人之间的权利冲突。问题是，在建建筑物办理抵押后，又办理了商品房预售，此时就产生在建建筑物抵押权与商品房预售购买人的权利冲突。产生冲突的原因是，不动产登记机关与城市商品房预售许可部门不是同一部门。《城市商品房预售管理办法》第5条规定，商品房预售应当符合下列条件：（1）已交付全部土地使用权出让金，取得土地使用权证书；（2）持有建设工程规划许可证和施工许可证；（3）按提供预售的商品房计算，投入开发建设的资金达到工程建设总投资的25%以上，并已经确定施工进度和竣工交付日期。在建建筑物是否已经抵押，不是办理商品房预售许可证的考虑条件。由此，可能出现在建建筑物抵押权转为建筑物抵押权时，建筑物抵押范围包含购买者的商品房的情形，产生在建建筑物抵押权与商品房购买人的物权期待权的冲突。

对于在建建筑物抵押权与商品房购买人的物权期待权的冲突如何解决，法律没有规定。最高人民法院的案例可以给我们启示。

最高人民法院在（2021）最高法民终606号一案的民事判决书中认为，执行异议之诉的关键实体问题在于比较执行标的物上存在的不同类型权利的效力顺位。原则上，物权优先于债权，法律规定的特殊债权优先于普通债权。最高人民法院《执行异议和复议规定》第27条规定："申请执行人对执行标的依法享有对抗案外人的担保物权等优先受偿权，人民法院对案外人提出的排除执行异议不予支持，但法律、司法解释另有规定的除外。”第 28 条[①]和第 29 条[②]则分别规定了不动产买受人的普通物权期待权和作为商品房消费者的物权期待权与强制执行的关系。第 29 条为第 28 条规定的特殊情形，当事人可以选择适用以排除金钱债权的执行。同时，就该案所涉实体权利优先顺位而言，商品房消费者物权期待权最优，工程价款优先受偿权次之；不动产买受人的普通物权期待权虽被赋予“物权”名义，但毕竟不是既得物权，其本质上仍属于债权请求权，故虽优先于普通债权，但应劣后于工程价款优先受偿权及担保物权等。也就是说，第 27 条规定的“除外”内容包括第 29 条，但不包括第 28 条。虽然任周良对案涉房屋享有普通物权期待权，但长青公司对案涉房屋享有建设工程价款优先受偿权，故任周良关于排除对案涉房屋执行的请求不予支持。

最高人民法院的上述观点，确立了商品房消费者物权期待权最优，工程价款优先受偿权次之，不动产买受人的普通物权期待权再次之的权利顺位思路。这种观点在最高人民法院其他案件的裁判文书中有同样的表述。[③] 由此，在司法实践中，对于商品房的购买者而言，其物权期待权可以对抗在建工程抵押权。其理由在于，商品房购买者的利益涉及基本人权，理应予以特别保护。但是，如果商品房不是用于居住的，则不适用该规则。

---

① 《执行异议和复议规定》第 28 条：“金钱债权执行中，买受人对登记在被执行人名下的不动产提出异议，符合下列情形且其权利能够排除执行的，人民法院应予支持：（一）在人民法院查封之前已签订合法有效的书面买卖合同；（二）在人民法院查封之前已合法占有该不动产；（三）已支付全部价款，或者已按照合同约定支付部分价款且将剩余价款按照人民法院的要求交付执行；（四）非因买受人自身原因未办理过户登记。”

② 《执行异议和复议规定》第 29 条：“金钱债权执行中，买受人对登记在被执行的房地产开发企业名下的商品房提出异议，符合下列情形且其权利能够排除执行的，人民法院应予支持：（一）在人民法院查封之前已签订合法有效的书面买卖合同；（二）所购商品房系用于居住且买受人名下无其他用于居住的房屋；（三）已支付的价款超过合同约定总价款的百分之五十。”

③ 如最高人民法院（2021）最高法民终 936 号民事判决书。

第二十三章　不动产抵押（二）

第一节　建设用地使用权抵押

土地不仅是人类赖以生存和发展的物质基础，而且对于国家的政治、军事、经济和文化产生深远影响。原《物权法》第 180 条第 1 款第 2 项规定，“建设用地使用权”可以设定抵押。《民法典》第 395 条第 1 款第 2 项重申了原《物权法》的“建设用地使用权”可以抵押的规定。建设用地使用权抵押成为我国重要的不动产抵押形式。

《土地管理法实施条例》第 17 条规定：“建设单位使用国有土地，应当以有偿使用方式取得；但是，法律、行政法规规定可以以划拨方式取得的除外。国有土地有偿使用的方式包括：（一）国有土地使用权出让；（二）国有土地租赁；（三）国有土地使用权作价出资或者入股。”

根据上述规定，建设用地土地使用权的取得方式有四种：出让、划拨、租赁、入股。以这四种方式取得的建设用地使用权均可设立抵押权。本节分别论述上述始四种情形下建设用地使用权抵押的效力问题以及乡镇、村企业建设用地使用权抵押问题。

一、以出让方式取得建设用地使用权抵押及“房随地走”原则

《城市房地产管理法》第 8 条规定：“土地使用权出让，是指国家将国有土地使用权（以下简称土地使用权）在一定年限内出让给土地使用者，由土地使用者向国家支付土地使用权出让金的行为。”第 13 条规定：“土地使用权出让，可以采取拍卖、招标或者双方协议的方式。商业、旅游、娱乐和豪华住宅用地，有条件的，必须采取拍卖、招标方式；没有条件，不能采取拍卖、招标方式的，可以采取双方协议的方式。采取双方协议方式出让土地使用权的出让金不得低于

按国家规定所确定的最低价。”土地出让是土地利用的主要方式。近年来，一些地方政府的主要收入来源是国有土地出让金，俗称“土地财政”。

《民法典》第 397 条第 1 款中规定：“以建设用地使用权抵押的，该土地上的建筑物一并抵押。”这就是俗称的“房随地走”原则。

与“地随房走”原则不同，“房随地走”原则是指建筑物随着土地的流转而流转，“地”是主动因素，“房”是被动因素。“房随地走”原则的主要内容如下：

其一，“房随地走”是管理性强制性规范，即当事人应当约定，建设用地使用权抵押时，应当将地上建筑物同时抵押。不进行同时抵押的，法律视为“一并抵押”。

其二，“房”是指在抵押时已经建成的房。《民法典担保制度司法解释》第 51 条第 1 款规定：“当事人仅以建设用地使用权抵押，债权人主张抵押权的效力及于土地上已有的建筑物以及正在建造的建筑物已完成部分的，人民法院应予支持。”该条明确，即使当事人在办理建设用地使用权抵押时，没有同时办理地上建筑物抵押，但是当事人主张土地抵押的效力及于特定建筑物时，法院会支持。这是“房随地走”最直接的体现。注意，“房随地走”之“房”，是以土地使用权抵押登记时为界限，土地使用权抵押登记时已经存在的建筑物，或者是正在建设的建筑物已经完成的部分。土地使用权抵押登记后正在建设的建筑物的后续部分以及新增的建筑物，不随地走。实践中，对土地抵押登记时已经存在的建筑物比较容易理解，但是对于正在建设的建筑物哪些是已经完成的部分可能是一个比较容易扯皮的问题。比如，正在建设的 30 层大楼，土地使用权抵押登记时，已经完成的部分可能是地基，或者地基以上一层砖的高度，诉讼中可能无法界定。对此问题，还需要在实践中不断进行经验总结。

其三，“走”是一同被拍卖、变卖之意。建设用地使用权抵押权实现时，建设用地使用权以及地上建筑物同时被拍卖、变卖，抵押权人以拍卖、变卖的价款优先受偿。多余的价款应当返还给抵押人。房和地分别抵押给不同的债权人时，应当依据《民法典》第 414 条的规定，遵循先登记的权力优先的原则决定拍卖、变卖权的清偿顺序。

其四，“房随地走”之“房”是被动因素，“房”之违法，不及于建设用地使用权的抵押合同效力，即抵押人以地上存在违法建筑物为由，主张土地使用权抵押合同无效的，人民法院不予支持。理由不再赘述。

二、以划拨方式取得的建设用地使用权抵押

（一）关于划拨用地

首先，必须明确只有国有土地才能划拨。集体所有的土地涉及基本民生，不能划拨给建设单位使用。

其次，划拨用地的范围和期限。《城市房地产管理法》第23条规定："土地使用权划拨，是指县级以上人民政府依法批准，在土地使用者缴纳补偿、安置等费用后将该幅土地交付其使用，或者将土地使用权无偿交付给土地使用者使用的行为。依照本法规定以划拨方式取得土地使用权的，除法律、行政法规另有规定外，没有使用期限的限制。"第24条规定："下列建设用地的土地使用权，确属必需的，可以由县级以上人民政府依法批准划拨：（一）国家机关用地和军事用地；（二）城市基础设施用地和公益事业用地；（三）国家重点扶持的能源、交通、水利等项目用地；（四）法律、行政法规规定的其他用地。"

针对上述四类划拨用地，原国土资源部在2001年制定了《划拨用地目录》，共含十九大项内容。

第三，划拨用地并非完全无偿。根据《城市房地产管理法》第23条的规定，划拨用地的费用缴纳有两种情形：一是缴纳土地补偿、安置费用后使用土地，二是完全无偿交付使用。各地对此规定不同。如福建省南平市规定，属《划拨用地目录》中的军事用地、城市基础设施用地和公益事业用地、特殊用地以及拆迁安置房、经济性适用房、公租房、廉租房等保障性安居工程项目，国家重点扶持的能源、交通、水利等基础设施用地，采取行政无偿划拨方式供地。除上述项目用地采取行政无偿划拨方式供地外，其他项目均按照有偿方式划拨供地，具体行政划拨价款标准为：（1）南林片区国有建设用地使用权行政划拨价款收取标准为58万元/亩（双龙路片区参照执行）；（2）新岭、将口片区国有建设用地使用权行政划拨价款收取标准为18万元/亩；（3）兴田片区国有建设用地使用权行政划拨价款收取标准为13万元/亩。①

---

① 《南平市人民政府关于公布武夷新区国有建设用地使用权行政划拨价款标准的通知》（南政综〔2021〕131号）。

（二）以划拨方式取得的建设用地使用权抵押

以划拨方式取得的建设用地使用权的抵押问题在立法上有一个逐步演变的过程。

《城镇国有土地使用权出让和转让暂行条例》（1990 年 5 月 19 日公布实施，2020 年 11 月 29 日修订）第 45 条规定："符合下列条件的，经市、县人民政府土地管理部门和房产管理部门批准，其划拨土地使用权和地上建筑物、其他附着物所有权可以转让、出租、抵押：（一）土地使用者为公司、企业、其他经济组织和个人；（二）领有国有土地使用证；（三）具有地上建筑物、其他附着物合法的产权证明；（四）依照本条例第二章的规定签订土地使用权出让合同，向当地市、县人民政府补交土地使用权出让金或者以转让、出租、抵押所获收益抵交土地使用权出让金。转让、出租、抵押前款划拨土地使用权的，分别依照本条例第三章、第四章和第五章的规定办理。"该规定表明，划拨土地抵押必须经过土地管理部门批准，并办理登记。

2003 年，最高人民法院颁布了《关于破产企业国有划拨土地使用权应否列入破产财产等问题的批复》。该批复第 2 条规定："企业对其以划拨方式取得的国有土地使用权无处分权，以该土地使用权设定抵押，未经有审批权限的人民政府或土地行政管理部门批准的，不影响抵押合同效力；履行了法定的审批手续，并依法办理抵押登记的，抵押权自登记时设立。根据《中华人民共和国城市房地产管理法》第五十一条的规定，抵押权人只有在以抵押标的物折价或拍卖、变卖所得价款缴纳相当于土地使用权出让金的款项后，对剩余部分方可享有优先受偿权。但纳入国家兼并破产计划的国有企业，其用以划拨方式取得的国有土地使用权设定抵押的，应依据国务院有关文件规定办理。"上述文件完全是依据《城镇国有土地使用权出让和转让暂行条例》作出的规定。

该规定虽然是对破产企业的划拨土地的处理办法，但对审理划拨土地的抵押合同效力的认定以及划拨土地抵押权实现有现实指导意义。但是，国土资源部门认为，由于土地管理部门既是土地抵押登记机构，又是土地管理部门，因而以划拨方式取得的建设用地使用权在设定抵押权时，只要办理了抵押权登记即可，无须履行审批手续。2004 年 1 月 15 日，国土资源部颁布的《关于国有划拨土地使用权抵押登记有关问题的通知》（已失效）规定："以国有划拨土地使用权为标的物设定抵押，土地行政管理部门依法办理抵押登记手续，即视同已经具有审批权限的土地行政管理部门批准，不必再另行办理土地使用权抵押的审批手续。”

对于原国土地资源部的这一态度变化，最高人民法院于 2004 年 3 月 23 日转发了原国土资源部的上述通知，并指出：“在《通知》发布之日起，人民法院尚未审结的涉及国有划拨土地使用权抵押经过有审批权限的土地行政管理部门依法办理抵押登记手续的案件，不以国有划拨土地使用权抵押未经批准而认定抵押无效。已经审结的案件不应依据该《通知》提起再审。”

上述规定表明，划拨的建设土地使用权抵押，与出让的土地使用权抵押在手续上没有区别，只要依法办理了抵押登记即可。只是划拨的土地使用权抵押变现后，须向国土资源部门支付土地出让金，其余部分方可优先受偿。

国务院办公厅《关于完善建设用地使用权转让、出租、抵押二级市场的指导意见》（国办发〔2019〕34 号）规定，以划拨方式取得的建设用地使用权可以依法依规设定抵押权，划拨土地抵押权实现时应优先缴纳土地出让收入；以出让、作价出资或入股等方式取得的建设用地使用权可以设定抵押权。放宽对抵押权人的限制，自然人、企业均可作为抵押权人申请以建设用地使用权及其地上建筑物、其他附着物所有权办理不动产抵押相关手续。涉及企业之间债权债务合同的，须符合有关法律法规的规定。

《民法典担保制度司法解释》第 50 条第 2 款规定，当事人以划拨土地抵押没有办理审批手续为由主张抵押合同无效或者不生效的，人民法院不予支持。已经办理抵押权登记手续的，抵押权人主张行使抵押权的，人民法院予以支持。

从上述划拨土地抵押制度的演变过程看可以得出这样的结论：一是划拨的建设用地使用权抵押仍然需要审批，这是国务院行政法规的规定。二是自然资源部门以划拨建设用地使用权的抵押登记代替了划拨建设用地使用权抵押的审批，即划拨土地使用权办理抵押登记的，无须办理审批手续。三是是否办理审批，不影响抵押合同的效力。四是只要办理了抵押权登记，划拨的建设用地使用权抵押成立，当事人可以主张行使抵押权。但是，抵押权实现时所得的价款，应当优先支付土地出让金。

三、以租赁方式取得的建设用地使用权抵押

土地租赁制度作为一项传统制度，在世界各国得到广泛使用，是世界通用的所有权与使用权相分离的法律形式。世界各国的土地租赁呈现出相似的特征：一是租赁土地类型以商业、办公、工业等经营性用途为主。二是土地租赁期限长短不一，不同国家的土地租赁期随着社会发展需要进行灵活调整。如，日本将土地租赁权期限从 30 年延长至 50 年，进一步保障了承租人权益；而新加坡为加强政府对产业的控制，将工业用地租赁期限控制在 30 年。三是租金与土地价值挂钩，随着土地市场价值进行灵活调整。四是不同国家承租人的权益不同。如，英国租赁土地承租人的权益较为广泛，新加坡对承租人的权益进行了限制，日本则根据不同租赁土地类型为承租人提供不同的权益保障。[①] 1999 年施行的《土地管理法实施条例》首次从法规层面明确了国家可以以出租的方式向土地使用者提供土地。同年，国土资源部发布《规范国有土地租赁若干意见》，进一步规范了国有土地租赁制度。近年来，深圳、上海、北京等特大城市进一步通过土地租赁制度强化政府对土地（主要集中在产业用地）的引导与管控力度，在充分利用土地政策、提高土地利用效率及吸引企业入驻等方面做了很多工作。

土地租赁法律制度是一个系统，它包括土地租赁制的概念界定、土地租赁关系的性质、土地租赁关系双方的权利义务、土地租赁权的效力、土地租赁制的适用范围、土地租赁租金的确定、土地租赁期限、土地租赁权的流转（包括租赁权之让渡、转租、于租赁权之上设定抵押权等）、土地租赁制与土地出让制的关系和界限、土地租赁法律责任等诸多方面。对这些诸多方面进行深入而全面的研究并确保整个租赁制度内部的和谐统一、协调一致是迫切要解决的问题。[②]

以租赁方式取得建设用地使用权，应当进行登记。《不动产登记暂行条例实施细则》第 34 条对此有明确规定。关于建设用地使用权租赁权可否设定抵押的问题，原国土资源部《规范国有土地租赁若干意见》第 6 条规定："国有

---

① 殷小勇、殷会良、马嵩：《国有土地租赁制度在城市新区的适用性探讨》，载《中国土地》2022 年第 4 期。

② 李延荣、蒋成华：《国有土地租赁法律问题研究综述》，载《中国土地科学》2001 年第 3 期。

土地租赁，承租人取得承租土地使用权。承租人在按规定支付土地租金并完成开发建设后，经土地行政主管部门同意或根据租赁合同约定，可将承租土地使用权转租、转让或抵押。承租土地使用权转租、转让或抵押，必须依法登记。”“地上房屋等建筑物、构筑物依法抵押的，承租土地使用权可随之抵押，但承租土地使用权只能按合同租金与市场租金的差值及租期估价，抵押权实现时土地租赁合同同时转让。”“在使用年期内，承租人有优先受让权，租赁土地在办理出让手续后，终止租赁关系。”

国务院办公厅《关于完善建设用地使用权转让、出租、抵押二级市场的指导意见》规定：“以租赁方式取得的建设用地使用权，承租人在按规定支付土地租金并完成开发建设后，根据租赁合同约定，其地上建筑物、其他附着物连同土地可以依法一并抵押。”

根据上述规定，租赁土地设定抵押权包含以下内容：

（1）从实质要件上，按规定支付租金并且完成开发建设的租赁土地才可以抵押。不明确的是，土地租金是一次性支付完毕还是按月、按季支付？设定“完成开发建设”条件，是为了避免承租人以租赁土地套取金融金融机构贷款，因而规定只有承租人完成了开发建设才能进行抵押。实践中，这条规定比较难以落实。首先，《不动产登记暂行条例实施细则》对建设用地使用权抵押登记的规定中，没有要求租赁土地抵押提交“完成开发建设”的资料。因法无授权，抵押登记部门不可能主动审查租赁土地上“完成开发建设”的情况或者要求抵押申请人提交“完成开发建设”的证据资料。其次，对于“完成开发建设”的判定，由谁来判定，恐怕各说各理，撕扯不清。

（2）在抵押程序上，原国土资源部的规定中有土地主管部门同意或者根据租赁合同的约定两项条件，国务院办公厅的文件中取消了土地主管部门同意这个条件，这意味着使用租赁土地抵押只有一个前提条件，即根据土地租赁合同的约定。如果土地租赁合同中没有约定，则承租人不得抵押。土地租赁合同是土地主管部门与承租人签订的合同，如果已经约定了抵押，则视土地管部门已经同意了可以进行抵押，无须再次经过同意。

（3）租赁土地抵押，其地上建筑物、构筑物及其他附着物一并抵押，一同拍卖、变卖。对于租赁的建设用地使用权，拍卖或者变卖后，应当优先支付土地出让金，土地租赁合同同时终止。

（4）租赁土地上的建筑物、构筑物及其他附着物抵押的，承租土地使用权可随之抵押，但承租土地使用权只能按合同租金与市场租金的差值及租期估价，抵押权实现时土地租赁合同同时转让。

四、作价入股的土地使用权抵押

作价入股的土地使用权，已经成为入股公司的资产，且属于出让的土地使用权，应按照出让土地抵押权的规则和程序办理抵押登记手续。

五、乡镇、村企业建设用地使用权抵押

关于乡镇、村企业建设用地使用权的抵押问题，我国担保法律的态度是一贯的。原《担保法》第 36 条第 3 款规定："乡（镇）、村企业的土地使用权不得单独抵押。以乡（镇）、村企业的厂房等建筑物抵押的，其占用范围内的土地使用权同时抵押。"该条款是在国家对集体建设用地使用权流转实行严格限制的政策背景下制订的。原《物权法》第 183 条延续原《担保法》第 36 条第 3 款的规定，只是将土地类型限缩为建设用地。《民法典》第 398 条延续《物权法》第 183 条的规定："乡镇、村企业的建设用地使用权不得单独抵押。以乡镇、村企业的厂房等建筑物抵押的，其占用范围内的建设用地使用权一并抵押。"该条中"以乡镇、村企业的厂房等建筑物抵押的，其占用范围内的建设用地使用权一并抵押"的规定，实际上衔接了《民法典》第 397 条的相关规定，所不同的是第 397 条是"地随房走，房随地走"的双向规定，而第 398 条的这一句只是"地随房走"的单向规定。

《民法典》第 398 条如此规定的原因在于乡镇、村企业的建设用地大多数是集体所有土地，是促进农村经济发展的基本生产资料，是提高农民生活水平的基本保障。如果允许乡镇、村企业的建设用地单独抵押，则抵押权实现，势必会造成建设用地使用权转让的后果，农村集体土地可能会变为城市建设用地。但为了促进乡镇、村企业的发展，法律允许以乡镇、村企业的厂房等建筑物抵押，可以贯彻地随房走原则，将建筑物占用范围内的土地使用权一并抵押。

有观点认为，《民法典》第 398 条的规定与《土地管理法》第 63 条的规定存在矛盾。《土地管理法》第 63 条第 3 款规定："通过出让等方式取得的集体经营性建设用地使用权可以转让、互换、出资、赠与或者抵押，但法律、行政法规另有规定或者土地所有权人、土地使用权人签订的书面合同另

有约定的除外。”这是2020年1月1日开始实施的新《土地管理法》增加的一项规定，即“允许集体经营性建设用地入市”，被誉为《土地管理法》此次修订的最大亮点。根据该规定，以出让方式取得的集体建设用地使用权可以抵押，这与《民法典》第398条集体建设用地“不允许单独抵押”存在明显的矛盾。[①]

笔者认为，《民法典》与《土地管理法》的上述规定不存在矛盾。建设用地使用权抵押是担保法、物权法的一贯主张，出让、划拨、租赁或者出资作价入股的建设用地使用权均可以设置抵押，但这是对国有建设用地使用权而言的。《土地管理法》第63条规定的集体经营性建设用地使用权是符合土地利用规划、城乡规划的依法登记的集体经营性建设用地，可以通过出让、出租等方式交由单位或者个人使用（第63条第1款）；集体经营性建设用地的出让、出租应经本集体经济组织成员的村民会议三分之二以上成员或者三分之二以上村民代表同意（第63条第2款）；以出让方式取得的集体经营性建设用地可以设定抵押（第63条第3款）。农村村民委员会将集体经营性建设用地出让后，受让人取得的集体经营性建设用地使用权，与以出让方式取得的国有土地使用权无异，可以抵押。《民法典》第398条规定的“乡镇、村企业的建设用地使用权不得单独抵押”并没有说明乡镇、村企业的建设用地，究竟是出让取得，还是以其他方式取得。《土地管理法》第63条和《民法典》第398条，规范的是同一事项，但重点不同，前者在于准许以出让方式取得的集体经营性建设用地使用权的抵押，而后者规范的是乡镇、村企业的建设用地使用权不得单独抵押，两者规范的地块不同。

第二节　海域使用权抵押

一、海域使用权的概念

《海域使用管理法》经九届全国人大常委会第二十四次会议于2001年10月27日通过，自2002年1月1日起施行。该法的通过标志着我国海洋利用进入有法可依的新时期，为海洋强国事业注入了新活力。《海域使用管理法》规

① 刘旭华：《集体经营性建设用地使用权抵押财产范围探讨》，载《中国土地》2021年第7期。

定，海域，是指中华人民共和国内水、领海的水面、水体、海床和底土。在海域使用立体分层确权研究中，部分学者通常会将海域在垂向上分为水面、水体、海床和底土 4 个部分（简称“四层学说”），然而，另外一些学者还强调了海域上方空间，即将海域空间分为水面上方、水面、水体、海床和底土 5 个部分（简称“五层学说”）。但不论是四层学说，还是五层学说，作为一种特定的空间资源，海域是海域使用权的客体，突显底土固定性、水体流动性、功能多样性及利用立体性等特点。①

海域使用权的获得，有两种方式：

一是申请取得。任何单位和个人可以向县级以上人民政府海洋行政主管部门申请使用海域。申请使用海域的，申请人应当提交下列书面材料：（1）海域使用申请书；（2）海域使用论证材料；（3）相关的资信证明材料；（4）法律、法规规定的其他书面材料。下列项目用海，应当报国务院审批：（1）填海 50 公顷以上的项目用海；（2）围海 100 公顷以上的项目用海；（3）不改变海域自然属性的用海 700 公顷以上的项目用海；（4）国家重大建设项目用海；（5）国务院规定的其他项目用海。上述情况以外的项目用海的审批权限，由国务院授权省、自治区、直辖市人民政府规定。

二是通过招标或者拍卖的方式取得。招标或者拍卖方案由海洋行政主管部门制订，报有审批权的人民政府批准后组织实施。海洋行政主管部门制订招标或者拍卖方案，应当征求同级有关部门的意见。

海域使用权最高期限，因用途不同而不同：（1）养殖用海 15 年；（2）拆船用海 20 年；（3）旅游、娱乐用海 25 年；（4）盐业、矿业用海 30 年；（5）公益事业用海 40 年；（6）港口、修造船厂等建设工程用海 50 年。

填海项目竣工后形成的土地，属于国家所有。

海域使用权人应当自填海项目竣工之日起 3 个月内，凭海域使用权证书，向县级以上人民政府土地行政主管部门提出土地登记申请，由县级以上人民政府登记造册，换发国有土地使用权证书，确认土地使用权。

《海域使用管理法》实施后，为贯彻落实该法确立的海域使用权、海洋功能区划、海域有偿使用等制度，国家海洋局会同有关部门，发布了《海域使

① 杨志浩、孙华烨、杨名名等：《海域使用权立体分层确权及管理配套制度探讨》，载《海洋开发与管理》2022 年第 3 期。

用金减免管理办法》（2006）等规范性文件。沿海各省、自治区和直辖市也结合本地实际，出台了地方性海域管理法规或地方政府规章。至此，海域使用的法律、法规和规章制度体系建立起来。

海域使用权是用益物权，这在学界和实务界没有异议。《民法典》对海域使用权进行了概括规定，没有像土地经营权一样设专章进行全面规范。

有学者认为，由于土地承包经营权、国有土地使用权、渔业权在我国现行法上均为有效的权利，海域使用权、渔业权、某些土地承包经营权都以特定海域为客体且都以占有、使用、收益为内容，因此，它们若并存于同一海域就难免要发生效力冲突。海域使用权本身没有独立的目的与功能，既有的权利，如渔业权、矿业权、水权（含排污权）、土地承包经营权、国有土地使用权等各自拥有其目的及功能，完全能够满足权利人的需要。这在客观上排斥了海域使用权的存在价值。只要不否认渔业权、矿业权、水权（含排污权）、土地承包经营权、国有土地使用权存在的正当性，海域使用权的存在就不仅是无用的而且是有害的。[①] 笔者认为，海域使用权同现存的土地承包权、矿业权等权利相比，有其独特性。其独特性一方面体现在权利客体是特定海洋区域上，另一方面还体现在海洋的流动性、海洋环境的全局性、海洋地位的战略性等诸多涉及国家利益甚至全球利益的重大问题上。所以，海域使用权不单单是私权，还涉及公权利。设立海域使用权，对海洋这块蓝色国土上的各种权利进行综合管理还是有必要的。

二、海域使用权抵押的立法过程

关于海域使用权抵押的问题，我国原《物权法》没有明确规定。原《物权法》第 122 条明确将海域使用权作为与建设用地使用权、土地承包经营权等相并列的用益物权，但原《物权法》第 180 条规定可以设立抵押权的财产并没有直接列明包括“海域使用权”。从扩张解释角度，或许我们可以从该条“法律、行政法规未禁止抵押的其他财产”中为海域使用权设定抵押找到依据。作为海域使用权创设最直接的法律依据，《海域使用管理法》也没有明确海域使用权能否设定抵押。唯一与海域使用权设定抵押相关的条文是《海域使用管理法》第 27 条第 2 款第 1 句，即“海域使用权可以依法转让”。我们可

① 崔建远:《海域使用权制度及其反思》,载《政法论坛》2004 年第 6 期。

以将海域使用权设定抵押认定为海域使用权转让的一种特殊形式或形态，那么，我们似乎可以从《海域使用管理法》中找到海域使用权设定抵押的法律依据。但这一理解过于勉强，也不符合人们日常的朴素认知。与上述两部法律不同的是，一些部门规章、地方性法规或者规范性文件对海域使用权设定抵押作出了明确规定。比如，国家海洋局于 2006 年颁布的《海域使用权登记办法》（已失效）第 11 条规定："出租、抵押海域使用权的，双方当事人应当在签订租赁、抵押协议之日起三十日内到原登记机关办理出租、抵押登记"。同年颁布的《福建省海域使用管理条例》第 25 条规定："海域使用权在使用期限内可以依法继承、转让、抵押、出租。"同年，《福建省海域使用权抵押登记办法》第 6 条规定："海域使用权设立抵押权的，抵押人和抵押权人应当在抵押合同签订后十五日内，向原批准用海人民政府的海洋行政主管部门申请办理海域使用权抵押登记。"这些部门规章、地方性法规或者规范性文件，为我国海域使用权设定抵押的实践提供了先行先试的重要制度依据。经过多年的探索与实践，国务院 2014 年 11 月颁布的《不动产登记暂行条例》第 5 条规定，海域使用权、抵押权等作为不动产权利，应当依照该条例的规定办理登记。但是，该条例并没有明确这里的"抵押权"是否包括海域使用权设定的抵押权。原国土资源部 2016 年 1 月颁布的《不动产登记暂行条例实施细则》则对《不动产登记暂行条例》遗留的疑问进行了明确呼应。该细则第 65 条规定："对下列财产进行抵押的，可以申请办理不动产抵押登记：……（三）海域使用权；……（六）法律、行政法规未禁止抵押的其他不动产。"显然，海域使用权以合意的方式设定抵押权，在行政法规或者地方性法规层面，已经没有任何的障碍。①

《民法典》填补了原《物权法》在可抵押财产类型上的空缺，一改以往只能将海域使用权解释为"法律、行政法规未禁止抵押的其他财产"的兜底缺陷，明确将海域使用权作为可抵押财产类型，避免海域使用权的抵押流转受到法律上的限制。在抵押权设立模式的选择上，海域使用权抵押遵循了与建筑物及土地附着物、建设用地使用权一样的抵押权设立方式，即自办理抵押登记时

---

① 罗施福:《论海域使用权设定抵押权的立法改进》,载《中国海洋大学学报》(社会科学版) 2018 年第 4 期。

设立，这也破解了海域使用权的抵押应当采取何种物权变动模式的疑虑。①

三、海域使用权抵押的限制

《海域使用管理法》《不动产登记暂行条例》《不动产登记暂行条例实施细则》对海域使用权抵押限制的问题没有规定，但《海域使用权管理规定》对海域使用权抵押有明确的限制，之主要体现为两个方面：一是通过限制海域使用权的转让来限制抵押；二是明文规定不得抵押。

（一）通过限制转让来限制抵押

根据《民法典》第395条的规定，可处分的财产可以作为抵押财产。可处分性即指可转让性。在我国，由于海域使用权特许使用的性质，对于合法取得的海域使用权，其转让仍然受到诸多限制。《海域使用权管理规定》第38条规定，转让海域使用权应当具备下列条件：（1）开发利用海域满1年；（2）不改变海域用途；（3）已缴清海域使用金；（4）除海域使用金以外，实际投资已达计划投资总额20%以上；（5）原海域使用权人无违法用海行为，或违法用海行为已依法处理。上述诸条件中，开发利用满1年是基本条件，其他条件都是必要条件。设定这些条件的目的是禁止“炒海”，但是该基本条件显然比较模糊，在实践中不易操作。如何界定“开发利用”？怎样才能认定“开发利用”？“开发利用”和“投资总额20%以上”是什么关系？这些都需要在实践中厘清。

（二）明文禁止不得抵押的情况

根据《民法典》《海域使用权管理规定》等的规定，在多种情形下，海域使用权不得抵押。

1. 权属不清或者权属有争议的

该项规定见于《海域使用权管理规定》第42条第1项规定，与《民法典》第399条第4项规定一致。但是必须明确，以权属不清或者权属有争议的海域使用权设定抵押，抵押合同有效。如果构成无权处分的，法院应当依据

① 李志文、柴芳玲：《〈民法典〉抵押转让规则对海域使用权抵押的适用逻辑及规范配置》，载《大连海事大学学报》（社会科学版）2021年第5期。

《民法典》第 311 条的规定处理。

2. 被查封的海域使用权

《民法典》第 399 条第 5 项规定，被查封的财产不得设定抵押。但是，根据《民法典担保制度司法解释》第 37 条的规定，该抵押合同有效；当事人请求行使抵押权的，经审查查封措施已经解除的，抵押权人可以要求行使抵押权。

3. 未按规定缴纳海域使用金、改变海域用途等违法用海的

未按规定缴纳海域使用金的不能抵押，笔者认为该规定不妥。首先，未按规定缴纳海域使用金的情况比较复杂，如果未按照规定缴纳海域使用金但是已经取得海域使用权的，只是海域使用权人与政府之间形成债权债务关系，并不影响该海域使用权是完整的权利，限制该海域使用权抵押没有合理理由。其次，海域使用权抵押不等于海域使用权一定发生转让，抵押权仅是一种担保权，当需要发生海域使用权变更的时候，海洋行政主管部门完全可以通过限制办理过户等手续来收取海域使用金。因此，在办理抵押的时候，不应当限制海域使用权的抵押。只有通过鼓励抵押，使抵押人获得融资，才可能更好促进用海或者偿还海域使用金。违法用海不得抵押，是为了限制海域使用人获得融资后继续违法用海，助长其违法用海的能力，因此限制其抵押有其积极意义。对于抵押权人而言，要求其查证海域使用权人是否存在“改变海域用途等违法用海”的情形，实际上对抵押权人设定了过高的注意义务。还有一点疑问是：如海域使用权人在抵押登记时，并不存在违法用海的情形，但是在设定抵押权之后，却存在违法用海的情形，又该如何处理？对此，比较妥适的思路是：设定抵押权之后的违法用海行为，不应影响抵押权的效力；如果确实出现“违法用海行为”导致海域使用权市场价值贬损的情形，则抵押权人有权根据《民法典》第 408 条规定采取保护措施。对于违法用海行为人，则由海域行政监管部门依照相关规定进行监管以及行政责任追究；情节严重的，依法追究刑事责任。①

4. 油气及其他海洋矿产资源勘查开采的

油气等海洋矿产资源属于国家所有，如果该海域内有油气以及海洋矿产资

① 罗施福:《论海域使用权设定抵押权的立法改进》，载《中国海洋大学学报》(社会科学版) 2018 年第 4 期。

源，允许其海域进行抵押，则意味着油气以及海洋矿产资源随之抵押，油气等矿产资源进入私有领域，侵害国家财产所有权。但是，如果国有企业以油气资源开发名义取得该海域使用权，然后以其进行抵押获得融资，应当被允许。所以该条对油气等海洋矿产资源勘查开采的海域使用权一律禁止抵押，有时并不符合国家利益。

5. 海洋行政主管部门认为不能抵押的

海洋行政主管部门认为不能抵押的，当事人不得抵押海域使用权。

6. 海域使用权取得时免缴或者减缴海域使用金，未补缴海域使用金的

《海域使用管理规定》第 41 条规定，“海域使用权取得时免缴或者减缴海域使用金的，补缴海域使用金后方可抵押”。也就是说，免缴或者减缴海域使用金的海域使用权在未补交海域使用金之前不得抵押。《海域使用管理法》第 35 条规定，下列用海，免缴海域使用金：（1）军事用海；（2）公务船舶专用码头用海；（3）非经营性的航道、锚地等交通基础设施用海；（4）教学、科研、防灾减灾、海难搜救打捞等非经营性公益事业用海。第 36 条规定，下列用海，按照国务院财政部门和国务院海洋行政主管部门的规定，经有批准权的人民政府财政部门和海洋行政主管部门审查批准，可以减缴或者免缴海域使用金：（1）公用设施用海；（2）国家重大建设项目用海；（3）养殖用海。上述第 35 条规定的是法定免缴，无须经过审批；第 36 条规定的是需要经批准的免缴或者减缴。这些用海类似于土地使用权划拨，不得设定抵押。但是补缴了海域使用金后可以设定抵押。

7. 村委会、乡（镇）政府取得的养殖用海

村委会、乡（镇）政府取得的养殖用海是集体组织的财产，属于全体村民集体所有，未经法定程序不得抵押。

四、海域使用权与固定附属设施一并抵押原则

《海域使用权管理规定》第 41 条第 2 款确立了海域使用权与固定附属设施随同转让、随同抵押的规则：“海域使用权出租、抵押时，其固定附属用海设施随之出租、抵押，固定附属用海设施出租、抵押时，其使用范围内的海域使用权随之出租、抵押。法律法规另有规定的，从其规定。”该规定类似于“房随地走”“地随房走”原则。

五、海域使用权抵押权的实现

《民法典》对抵押权的实现规定了折价、拍卖、变卖等方式。由于海域使用特定的区位、特定的用途以及需要特定的开发利用技术，海域使用权的流转比建筑物、土地使用权等不动产权利的流转困难，金融机构对海域使用权抵押积极性不高，各地银行接受海域使用权抵押大多是在政府推动下进行的。一些地方政府甚至还专门制定了抵押登记、评估等程序的规定，如《天津市海域使用权抵押贷款实施意见》《天津市海域使用权抵押登记办法》等。从事海域使用权抵押的银行也大多是农业银行、农村信用社等机构。[①] 此类抵押贷款市场化程度较低。海域使用权抵押的实现还存在的困难[②]主要有：

1. 市场流通体系尚未建立

我国海域使用权的市场化发育程度低，海域使用权的市场流通体系尚未健全。在进行海域使用权变现时，金融机构承担的风险较高，导致金融机构涉足海域使用权抵押市场的意愿较低。大部分沿海地区没有建立海域使用权流转平台。在这种情况下，金融机构在抵押人无法偿还贷款时，进行海域使用权变现的能力低，金融机构承担的风险较高，导致金融机构不愿涉足海域使用权抵押市场。

2. 海域评估不能满足海域使用权抵押市场发展需求

评估海域使用权价值是海域使用权抵押交易顺利进行的前提之一，科学合理地评估海域使用权价值是一项专业性强、复杂度高的工作。不同区域、不同等别、不同用海类型的海域，其开发成本、承担风险和用海收益不同，海域使用权价值也不同，海域使用权价值仅靠抵押交易双方协商确定或委托房地产等非专业部门认定，难免出现评估值和实际价值存在偏差的情况。目前，我国的海域评估工作正处于从理论向实践应用的初级发展阶段，海域评估的专业化、市场化水平都有待提高。银行对承担评估工作的机构有严格要求，目前我国并没有建立海域评估机构资质制度。国家海洋局于2012年发布了《海域评估机构推荐名录》，但其中的评估机构的营业范围中一般没有海域使用权评估，无

---

① 费宏达：《基于物权维度完善我国海域使用权流转法律制度》，载《政法学刊》2017年第1期。

② 刘淑芬、侯智洋、徐伟等：《我国海域使用权抵押发展现状与管理政策建议》，载《海洋开发与管理》2016年第2期。

法通过金融机构的合规审查。此外，名录中的机构仅有25家，相对于我国巨大的海域开发利用面积和评估市场需求，平均每个省（区、市）2—3家评估机构太少，且从事海域评估的人员的数量和实践经验较少，难以满足市场需求。

3. 评估额和贷款额差距大，融资需求难以满足

目前绝大部分海域使用权抵押交易的抵押额与评估额差异较大，其主要原因除金融机构认为风险较高而降低贷款额度外，另一个重要原因是海域使用权取得成本偏低，影响了金融机构对海域使用权价值的判断和对海域评估结果的认可程度。目前的海域使用权确权方式是以申请审批为主，海域使用权人只需缴纳海域使用金，而海域使用金并不能完全体现海域使用权价值，海域使用权取得成本远低于其市场价值。目前海域使用权市场化发育程度较低，严重影响了金融机构对海域使用权价值的直观判断，加上海域评估体系建设和市场化程度仍处于起步和发展阶段，各种因素使得金融机构对海域使用权价值的认知程度较低。

第三节　土地经营权抵押

《农村土地承包法》（2018年修正）第47条规定："承包方可以用承包地的土地经营权向金融机构融资担保，并向发包方备案。受让方通过流转取得的土地经营权，经承包方书面同意并向发包方备案，可以向金融机构融资担保。"土地经营权可以作为融资担保。土地经营权融资担保时究竟为抵押，还是质押，法律规定不明。《民法典》第342条规定，通过招标、拍卖、公开协商等方式承包农村土地，经依法登记取得权属证书的，可以采取出租、入股、抵押等方式流转土地经营权。据此，可以认定土地经营权融资担保是一种抵押。应当认识到，我国土地经营权抵押是在2018年修订《农村土地承包法》时才新设的制度，其应用范围、具体操作程序都还有待于实践的进一步检验，与那些早已成熟的定型化的抵押制度相比，还有差距。

一、土地经营权的含义及性质

（一）土地经营权的含义

根据2016年10月30日中共中央办公厅、国务院办公厅印发的《关于完

善农村土地所有权承包权经营权分置办法的意见》（以下简称《三权分置意见》）的规定，土地经营权即土地经营权人对流转土地依法享有在一定期限内占有、耕作并取得相应收益的权利。2018年12月29日，十三届全国人大常委会第七次会议表决通过的《关于修改〈中华人民共和国农村土地承包法〉的决定》，明确将土地经营权作为一项独立的权利，形成了集体土地所有权、土地承包经营权、土地经营权"三权分置"的格局，标志着中共中央全面推行的"三权分置"政策正式迈入法制化轨道。新《农村土地承包法》的最大亮点在于赋予土地经营权明确的法律地位，使其摆脱集体经济组织内部成员的身份桎梏，凸显其自身固有的财产权属性，推动农地财产价值的发挥和融资担保功能的实现。①

（二）土地经营权性质的界定

关于土地经营权的性质，学界主要存在如下四种不同观点：

第一种观点认为，在法律逻辑上无法将土地承包经营权合理拆解为"土地经营权+土地承包权"，因而应当将土地经营权定性为一种"总括性权利"。

高飞认为，党的十八届三中全会为克服"两权分离"制度的弊端，提出了"三权分置"的农村土地权利结构，但该政策被形式化地理解为所有权、承包权、经营权叠加并立的土地权利结构，给农地制度的构建与完善带来了挑战。"三权分置"的农村土地权利结构实为集体土地所有权、成员权、农地使用权三权并立，此是保障农村集体经济和农村集体经济组织成员权利有效实现的重大政策举措，也是力促统分结合的双层经营体制落到实处的有力工具。②

申惠文认为，土地承包经营权不能分离为独立的土地承包权和土地经营权；土地所有权是法律概念，而土地承包权和土地经营权不是法律概念，因此农村土地三权分离存在明显的法学悖论，法学中的权利与经济学中的产权具有较大的区别，必须在物权债权二元财产权体系中确定农村土地的权利结构。③

---

① 房绍坤、任怡多：《新承包法视阈下土地经营权信托的理论证成》，载《东北师大学报》（哲学社会科学版）2020年第2期。

② 高飞：《农村土地"三权分置"的法理阐释与制度意蕴》，载《法学研究》2016年第3期。

③ 申惠文：《法学视角中的农村土地三权分离改革》，载《中国土地科学》2015年第3期。

第二种观点沿解释论展开，在贯通法律逻辑的基础上将土地经营权定性为一种“债权”。高圣平认为，法律上应依循自身的逻辑来传达承包地“三权分置”的思想，不宜简单套用政策术语。基于传统民法上“母子”结构的权利分解理论，承包地“三权分置”在法律上应体现为以下结构：集体在农村土地所有权之上为承包农户设定土地承包经营权，承包农户在其土地承包经营权之上为其他经营主体设定土地经营权。在“始终坚持农村土地集体所有权的根本地位”“严格保护农户承包权”“加快放活土地经营权”的政策导向之下，现行法上的相关规则应作相应修改。土地承包经营权应纯化为具有身份性质的财产权，土地经营权应定性为物权化的债权。①

吴兴国认为，经营权与承包权有着各自的内涵及特点，二者分离对破解农地经营权抵押困局、保护经营权人权益、形成多元化经营主体、实现规模化经营、深化农村土地制度改革有着特殊价值。债权性流转经营权人除享有一般意义上的占有、使用和收益权外，还享有登记申请权、抵押权、补贴获取权及补偿申请权。②

第三种观点以政策表达中的“三权分置”将土地经营权设计为一项新型权利为逻辑起点，将土地经营权定性为一项用益物权。孙宪忠认为，“三权分置”不但具有建立规模化农业、绿色农业、科技农业和提升我国农业产业地位的优势，而且还有保障农民收入、改善农村以及农业生态，从而解决困扰多年的“三农问题”的优势。但是在进行相关问题的调研时，孙宪忠等发现我国相关立法并不能对“三权分置”提供有力的支持和制度保障。现在特别需要创新设置物权性质的土地经营权。③

蔡立东、姜楠认为，依循多层权利客体的法理，经营权是土地承包经营权人设定的、以土地承包经营权为标的的权利用益物权，其与土地承包经营权属于不同层次客体上存在的用益物权，可以同时成立而并不冲突。通过认可权利用益物权，承包权与经营权分置的制度设计完全可为用益物权体系所容纳。以设定经营权这一方式行使和实现土地承包经营权，将导致现行农地使用权流转

---

① 高圣平:《承包地三权分置的法律表达》,载《中国法学》2018 年第 4 期,

② 吴兴国:《承包权与经营权分离框架下债权性流转经营权人权益保护研究》,载《江淮论坛》2014 年第 5 期。

③ 孙宪忠:《推进农地三权分置经营模式的立法研究》,载《中国社会科学》2016 年第 7 期。

方式类型的结构性整合以及农地融资方式、农地使用权继承的结构性变动。[①]

第四种观点依据流转方式不同对土地经营权性质做了二元化的区分。该观点认为，经营权在土地承包经营权转包、出租和入股方式流转条件下属于债权性质，在转让和互换流转条件下属于物权性质。

王利明认为，在《民法典》物权编用益物权部分，需要规定农地经营权。[②]

张毅、毕宝德认为，在"三权分置"和农地流转的条件下，承包权仍属于物权，并且与农地未流转条件下的原土地承包经营权一样，是集体成员基于其特定身份而享有的权利；经营权在土地承包经营权转包、出租和入股方式流转条件下属于债权性质，在转让和互换流转条件下属于物权性质。[③]

笔者认为，中共中央办公厅、国务院办公厅2016年印发的《关于完善农村土地所有权承包权经营权分置办法的意见》（简称《"三权分置"意见》）中出现的"土地经营权"经由《农村土地承包法》转化成了法律用语，是新法律名词，但并非新生事物。土地经营权是相对于土地承包权而存在的。《民法典》使用了"土地承包经营权"概念，没有区分承包权和经营权，更没有对承包权和经营权分别给出定义。厘清土地经营权的性质，应从土地经营权与土地承包权的概念出发。因为法律对这组名词没有给出定义，所以还是需要从《"三权分置"意见》中寻找答案。

《"三权分置"意见》将土地承包经营权分为农户承包权和经营权，并对农户承包权和经营权的内涵进行明确区分。

承包权是"土地承包权人对承包土地依法享有占有、使用和收益的权利"，它是农户享有的一项基本权利，是基本民生，是国家对其公民的义务。《"三权分置"意见》进一步扩大了农户承包权中的经营内容，使农户不至于守着土地只能自己种植、养殖（当然这也是经营方式），还可以以出租、入股等形式经营。此处的承包权人，不仅包括基于农村集体组织成员的身份获得集体土地承包权的农户，也包括基于公开市场获得对"四荒"土地承包权的其他市场主体。

---

① 蔡立东、姜楠：《承包权与经营权分置的法构造》，载《法学研究》2015年第3期。

② 王利明：《我国民法典物权编的修改与完善》，载《清华法学》2018年第2期。

③ 张毅、张红、毕宝德：《农地的"三权分置"及改革问题：政策轨迹、文本分析与产权重构》，载《中国软科学》2016年第3期。

经营权是“土地经营权人对流转土地依法享有在一定期限内占有、耕作并取得相应收益的权利”。经营权人是对流转土地进行经营的人，包括接受农户流转土地的人和接受市场承包主体流转土地的人。

从上述概念看，承包权是对承包地占有、经营的权利，经营权是对流转土地占有、经营的权利，两者的权利基础不同。但正是承包权中包括了经营权利，所以才可以对其中的经营权进行转让（即土地流转）并获取收益。这类似于所有权中，所有权人将所有权中的占有、使用、收益、处分中的使用权分离出去一样，所有人保留收益权。《农村土地承包法》第 9 条规定：“承包方承包土地后，享有土地承包经营权，可以自己经营，也可以保留土地承包权，流转其承包地的土地经营权，由他人经营。”所以，“在土地流转中，农户承包经营权派生出土地经营权”①。

所以，承包权是一种包含从集体土地所有权人处获取土地、经营土地的复合型权利，经营权是经营权人接受土地承包人转让的经营权予以经营的权利。土地经营权依附于土地承包权。

笔者认为，土地经营权是物权，理由如下：

第一，物权和债权并不以标的物的来源进行区分，而是根据其权利性质进行区分。物权是支配权，债权是请求权。经营权是对占有的土地进行使用、收益的权利，显然是一种支配权，而不是请求权。

第二，《民法典》第 341 条规定：“流转期限为五年以上的土地经营权，自流转合同生效时设立。当事人可以向登记机构申请土地经营权登记；未经登记，不得对抗善意第三人。”从上述规定看，土地经营权自合同生效时设立，类似于动产抵押权的生效规定。“不得对抗善意第三人”这一用语，表明土地经营权的对世性，而债权没有对世性。

二、土地经营权抵押的限制

抵押，是谋求以抵押物的交换价值来担保债权的优先受偿，因此，抵押物

---

① 中共中央办公厅、国务院办公厅印发的《关于完善农村土地所有权承包权经营权分置办法的意见》的前半部分已经将土地承包经营权区分为承包权和经营权，后文又再提承包经营权。此处应为承包权派生出经营权。《农村土地承包法》中出现“土地承包经营权”“土地承包权”“土地经营权”三个词语，《民法典》也存在“土地经营权”“土地承包经营权”概念混用的情况。之所以出现混用的情况，主要是因为“土地承包经营权”概念使用时间长，有习惯的影响。

的可转让性是财产成为抵押物的必然要求。虽然《“三权分置”意见》鼓励农户将承包权抵押融资，《农村土地承包法》第 47 条也有相同规定，但农户土地承包权是基本的民生权利，一旦出现对农户承包的土地进行拍卖、变卖的情形，势必会造成农户失地，造成严重社会问题。所以，我国《民法典》342 条规定，通过招标、拍卖、公开协商等方式取得的土地经营权，可以采取出租、入股、抵押的形式流转。第 339 条规定土地经营权的流转可以采取出租、入股等其他方式。此条中的土地经营权专指农户土地经营权；“其他方式”应不包括抵押方式，对此应作限缩解释。

据此，笔者认为，我国的土地经营权抵押，仅指通过招标、拍卖、公开协商方式取得的农村土地的经营权可以抵押；对于农户基于成员权获得的土地经营权不允许抵押。这种认识符合《民法典》第 340 条、第 342 条的规定，同时可以避免农户土地抵押带来的社会问题。

三、土地经营权的抵押登记

根据《农村土地承包法》第 47 条的规定，承包方和受让方可以用土地经营权向金融机构融资担保。担保物权自融资担保合同生效时设立。当事人可以向登记机构申请登记，未经登记不得对抗善意第三人。实现担保物权时，担保物权人有权就土地经营权优先受偿。

土地经营权融资担保办法由国务院有关部门规定。

四、土地经营权抵押权的实现

关于土地经营权抵押权的实现，我国法律没有特别规定，应当依据担保物权的实现方式，采取折价、拍卖、变卖的方式处置抵押物。但是对土地经营权的拍卖、变卖，可能导致农民失去基本生活保障，使农地性质发生改变。目前，稳定农户的承包权是农村土地改革的政策目标，无论土地经营权怎样流转，均须保证农户的承包权。在此背景下，土地承包经营权的处置就不能采用《民法典》规定的担保物权处置方式，而需要引入新的处置方式，即强制管理。通过收回抵押人对土地经营权的管理权和收益权，交于抵押权人管理收益，并以收益抵偿债务。抵押权人是金融机构时，可以委托有管理经验的农户负责管理。

第二十四章　动产和权利担保

第一节　动产和权利担保登记

一、动产和权利担保登记的意义

中小企业融资难、融资贵是困扰我国经济发展的一大难题。其原因之一，在于中小企业不像大型国企那样有大量的不动产作为担保品，它们能够提供的大多是动产或者权利。而接受这些担保品在我国目前的法律框架下存在极大的风险，所以银行等金融机构根本不愿意接受，或者即使愿意接受，对担保品的评估价格也非常低，从而导致融资难、融资贵的现状。世界银行对于各个国家或者地区的营商环境评估中，"获得信贷便利度——合法权利保护力度指数"我国多年未见改善，连续六年仅得 4 分（满分 12 分），成为制约我国在世界银行营商环境调查中总体排名的短板。[①] 世界银行专家认为，与现代动产担保制度相比，《民法典》之前的中国相关法律规定存在如下问题：（1）中国尚未在法律层面建立功能统一的动产担保制度，中国的立法体例为动产抵押权、动产质权、权利质权分别规定，各类担保权利类型、公示方式、公示效力均不同，也不存在统一的优先权规则。而融资租赁、应收账款转让、所有权保留等具有担保功能的交易形式，未规定必须遵守与担保交易同样的公示和优先权规则。（2）中国不允许对担保品进行概括性描述。中国相关法律法规对动产抵押中动产担保物内容的要求较为具体。（3）中国不允许对担保利益进行自动延伸。世界银行专家认为，担保权自动延及其产品、可识别收益和替代品是现代动产担保制度的基本理念，但中国的法律框架下并不存在相关规定。（4）中国不存在统一的担保登记机构，未建立全国统一的现代动产担保登记公示系统。

① 纪海龙:《民法典动产与权利担保制度的体系展开》,载《法学家》2021 年第 1 期。

（5）中国法下，当债务人进入破产重整程序时，法律对担保权人的权利保护力度不够。虽然重整期间担保权的执行应被中止，但对该中止并未规定明确的时间限制，且对于担保权恢复可执行状态的事由规定得过窄，对担保权人的保护力度不足。[①]

我国物权法的体系以大陆法系的形式主义为传统，且以物权法定为基本原则，在担保物权的制度设计上如全然接受功能主义的立法模式，将会带来巨大的制度变迁成本。[②] 为此，《民法典》担保物权分编采取务实而灵活的方式，选择功能主义与形式主义相结合的路径，即在维持抵押权、质权、留置权的形式主义担保物权基本类型体系不变的前提下，将典型的抵押合同、质押合同，与“融资租赁、保理、所有权保留等具有担保功能的非典型担保合同”，通过《民法典》第388条串并起来[③]，形成以《民法典》第403条、第404条、第414条、第415条、第416条，以及合同编第641条、第745条、第768条等为基础的一个形散而神聚的“动产和权利担保”体系。[④] 而所有权保留、融资租赁、保理之所以具有担保功能，其原因在于登记制度的引进。我国目前已经建立起统一的动产和权利担保登记系统。该系统使我国动产和权利担保从形式主义走向功能主义，必将为我国营商环境改善做出更大贡献。

《民法典》对于动产和权利担保制度的改造，鲜明地反映出两条核心思路：一为迈向功能主义；二为消灭隐形担保。[⑤]

二、“未经登记，不得对抗善意第三人”探讨

动产和权利担保采取登记对抗主义。登记对抗主义，是指当事人仅依意思表示达成一致即可发生权利变动，但在登记之前若有第三人基于尚未登记的权利外观而进行交易，法律为了保护第三人的合理信赖，否认当事人通过未登记的权利对抗第三人。[⑥] 在任何国家，登记对抗制度都是为了预防意思主义物权

① ［加拿大］伊莱恩·麦凯克恩：《获得信贷便利度相关指标分析》，载《中国金融》2019年第7期。

② 高圣平：《动产担保交易的功能主义与形式主义——中国〈民法典〉的处理模式及其影响》，载《国外社会科学》2020年第4期。

③ 刘保玉：《民法典担保物权制度新规释评》，载《法商研究》2020年第5期。

④ 龙俊：《民法典中的动产和权利担保体系》，载《法学研究》2020年第6期。

⑤ 纪海龙：《民法典动产与权利担保制度的体系展开》，载《法学家》2021年第1期。

⑥ 王泽鉴：《民法学说与判例研究》（重排合订本），北京大学出版社2015年版，第1480页。

变动模式对交易安全带来的隐患。就其目的而言，一是对意思自治的尊重（法国的立法目的），二是照顾不动产登记不健全的事实，实现交易便捷化，有限保护交易安全（日本的立法初衷），总起来看就是尊重意思自治，实现对交易安全的有限保护。[①] 登记对抗模式意味着动产担保是否办理登记，完全由当事人自由选择，法律上并没有设置一个强制性的规范要求必须办理登记。至于是否选择办理登记，取决于当事人的自主意愿。而从效力上讲，登记对抗强调的是如果没有办理登记的话，就不得对抗善意的第三人。反过来解释，如果该动产担保办理了登记公示，其对世性更强，可以对抗所有的第三人。[②] 第三人行使否定权的依据不是对登记簿真实性的信赖，而是法律的拟制——未登记的物权变动对第三人无效。[③]

我国《民法典》将登记对抗主义规定为“未经登记，不得对抗善意第三人”（《民法典》第403条，其他具有担保功能的合同也有同样的表述）。

（一）关于“对抗”

“对抗”在现代汉语中的基本含义为“抵抗”“对立”“抗拒”“抗衡”。在“不得对抗善意第三人”之中，“对抗”应为“抵抗”之意，即“对抗应指抵押权人对他人的权利主张予以反驳或排除的权利”[④]。有观点认为，登记对抗之“对抗”仅针对未经登记而主张他人之物权没有发生变动的情况。此“对抗”是作为一种公示方法的消极推定而存在，并非为证明抵押当事人与第三人之间的物权变动之发生的积极推定。[⑤] 王泽鉴先生认为，“就文义言，对抗云者，系以权利依其性质有竞存抗争关系为前提”[⑥]。只有排除权利竞存关系，才能行使己方权利，故将“对抗”解释为“排除、否定、否决”为妥。

（二）关于“善意”

根据《民法典物权编司法解释（一）》第14条第1款规定，“善意”是

---

① 郭志京：《也论中国物权法上的登记对抗主义》，载《比较法研究》2014年第3期。

② 王利明：《担保物权制度的现代化与我国〈民法典〉的亮点》，载《上海政法学院学报》2021年第1期。

③ 郭志京：《也论中国物权法上的登记对抗主义》，载《比较法研究》2014年第3期。

④ 高圣平：《担保法论》，法律出版社2009年版，第404页。

⑤ 郭志京.《也论中国物权法上的登记对抗主义》，载《比较法研究》2014年第3期。

⑥ 王泽鉴：《民法学说与判例研究》（第1册），中国政法大学出版社1998年版，第243页。

指不知道标的物上存在动产担保负担，且无重大过失。不知情且轻微过失者，应认定为“善意”。

（三）关于“第三人”

关于“第三人”的范围，学者之间分歧很大，观点较多。[①] 高圣平先生认为，“第三人主要是指，与他人相互争夺物权，已经完成公示的物权取得人。此处的物权取得人包括就同一动产接受所有权让与以及限制物权设定的第三人”[②]。此种认识符合司法适用的认知。第三人的范围，应是抵押人、抵押权人以外与抵押财产有利害关系的人，如自抵押人处受领抵押财产的受让人、质权人等。与抵押财产没有利害关系的人，如一般债权人应被排除在外。[③] 笔者认同上述观点。对善意第三人的范围不加限制显然不合理。从比较法上看，当第三人是侵权人等完全无权利的人，或者第三人是继承人，或者第三人是连环交易中的前手或者后手时，无论这种第三人是善意还是恶意，当事人不登记也可以对抗之，即属“绝对可对抗的第三人”。将之引入我国解释论，应无异议。[④]

《民法典担保制度司法解释》第 54 条规定了善意“第三人”的范围。

1. 未经登记的抵押物善意受让人

《民法典担保制度司法解释》第 54 条第 1 项规定，“抵押人转让抵押财产，受让人占有抵押财产后，抵押权人向受让人请求行使抵押权的，人民法院不予支持，但是抵押权人能够举证证明受让人知道或者应当知道已经订立抵押合同的除外”。

上述规定与《民法典》第 406 条第 1 款有关系，后者规定：“抵押期间，抵押人可以转让抵押财产。当事人另有约定的，按照其约定。抵押财产转让的，抵押权不受影响。”

这两条规定看似存在矛盾和冲突：一方面“抵押财产转让的，抵押权不

---

① 高圣平、谢鸿飞、程啸：《最高人民法院民法典担保制度司法解释理解与适用》，中国法制出版社 2021 年版，第 424 页。

② 高圣平：《担保法论》，法律出版社 2009 年版，第 407 页。

③ 中国审判理论研究会民事审判理论专业委员会编著：《民法典物权编条文理解与司法适用》，法律出版社 2020 年版，第 450 页。

④ 龙俊：《中国物权法上的登记对抗主义》，载《法学研究》2012 年第 5 期。

受影响”；另一方面，“抵押权人向受让人请求行使抵押权的，人民法院不予支持”。实际上，二者并不矛盾，前者是指抵押物已经登记的情形，不论登记生效或登记对抗均无不可；后者是指未经登记的抵押物转让的，受让人为善意时。

2. 未经登记的抵押物善意承租人

《民法典担保制度司法解释》第 54 条第 2 项规定，“抵押人将抵押财产出租给他人并转移占有，抵押权人行使抵押权的，租赁关系不受影响，但是抵押权人能够举证证明承租人知道或者应当知道已经订立抵押合同的除外”。

《民法典》第 405 条规定，“抵押权设立前，抵押财产已经出租并转移占有的，原租赁关系不受该抵押权的影响”。这是我国法律确定的“抵押不破租赁”原则，该原则的适用前提是“租赁在前，抵押在后”。《民法典担保制度司法解释》第 54 条第 2 项适用的前提：一是“抵押在前，租赁在后，但抵押未办理登记”；二是抵押财产已经转移占有；三是没有证据证明承租人知道或者应当知道已经订立抵押合同。此规则也可简称为“抵押不破租赁”，但适用基础与《民法典》第 405 条截然不同。反过来解释，如果承租人知道租赁物上已设定了抵押，则租赁关系要受到影响。如何影响？法律和司法解释均没有作出规定。笔者认为，此时抵押权人可以行使抵押权，对抵押财产进行拍卖、变卖，并从拍卖、变卖所得价款中优先受偿，此时抵押权的行使破坏租赁关系。

3. 未经登记的抵押物不得对抗法院的强制执行措施

《民法典担保制度司法解释》第 54 条第 3 项规定，“抵押人的其他债权人向人民法院申请保全或者执行抵押财产，人民法院已经作出财产保全裁定或者采取执行措施，抵押权人主张对抵押财产优先受偿的，人民法院不予支持”。

理解本条，应从两个层面进行：第一，根据上述规定，未经登记的抵押物，抵押权人不能对抗人民法院的查封、扣押措施；第二，此条表明，在法院介入的情况下，抵押权人无法对抗抵押人的一般债权人。

关于第一个层面，未经登记公示的抵押权，是一种隐蔽的担保物权，因其无公示性，故人民法院依据外观主义原则，对抵押财产进行查封、扣押并无不当。法院采取查封、扣押措施后，抵押人、抵押权人对该抵押财产的处分权受到限制。适用该规定的条件是法院的查封、扣押措施已经生效。

关于第二个层面，法律和司法解释没有规定抵押物未经登记的抵押权人可以对抗抵押人的一般债权人的问题。但是从法理上说，抵押人的一般债权人的债权，依据债权平等原则，享有对债务人（抵押人）资产平等受偿的权利，并不享有对特定财产的优先受偿权。而未经登记的抵押权，是抵押权人与抵押人关于债权实现的事先约定。这种约定只要不违反法律法规的强制性规定和公序良俗，即在当事人之间产生效力。抵押合同之外的第三人不得干预抵押权人债权实现。同时，抵押权是物权，一般债权人之债权，劣后于物权实现。故，未经登记的动产抵押权原则上可以对抗抵押人的无担保债权。[①] 但是，一般债权人申请人民法院采取查封、扣押措施后，一般债权人即获得了优于抵押权人受偿的优先权。

4. 破产程序中，抵押权人无优先受偿权

《民法典担保制度司法解释》第 54 条第 4 项规定，“抵押人破产，抵押权人主张对抵押财产优先受偿的，人民法院不予支持”。抵押财产作为一般财产被列入破产财产中，抵押权人成为普通债权人平等受偿。其原因是，破产程序是对债务人的概括执行程序。基于公示公信原则，未经登记的抵押财产，如果赋予债权人优先受偿权，将破坏公平。

根据《民法典担保制度司法解释》第 67 条的规定，在所有权保留买卖、融资租赁等合同中，出卖人、出租人的所有权未经登记不得对抗“善意第三人”的范围及其效力，参照《民法典担保制度司法解释》第 54 条的规定处理。

三、我国统一的动产和权利登记系统

国务院颁布的《优化营商环境条例》（2019 年 10 月 8 日国务院第 66 次常务会议通过，2020 年 1 月 1 日施行）第 47 条第 2 款明确规定“国家推动建立统一的动产和权利担保登记公示系统，逐步实现市场主体在一个平台上办理动产和权利担保登记。纳入统一登记公示系统的动产和权利范围另行规定”。

2020 年 12 月 29 日，国务院发布《关于实施动产和权利担保统一登记的决定》（国发〔2020〕18 号）的通知，要求自 2021 年 1 月 1 日起，在全国范围内实施动产和权利担保统一登记。纳入登记范围的担保类型包括：（1）生

---

① 高圣平、谢鸿飞、程啸:《最高人民法院民法典担保制度司法解释理解与适用》,中国法制出版社 2021 年版,第 427 页。

产设备、原材料、半成品、产品抵押；（2）应收账款质押；（3）存款单、仓单、提单质押；（4）融资租赁；（5）保理；（6）所有权保留；（7）其他可以登记的动产和权利担保，但机动车抵押、船舶抵押、航空器抵押、债券质押、基金份额质押、股权质押、知识产权中的财产权质押除外。纳入统一登记范围的动产和权利担保，由当事人通过中国人民银行征信中心动产融资统一登记公示系统自主办理登记，并对登记内容的真实性、完整性和合法性负责。登记机构不对登记内容进行实质审查。中国人民银行负责督促、指导征信中心的工作。国家市场监督管理总局不再负责管理动产抵押物的登记工作。

根据国务院的上述规定，中国人民银行 2021 年 12 月 28 日发布了《动产和权利担保统一登记办法》，自 2022 年 2 月 1 日起施行。

关于此登记办法，需要说明以下几点：

第一，该办法贯彻《民法典》的规定，将法律规定的登记事项全部予以规范，不仅包括典型的动产抵押、权利质押的登记事项，还包括所有权保留、融资租赁、保理等具有担保功能的合同中规定的登记事项。该办法的出台，标志着我国建立了全国统一的动产和权利担保登记平台。

第二，建立全国统一的动产和权利担保登记平台，在法政策上有三种不同的路径可供选择：一是统一的动产和权利担保登记系统只及于这些特殊动产、权利之外的其他动产、权利；二是统合既有登记系统，建立统一的动产和权利担保登记系统，涵盖所有动产和权利；三是现有的特殊动产、权利登记系统与统一的动产和权利担保登记系统均可登记特殊动产的担保权，但在特殊登记系统中公示者，具有优先于在统一登记系统登记者的效力。最优的选择可能是第一种路径。[①] 这种路径可以最大限度减少对现行制度的变更调整，便于登记，提高效率。由此，我国的动产和权利担保登记形成两套体系：一是人民银行的公开的登记体系；二是机动车抵押、船舶抵押、航空器抵押、债券质押、基金份额质押、股权质押、知识产权中的财产权质押这七类特殊的财产担保登记仍在原来的登记机关登记。国务院《关于开展营商环境创新试点工作的意见》（国发〔2021〕24 号）规定："推动机动车、船舶、知识产权等担保登记主管部门探索建立以担保人名称为索引的电子数据库，实现对试点城市相关担保品

---

① 高圣平:《〈民法典〉视野下统一动产和权利担保登记制度的构造》,载《浙江工商大学学报》2020 年第 5 期。

登记状态信息的在线查询、修改和撤销。相关担保信息与人民银行征信中心动产融资统一登记公示系统共享互通，实现各类登记信息的统一查询。”该项创新的试点城市是北京、上海、重庆、杭州、广州、深圳6个城市。目前，部分城市的机动车、船舶、知识产权等担保登记信息可以在人民银行动产融资系统中查询。

几类特殊动产和权利的抵押登记机关如下：

依据公安部颁布的《机动车登记规定》第22条的规定，机动车抵押登记在机动车管理部门。依据《海商法》第3条第1款的规定，船舶分为《海商法》上的船舶和渔业船舶。《海商法》上的船舶是指“海船和其他海上移动式装置，但是用于军事的、政府公务的船舶和20总吨以下的小型船舶除外”。《海商法》上的船舶依据《船舶登记条例》的规定，各港的港务监督机构为船舶登记机关。渔业船舶的抵押适用《渔业船舶登记办法》，由县级以上人民政府渔业行政主管部门中的渔港监管机关登记。民用航空器的抵押登记机构是国务院民用航空主管部门。对于建造中的民用航空器抵押，尚没有统一的规定。正在建造中的船舶抵押的规范，主要适用中国海事局颁布的《船舶登记工作规程》。债券的质押登记，根据债券的品种不同，分别到中国证券登记结算机构、中央国债登记结算有限公司、上海清算所等登记。基金份额指基金发起人向基金投资者公开发行的，用于表示基金持有人按其所持份额对基金财产享有收益分配权、清算后剩余财产取得权和其他相关权利并承担相应义务的受益凭证。根据《证券投资基金法》的规定，封闭式基金份额不得回赎。基金份额和股权质押，在订立质押合同后，质权并不当然设立，必须经过登记。在目前的实践操作中，基金份额、股权质押登记差距较大，情况复杂，有多个登记机构进行权利质押登记。以基金份额出质的，如果是在证券登记结算机构登记的基金份额出质，在证券登记结算机构登记；未在证券登记结算机构登记的基金份额出质，在其他基金份额登记机构登记。以股权出质的，上市公司的股权、在全国中小企业股份转让系统转让股权的公司以及退市公司的股权的质押登记，在证券登记结算机构办理；有限责任公司的股权和未在证券登记结算机构登记的股份有限公司的股权质押登记，在市场监管机构办理。① 著作权质押登记在国家版权局，专利权、商标权质押登记在国家知识产权局。

① 黄薇主编：《中华人民共和国民法典物权编释义》，法律出版社2020年版，第592—593页。

第三，关于登记的作用。登记对抗主义之下的动产和权利担保登记并不具有创设担保物权的功能。动产和权利担保登记簿并不具有权利正确性推定效力，并不能保证使债权人免受债务人的欺诈，也不具备平衡当事人权利义务的功能。其主要原因在于，对于在市场交易中频繁易手的大量动产而言，维系一个可信赖的所有权登记系统几乎是不可能的。债务人是否取得担保物的所有权仰赖于登记之外的相关交易的效力。动产和权利担保登记提供信息的功能较为有限。登记簿的担保信息，一是只能给潜在的交易相对人以提醒，提醒债务人的特定财产上可能存在担保负担，但是否真实存在担保负担以及担保交易的具体细节，尚须进一步通过其他途径探知。二是为同一标的物之上竞存担保权之间的优先顺位确定提供基础。同一标的物之上竞存担保权之间的优先顺位，采行“先登记者优先”规则。登记系统可以显示准确的登记时间，并且优先顺位的次序通常可以从登记簿上直接查明，而无须调查担保合同的内容、次序及其相互关系，也无须考虑权利人或第三人是否知悉登记的实际情形，对于各方当事人的保护并无二致，堪称公平。①

目前未列入国家动产和权利担保登记统一登记平台的仍由各行政管理部门登记的七类财产，采取的是登记生效主义，根据登记簿记载的担保登记，具有创设担保物权的功能。

第四，我国动产和权利担保登记平台采取了声明登记制。

声明登记制与文件登记制是动产担保登记制度的两种主要模式，前者仅要求当事人提交有关担保物以及当事人身份的有关基础事项证明，后者则要求当事人提交双方交易合同包括主债权数额、权利人详情、担保物详情等记载事项供登记机关审查。我国法律规定要求登记机关对不动产登记事项实施严格管理，不动产登记簿设置了主债权数额、权利人详情、不动产的所在地、不动产登记单元号等主要记载事项，这便是文件登记制。② 但在动产与权利担保登记上的制度原则不同于不动产。根据中国人民银行《动产和权利担保统一登记办法》第9条的规定，动产与权利担保登记的内容包括“担保权人和担保人的基本信息、担保财产的描述、登记期限”，“担保权人可以与担保人约定将

---

① 高圣平:《〈民法典〉视野下统一动产和权利担保登记制度的构造》,载《浙江工商大学学报》2020年第5期。

② 曹丰良:《我国动产与权利担保全国统一登记制度构建》,载《合作经济与科技》2022年第6期。

主债权金额、担保范围、禁止或限制转让的担保财产等项目作为登记内容。对担保财产进行概括性描述的，应当能够合理识别担保财产”。由此可知，在动产与权利担保登记中，关于主债权金额、担保范围、禁止或限制转让的担保财产等项目属于双方约定登记事由，并不是强制登记事由。因此可以推定，我国建立的动产与权利担保统一登记制度为声明登记制。所谓声明登记制，是指登记一份简单的担保声明书，其中记载足以提醒查询者可能存在动产担保负担的基本信息，即当事人的姓名或名称和住所、担保财产和/或登记有效期限。《联合国动产担保交易立法指南》倡导的最基本的登记内容包括当事人的姓名或名称、其他身份识别信息及其住所、担保财产的描述。各国可根据具体情况弹性规定登记有效期和最高担保债权限额。其中前两者是采用声明登记制的国家或地区的共同要求，但是否登记担保债权数额以及登记有效期在各国和地区之间差异较大。①

第五，采取人的编成主义。

在网络信息技术背景下进行动产与权利担保登记时，电子登记簿是以人为标准编制成索引还是以物为标准编制成索引以供查询人检索，成了登记系统构建的主要争议问题。这便是人的编成主义与物的编成主义的争论。在发展比较成熟的不动产登记模式中，物的编成主义也即以不动产为单位作为编制标准是经实践证明成功且符合不动产物权特点的模式，但是基于动产与不动产的本质区别，这种针对不动产极为有益的物的编成主义登记模式无法适用于一般动产的担保或者权利担保。这是由于在民商事交易中可以作为担保的动产以及权利种类繁多、数量庞大，如果采取物的编成主义的登记模式，将在登记系统建设时耗费大量成本而且不利于潜在交易第三人进行查询。人的编成主义的登记系统，仅仅需要以担保人的姓名或名称作为登记簿的编制标准和检索标准，通过系统检索担保人姓名或者名称，其所负担的所有动产或者权利担保一目了然。实践操作中，查询人在系统查询动产质押或者权利质押信息时，仅需录入担保人名称或个人身份证号，即可查得担保人在系统中所有符合查询条件且正在公示的登记信息。② 根据《动产和权利担保统一登记办法》第 9 条的规定，可以

① 高圣平:《〈民法典〉视野下统一动产和权利担保登记制度的构造》,载《浙江工商大学学报》2020 年第 5 期。

② 曹丰良:《我国动产与权利担保全国统一登记制度构建》,载《合作经济与科技》2022 年第 6 期。

推定我国动产和权利担保登记采取了人的编成主义。我们需要统一的登记指的是只能采取人的编成主义的动产或者权利的登记，如果某些动产或者权利本身就有一个物的编成主义登记簿，那么这个登记簿是更加精确的，也就没有必要将其纳入不精确的登记簿中，典型的就是飞行器、船舶、机动车等特殊动产以及上市公司的股票等。①

第二节　担保物的概括性描述

为提升我国的营商环境水平，《民法典》第 400 条第 2 款第 3 项、第 427 条第 2 款第 3 项已不再要求对担保物作具体描述。与《民法典》的变革相呼应，最高人民法院《民法典担保制度司法解释》第 53 条明确允许对担保财产进行概括描述。《民法典》第 114 条第 2 款在定义物权时仍肯定物权客体特定原则。按我国学界的一般认识，物权客体特定原则包括以下内容：第一，物权的客体须为已经存在的特定物，仅约定标的物的种类与数量，虽可成立债权，但难以成立物权；第二，物权的标的物应为独立的物，物的成分上不得成立物权，物的一部分既难以直接支配，亦难以对外公示，更难以确保其排他效力；第三，每项物权的标的物，应以一物为原则。因此，所有权或限制物权的客体原则上只能是具体的有体物，不能为集合物。② 据此，担保物的概括描述与物权客体特定原则之间存在天然的紧张关系：前者在便利融资的同时使担保物的范围趋于模糊，而后者要求确定担保物权究竟存在于哪些标的物之上。

为缓和上述紧张关系，担保物“合理识别”标准开始出现。

一、“合理识别”标准在国外的实践

根据美国《统一商法典》第 9–203 条的规定，须对担保物进行充分描述，担保权益方能附着于担保物。第 9–108 条第 a 款规定，对动产或不动产所作的描述，只要能“合理识别被描述者”即可，无论描述是否具体皆为充分描述。至于何为“合理识别”，美国《统一商法典》列举了主要情形并以“可客观查明”作为兜底标准。根据美国《统一商法典》第 9–108 条第 b 款，使用下列

---

① 龙俊：《民法典中的动产和权利担保体系》，载《法学研究》2020 年第 6 期。

② 梁慧星、陈华彬：《物权法》（第七版），法律出版社 2020 年版，第 46—49 页。

方式描述担保物皆属可“合理识别”：（1）列明具体的担保物；（2）列明担保物种类；（3）除另有规定外，按美国《统一商法典》定义的类别描述担保物；（4）说明担保物的数量；（5）说明计算或分配的公式或程序；（6）或除另有规定外，使用任何其他方式，只要能客观查明担保物。

界定担保合同中概括描述所包含的担保财产范围属于合同解释范畴。围绕担保财产描述的解释，美国学者提出了“双重调查法”：首先，对担保合同中担保财产的描述进行文义解释，衡量在最宽泛的视角下能否将争议财产解读为担保财产；其次，考察担保合同的当事人是否意欲将争议财产作为担保财产。在担保合同概括描述担保财产的情形中，文义解释通常无法准确定位争议财产。对担保财产的描述进行文义解释，极易认定该描述过于宽泛，进而影响担保合同的效力。为尽可能确定担保财产，确保担保合同的有效性，应当借助于担保合同约定之外的其他证据即所谓外部证据，探明担保合同的当事人是否意欲将争议财产作为担保财产。关于外部证据的范围，担保财产的任何特定标记或担保合同签订前后的相关事实均可构成外部客观证据，例如双方签字的其他文件、发票等。《统一商法典》第 9-210 条第 a 款第 3 项明确定义了“有关担保物清单的请求书”，即“债务人（担保人）作出的业经认证的下列记录：在合理指明请求所涉及的交易或关系后，提供债务人（担保人）认为正确的用于债务担保的担保物清单，并请求接收人对清单作出批准或纠正”。该条 c 款进一步规定，“受担保方如果对债务人（担保人）拥有之特定种类担保物的全部，均主张担保权益，则为满足担保物清单请求，可在收到请求后的十四天内向债务人（担保人）发送业经认证的声明，说明受担保方的该主张”。此等担保物清单即典型的外部客观证据。将担保合同中的概括描述与这些外部客观证据相结合，便能确定担保财产的范围。①

美国《统一商法典》的上述规定，为我们确定“合理识别”标准提供了借鉴。

二、我国担保财产的合理识别标准

从法律适用的角度看，《民法典》第 403 条第 2 款和《民法典担保制度司

① 孙鹏、杨在会：《担保财产之概括描述与合理识别》，载《社会科学研究》2022 年第 1 期。

法解释》第 53 条仍过于笼统，其标准有待于进一步类型化。[①] 有观点认为，对担保财产的描述，可以分为物理与法律两个面向。通过对担保财产进行物理描述，能够在客观上使其与其他财产相区分，因此应就物理信息加以列举，如数量、质量等；通过对担保财产进行法律描述，能够在权属上使其与其他主体的财产相区分，如所有权、使用权的归属。[②] 另有观点认为，原《物权法》时期经常采用的某些担保物的描述方式，在《民法典》生效后仍有借鉴价值，如以下描述方式：（1）借助唯一且不变的标准完成标的物之特定，如车辆识别代码（VIN）、发动机号或车牌号。后来更换发动机或车牌号后，只要通过合同解释能够最终确定抵押物即可。（2）以特定空间为界定标准，如在特定海域的全部水产品（海底存货）上设定抵押，在仓库中变动的存货上设定抵押。双方可约定仓库中特定种类（品牌）的物或全部库存皆为抵押物，此时，须清楚地描述仓库所在位置，如指明营业地的某个或数个仓库编号。抵押权设立后，货物在抵押人的正常经营活动中被转让，被转让的货物上的抵押权相应地消灭（《民法典》第 404 条），新入库的货物自动成为抵押物。（3）抵押人的全部动产皆为抵押物。[③]

笔者认为，以上识别标准有借鉴意义。合理识别的标准应以展现担保财产的不同特征以使其与其他动产相区分即可，应根据动产的不同种类确定不同的识别标准。

第一，对于通用的物资，比如煤炭、石油、铁矿石等大宗物资，仅仅写 3000 吨石油作担保，显然不行。如果写明存放于上海港某某仓储公司 5#罐中的 3000 吨石油即可区分。这种描述方式采用担保物名称+存放地点的描述方式。担保财产的名称使其与其他财产相区分，地理位置的独特性使其与同类财产相区分，因此对担保财产可以合理识别。

第二，对于有独特性质的动产和权利，可以采用编号进行识别，比如 5200 型电脑 1000 台、编号为某某的租赁合同应收账款、汽车发动机号某某

---

① 王立栋：《功能主义担保观下物权客体特定原则的现代理解及其法律实现》，载《学习与探索》2021 年第 6 期。

② 高圣平、谢鸿飞、程啸：《最高人民法院民法典担保制度司法解释理解与适用》，中国法制出版社 2021 年版，第 421 页。

③ 王立栋：《功能主义担保观下物权客体特定原则的现代理解及其法律实现》，载《学习与探索》2021 年第 6 期。

等。在一些大型企业中，对于大量物资采用编码的方式统计、采购，每一个编码代表一种物资，可以确保同种物质不同类，辅之以存放地点，即可使其具有独特性，因此对于有编号的物资可以以其编号进行识别。

第三，可以以动产的独特的物理性质或者化学性质进行区分。比如，304钢材500吨、浓度为80%的硫酸50吨、1000吨纯度为99%的五氧化二钒等，加上其存放地点，均具有可识别性。

第四，国外借助外部证据确认担保财产的做法对我国司法实践中确认担保财产有借鉴意义。不能单纯依据合同书面记载确认担保财产，其他如发票、证人证言等可以证明担保财产存在的，应当确认担保产可以“合理识别”。

三、“合理识别标准”的意义

笔者认为，“合理识别标准”的意义体现在以下两个方面：

一是通过该标准，能够识别担保物，决定担保合同的成立与否。担保物权最终作用的发挥在于对担保财产进行变现处置，故必须有确定的担保物。只有确定的担保物才能对其折价、变价或者拍卖。《民法典担保制度司法解释》第53条规定：“当事人在动产和权利担保合同中对担保财产进行概括描述，该描述能够合理识别担保财产的，人民法院应当认定担保成立。”对该规定的反向解释是，如果描述不能够合理识别担保财产的，则担保合同因没有担保物，不能成立。在中国光大银行股份有限公司大连青泥支行与大连港湾谷物有限公司等借款合同纠纷再审案①中，当事人以31500吨玉米作为抵押且办理抵押登记。但从《最高额抵押合同》和《动产抵押登记书》中，以及抵押物清单等相关证据看，当事人均未对抵押物的具体位置作出约定和说明。根据已经查明的事实，双方签订《最高额抵押合同》时，抵押人在一号至五号仓库均储存过玉米，不能确定案涉玉米的具体位置。对此，最高人民法院认为，案中《最高额抵押合同》和《动产抵押登记书》对担保财产的描述不能达到成立抵押法律关系所要求的抵押物特定化的法定标准，案涉抵押权不成立。

需要讨论的问题是：动产融资统一登记公示系统中登记的担保物的描述与担保合同中对担保财产的描述不一致，以哪一个为准？笔者认为应以动产和权

---

① 最高人民法院(2017)最高法民申2923号民事裁定书。

利担保登记系统记载的担保财产为准。首先，《动产和权利担保统一登记办法》要求登记记载的动产和权利必须有可识别性。没有可识别性，会导致动产和权利担保不生效，或者导致记载的担保物权失去对抗效力。故登记系统记载的担保财产的可识别性，对担保物权的成立和发挥对抗效力起到关键作用，故对登记系统记载的担保财产描述必须重视。实务中比较以哪一个记载为准的前提是，登记记载的担保财产具有可识别性，否则没有办法比较。其次，登记系统显示的担保物权系统记载担保物权要覆盖真实的担保物范围，未被覆盖的担保物权相当于未登记，不产生对抗和优先效力。[①] 其理由是，登记系统记载的担保财产的对外效力，不仅体现为对人的对抗，而且体现为对物的对抗。未被登记系统记载的担保财产，第三人可以信其没有权利负担，从而设定担保，这是对公示信赖利益保护的要求。

《民法典担保制度司法解释》第53条规定，担保合同的记载能够合理识别担保财产的，人民法院认定担保成立。该“担保成立”是指担保合同成立还是指担保物权成立？担保合同成立自无疑义，最高人民法院此处应是指担保物权成立。动产和权利担保以登记为生效要件或者对抗要件，仅担保合同记载的担保财产可以合理识别，登记系统记载的不可以合理识别担保财产，显然担保物权不生效或者无法产生对抗效力。所以，仅凭担保合同记载的担保财产具有可识别性即认为“担保成立”，笔者认为该规定并不周延，甚至错误。在担保合同记载的担保物权不具有可识别性的情况下，凭与之对应的登记系统记载的担保财产范围，可以成立担保物权或者优先权。

二是“合理识别”标准抓住了担保财产的核心特征，缓和了物权特定的僵硬态度，有利于扩大担保财产的范围。担保财产是芸芸众物中独具的担保功能的那一个，把它从众物中识别出来，使其承担责任是担保制度的首要任务。能够识别是担保物的首要特征。所以，对担保财产的描述，不在于其质量、数量、产地等特征，而是关键在于其是否具有可识别性特征。法律对此的要求是“合理识别”，对不合理的识别方式，不予支持。

---

① 王立栋:《功能主义担保观下物权客体特定原则的现代理解及其法律实现》,载《学习与探索》2021年第6期。

第二十五章 集合动产担保及除外

第一节 浮动担保

浮动担保①创始于19世纪的英国，它是在商人的强大压力下为适应需求而产生的②，是英国衡平法的杰作③。浮动担保是固定（特定）担保的对称。我国原《物权法》第181条规定了浮动担保制度。《民法典》继承了原《物权法》的规定，于第396条规定了浮动担保："企业、个体工商户、农业生产经营者可以将现有的以及将有的生产设备、原材料、半成品、产品抵押，债务人不履行到期债务或者发生当事人约定的实现抵押权的情形，债权人有权就抵押财产确定时的动产优先受偿。"该条与原《物权法》第181条相比，只有个别词语上的变化。由于浮动担保制度是在抵押制度一节中规定的，因此，我国对浮动担保有时直接称为浮动抵押。

一、浮动担保的概念与特征

关于浮动担保的概念，域外法律上未见有明确规定。英国 Remer 大法官在1903年对一起案件的说明被普遍引用："这里，我不想对浮动负担给一个严格的定义，我也不会说法律中不存在浮动负担……，但是，如果某种担保同时具备以下三个特征，我便会说它是一种浮动负担：（1）如果它是存在于公司现

---

① 浮动担保是我国学者对英美法系 floating charge 的翻译。实际上该翻译并不确切，应该是浮动财产负担，浮动担保不仅仅是浮动的财产负担，还包括浮动按揭、浮动留置等形式，但是浮动财产负担是最重要的形式。参见费安玲主编：《比较担保法——以德国、法国、瑞士、意大利、英国和中国担保法为研究对象》，中国政法大学出版社2004年版，第247页。本书仍使用约定成俗的译法。本书中浮动财产负担和浮动担保是同一含义。

② 蔡永民：《比较担保法》，北京大学出版社2004年版，第154页。

③ 许明月：《英美担保法要论》，重庆出版社1998年版，第202页。

在和将来的某类财产上负担；（2）如果该财产类型是一种在公司日常经营事务中不断变化的；（3）对于我提到的财产，设定担保的目的是打算直到将来的某个步骤被对该担保有利益的人或者以他的名义采取措施之前，公司仍然可以用财产进行日常的经营事务。”① 我国学者对浮动抵押的定义如下：“动产浮动抵押权，是指设立于经营者之现有的和将来取得的全部动产或者不动产上的抵押权。”② 该定义将不动产纳入浮动担保，不符合浮动担保的传统含义。“不动产担保与动产担保的作用不尽相同，浮动抵押主要着眼于充分发挥企业资产的价值，不动产的交换价值可通过固定抵押方式实现，无须借助于浮动抵押。”③

笔者认为，浮动担保的核心特征如下：

一是它是以财产的集合为公司债务提供担保。公司财产的集合比起公司单一资产，无论是价值还是担保能力都要强大得多，因而能对大额度的公司债务负起责任。

二是在担保期间，该资产依然由债务人使用管理，保持公司的持续经营能力，担保权人对担保资产不得干预、限制与处分。由于公司使用担保资产进行正常的生产经营，担保财产的形态和价值处于不断的变化之中。担保财产的浮动性与管理权不发生变化是构成浮动担保的两个基本要件。④

上述两个特征兼顾担保权人利益与担保人的利益，正是浮动担保魅力所在。

从商务需要出发，经营状况良好的公司，完全可以以经营收入偿还债务，而浮动担保对公司的经营业务不予限制，因此，浮动担保对经营状况良好的公司是一种适当的担保方式。另外，即使公司经营状况不佳，担保权人可以指定接收人或者管理人对整个事业进行管理，而不必仅仅采用出卖特定财产的方式，公司的整体价值不会因财产的分别出售而受到影响。⑤

---

① 许明月：《英美担保法要论》，重庆出版社 1998 年版，第 206—207 页。

② 尹田：《物权法》（第二版），北京大学出版社 2017 年版，第 562 页。

③ 李敏：《论我国浮动担保制度的系统性完善——以适用实况为切入点》，载《法学》2020 年第 1 期。

④ 许明月：《英美担保法要论》，重庆出版社 1998 年版，第 211 页。

⑤ 许明月：《英美担保法要论》，重庆出版社 1998 年版，第 209 页。

从法律角度而言，浮动担保财产价值的不确定性对债权实现存在巨大风险，因此，承认浮动担保的国家对浮动担保的适用做了严格限制，主要用于公司债。另外，由于浮动担保的抵押物是变动的和不确定的，涉及浮动担保权人与固定担保权人之间复杂的法律关系。再者，由于抵押人可以处分担保财产，因此需要建立相应的监督机制来防止担保人的不当行为损害担保权人的利益。[①]

浮动担保与大陆法系的“财团抵押”相比，有明显不同。

（1）财团抵押属于固定负担。企业设定财团抵押时，企业特定资产中的多项资产组成一个财团并在其上设定担保，其价值在设定抵押时已经确定。这些设定抵押的资产需要制作目录并进行登记，因此抵押人对设为财团的抵押财产处分权受到严格限制。财团抵押属于扩大版的普通财产抵押，属于固定的财产负担。

（2）从保护债权人利益的角度而言，财团担保更有利于保护债权人的利益。

二、浮动担保的设立与效力

（一）抵押物仅限于动产

不论是原《物权法》时期，还是《民法典》时期，我国法律均将浮动抵押的抵押物限于动产，包括现在的动产以及将有的动产。该动产的范围是确定的，包括经营者的生产设备、原材料、半成品、产品四类，不包括应收账款、知识产权等无形资产、不动产。我国原《物权法》明文规定可以设定浮动抵押的财产仅限于抵押人“现有的以及将有的生产设备、原材料、半成品、产品”，而这一范围是从工业生产角度界定的，农业生产经营中的农作物、牲畜等是否属于这一范围，立法并未言明。[②] 这些动产参与经营者的经营活动，而经营者利用这些动产进行使用、收益，因此常有动产加入或脱离抵押权的范围。

---

① 刘智慧主编:《中国物权法释解与应用》,人民法院出版社 2007 年版,第 528 页。

② 李敏:《论我国浮动担保制度的系统性完善——以适用实况为切入点》,载《法学》2020 年第 1 期。

（二）抵押人限于特定主体

设立普通抵押权的人可以是自然人、法人或者其他组织。动产浮动抵押人是否存在于这些主体，“在起草《物权法》的时候，曾有争论，一种观点认为，应当将浮动抵押的抵押人限制为股份有限公司，因为浮动抵押制度的特点就是抵押期间抵押人可以处分抵押财产，这动担保的设立既是浮动抵押的优点，也是它最大的风险。如果抵押人出于逃避债务的目的，恶意处分其现有的动产或者恶意不去取得能够取得的动产，那么抵押权人将深受其害。因此将浮动抵押的抵押权人限制为股份有限公司，利用其规模大、信用好以及信息披露制度完善的优点，就可以消除浮动抵押的这一风险。这正是比较法上不少国家将浮动抵押制度设定为股份有限公司的主要理由。另一种观点认为，限制浮动抵押的主体没有必要。在市场经济活动中，接受哪一个主体提供的哪一种担保应由债权人自行决定，每一个民事主体，都是其利益的最好判断者，法律强制性把限制浮动抵押设定人的范围的效果可能适得其反”①。

原《物权法》起草者综合了上述两种观点，对抵押人主体资格作了限制。《民法典》第396条规定，浮动抵押人的主体范围，仅限于企业、个体工商户和农业生产经营者。但是，“农业生产经营者”概念过于笼统。

（三）浮动担保的效力

抵押制度体系效力问题是浮动抵押制度的核心设计，是债权实现时对法定优先权、抵押权、质押权、留置权以及其他法定（约定）事由的权利序位安排，体现了债权实现的优先性，是债权实现保障的根本。原《物权法》未对浮动抵押效力作出详细安排。② 《民法典》对该问题同样没有作出详细安排，直接影响了该制度的具体适用。

浮动负担通常要通过结晶使浮动负担系于特定的财产。因此，浮动负担优先受偿的效力涉及三个方面：一是浮动负担优先权与结晶前发生的其他担保利益的关系问题；二是浮动负担优先权与结晶后的担保权益的关系问题；三是浮

---

① 程啸:《担保物权研究》(第二版),中国人民大学出版社2019年版,第539页。

② 刘莉:《浮动抵押制度研究》,载《黑龙江省政法管理干部学院学报》2013年第1期。

动负担与特定优先债权的关系问题。[①]

1. 浮动负担优先权与结晶前发生的其他担保利益的关系问题

（1）浮动担保的财产在结晶前，担保权人不能干预债务人对财产的处分，因此，在此期间债务人以浮动担保覆盖的动产设定抵押、质押，甚至该动产被留置，这些在后设立的抵押权、留置权、质押权，优先于浮动抵押权。但是，债务人对浮动抵押财产的处分行为，必须基于正常的生产经营，目的是推动发展而不是为了使公司终结。[②] 在后成立担保权利时，无论权利人是否知晓该财产存在浮动负担，均可以对抗浮动担保权人。《民法典》第 404 条规定，设定浮动抵押的财产，被正常活动的买受人取得后，其取得的所有权可以对抗浮动担保权人。

（2）非正常经营活动取得的浮动担保覆盖的动产上的权利，不能对抗浮动担保权人。非正常经营活动往往会导致债务人资产不当损失，危及浮动担保的债权安全。因此，对非正常经营活动取得的动产权利不能优先于浮动负担优先权。

（3）后设定浮动负担的效力。浮动负担默示的处分权，并不能扩张至再次以相同的资产设定的浮动担保。以在先设定浮动负担的部分动产再次设定浮动负担，在后设定的浮动负担优先于在先设定的浮动负担。[③]

（4）执行债权人如果在结晶前已经执行完毕，已经取得该动产的所有权，意味着该动产已经脱离浮动担保范围，其上已经设定的担保已经被去除。故，执行完毕的动产所有权，可以对抗浮动担保权人。

我国《九民纪要》第 64 条对浮动担保的效力与结晶前设定的固定担保的效力，规定为登记在先的浮动担保的效力优先，采用了“美式浮动担保”的规则。[④] 笔者认为不妥，理由是，浮动担保的魅力在于担保资产的浮动性，如果设定浮动担保后，其效力优先于在后设立的固定担保，则无法体现其浮动性，无异于固定担保，堵塞了债务人再融资的可能性。“使其（浮动抵押权人）再就单独抵押之财产仍有优先于他人而受偿的权利，则无异于赋予其双

① 许明月:《英美担保法要论》,重庆出版社 1998 年版,第 226 页。

② 许明月:《英美担保法要论》,重庆出版社 1998 年版,第 227 页。

③ 许明月:《英美担保法要论》,重庆出版社 1998 年版,第 228 页。

④ 最高人民法院民事审判第二庭编著:《〈全国法院民商事审判工作会议纪要〉理解与适用》,人民法院出版社 2019 年版,第 380 页。

重优先权，其待遇过于优惠，对于付出相应对价而获得单独财产之抵押权人而言，则颇有不公。”①

2. 浮动负担优先权与结晶后发生的担保权益关系问题

浮动负担在结晶后即成为固定担保，因此在浮动负担结晶后，其效力优于在后成立的各种权利自无疑义。在浮动担保财产已经登记公示的情况下，不存在在后权利善意取得的问题。

执行债权人在浮动财产结晶前尚未执行完毕的动产，应当停止执行；或者继续执行完毕，并将拍卖、变卖财产所取得的价款，支付给浮动担保权人。

3. 浮动负担与特定优先债权的关系问题

浮动负担是约定抵押权，不能对抗法律特别规定的特定债权的优先权。

不可否认，浮动担保将现有资产和将来取得的资产纳入担保范围，具有强大的效力。浮动抵押容易造成“过度担保”的融资障碍。② 如果不对其进行限制，既可能严重危及交易安全，也会堵死抵押人再融资的渠道。为此，《民法典》主要从两个方面对浮动抵押的效力进行限制：一是通过第 404 条规定的正常买受人规则，对正常交易行为进行保护，避免因浮动抵押的设立而影响交易安全；二是通过第 416 条规定的价款担保优先权，对浮动抵押进行限制，从而使抵押人不至于因设定浮动担保而堵死再融资的渠道。③

三、浮动担保财产的确定

抵押权人要实现抵押权，首先要使浮动抵押停止浮动，让其固定下来，这叫作浮动抵押的结晶，原《物权法》称之为浮动抵押财产的确定。④ 浮动抵押财产的确定是抵押权人实现抵押权的前提。⑤

---

① 刘保玉：《物权法学》，中国法制出版社 2007 年版，第 346 页。转引自曹明哲：《民法典价金担保权的司法适用》，载《山东法官培训学院学报》2020 年第 4 期。

② 刘晶：《从美国购买价金担保制度看我国浮动抵押效力的合理限制》，载《学术交流》2020 年第 10 期。

③ 最高人民法院民法典贯彻实施工作领导小组主编：《中华人民共和国民法典物权编理解与适用》（下册），人民法院出版社 2020 年版，第 1051 页。

④ 高圣平：《担保法论》，法律出版社 2009 年版，第 458 页。

⑤ 高圣平：《担保法论》，法律出版社 2009 年版，第 459 页。

（一）结晶的效力

浮动担保的结晶，其效力是使债务人管理的浮动负担覆盖的动产停止浮动，不得进行交易，即使正常交易也不能继续进行，债务人对设定浮动负担的动产的处分权利终结，浮动担保成为固定担保，担保财产的价值和形态在结晶时得以确定。崔建远先生对此有形象的比喻，认为浮动担保财产的结晶好比一条河流的上下游都截流，被围起来的水就是被确定的抵押财产。[①]

（二）结晶事件

结晶事件是使浮动担保财产停止浮动的事实。该事实的发生使浮动担保财产的价值和形态得以固定。结晶事件包括约定和法定的事实。法定的结晶事件是在当事人没有就实现抵押权的时间作出约定的情况下作出的法定补充条款，具有法定指引性。[②]《民法典》第411条规定："依据本法第三百九十六条规定设定抵押的，抵押财产自下列情形之一发生时确定：（一）债务履行期限届满，债权未实现；（二）抵押人被宣告破产或者解散；（三）当事人约定的实现抵押权的情形；（四）严重影响债权实现的其他情形。"

1. 债务履行期限届满，债权未实现

该事件与特定财产抵押实现的条件相同，当债权人到期未获清偿时，如果允许抵押人继续处分财产，无疑会对债权人利益造成重大损害，故抵押人的全部财产停止浮动，有利于保障债权人利益。

2. 抵押人被宣告破产或者解散

（1）由于法律没有规定债务人的通知义务，结晶事件发生时如何保护第三人利益和债权人利益是一个值得探讨的问题。第三人并不知晓"抵押人被宣告破产或者解散"这一事件发生，基于正常交易活动向债务人付款采购浮动担保覆盖的动产，根据现行规定，担保权人有权向第三人追及抵押物，这样可能会导致第三人财产损失。所以，如何让第三人知晓浮动财产已经结晶的事实，是保护第三人权益的关键问题。有观点认为，浮动抵押的确定应当采取一

---

① 崔建远:《物权:规范与学说——以中国物权法的解释论为中心》(下册),清华大学出版社2021年版,第489页。

② 中国审判理论研究会民事审判理论专业研究会编著:《民法典物权编条文理解与司法适用》,法律出版社2020年版,第464页。

定的程序加以公告，以告知相关利害关系人，但是原《物权法》对此没有规定。[①] 可谓适当。

（2）该事件为法定的结晶事件，往往发生在债务履行期内。在实务中，债务人申请破产和法院宣告债务人破产一般有较长的时间。债务人在申请破产时已经资不抵债，危及债权实现，待到法院宣告破产，可能使担保财产进一步发生损失。因此，以法院宣告债务人破产作为结晶事件，不如以法院受理债务人申请破产作为结晶事件。

3. 当事人约定的实现抵押权的情形

当事人可以事先约定抵押财产确定的事实，这是担保合同意思自治原则的体现。

4. 严重影响债权实现的情形

严重影响债权实现的情形，需要结合其他法律的规定并通过司法实践不断细化。例如，抵押人因经营管理不善而导致经营状况恶化或者严重亏损，或者为了逃避债务而故意低价转让财产或者隐匿、转移财产等。[②]

四、浮动抵押权的实现

“在物权法的起草过程中，对于是否有必要专门规定浮动抵押权的实现程序曾有多种意见。一种意见认为，没有必要单独规定浮动抵押权的实现程序，因为浮动抵押权完全可以准用普通抵押权的实现方式，由浮动抵押权人将抵押财产加以拍卖或者变卖，并优先受偿。另一种意见认为，浮动抵押权需要实现有其特殊性，不能简单地适用普通抵押权的实现方式。因为浮动抵押不像普通抵押权从一开始抵押财产就是确定的，而是存在一个抵押财产的确定问题，所以需要规定浮动抵押权人如何申请法院扣押抵押人的财产以及如何接管该财产等一系列程序。《物权法》采取了第一种观点，没有特别规定浮动抵押权的实现程序，而是完全适用普通抵押权的实现程序，即《物权法》第195条以下的规定。”[③]《民法典》同样没有规定浮动抵押的实现程序，应当是和原《物权法》的考虑一致。

---

① 刘智慧主编：《中国物权法释解与应用》，人民法院出版社2007年版，第573页。

② 王利明、尹飞、程啸：《中国物权法教程》，人民法院出版社2007年版，第491页。

③ 程啸：《担保物权研究》（第二版），中国人民大学出版社2019年版，第548—549页。

笔者认为，没有规定浮动抵押的实现程序是一大法律漏洞。浮动担保采用折价、拍卖、变卖方式实现抵押权，存在以下不足：

一是如果浮动担保财产结晶时，只有少量动产，通过拍卖、变卖方式实现抵押权尚有可能。但是如果涉及大量动产，而且这些动产的处置会导致该企业处于无法正常生产的境遇时，拍卖、变卖担保财产会十分困难。以大型化工企业为例，对一台压缩机的处置，可能会导致全系统无法生产，给企业带来的损失无法估量。债务人不会配合处理该压缩机，而如果债务人不予配合，该压缩机在生常系统中正常运行，如何能够处置？对多台（套）设备的处置，可能会使企业破产倒闭，这是法律和社会都不愿看到的局面。对农业生产经营者来说，如果处置其全部粮食，如何保证该农业生产经营者的基本生存权？

二是结晶后的动产能否变现存在问题。有些企业的动产是专用设备，具有独特的温度、压力、性能，只能满足于特定工况下的需要，这样的动产处置会无法找到合适的买方，导致资产无法处置变现。此外，使用多年的动产本身就不好变现。

三是企业实行全部动产抵押，虽然抵押财产在规定的时间内可以确定，但企业正常生产经营，现金每天流出流入，原材料、半成品不停流出流入，抵押财产如何确定？抵押权人非接管企业无以控制抵押财产，而控制了抵押财产，企业就要停止生产经营。动产是企业生产经营最活跃最增值的部分，企业停止生产经营，每天都会有巨额损失，特别是连续生产的企业更是如此。

综上所述，普通担保物权的折价、变卖和拍卖三种实现方式，“在很大程度上并不契合浮动抵押的特殊需要，有必要关注下列特殊实现方式”①。

1. 自动结晶和再浮动

由于浮动抵押的特殊性，比较法上较为常见的约定实现方式是自动结晶和再浮动。自动结晶和再浮动是指当事人约定于浮动抵押实现要件满足后，抵押财产可自动结晶，若浮动抵押权人未能及时实现其权利，在一定条件下抵押财产可自动解除结晶并再归入浮动抵押。

2. 接管

在固定抵押中发生抵押权的实现事由时，抵押权人可就抵押财产所得价款

---

① 李敏：《论我国浮动担保制度的系统性完善——以适用实况为切入点》，载《法学》2020 年第 1 期。

优先受偿。但在浮动抵押中，在发生抵押权确定事由后，由于抵押财产需要从不特定转为特定，故抵押权人在向法院请求实现抵押权前，必须自行固定抵押财产，例如指派接管人接管、抵押权人介人行使对财产的控制权等。

3. 占有或控制

国外最常见的浮动抵押实现方式为抵押权人行使所谓“介入权”，使浮动抵押转变为固定抵押，但难题在于抵押权人如何实现对抵押物的控制。英美法律中，对抵押财产的控制有多种手段，根据财产是有形还是无形而采用不同的方法。有形财产的控制方法是通过合同约定，由担保人将担保财产存于担保权人仓库，并约定只有经担保权人的仓库管理人员同意才能提取财产；或者以担保权人名义将抵押财产存入第三人的仓库中；或者以担保权人租用的担保人的场地作为担保财产存放场所，由担保权人雇佣员工进行管理。对无形财产的控制方法，是通过控制权利凭证的方式控制该财产。[①] 占有或控制的目的在于，将这些资产通过正常的交易程序所获得的收益归还债权人，而不是妨碍债务人的业务。而这种方式比通过破产清算程序取得资产价值，更为有效，而且对债务人的影响较小。

五、我国浮动担保制度的不足及完善建议

“起源于英美法系的浮动担保制度灵活、简便，操作成本低，为企业融资提供了重要担保方式。”[②] 浮动抵押担保制度诞生之初，兼具以实现担保功能与融资功能为己任，因此，该制度构造本身便以效率价值为指向，弱化了权利附着于确定、不变的财产之上的方式，取而代之的便是以概括性、不确定的财产集合为保障，极大地弱化了债权人的财产保障性，造成了安全价值与效率价值的冲突。因此，对浮动担保的制度设计，应通过切实的法律措施弥补安全性缺陷，防止恶意利用浮动担保制度骗取债权人财产，防止债权人保障落空。在域外具有较强功能的浮动担保制度，《民法典》仅用两个条文进行规范，无疑十分单薄，使我国的浮动担保制度存在四个方面的不足。

---

① 许明月:《英美担保法要论》,重庆出版社 1998 年版,第 228 页。

② 曹士兵:《中国担保制度与担保方法——根据物权法修订》,中国法制出版社 2008 年版,第 281—282 页。

(一) 登记方面存在的问题

虽然浮动担保属于动产担保，可以适用动产担保统一登记的有关规定，但是应当认识到，我国统一的动产和权利担保制度是以单一动产抵押为原型设计的，对集合的动产抵押如何进行登记缺乏相应的规定。浮动担保有其特殊性，“合理的识别”标准在浮动担保中难以有效适用，比如浮动担保可以以未来的财产作为担保，但未来是哪些财产难以把握和确定，在登记上更是难以描述。

(二) 浮动担保的财产限于有形动产，不利于全面发挥浮动担保的功能

按照《民法典》的规定，浮动抵押标的物限于生产设备、原材料、半成品和产品等四个种类。从各国立法实践来看，我国对浮动抵押标的物设定的范围明显过窄，限制了融资功能的发挥。域外浮动担保中的担保财产范围，不仅包括有形动产，而且包括无形动产，比如应收账款、知识产权等权利。因此，应将不动产、知识产权、商誉、应收账款等纳入其中，丰富抵押标的物的种类。抵押标的物种类的增加，还为完全浮动抵押和有限浮动抵押方式的区分提供了基础。

(三) 浮动担保权的实现方式不能适应需求

无论是普通抵押还是浮动抵押，抵押权的实现方式是最重要的内容，事关债权人权利的实现。我国虽然引进了浮动担保方式，但只是机械引进，没有对该项制度进行消化吸收，也没有制定出适合浮动担保特点的浮动担保权的实现方式。当企业以全部动产设定浮动担保时，可能出现企业非经营性破产或者清算，进而造成无法实现担保权的尴尬局面。

(四) 浮动担保的优先受偿规则没有明确的法律规定

因为浮动担保的强大威力，现有和将来的动产和权利均可纳入浮动担保的“射程”之内。在浮动担保期间，为再次融资，债务人可能利用动产作为担保物进行借贷或者其他融资活动，由此产生浮动担保权与固定担保权之间的冲

突。对于这些冲突如何解决，我国法律没有明确规定。《九民纪要》第 64 条[①]规定的规则不尽合理，且为司法政策。

为充分利用浮动担保制度，避免南橘北枳的尴尬，使不同源流的担保制度有机融合、协调统一，发挥该制度为中小企业融资担保的功能，解决浮动担保制度目前存在的问题，建议在《民法典》物权编对浮动担保制度作进一步修订补充。

首先，细化浮动抵押制度的内部构造，将浮动抵押的主体扩张至非公益性的法人和非法人组织，同时取消抵押财产的种类限定，使其范围涵盖各类动产和权利。

其次，体系化地规定浮动抵押的效力，尤其是其对外效力，通盘考量浮动抵押与其他担保的顺位关系，消解不同制度的异质性。

再次，规定抵押财产的结晶需要更为全面、合理的确定事由，规定浮动担保权更具可操作性的实现方式。删除抵押人被人民法院宣告破产或者解散作为结晶事件的规定，而将人民法院受理破产申请作为结晶事件之一；细化严重影响债权实现的“严重”的具体情形。

最后，建立完善的浮动担保实现程序。浮动担保具有与固定担保不同的特点，应建立与之不同的实现程序，比如财产代管人制度。浮动担保的优点之一是代管人制度，抵押权实现时，抵押权人将实现抵押权时的财产作为一个整体受偿，避免将企业资产拆分零碎贱价处理，有利于发挥企业资产的整体效能。

第二节　动态质押

在我国动产、权利担保体系中，传统动产质押的设立需要移转质物占有，这一方面导致质物的使用价值和交换价值严重受限，另一方面也增加了质权人的控货成本，因此传统质押模式日渐式微。在商人理性的驱使下，融资担保实践开始采用基于“现金—存货—应收账款—现金”经营循环的存货融资模式。

---

① 《九民纪要》第 64 条:“企业将其现有的以及将有的生产设备、原材料、半成品及产品等财产设定浮动抵押后,又将其中的生产设备等部分财产设定了动产抵押,并都办理了抵押登记的,根据《物权法》第 199 条的规定,登记在先的浮动抵押优先于登记在后的动产抵押。”

在贷款期间，存货可以流入流出并非恒定不变，呈现动态循环过程。[①] 这种融资担保模式被称为动产动态质押，是供应链金融的重要形式之一。2013 年商务部国内贸易行业标准《动产质押监管服务规范》（SB/T 10978—2013）把存货质押分为静态质押和动态质押，第 3. 9 条将前者界定为“在质押期内，质物不发生变动的业务形态”，第 3. 10 条将后者界定为“在质押期间，质物可以增加、置换、部分解押的业务形态”。动态质押在实践中也被称为流动质押、浮动质押、滚动质押、存货动态质押等，与浮动抵押和仓单质押共同构成供应链金融的三大物流担保融资形态。存货动态质押相较于后两者更有优势也更实用，因此在实践中更为重要，是物流担保融资的主要形态。[②]《九民纪要》第 63 条[③]、《民法典担保制度司法解释》第 55 条对此作出了规定。其主要内容有：一是动态质押是债权人、出质人与监管人三方协议，以一定数量、品种等概括描述能够确定范围的货物为债务提供的担保。二是质权人委托监管人实际控制质物的，质权设立；出质人委托监管人监管的，质权未设立。三是监管人违反约定向出质人或其他人放货，因保管不善导致质物毁损灭失，怠于履行监管职责，应对质权人承担违约责任。

理解动态质押担保，应基于以下几个方面：一是结构关系的复杂性；二是动态质押物的流动性；三是监管人介入质押担保关系的深刻性；四是动态质押与浮动抵押的相似性；五是动态质押权成立取决于实际控制性；六是监管人违约责任的独立性。

---

① 冉克平、侯曼曼：《企业动产动态质押的体系化释论》，载《西北大学学报》（哲学社会科学版）2022 年第 2 期。

② 常鹏翱：《供应链金融背景下存货动态质押的疑点问题研究——以“民法典担保制度司法解释”第 55 条为中心》，载《清华法学》2021 年第 4 期。

③ 《九民纪要》第 63 条：“在流动质押中，经常由债权人、出质人与监管人订立三方监管协议，此时应当查明监管人究竟是受债权人的委托还是受出质人的委托监管质物，确定质物是否已经交付债权人，从而判断质权是否有效设立。如果监管人系受债权人的委托监管质物，则其是债权人的直接占有人，应当认定完成了质物交付，质权有效设立。监管人违反监管协议约定，违规向出质人放货、因保管不善导致质物毁损灭失，债权人请求监管人承担违约责任的，人民法院依法予以支持。如果监管人系受出质人委托监管质物，表明质物并未交付债权人，应当认定质权未有效设立。尽管监管协议约定监管人系受债权人的委托监管质物，但有证据证明其并未履行监管职责，质物实际上仍由出质人管领控制的，也应当认定质物并未实际交付，质权未有效设立。此时，债权人可以基于质押合同的约定请求质押人承担违约责任，但其范围不得超过质权有效设立时质押人所应当承担的责任。监管人未履行监管职责的，债权人也可以请求监管人承担违约责任。”

一、动态质押结构关系的复杂性

（一）动态质押结构关系中涉及物权和债权领域

动产动态质押涉及质押关系及监管关系。前者是典型的担保物权形态，目的仍然是保障债权的实现，由此决定动态质押担保的性质是动产担保，担保物权的成立、担保人的抗辩等系列权利义务均由担保法律制度进行规制。后者是监管合同关系。监管在实践中存在三种模式：一是物流企业仓库内的质押监管。在出质企业动产仓储于物流企业的情况下，对其中拟出质部分，将物流企业的委托人由出质企业变更为质权银行。二是出质企业仓库内的质押监管。在出质企业动产仓储于出质企业的情况下，对其中拟出质部分，由物流企业以象征性租金租赁出质企业仓库监管。目前80%以上的第三人监管采取这一模式。三是第四方企业场库内的质押监管，在出质企业动产仓储于第四方企业的情况下，对其中拟出质部分，由物流企业以象征性租金租赁第四方企业仓库监管。①

由于监管方式的不同，当事人之间的权利义务关系非常复杂。仓库内动产进进出出，但是必须依据质权人的要求，保持仓库中一定货物的价值。因此，动态质押是担保法律关系与合同关系的结合，贯穿物权法和债权法的领域，呈现物权与债权错综复杂的局面。

（二）动态质押关系的重心在监管人

动态质押关系涉及三方当事人、三个合同关系。三方当事人是指债权人、出质人、监管人。三个合同是指债权人与出质人之间的基础合同、质押合同及三方当事人之间的监管合同。在这三个合同之中，监管合同居于主导地位，直接决定能否成立质权、监管人责任等关键问题，监管人深度介入他人之间的债权债务关系中。监管人的责任首先是履行审查义务。在一起公报案例中，根据《动产质押监管协议》约定，辽宁储运公司应对出质人进行监督，对质物进行监控，即对出质人的质物入库、提货等行为进行全程监督，对质物品名、数量

① 陆晓燕：《动产“动态质押+第三人监管”模式下权利冲突的解决路径》，载《人民司法》2016年第1期。

等进行查验核对，及时向质权人汇报质物状况。在该案中，辽宁储运公司接受俸旗公司委托担任质物监管人，应首先依约对质物进行查验核对。但辽宁储运公司在明知出质人根本未提供45400吨玉米，更未占有控制45400吨玉米的情况下，仍向俸旗公司出具《收到质物通知书》。因辽宁储运公司未履行质物审查义务致质物没有真实移交，案涉质权未能设立，因此承担巨额赔偿责任。[①]此外，监管人还应根据实际监管情况，适时履行建议、监控、保管、通知、报告、阻止等监管义务，目的在于彻底稀释出质人对质物的占有与控制状态，排除出质人对质物的绝对支配，全程监督出质人处分质物的行为，随时掌控进出仓库质物的数量、质量、价值量等，确保被监管质物价值不低于最低价值控制线，以实现动态质权的存续。[②] 故，监管人是动态质押关系中的重要角色。

正是基于监管人的重要性，我国对监管人的资格条件有所限制。《动产质押监管服务规范》对监管人设置了详细的限制条件：（1）资格条件——在工商行政管理部门登记注册的企业法人；（2）信用条件——合法经营，三年内无不良记录；（3）资质条件——具有从事动产质押监管服务的资质（包括营业执照、许可证书、与业务规模相适应的注册资本、质物监管能力、适格监管人员）；（4）业务条件——有足够的业务操作能力。在2014年12月发布的《担保存货第三方管理规范》（GB/T 31300—2014）中，担保存货第三方管理企业的资格认定条件更是被拓展为包括企业基础条件、资本条件、仓库条件、配套设施条件、组织管理条件、信用条件和业绩条件在内的7大项内容。上述标准成为诸多质权人选择监管人的主要依据。

（三）动态质押担保成立与传统理论的差异

“动产质权系属所谓‘占有担保物权’，即以标的物（动产）移转占有为其成立及存续要件，此为动产质权法律结构及规范设计上的基本问题”[③]，故而动产质权的设立标准是质物的交付。因此，关于质权是否成立的判断应当从“质物”和“交付”两方面进行考量。不过，在动态质押中，“质物”与“交

① 最高人民法院（2016）最高法民终650号民事判决书。该案最终判决监管人承担30%的责任，出质人承担70%责任。笔者认为，两者应当是连带责任关系。

② 邓达江：《论动产动态质押监管人的损害赔偿责任——从最高人民法院一起公报案例谈起》，载《私法研究》2018年第1期。

③ 王泽鉴：《民法物权》（第二版），北京大学出版社2010年版，第396页。

付”在理论与实务中均存在较大争议。从质物方面来看，虽然可进行质押的动产范围广泛，但从物权基础理论角度分析，尚有动态质押中的质物是否满足“特定物”属性和是否违反“一物一权”原则的理论争议；从交付方面来看，对占有与公示两个要件均有较大争议。因此，讨论动态质押的合法性，就必然涉及两个问题：“质物是什么”和“交付是什么”。[①] 物权法意义上的特定物是指“物权的客体必须为现已存在的特定物”。根据《民法典》第 114 条第 2 款的表述，“物权是权利人依法对特定的物享有直接支配和排他的权利，包括所有权、用益物权和担保物权”，此处“特定的物”就是“特定物”在物权法意义上的含义，强调的重点其实是“现已存在”的有体物。需要注意的是，此处的“特定物”并无“种类物”的对应概念。基于上述理论澄清，动态质押的特定物是存在的，不违反物权系于特定物的原则。[②] 关于交付，《九民纪要》第 63 条坚持了交付的概念，以交付作为质权成立的要件；而《民法典担保制度司法解释》第 55 条，使用了“实际控制”的概念，即实际控制即可成立质权。与静态质押的设立相比，动态质押在理论上发生重大变化。

二、动态质押担保担保物的流动性

与传统静态质押相比，动态质押的质物具有流动性。在总量控制模式下，银行根据融资债权余额确定质物的最低价值，若质物价值超过当事人约定的最低价值，质押人可根据生产经营需要，申请就超出最低价值部分提货。质押监管人凭质权人出具的《放货通知书》办理放货手续，此时货物流动较为自由。[③] 出质人提取部分存货，导致对应的质权消灭，这就是业界常说的部分解押。在实践中，为了保障质权人的利益，出质人在提取存货前，会向质权人提供等值的其他存货来质押，此即存货置换，它也体现了存货的流动性。增加的存货新设质权，被置换的存货质权消灭。此外，存货的流动性还表现为，既有存货不变，在此基础上增加存货，结果是就增加的存货新设质权。在实践中，存货价值大小影响存货流动的自由度。如一些商业银行规定，存货价值超出质

---

① 山东省高级人民法院民二庭课题组：《动态质押中的质权设立标准问题研究》，载《山东法官培训学院学报》2022 年第 3 期。

② 山东省高级人民法院民二庭课题组：《动态质押中的质权设立标准问题研究》，载《山东法官培训学院学报》2022 年第 3 期。

③ 孙鹏、邓达江：《动产动态质押的裁判分歧与应对路径》，载《河北法学》2020 年第 8 期。

权人设定的质物最低价值时，出质人就超出部分的提货或置换，不需要质权人同意。在动态质押中，最低价值控制线亦可随具体情形适时调整。如质押监管期间，若经质权人同意，出质人追加保证金或清偿部分借款本息，则质权人向监管人签发质押财产最低价值通知书，按约下调最低价值控制线。若经质权人同意，出质人增加借款金额，则监管人便按质权人指示上调最低价值控制线。①

因为存货具有流动性，所以存货动态质押有了动态的担保结构，即在出质人首次提供的存货质权设立后，随着出质人提取、置换或增加存货，就出现了质权消灭、再设立的循环过程。可以说，存货动态质押是在同一质押合同基础上的持续性交易过程，从中能看到存货质权的各种形态变化，由无到有（设立）、由有到无（消灭）、由多到少（提取存货）、由少到多（增加存货）、由此到彼（置换不同存货），这样的担保结构迎合了商事主体高效融资担保的需求，成为存货质押的主导模式。②

实践中存在“质押期间质物是价值特定还是数量特定”的争议。质权人一般主张监管人应当对质物的数量和价值两方面负责，而监管人则认为其仅对质物的价值负责，在质权人不能举证证明质物总价值减少的情况下，其不需要担责。法院的观点主要是监管人应当对质物的价值负责，只要质物价值在合理的范围内浮动可以控制风险即可，出质人保留利用质押物从事生产和经营的自主经营权。③ 无论是静态质押还是动态质押，真正关键的并非质物的具体形态，而是质物的经济价值。现代融资担保中以担保物价值特定取代担保物形态固定的理念已成共识。最低价值控制线确能保证在流动的动产上设立质权。④

三、监管人介入质押担保关系的深刻性

监管人在动态质押担保中肩负重任，深深影响着主合同成立和动态担保的履行。实践中，监管人与出质人恶意串通、监管人玩忽职守怠于履行监管职责

① 邓达江：《论动产动态质押监管人的损害赔偿责任——从最高人民法院一起公报案例谈起》，载《私法研究》2018 年第 1 期。

② 常鹏翱：《供应链金融背景下存货动态质押的疑点问题研究——以“民法典担保制度司法解释”第 55 条为中心》，载《清华法学》2021 年第 4 期。

③ 广东省高级人民法院（2015）粤高法审监民提字第 108 号民事判决书。

④ 邓达江：《论动产动态质押监管人的损害赔偿责任——从最高人民法院一起公报案例谈起》，载《私法研究》2018 年第 1 期。

等直接或间接损害债权人利益的现象不胜枚举，有学者收集到的关于动态质押的104个案例中，有36个涉及监管责任的认定，占比超三分之一。①

（一）关于监管人的作用

关于监管人的作用，有学者从动态质押的事前、事中、事后分析了监管人的作用。②

第一，在融资交易发生前，比质权人更贴近供应链市场的监管人能更准确地评估存货价值，为质权人是否放贷提供专业意见。在供应链金融背景下，出质人多为中小企业，其财务和经营信息的透明度和准确度不高，又缺乏不动产，出质人在融资时以其存货为质押担保，成为必然选择。但质权人并不十分了解存货行情，想准确判断是否及如何以存货质押作为融资担保，并非易事。身处存货市场第一线的监管人远比质权人了解存货，由其为质权人提供决策服务，能弥补质权人的弱项，有利于促成质权人和出质人的融资交易。在实践中，质权人往往会与实力雄厚、信誉良好的监管人合作，给其一定的授信额度，由监管人推荐在其处存放存货的企业作为质权人的客户，经质权人审核后，企业以其存货为质押财产向质权人担保融资。在这种模式中，与质权人合作的监管人因为与出质人有业务往来，深度了解出质人的存货状况，能消除质权人和出质人之间的信息壁垒，实质上起到金融服务平台的作用。

第二，在融资交易发生后，存货动态质押的运行过程要符合质押合同的约定，不能损害质权人利益。要做到这一点，无论是质权的设立还是存货的流动，都需要专业化的鉴定、核验、评估和管理，缺乏相关行业知识的质权人难以胜任这些工作，需要专业机构的协助。也就是说，受专业分工所限，质权人无法凭一己之力与出质人进行存货动态质押，从首次质权设立到存货的提取、置换或增加的各个环节，都要专业机构的协助。监管人就是这样的专业机构，其了解存货的市场行情，擅长存货的估值、管理等工作，能一揽子解决前述的专业问题，使出质人在取得融资后还能进行生产或销售，从而推动供应链的良性运转。

---

① 陈本寒:《动态质押监管人的角色定位与义务承担》,载《法学家》2021年第4期。

② 常鹏翱:《供应链金融背景下存货动态质押的疑点问题研究——以“民法典担保制度司法解释”第55条为中心》,载《清华法学》2021年第4期。

第三，在出质人不能清偿债务时，质权人要通过存货的变价来优先受偿，而借助监管人熟悉存货市场行情的优势对存货进行变价，能提高债权实现的概率和比例，这对质权人和出质人都有利。

（二）监管人的角色定位

关于监管人的角色定位，有三种学说：一是质权人的委托人说，二是仓储保管人说，三是质权人的受托人与仓储保管人双重身份说。[①] 笔者认为，上述三种学说均有失偏颇。对监管人的角色定位，需要通过监管模式来确定。

前已述及，监管有三种模式，我们逐一分析在这三种模式下监管人的角色定位。

第一，当质物存于监管人处时。此时监管人既是质物的保管人，又是债权人的受托人，监管人既需要对质物的安全储存承担仓储保管人的责任，又受债权人的委托，承担核查、监管、报告、阻止等监管义务。此时，监管人“一人饰多角”，兼具委托合同的受托人和质物的仓储保管人的双重身份。[②]

第二，在质物存于出质人处时。由于存储仓库位于出质人的管辖范围内，监管人对于场库的安全性能、储存条件和环境不具有管理权，监管人能做的工作就是基于债权人的委托，履行核查、监管、报告、阻止等义务。此时监管人的作用是单一的，仅是受托监管，监管人只是委托合同的受托人。

第三，在质物存储于监管人、出质人以外的第三人时，监管人的作用同上述第二项，仅是受托人的角色。

有学者主张，在上述第二、第三种情况下，监管人仍负有对质押物的保管义务，仍具有仓储保管人的角色地位。[③] 笔者认为，应对仓储保管人的保管义务进行准确定位。根据《民法典》关于仓储合同的规定，保管人的责任是提供适于保管仓储物的场所，保证仓储物不变质、不变色，其对于仓储环境的不适宜所引起的仓储物发霉、变质等承担赔偿责任。因此，保管人的保管责任是物理性的，其义务在于见单（或者发货指令）发货。审核发货单据，监督发货数量，是债权人的受托人的责任。保管义务与监管义务在内容、服务的权利

---

① 陈本寒:《动态质押监管人的角色定位与义务承担》,载《法学家》2021 年第 4 期。

② 陈本寒:《动态质押监管人的角色定位与义务承担》,载《法学家》2021 年第 4 期。

③ 陈本寒:《动态质押监管人的角色定位与义务承担》,载《法学家》2021 年第 4 期。

主体和是否要求占有财产方面，都存在差别。[①] 因此，不宜把保管人的物理性保管与监管人的监管责任混在一起。

综上，监管人的角色和地位随着监管方式的不同而不同。但是，质押监管贯穿于存货动态质押的整个交易过程，实质是监管人受托来处理存货动态质押全生命周期各个环节的重要事宜，目的在于借助监管人的专业优势，既确保在供应链正常运转的情况下，质权人能通过出质人的增值收益来获得受偿，又确保在出质人不能清偿债务时，质权人能依靠存货的变价来优先受偿。可以说，质押监管在存货动态质押融资交易中的地位举足轻重，没有质押监管，存货动态质押难以开展。[②] 因此，监管人的受托人角色是其主要角色。

四、动态质押与浮动抵押的相似性

顾名思义，浮动抵押和动态质押是抵押、质押二分下两种不同的制度，但二者在交易构造上存在较大相似性：一方面，动态质押合同通常约定标的物在保持最低控货值的情况下可以进行动态置换、出旧补新，货物的流进流出不影响质押的效力，符合浮动抵押“浮动性”的外观特征。另一方面，动态质押往往与监管人捆绑为一体，通过监管人取得货物的直接占有或者由监管人与出质人共同占有货物达致设立的目的。尤其在出质人自有仓库监管模式下，动态质押呈现“非移转占有型担保”的面貌，某些债权人为强化质权的效力而向动产担保登记机构办理登记的举动，更加缩小了动态质押与浮动抵押的差异。[③] 基于以上理由，我国司法实践中有判决认为动态质押应当参照适用《物权法》第189条的浮动抵押规范，二者在法律效果上别无二致。[④]

因此，有观点认为，动态质押在本质上就是浮动抵押，动态质押监管人与浮动抵押中抵押物的代管人地位完全相同，在我国现行立法承认动产浮动抵押的情形下，完全没有必要创设动态质押制度。这一观点不仅给学界带来很大困扰，而且也深深影响到我国的司法实务。[⑤]

---

① 罗帅:《动态质押中“实际控制货物”的法理阐释》,载《法学家》2022年第6期。

② 常鹏翱:《供应链金融背景下存货动态质押的疑点问题研究——以“民法典担保制度司法解释”第55条为中心》,载《清华法学》2021年第4期。

③ 刘平:《论我国存货担保的体系构造与制度协同》,载《法学家》2022年第3期。

④ 最高人民法院(2017)最高法民终891号民事判决书。

⑤ 陈本寒:《财团抵押、浮动抵押与我国企业担保制度的完善》,载《现代法学》1998年第4期。

但是，浮动抵押与动态质押还是存在明显区别的。

第一，公示方法不同。存货动态质押属于动产质押，通常由监管人代质权人直接占有存货。占有的公示作用十分重要，它除了表现物权的绝对性，还能确保客体的特定性。存货多是粮食、煤炭等批量货物，它们的特定性不仅取决于当事人对其名称、数量、重量、规格等要素的约定，更重要的是监管人采用划定专门区域、设置标示牌等措施，将存货与其他货物区分开来，以便实际控制。[①] 故，动态质押的担保财产在担保权实现之前，已经特定化。浮动抵押则明显不同，其以登记为对抗主义，可以用将来产品设定抵押，故担保财产并不特定，债权人只能就抵押财产确定时的动产优先受偿。“抵押财产确定”是浮动抵押权实现前的必经环节。《民法典》第 411 条规定了浮动抵押财产确定的 4 项事由，当事由出现时，动产价值几何、可否完全保障债权实现没有任何心理预期。

第二，对担保物的控制方法不同。在存货动态质押的情况下，通常由监管人直接占有存货，出质人不能单独控制存货。在监管人尽职尽责监管时，确实能使存货状态与合同约定保持高度一致，并能有效预防标的物价值减损。但实践发生的大量案例表明，监管人完全做到这一点并非易事，其原因既有客观能力不足，也有自身懈怠，还有牟取非法利益的道德风险。在浮动抵押的情况下，抵押人直接支配标的物，抵押权人虽然无法有效预防抵押人对标的物的减损行为，但抵押登记很稳固，能增强浮动抵押的公示性和对抗力。

第三，担保物涵盖范围不同。一般来说，动态质押的动产是产成品，可以直接对外销售变现。而浮动抵押的担保物范围，不仅包括产品，还包括生产设备、原材料、半成品等。生产设备属于企业的固定资产，其与原材料、半成品相比变现功能较弱。专用设备、专用原材料的变现功能更弱，其折价的结果可能导致企业股权的变化。动产动态质押比浮动抵押的担保力更强，更符合我国融资担保实践需求，故不能被浮动抵押制度替代。[②]

第四，为了确保交易安全，浮动抵押也会引入监管机制。浮动抵押监管合同由抵押权人、抵押人和监管人三方签订，但因为担保构造不同，监管机制也

① 常鹏翱:《供应链金融背景下存货动态质押的疑点问题研究——以“民法典担保制度司法解释”第 55 条为中心》,载《清华法学》2021 年第 4 期。

② 冉克平、侯曼曼:《企业动产动态质押的体系化释论》,载《西北大学学报》(哲学社会科学版)2022 年第 2 期。

存在很大差异。在浮动抵押监管的情况下，由于抵押人自行控制标的物，有权自由处分，监管人只能就抵押人的经营状况等企业信息向抵押权人报告，以防范可能的信用风险。而在质押监管的情况下，监管人重在核验、评估和管理存货，以确保存货及其流动性符合约定，不损害质权人的利益，除非当事人另有约定，否则监管人无须精准把握出质人的经营状况，也无须将其了解的出质人经营状况向质权人报告。①

五、质权成立取决于对质物的实际控制

（一）实际控制是动态质押权成立标准的理论创新

《民法典》第429条沿袭了原《物权法》第212条的规定，明确质权自出质人交付质押财产时设立。《民法典担保制度司法解释》第55条在《九民纪要》第63条的基础上，将动态质权的成立要件由“占有”改为“实际控制”，即依据实际控制认定动态质权是否成立，依据委托人的不同确定是否实际控制，并依据实际控制的时点作为质权成立的时点。但是，有学者为秉持动态质押属于动产质押的观点，不得不对动产质押中的“交付占有”进行解释论操作②，将动态质押中“出质人场地+监管人直接占有”或“出质人直接占有+监管人监管”，解释为不是“占有改定”，而是一种新型交付方式的共同占有③，以寻求动态质押与动产质押在权利成立要件理论上的一致性。笔者认为，这种做法大可不必。动态质押成立以“实际控制”为标准是理论创新。

第一，动态质押虽然属于动产质押，但是两者在体系结构、运转流程等方面均不相同，应当根据不同的质押特点决定质权的成立方式，不可因循守旧。

第二，这一修改具有合理性：其一，监管人需实际管领、控制货物使得出质人不能独立控制质物，若非如此，则极易构成实质上的占有改定，从而导致质权不能设立。其二，“交付”在形式上是标的物实体的移转，在实质上是标的物实际控制力的移转。动产动态质押本就是为克服传统静态质押需移转质物占有的弊端而生，质物一般为存货等大宗商品，很少用到现实交付，多为观念

① 常鹏翱:《供应链金融背景下存货动态质押的疑点问题研究——以“民法典担保制度司法解释”第55条为中心》,载《清华法学》2021年第4期。

② 罗帅:《动态质押中“实际控制货物”的法理阐释》,载《法学家》2022年第6期。

③ 陈本寒:《企业存货动态质押的裁判分歧与规范建构》,载《政治与法律》2019年第9期。

交付，在形式上并不存在交付移转质物实体占有的过程，因此，采实际控制力移转标准更贴合动产动态质押模式本质。[①]

第三，动态质押规则是中国本土生长的经由反复的交易实践而提炼出的成熟规则[②]，其存在有其合理性。法律的生命在于运用。在担保功能主义的现实情况下，以古典的动产质权成立理论论证新生的动产动态质押的成立标准，显得不合时宜。笔者认为，现代对动态质押的研究，重心应当转移到如何识别运用“实际控制”标准上来，以解决实际问题。

（二）对货物实际控制的方法

《民法典担保制度司法解释》第55条规定，以监管人是否实际控制货物为动态质权成立的条件。简单来说，债权人实际控制货物的，质权成立；出质人实际控制货物的，质权不成立。这包括多种情形：一是监管人是由债权人委托并实际控制货物的，成立质权；二是监管人是由出质人委托的，不成立质权；三是监管人由债权人委托，但是未实际履行监管职责，导致货物仍由出质人控制的，不成立质权。还有一种情形，出质人委托监管人，但是监管人实际控制货物的，也可以成立动态质权。[③] 监管人为保障债权人利益进行的监管，如同债权人手臂的延伸，监管人实际控制货物，等同于债权人实际控制货物，因为受托人需要从委托人处收取委托费用。故在经济利益支配下的受托人，会“受人之托忠人之事”。出质人委托的监管人只会依据出质人的指令行事，故出质人委托的监管人控制货物，不能认为是质权人实际控制了货物。这是委托的基本原理，无须赘言。需要讨论的问题是，如何认定实际控制？债权人是否“实际控制货物”，应从客观上判断能否达到“防止出质人享有过度支配与处分货物的自由”的效果。具体而言，监管人需限制出质人的处分权，保证质物不低于特定价值以及不混同于他人的质押财产。[④] 上述观点妥当。笔者认为，监管人对货物的检查、核验义务必不可少，但仅是监管之“监”的责任，

① 冉克平、侯曼曼：《企业动产动态质押的体系化释论》，载《西北大学学报》（哲学社会科学版）2022年第2期。

② 刘平：《论我国存货担保的体系构造与制度协同》，载《法学家》2022年第3期。

③ 这种情形比较难以实现，理由是出质人委托监管人，如果监管人不依照出质人的指令行事，可能会拿不到委托费用，所以监管人很难拒绝出质人的发货指令，难以确保监管财产的特定性。但这不是绝对的，根据监管协议，监管人也可以实现为债权人实际控制货物的目的。

④ 安徽省滁州市中级人民法院（2019）皖11民终913号民事判决书。

"管"才是监管责任的核心，而"管"就是管理、制约之意。而"管"最有效的做法是管理、控制发货权。控制发货权应是认定是否控制货物的一个标准，也是判定监管人是否履行监管职责的依据。如果仓储场所是监管人自己的场所，那么实际控制货物没有什么问题，难点在于仓储场所是其他人所有或者管理的时候，控制发货就比较困难。但是可以通过与仓储方约定，仓库发货以监管人审核同意的发货指令（出库单）为依据，没有监管人的同意不得发出货物，这样可以达到实际控制货物的目的。在质押物储存于出质人自己的仓储场所的情况下，监管人也可以与出质人作出这样的约定。

六、监管人违约责任的独立性

监管人违约责任的独立性是指监管人的责任不依附于出质人，具有独立性。

《民法典担保制度司法解释》第 55 条规定了监管人的责任，共分两种情形。

（一）质权成立情形下监管人的违约责任

在质权成立的情形下，"监管人违反约定向出质人或者其他人放贷、因保管不善导致货物毁损灭失，债权人请求监管人承担违约责任的，人民法院依法予以支持"（《民法典担保制度司法解释》第 55 条第 1 款第 2 句）。要分析、理解上述条文，应从以下几个方面进行：

第一，债权人对监管人提起的是违约责任请求。质权成立时，说明监管人实际控制了质押物，监管人应按照与债权人的约定，履行对质物的检查、监督、报告等合同义务，违反约定造成债权人损失的，应当向债权人承担违约责任。

第二，监管人承担违约责任的情形包括两个方面：一是违约放货给出质人或者其他人；二是保管不善导致货物毁损、灭失。需要明确的是，只有在债权人、出质人、监管人的三方协议中明确约定了监管人对仓储货物的保管义务，且因监管人违反了该义务，导致货物毁损、灭失，才可以对监管人提起违约之诉；如果三方协议中没有约定监管人对仓储货物的保管义务，则不能对监管人提起违约之诉。

第三，违反约定向出质人或其他人放货与保管不善导致货物毁损、灭失，导致的后果不同。违反规定放货的，不论放货给谁，质权并不灭失，债权人可以以其质权人的身份向货物取得人追偿，但该追偿权应受到正常经营买受人规则的限制。货物灭失、毁损的，可能导致质权部分或者全部消灭。货物毁损的，质权及于质物的残留部分。

第四，上述条文没有对监管人承担责任的范围作出规定是该司法解释的一大疏漏。笔者认为，监管人应承担补充赔偿责任，而该补充赔偿责任有可能是债权人的全部损失，也可能是部分损失。就整个交易过程而言，监管人的行为目的在于帮助质权人实现质权，其在角色定位上类似于质权人的辅助人。监管人责任的承担很大程度上需要优先考量出质人和担保人的责任才能最终确定。因此，监管人在监管标的物时因过错而造成损害的，其承担补充赔偿责任。①在具体确定损害赔偿的数额时，要权衡质物减损价值与债权不能受偿数额之间的关系，前者大于后者时，监管人赔偿责任范围以后者为准；后者大于前者时，监管人赔偿责任范围以前者为准。此处的债权不能受偿数额是指质物变价处理后尚不能清偿的余额，或者是不能向质押货物人追偿的部分。

第五，监管人违约放货，是否构成侵害质权？如果债权人以监管人侵权为由提起对质权人的诉讼，是否可以？笔者认为，监管人违反约定放货，已经构成侵权，可以提起对监管人的侵权诉讼。此时，请求权基础竞合。

（二）质权不成立情形下监管人的责任

前已述及，质权不成立有两种情形：一是出质人委托监管人；二是质权人委托的监管人没有履行监管职责导致货物由出质人实际控制。在质权不成立的情形下，“债权人可以基于质押合同的约定请求出质人承担违约责任，但是不得超过质权有效设立时出质人应当承担的责任范围。监管人未履行监管责任，债权人请求监管人承担责任的，人民法院依法予以支持”（《民法典担保制度司法解释》第 55 条第 2 款第 2 句、第 3 句）。可见，在质权不成立的情况下，债权人的追偿权有两个面向：一是对出质人起诉，追究其违约责任；二是追究监管人的责任。

1. 关于追究出质人违约责任的分析

在质权不成立的情形下，出质人的违约责任源于出质人与债权人的质押合

① 最高人民法院(2016)最高法民终 650 号民事判决书。

同，这比较好理解。问题是，如果追究出质人的违约责任，在诉讼中会出现滑稽的一幕：动态质押中，债务人与出质人基本上是同一个人。债权人一方面起诉债务人偿还主债务，另一方面基于质押合同要求债务人承担违约责任，这样的案件判决虽然合法，但是非常滑稽，法院也不会这样判决。所以，追究出质人的违约责任这一条规定，在出质人与债务人是同一人时是行不通的。故，该条规定只有出质人是债务人之外的第三人时，才有意义。

还有一点需要讨论，即三方协议中如果规定出质人可以委托监管人，此时出质人依据三方协议委托了监管人，由此导致质权不成立的，出质人还需要基于质押合同承担违约责任吗？笔者认为，如果质押合同约定了出质人以动产动态质权担保，但是在随后的三方协议约定了出质人可以委托监管人，笔者认为这是对债权人与出质人质押担保合同的变更，出质人不应当承担违约责任。故，出质人的违约责任在三方协议没有同意出质人委托监管人的情况下才有效。

再进一步探讨，如果三方协议中没有同意出质人委托监管人，而是未经同意擅自委托了监管人，由此导致质押不成立，此时债权人的请求基础应当是的三方协议而非质押合同。

基于上述分析，在质权不成立的情形下，追究出质人的违约责任应具体问题具体分析。

2. 关于追究监管人责任

《民法典担保制度司法解释》第55条第1款与第2款对监管人责任性质的界定不同，前者明确强调监管人承担违约责任，后者没有要求。由此带来的问题是，在质权不成立的情况下，监管人承担什么责任？

笔者认为，监管人受债权人委托但未履行监管职责，致使出质货物仍由出质人控制，债权人质权不能成立的，监管人应当承担侵权赔偿责任。

第三节　正常经营买受人规则

一、正常经营买受人规则的含义

《民法典》第404条规定：“以动产抵押的，不得对抗正常经营活动中已经支付合理价款并取得抵押财产的买受人。”该条“对所有动产抵押采取买受人权利不受追及的保护方式，实际上是确立了一项新的制度"[①]，也是对物权理论的重大突破。一直以来，民法理论一直认为物权具有追及效力，物权成立后，其标的物不论辗转于何人之手，物权人均可以追及物之所在，而直接支配其物。[②]

物权是一种典型的支配权。物权的利益，通俗地说，就是实际取得支配物的好处。[③] 抵押权是一种物权，其本质特征在于通过支配物来取得物的好处，但现在立法上阻断对抵押物的追及效力，突破了传统的物权理论。

笔者认为，动产抵押权立法上阻断其追及权，是在牺牲抵押权人的利益来保护更大的利益，是法益衡量的结果。《民法典》第 404 条确立的抵押动产不受追及原则，又称"正常经营买受人规则"。王利明先生对其存在的正当性有过论述，认为其目的主要是保护合理信赖，维护交易安全，提升交易效率，维护消费者利益。[④] 在正常生产经营活动中，如果抵押登记的动产可以对抗第三人的话，势必赋予第三人在正常交易中时刻查询所购买的物品是否设定了抵押的权利。如此，不仅不符合日常交易习惯，也使交易效率大大降低，使交易秩序和交易安全受到严重威胁，而赋予正常经营买受人对抗动产抵押权的效力可以很好地解决上述问题。但也有学者从法经济学角度分析后认为，正常经营活动买受人规则在实然层面上易陷于很可能增加交易成本或降低交易效率的困境，与其在应然层面"提升经济效率"的规范目的相背离。总之，该制度不是一项有效率的制度安排。[⑤] 其理由是，为保障动产交易买受人的利益而否定动产抵押权的追及效力，虽符合动产买卖交易中信用接受者的基本预期，但其损害了动产买卖之前为了融资或其他交易而设立的担保物权的信用，将会动摇整个抵押担保制度的基础。[⑥]

---

① 中国审判理论研究会民事审判理论专业委员会编著:《民法典物权编条文理解与司法适用》,法律出版社 2020 年版,第 451 页。

② 王泽鉴:《民法物权》,北京大学出版社 2009 年版,第 50 页。

③ 孙宪忠:《中国物权法总论》(第二版),法律出版社 2009 年版,第 35 页。

④ 王利明:《论正常经营买受人规则》,载《东方法学》2021 年第 4 期。

⑤ 张素华、李鸣捷:《〈民法典〉"正常经营买受人规则"的解释论》,载《北方法学》2021 第 3 期。

⑥ 邹海林:《民法典上的动产抵押权规则体系解释论》,载《法律适用》2021 年第 5 期。

二、正常经营买受人规则的适用条件

“担保制度的现代化要求鼓励担保应当借助登记制度公开透明，便于查询，同时也要求交易当事人负有查询义务，如此才能共同为维护交易安全和营商环境的改善提供保障。但是在适用正常经营买受人规则的情况下，法律突破了对上述制度目的的要求，为了实现对正常经营买受人和消费者的保护，豁免了其查询登记的义务。即便其没有查询，且其购买的商品之上已经存在有担保权利，法律仍然规定买受人免受该抵押权的追及。由此可见，该规则在整个担保制度之中应当属于一项例外的规则。作为一项例外规则，该规则的适用范围也相应地应当受到严格的限制。”①

根据《民法典》第404条的规定，该规则的适用条件有三大方面。

(一) 必须是正常经营活动中的交易

何为正常经营活动?《民法典》404条没有给予明确规定。《民法典担保制度司法解释》第56条第2款对出卖人正常经营活动给出了定义，即“出卖人的经营活动属于其营业执照明确记载的经营范围，且出卖人持续销售同类商品”。从上述规定看，对正常经营活动的界定有以下几个方面:

第一，必须是出卖人的经营活动是正常的，即正常活动的主体是出卖人，不是买受人的经营活动，更不是抵押权人的正常活动。只有对出卖人正常经营活动的合理信赖，才保护买受人不受抵押权的追及。

第二，必须是按照营业执照记载的经营范围进行经营，且经营持续。反面解释是，超出营业执照记载的经营范围，不是正常经营活动。有观点认为:“这一规定过于严格，因为一方面实践中超出营业执照记载的经营范围进行经营的行为十分常见，法律并不直接否定这些法律行为的效力；另一方面，如果将正常经营活动严格限制在营业执照记载的范围，则买受人将不得不查询经营者的营业执照再进行交易。如此一来，该制度旨在提高交易效率的初衷也就难以实现。故而，不应仅以出卖人营业执照的经营范围来确定正常经营权的交易范围，而应以出卖人常规从事的经营活动来确定其经营范围。”② 此说言之有

① 王利明:《论正常经营买受人规则》,载《东方法学》2021年第4期。

② 王利明:《论正常经营买受人规则》,载《东方法学》2021年第4期。

理。在实践中，企业的经营范围往往用大类表示，不再具体到商品名称，比如“阀门生产”这个经营范围往往以“机械加工”来代替，那么在大类登记面前，就很难确定某种具体的生产活动是否符合经营范围。

第三，出卖人从事的活动必须是买卖交易，即转移产品所有权的活动，而非租赁、保理等活动。

第四，必须是合法的经营行为，违法的买卖行为不是此处所说的正常经营活动。比如，出卖人将易制毒化学品出售给一个没有购买资质的经营者，即不属于正常的经营行为。

第五，下列经营活动不能视为正常的经营活动（《民法典担保制度司法解释》第56条第1款）：

（1）购买商品的数量明显超过一般买受人。正常的经营活动，是指为满足买受人自身需要的经营活动。如果买受人购买商品的数量超过正常人的评判标准，则为不正常。如购买家庭用车，一次购买五辆车，这种交易在通常看来就不正常。注意此处判断正常与否的标准是“是否明显”超过。对“明显”超过一般买受人标准的，不得适用正常经营活动规则。

（2）买受人购买出卖人生产设备。通常来说，出卖人的生产设备不属于出卖人的经营范围，这是其一。其二，出卖人的生产设备，通常是出卖人的重要资产，是维持出卖人正常生产经营活动必需的装备。出卖人出售生产设备，意味着出卖人生产经营活动不正常，有可能会危及抵押权人的利益，故，买受人购买出卖人的生产设备的，不可免于追及。此处的生产设备是指出卖人在用的设备，不包括其备用品、备用件。

（3）订立买卖合同的目的在于担保出卖人或者第三人履行债务。比如，买卖型担保中，买受人签订买卖合同的目的在于担保出卖人履行债务，在此情形下，不能认为这是出卖人的正常经营活动。

（4）买卖双方存在直接或间接的控制关系。买卖双方存在直接或间接的控制关系，可能会产生利用关联关系进行利益输送的情形，如果这种情形仍然适用正常经营买受人规则，将严重影响抵押权人的利益，甚至引发道德风险，故不宜认定为正常经营活动。如何理解“直接控制”或“间接控制”是适用本条的关键。

（5）买受人应当查询抵押登记而未查询的其他情形。“一般认为，基于交易效率的保障以及交易成本的控制考虑，在正常经营活动中的买受人在交易之前并无查阅担保登记簿的义务，否则将不合市场交易主体的合理预期。但若依交易习惯应当查询抵押物上的抵押权负担时，买受人并无可值得特别保护之处，而应适用《民法典》第403条之一般规定。”①

（二）买受人必须“已支付合理价款”

对合理价款的理解，不应仅仅将其理解为现金。“司法实践中有观点认为买受人与抵押人将作为种类物的抵押物进行互换，也应当认定这种互易行为是一种支付对价的行为。”② 其次，此处要求的是合理价款，并非要求价格对等。“从普遍的司法实践中的操作来看，法院在裁判价格是否合理时，基本上是按照市场价格或者不低于市场价格的百分之七十的客观标准来进行裁量。”③

（三）买受人取得抵押财产

该条件要求买受人已经实际控制了抵押财产。笔者认为，此处应不包括以指示交付或者占有改定方式取得抵押财产的情形，应以买受人实际占有、控制抵押财产为宜。

三、买受人“善意”问题

关于正常经营活动买受人规则是否以买受人“善意”为前提的问题，有多种主张。

其一，善意说。王利明先生认为，正常经营活动买受人规则应以买受人善意为要件。虽然《民法典》第404条并未明确规定该要件，但从比较法来看，该要件具有普遍性。比如，联合国国际贸易法委员会《担保交易示范法》第34条第4项，将买受人的善意作为该规则的适用条件。而在我国，把买受人善意作为要件具有重要意义。一方面，《民法典担保制度司法解释》第56条第1款所列明的几项排除情形，未完全覆盖全部情形，因此把买受人善意作为

① 高圣平、谢鸿飞、程啸：《最高人民法院民法典担保制度司法解释理解与适用》，中国法制出版社2021年版，第443页。

② 高圣平、谢鸿飞、程啸：《最高人民法院民法典担保制度司法解释理解与适用》，中国法制出版社2021年版，第443页。

③ 于晓萍、杜生一：《对善意取得善意合理对价要件的再讨论——从司法实践的一则判决说起》，载《山西广播电视大学学报》2018年3月。

正常经营买受人规则的构成要件，在弥补法律规则不足方面有意义；另一方面，上述司法解释所列举的事项常常需要与善意结合考量，才能正确适用。例如，上述司法解释第56条第1款第4项规定，“买受人与出卖人存在直接或者间接的控制关系”将排除正常经营买受人规则的适用。而在实践中，《公司法》允许关联交易的存在，仅仅有直接或间接控制关系本身并不足以认定构成异常交易，而应与善意相结合进行判断，以明确买受人是否具有侵害抵押权的恶意，从而准确适用这一规则。此处所说善意，应作扩大理解，只要买受人并非明知其购买的行为侵害了动产担保权利人的权利，即可认定为善意。换言之，即便买受人知道其购买的动产上存在抵押，也视为善意，从而可以无负担地取得标的物所有权。①

其二，善意排除说。邹海林先生认为，在制度逻辑上，《民法典》面对的问题是动产抵押权追及效力的例外问题，与买受人在交易时是否善意无关，具有“豁免买受人查询抵押财产上的权利负担状况义务”的效果，是出卖人的正常经营活动是否使买受人受到特别保护的理由。因此，将正常经营活动的买受人与其是否善意联结，超出了《民法典》第404条规定的规范目的和文义；正常经营活动买受人在购买抵押财产时是否善意，在所不问。②

本书认为，应以善意排除说为准。

首先，《民法典》第404条及相关司法解释，均未提及买受人善意的问题，在具体适用该条文中增加善意条件，徒增法律适用困难。

其次，正常经营活动买受人规则的立法目的在于提高交易效率，保障交易安全。如采善意说，即使将善意扩大解释为“不知道或不应当知道侵害抵押权人的利益”，因为有善意的要求，抵押权人完全可以认为，买受人不去查抵押登记簿有过失，其应当知道购买抵押物会损害抵押人的利益，从而使买受人所购之物受到抵押权的追及。因此，扩大的“善意”解释论不能提高交易效率和安全。

再次，购买抵押物是否侵害担保物权？这是一个答案显而易见的问题，只要购买了抵押物就是侵害担保物权，因此对善意的理解，无论是从“不知或应当不知物上存在抵押权”方面解释，还是扩大解释为“不知或应当不知侵

① 王利明：《论正常经营买受人规则》，载《东方法学》2021年第4期。

② 邹海林：《民法典上的动产抵押权规则体系解释论》，载《法律适用》2021年第5期。

害抵押权”，二者虽然表达不同，但实质内容并无二致。再者，是否侵害担保物权或许更是一个难以判断的问题，而且对“善意”的认定，更需要高素质的法律职业者。

综上所述，对正常经营活动买受人规则的适用，不宜增加买受人善意为条件。

第二十六章　价金担保权

为担保出卖人的价款受偿，以买卖标的物为抵押财产而设立的抵押权，称为价款债权担保权，又称为购买价金担保权、购置款担保权，目前没有统一的术语。价款债权抵押权的出现，有效回应了优化营商环境对动产担保交易的特殊需求，克服了动产抵押权作为他物权的局限性，平衡了浮动抵押和价款债权抵押权之间的利益冲突，为动产交易和资金融通提供了确定性更多的担保工具。[①]

《民法典》第416条规定："动产抵押担保的主债权是抵押物的价款，标的物交付十日内办理抵押登记的，该抵押权人优先于抵押物买受人的其他担保物权人受偿，但是留置权人除外。"此条是《民法典》新增的条文，"是我国《民法典》担保制度现代化的重要体现"[②]。"该条针对交易实践中普遍存在的借款人借款购买货物，同时将该货物抵押给贷款人作为价款的担保的情形，本法赋予了该抵押权的优先效力，以保护融资人的权利，促进融资。"[③] 有学者根据价款抵押权这一优先效力上的特点，将其描述为"超级抵押权"。[④] 本书使用"价金担保权"一词论述这一超级抵押权的相关内容。

第一节　价金担保权的立法实践

价金担保权是基于这样的场景产生的。某一企业以现有动产和将来动产设定浮动抵押后，该企业再次融资时，因为该企业后来取得的动产全部落入在先

---

① 邹海林：《价款债权抵押权的制度价值与解释》，载《北方法学》2021年第4期。

② 王利明：《价金超级优先权探疑——以〈民法典〉第416条为中心》，载《环球法律评论》2021年第4期。

③ 中国审判理论研究会民事审判理论专业委员会编著：《民法典物权编条文理解与司法适用》，法律出版社2021年版，第470页。

④ 最高人民法院民法典贯彻实施工作领导小组主编：《中华人民共和国民法典物权编理解与适用》（下册），人民法院出版社2020年版，第1134页。

浮动担保权的范围，浮动担保权人获得了该企业动产的“垄断地位”，该企业没有合适的动产作为担保物，这就阻断了企业再次融资的可能，无法促进企业的健康发展。为打破浮动担保权人的垄断地位，更好地促进企业融资发展，法律规定了价金担保权，赋予企业对于设定浮动担保后新取得的动产，如果购置该动产价款尚未完全清偿，可以以该动产为尚未完全清偿的价款提供担保，且该项担保权的效力优先于在先的浮动担保权。价金担保权打破了登记在先、权利在先的担保规则。

价金担保权的典型立法是美国《统一商法典》第九编。该编第 9-103 条将价金担保权分为有体动产之上的价金担保权和软件之上的价金担保权、寄售人的存货价金担保权。第 9-103 条第 a 款对“价金担保物”“价金债务”进行了定义。“价金担保物”是指担保因该担保物所生的价金债务的有体动产或者软件。“价金债务”是指债务人因担保物价金的一部分或者全部或者使债务人获得担保物上的权利或者使用所应给付的对价所承担的债务，以该对价事实上经债务人利用以获得担保物上的权利和使用为限。该段比较拗口，通俗地解释，价金债务是购买标的物尚未支付的对价。上述“价金担保物”和“价金债务”的定义说明，构成一项购买价金担保权的两个核心要素：第一，担保物必须是引起价金债务之物项，包括有体动产及软件；第二，价金债务必须是债务人为购买部分或全部担保物而对出卖人或者金融机构等资金提供者所负的债务。根据价金来源的不同，购买价金担保权可以分为出卖人购买价金担保权和资金提供者购买价金担保权。根据公示方式的不同，可以分为存货购买价金担保权、非存货物品及计算机软件购买价金担保权、消费品购买价金担保权。针对非消费品购买价金担保交易，《统一商法典》配套了“交叉担保”“双重地位”两个特殊规则，以便利购买价金担保制度在商业实践中的运用。第 9-103 条第 b 款第 2 项规定了存货购买价金担保权的“交叉担保”规则：“担保物权在作为或者曾经作为价金担保物的存货之上时，该担保物权担保由担保物权人享有或者曾经享有价金担保物权的其他存货所生的价金债务的履行”。简言之，同一出卖人出卖的存货 A 同样可以作为存货 B 的价金担保物。第 9-103 条第 f 款规定了购买价金担保的“双重地位”规则，即当某一担保物权在有些情况下属于购买价金担保权、在有些情况下不属于购买价金担保权时，该担保物仍被视为购买价金担保物，但是仅担保的购买价金部分享有价金担保物权的超级优先效力。[①]

买卖价金担保利益的超优先权地位是法律起草者和修法者反复权衡之后的结果。在旧版《统一商法典》第九编中，存货供应商的利益就劣于主债权人的浮动抵押。立法者的考量因素在于效率。存货融资被认为是商业融资中一种不太有价值的方式。法律通过赋予主债权人优先权，减少违约的风险和避免破产时面临无效率的超贷，从而达到鼓励其第一时间借款，并最终带活整个经济市场的目的。但是，这种安排显然忽略了公平价值，因为赋予浮动抵押优先性，使得存货供货者被迫要么与无担保的人交易，要么避免交易。存货供应商最终无法保证债务人支付购买价款。有相当议价能力的供货商还能与主债务人协商，得到价款支付的保证，而大量的小供货商只能选择承担违约的风险。因此，基于公平正义价值的考量，立法者最终做出上述调整。[②]

欧洲示范民法典草案也对价金担保权进行了规范，只是在该草案中，价金担保权被规定在所有权担保方式中。根据该草案第9-3：201条的规定，所有权担保方式包括保留所有权交易和价金债权担保。价金债权担保，是指财产的出卖人、出租人或者其他供应人为担保到期债权的清偿，有权保留其提供财产的所有权。[③]

我国《民法典》编纂期间，有学者提议，应首创"购买价款抵押权"概念及其相应的超级优先受偿权制度，即对于保留所有权制度进行抵押权制度改造，将其转化为抵押权制度，将债务人没有支付价款而购进的购买物所有权反过来抵押给出售人，或者将用从金融机构获得的贷款购进的购买物所有权抵押给该出贷金融机构。对此抵押权，法律政策应该使其在经公示后享有优先于任何在该物上公示在先的担保物权，包括出售人的购买价款抵押权和融资机构的购买价款。[④]

《民法典》最终规定了价金担保权制度，实现与国际先进担保制度接轨。但也有观点认为，在欠缺经验和理论准备的情形下，引入"超级优先权"是

---

① 刘晶：《从美国购买价金担保制度看我国浮动抵押效力的合理限制》，载《学术交流》2020年第10期。

② 金曼：《美国动产担保登记制度中的利益平衡》，载《西南政法大学学报》2017年第1期。

③ 欧洲民法典研究组、欧洲现行私法研究组编著：《欧洲示范民法典草案：欧洲私法的原则、定义和示范规则》，高圣平译，中国人民大学出版社2012年版，第358页。

④ 董学立：《论动产担保物权法的编纂》，载《山东法官培训学院学报》2017年第6期。

相当危险的，具有动摇动产担保交易的信用基础的制度性风险。[①]

第二节　我国价金担保权的构成要件

作为一项制度创新，价金担保权在司法实践中有严格的适用条件。根据《民法典》第416条及《民法典担保制度司法解释》第57条的规定，下文分述我国价款债权抵押权的构成要件。

一、被担保的债权范围

《民法典》第416条规定，价金债权是“抵押物的价款”，也就是抵押物自身的价款债权。这与一般动产抵押明显不同，一般动产抵押可以为其他债权担保，不像价金担保权这样对被担保的债权范围具有强烈的属性。价款债权与抵押物之间具有牵连性，债权与抵押物之间必须具有对应关系。债权范围是该动产价金尚未清偿的部分。

《民法典担保制度司法解释》第57条规定，担保人在设立动产浮动抵押并办理抵押登记后又购入或者以融资租赁方式承租新的动产的，出卖人债权，为价款支付提供融资的债权，融资租赁方式下出租人的租金债权，如果依法办理登记的，可以取得价金担保权。该条同时规定，同一动产上存在多个价款优先权的，人民法院应当按照登记的时间先后确定清偿顺序。根据该规定，价金债权的范围包括：出卖人债权；为购买动产而提供融资的债权；融资租赁情形下的租金债权。

二、抵押物的范围

价金担保权适用于动产抵押担保，是否符合抵押条件的动产均可适用价款债权抵押权呢？专家们对此有不同认识。其一，王利明先生认为，价款债权“超级优先权”的发生以当事人已经设定浮动担保为前提。在动产浮动抵押设定后，买受人新购入的动产，或者融资购入的动产，其价款债权或融资债权可

① 邹海林:《论〈民法典各分编(草案)〉“担保物权”的制度完善——以〈民法典各分编(草案)〉第一编物权为分析对象》,载《比较法研究》2019年第2期。

成立债权抵押权。[1] 此观点对动产的范围没有限定，任何动产均可成立价金担保权。其二，邹海林先生认为："未能经由中国人民银行征信中心动产融资统一登记公示系统办理抵押登记的动产，如机动车、船舶、航空器，不得设立价金债权抵押权。"[2] 理由是这些动产登记规则的要求不同，并非为动产融资担保的便利而设计，故应区别对待。笔者认为，上述特殊动产登记规则不应当成为价金担保权设立的障碍。价金债权担保权的立法目的在于突破浮动担保的限制，为浮动抵押人发展生产再次融资提供制度保障，所有可以办理登记（不论是在全国统一动产和权利担保登记系统还是在专门机关办理登记）的动产均可以设立价金担保权。

三、价金担保权的设立

价金担保权的设立，涉及四个关键词："交付""10 日内""登记""除外"。这四个关键词构成价金担保权设立的全部要求。

（一）交付

有观点认为，《民法典》第 416 条并没有将抵押物的交付作为价金担保权的设立条件，依照其文义，交付仅仅是计算价金担保权登记的宽限期的时点，故交付仅有发生计算宽限期起点的法律意义，而非设权的法律行为，在解释上无法得出价款债权抵押权的设立以抵押物的交付为必要的结论。[3] 笔者认为，价金担保权以短期内办理抵押登记为基本要求，因此起算时间点是获得价金担保权的必备要素。交付作为起算时间点具有清晰和可以准确辨认的优势，同时交付不仅是一个起算点问题，而是价金产生的要件，如果抵押物在出卖人手中没有交付，自然无法产生对买受人的价金债权。因此，交付是产生价款请求权的前提，是价金担保权的必要条件。关于交付的具体形式，现实交付和观念交付，均可认定"交付"，不应局限于现实交付。

---

① 王利明:《价金超级优先权探疑——以〈民法典〉第 416 条为中心》,载《环球法律评论》2021 年第 4 期。

② 邹海林:《价款债权抵押权的制度价值与解释》,载《北方法学》2021 年第 4 期。

③ 邹海林:《价款债权抵押权的制度价值与解释》,载《北方法学》2021 年第 4 期。

（二）10日内

此处所说“10日”在性质上是除斥期间，不得中止、中断和延长；其起算点为动产交付之日；期限的最后一日为休息日的，应顺延到下一个工作日；10日内期限应当不包括10日。《民法典》第416条规定10日内完成抵押权登记，该期限为宽限期，是出于对商业交易实践的尊重。

相比较而言，《民法典》第416条规定的10日期限显然较短，美国《统一商法典》第9-324条规定为20日，欧洲示范民法典草案第9-3：107条规定为35日。但第416条规定的10日更有利于较快地确定法律关系。①

（三）登记

《民法典》第416条没有规定在10日内办理登记的效力。笔者认为，从条文文义分析，价金担保权是实行登记生效主义，即抵押物只有办理登记，价金债权才取得优先受偿的效力。这不同于《民法典》第403条所称的登记对抗主义。因此，对价款债权抵押权来说，在10日内办理登记和在10日外办理登记，其效力完全不同：在10日内办理登记的，可以成立价金担保权，而在10日外办理的，仅能成立一般担保权以对抗善意第三人。

（四）除外

留置权人的优先权更优先于价金担保权人。这一规则符合我国原《物权法》以及今《民法典》立法中确认的留置权与抵押权竞存时留置权优先的一贯立场。但在司法实践中，出现价款抵押权与留置权竞存的情形时，应当审查留置权的成立要件是否成就。②

第三节　价金担保权与所有权保留制度的区别

价金担保权制度来源于所有权保留制度③，与所有权保留制度有异曲同工

① 曹明哲：《民法典价金担保权的司法适用》，载《山东法官培训学院学报》2020年第4期。

② 最高人民法院民法典贯彻实施工作领导小组主编：《中华人民共和国民法典物权编理解与适用》（下册），人民法院出版社2020年版，第1136页。

③ 董学立：《论动产担保物权法的编纂》，载《山东法官培训学院学报》2017年第6期。

之处，都是在买受人未履行或未全部履行支付价款的义务时，为担保出卖人债权的实现而设计的制度。在《民法典》出台之前，有观点认为，倘若能在我国现有的所有权保留制度框架下通过法律解释或适当的规则补充来实现对浮动抵押的合理限制，则无须另行移植购买价金担保制度，具体方式为：一方面需要在登记公示、扩大所有权保留适用主体等问题上进行规则补充，使其成为更有效率的融资手段；另一方面需要简化所有权保留的价金担保功能，可以通过原《合同法》第45条“附条件的合同”解决所有权保留权人的非价金债权的担保需求，从而保证所有权保留的超级优先效力在适用上的统一性。而最为核心的一点，是在我国立法上承认所有权保留的物权属性，将其纳入我国的担保法律体系。[①]《民法典》最终没有采取上述观点，而是植入了价金担保制度；同时，所有权保留制度有了公示通道，修正了所有权保留制度“隐形担保”的制度缺陷，使其成为一种非典型担保形式。因此，在现行法律框架内，所有权保留制度与价金担保制度似乎是重复规定，价金担保权制度似有鸡肋之嫌。

但是，这两项制度还是有区别的：

第一，从立法目的上讲，所有权保留制度的初衷是为了保障动产的价款实现，纯属担保目的；而价金担保权是为了打破在先的浮动担保权的约束，使债务人能够获得额外的融资，并打破先登记规则下并不增加额外融资可能的浮动担保债权人的垄断地位，更好地促进财物流转，所以价金担保权的立法目的是帮助债务人更好地融资，满足债务人的融资需求。

第二，从担保的范围上说，价金担保权可以担保出卖人、融资租赁出租人、融资借款出借人的债权，而所有权保留制度所担保的债权，仅是动产的所有权人对动产转让未能收回的款项。因此，此两项担保制度担保的债权主体范围并不相同。

第三，从权利取得角度而言，所有权保留制度的担保自当事人约定即开始生效，登记的目的是取得抗辩权，对抗善意第三人；价金担保权采取登记生效主义，当事人在法定时间内办理抵押权登记的，债权人取得优先受偿权。

第四，从担保权实现的方式看，两者并不相同。价金担保权适用担保物权

① 刘晶：《从美国购买价金担保制度看我国浮动抵押效力的合理限制》，载《学术交流》2020年第10期。董学立先生虽然倡导我国首创购买价款抵押权制度，但其实质还是对所有权保留制度进行改造。参见董学立：《论动产担保物权法的编纂》，载《山东法官培训学院学报》2017年第6期。

的实现方式，即通过折价、拍卖、变卖的方式，实现优先受偿，在此过程中，受到债务人的干预较少；而所有权保留制度是通过行使取回权、赎回权、拍卖权取得价款，通过清算过程实现担保功能，在此过程中，需要债务人的配合，而且应当保护债务人的赎回权。

第五，价金担保权的超级优先地位是相对于浮动担保权而言的，且需要在动产交付后 10 日内办理登记。故没有浮动担保权存在，价金担保优先权就不存在。所以，在债务人资产没有设定浮动担保的情况下，债权人为实现债权，完全没有必要设定价金担保权，设定所有权保留担保即可。

第六，在价金担保权与所有权保留冲突时，何者优先？比如，债务人 A 以企业全部动产以及未来动产为甲设定了浮动担保。后，A 又向 B 银行贷款购置一台设备，B 银行以该设备为抵押物依法办理价金担保。C 是设备出卖人，与 A 约定设备分期付款。C 办理了所有权保留以担保其价金回收。一段时间后，B 银行对 A 的债权为 100 万元，C 对 A 的债权为 20 万元。甲对 A 的债权为 300 万元。现在，各债权人要求行使担保权。此案如何处理？就此问题，联合国贸易法委员会《动产担保交易立法指南》建议，在主张购置款担保权的出卖人和也主张购置款担保权的出贷人之间的任何竞争中，出卖人的购置款担保权优先，而不论这些购置款担保权取得对抗第三人效力的日期孰先孰后。同样，美国《统一商法典》第 9-324 条也采此观点，赋予为出卖人而创设的价金担保物权优先于担保贷款发放的价金担保物权的顺位。其主要理由是法律对于出卖人的同情胜于贷款人。[①] 根据《民法典担保制度司法解释》第 57 条的规定，B 银行的融资贷款价金优先权、C 的出卖人价金优先权以登记的时间先后行使优先权；甲的浮动抵押权劣后于上述价金优先权。

---

① 曹明哲:《民法典价金担保权的司法适用》,载《山东法官培训学院学报》2020 年第 4 期。

第二十七章　在建船舶抵押

船舶是重要的交通运输工具，在人类社会发展史上有着重要的地位和作用。船舶建造投资大、时间长，为了解决资金困难必定要采取一定的融资方式。建造中船舶抵押一方面不转移财产的占有，建造人可以继续建造船舶；另一方面又能为主债权的履行提供担保，不失为船舶建造融资的一种好方法。在建船舶抵押权在我国《海商法》中第一次出现。《海商法》第 14 条规定："建造中的船舶可以设定船舶抵押权。建造中的船舶办理抵押权登记，还应当向船舶登记机关提交船舶建造合同。" 原《担保法》对在建船舶抵押没有规定，但依据原《担保法》第 34 条第 6 项规定的"依法可以抵押的其他财产"，在建船舶抵押属于依法可以抵押的财产。

原《物权法》第 180 条第 5 项规定，"正在建造的建筑物、船舶、航空器"可以抵押。《民法典》第 395 条第 5 项沿袭了上述规定。

第一节　在建船舶抵押法律关系和登记机关

《民法典》第 402 条规定："以本法第三百九十五条第一款第一项至第三项规定的财产或者第五项规定的正在建造的建筑物抵押的，应当办理抵押登记。抵押权自登记时设立。" 该条明文把正在建造的船舶抵押和正在建造的航空器抵押撇开"抵押权自登记时设立"这一规定，说明在建船舶抵押不实行抵押登记生效，而采用抵押登记对抗主义，即《民法典》第 403 规定的"以动产抵押的，抵押权自抵押合同生效时设立；未经登记，不得对抗善意第三人"。

一、在建船舶抵押法律关系

（一）在建船舶抵押权客体

在建船舶抵押权的客体涉及在建船舶的概念。各国、各地区的相关规定和学者们对在建船舶的界定可以分为三类。[①] 第一，以所包括的财产范围来界定，如《1967 年建造中船舶权利登记公约》以及瑞典、挪威、俄罗斯等国的规定。另外，我国有学者也持此种观点，认为在建船舶是符合以下条件的材料、机器和设备的总和：首先，从位置上已经处于建造人控制之下的造船厂范围之内；其次，具有可识别性，采用加标记或其他方法清楚地标明将被用于建造特定的船舶。第二，以时间因素来判定。在建船舶是指从安放龙骨或相当于安放龙骨之时起，至其成为海商法意义上的船舶时为止的船舶而言的。另外，原交通部港务监督局在《关于船舶登记条例若干问题的说明》中也认为在建船舶应当是已安放龙骨或处于相似建造阶段的船舶。第三，以达成船舶建造合意为依据。希腊、意大利等国认为任何有关船舶建造的说明或船舶建造合同等都可以确立在建船舶的存在。

《船舶登记办法》第 74 条规定："本办法所称建造中船舶是指船舶处于安放龙骨或者相似建造阶段，或者其后的建造阶段。"根据该规定，我国法上的在建船舶不是材料、机器和设备的总和，而是具有船舶形状的特定物体，其形状大小均已经确定，物权特定性要求已经基本具备。

（二）在建船舶抵押人

根据民法基本理论，抵押人必须是对抵押物有处分权的人。处分权是所有权的基本权能。原《建造中船舶抵押权登记暂行办法》第 4 条第 1 项规定，抵押人是满足国家或有关主管部门资质要求的船舶建造企业。根据该规定，抵押人只能为符合条件的船舶制造企业。但是该办法第 5 条关于在建船舶抵押登记所需资料中，要求抵押人提供在建船舶所有权证明。船舶制造企业不一定是在建船舶的所有权人。

---

① 刘安宁：《在建船舶抵押若干问题研究》，载《大连海事大学学报》（社会科学版）2014 年第 5 期。

1. 关于在建船舶所有权

不论是原《物权法》或是今《海商法》对此均未作出明确的规定。因此，“建造中船舶所有权”在我国实际上不具有“合法性”。然而为了解决航运融资，需要将“建造中船舶”在法律上拟制成一个统一的整体，用作造船或买船贷款的担保物。故我国法律有必要对此作出明确的规定。由于“建造中船舶所有权”是以“建造中船舶”这种特殊的“船舶”为客体，这决定其必然具有一些与一般船舶所有权不同的特点，概括起来主要表现在以下几个方面①：

（1）法律适用上的准用性，即“建造中船舶所有权”只是一种准用《海商法》有关船舶所有权规定的所有权，其并不能构成严格意义上的船舶所有权。因此，除非《海商法》作出明确的特别规定，否则《海商法》有关船舶所有权的规定不能适用于以这种财产为客体的所有权。正是由于这一特点，《海商法》明确规定有关船舶所有权的规定可以适用于“建造中船舶”是必要的。

（2）虚拟客体特定独立性。由于“建造中船舶所有权”的客体是“建造中船舶”，而“建造中船舶”的财产权范围在不同的建造阶段具有不同的内容或范围，并且直到完成船舶建造的工程，其变化才得以停止。这就决定了“建造中船舶所有权”的客体并不具有严格意义上的特定性和独立性，不能成为一个单一的所有权客体。因此，要使这种本不具有特定独立性的财产成为一个单一所有权的客体，《海商法》有必要对此作出明确的规定。

（3）权利内容的有限性。由于“建造中船舶”不是船舶，当然也就不可能具有船舶所有的使用价值或功能，更不可能带来任何收益。因此，以这种“船舶”为客体的所有权也就不可能具有使用和收益的权能。实践中，“建造中船舶”常常成为抵押担保的标的，因此，其所有权之利益主要体现为抵押担保价值。

2. 关于在建船舶所有权的确定

要明确建造中船舶所有权的归属，必须从造船合同说起。首先，在建船舶所有权可以约定。造船合同属于原《合同法》意义上的合同，故而双方当事

① 司玉琢：《海商法专论》，中国人民大学出版社 2007 年版，第 73—74 页。

人意思自治原则优于法律的规定，双方当事人自然可在合同中自由约定建造中船舶所有权的归属。[①] 其次，如果双方在造船合同中未约定建造中船舶所有权归属，则要适用法律的一般性规定。此时所有权的归属便取决于法律对造船合同性质的认定。在理论和实践中，有如下三种观点和做法：一是视造船合同为买卖合同。英国即将船舶建造合同视为未来之物的买卖合同，适用《1979 年货物买卖法》的规定。持此种观点的国家还有挪威、法国等国。当然，由于各国法律对买卖之中所有权转移规则所持观点不同，所有权转移的时间地点也不尽相同，但就造船合同而言，建造期间的所有权属于船厂（卖方）应该是一致的。二是视造船合同为加工承揽合同。德国便认为“所谓船舶建造合同，指由承揽方进行建造，并向定造方交付建造物的合同，适用于《民法》第 651 条”。持相同观点的还有日本、意大利、希腊等国。照此观点，建造中船舶所有权自然归属于船东（定造方）。第三种观点认为，造船合同是一种“承揽契约与买卖契约之混合契约”。我国台湾地区学者梁宇贤认为：“若当事人契约未有约定者，而造船之全部材料或主要材料，均由承揽人（即造船人或造船厂）提供，则系一种‘工作物供给契约’，当事人之意思是在于工作物之完成与工作物所有权之移转，故在实质上属于承揽契约与买卖契约之混合契约。因此对于船舶之建造完成，适用民法承揽之规定；对于船舶所有权之移转，则适用民法买卖之规定。是故，在此种情形上，建造中之船舶，其所有权归属于承揽人（即建造人或造船厂），而建造完成之船舶所有权，由承揽人原始取得。”[②] 上述三种观点是以船东是否提供造船所需材料进行的分类。由此可见，在当事人未明确约定时，建造中船舶所有权的归属在理论是充满争议的。我国《船舶登记工作规程》第 72 条关于在建船舶抵押登记所需资料第 2 项规定：“船舶所有权登记证书或者船舶建造合同，建造合同中对建造中船舶所有权归属约定不明确的，还应提交船舶建造合同各方共同签署的建造中船舶所有权归属证明文件。”可见，我国对在建船舶所有权实行约定制度。综合上述分析，在建船舶的抵押人，根据造船合同对在建船舶所有权人约定的不同而不同，可以是造船厂，也可以是船舶购买人。

① 高翔：《建造中船舶抵押权相关法律问题探析》，载《中国海事》2007 年第 3 期。

② 高翔：《建造中船舶抵押权相关法律问题探析》，载《中国海事》2007 年第 3 期。

（三）在建船舶抵押权人

原《建造中船舶抵押权登记暂行办法》第4条规定，在建船舶抵押权人是“具备发放贷款资格的金融机构”。该规定将在建船舶所担保的债权限定于金融债权，不利于在建船舶抵押作用的发挥。《船舶登记工作规程》不再限定金融债权，应当理解为在借贷、买卖等民事活动中产生的债权，均可以以在建船舶抵押。故在建船舶的抵押权人不局限于金融机构，还可以是其他法人、自然人等。

（四）在建船舶抵押权登记所需的资料

《船舶登记工作规程》第72条规定：“建造中船舶申请办理船舶抵押权登记，应当提交下列材料：（一）船舶抵押合同及其主合同；（二）船舶所有权登记证书或者船舶建造合同，建造中合同对建造中船舶所有权归属约定不明确的，还应提交船舶建造合同各方共同签署的建造中船舶所有权归属证明文件；（三）抵押人和抵押权人共同对船舶现状及船舶价值确认的书面文件；（四）船舶检验机构出具的船舶建造阶段证明及其认可的主张以上从不同角度拍摄且能反映船舶已建成部分总体状况的照片；（五）抵押人出具的船舶未在其它登记机关办理过抵押权登记并且不存在法律、法规禁止船舶设置抵押权的声明；（六）共有船舶的，还应提交全体共同共有人或者三分之二以上份额或约定份额的按份共有人同意船舶抵押的证明文件。”

二、船舶抵押登记机关

（一）海商法上的船舶登记机关

《海商法》第3条第1款规定：“本法所称船舶，是指海船和其他海上移动式装置，但是用于军事的、政府公务的船舶和20总吨以下的小型船艇除外。”《船舶登记条例》（2014年修订）第8条规定，中华人民共和国港务监督机构是船舶登记主管机关。《船舶登记办法》（2017年2月10日施行）第4条规定交通运输部海事局负责全国船舶登记管理工作，第3条规定军事船舶、渔业船舶和体育运动船艇的登记依照有关法规的规定办理。

（二）渔业船舶的登记机关

《渔港水域交通安全管理条例》（2019年修订）第4条规定："渔业船舶是指从事渔业生产的船舶以及属于水产系统为渔业生产服务的船舶，包括捕捞船、养殖船、水产运销船、冷藏加工船、油船、供应船、渔业指导船、科研调查船、教学实习船、渔港工程船、拖轮、交通船、驳船、渔政船和渔监船。"《渔业船舶登记办法》（2019年修正）第3条规定："农业部主管全国渔业船舶登记工作。中华人民共和国渔政局具体负责全国渔业船舶登记及其监督管理工作。县级以上地方人民政府渔业行政主管部门主管本行政区域内的渔业船舶登记工作。县级以上地方人民政府渔业行政主管部门所属的渔港监督机关（以下称登记机关）依照规定权限负责本行政区域内的渔业船舶登记及其监督管理工作。"

（三）在建船舶抵押登记

《船舶登记工作规程》（海船舶〔2024〕24号）第70条规定："20总吨以上船舶的抵押权登记，由船舶抵押人和抵押权人共同向船籍港船舶登记机关申请。"

根据《国务院关于实施动产和权利担保统一登记的决定》（国发〔2020〕18号）第2条第7项的规定，船舶抵押不实行统一登记制度，原船舶抵押登记相关办法依旧有效。

因此，在建船舶抵押权登记应当根据船舶的性质由不同的船舶登记机关办理。

第二节 在建船舶抵押的几个问题

一、关于在建船舶的"船舶"范围

我国法上的"船舶"包括海船和渔船。目前我国海商法规定了海船可以以在建船舶设定抵押权，对于渔船是否可以以在建船舶设定抵押，法律没有规定。因此，在现阶段，我国法上的在建船舶抵押仅指海商法上的海船。笔者认为，应当对渔船的在建船舶抵押问题进行规范。目前我国法律法规对渔业船舶的在建船舶抵押没有禁止性规定，因此，在建渔船的抵押在法律上不存在障碍。从事渔业生产的渔民对融资的需求强烈，其最大的抵押物可能就是一艘渔船。允许在建渔船抵押对促进渔业生产、改善渔民生活具有很大作用。农业农村部应修改其《渔业船舶登记办法》，增设在建渔业船舶抵押的制度流程。

二、在建船舶抵押权与船舶优先权问题的冲突

在建船舶具有价值，但是由于其处于在建阶段，尚不具备使用功能，因此，其在建船舶抵押权的实现，往往需要等待船舶建成以后具备使用功能时，才方便进行拍卖、变卖或者折价处分。在建船舶建成以后进行拍卖、变卖，存在一定问题。

（一）抵押权所及的抵押物价值范围

在建船舶建成以后，抵押物价值大大提升。因是在建时进行抵押，新增部分的价值不应包括在抵押物价值范围内。当抵押物被拍卖、变卖时，所得价款之一部分，在抵押登记的价值范围内优先受偿。问题是，在建船舶抵押不同于在建工程抵押。在建工程抵押明确规定，工程竣工验收时要转为建筑物抵押，而在建船舶抵押无此要求。因此，在建船舶竣工交付后，特别是在船舶已经转让的情况下，如果进行拍卖、变卖，可能会产生争议，此时拍卖的抵押物不是“在建船舶”，而是“船舶”。对此问题，一方面需要完善在建船舶抵押登记办法，明确在建船舶竣工交付后，需要办理船舶抵押登记；另一方面应当允许对船舶整体进行拍卖、变卖，并在登记价值范围内优先受偿。理由是，船舶是在在建船舶的基础上建立起来的，船舶属于在建船舶抵押登记后新增部分形成的部分，参照在建工程抵押的相关规定，将新增部分一同拍卖。

（二）在建船舶抵押权与船舶优先权

船舶优先权和船舶抵押权都是海商企业在船舶运航中起到辅助性作用的债权人制度。《海商法》第 25 条明确规定，船舶优先权优先于船舶抵押权受偿。由于船舶优先权没有公示方式，已设定船舶抵押权的船舶被继续使用在商业行为中，随时都可以产生船舶优先权，因此，容易造成船舶抵押权地位的不稳

定。设立船舶抵押权是为了筹备船舶建造资金或海商企业的营业资金等，符合比较长期的船舶金融制度，但船舶优先权对船舶抵押权的效力产生不利的影响，并且这样的问题也会影响到海商企业的发展及国家经济的发展。为了解除船舶抵押权的不稳定性，建议由法律来规定，海商企业在船舶上配备船舶优先权的记载名册，并且不分抵押权设定时或设定后，在抵押权人要求时，船舶所有人应立即提供当时船舶上已存在的其他船舶担保物权事项。[①]

① 崔龙哲:《船舶优先权与船舶抵押权的效力冲突及其完善》,载《延边大学学报》(社会科学版)2018 年第 4 期。

第二十八章　权利质押（一）

第一节　票据质押

本节所称票据，是指汇票、本票、支票。这三类票据均受《票据法》规制，以汇票最为典型。下文有关论述以汇票为例。

一、票据质权的设立

（一）票据质权设立条件在民法和商法上的冲突

票据质权是债权担保的一种形式，受担保法和物权法的调整；又由于被质押的证券化权利是以票据作为载体，因此票据质押受到票据法的调整。所以，票据质押跨越民法和商法两大领域，以传统民法的担保理论为基础，又融合了票据制度较强的技术性。[①] 原《物权法》、原《担保法》及今《票据法》分别对票据质押制度进行了规定。

依据民事法律，原《担保法》第 76 条规定，以汇票、支票、本票、债券、存款单、仓单、提单出质的，应当在合同约定的期限内将权利凭证交付质权人。质押合同自权利凭证交付之日起生效。原《物权法》第 224 条规定，以汇票、支票、本票、债券、存款单、仓单、提单出质的，当事人应当订立书面合同。质权自权利凭证交付质权人时设立；没有权利凭证的，质权自有关部门办理出质登记时设立。

可见，根据原《担保法》、原《物权法》的规定，票据质权的设立，需要满足两个条件：一是有书面的质押合同；二是要交付票据。

---

① 高扬:《票据质权法理分析》,载《理论界》2010 年第 7 期。

依据商事法律，《票据法》第35条第2款规定，汇票可以设定质押；质押时应当以背书记载“质押”字样。被背书人依法实现其质权时，可以行使汇票权利。

从上述法条分析，在民法领域中，票据质押遵循传统担保物权理论，以质押合同和占有公示（凭证交付）为成立票据质权的条件。但在商法领域，票据质押必须进行设质背书，没有设质背书的，不构成票据质押。这是民法领域和商法领域对票据质押的不同要求。

对成立票据质押的不同要求，不但在理论界引起巨大争议，而且在实务界也引起很大分歧，对正确处理票据纠纷案件产生实质性影响。最高人民法院民二庭庭务会议曾对此问题进行专门研究，形成统一意见，即债权人依据原《担保法》的规定，订立质押合同并且占有票据的，即使票据没有设质背书的，债权人仍取得质权，只是其享有的质权不得对抗善意第三人。

笔者认为，民法领域和商法领域中对票据设质的不同要求，是一般法与特别法的冲突问题。担保法律是民事领域的重要法律，其对担保物权的设立有一般性规则，而票据质权是担保物权之一种，当然受制于担保物权设立的一般规则。因此，担保法对于票据质权来说是一般法；同时，票据又是重要的权利凭证，受到票据的文义性、独立性、连续性规则的制约。票据法对于票据质押的规定，属于特别法。对于同一问题有不同法律规定时，依据特别法优于一般法的原则确定法律适用，即票据质权的设立，需要根据《票据法》的规定，进行设质背书，没有设质背书的不能构成票据质押。

（二）民法典对票据质权成立上的统一

在《民法典》立法期间，其物权编草案第232条曾规定：以汇票、支票、本票、债券、存款单、仓单、提单出质的，质权自权利凭证交付质权人时设立；没有权利凭证的，质权自办理出质登记时设立。对此项草案规定，修改建议比较多。

一些地方和单位提出，《票据法》规定票据的质押应当采取背书形式生效，而不仅仅是交付票据，建议该条与《票据法》第35条第2款的规定相统一。

有的单位建议，将“质权自权利凭证交付质权人时设立；没有权利凭证的，质权自办理出质登记时设立”修改为“依法需要背书的，质权自背书时设立；无需背书的，质权自权利凭证交付时设立”。

有的单位建议，修改为“质权自权利凭证交付质权人时设立；该权利转让依法需要背书的，质权自权利凭证交付质权人并完成质押背书时设立”。

有的单位建议，修改为“当事人应当订立书面合同。除法律另有规定外，质权自权利凭证交付质权人设立”。

有的地方建议，修改为“当事人应当订立书面合同。以汇票、支票、本票出质的，质权自背书时设立；其他质权自权利凭证交付质权人是设立；没有权利凭证的，质权自有关部门办理出质登记时设立”。①

上述各种立法建议，虽然表述不同，但其基本意思是票据权利质押应当遵守《票据法》的规定。

为进一步统一法律适用问题，《民法典》第441条规定：“以汇票、本票、支票、债券、存款单、仓单、提单出质的，质权自权利凭证交付质权人时设立；没有权利凭证的，质权自办理出质登记时设立。法律另有规定的，依照其规定。”该条特意加上一句“法律另有规定的，依照其规定”，为票据质押适用《票据法》规定创造了条件，弥补了关于票据质权法律适用上的分歧。

为进一步解释“法律另有规定的，依照其规定”的含义，《民法典担保制度司法解释》第58条规定：“以汇票出质，当事人以背书记载‘质押’字样并在汇票上签章，汇票已经交付质权人的，人民法院应当认定质权自汇票交付质权人时设立。”

理解此条，还要注意以下问题：

第一，票据质押要不要质押合同？

票据质押不同于动产质押：动产质押以质押合同表明动产的质押属性，故动产质押中，质押合同是必不可少的；而票据质押以票据上的记载表明票据属性，故票据质权的设立不以质押合同为必要，即当事人之间没有订立质押合同，只要票据上记载了“质押”字样且交付质权人，票据质权即可成立。问题是，除了上述商法方式可以成立质押权外，以民法方式是否可以成立票据质押权？应当认为不可以。

第二，是否必须注明“质押”字样？

“质押”是一个法律名词，在法律语境中有特别的含义，对法律专业人员或者票据管理工作者而言，该词语的使用可能没有什么障碍。但是，对财务人

① 《民法典立法背景与观点全集》编写组：《民法典立法背景与观点全集》，法律出版社2020年版，第164页。

员或者社会公众而言，他们可能误写，比如写成“质权”“抵押”“担保”，或者多写一些字，如“用此票保证”等等。这种情况下，质权还能否成立？笔者认为，基于促进交易及保护债权的原则，当事人只要在票据上有类似担保的意思表示，就应当认可质押的效力，不能局限于非要注明“质押”字样。

第三，商业票据电子化时代，设质票据从背书时代转为登记时代。

中国人民银行 2009 年公布的《电子商业汇票业务管理办法》第 51 条规定：“电子商业汇票的质押，是指电子商业汇票持票人为了给债权提供担保，在票据到期日前在电子商业汇票系统中进行登记，以该票据为债权人设立质权的票据行为。”2016 年《票据交易管理办法》第 30 条规定：“电子商业汇票签发、承兑、质押、保证、贴现等信息应当通过电子商业汇票系统同步传送至票据市场基础设施。”

第四，非法取得的票据质押问题。

比如，A 是某张汇票的出票人，B 是该汇票的收款人。B 是通过虚构一批货物，廉价出售给 A 并取得 A 的信任后，以收取预付款方式取得该汇票的。B 取得该汇票后，将该汇票质押给某银行，获取了某银行的贷款。现在，由于 B 无法偿还贷款，某银行行使票据权利时追索到 A，遭到 A 的抗辩。A 的理由是，B 是以欺诈方式取得的汇票，不享有票据权利，银行也不享有票据权利。非法取得的汇票出质，汇票质权人是否享有质权？对此问题，浙江省高级人民法院认为，根据《票据法》第 12 条的规定，以欺诈、偷盗或者胁迫等手段取得票据的，或者明知有前列情形，出于恶意取得票据的，不得享有票据权利。本案中，持票人某银行是通过质押合同取得涉案汇票的，其取得汇票有合法原因，因此，该银行对涉案汇票有汇票权利。A 是票据债务人。根据《票据法》第 13 条的规定，票据债务人不得以自己与出票人或者持票人的前手之间的抗辩事由，对抗持票人。因此，A 对于某银行追索的抗辩不能成立。①

第五，空白支票质押的问题。

我国《票据法》第 86 条、第 87 条承认两类空白支票：一是金额空白支票，二是收款人空白支票。对于上述两类空白支票可否质押，原《担保法》和现《民法典》没有规定。根据《票据法》第 85 条的规定，票据金额属于绝对必要记载事项，没有金额的空白支票属于无效票据，不具有流通价值，因此

① 付颖哲、陈凯：《担保法理论与实务精要》，中国法制出版社 2019 年版，第 505 页。

以金额空白支票质押的，质押合同无效 。但是，诉讼时金额空白处已经填写金额的，补记完成，该支票质押关系有效。对于收款人空白支票，因收款人不是票据对绝对记载事项，故收款人空白的支票不影响票据效力，可以质押。①

第六，伪造、变造票据的质押效力问题。

关于伪造、变造票据的质押效力问题，笔者没有查到相关规定。《票据法》第 14 条规定："票据上的记载事项应当真实，不得伪造、变造。伪造、变造票据上的签章和其他记载事项的，应当承担法律责任。票据上有伪造、变造的签章的，不影响票据上其他真实签章的效力。票据上其他记载事项被变造的，在变造之前签章的人，对原记载事项负责；在变造之后签章的人，对变造之后的记载事项负责；不能辨别是在票据被变造之前或者之后签章的，视同在变造之前签章。"根据上述规定，票据伪造、变造的，并非导致票据无效。因此，在票据有效的情形下，该票据质押有效。但是，出票人或者承兑人的签章是伪造的情形下，该票据无效，质押亦应无效。票据质押的签章伪造，该票据质押关系不成立，质押人应当根据其过错程度承担赔偿责任。

二、"不得转让"的票据质押的效力问题

《票据法》第 27 条第 2 款规定："出票人在汇票上记载'不得转让'字样的，汇票不得转让。"第 34 条规定："背书人在汇票上记载'不得转让'字样，其后手再背书转让的，原背书人对后手的被背书人不承担保证责任。"从上述规定可以看出，"不得转让"的背书汇票有两种：一是出票人记载"不得转让"的汇票；二是背书人记载"不得转让"的汇票。但是，记载了"不得转让"字样的汇票能否质押？《票据法》及《民法典》均未有规定。理论界有两种学说：第一种是肯定说，认为可以质押；第二种是否定说，认为不可以质押。这个问题在司法实践中也存在争议。② 对于记载"不得转让"的汇票可否质押的问题，因记载"不得转让"字样的人的不同，其效力不同。

第一，对出票人记载的"不得转让"字样的汇票进行质押的，质押无效。

最高人民法院《票据纠纷案件规定》（2020 年修正）第 52 条明确规定：

---

① 司伟、肖峰：《担保法实务札记：担保纠纷裁判思路精解》，中国法制出版社 2019 年版，第 610 页。

② 高圣平、谢鸿飞、程啸：《最高人民法院民法典担保制度司法解释理解与适用》，中国法制出版社 2021 年版，第 457—458 页。

"依照票据法第二十七条的规定，出票人在票据上记载'不得转让'字样，其后手以此票据进行贴现、质押的，通过贴现、质押取得票据的持票人主张票据权利的，人民法院不予支持。"持票人无法实现票据质权，原因在于，出票人记载"不得转让"的目的在于将票据关系仅仅限制在出票人、承兑人和收款人之间，出票人和收款人之间既存在直接的债权债务关系，也存在票据上直接前后手关系。《票据法》第13条第2款规定："票据债务人可以对不履行约定义务的与自己有直接债权债务关系的持票人，进行抗辩。"出票人可以依据票据基础合同关系，对抗收款人的付款请求，从而保障基础债权债务关系得以正确履行。

第二，对背书人记载"不得转让"的汇票进行质押的，质押有效。

《票据纠纷案件规定》第53条明确规定："依照票据法第三十四条和第三十五条的规定，背书人在票据上记载'不得转让'字样，其后手以此票据进行贴现、质押的，原背书人对后手的被背书人不承担票据责任。"该规定的应用场景应当是，A是某张汇票的背书人，他在汇票上记载了"不得转让"字样后交付给B，B将此汇票质押给C。根据前述规定，如果C主张票据权利，则A对C不承担票据责任，即C不得对A行使票据追索权。

三、票据质权的实现

票据质权依法设立后，质权人是合法持票人，以其背书的连续性主张票据权利，并以票据兑现的付款，优先受偿。

理解票据质权的实现，需要注意以下几个方面的问题：

第一，票据质权的实现条件是所担保的主债权已经到期或者发生当事人约定的实现质权的情形。

第二，票据到期日早于质权实现条件的，《民法典》第442条规定："汇票、本票、支票、债券、存款单、仓单、提单的兑现日期或者提货日期先于主债权到期的，质权人可以兑现或者提货，并与出质人协议将兑现的价款或者提取的货物提前清偿债务或者提存。"据此，票据到期后，质权人可以依法行使票据权利，所获款项，可以与出质人协商提前清偿债务或者将款项提存。

第三，行使票据权利，应依据《票据法》的规定，行使付款请求权和票据追索权。当然，也可以通过拍卖、变卖票据或者折价的方式行使质权。

第四，票据权利有非常严格的时效，这是应当引起票据质权人关注的重要问题。超过票据权利时效，会导致失去票据权利。

第五，票据兑现款项大于债权金额的，质权人应当将大于债权金额的款项返还给出质人；票据兑现款项不足以弥补债权的，应当由债务人继续清偿。

第二节　存单质押

存单质押是在存单的特定债权之上设定的担保物权行为，其性质是以存单权利为标的的权利质押。与其他权利质押相比，存单质押具有不经过拍卖、变卖程序而直接实现债权的优势，日渐成为担保债权、融通资金的重要手段，在现代担保物权中的作用逐渐扩张。①

一、存单质押的设立

存单，是指存款人在银行或者储蓄机构存了一定数额的款项后，由银行或者储蓄机构开具的到期还本付息的债权凭证。② 以存单出质，是在一个特定化的、证券化的债权上设定质权。③ 无论定期存单，还是活期存单，均可用于质押。④ 根据金融实践，金融债权存单质押较为普遍。

我国《个人定期存单质押贷款办法》《单位定期存单质押贷款管理规定》对存单质押贷款程序有详细的规定。

---

① 马燕、丁浩:《存单质押权若干问题研究》,载《人民司法》2008 年第 15 期。关于存单出质的性质,理论界有两种不同的观点:债权让与说和权利标的说。前者认为,存单质押是将存单债权转让给质权人,以保障另一普通债权的实现,是一种特殊的债权让与,权利本身不能成为质权的标的;后者认为,质权的标的有两种,一种是有体物,另一种是特殊的财产性权利,这种特殊的财产性权利之上可以设立质权。存单就是这种特殊的财产性权利。参见张帆:《存单质权法律问题研究》,吉林大学 2012 年硕士学位论文。

② 黄薇主编:《中华人民共和国民法典物权编释义》,法律出版社 2020 年版,第 584 页。

③ 曹士兵整理:《关于存单的质押》,载最高人民法院经济审判庭编:《经济审判指导与参考》(第 2 卷),法律出版社 2000 年版,第 138 页。

④ 在我国,存单有定期存单、活期存单及定活两便存单,关于可以质押存单仅限于定期存单还是包括各类存单,法律没有规定,在理解上应当认为,各类存单均可用于质押。但有观点认为,活期存单随时可以支取,不适合出质。参见中国审判理论研究会民事审判理论专业委员会编著:《民法典物权编条文理解与司法适用》,法律出版社 2020 年版,第 508 页。上述观点的立论是,活期存单可以随时支取,存单记载权利人取钱后可以清偿债务,不会产生需要担保的债务。笔者认为,需要担保情形多种多样,法律没有禁止活期存单质押;活期存单核押交付债权人后,存单权利作为质押财产已经确定。故,活期存单可以质押。

1. 个人定期存单质押

（1）个人定期存单质押贷款（以下统称“存单质押贷款”），是指借款人以未到期的个人定期存单作质押，从商业银行（以下统称“贷款人”）取得一定金额的人民币贷款，到期由借款人偿还本息的贷款业务。

（2）作为质押品的定期存单包括未到期的整存整取、存本取息和外币定期储蓄存款存单等具有定期存款性质的权利凭证。所有权有争议、已作担保、挂失、失效或被依法止付的存单不得作为质押品。以第三人存单作质押的，贷款人应制定严格的内部程序，认真审查存单的真实性、合法性和有效性，防止发生权利瑕疵的情形。对于借款人以公开向不特定的自然人、法人和其他组织募集的存单申请质押贷款的，贷款人不得向其发放贷款。

（3）存单质押贷款金额原则上不超过存单本金的90%［外币存款按当日公布的外汇（钞）买入价折成人民币计算］。各行也可以根据存单质押担保的范围合理确定贷款金额，但存单金额应能覆盖贷款本息。

（4）存单质押贷款期限不得超过质押存单的到期日。若为多张存单质押，以距离到期日时间最近者确定贷款期限，分笔发放的贷款除外。以凭预留印鉴或密码支取的存单作为质押时，出质人须向发放贷款的银行提供印鉴或密码；以凭有效身份证明支取的存单作为质押时，出质人应转为凭印鉴或密码支取，否则银行有权拒绝发放贷款。

（5）以存单作质押申请贷款时，出质人应委托贷款行申请办理存单确认和登记止付手续。质押存续期间如出质人死亡，其合法继承人依法办理存款过户和继承手续，并继续履行原出质人签订的质押合同。

（6）出质人和贷款人可以在质押合同中约定，当借款人没有依法履行合同时，贷款人可直接将存单兑现以实现质权。存单到期日后于借款到期日的，贷款人可继续保管质押存单，在存单到期日兑现以实现质权。

2. 单位定期存单质押

（1）单位定期存单是指借款人为办理质押贷款而委托贷款人依据开户证实书向接受存款的金融机构（以下统称“存款行”）申请开具的人民币定期存款权利凭证。

单位定期存单只能以质押贷款为目的开立和使用。

单位在存款行办理定期存款时，存款行为其开具的《单位定期存款开户证实书》不得作为质押的权利凭证。

（2）贷款人经审查同意借款人的贷款申请的，应将开户证实书和开具单位定期存单的委托书一并提交给存款行，向存款行申请开具单位定期存单和确认书。贷款人经审查不同意借款人的贷款申请的，应将开户证实书和委托书及时退还给借款人。

（3）存款行在开具单位定期存单的同时，应对单位定期存单进行确认，确认后认为存单内容真实的，应出具单位定期存单确认书。确认书应由存款行的负责人签字并加盖单位公章，与单位定期存单一并递交给贷款人。

（4）经确认后的单位定期存单用于贷款质押时，其质押的贷款数额一般不超过确认数额的90%。各行也可以根据存单质押担保的范围合理确定贷款金额，但存单金额应能覆盖贷款本息。贷款人不得接受未经确认的单位定期存单作为贷款的担保。

（5）用于质押的单位定期存单项下的款项在质押期间被司法机关或法律规定的其他机关采取冻结、扣划等强制措施的，贷款人应当在处分此定期存款时优先受偿。

二、存单质押的核押

存单质押的核押是指质权人将存单质押的情况通知金融机构，并就存单真实性向金融机构咨询，金融机构经核查后，对存单的真实性予以确认并在存单上签章或以其他方式签章的行为。[①] 对于此种核押的法律意义，最高人民法院庭务会议认为：其一，开具存单的金融机构核押存单，是金融机构对存单真实性的再一次确认。因而，经过核押的存单不论真实存款情形如何，均应推定为具有完全权利内容的权利凭证，可以成为合法的质押标的。《存单纠纷规定》（2020年修正）第8条第3款规定，“以金融机构核押的存单出质的，即使存单系伪造、变造、虚开，质押合同均为有效，金融机构应当依法向质权人兑付存单所记载的款项”。其二，质权人核押存单，也是向金融机构告知存单被出质的事实，金融机构在被告知存单质押后，存款人就成为“虚有权利人”，开具存单的金融机构不得再向存款人支付存单上的款项，更不允许挂失。此时，真正的权利人是质权人。因此，以存单出质，如不告知金融机构，金融机构对存单记载的权利人予以支付的，不受法律追究。按照原《担保法》的规定，

① 李勇主编：《借款·担保合同纠纷》，法律出版社2007年版，第250页。

存单的质押不需要经过核押程序，只需要签订质押合同与交付存单即可成立质权，但从核押具有的上述意义来看，核押是保护质权人权利安全的一种重要方法，具有重要意义。我国原《担保法》中没有规定核押对于金融机构的效力，也属于立法漏洞，也是实践中质权人因接受虚假权利凭证出质而受骗的一个条件。[①] 这个立法漏洞在《民法典》中也没有被弥补。

笔者认为，应当在立法中规定存单质押的核押：

首先，根据《民法典》的规定，债权转让的，应当通知债务人。存单质押在某种意义上属于对存单记载的债权进行转让，而金融机构作为债务人，必须知道存单持有人所持存单的来源，然后向存单持有人（质权人）进行支付。因此，从《民法典》的规定看，核押有存在的必要。

其次，从防范风险、保障债权实现的角度，对存单的真实性进行审查确认，然后由金融机构对审核结果进行核押确认，一方面可以确保质权人拿到真实的债权凭证，避免交易风险；另一方面，金融机构强大的审查能力和公信力，可以推进交易的顺利进行。

核押不能成为存单质押的生效要件，但可以成为一种倡导性行为。

三、几种特定情形下存单质押合同的效力

存单是有价证券，必须内容与形式真实，才能彰显权利。在形式上，存单上的银行印鉴必须是真实的；在内容上，存单记载的款项必须是真实的。实践中存在内容与形式不真实的存单，这些存单质押的效力如何，是我们需要研究的问题。

（一）以伪造、变造的存单出质的效力

存单的伪造指无权限人假冒银行或其他金融机构进行签章和其他记载事项的行为，包括存单的伪造和存单上签章的伪造；存单的变造指采用技术手段改变存单上已经记载事项的内容，或增加、减少记载事项的内容，从而达到变更存单权利义务关系的目的。伪造、变造的存单，无法体现存款人与金融机构真实的存款合同关系，因此，伪造、变造的存单不是一个真实有效的债权凭证。

---

① 曹士兵整理：《关于存单的质押》，载最高人民法院经济审判庭编：《经济审判指导与参考》（第2卷），法律出版社2000年版，第142页。

伪造、变造存单，构成我国《刑法》规定的伪造、变造金融票证罪。

关于以伪造、变造的存单出质的效力，《存单纠纷规定》第 8 条第 1 款对此有明确规定："存单可以质押。存单持有人以伪造、变造的虚假存单质押的，质押合同无效。接受虚假存单质押的当事人如以该存单质押为由起诉金融机构，要求兑付存款优先受偿的，人民法院应当判决驳回其诉讼请求，并告知其可另案起诉出质人。"

（二）虚开存单出质的效力

虚开存单，是指存单由金融机构开具，但实际存款金额与票面记载金额不一致的存单，通常是未有实际存款或者实际存款小于票面记载。以虚开的存单质押的，《存单纠纷规定》第 8 条第 2 款规定："存单持有人以金融机构开具的、未有实际存款或与实际存款不符的存单进行质押，以骗取或占用他人财产的，该质押关系无效。接受存单质押的人起诉的，该存单持有人与开具存单的金融机构为共同被告。利用存单骗取或占用他人财产的存单持有人对侵犯他人财产权承担赔偿责任，开具存单的金融机构因其过错致他人财产权受损，对所造成的损失承担连带赔偿责任。接受存单质押的人在审查存单的真实性上有重大过失的，开具存单的金融机构仅对所造成的损失承担补充赔偿责任。明知存单虚假而接受存单质押的，开具存单的金融机构不承担民事赔偿责任。"

根据上述规定，以虚开的存单质押，其质押关系无效；存单质押人承担赔偿责任，虚开存单的金融机构对于接受存单质押的人的损失承担连带责任；接受存单质押的人对于审查存单真实性上有重大过错的，虚开存单的金融机构承担补充赔偿责任；明知是虚开的存单而予以接受的，虚开存单的金融机构不承担责任。

笔者认为，要理解上述规定应注意以下两个问题：

第一，虚开存单质押无效的条件是"存单持有人"以"骗取或占用他人财产"为目的。相反解释是，如果不是以"骗取或占用他人财产"为目的，虚开的存单质押关系有效。如，A 向某工厂购买钢材，以 B 的存单作为质押物向某工厂提供付款担保。A 不知道该存单是虚开的存单。很明显，A 不是以"骗取或占用他人财产"为目的，该质押关系应当有效。虚开存单的金融机构应承担付款义务。

第二，该规定第 1 款和第 2 款的用语不同，第 1 款对伪造、变造的存单质押，使用了“质押合同无效”，第 2 款虚开的存单质押，使用了“质押关系无效”，二者表述上的不同，没有什么特别含义，应当一致起来。

（三）借用存单出质的效力

崔建远先生认为，借用他人存单，以该他人名义出质的，应当视构成要件而后决定适用代理或无权代理或者表见代理的规定，来确定质押合同的效力，进而确定质权是否设立。借用他人存单，以自己名义出质的，且存单记载权利人与出质人名义不一致的，出质人出示了对该存单有权处分的证明，质押关系不应因名称不一致而无效。不能出示该证据的，该质押关系也不因此无效。[①]笔者认为，在出质人名义与存单记载的权利人名义不一致时，如果不能证明该存单的合法来源，该质押关系无效。

四、存单质权的实现

存单质权人可以向开具存单的金融机构要求付款，以实现其质权。但是在要求金融机构兑现款项优先受偿时，由于存单记载的权利人与存单质权人并不一致，因此，存单质权的实现存在一定困难，有些银行因此拒绝质权人的付款请求。此时，当事人可以通过诉讼方式主张权利。

第三节　仓单质押

一、仓单的性质

仓单是仓储经营者向存货人签发的表示收到仓储货物的有价证券。仓单质押是指以仓单作为质押标的而成立的权利质押的一个类型。仓单作为有价证券，具有其自身的特性：要式性，即具备法定形式方可能生效；物权性，即仓单是物权凭证，以物权为权利内容；文义性，即仓单所创设的权利义务仅以仓单的记载为准。至于仓单是否记名，各国规定不一。大多数国家规定仓单为记名证券。瑞士规定，仓单可以是无记名证券。记名仓单，须通过背书的方式设

① 崔建远：《物权：规范与学说——以中国物权法的解释论为中心》（下册），清华大学出版社 2021 年版，第 568 页。

质或者转让。无记名仓单，只需要交付仓单即可转让或者设质。[①]

关于仓单质权的性质，究竟是权利质权还是动产质权，各国立法和学说上有分歧。有的认为，仓单是表彰其所代表物品物权的证券，占有物品与占有证券有同一效力，故，以物权证券设定质权，应是动产质权。如《瑞士民法典》第902条第1款规定，出质代表货物的有价证券即被视为对货物的出质。与前述不同的是，我国原《担保法》、原《物权法》均将其规定为权利质权，并且认为，虽然仓单表彰的是物权（相当多的情况下是物品的所有权），但此时对标的物的处分仅得依证券进行，并不针对物品本身，对物品也不发生占有转移。所以，以这类证券出质设立的是权利质权。[②]

笔者认为，仓单具有债权属性与物权属性。

首先，仓单具有债权属性。《民法典》第908条规定："存货人交付仓储物的，保管人应当出具仓单、入库单等凭证。"第910条规定："仓单是提取仓储物的凭证。存货人或者仓单持有人在仓单上背书并经保管人签名或者盖章的，可以转让提取仓储物的权利。"上述规定表明，仓单是存货人交付货物的证明，仓储人收到货物的证明，是仓单持有人提取货物的证明。仓单持有人根据仓单可以向仓储经营者提起交付请求权，故仓单具有债权属性。其次，仓单还是有物权属性的凭证，拥有仓单即拥有仓单表彰的货物。转让仓单就是转让货物。但是，仓单毕竟不是有形动产，其仅仅代表的是一种提货单权利和拥有仓单所表彰的动产的权利，故，仓单质押属于权利质押。

二、仓单质押权的成立

仓单兼具债权属性与物权属性，往往代表巨额资产。由于仓单与其代表的动产互相分离，各自又可以分别成为质押物，实践中仓单质押存在混乱现象。2014年，德诚公司通过贿赂青岛港仓储公司工作人员出具虚假或超出库存数量的仓单等文件，并通过重复质押或者将上述伪造的仓单质押给银行的方式，骗取13家银行的贷款、信用证、承兑汇票，金额共计数10亿元。在该事件

---

① 费安玲主编：《比较担保法——以德国、法国、瑞士、意大利、英国和中国担保法为研究对象》，中国政法大学出版社2004年版，第349页。

② 蔡永民：《比较担保法》，北京大学出版社2004年版，第258页。

中，既有空单质押（在没有对应仓储物的情况下伪造仓单进行质押），又有重复质押（在同一仓储物上开具数份仓单并设立数个质押），以及针对同一仓储物既设立仓单质押又设立仓储物抵押等情形。

造成仓单乱象的原因是多方面的：一是仓单质押立法不够明确。《民法典》第441条规定，仓单质权“自权利凭证交付质权人时设立；没有权利凭证的，质权自办理出质登记时设立”。从该条文义看，仓单质押无需仓储方“核押”，缺乏足够手段确保仓单与仓储物保持一致，为仓单乱象埋下了制度隐患。二是缺乏统一的行业惯例。中国仓储与配送协会与中国物资储运协会关于仓单的标准并不统一，且对会员也没有足够的约束力，导致各仓储公司出具的仓单格式、要素都不一致，几乎可以说是各行其是，加剧了仓单乱象。三是与提单相比，提单对应的货往往是在途货物，单货可以说是天然分离的，因而不会出现“单货同质”“一货多单”“一单多货”等现象。而仓储物作为储存库中的货物，由仓储公司保管；同时，仓储公司又负责出具仓单，在利益诱惑下，不能排除个别仓储公司的员工伪造仓单、重复开具仓单的可能。当然，所有的仓单乱象，都离不开存货人与仓储公司的恶意串通，这可以说是仓单乱象主观方面的主要原因。[①]

为遏制仓单质押乱象，最高人民法院对于仓单质押作了明确规定。《民法典担保制度司法解释》第59条第1款规定：“存货人或者仓单持有人在仓单上以背书记载‘质押’字样，并经保管人签章，仓单已经交付质权人的，人民法院应当认定质权自仓单交付质权人时设立。没有权利凭证的仓单，依法可以办理出质登记的，仓单质权自办理出质登记时设立。”

理解上述规定，需要注意几个问题：

1. 仓单出质需要出质人背书记载“质押”字样，并由保管人签章，准用《票据法》有关背书连续签章的规定。此时，仓单应是记名仓单。

在《民法典》的编纂过程中，有的观点认为，仓单的转让或者出质由存货人背书即可，无须保管人签名或者盖章，这样可以促进仓单的自由流通，提高交易效率。但是，如果仓单的转让或者出质不经过保管人的签字或盖章，保管人就无法知道真正的权利人，尤其是仓单几易其主后或者仓单被伪造、涂改

---

① 最高人民法院民事审判第二庭：《最高人民法院民法典担保制度司法解释理解与适用》，人民法院出版社2021年版，第504页。

等，可能引发一些不必要的纠纷，不利于保护存货人的权利，保管人也将面临更多的不确定性。也就是说，不经保管人签名或盖章，交易效率的提高可能需要以交易安全和秩序受到损害为代价。①

也有专家提出，“仓库保管人在仓单质押中实际上也扮演着出质人的保证人的角色，在质权实现时有义务配合质权人取得其担保利益，因此仓库保管人的签字或盖章起到承诺和保证的作用”②。因此，许多国家规定，仓单转让或者出质应当经过保管人的签字或者盖章。

不经过保管人签字或者盖章的仓单背书转让，是否有效？立法机关相关专家的观点是：“如果只在仓单上背书但未经保管人签名或者盖章，即使交付了仓单，转让行为也不发生效力。”③ 质押亦应作相同解释。如此，保管人只能向经过其签名或盖章的存货人或者仓单持有人支付货物。

2.《民法典》第 908 条规定，保管人收到仓储物品后，应当出具仓单、入库单等凭证。在该条中，仓单和入库单之间使用了顿号，表明仓单和入库单是并列关系，但并非指保管人应当出具两张收货凭证，从作用上讲，“仓单、入库单等是提取仓储物的凭证”④。该条规定与原《合同法》第 385 条⑤相比，多了一个入库单，但不能因此认为我国仓单立法进入两单主义（复单主义）时代。

世界诸国中，关于仓单有三种立法例：

一是两单主义（复单主义），即同时填发两张仓单，一张为存入仓单，另一张为出质仓单。仓单持有人以出质仓单将保管物设定质权担保，而自己保留存入仓单。法国、瑞士、意大利采用两单主义。

二是一单主义，即保管人只填发存入仓单，仓单持有人将该存入仓单以背书的方式转让或者出质。中国、西班牙均采取一单主义。

三是并用主义，即依存货人的要求填发两单或者一单。日本、俄罗斯采用

---

① 黄薇主编：《中华人民共和国民法典合同编释义》，法律出版社 2020 年版，第 855 页。

② 费安玲主编：《比较担保法——以德国、法国、瑞士、意大利、英国和中国担保法为研究对象》，中国政法大学出版社 2004 年版，第 357 页。

③ 黄薇主编：《中华人民共和国民法典合同编释义》，法律出版社 2020 年版，第 855 页。

④ 黄薇主编：《中华人民共和国民法典合同编释义》，法律出版社 2020 年版，第 852 页。

⑤ 原《合同法》第 385 条规定：“存货人交付仓储物的，保管人应当给付仓单。”该条只规定了仓单。

并用主义。[①]

入库单本是我国经营实践中用到的词语，现在变成一个法律名词，但《民法典》对入库单的含义没有明确说明，对其作用也没有作进一步规定。在理解上，应将其与仓单作同义词理解。理由是，我国对仓单没有统一的格式规定，多是各经营单位的制式单据，实践中对这种制式单据出现多种称呼，有的称为仓单，有些地方称为入库单。仓单和入库单在作用上是相同的，均是仓储企业收到货物的凭证和存货人提取货物的凭证。这与国外的复单主义有质的区别。

在复单主义立法中，存入仓单和出质仓单可以分离各自流通。存入仓单体现了商品的物资所在，出质仓单体现了商品的担保价值，两单应确保记载完全一致。两单同时存在时，仓单持有人享有对库存物的完全物权，即不受限制的所有权。出质仓单第一次设质背书后，出质仓单和存入仓单即可独立流转，出质仓单可以脱离存入仓单无因地转让，但只能设定质权担保，不能转移仓储物的所有权。同时，由于出质仓单记载的内容与存入仓单内容一致，质权人可以从出质仓单的记载中获知出质标的物的情况，存入仓单同样可以自由流通，但由于存入仓单须记载出质仓单的转让情况，所以并不存在隐瞒权利负担而侵害善意第三人的问题。

3. “没有权利凭证的仓单，依法可以办理出质登记的，仓单质权自办理出质登记时设立。”理解该规定需要把握这样几个方面：一是还有没有权利凭证的仓单？仓单是仓储公司签发的凭证，没有权利凭证的，还是仓单吗？据笔者了解，仓单没有像电子商业汇票那样全国统一的系统和格式，仓单没有电子格式的，所有的仓单均应有权利凭证。二是仓单可以依法办理出质登记。根据国务院关于动产和权利担保统一登记的规定，仓单出质可以办理登记，仓单质押自办理出质登记之日起成立。故，仓单出质登记是仓单质押成立的生效要件，而不是对抗要件。三是其规定了仓单质权的设立有两种方式：（1）仓单质押背书并经保管人签章，可成立仓单质权；（2）出质登记。实践中可能会发生存货人一方面将仓单背书设质，另一方面又谎称没有仓单，通过出质登记的方式，再次以仓储物设定抵押，当两者发生冲突的时候，何者有优先权？单纯以登记优先规则处理此类冲突，有失公平。这需要在实践中逐步找出解决问题的办法。

---

① 费安玲主编：《比较担保法——以德国、法国、瑞士、意大利、英国和中国担保法为研究对象》，中国政法大学出版社 2004 年版，第 353—354 页。该书认为我国仓单采用的是一单主义。

三、仓单质押的有关问题

当被担保的主债权已届清偿期而未获清偿时或者发生当事人约定的实现质权的情形时，债权人有权通过拍卖、变卖、折价的方式处分质押仓单，并就变现的金额在债权范围内优先受偿。

仓单作为载物证券和物权凭证，一般都记载有仓储期间。我国《民法典》第909条把储存期间作为记载事项之一，强调仓储期间在仓储合同中的作用。但"仓储期间并非仓单的绝对记载事项"[①]，该项内容的缺少并不影响仓单的效力，但仓单期间对仓单质权的实现有影响，在仓单质权实现时须区分仓单期间与其质权行使期间之间的关系。

（一）仓单期间与仓单质权行使期间之间的关系

1. 仓单到期日早于仓单质权行使日期的

根据《民法典》第442条的规定，仓单到期日早于仓单质权行使日期的，质权人可以提货，并与出质人协商提前清偿债务或将货物提存。"质权的效力及于提存物上，质权人的权利由仓单质权转化为动产质权。"[②] 这里涉及一个问题，即提存期间的费用负担问题。本书认为，仓单到期日早于债权到期日，是质权人已经知道的事实，对仓单到期后可能产生的提存费用、搬迁运输费用应当明知，但仍然予以接受，因此提取货物、提存货物的费用，应当由质权人负担。当事人另有约定的除外。当债权人获得清偿时，提存物应当返还给出质人。

2. 仓单到期日晚于质权实现日期的

这种情形的应用场景是，比如，仓单到期日为10月30日，质权实现日期为9月30日。质权人可否提前提取货物？对此情形，原《担保法》和原《合同法》在立法上有冲突。原《担保法司法解释》第102条规定："以载明兑现或者提货日期的汇票、支票、本票、债券、存款单、仓单、提单出质的，其兑现或者提货日期后于债务履行期的，质权人只能在兑现或者提货日期届满时兑

---

① 费安玲主编:《比较担保法——以德国、法国、瑞士、意大利、英国和中国担保法为研究对象》,中国政法大学出版社2004年版,第358页。

② 费安玲主编:《比较担保法——以德国、法国、瑞士、意大利、英国和中国担保法为研究对象》,中国政法大学出版社2004年版,第358页。

现款项或者提取货物”。原《合同法》第 392 条规定：“储存期间届满，存货人或者仓单持有人应当凭仓单提取仓储物。存货人或者仓单持有人逾期提取的，应当加收仓储费；提前提取的，不减收仓储费。”

原《合同法》第 392 条的规定被移植到《民法典》第 915 条之中。因此，依据《民法典》第 915 条，仓单到期日晚于质权实现日期的，质权人可以提取质物。

3. 没有约定仓单期间的

没有约定仓单期间的，质权实现事由发生时，质权人可以随时提取质物，保管人也可以要求质权人随时提取货物，但必须给予适当的准备时间。《民法典》第 914 条作如是规定。

（二）多重质押的问题

仓单和仓储物的可分离性，为实践中仓单和仓储物的分别抵押创造了条件。出质人取得保管方出具的仓单后，可以通过对仓单背书的方式设立质押，以仓单为标的物成立一个质押合同关系；同时又可以以仓储物为标的，设立动产抵押（或者以指示交付的方式设立动产质押），办理动产抵押登记。另外一种情况是，保管人为同一批货物签发多份仓单，出质人在多份仓单上设立多个质权，形成多个仓单质押权。这是多重质押的问题。

对于上述问题，《民法典担保制度司法解释》第 59 条第 2、3 款作了明确规定：“出质人既以仓单出质，又以仓储物设立担保，按照公示的先后确定清偿顺序；难以确定先后的，按照债权比例清偿。保管人为同一货物签发多份仓单，出质人在多份仓单上设立多个质权，按照公示的先后确定清偿顺序；难以确定先后的，按照债权比例受偿。”

应从以下几个方面理解上述规定：

首先，我国法律并不禁止仓单和仓储物的双重担保或者多份仓单的多重质押。双重担保或多重质押在我国具有合法性，只是在以担保物受偿时，依据公示的先后顺序确定债偿的顺序，而难以确定先后顺序的，按照债权比例受偿。崔建远先生认为此举是司法对仓单质押乱象的迁就。仓单下动产的所有权转移以仓单的背书转移为主要方式，仓单背书转移后，仓单名下的动产所有权已经发生转移，以仓单质押并且已经背书后，再以动产质押，其实已经不具备动产交付要件，动产质押无法成立。对实务中的不合法、混乱现象应当治理而不是一味迁就，只要裁判机构奉行仓单背书系仓储物所有权转移、质权不设立的原则，就会使人忽略仓单背书的陋习，逐渐走上正轨。[①] 笔者认可崔先生的该观点。最高人民法院的前述观点等于认同仓单质押与其对应的货物质押这种双重质押合法化，造成的恶果是骗贷合法化，有关银行的损失只能自食其果。规制这种现象，应当坚持一个原则，即仓单质押只能以仓单背书转让的方式进行，不允许以已经签发仓单的货物质押。

其次，对“保管人为同一货物签发多份仓单”应作狭义理解，即局限于货物不可分割的情形下。可以分割的货物，比如1000吨钢材，保管人签发200吨、300吨、500吨三份仓单，不属于上述“保管人为同一货物签发多份仓单”的情形。

再次，无论是按公示日期顺序清偿，还是按照债权比例清偿，均会导致有关债权人的损失。“出质人与保管人的共同行为”，在理解上应注意：第一，该行为不论是故意行为还是过失行为，或者一方是故意行为，另一方是过失行为，均可引起出质人与保管人的连带赔偿行为。第二，出现重复担保问题，多是出质人与保管人的“共同行为”所致。比如，仓单质押时一般要求保管人进行确认。保管人不如实告知债权人仓单下货物已经出质的事实的，即与出质人构成“共同行为”。所以，“共同行为”可以是不作为的行为。

四、仓单质权的实现方式

仓单质权可以通过对仓单项下的仓储物进行折价或者拍卖、变卖的方式实现质押权。同时，仓单也是有价证券，可以通过对仓单的处分，优先受偿所获价款。

第四节　提单质押

一、提单及提单质押

（一）提单的概念及功能

《跟单信用证统一惯例》（*Uniform Customs And Practice For Documentary*

---

① 崔建远：《物权：规范与学说——以中国物权法的解释论为中心》（下册），清华大学出版社2021年版，第572—573页。

Credits, UCP）是国际贸易广泛应用，并在长期的远洋运输交易实践中上逐渐形成的一整套完整的习惯做法。该惯例是国际银行界、律师界、学术界自觉遵守的“法律”，是全世界公认的目前最为成功的一套非官方规定。自 1933 年问世以来，该惯例已历经六次修订，目前正在施行的是 UCP 600（2017 年 7 月 1 日实施）。该惯例涉及担保法、海商法、合同法等法律制度，涉及复杂的法律关系和交易过程。跟单之“单”即提单。关于提单的概念，我国《海商法》第 71 条规定：“提单，是指用以证明海上货物运输合同和货物已经由承运人接收或者装船，以及承运人保证据以交付货物的单证。提单中载明的向记名人交付货物，或者按照指示人的指示交付货物，或者向提单持有人交付货物的条款，构成承运人据以交付货物的保证。”第 72 条规定：“货物由承运人接收或者装船后，应托运人的要求，承运人应当签发提单。提单可以由承运人授权的人签发。提单由载货船舶的船长签发的，视为代表承运人签发。”

上述规定表明，提单具有以下三种角色的主要功能：

一是合同成立的证明文件。提单上印就的条款规定了承运人与托运人之间的权利、义务，而且提单也是法律承认的处理有关货物运输的依据，本身就是运输合同。提单是格式合同，是承运人事先印制的、多次重复利用的合同，提单上虽没有托运人签字，但一经收受提单，即表明托运人接受提单上规定的权利、义务。提单条款对托运人、提单持有人都具有约束力（见《海商法》第 78 条）。

二是货物收据。对于将货物交给承运人运输的托运人，提单具有货物收据的功能。承运人不仅对于已装船货物负有签发提单的义务，而且根据托运人的要求，即使货物尚未装船，只要货物已在承运人掌管之下，承运人也有签发一种被称为“收货待运提单”的义务（见《海商法》第 74 条）。所以，提单一经承运人签发，即表明承运人已将货物装上船舶或已确认接管。提单作为货物收据，不仅证明收到货物的种类、数量、标志、外表状况，还证明收到货物的时间，即货物装船的时间。本来，签发提单时，只要能证明已收到货物和货物的状况即可，并不一定要求已将货物装船。但是，将货物装船象征卖方将货物交付给买方，于是装船时间也就意味着卖方的交货时间。《民法典》第 607 条规定，货交承运人时，货物灭失、毁损的风险转移给买受人。

三是物权凭证。对于合法取得提单的持有人，提单具有物权凭证的功能。提单的合法持有人有权在目的港以提单相交换来提取货物，而承运人只要出于善意，凭提单发货，即使持有人不是真正货主，承运人也无责任。而且，除非在提单中指明，提单可以不经承运人的同意而转让给第三者，提单的转移就意味着物权的转移，连续背书可以连续转让。提单的合法受让人或提单持有人就是提单上所记载货物的合法持有人。提单所代表的物权可以随提单的转移而转移，提单中规定的权利和义务也随着提单的转移而转移。即使货物在运输过程中遭受损坏或灭失，也因货物的风险已随提单的转移而由卖方转移给买方，只能由买方向承运人提出赔偿要求。

《海商法》第 73 条规定，提单内容包括下列各项：（1）货物的品名、标志、包数或者件数、重量或者体积，以及运输危险货物时对危险性质的说明；（2）承运人的名称和主营业所；（3）船舶名称；（4）托运人的名称；（5）收货人的名称；（6）装货港和在装货港接收货物的日期；（7）卸货港；（8）多式联运提单增列接收货物地点和交付货物地点；（9）提单的签发日期、地点和份数；（10）运费的支付；（11）承运人或者其代表的签字。

提单缺少上述规定的一项或者几项的，不影响提单的性质；但是，提单应当符合《海商法》第 71 条的规定。

（二）提单质押

权利质押等同于权利转让。因此，能够转让的权利才能成为权利质押的标的物。《海商法》第 79 条规定，记名提单不能转让。因此，记名提单不能作为质押标的。指示提单和不记名提单可以转让，可以作为权利质押的标的。[①] 指示提单要经过记名背书或者空白背书转让；不记名提单无需背书，即可转让。

《民法典》及《海商法》对提单质押的背书内容没有规定。参照仓单背书的规定，指示提单的质押应当由托运人背书，注明“质押”字样；空白背书应视为托运人授权质权人填写“质押”字样。背书后的指示提单和不记名提单，在交付债权人后质权成立。

当然，上述质权的设立，还需要出质人与质权人签订质押合同。

提单质押最具典型法律意义的应用体现在现代银行的信贷工具——信用证的流转业务中，其主要表现如下：（1）发生于卖方与议付行之间的押汇业务

---

① 高圣平、谢鸿飞、程啸：《最高人民法院民法典担保制度司法解释理解与适用》，中国法制出版社 2021 年版，第 466 页。

中；（2）发生于卖方与开证行之间；（3）发生于买方与开证行之间。[①] 但发生最多的场景还是买方与开证行之间的提单质押。

二、开证行对提单享有的权利

《民法典担保制度司法解释》第 60 条规范了开证行与买方的关系。在跟单信用证交易中，买方通常是开证申请人。开证行与开证申请人之间往往约定，开证申请人付款赎单。提单是否成为权利质押的标的，取决于开证行与开证申请人之间的约定情况。

（一）开证行对提单的质押权

卖方将信用证项下单证交付给银行后，银行对卖方支付信用证款项。开证行的付款行为属于代替第三人履行债务的行为。银行有权要求开证申请人支付银行垫付的款项。提单在银行手里，但银行不是提单上的收货人。故，银行持有买方提单的性质是值得探讨的问题。如果开证申请合同中有设定权利质权的约定，开证行与开证申请人之间成立权利质权关系，提单即成为质押物。《民法典担保制度司法解释》第 60 条第 1 款规定，人民法院应当依据《民法典》的规定，对该权利质押关系进行认定并处理，并在认定权利质押时，重点考察该提单是否依法可以质押，双方是否具有设立质权的意思表示，审查开证申请合同中是否有类似的约定。开证行与开证申请人约定以提单为开证申请人付款担保时，在“担保权利”约定不明的情况下，应对合同进行解释，以最相近的“担保权利”确定具体指的是何种担保权利。如果并无相关约定，开证行既不享有提单货物所有权，也不享有权利质权，应将单证返还开证申请人。但鉴于开证行已经对外付款，享有对开证申请人的求偿权，该求偿权与开证申请人享有的单证返还请求权之间互为对待给付，在开证申请人未付款赎单的情况下，开证行可以基于同时履行抗辩权拒绝放单；除非双方另行达成叙做进口押汇的协议，从而使银行先放单后收回相应款项。[②]

---

① 王淑敏：《论提单的质押》，载《中国海商法年刊》1997 年。

② 最高人民法院民事审判第二庭：《最高人民法院民法典担保制度司法解释理解与适用》，人民法院出版社 2021 年版，第 513 页。

（二）开证行对提单项下货物有优先受偿权

《民法典担保制度司法解释》第60条第2款规定，开证行基于与开证申请人的约定或者国际贸易惯例持有提单的，享有对提单项下货物的优先受偿权，开证行不得主张货物所有权。笔者认为，这是一种法定的优先受偿权。其理论依据是，提单与货物具有不可分离性。开证行合法持有提单，等同于控制了货物，这类似于对货物的留置。留置权人有权对货物优先受偿。根据该条第3款的规定，开证行处置提单或者提单项下的货物所得款，除偿还开证行外，开证行负有清算返还的义务。

其实，对于《民法典担保制度司法解释》第60条第2款，笔者作出上述解读，主要是认为，第2款与第1款没有关系，这是两层意思。第2款不是第1款的延续，第1款规定的“人民法院应当依照民法典关于权利质权的有关规定处理”，不需要继续延伸。第2款规定的应是与第1款截然不同的情形。第1款是开证行与开证申请人约定提单质押所作的规定，而第2款应是没有约定提单是担保物的情形下的规定。

（三）开证行合法持有提单的其他权利

基于提单本身就是运输合同，开证行虽然不是运输合同的托运人，但是开证行审单、付款，承继了托运人的权利义务。故，开证行有权主张运输合同项下的权利（《民法典担保制度司法解释》第60条第4款）。根据《民法典》第390条的规定，担保期间，担保财产毁损、灭失或者被征收等，担保物权人可以就获得的保险金、赔偿金或者补偿金等优先受偿，故担保物权具有物上代位性。因承运人或者第三人的原因造成提单项下的货物出现毁损、灭失等情形的，开证行作为提单持有人的身份向责任人行使损害赔偿请求权。

实务中，在开证申请人欠付信用证项下垫付款项时，往往开证申请人还存在其他债权人，例如提单项下在港口的货物堆存费、管理费等，开证行对于提单项下的货物仅享有质权，应劣后于上述费用权。

三、提单质权的实现

提单质权的实现方式与仓单相同，不再赘述。

第二十九章　权利质押（二）

第一节　股权质押

股权质押是现代公司法诞生后出现的新型权利质押，对于推动企业界和金融界盘活股权质押价值，拓宽企业融资渠道，提高企业核心竞争力居功甚伟。股权质押与动产质押和普通权利质押相比，具有自身的特殊性：（1）股权的价值高低，不取决于股东自身的盈利状况、资信状况，而是取决于公司的盈利状况、财务状况和盈利前景。而公司的盈利状况、财务状况和盈利前景又变动不居，这就决定了质押股权的变动性与不稳定性。因此，性格审慎、保守的债权人一般倾向于要求债务人或者第三人提供股权之外的动产质押、不动产抵押乃至保证人作为担保手段。（2）股权流通性的强弱程度直接影响了质押股权价值的大小。对质权人而言，股权的流通性越高，变现性越强，担保人的担保手段越有保障。①

一、股权的概念

股权是指股东因向公司直接投资而享有的权利。在我国，公司包括有限责任公司和股份有限公司。有限责任公司股东的股权通过公司签发的出资证明书体现，股份有限公司的股权通过公司签发的股票体现。出资证明书，是指投资者已经依法履行出资义务，成为有限责任公司股东的法律文件。根据《公司法》的规定，有限责任公司成立后，应向股东签发出资证明书，出资证明书应当载明下列事项：（1）公司名称；（2）公司成立日期；（3）公司注册资本；（4）股东的姓名或者名称、认缴和实缴的出资额、出资方式和出资日期；

① 刘俊海：《现代公司法》（第二版），法律出版社 2011 年版，第 317 页。

（5）出资证明书的编号和核发日期。出资证明书由法定代表人签名，并由公司盖章。股票是指股份有限公司签发的证明股东所持股份的凭证。根据公司法的规定，股票采用纸面形式或者国务院证券监督管理机构规定的其他形式。纸面形式股票应当载明下列主要事项：（1）公司名称；（2）公司成立日期或者股票发行的时间；（3）股票种类、票面金额及代表的股份数，发行无面额股的，股票代表的股份数；（4）股票的编号。纸面形式股票由公司法定代表人签名，公司盖章。发起人股票采用纸面形式的，应当标明发起人股票字样。出资证明书和股票是股东享有股权的法定凭证，股东凭此证券就可以享有相应的股权。①

在学理上，股权可分为自益权和共益权。顾名思义，自益权是股东为维护自身利益而行使的权利，共益权是股东为维护包括自己利益在内的公司利益和全体股东利益而行使的权利。自益权主要包括股利分配请求权、新股认购优先权、退股权等。股东的自益权虽然主要体现为经济利益，但不必限于直接接受金钱的形式。共益权主要包括表决权、代表诉讼提起权、临时股东大会召集请求权、自行召集权与主持权、查阅权、股东会决议与董事会决议撤销权。② 自益权和共益权是密不可分的，不能割裂地看待这两种权利。两种权利不可单独转让。③

限制转让的股票可以作为质押权标的。《公司法》第160条规定，公司公开发行股票前已发行的股份，自公司股票在证券交易所上市交易之日起一年内不得转让。公司董事、监事、高级管理人员所持公司股票在上市交易之日起一年内不得转让，离职半年内不得转让。股份在法律法规规定的限制转让期内出质的，质权人在限制转让期内不得行使质权。

二、股权质权的设立

原《担保法》第78条第3款规定："以有限责任公司的股份出质的，适用公司法股份转让的有关规定。质押合同自股份出质记载于股东名册之日起生效。"

① 黄薇主编：《中华人民共和国民法典物权编释义》，法律出版社2020年版，第586页。

② 刘俊海：《现代公司法》（第二版），法律出版社2011年版，第187—188页。

③ 费安玲主编：《比较担保法——以德国、法国、瑞士、意大利、英国和中国担保法为研究对象》，中国政法大学出版社2004年版，第374页。

原《物权法》第226条第1款中规定："以其他股权出质的，质权自工商行政管理部门办理出质登记时设立。"

《民法典》第443条第1款规定："以基金份额、股权出质的，质权自办理出质登记时设立。"由此可见，股权质押奉行登记生效主义。

可见，在股权质押设立问题上，虽然都是以登记作为股权质押设立的方式，但是，《民法典》与原《担保法》作出了截然不同的规定，前者以对外登记公示为质权设立的方式，而后者规定质押合同自股份出质记载于股东名册之日生效。

对股权质押设立的理解，还有以下几个问题需要探讨。

（一）交付出资证明书可否成立股权质押?

出资证明书虽是股东享有股权的法定证明，但我国的出资证明书是不可流通证券。《公司法》第87条规定："依照本法转让股权后，公司应当及时注销原股东的出资证明书，向新股东签发出资证明书……"可见，股权转让不以出资证明书交付为要件，交付出资证明书也不能发生股权转让的后果。"我国有限公司签发的出资券，更接近于证明文书的性质，仅有表彰的效力而已。即使出资证明书被质权人占有，出资人依然可以再次将已经出资的股权转让或者出质于第三人，且原质权人不能对抗之。因此，出资证明书的交付并不能成为股权出质的公示方法。"①

（二）股权设质与公司的关系

如前述，在股权出质登记问题上，我国法律先后出现两种不同的立法体例：一是原《担保法》规定的，质权设立以在公司名册登记为准。该种体例的优点在于抓住了股东名册在确认股东资格和股权质权人方面的重要关口，但未考虑到登记的对抗效力。该出质登记最大的缺点是股东名册缺乏公开性。鉴于有限责任公司的封闭性，他没有义务接受社会公众对股东名册的查阅，因此出质登记无法对抗第三人。二是我国原《物权法》规定的以工商部门登记或者其他登记部门登记（指我国统一的登记部门）为准。其优点是满足质押权设立的公示性要求，使股权出质取得了对世性，但忽视了股

① 刘保玉主编:《担保法原理精要与实务指南》,人民法院出版社2008年版,第605页。

东名册在确认股东资格及股权质权人方面的重要关口作用，且夸大了工商行政部门登记的设权效力。[①] 有学者认为，“若股权出质没有在股东名册上记载，则不得对抗公司，公司可以将股息或者红利直接派发给出质股东而不受股权质押的限制”[②]。鉴于上述两种股权设立登记都有缺陷，有专家提出第三方案，即“采股权名册登记生效主义与工商行政部门登记对抗主义相结合的中庸之道”[③]。其理由为：

首先，股权质权设立的本质是让目标公司知道股权出质的事实，进而承认和尊重质权人的法律地位。股权关系是股东与公司之间的法律关系。立法者有权推定理性的公司有义务也有权利知道谁是自己的股东，谁是限制股东权利的质权人。因此，股东质权的设立应以公司知道或者应当知道股权出质的事实为准，其最佳证据就是股东名册。既然股东名册已经记载股权出质的事实，掌握质权人的姓名或者名称，法律就应当确认股权质权的设定。

其次，股权质权的创设规则与股权的创设规则应具有同质性。股权确认有三大证据：源泉证据、推定证据和对抗证据。在三大证据中，股东名册作为推定证据对股东资格的确认具有推定证明力，但可以被相反的源泉证据（如股权转让协议）推翻。工商行政部门的登记资料具有对抗第三人的效力。同理，在确认股权质权人资格方面，股权质押协议、股东名册和工商行政部门的登记资料分别处于源泉证据、推定证据和对抗证据的地位。这样，股权确认证据与股权质权确认证据统一起来，实现股权质押确认规则与股权创设规则、股权变动规则无缝对接，有助于强化质权人的担保利益。该“中庸之道”的内容是，股权质权在其被记载于公司股东名册时设立，并以办理出质登记时得以对抗第三人。[④]

分析上述“中庸之道”，笔者认为其不具有可行性。该中庸之道在于，在股权质权设立问题上，要办理两个登记：一是办理内部登记（股东名册登记）；二是办理外部登记，比如工商行政机关或者其他统一登记机关登记。两者的效力不同：内部登记可以对抗公司，内部登记后，公司不得将股息或者红利派发给出质人；外部登记可以对抗第三人。“中庸之道”带来的问题：一是

---

① 刘俊海：《现代公司法》（第二版），法律出版社 2011 年版，第 323 页。

② 刘保玉主编：《担保法原理精要与实务指南》，人民法院出版社 2008 年版，第 606 页。

③ 刘俊海：《现代公司法》（第二版），法律出版社 2011 年版，第 323 页。

④ 刘俊海：《现代公司法》（第二版），法律出版社 2011 年版，第 323 页。

一个质押权办理两个登记是否降低了效率？二是内部登记，对质权人而言，是否容易实现？三是如果只办理一个登记，是否成立质权？比如，债权人甲办理了某公司的股权质押内部登记，债权人乙办理了某公司的股权质押外部登记，甲和乙，哪一个可以成立股权质权？上述中庸之道看起来很完美，兼顾内外，但是在实践中会带来很多问题，不具有可操作性。

在股权质押关系中，相对于出质人和质权人而言，公司是该质押关系的"第三人"，该"第三人"不同于普通的第三人。股权质押的外部登记后，公司就要向质权人支付股息和红利。因此，笔者认为，在股权质押问题上，《民法典》规定的股权质权经外部登记成立后，质押人应有一个通知义务，即告知公司某股东的股权已经出质的事实，质押的份额及比例是多少，质权人是谁，联系人是谁，以便于公司行为。不能苛求公司每天去查动产和权利统一登记平台以便知道公司股份是否被质押。公司在不知情情况下将股息和红利支付给出质人，如果要求公司承担民事责任，明显不符合公平原则。

（三）瑕疵股权质押问题

在公司出资中，瑕疵出资现象不在少数，我国《公司法》对瑕疵出资问题进行了严格规范，以保护公司债权人的利益。对瑕疵出资形成的股权，可否进行股权质押？有学者认为，瑕疵出资形成的股东权不能质押。也有学者认为，瑕疵股权可以质押。

对瑕疵股权的质押问题，笔者认为应从两个方面分析：一是理论上的"能"与"不能"问题，二是实践中的"愿"与"不愿"的问题。

1. 理论上的能不能问题

瑕疵股权是指有限责任公司股东未依据公司章程或者法律规定出资形成的股权。根据《公司法司法解释（三）》的规定，瑕疵出资具体表现为，股东未出资（拒绝出资、不能出资、抽逃出资、实物出资未过户或者未交付）、未全面出资（以有权利负担的资产出资、评估价值低于承诺出资）、未及时出资（如拖延出资）。换言之，瑕疵股权是由于违法或者违约的出资行为取得的股权。在资本认缴制下，交付出资期限尚未届至时取得的股权，不属于瑕疵股权。

瑕疵股权可否质押，现行法律规定中没有可以直接引用的规则。从理论上分析，如果瑕疵股权具有价值且具有可转让性，即可作为质押物。

首先，必须明确瑕疵股权也是股权。记载于公司章程中并对社会公众公示的股东，虽然其出资有瑕疵，但出资瑕疵只是该股东对股东之间约定义务的违反，致使其对公司的部分权利受到限制，比如分红权、剩余财产分配权受限，但对其股东资格未有影响，瑕疵投资者仍享有股东资格和股权，非依法定程序和法定理由，瑕疵股权不受剥夺和限制。

其次，股权的价值不以是否足额投资衡量。在实践中，评估股权的价值，都是用公司的净资产数额乘以股权比例。因此，股权的价值取决于公司的经营成果和股权比例，而不取决于投资是否有瑕疵。在价值评估过程中，瑕疵股权与普通股权的价值并无二致。

再次，瑕疵股权可以转让，具有可让与性。现行法律对瑕疵股权的转让问题没有禁止性规定。《公司法司法解释（三）》第 18 条第 1 款规定："有限责任公司的股东未履行或者未全面履行出资义务即转让股权，受让人对此知道或者应当知道，公司请求该股东履行出资义务、受让人对此承担连带责任的，人民法院应予支持；公司债权人依照本规定第十三条第二款向该股东提起诉讼，同时请求前述受让人对此承担连带责任的，人民法院应予支持。"该司法解释没有禁止瑕疵股权的转让，只是对瑕疵股权的出让人与受让人的出资责任问题作了规定。

2. 实践中的愿不愿问题

股权质押的目的是就质物的拍卖、变卖所得价款确保债权优先受偿。但与生俱来的股权瑕疵，使这种股权的变现充满风险，由此导致实践中债权人不接受瑕疵股权作为质押标的物。瑕疵股权变现的风险有这样两个方面：一是受让股权的人难找。受让股权的人可能面临公司、其他股东、公司债权人的追索，追索数额是出资义务中不足的部分。股权受让人处于不可预测的诉讼风险中，瑕疵股权转让困难。二是如果不能转让，债权人折价接受了瑕疵股权，可能面临分红权受到限制、股权被其他股东剥夺等诸多问题。《公司法司法解释（三）》第 17 条第 1 款规定："有限责任公司的股东未履行出资义务或者抽逃全部出资，经公司催告缴纳或者返还，其在合理期间内仍未缴纳或者返还出资，公司以股东会决议解除该股东的股东资格，该股东请求确认该解除行为无效的，人民法院不予支持。"

对于实践中的愿不愿的问题，上述论证是基于通常情理进行的分析，不可一概而论。在充分分析风险及采取有效的预防措施后，比如，遇到瑕疵股权折价较低，但公司成长性好等情形时，接受瑕疵股权出质有时也是一种不错的选择。

三、股权设质应注意的问题

（一）公司作为质权人，能否接受本公司的股东出质，把自己的股份作为质押标的？

对这个问题，世界各国主要有两种立法模式：一种是规定公司可以取得自己的股份，以美国的许可主义为代表；另一种采取原则禁止、例外许可的限制模式，如德国、法国、日本等国。[①] 我国《公司法》第162条第5款禁止公司接受自己的股权作为质押标的。

《公司法》第162条第5款关于"公司不得接受本公司的股份作为质权的标的"的限制，是否合理，对此存在着争论。通说认为，如果公司接受自己的股票作为质权标的，无异于用自己的财产担保自己的债权。有的著作进一步阐述道，当公司的债务人无力清偿到期债务而公司拍卖抵押物又无人应买时，公司自然就成为抵押股票的所有人，从而违背公司不得拥有自身股份的一般原则。[②]

反对说则认为：（1）"公司不得接受本公司的股份作为质权的标的"，针对的应是在公司作为债权人而由本公司股东作为出质人的情形。股东的股权属于股东可处分的财产，为何不能出质呢？（2）当债务人不能清偿债务时，公司作为质权人（债权人）有权依法拍卖该出质股份，并从拍卖该股份所获得的价款中优先受偿。这里，公司所获得的拍卖价款是股东股份的价值，又如何能说是公司用自己的财产担保自己的债权呢？（3）在公司拍卖股份无人应买时，"公司自然就成为抵押股票的所有人"说，也难以成立。拍卖而无人应买是不可能的，无人应买只是价格问题，如价格适当，怎么会无人应买呢？至于说价格低到不能体现股份质权所担保的债权价值，则另当别论。这是质权人应当承担的风险，因为股权质押本身就具有价值的不确定性，为什么其他质权人

---

① 费安玲主编:《比较担保法——以德国、法国、瑞士、意大利、英国和中国担保法为研究对象》,中国政法大学出版社2004年版,第377页。

② 赵旭东主编:《公司法学》,高等教育出版社2003年版,第317页。

能承担这种风险，公司作为质权人就不能承担这种风险呢？何况所质押的股权没有价值在很大程度上是由于公司自己经营管理不善造成的。进而言之，即使是因无人应买而由公司取得该股份的所有权，又有何不可呢？应当注意，现代法律允许公司取得自己股份的情形越来越多，实现股权质权取得自己股份应为法律所允许。[①] 笔者赞同上述反对说观点。

（二）股权出质之后，非经同意不能转让

《民法典》第443条规定，股权出质后不得转让，但是经出质人与质权人同意的除外。该条规定与《民法典》第406条规定的抵押财产自由转让截然不同。笔者认为该规定值得商榷。如此规定虽然意在保护质权人利益，但是担保物权有追及效力，无论辗转何人之手，均可以追及。允许股权设质后可以自由转让，一方面不会损害质权人的利益；另一方面与抵押权允许转让的规定协同起来，不至于在担保物权内部形成不和谐。

出质人未经质权人同意转让股权时，转让行为有无效力？有观点认为，这时应当认定该转让行为无效。最高人民法院认为，对此不可一概而论，有必要区分不同情形处理，有关规则类似于《公司法》第15条关于公司对外提供担保的情形，这时要看第三人的行为是否符合善意取得的要件，而不可过于拘泥于本条规定是效力性强制规定还是管理性强制规定。当然，出质人擅自转让该股权因此而给质权人造成损失的，出质人应当承担赔偿责任。此外，从意思自治的角度出发，如果出质人与质权人协商一致转让股权的，则当允许。此时转让基金份额、股权的行为，应为合法有效。出质人转让基金份额、股权所得的价款，应当向质权人提前清偿债权或者提存。一般而言，出质股权的转让都是在债务清偿期限届至前进行的，质权人对自己的债权还不能行使请求权。所以，质权人就不得以转让所得价款先行清偿债权。如果提前清偿，须与出质人协商一致。协商不成的，应通过提存的方式，将该笔款项交付提存。[②]

（三）股权质押的危害

根据《上市公司信息披露管理办法》（2021年修订）第22条的规定，股

---

① 施天涛:《公司法论》(第2版),法律出版社2006年版,第272页。

② 最高人民法院民法典贯彻实施工作领导小组主编:《中华人民共和国民法典物权编理解与适用》(下册),人民法院出版社2020年版,第1262页。

东的股权质押可能对上市公司股票价格产生影响，因此需要及时进行披露。股权质押作为一种增大投资杠杆的融资手段，可以帮助企业获取信贷资金，同时不影响控股股东对公司的控制权。在股价稳定的情况下，这种融资方式风险较小，受到市场的欢迎。但当股市异常波动以及经济下行压力较大时，一旦股价波动较大，股价下跌触及股权质押的警戒线，股权质押的控股股东基于质押方平仓措施的考虑，必须及时追加质押物，由此进一步加剧市场波动风险，即便政府施以援助，收效也甚微。同时，股权质押风险将增加内部人道德风险。为了避免控制权转移风险，控股股东会为了护盘而采取投机行为，因此，大量上市公司控股股东进行股权质押将会为金融市场埋下潜在“地雷”。如 2018 年，陷入股权质押危机的博天环境（SH. 603603）获得了 1 亿元的纾困贷款，并在 6 个交易日内股价从 13 元涨至 18. 1 元，然而大股东却在公司获得国资救助、股价大幅上涨之时，发布清仓式减持公告，拟清仓式减持 1. 26 亿股（占总股本 31. 35%），引发投资者不满。尽管在实践中，股权质押作为一种缓解融资约束的渠道受到市场欢迎，但由于其质押的特殊性，往往为企业健康发展和金融市场稳定带来了严重的负面影响。[①] 经济界已经对此有了警觉。故，股权质押不是简单的法律问题，可能对资本市场产生严重的冲击和影响。法律应当与资本市场相结合，对上市公司控股股东股权质押给出稳健的办法。

（四）合伙企业股权出质问题

我国《合伙企业法》第 25 条规定，合伙人以其在合伙企业中的财产份额出质的，须经全体合伙人一致同意；第 72 条规定，有限合伙人可以将其在合伙企业中的财产份额出资，合伙协议另有约定的除外。我国法律目前没有关于合伙企业的财产份额出质成立要件的规定，应当适用质押成立的一般要件，即签订财产份额出质合同即可成立。该合同的效力要依据《合伙企业法》的规定确认。

（五）基金份额质押

股权质押的规定，适用于基金份额质押，不再赘述。

① 蒋炳蔚、王法严、赵妍等：《卖空压力能抑制控股股东股权质押吗？——来自中国卖空管制放松的准自然实验证据》，载《吉首大学学报》（社会科学版）2024 年第 4 期。

第二节　应收账款质押

一、应收账款作为质押物的思辨

我国原《担保法》不允许应收账款质押。在原《物权法》立法过程中，对于应收账款可否质押问题，存在不同意见。有的学者认为，不应当允许应收账款质押，其理由是：（1）应收账款缺乏有效的公示手段，允许其出质有可能损害交易安全，质权人的利益难以保障。（2）收费权其实是一种变动性很大的期待权。（3）国外规定应收账款出质，是以良好的社会信用和完善的金融机制作为基础的，目前我国的社会信用体系不完善，金融机制不健全，银行呆账比较多，法律允许收费权和应收账款出质，可能会制造更多的呆坏账，增加金融风险。另有学者认为，应当允许应收账款出质，其理由是：（1）实践有需要。一些基础设施建设项目如公路建设、电网建设，所需资金量大，大部分都靠融资解决，收费权的收益比较稳定，以其出质风险不大，银行愿意接受。（2）有理论基础。应收账款实质上都是一般债权，法律上允许一般债权转让，就没有理由禁止一般债权做担保。（3）符合国际通行规则。无论是大陆法系还是英美法系国家，大部分立法都允许应收账款出质，没有产生大的问题。（4）风险可控。以应收账款出质，确实可能产生法律风险和商业风险，但国内外的实践经验表明，这些风险都是可以控制和解决的。原《物权法》采纳了后一种意见，明确规定应收账款可以出质。[①] 原《物权法》第223条第6项规定，应收账款为可以质押的权利种类。《民法典》继承了该规定，并进一步予以扩大，在其第440条第6项规定“现有的以及将有的应收账款”是可以出质的权利。笔者赞同应收账款质押，原因是：（1）应收账款在会计学上属于资产，具有价值性和可转让性，符合质押物的特点。（2）应收账款的确存在不能收回的风险，但是这种风险仅是对债权人（质权人）而言的。风险最好的控制人是债权人自己。如果债权人对应收账款的风险偏好较强，自愿接受这种风险，法律不应予以干涉。（3）应收账款出质符合世界趋势。我国立法应当适应世界潮流，扩大融资渠道，改善营商环境。《民法典》将未来的应

① 胡康生主编:《中华人民共和国物权法释义》,法律出版社2007年版,第482—483页。

收账款列入可质押财产范围，进一步追赶了世界趋势，是质押财产开放性的显著标志。

二、应收账款的含义

（一）应收账款的种类

根据《应收账款质押登记办法》（2019 年版）的规定，应收账款是指权利人因提供一定的货物、服务或设施而获得的要求义务人付款的权利以及依法享有的其他付款请求权，包括现有的和未来的金钱债权，但不包括因票据或其他有价证券而产生的付款请求权，以及法律、行政法规禁止转让的付款请求权。

该办法第 2 条第 2 款规定，应收账款包括下列权利：

（1）销售、出租产生的债权，包括销售货物，供应水、电、气、暖，知识产权的许可使用，出租动产或不动产等；

（2）提供医疗、教育、旅游等服务或劳务产生的债权；

（3）能源、交通运输、水利、环境保护、市政工程等基础设施和公用事业项目收益权；

（4）提供贷款或其他信用活动产生的债权；

（5）其他以合同为基础的具有金钱给付内容的债权。

理解应收账款的含义，应当注意以下几个方面的问题：（1）应收账款是因合同而产生的债权债务关系，排除不当得利、无因管理、侵权之债等法定之债。（2）应收账款是非被证券化的金钱给付之债。非金钱给付之债往往无法用货币价值进行评估，且具有更大的不确定性，与质权担保债权实现的本旨多有不符，有观点认为不宜作为质权的标的。[①]（3）应收账款是否完全排除法定之债？笔者认为，经过判决确定的法定之债，可以作为应收账款的标的物。如果没有经过判决确定，不当得利、无因管理、侵权行为之债因为没有相对确定的金额，难以视为应收账款，但是一经判决确定，则债权数额及债务人均已经确定，将其作为应收账款标的，并无不当。（4）附条件的

① 渠涛、刘保玉、高圣平：《物权法学的新发展》，中国社会科学出版社 2021 年版，第 789 页。该观点显然不合时宜。

债权不得出质；诉讼时效届满的也不能出质，但债务人书面放弃时效利益的除外。[①]

（二）收费权概念辨析

在现行观念中，收费权是应收账款种类之一。但我国有关文件中，收费权先后有收益权、收费权、项目收益权等不同称谓。

原《担保法司法解释》第97条规定："以公路桥梁、公路隧道或者公路渡口等不动产收益权出质的，按照担保法第七十五条第（四）项[②]的规定处理。"该司法解释首次将公路桥梁等基础设施收益权作为权利质押的标的。此处使用的概念是"收益权"。收益权是指获取基于所有者财产而产生的经济利益的可能性，是所有权在经济上的实现形式。所有权的存在以实现经济利益和价值增值为目的，最终体现在收益权上。人们拥有某物，都是为了在物之上获取某种经济利益以满足自己的需要，只有当这种经济利益得到实现后，所有权才现实。所有权在经济上实现自己，除了获取物的使用价值和换取物的价值以外，还要取得用物化劳动所产生出来的价值（收益）。

中国人民银行根据原《物权法》制定的《应收账款质押登记办法》（2007年版），其第4条第4项将"公路、桥梁、隧道、渡口等不动产收费权"列为应收账款种类之一。此处使用的概念是"收费权"。收费权是基于特许经营权而产生的一种权利，与所有权无关，收费权人无须投资，没有合同，只需要一张特许经营许可证即可。

《应收账款质押登记办法》（2017年版）第2条将上述条款更改为"（三）能源、交通运输、水利、环境保护、市政工程等基础设施和公用事业项目收益权"，用项目收益权取代不动产收费权，仍视其为应收账款的种类之一。此处使用的概念是"项目收益权"，作出如此变化的原因是，为鼓励和引导社会资本参与基础设施和公用事业建设运营，提高公共服务质量和效率，保护特许经营者合法权益，保障社会公共利益和公共安全，促进经济社会持续健康发展，国家发展改革委等2015年发布了《基础设施和公用事业特许经营管理办法》，

---

① 陈本寒：《再论权利质权客体范围的确定》，载《法学》2016年第7期。

② 原《担保法》第75条规定："下列权利可以质押：（一）汇票、支票、本票、债券、存款单、仓单、提单；（二）依法可以转让的股份、股票；（三）依法可以转让的商标专用权，专利权、著作权中的财产权；（四）依法可以质押的其他权利。"

规定中华人民共和国境内的能源、交通运输、水利、环境保护、市政工程等基础设施和公用事业领域的特许经营活动，适用该办法。基础设施和公用事业特许经营，是指政府采用竞争方式依法授权中华人民共和国境内外的法人或者其他组织，通过协议明确权利义务和风险分担，约定其在一定期限和范围内投资建设运营基础设施和公用事业并获得收益，提供公共产品或者公共服务的活动。基本设施和公用事业本是政府应提供给社会的公共产品，近年来，我国学习国外做法，允许一些公司投资基础设施和公用事业而获取收益，期满将基础设施和公用事业交给政府。项目收益是基于政府与特定投资者签订的特许合同而获取的权益。项目收益权将特许经营者的权利义务紧紧联系在一起，是我国基础设施和公用事业投资的重大进步。

项目收益权的实质还是收费权。

收费权与应收账款是有区别的。应收账款是指提供服务、销售货物与收取价款存在时间上的差距。在差距时间内，价款被称作应收账款。而收费权在提供服务的同时，即收取了价款，少有时间差。因此，收费权不属于应收账款。有学者认为，从收费权的设立和实质内容观察，收费权由不动产载体使用与行政特许权构成，没有公路、桥梁等不动产载体，就不会有收费权；没有行政许可的保护，收费权不可能约束过往的车辆。有鉴于此，不妨把收费权划入特许经营权之内，收费权是特许经营权的体现。①

“虽然收费权在性质上不属于应收账款，但在目前情况下，将之作为应收账款的一种形态纳入融资担保体系，实属无奈之举。”②

三、应收账款质权的设立

（一）应收账款出质登记

应收账款出质的关键问题是如何使其对第三人产生效力，以妥善保护质权人、出质人和第三人的利益，明确其公示方法是解决这一问题的最好途径。应收账款的出质方法一般有三种：一是书面合同交付；二是书面合同加债权文书

---

① 崔建远：《物权：规范与学说——以中国物权法的解释论为中心》（下册），清华大学出版社2021年版，第590页。

② 渠涛、刘保玉、高圣平：《物权法学的新发展》，中国社会科学出版社2021年版，第792页。

的交付；三是书面合同加登记。原《物权法》采用了第三种方法，主要是考虑到登记的公示效果更强，有利于第三人迅速、便捷、清楚地了解到应收账款上存在的权利质权，更好地保护质权人和其他第三人的利益。[①]《民法典》第445条第1款采取了原《物权法》的立场，规定应收账款质权自办理出质登记时设立。

应收账款出质登记在中国人民银行征信系统中进行。中国人民银行于2021年发布的《动产和权利担保统一登记办法》规定，应收账款出质登记统一登记由人民银行征信系统负责，但登记系统对登记的真实性不予审核，由担保权人自行登记。担保权人开展动产和权利担保融资业务时，应当严格审核确认担保财产的真实性，并在统一登记系统中如实登记，对登记内容的真实性、完整性和合法性负责。从动产担保登记多年实践来看，办理登记的主体为金融机构等担保权人。担保权人为了全面保障自身权益，一般都会全面正确公示自己的担保权利。在司法审判实践中，市场主体对登记内容的真实性、完整性和合法性负责，登记机构不做实质审查也已得到司法判决的支持。

（二）应收账款出质应通知债务人

应收账款出质登记后，是否通知债务人？法律上没有规定。从理论上说，出质登记具有公示性，产生对世效力，应当推定应收账款债务人知晓债权出质的事实。笔者认为，应收账款出质后，通知债务人是一项对债务人发生效力的要件。理由有以下三个方面：一是应收账款出质，类似债权转让。《民法典》第546条规定，"债权人转让债权，未通知债务人的，该转让对债务人不发生效力。债权转让的通知不得撤销，但是经受让人同意的除外"。二是许多国家均以通知债务人作为一般债权质权的生效要件或者对抗要件，如德国、法国、瑞士、日本等，这是基于一般债权的物权性以及物权公示的基本原理所做的必然选择。[②] 三是作为债务人不可能每天都关注应收账款出质登记系统，如果因为关注登记系统不当而承担民事责任，对应收账款债务人并不公平。通知应以质权人和出质人共同通知债务人为宜，单方通知会使债务人无所适从，无法辨别债权是否真实出质，增加债务人的核实义务。通知的意义还在于，债务人对

---

① 黄薇主编:《中华人民共和国民法典物权编释义》,法律出版社2020年版,第596页。

② 渠涛、刘保玉、高圣平:《物权法学的新发展》,中国社会科学出版社2021年版,第790页。

应收账款的真实性及时提出异议，比如，该笔应收账款存在争议、超过诉讼时效、应收账款不存在等。

（三）应收账款出质的效力

应收账款出质通知债务人后，其效力如何？对此问题，《民法典担保制度司法解释》第 61 条有明确规定。

我国司法机关对应收账款出质效力的观点：

第一，以现有的应收账款出质的，如果应收账款债务人向质权人确认了应收账款的真实性，则不得反悔；未经应收账款债务人确认，债务人可以向质权人提出应收账款不存在的抗辩，除非质权人有证据证明出质时应收账款确实存在。出质登记不是应收账款存在的证据。这表明，应收账款的真实性需要经过确认，不经确认，不能视为应收账款真实存在。质权人有责任提供证据证明应收账款的真实性。

第二，以现有应收账款出质后，应收账款债务人向应收账款债权人履行债务的效力，分质权人通知前后两种情况。质权人向应收账款债务人发出履行通知之前，应收账款债务人履行债务的，有效；质权人向应收账款债务人发出履行通知之后，应收账款债务人向应收账款债权人履行债务的，其履行无效，还应当向质权人履行。笔者认为，应收账款出质的事实通知债务人后，债务人即不得向应收账款债权人履行义务。《民法典担保制度司法解释》第 61 条第 3 款规定的“应收账款债务人接到质权人要求向其履行的通知后，仍然向应收账款债权人履行的除外”，给应收账款债权人串通债务人侵害质权人留下了方便之门。应收账款出质后，质权人向应收账款债务人发出履行通知有一个时间过程，需要待应收账款出质担保的债权期满，在这期间，应收账款债务人可以向应收账款债权人履行义务，从而留下虚假的应收账款出质外壳。所以，上述司法解释条款应当进行修改。

第三，关于以将来应收账款出质的规定，主要包括以下几个要点：一是明确将有应收账款主要包括以基础设施和公用事业项目收益权、提供服务或者劳务产生的债权以及其他将有的应收账款；二是规定以将有的应收账款质押，原则上应当设立特定账户；三是在实现应收账款质押时，原则上应先就特定账户内的款项优先受偿；四是特定账户内的款项不足以清偿债务或者未设立特定账户的，可以对应收账款进行折价或者拍卖、变卖。

四、应收账款质权的实现

（一）应收账款质权的实现方式

有学者认为，应收账款质权的实现与一般质权的实现不同，一般质权的实现均以质押财产的变现优先受偿为方法，但是应收账款质权的标的物本身就是金钱给付请求权，质权人无须变价，即可就之优先受偿，因此，质权人可以直接收取应收账款。[①] 问题是，质权人直接收取应收账款，在理论和实践中能够实现吗？

笔者认为，对于质权人直接向应收账款债务人收取债权，应收账款债务人有权利拒绝，理由是：应收账款是债权，依据债权债务相对性原理，债务人只能向债权人履行支付义务。质权人不是应收账款债权人，而是应收账款债权债务关系之外的第三人，因此，应收账款债务人有权拒绝质权人的履行请求。因此，遭到应收账款债务人合理拒绝的“直接收取权”还有什么意义？实践中，直接收取权更是不可能实现。比如，公路收费权是一种特许经营的权利，是经过政府特定部门许可的权利，质权人不可能取代特许经营者（担保关系中的债务人）上路收费。因此，笔者并不赞同质权人应收账款质权实现时可以直接收取应收账款。应收账款质权的实现，与一般质权的实现并无区别，仍然需要通过折价、变卖、拍卖的方式现实质权。通过折价的方式，出质人（应收账款债权人）将其对应收账款的所有权转让给质权人，质权人取得应收账款所有权，即可以应收账款债权人身份，向应收账款债务人收取应收账款。这是合同法上的债权转让过程。

拍卖、变卖应收账款，与一般质物的拍卖、变卖过程并无二致。

最高人民法院认为，应收账款作为金钱之债可以参照《民事诉讼法》中督促程序的有关规定，通过直接向有管辖权的人民法院申请支付令的方式实现担保物权。

（二）应收账款之债与主债权到期不同步的处理

应收账款之债与主债权如果同步到期，在质权实现时，自然不损及各方期

---

① 渠涛、刘保玉、高圣平：《物权法学的新发展》，中国社会科学出版社 2021 年版，第 790 页。

间利益。如果到期不同步的，该如何处理，分两种情况：

一是应收账款之债到期早于主债权清偿期的。这种情况下如何平衡各方利益，成为各国立法设计之重点。综合德国、日本等的相关规定，在此情况下有如下处理方法：一是第三债务人向质权人和出质人共同清偿，第三债务人因此而免于清偿责任。二是提存，如出质人不同意提前清偿的，可以要求将入质债权的标的物提存，以免除出第三债务人的责任。如果出质人同意应收账款债务人向质权人履行，质权人可以提前实现质权；如果质权人同意应收账款债务人向出质人履行，可以视为质权人放弃质权；如果不能取得另一方的同意，应收账款债务人可以通过提存的方式履行债务。①

我国法律对此种情况没有规定。笔者认为，可以参照《民法典》第442条“汇票、本票、支票、债券、存款单、仓单、提单的兑现日期或者提货日期先于主债权到期的，质权人可以兑现或者提货，并与出质人协议将兑现的价款或者提取的货物提前清偿债务或者提存”的规定，提存或者提前清偿。

二是主债权清偿期早于应收账款债清偿期的。笔者认为，此时质权人只能等待应收账款之债到达清偿期。质权人接受晚于其债权到期的应收账款之债作为质押标的，应自行承担期间风险损失。

（三）应收账款债务人的抗辩权

在应收账款质权的实现过程中，最终需要应收账款债务人履行支付义务。而产生应收账款的合同在履行过程中可能会产生较多的问题，应收账款债务人依据合同产生抗辩权。在诉讼方式实现债权的过程中，也可能会出现应收账款债务人的反诉。应收账款债务人是否有权基于基础合同履行事由提出对应收账款受让人的抗辩，比如时效抗辩、违约抗辩，甚至提出反诉，要求应收账款受让人赔偿损失？比如，甲公司欠乙公司1000万元设备款，乙公司以此1000万元应收账款设质于丙银行，获得800万元贷款。贷款到期后，乙公司没有偿还贷款，与丙银行商定，将此1000万元折价给丙银行以偿还其贷款。丙银行向甲公司发出履行义务通知。甲公司提出，该套设备因质量问题，给本公司造成1100万元损失，要求丙银行赔偿。这可能是一个极端的假想例子，但在实践会发生。此时，丙银行除了无法收回应收账款外，还可能面临赔偿责任。所

① 渠涛、刘保玉、高圣平：《物权法学的新发展》，中国社会科学出版社2021年版，第792页。

以，以应收账款出质时，接受出质的人，应当对应收账款的情况进行全面审查。

《民法典担保制度司法解释》第 61 条只是规定，在债务人认可应收账款真实性的情况下，不允许债务人提出应收账款不存在的抗辩，但没有禁止应收账款债务人提出其他抗辩，甚至要求赔偿。根据《民法典》关于债权转让后，债务人可以向债权受让人提出抗辩的规定，甲公司的抗辩权有效且成立。

（四）应收账款债务人的抵销权

应收账款债务人可否主张抵销？试举一例：A 是 B 的应收账款债务人，B 是应收账款债权人，应收账款金额为 500 万元，该应收账款是基于一笔建筑工程施工合同产生的；B 为了融资，将该笔应收账款质押于 C，从 C 处取得一笔借款，借款金额是 400 万元。B 在借款到期后无力偿还，将其对 A 应收账款折价转让给 C 以偿还其借款，并通知应收账款债务人 A。但 C 原来欠 A200 万元。现在 C 向 A 主张应收账款，B 主张抵销。

上述案例中，涉及的法律关系比较复杂，概括一下主要有以下几个方面：

三方当事人：A、B、C。

两笔债权：建筑工程施工合同之债、借款合同之债。

一个担保合同：用建筑工程施工合同之债担保借款合同之债的合同。

一个债权转让合同：建筑工程施工合同之债债权人将其债权转让给借款合同之债债权人的合同。

可否抵消？我国法律没有规定。[①]《民法典》第 568 条规定："当事人互负债务，该债务的标的物种类、品质相同的，任何一方可以将自己的债务与对方的到期债务抵销；但是，根据债务性质、按照当事人约定或者依照法律规定不得抵销的除外。当事人主张抵销的，应当通知对方。通知自到达对方时生效。抵销不得附条件或者附期限。"据此，A 主张抵销并无不当。

① 崔建远：《关于债权质的思考》，载《法学杂志》2019 年第 7 期。

第三节　知识产权质押

一、知识产权出质的法律变革

知识产权是权利人对其智力劳动所创作的成果和经营活动中的标记、信誉所依法享有的专有的权利。[①] 为鼓励创新，促进人类进步发展，各国法律均赋予人类智力创造成果具有一定期限的垄断性，以便使权利人获取更高的收益。因此，知识产权具有财产性特点，可以成为质押的标的物。我国从原《担保法》到今《民法典》均对知识产权的出质问题作了规定。应当说，在原《担保法》将知识产权明确规定为可以出质的财产初期，知识产权质押融资数量较少，人们对知识产权的财产性认识不足。但是近年来，知识产权融资规模越来越大，2020 年我国专利融资达到 1558 亿元，同比增长 41%；2021 年专利、商标质押融资总额达到 3098 亿元。[②] 2021 年 9 月 22 日，中共中央、国务院印发《知识产权强国建设纲要（2021—2035 年）》，把知识产权作为强国战略给予高度重视，从立法、司法、行政多角度全方位提出了一些知识产权强国的方针政策。同时提出，到 2025 年我国知识产权保护更加严格，2035 年知识产权综合竞争力跻身世界前列；提出积极稳妥发展知识产权金融，健全知识产权质押信息平台，鼓励开展各类知识产权混合质押和保险，规范探索知识产权融资模式创新，健全版权交易和服务平台，加强作品资产评估、登记认证、质押融资服务，开展国家版权创新发展建设试点工作，打造全国版权展会授权交易体系。

《民法典》第 444 条规定："以注册商标专用权、专利权、著作权等知识产权中的财产权出质的，质权自办理出质登记时设立。知识产权中的财产权出质后，出质人不得转让或者许可他人使用，但是出质人与质权人协商同意的除外。出质人转让或者许可他人使用出质的知识产权中的财产权所得的价款，应当向质权人提前清偿债务或者提存。"《民法典》的上述规定几乎与原《物权

① 陈珊：《已出质知识产权许可使用规则的规范解释与法律续造》，载《西南民族大学学报》（人文社会科学版）2022 年第 7 期。

② 刘碧波、刘罗瑞：《我国知识产权融资：模式、现状与建议》，载《清华金融评论》2023 年第 2 期。

法》第227条的规定完全一致。

从原《担保法》到今《民法典》，关于知识产权出质的法律规定变化不大，主要是：

（1）“依法可以转让的商标专用权”变更为“注册商标专用权”，对商标权出质的表述更为准确，定位于注册商标专用权可以质押。未注册的商标不可以作为质押的标的。

（2）“质押合同自登记之日起生效”变更为“质权自办理出质登记时设立”。这是把担保合同的生效与担保物权的取得相分离。

（3）从原《物权法》到今《民法典》，“质权自有关主管部门办理出质登记时设立”变更为“质权自办理出质登记时设立”，删除了其中“有关主管部门”的规定，为建立统一的动产和权利登记规则奠定基础。

理解《民法典》第444条的规定，应从以下几个方面进行：

（一）可以出质的知识产权种类繁多

我国可以用作质押的知识产权，不限于注册商标专用权、著作权、专利权，民法典条文中使用“等”字涵盖了知识产权的多样性。除上述三种典型的知识产权外，我国还有商业秘密权、集成电路布图设计权、植物新品种权。这些权利中的财产权应当可以出质。可以说，我国知识产权质押种类繁多。

（二）知识产权中的财产权可以出质

作为质权客体的知识产权，不仅具有私权意义上的财产权这一个维度，还包括公权力的间接影响维度、人身权对财产权间接影响维度等多个维度，故其权利构造具有多维、立体的特点。[①] 知识产权中的财产权是知识产权中的最重要部分。财产权利主要包括：（1）控制权（占有权），即控制（占有）该知识产权的权利。由于知识产权的保护对象是非物质性的信息，权利人不能像对物质财产那样实际占有，因此对权利的保护对象的控制只能依靠法律赋予的权利，如依法申请专利而获得国家法律保护的专利权、依法注册商标而获得国家法律保护的注册商标专用权等。（2）使用权，即权利人对其所有的知识产权进行使用的权利。如使用专利方法生产产品，在自己生产的产品上使用自己的

① 李莉：《论知识产权质权人权利保护规则的局限与突破》，载《东方法学》2014年第2期。

商标，展览自己的作品，发表、改编、表演自己的作品等。（3）处分权，即权利人按照自己的意思处置自己的知识产权的权利。其包括设定质权、许可他人使用、转让（出卖、赠与、投资）、抛弃等。（4）收益权，即通过使用或处分该知识产权，获得财产利益的权利。[①] 注册商标专用权、专利权的财产权较为简单，著作权的财产权比较复杂，包括复制权、发行权、出租权、展览权、表演权、放映权、广播权、信息网络传播权、摄制权、改编权、翻译权、汇编权以及著作权人享有的其他财产权利。与著作权有关的权利通常包括出版者对其出版的图书、期刊的版式设计的权利，表演者对其表演享有的权利，录音、录像制作者对其制作的录音、录像制品享有的权利，广播电台、电视台对其制作的广播、电视所享有的权利以及由法律、行政法规规定的其他与著作权有关的权利。上述著作权均可以成为质押的标的。

（三）知识产权质权自登记时设立

知识产权质权自办理有关登记时设立，奉行登记生效主义。《民法典》虽然将知识产权担保规定为权利质押，但知识产权却没有质押必须具备的转移占有的特点，仍处于出质人占有之下，具有抵押的特点。有观点认为，知识产权质押与权利抵押，已无本质区别。如，出质的知识产权无须移转占有，知识产权人继续使用知识产权、出质知识产权须为登记等。立法上，原《物权法》依近似于原《担保法》的理念和认识来规定知识产权质权，相应的，知识产权质权名为权利质权，实为权利抵押权。[②]

（四）除非经过同意，知识产权中的财产权出质后，出质人不得转让或者许可他人使用

理解该规定，应当注意以下几点：

第一，《民法典》第 443 条至第 445 条关于质押权利转让规则的设计，明显区别于抵押财产的转让，从而基本上确立了担保期间担保财产转让的区分规则。[③] 对于权利（基金份额、股权、知识产权、应收账款）质押而言，在出质

① 王长飞：《知识产权质押有关法律问题初探》，载《贵州警官职业学院学报》2008 年第 4 期。

② 丘志乔：《对知识产权质押的澄清》，载《河北法学》2014 年第 5 期。

③ 付晓雅：《民法典中质押权利不得转让的目的性限缩》，载《法学杂志》2021 年第 3 期。

期间不得转让（或许可使用）。对于抵押财产而言，《民法典》第 406 条规定："抵押期间，抵押人可以转让抵押财产。当事人另有约定的，按照其约定。抵押财产转让的，抵押权不受影响。"

第二，"不得转让"是行为禁止还是效果禁止？质押权利转让规则因为包含了"不得转让"的规定，自当属于强制性规范。"不得转让"表述中"不得"通常用于禁止性规范的情形，体现了积极的禁止性意味。权利质押中的"不得转让"究竟是行为不得还是结果不得，有观点认为，质押权利转让规则中"不得"是对结果变动的不得，即不发生物权变动的效力，而非对转让行为不得。[①] 笔者认同上述观点。"转让"与"买卖"是两种不同的法律行为，前者是物权行为，处分行为；后者是负担行为，是债权行为。我国物权法确立了物权变动与其原因行为相分离的原则。物权行为上的不得，是出质人不得转让所有权，因而不发生物权变动的效果；而债权行为的效力依据合同法的原则处理，如果没有无效的情形，债权行为应为有效。[②]

（五）出质人转让或者许可使用所获收益提前清偿债务或者提存

笔者认为，《民法典》第 444 条第 2 款第 2 句规定的应是经过质权人同意的许可使用或者转让所得，提前清偿债务或者提存。在此情形下规定提前清偿债务不妥，担保债务具有或然性，在债务清偿期到来之前，主债务人是否能够如期偿还并不确定。基于担保的补充性特点，此时担保人并没有清偿债务的义务，要求担保人提前清偿债务，等于预定债务人到期不能清偿，剥夺了担保人的期限利益。此外，出质人许可他人使用知识产权的行为并不一定损害知识产权质权的担保功能，适用"提前清偿"法律后果的适当性受到质疑。另，《民法典》第 444 条第 2 款经质权人同意的许可使用价款提前清偿的规则也有悖于传统民法理论。担保人在实施减少担保物价值的某一行为前，担保权人表示同意的，此时，只要价值减少在担保权人预见的范围内，视为担保权人预先放弃权利的行为，不违反公序良俗应为有效[③]，何来提前清偿债务或者提存？

---

① 付晓雅：《民法典中质押权利不得转让的目的性限缩》，载《法学杂志》2021 年第 3 期。

② 刘贵祥、吴光荣：《论未经抵押权人同意之抵押物转让的效力》，载《比较法研究》2013 年第 5 期。

③ 李莉：《论知识产权质权人权利保护规则的局限与突破》，载《东方法学》2014 年第 2 期。

二、知识产权出质的特点

（一）权利客体的无形性

知识产权的客体是一种没有形体的知识财富。客体的非物质性是知识产权的本质属性所在，也是该项权利与传统意义上的所有权的最根本的区别。[①] 有学者认为，知识产权与其他财产权利的根本区别在其本身的无形性，而其他法律特征即专有性、时间性、地域性等皆由此派生而成。[②] 但是必须明确，知识产权的无形性可以通过一定形式的表达出来，即精神产品可以有“直接性”和“外在”的载体；虽不同于一般意义上的物，但同物一样可以成为交换的标的。[③] 知识产权客体的无形性决定，以知识产权出质必须审查该权利是否获得有关机关的授权文件以及是否在权利时效内（以商业秘密出质除外）。

（二）知识产权价值的不确定性

知识产权的价值远不如有形动产或者不动产的价值稳定，具有明显的不确定性。作为一种独占性的法律授权，知识产权的价值受诸多因素影响，即便是在同一时期，评估结果也是浮动的、模糊的，不同的评估机构采用不同的评估方法会给出不同的评估结果，甚至差异巨大。为了提高知识产权资产评估的准确性，中评协《知识产权资产评估指南》（2017 年 10 月 1 日施行）第 14 条、第 15 条规定，执行知识产权资产评估业务，除了应当关注知识产权资产实施的地域范围、领域范围、获利能力与获利方式，知识产权资产是否能给权利人带来显著、持续的可辨识经济利益外，还应当关注宏观经济政策、行业政策、经营条件、生产能力、市场状况、产品生命周期等各项因素对知识产权资产效能发挥的作用，以及对知识产权资产价值产生的影响。[④] 比如，专利权的价值随着专利技术产品市场的变化、技术的进步及相关技术的成熟、经济形势的变

---

① 吴汉东:《关于知识产权本体、主体与客体的重新认识——以财产所有权为比较研究对象》,载《法学评论》2000 年第 5 期。

② 郑成思主编:《知识产权法教程》,法律出版社 1993 年版,第 45 页。

③ 吴汉东:《关于知识产权本体、主体与客体的重新认识——以财产所有权为比较研究对象》,载《法学评论》2000 年第 5 期。

④ 陈珊:《已出质知识产权许可使用规则的规范解释与法律续造》,载《西南民族大学学报》(人文社会科学版)2022 年第 7 期。

化和专利权有效期的变化而具有不断衰减性；商标权价值依赖于商标使用人对商标信誉的时刻谨慎地维护和对其标注产品质量的严格把关。随着产品质量的提高和商标信誉的增强，商标权的价值则会不断地增加；相反，任何一点纰漏都会使商标权的价值急剧下降，甚至变得一文不值，如果连续3年不用还要被撤销。[①] 而著作权的价值随着人们认可及接受度的变化而变化，认可度越高的著作价值越高，变现也很快。但是，总体来说，知识产权价值的不确定性，以知识产权为担保标的相较于通用性财产，存在价值评估难、风险防控难、财产处置难的个性问题，科技金融研究领域对此未予以有效回应，造成银行等资金供给者对知识产权质押融资担保模式弃之如履[②]，难以取得成功。

（三）政府在知识产权出质中起到巨大作用

知识产权质押融资模式中，美国实现了市场化的风险分担机制，德国、日本则均有政府的高度参与。[③] 我国知识产权质押融资从原《物权法》颁布前的制度观望期到颁布之后的普遍尝试期，主要依靠国家的政策扶持。[④] 在公共政策层面，在直接质押贷款模式中，政府承担着提供贴息和代偿的角色；在间接质押融资模式中，由有政府背景的知识产权运营平台为企业贷款提供担保；在混合模式中，知识产权局与财政局合作，知识产权局直接参与企业筛选；在知识产权质押融资风险补偿基金模式中，由政府出资并发挥财政资金的引导和放大作用，通过与政府和银行的多方合作解决中小企业“融资难”的问题。[⑤] 近年来，政府参与的知识产权出质担保交易中，逐渐形成了三种模式：一是政府主导型。金融机构提供信贷资金但不承担风险，违约风险主要由政府承担，如“上海模式”，银行与政府约定由政府承担95%的贷款风险。其模式构架为，银行+政府基金担保+专利权反担保。二是政府参与型。以我国重点推广的“中山模式”为例，政府通过风险补偿资金承担约30%的贷款损失，其余损失

---

① 张德芬：《论知识产权质权的效力——以知识产权质权客体的特点为视角》，载《郑州大学学报》（哲学社会科学版）2010年第2期。

② 郭千钰：《质押融资制度中知识产权流转价值的重塑》，载《关东学刊》2023年第1期。

③ 刘碧波、刘罗瑞：《我国知识产权融资：模式、现状与建议》，载《清华金融评论》2023年第2期。

④ 李莉：《论知识产权质权人权利保护规则的局限与突破》，载《东方法学》2014年第2期。

⑤ 陈珊：《已出质知识产权许可使用规则的规范解释与法律续造》，载《西南民族大学学报》（人文社会科学版）2022年第7期。

由银行、保险和评估公司分担。其模式构架为，政府+银行+保险+知识产权服务公司。三是市场主导型。以银行、担保机构、保险公司为主，评估机构为辅的模式实现市场化运营。如“苏州模式”，政府主要通过搭建平台、组织对接等活动为知识产权质押创造良好的环境，在运营过程中不参与风险分担，仅提供部分贴息扶持。其中，“北京模式”架构为银行+企业知识产权质押，“苏州模式”架构为银行/保险+企业知识产权质押。①

知识产权质押应回归理性，由市场完全决定其运行机制。

三、知识产权出质存在的问题

知识产权出质存在的问题，有制度本身存在的问题，也有实践应用存在的问题。

（一）出质人使用知识产权危及担保债权

从《民法典》第 444 条的规定看，法律没有限制出质人自用出质的知识产权。自用知识产权出质可能产生两种结果：一种结果是扩大了知识产权的影响范围，使该知识产权有更广泛的市场接受度和美誉度，提高了知识产权的价值。比如，注册商标被市场广泛认可后，该商标具有更大的价值，有利于担保债权的实现。另一种结果是导致该知识产权市场价值贬低，无法担保债权实现。比如，某项技术是一种生产某种产品的方法，出质人大量使用该方法制造产品，产品充盈市场，产品竞争力下降，该专利技术丧失其原有价值，专利技术财产价值磨损殆尽，不足以担保相关债务。从允许自用知识产权的角度看，笔者认为知识产权质押充满极大风险，但是如果不允许出质人自用，也会出现很多问题，实是一个两难选择。

（二）知识产权强制许可费用的归属不清

我国知识产权法中有专利权、著作权实施强制许可制度，前者的法律依据是《专利法》（2020 年修正）第 6 章的规定，后者是因为我国是《保护文学和艺术作品伯尔尼公约》和《世界版权公约》这两个公约的成员，而上述公

① 刘碧波、刘罗瑞：《我国知识产权融资：模式、现状与建议》，载《清华金融评论》2023 年第 2 期。

约规定了著作权强制许可制度。对专利权而言，强制许可指在满足法定要件时，由申请人申请国务院有关行政部门批准或者在出现法定情形时，国务院专利行政部门依照职权批准实施发明或者实用新型专利的制度。从民法的角度讲，专利实施强制许可不属于专利权人意思表示的范围，而属于法律事实的范畴。① 根据《专利法》第62条的规定，在此情况下，被许可人依然需要支付合理的使用费。那么，已出质的专利权被强制许可后，也自然会产生许可使用费。关于专利许可费的归属问题，目前没有法律规定，《民法典》规定的物上代位权制度不足以解决这个问题。因为物上代位权是担保期间，担保财产毁损、灭失或者被征收时，担保物权人可以就获得的补偿金、赔偿金、保险金优先获偿。强制许可费显然不符合物上代位的法律特征，质权人无权收取。

（三）知识产权被撤销被宣告无效后的赔偿责任

《专利法》第45条赋予了单位或者个人向专利复审委员会申请专利权无效的权利，这意味着已经获批的专利权还存在被宣告无效的可能性。对于实用新型、外观设计这两类实行初步审查的专利而言，不需要经过实质性审查，只要初步审查符合要求便公告授权，被宣告无效性的可能性会更大。另外，根据《商标法》第45条第1款的规定，从商标核准注册之日起5年内，对注册商标也可提起争议。这5年又称为商标争议期。在争议期内提出的争议，商标评审委员会有宣告商标无效的可能。若以已获批的知识产权出质，之后该知识产权又被宣告无效，其自始没有法律效力，已出质知识产权的价值马上归零，可能导致质权人的重大损失。相关的知识产权质押合同应当归于无效。此时出质人是否承担赔偿责任？根据《民法典担保制度司法解释》第17条的规定，担保合同无效，担保人有过错的，应当依据其过错程度承担民事责任。出质人知识产权被撤销或者被宣布无效，出质人是否有过错？这是一个需要讨论的问题。

（四）变现难度大的问题

笔者认为，知识产权出质最大的问题是知识产权的变现难。对一份专利而言，其价值在于可以利用该技术生产出产品，且具有经济性和创新性。因此，从理论上来说，知识产权可以拍卖、变卖，但是应当看到，权利要求书和权利

① 李莉：《论知识产权质权人权利保护规则的局限与突破》，载《东方法学》2014年第2期。

说明书显示出来的内容仅仅是一些粗略的原理或者过程，而将该过程进行工业化，需要更多更详细的数据，比如温度、压力、催化剂等复杂的因素，而这些复杂的数据往往掌握在专利权人手中，如果没有专利权人的协助，很难将其进行工业化实施。所以，拍卖某项专利可能应者寥寥。另外，专利的工业化需要大笔的投资，笔者经历的一起专利权许可使用谈判，专利费好几个亿，需要配套近 80 亿元才能实施。一部小说，如果把它转化为影视作品，也需要较多的投资。所以，知识产权受行业地域限制非常明显，越是价值高的知识产权，其能够接受的范围越小，知识产权越是难以变现。这也是知识产权需要由政府推动的原因。而目前大多数的知识产权质押也是由债务人主动履行，走上知识产权变现归还的，数量很少。

（五）知识产权价值评估标准不统一

目前，对知识产权价值评估工作中，评估标准不统一，评估方法较多，且都很难客观反映知识产权蕴含的机会成本、超额利润、运营灵活性所带来的收益，也就难以全面体现知识产权的真正价值。这种情况在专利价值评估方面尤为突出，专利往往需要与具体使用者、企业产能等相捆绑才能产生价值，单一考量专利价值很难操作。正是出于种种考量，以专利进行质押融资时银行贷款都非常保守，质押率一般只有 20%—30%，能获得 500 万元以上贷款都是很高的金额。评估行业规范和评估标准不统一，专业人员匮乏，导致评估价值缺乏权威性，金融机构无法测度投资活动中面临的风险。只有类似于高通芯片这样的“硬核”专利才可能实现高额质押。而科技创新型企业购置场地、增添设备、买入原材料等的成本巨大，融资需求较大，仅依靠质押融资可谓杯水车薪。①

四、完善我国知识产权出质的建议

知识产权出质是知识产权应用的一个重要方面。改变我国目前知识产权融资难现状，促进科技型企业的发展，加快科技强国建设，需要知识产权法律制度的不断改进与完善。

① 《知识产权运营基金为专利融资注入新活力》，载国家知识产权局网站，https://www.cnipa.gov.cn/art/2020/9/30/art_408_154393.html，2023 年 6 月 8 日访问。

（一）完善知识产权出质法律制度

《民法典》第444条规定了知识产权融资的基本原则，知识产权成为法律规定可以出质的权利。应当说，我国知识产权法制比较零散、欠缺。《专利法》《商标法》《著作权法》构成我国知识产权申请、取得、使用、复审等制度的基本框架，国家知识产权局、版权局的部门规章构成知识产权质押的框架。知识产权质押融资是一种新型的融资方式，却没有与之配套的法律制度，传统的以有形物为基础制定的担保法制，无法完全适应知识产权担保的需求。有学者主张，因知识产权不属于物的范畴，应依据抵押、质押、留置的形式，设置知识产权抵押权、知识产权质押权和知识产权留置权，完善知识产权担保体系。① 笔者认为，应当开展知识产权融资的深入研究，厘清知识产权融资中存在的问题，改变传统以有形物质押的思维模式，真正把知识产权看作一项财产，加快知识产权强国战略纲要的落实落地，完善统一的知识产权融资法律框架体系，将当前已有的各类办法和规定中有利于推动知识产权融资发展的内容，以立法的形式进行梳理整合，填补相关领域法律空缺。对此，可以在现有《民法典》基础上尽快制定专门的知识产权融资法律，以促进知识产权融资的更好更快发展。

（二）加强知识产权评估人员培训

知识产权评估的难点首先在评估人员上。评估人员不仅要具有传统的评估专业知识，同时需要具备一定的知识产权法律知识和一定的专业技术背景。因此，需要建立高效专业的评估队伍，通过推动建立相关的价值评估指引、制定统一的评估标准，改变目前知识产权评估价值不统一、不权威的现状，联合社会力量培养一批兼具理论基础和实践经验的专业评估人员。

（三）保持政府良性引导，积极引入市场化的风险承担机制

在我国目前知识产权法律制度、评估制度还不健全的情况下，坚持由政府引导的知识产权出质模式应当在一个时期内长期坚持。政府应当在使优质企业选择、建立知识产权运营基金，与知识产权服务机构合作、与金融机构充分沟

① 丘志乔:《对知识产权质押的澄清》,载《河北法学》2014年第5期。

通交流等方面发挥更大的作用，引导资金与知识产权融合。在逐步的探索中，充分发挥金融机构在风险承担方面的作用，在风险评估、管理和处置等方面推动金融创新。①

① 刘碧波、刘罗瑞:《我国知识产权融资:模式、现状与建议》,载《清华金融评论》2023 年第 2 期。

第三十章　留置权

留置权是经济生活中较为普遍存在的一种担保形式，原《物权法》制定之前的一些法律中已经有留置权的规定，如原《民法通则》、原《担保法》中以专条或者专章方式对留置权作了规定。原《合同法》分别规定了承揽合同、运输合同和保管合同中债权人享有的留置权。[①] 现代社会中，担保物权的强势功能已经为人所共知，但相比抵押权和质权而言，留置权没有融通资金的功能，属于保全型担保物权。因此，留置权的地位较弱，处在担保物权领域一个不太引人注意的角落，较少有人问津。但是，留置权是现代担保物权体系的重要部分。在我国目前的信用环境下，具有私力救济性质的留置权仍是民事生活中一种重要的债的担保方式。在我国保全型担保物权仍居主流的情况下，尤为如此。[②]

按照民法原理，债权人占有债务人的财产，如债权人的给付请求权与该财产有牵连关系，债权人的债权未受清偿前，债权人可以留置该债务人的财产以迫使债务人履行债务；如债务人仍不履行债务，则债权人可以就留置该物受偿。留置权起源于古罗马的恶意抗辩权。但古罗马的恶意抗辩权为权利人对待给付的债权性权利，不具有物权的效力。近代民法留置权制度因受中世纪商习惯法具有物权效力的商事留置权的影响，致各国留置权立法体例不同，形成所谓的债权性留置权和物权性留置权。

法国、德国和意大利等国采取债权留置制度。留置权只是债权效力的延续，债权人在债务人履行债务之前，对已经占有的债务人之物有拒绝给付的权利，但没有直接支配的权利，即不得对留置物进行处分以获得价款受偿。如《德国民法典》第 273 条第 1 款规定，除基于债务关系发生的其他效果外，债

① 黄薇主编:《中华人民共和国民法典物权编释义》,法律出版社 2020 年版,第 598 页。

② 渠涛、刘保玉、高圣平:《物权法学的新发展》,中国社会科学出版社 2021 年版,第 763 页。

务人基于其义务所依据的同一法律关系，享有一个针对债权人的已到期的请求权，债务人可以拒绝履行所负担的给付，直到其所应得的给付被履行时为止。

瑞士、日本等采取物权性留置制度。留置权是债权人为担保债务获得清偿而对其占有的债务人的财产享有的一种独立的担保物权。《日本民法典》在第2编中规定了留置权一章。

英美法上的留置权种类繁多，共有30多种，主要包括普通法上的留置权、衡平法上的留置权和海上留置权。普通法上的留置权以物的占有为条件，又称占有的留置权，类似大陆法系中的物权留置权；后两种留置权不以物的占有为必要。①

第一节　我国留置权制度的立法实践

第一，原《民法通则》首次将留置权制度作为债务担保的制度进行明确规定。该法第89第4项规定："按照合同约定一方占有对方的财产，对方不按照合同给付应付款项超过约定期限的，占有人有权留置该财产，依照法律的规定以留置财产折价或者以变卖该财产的价款优先得到偿还。"该法规定了合同之债可以留置按照合同占有的财产，但对于何类合同可以留置对方财产没有规定。

第二，原《担保法》第5章规定了留置制度。该法第82条规定："本法所称留置，是指依照本法第八十四条的规定，债权人按照合同约定占有债务人的动产，债务人不按照合同约定的期限履行债务的，债权人有权依照本法规定留置该财产，以该财产折价或者以拍卖、变卖该财产的价款优先受偿。"第84条规定："因保管合同、运输合同、加工承揽合同发生的债权，债务人不履行债务的，债权人有留置权。法律规定可以留置的其他合同，适用前款规定。当事人可以在合同中约定不得留置的物。"

该法明确了留置权适用的合同类型，即留置权仅适用于少数几类合同产生的债权：保管合同、运输合同、加工承揽合同。原《担保法》如此限定留置权的范围，理由何在？梁慧星先生指出，鉴于一般合同债权，大抵可以采用同时履行抗辩权、不安抗辩权、债权人代位权、债权人撤销权等法律制度予以救

① 黄薇主编：《中华人民共和国民法典物权编释义》，法律出版社2020年版，第598—599页。

济，还可以通过一定担保物权（抵押权、质权）予以保护；而保管合同、运输合同、承揽合同发生的债权，按照合同关系的性质和交易习惯，难以采用设立担保物权（抵押权、质权）的方式予以保护。因此，立法者作出以下立法政策判断：唯保管合同、运输合同、加工承揽合同发生的债权可以采用留置权（法定担保物权）保护；凡是可以采用抗辩权制度、债权保护制度以及一定担保物权予以救济、保护的合同债权，均无适用留置权制度的必要，考虑到将来制定合同法时尚有别的合同债权也有适用留置权制度的必要，故原《担保法》在第 84 条第 1 款规定“因保管合同、运输合同、加工承揽合同发生的债权，债务人不履行债务的，债权人有留置权”，并特设第 2 款：“法律规定可以留置的其他合同，适用前款规定。”此项规定，为合同法立法者扩大留置权的适用范围预留了空间。担保法起草人的上述政策判断及严格限定留置权适用范围的立法者意思，得到合同法起草人的充分肯定。原《合同法》规定了 15 种典型合同，其中仅承揽合同、货物运输合同、保管合同规定债权人享有留置权，因仓储保管合同可以适用保管合同的规定，故仓储保管合同债权人亦可“享有留置权”。《民法典》合同编中新增的保证合同、保理合同、物业服务合同、合伙合同，均无关于债权人享有留置权的规定。可知，中国的留置权制度，其适用范围不仅非常狭窄而且是由法律明确限定的。这是中国民法留置权制度的特色，应当特别留意。①

第三，原《担保法司法解释》关于留置部分的解释以 8 个条文，对原《担保法》规定的留置权进行了细化，进一步丰富了留置权的内容，但对留置权的适用范围没有扩张，有特色的是第 108 条规定：“债权人合法占有债务人交付的动产时，不知债务人无处分该动产的权利，债权人可以按照担保法第八十二条的规定行使留置权。”学者认为，这是留置权的善意取得制度。

第四，原《物权法》第 230 条：“债务人不履行到期债务，债权人可以留置已经合法占有的债务人的动产，并有权就该动产优先受偿。前款规定的债权人为留置权人，占有的动产为留置财产。”

第五，《民法典》第 447 条，原封不动继承了原《物权法》第 230 条。

有学者认为，我国留置权规范的彻底转变，始自原《物权法》第 230 条。

① 梁慧星：《民法典物权编若干条文的理解与适用（六）》，载陕西法帮网，http://www.sxfabang.com/a/news/2022-3-15/6289.html，2022 年 3 月 20 日访问。

该条一改原《担保法》第 82 条“合同债权”的表述，而直接采“债权人”“债务人”的用语，这使得留置权在理论上可以适用于法定之债，更无论原《担保法》、原《合同法》规定之外的其他典型合同了。[①] 该学者将原《物权法》第 230 条（《民法典》第 447 条）规定的留置权视为一般留置权，将《民法典》合同编部分规定的保管合同、承揽合同、行纪合同、运输合同中规定的留置权及《海商法》规定的船舶留置权、承运人留置权、船舶出租人留置权、拖船人留置权视为特别留置权，进而认为，“一般留置权除非发生善意取得，否则其客体原则仅限于债务人的动产；特别留置权则不问债权人善恶意且不限于债务人的动产。如此，一般与特别的关系便可得以厘清”[②]。还有学者认为，我国的留置权体系可以分为三类：一是原《物权法》规定的民事留置权；二是《物权法》规定的商事留置权；三是《海商法》《民用航空法》《信托法》和原《合同法》中的特别民事留置权。[③]《民法典》担保物权部分规定的留置权与合同编部分及其他单行法律中规定的留置权是一般与特别的关系吗？留置权是否扩大其适用范围，这是在理论上和实践上必须弄清的问题，否则会造成司法裁判上的混乱。

笔者认为，《民法典》物权编部分规定的留置权，与合同编及其他单行法律中规定的承运人等的留置权，并非一般与特别的关系，我国留置权根本不存在一般留置权与特别留置权的区分，不可望文生义任意扩大留置权的适用范围。理由有以下方面：

首先，如果认为承运人留置权等是特别留置权，则意味着合同编创设了承运人留置权这种新型担保物权。显然，现行理论和实践都不认为承运人留置权是新型担保物权。

其次，留置权允许留置债务人财产以实现自身债权，是债权人的私力救济手段，是法律对某种债权的特别关照。在现代社会中，减少私力救济是建设法治社会的必然选择。除非法律有规定，债权不允许采取私力救济。《民法典》合同编中规定的保管合同、承揽合同、运输合同及其他单行法律中规定的保管

① 章程:《论我国留置权的规范适用与体系整合——民法典时代的变与不变》,载《法商研究》2020 年第 5 期。

② 章程:《论我国留置权的规范适用与体系整合——民法典时代的变与不变》,载《法商研究》2020 年第 5 期。

③ 熊丙万:《论商事留置权》,载《法学家》2011 年第 4 期。

(仓储)费、运输费、报酬等债权，是可以“享有留置权”的债权。《民法典》第836条规定：“托运人或者收货人不支付运费、保管费或者其他费用的，承运人对相应的运输货物享有留置权，但是当事人另有约定的除外。”第783条规定：“定作人未向承揽人支付报酬或者材料费等价款的，承揽人对完成的工作成果享有留置权或者有权拒绝交付，但是当事人另有约定的除外。”两处法律条文使用的词语是“享有留置权”，对应前述的债权。第903条也使用了“享有留置权”字样。“享有留置权”是一种权利，而不是权利本身，因此合同编并没有创设承运人留置权、承揽人留置权等新型留置权。“享有留置权”的债权是留置权担保的债权范围。梁慧星先生认为，立法者将留置权适用范围规定在合同编，而将留置权制度其他内容规定在物权编，此构成中国民法留置权立法体例的另一重要特色。①

再次，从我国对留置权的立法过程看，原《民法通则》最早将留置权适用于合同之债。其后，原《担保法》中进一步明确合同之债的具体范围；原《合同法》在前述基础上增加了行纪合同，《海商法》《民用航空法》《信托法》规定的留置权也是基于合同产生的。所以，中国民法的留置权制度是与合同之债是相伴而生的。不能因为原《物权法》第230条没有提到适用合同字样，而使用“债权人”“债务人”字样就认为我国留置权制度改弦更张，可以适用于无因管理、侵权行为、不当得利之债，这实质上割裂了我国的立法传统。

最后，扩大留置权适用范围，债权人缺乏优先受偿正当性。留置权不仅赋予债权人对抗债务人的留置权能，而且赋予其对抗包括意定担保物权人在内的其他债权人的优先受偿权，关涉留置权人、债务人与其他债权人三方利益。按理论通说，之所以赋予债权人最优先顺位的留置权，并非源于其占有债务人财产这一表象，而是源于其在保管、承揽等合同中，投入成本，施以劳务、技术或供给材料，保全或增加了标的物价值。若不赋予其优先受偿权，无异于以债权人的劳动或投入来清偿债务人的债务，有违公平原则。设立留置权旨在防止劳而无获，鼓励创造价值。但将留置权扩张适用于所有债权后，除无因管理人外，被侵权人、不当得利债权人、多数合同债权人并未使债务人财产保值增

① 梁慧星:《民法典物权编若干条文的理解与适用(六)》,载陕西法帮网,http://www.sxfabang.com/a/news/,2022-3-15/6289.html,2022年3月20日访问。

值，此时赋予其留置权从而允许其优先受偿的唯一理由，是其占有债务人动产。仅占有债务人动产的事实，无法为债权人提供优先受偿的理由。[①] 留置权的核心要素之一是债权人合法占有债务人的动产。除依照合同可以合法占有债务人的动产外，还有什么合理原因可以使债权人合法占有他人动产？无因管理之债发生时，债权人占有债务人财产是合法占有吗？值得探讨。侵权之债发生时，债权人有权留置与其有关的动产吗？法律没有规定。拾得遗失物虽然是合法占有，但若通过遗失物留置收取费用，就有违社会主义道德。所以，留置权扩大适用于合同之债之外的债权，不符合留置权的要求。

第二节　我国留置权的构成要件

留置权是指在债务人不履行到期债务时，债权人有权依照法律规定留置已经合法占有的债务人的动产，并就该动产优先受偿的权利。[②] 我国留置权制度的构成要件涉及五个方面。

一、留置权担保的是已经到期债权

这一点，使留置权与抵押权、质权有明显区别。抵押权、质押权一般是为担保未来债务的履行而设置的，当债务到期不履行或者发生约定的实现担保物权的情形时，对担保财产进行处置，并就处置担保物所得价款优先受偿。留置权担保的是已经到期没有得到清偿的债权。对于没有到期的债权可否留置债务人财产？对没有到期的债权行使留置权是紧急留置权。我国法律对此没有规定，仅在原《担保法司法解释》第 112 条对紧急留置权作了规定：“债权人的债权未届清偿期，其交付占有标的物的义务已届履行期的，不能行使留置权。但是，债权人能够证明债务人无支付能力的除外。”有学者认为，在债务人无支付能力时，若因债务未到履行期，而否认债权人对已经占有的债务人的财产成立留置权，则有失公平，不足以保护债权人的利益；倘若成立紧急留置权，不仅有利于维护债权人的利益，而且对保障交易安全也具有现实意义。[③] 在

---

① 徐银波:《〈物权法〉留置权规则的解释适用与立法反思》,载《法律科学》2017 年第 2 期。

② 黄薇主编:《中华人民共和国民法典物权编释义》,法律出版社 2020 年版,第 598 页。

③ 渠涛、刘保玉、高圣平:《物权法学的新发展》,中国社会科学出版社 2021 年版,第 765 页。

《民法典》制定过程中，《中国社会科学院民法典分则草案建议稿》中曾经规定了紧急留置权："债务人丧失清偿能力而债权未届清偿期时，债权人对其占有的债务人的财产，可以行使留置权。"① 但《民法典》最终没有采取该制度设计。笔者认为，不设置紧急留置权的原因：一是留置权毕竟是国家赋予私人的一种维护自己利益的手段。从一般意义上说，私力救济容易滋生暴力事件，且当事人仅凭一己之判断去强制他人，难免感情用事，有失公允，产生更多的社会矛盾，文明社会原则上应禁止。二是债权人对"债务人丧失清偿能力"没有统一的判断标准，实践中会发生混乱，对动产的留置究竟为"侵权行为"还是"合法行为"，会产生更多的纠纷。三是留置权作为法定担保物权，对其适用条件应从严掌握，避免滥用。四是债权人占有债务人的动产，若容许债权人于其债权未届清偿期而行使留置权，等于强制债务人提前履行债务，不仅不能实现留置权担保债权受偿的目的，且易于诱发债权人滥用权利、损害债务人合法权益②。故，不设置紧急留置权在现阶段是合理的。

债权人留置债务人的动产，债权人是否附有义务？《中国社会科学院民法典分则草案建议稿》中对留置的定义是："债务人不履行到期债务，债权人已经履行自己义务的，可以留置已经合法占有的债务人的动产，并有权就该动产优先受偿。"③ 这比《民法典》第 447 条对留置权的定义多出了半句——"债权人已经履行自己义务的"。该建议稿增加这一规定，理由是"以避免债权人行使留置权与履行自己的义务相违背，如甲依约应先交运费于乙，在甲未交运费时，若许可乙留置，显然不当"。

笔者以为上述添加不当。留置权是担保债务履行的手段，虽然立法上将"债务人不履行到期债务"放在句首，但其实是为债权人利益而设，是债权人的一项权利。而合同一方之所以被称为债权人，是因为该方已经依据合同履行了义务，有了付出。一方没有履行合同义务，则其还不是债权人，无权要求对方对待给付。分析上例，甲未依约提前支付运费，乙方有先履行抗辩权，充其量不会履行运输义务，留置对方动产没有合法依据，因其不是债权人。难道留置甲方物品冲抵运费后再去运输吗？这在实践中完全不可思议。合同中约定各

① 陈甦主编：《中国社会科学院民法典分则草案建议稿》，法律出版社 2019 年版，第 83 页。

② 梁慧星：《民法典物权编若干条文的理解与适用（六）》，载陕西法帮网，http://www.sxfabang.com/a/news/2022-3-15/6289.html，2022 年 3 月 20 日访问。

③ 陈甦主编：《中国社会科学院民法典分则草案建议稿》，法律出版社 2019 年版，第 82 页。

方义务的履行顺序，并不能产生债权，如上例中的甲方没有提前支付运费，不能产生乙方的运费之债权，债权债务的履行顺序与债权债务是两个层面的问题。“债务人不履行到期债务”之债务，是对待给付义务，具有实在内容。违反先履行义务产生的是相对方的抗辩权，违约者自己承担的是违约责任，并不产生对待给付义务。上述建议稿增加“债权人已经履行自己义务的”规定，陷于留置权内在体系混乱，完全脱离实际，画蛇添足。

二、可以留置的财产是动产

对于留置物是否必须为动产，认识上有分歧。有学者认为，原《担保法》第82条明确规定，留置权的标的物只能是动产。与其他明定留置财产范围的国家相比，这一规定的范围更窄，而与采用对留置物不作明确规定的国家相比，范围则更小，从而限制了留置权这一担保形式的适应空间。所以，我国应当扩大留置物的范围，扩张留置权制度的适用空间。①《民法典》没有采取这种观点，仍规定留置物必须是动产。笔者认为，动产范围已经很大，因为动产是除不动产外的全部财产。另外，留置含有对留置物实施全部控制之意，那么不动产如何留置？

三、留置的动产不必是债务人所有

在我国，原《担保法》、原《物权法》乃至今《民法典》物权编就留置权仅限于“债务人的动产”这一点的表述是相同的。“债务人的动产”，是否限于债务人本人所有的动产？对此问题，学说上和立法例上有肯定说、否定说、折中说等不同的主张。② 目前我国多数学者主张有限制的否定说，即认为“债务人的动产”在原则上是债务人所有或者有权处分的动产。这也符合“债务人的动产”的字面意思。原《物权法》上的留置权规范独立成章，条文相互配合形成体系架构，把握其他条文有助于界定留置财产的范围。旨在规范留置权人保管义务的原《物权法》第234条就是很好的辅助工具，该条规定留置权人“因保管不善致使留置财产毁损、灭失的，应当承担赔偿责任”，其字面虽未明确留置权人应向何人承担赔偿责任，但应是向债务人赔偿，原因就是留

① 渠涛、刘保玉、高圣平:《物权法学的新发展》,中国社会科学出版社2021年版,第765页。
② 高圣平:《担保法论》,法律出版社2009年版,第569页。

置财产在留置权消灭前属于债务人所有。这就从体系性角度支持了对留置财产采取狭义观点的学说，即留置财产是归债务人所有的动产。

为弥补日常生活中大量不是债务人的动产可以留置的问题，原《担保法司法解释》第108条进一步设计了“善意取得”留置权，强调债权人主观善意时，可以取得留置权。这从另一个侧面表明，留置财产是债务人所有的动产。

但是，《民法典》第836条规定的承运人留置权表述的是“承运人对相应的运输货物享有留置权”，第783条承揽人留置权的表述是“承揽人对完成的工作成果享有留置权”，从这些规定中很难得出留置财产是“债务人的动产”的结论。

笔者认为，这种矛盾是物权编和合同编之间的矛盾，属于《民法典》体系内部的矛盾。在《民法典》编撰之前，原《物权法》第230条留置财产与原《合同法》规定的留置财产是不是“债务人的动产”的规定不一致问题已经存在，以至于学界产生对一般留置权与特别留置权的区辩。《民法典》编撰过程中，应当对留置财产表述进行适当修改，达到《民法典》体系内部的统一，达成法律规定与日常生活的统一。但在《民法典》的编撰过程中，没有对原《物权法》第230条的表述进行法律修改，而是将其原封不动搬进了《民法典》第447条，致使有关留置财产范围的矛盾没有得到解决。现行的“债务人的动产”表述造成法律与实践的脱节。根据留置权法律规定，债权人在承接某项业务之前，首先考虑这是不是债务人的动产，甚至要考察各种证件，对于不是债务人本人送交的动产或者无权处分人送交的动产，只能拒绝成立合同关系，或者要求动产所有者本人送交，这显然违反基本的商业规则。在实践上，比如修一辆汽车，修车厂不会询问车主是谁，也不考察车辆所有权证，谁送来的车就对谁负责；修好车后，不付修车费，即对车进行留置。修一把雨伞，修伞匠修好伞后收取修理费，不会关心送修人对雨伞享有什么权利。可见，闭门造车的“留置权善意取得”规则设计脱离了实际，也与其他相关规则产生了龃龉；顺理成章且已达成共识的规则，在遇到简单的问题时，即显得难以为继。[①] 法律应当反映生活习惯。笔者认为，为避免争议，在定义留置权时，可以将“债务人的动产”表述为“债务人托付的动产”。这样表述，不

---

① 刘保玉：《留置权成立要件规定中的三个争议问题解析》，载《法学》2009年第5期。

提所有权和债权人的主观心态，符合实践需求，能够达成留置权在物权部分的规定和在债权部分的规定的统一。

在《民法典》第447条依然表述“债务人的动产”的情况下，《民法典担保制度司法解释》第62条第1款规定：“债务人不履行到期债务，债权人因同一法律关系留置合法占有的第三人的动产，并主张就该留置财产优先受偿的，人民法院应予支持。第三人以该留置财产并非债务人的财产为由请求返还的，人民法院不予支持。”这从司法层面规定，可以留置第三人动产，且不要求债权人“善意”，这是对《民法典》第447条的扩大解释。理由是，在民事留置情形下由于被担保的债权受到严格限制，自然不需要将留置财产的范围局限于债务人所有的动产，否则会产生不公平的后果。[①]

四、动产当与债权属于同一法律关系

原《担保法司法解释》第109条规定：“债权人的债权已届清偿期，债权人对动产的占有与其债权的发生有牵连关系，债权人可以留置其所占有的动产。”该条文使用的是“牵连关系”表述。

原《物权法》第231条规定：“债权人留置的动产，应当与债权属于同一法律关系，但企业之间留置的除外。”《民法典》第448条作了和原《物权法》相同的规定。条文中使用了“同一法律关系”，这是我国法律对留置权与其占有的动产之间的关系的变化。

基于留置权是对特定债权的实现依法产生的担保物权，其适用范围应当严格限制。各国立法通常都要求将留置物与所担保之债存在一定的“牵连关系”作为留置权成立的必要条件，但何为“牵连关系”，各国的立法态度有相当大的分歧：一种是德国、法国等的法律中采用的债权与债权有牵连关系说，即主张债权人占有的相对人的物上能否成立留置权，取决于债权人的债权与相对人的物之返还请求权是否存在牵连关系。唯两方的债权请求权产生于同一法律关系的，才有牵连关系。另一种是瑞士、日本等采用的债权与物之间有牵连关系说。《瑞士民法典》第895条规定：“1. 经债务人同意，债权人占有债务人的动产或有价证券，如其债权已届清偿期限，且债权和留置物之间有实质性关

① 最高人民法院民事审判第二庭:《最高人民法院民法典担保制度司法解释理解与适用》,人民法院出版社2021年版,第529页。

联，则债权人清场债务前，有权留置这些物品。2. 商人之间，因他们之间的交易关系而取得物的占有和债权，则认为存在前款之实质性关联。3. 对于不属于债务人所有的物，如果债权人善意取得这些物，同样可以成立留置权，但第三人基于先前之占有而享有权利的，不在此限。”理论上对于界定债权与债权人占有的标的物之间有牵连关系，大抵有一元论说、二元论说两种主张。一元论说中，又有直接原因说、间接原因说、相当因果关系说和社会标准说等不同学说。二元论说内部也不统一，存在不同看法。①

关于债权的发生与所占有的动产之间的牵连关系，我国多数学者认为包括三种情形：一是债权因动产本身而生；二是债权与该动产的返还义务基于同一法律关系而生；三是债权与该动产的返还义务基于同一事实关系而生。②

笔者认为，现在对牵连关系的探讨有些脱离实际，越来越复杂，莫衷一是。使用“法律关系”一词，已经让百姓无法理解，更何况使用“同一法律关系”？所谓“同一法律关系”，实际是债权人与所留置动产的关系，简单说是人和物之间的关系。牵连与返还义务没有关系，不要把牵连与返还义务混在一起。从哲学角度说，牵连关系是客观关系，返还义务是主观关系，是基于法律规定产生的关系。人为什么和物有关系？是人对物有过直接作用。比如，修雨伞的，修伞匠与雨伞有直接作用；运输水泥的，运输者与水泥有直接作用；制作广告牌的，承揽者与广告牌之间有直接作用；仓储危化品的，仓储人和危化品之间有直接作用。同一法律关系就是这种因为直接作用而产生的、显而易见的关系。所以，留置权同一法律关系可以定义为，债权人与其直接作用过的动产之间的联系。如果把《民法典》第 448 条修改为“留置的动产，应当是债权人直接作用过的动产”，一则简洁明了，二则更能体现适用留置权的债权特殊性。

梁慧星先生指出，须特别注意，我国《民法典》第 448 条使用的“属于同一法律关系”，不得按照立法例所谓“牵连关系”进行解释。理由是，立法例所谓“牵连关系”为抽象概念，凡债权与所占有动产之间，存在合法关系，包括各种合同关系、非合同关系（无因管理、不当得利），均可认为有“牵连关系”而发生留置权。凡未明文规定留置权的法律关系，即使债权人合法占

① 渠涛、刘保玉、高圣平：《物权法学的新发展》，中国社会科学出版社 2021 年版，第 768 页。

② 梁慧星、陈华彬：《物权法》（第七版），法律出版社 2020 年版，第 393 页。

有债务人的动产，亦不发生留置权。故不得按照立法例所谓“牵连关系”，以解释本条“同一法律关系”。《民法典》关于留置权的规定，仅有承揽合同（第783条）、货物运输合同（第836条）、保管合同（第903条）、仓储保管合同（可适用保管合同的规定及第918条）。第448条“法律关系”一语文义过宽，超出了立法目的范围，应当作限缩解释，解释为本条所谓“同一法律关系”仅限于同一承揽合同关系、同一货物运输合同关系、同一保管合同关系及同一仓储保管合同关系。仅基于货物运输合同、保管合同（包括仓储保管合同）或者承揽合同发生的（运费、保管费、加工费）债权，与债权人（承运人、保管人、加工人）基于货物运输合同、保管合同（包括仓储保管合同）、承揽合同所占有的属于债务人的动产（运输货物、保管物、仓储物、工作物）之间，“属于同一法律关系”。① 该观点可谓恰当。

五、商事留置权不要求同一法律关系

为增强商业信用，促进交易发展，排除因商业交易频繁而造成判断“属于同一法律关系”的举证困难，对于企业之间因营业而发生的债权和因营业而占有的动产，不论债权的发生与债权人占有动产之间，是否属于同一法律关系，应有成立留置权的可能。有鉴于此，本条后段特设“但书”规定，“企业之间留置的除外”，理论上称其为“商事留置权”。②

自近代以来，留置权即有民事留置权与商事留置权之分。虽然同为留置权，两者的起源与沿革却大不相同。商事留置权的发端较民事留置权晚，大约滥觞于中世纪意大利商人团体的习惯法，其主要作用在于维持商人间的信用，保障交易关系的稳定并维护交易安全。通过在持续交易关系中赋予商事留置权以物权属性，商主体可以在债务人不履行到期债务时留置因商行为而归自己占有的债务人的所有物或有价证券，保障债权的实现。这种维护商人间信用的制度，自中世纪意大利商人团体创设以来，被很多大陆法系国家（地区）所继受，并形成了两种不同的立法例。在“民商分立”模式下，商事留置权多由商法典规定。德国、日本主要采用了此种模式的立法。在“民商合一”的模

① 梁慧星:《民法典物权编若干条文的理解与适用(六)》,载陕西法帮网,http://www.sxfabang.com/a/news/2022-3-15/6289.html,2022年3月20日访问。

② 梁慧星:《民法典物权编若干条文的理解与适用(六)》,载陕西法帮网,http://www.sxfabang.com/a/news/2022-3-15/6289.html,2022年3月20日访问。

式下，由于没有商法典，一般将商事留置权置于民事留置权的规范条文之中，在对民事留置权进行一般性规定之后，对商事留置权加以特别的补充规定。瑞士等主要采用了这种模式。[①] 我国《民法典》对商事留置权的立法如同瑞士的立法模式，在民事留置权之外加一个特别规定，形成我国的商事留置权制度。

商事留置权的成立条件与民事留置权的成立条件基本相当，包括以下方面：一是债务人的债务已经到期；二是债权人合法占有债务人的动产；三是债权都是法律规定的债权，对法律没有规定的债权，不能行使实施留置权。二者的不同之处在于，民事留置权要求动产与债权属于同一法律关系，商事留置权则并不像民事留置权一样，严格地纠结债权与留置物是否有一一映射关系。商事留置权打破了这种一一映射关系，使得债权人得以留置那些基于商人间不同商事债权而占有的物，从而扩大了可以行使留置权的客体范围，增加了商事债权得以实现的可能性。[②] 关于商事留置权，有三个问题需要讨论：一是商事留置权的主体范围；二是商事留置权担保的债权范围；三是商事留置权的动产范围。

1. 商事留置权的主体范围

对于商事留置权的主体范围，我国《民法典》使用的名词是“企业”。虽然我国法律中多次使用“企业”一词，比如《企业破产法》《合伙企业法》等，但“企业”是经济学概念，并非严格的法律术语，法律对企业的概念没有明确的界定。有学者认为，结合“企业”的文义和相关法律法规，企业包括个人企业、合伙企业、法人企业和非法人形式的外商投资企业，分别由《个人独资企业法》《合伙企业法》《公司法》《外商投资法》调整。除此之外，在我国从事经营性活动者至少还包括如下三类主体：（1）农村承包经营户；（2）个体工商户；（3）从事部分营业活动的事业单位。[③] 笔者认为，上述界定标准太宽泛。商事留置权中的“企业”，在日常概念中是营利主体，不同于事业单位、行政机关，因此“企业”应当是《市场主体登记管理条例》（2022 年 3 月 1 日施行）规定的市场主体，包括在中华人民共和国境内以营利

---

① 刘凯湘：《比较法视角下的商事留置权制度》，载《暨南学报》（哲学社会科学版）2015 年第 8 期。

② 刘凯湘：《比较法视角下的商事留置权制度》，载《暨南学报》（哲学社会科学版）2015 年第 8 期。

③ 熊丙万：《论商事留置权》，载《法学家》2011 年第 4 期。

为目的从事经营活动的下列自然人、法人及非法人组织：（1）公司、非公司企业法人及其分支机构；（2）个人独资企业、合伙企业及其分支机构；（3）农民专业合作社（联合社）及其分支机构；（4）个体工商户；（5）外国公司分支机构；（6）法律、行政法规规定的其他市场主体。这些市场主体经过登记后以市场主体名义从事经营活动，可以适用商事留置权。

基于商事留置的要求低于民事留置权的要求，故商事留置权有扩大适用的冲动，如何区别商事留置权和民事留置权是关键问题。有学者认为，商事留置权的核心特征在于，其追求的是“商人在多次经营活动中形成的债权债务关系整体的利益平衡”。基于该特征，商事留置权中的“债权”与“留置物”应当具有交互适用的效力。这是区分商事留置权和其他类型留置权的核心标准，也是商事留置权制度具体规则展开的基础。[①] 笔者认为，区分民事留置权和商事留置权的标准是主体和债权，而非债权债务的多寡。从主体上说，债权人、债务人均是市场主体的，适用商事留置权。一方或者双方均不是市场主体的，适用民事留置权。对于债权人和债务人均是自然人的，区分自然人的留置行为是民事留置行为还是商事留置行为时，在于自然人是否进行登记并以登记名号行为。双方均以登记的名号行为的，适用商事留置权；没有进行市场主体登记，以个人名义行为的，适用民事留置权。主体均为市场主体的，看留置权担保的债权。担保本次业务活动债权的留置，是民事留置权；担保非本次业务活动债权的留置，是商事留置。比如承运人的留置权，债权人、债务人均是市场主体，如果债权人留置了相应货物（比如是铁矿石），留置的原因是托运人在此之前还曾欠承运人一笔铜矿石运输费，留置的目的是讨回铜矿石运输费，笔者认为，这种留置是商事留置权。

须注意，商事留置权只是不需要债权人占有的动产与其债权具有同一法律关系。具有同一法律关系，双方均是市场主体的，不影响商事留置权的成立。

2. 商事留置权担保的债权范围

有专家认为，将“企业之间留置的”情况一概排除于“留置物应与债权属于同一法律关系”的限定之外，过于宽泛，极有可能导致留置权被无限扩张和滥用的情况发生。而且，因交易关系而发生留置权的情形，大多发生于从事经营活动的主力军——“企业”之间，一般民众间并不多见。因此，企业

① 熊丙万：《论商事留置权》，载《法学家》2011 年第 4 期。

之间发生的留置如不适用“同一法律关系”的限定，无异于将“除外规则”“例外规则”“特殊规则”事实上升格为了最常适用的“一般规则”，这会产生意想不到的本末倒置之效果，从而动摇留置权制度之根基[①]，引发商事留置权滥用风险。如在（2009）穗中法民四初字第27号案中，因企业之间行使留置权无须满足同一法律关系要件，占有甲公司动产的戊公司积极收购他人对甲公司的到期债权，并行使留置权而优先受偿。如此将导致在企业交往过程中，占有企业动产者可通过收购债权而获益，一般债权人可通过让与债权而部分优先受偿，留置权沦为不当牟利的工具，偏离预期立法目的。再如在（2014）浙甬商终字第231号甲制造公司与乙磁业公司借用合同纠纷案中，债权人乙因无法回收货款债权，故意向债务人甲借用设备，进而通过行使留置权获得清偿。仅基于债权人借用、占有债务人动产即赋予其优先受偿权，毫无正当性，不仅对其他债权人不公，且可能诱发债务人与债权人通过出租、出借等方式恶意串通赋予债权人留置权，从而赋予其优先受偿权，损害其他债权人权益的风险。[②] 笔者认为，上述专家的观点都说明了一个问题，对商事留置权担保的债权范围必须进行限定，如果不限定，会使商事留置权迷失方向，成为社会秩序和法律秩序的破坏工具。前已述及，留置权担保之债一般为劳动债权，是债权人劳动直接作用于动产，对动产的保值增值起到作用。对于劳动债权的优先保护，已经是世界各国的通例，体现了世界各国公共政策考量的趋同性。[③] 留置权既为保护劳动债权而设，作为留置权一个特殊类型的商事留置权，其担保的债权范围依然应局限于因债权人的劳动产生的债权，比如运输、行纪、承揽、仓储、信托等行为产生的债权是商事留置权担保之债的范围。对商事留置权担保之债的范围，必须正本清源，回归到留置权担保的债权的本质上来。

《民法典担保制度司法解释》第62条第2款规定：“企业之间留置的动产与债权并非同一法律关系，债务人以该债权不属于企业持续经营中发生的债权为由请求债权人返还留置财产的，人民法院应予支持。”该条意思比较明确，只有持续经营中发生的债权，可以通过留置实现。关键是理解“持续经营”

---

① 刘保玉：《留置权成立要件规定中的三个争议问题解析》，载《法学》2009年第5期。

② 徐银波：《〈物权法〉留置权规则的解释适用与立法反思》，载《法律科学》2017年第2期。

③ 渠涛、刘保玉、高圣平：《物权法学的新发展》，中国社会科学出版社2021年版，第763页。

的概念。最高人民法院认为，“企业持续经营中发生的债权”，是指企业之间因经常性的商事交易而发生的债权，从而排除当事人非因经常性商事交易而取得的债权，比如通过债权转让而取得的债权。[①] 笔者认为，该规定比《民法典》第447条规定的“债权”的语义更不确定。“持续经营”应指企业的主要经营业务。难道持续经营中产生的债权均可进行商事留置吗？而不是企业经营期间是否持续。基于借款合同发生的债权，可否就基于仓储保管合同占有的（债务人的）动产，行使（商事）留置权？鉴于前述中国民法留置权限于法律明文规定的合同关系类型的立法目的，答案是否定的。[②] 针对留置权的另一个重大问题是，时效届满的债权，债权人可否行使留置权？学界论述不多。笔者认为，对诉讼时效届满的债权，债权人不得行使留置权。否则，诉讼时效制度没有任何意义。

3. 商事留置权的动产范围

《民法典担保制度司法解释》第62条第3款规定商事留置权的可以留置动产的范围，只能是债务人所有的动产。债权人留置第三人的财产，第三人可以返还。理由是，法律对商事留置权不要求同一法律关系，但是扩大了留置权的适用范围，为避免滥用，应限缩其留置财产的范围，维持法律平衡。

如果企业之间的留置具有同一法律关系，则可以留置第三人所有的财产。

第三节　留置权人、债务人的权利和义务

一、留置权人的权利和义务

（一）留置权人的权利

1. 孳息收取权

《民法典》第452条规定，留置权人有权收取留置财产的孳息，孳息应当先充抵收取孳息的费用。

---

① 最高人民法院民事审判第二庭：《最高人民法院民法典担保制度司法解释理解与适用》，人民法院出版社2021年版，第531页。

② 梁慧星：《民法典物权编若干条文的理解与适用（六）》，载陕西法帮网，http://www.sxfabang.com/a/news/2022-3-15/6289.html，2022年3月20日访问。

对于该条的理解，首先，必须明确，收取留置财产的孳息，是留置权人的权利，留置权人可以放弃。只有留置权人放弃的时候，债务人才可以收取孳息。孳息，包括天然孳息和法定孳息。其次，留置权人对于收取的孳息，没有所有权。孳息收取之后，对孳息的所有权问题，需要根据法律规定和约定进行判断。留置权人收取的孳息，如果没有约定，留置权人不能取得对孳息的所有权。虽然留置权人不能取得孳息的所有权，但是由于孳息与留置权具有不可分性，留置权的法律效力自然及于孳息。留置权人在收取孳息后，有权控制、占有孳息，且此种权利可以对抗债务人，债务人在未履行债务之前不能要求留置权人返还留置财产的孳息。[①] 再次，孳息应当首先充抵收取孳息的费用。留置权人在收取孳息的过程中，如果有费用支出，应当以孳息充抵收取费用，然后充抵原债权利息，而后是原债权。

2. 优先受偿权

留置权人有权对留置财产进行变价处置，并有以处置所得价款优先受偿的权利。留置权人要实际变卖或者以抵押物折价使自己的债权得到清偿，须以债务人不履行债务超过一定期限或事先通知债务人为必要。

3. 对留置物的占有权

留置权本身就是债权人在债权未获得清偿之前依法占有债务人与该债权有同一法律关系的动产的权利。在其债权未受清偿前，享有拒绝返还并继续占有留置物的权利。

4. 对留置物的有限制的使用权

一般而言，除为保管的必要或者经留置物所有人同意外，留置权人不得使用该留置物。但为保管的必要或者经留置物所有人同意的情形下，留置权人可以使用留置物。

5. 必要费用的偿还请求权

留置权人为妥善保管留置物所支出的合理费用，有权向债务人主张返还。

6. 物上请求权

留置物被侵害时，留置权人可以基于占有保护的规定，请求不法侵害人返还留置物或者请求排除妨碍，并可以要求赔偿。

---

① 黄薇主编:《中华人民共和国民法典物权编释义》,法律出版社 2020 年版,第 615 页。

（二）留置权人的义务

1. 妥善保管留置财产的义务

根据《民法典》第 451 条规定，留置权人对于留置财产负有妥善保管的义务，因保管不善致使留置财产毁损、灭失的，应当承担赔偿责任。

对于何为妥善保管，理论上有两种观点：一是留置权人应以善良管理人的注意保管留置财产。如果留置权人未尽到善良管理人的注意，即可认为其保管不善。二是不论出于何种原因，只要留置财产发生毁损、灭失，就认为留置权人保管不善，都需要承担赔偿责任。[①] 上述第一种观点值得肯定，第二种观点对留置权人课以严格责任，有失公允。比如，留置财产因不可抗力被损毁，或者留置财产被盗，若此要求留置权人赔偿，则加重留置权人的义务，这样势必造成留置权人寻求更高的保护措施，由此也会产生更高的留置费用，对债权人不利。一般来说，只要留置权人对留置财产的保管没有重大过失，即不承担赔偿责任。保管是消极义务，旨在防止留置财产不会发生毁损、灭失，无须留置权人对留置财产进行积极作为。同时，保管也暗含着留置权人对留置财产不得使用的意思。

2. 不得超额留置的义务

《民法典》第 450 条规定："留置财产为可分物的，留置财产的价值应当相当于债务金额。"也就是说，留置权人不能超额留置债务人财产。这是为保护债务人利益，依据公平原则设置的条款。从理论上讲，基于同一法律关系占有的动产，留置权人的债权及于全部留置财产，这是担保物权的不可分性决定的，但如果债权数额远远小于留置财产的价值，势必造成物不能尽其用，有损债务人的合法利益。理解该义务，应从三个方面入手：一是对可分物的理解。对该物分开之后，不会导致该物原有用途灭失的，是可分物，如煤炭。反之，则为不可分物。二是注意留置财产价值与债权数额"相当"，是基于市场价格进行的判断，不需要完全相等。对于可分物进行价值相当的留置，在理论上说起来比较容易，但在实践中未必容易实施。比如，以集装箱形式运输煤炭，如果出现超额留置问题，承运人不会打开集装箱，把里面的煤炭卸出一部分后，再予以留置。因为卸货会产生费用。三是对不可分物，可以进行超额留置。

---

① 黄薇主编：《中华人民共和国民法典物权编释义》，法律出版社 2020 年版，第 611 页。

3. 给予债务人履行债务宽限期的义务

《民法典》第453条规定："留置权人与债务人应当约定留置财产后的债务履行期限；没有约定或者约定不明确的，留置权人应当给债务人六十日以上履行债务的期限，但是鲜活易腐等不易保管的动产除外。债务人逾期未履行的，留置权人可以与债务人协议以留置财产折价，也可以就拍卖、变卖留置财产所得的价款优先受偿。留置财产折价或者变卖的，应当参照市场价格。"

该条说明：一是留置财产后，留置权人不能立即处置留置财产，只能留置。这时，留置权发挥抗辩作用，留置权人可以拒绝债务人要求返还留置财产的请求。二是留置财产后要有一个债务履行期，该债务履行期可以由当事人进行约定。没有约定或者约定不明的，应当有60日以上的债务履行期。[①] 三是债务履行期满后才可以进行留置财产处置。

但是其中"留置权人应当给债务人六十日以上履行债务的期限，但是鲜活易腐等不易保管的动产除外"的规定有歧义。根据该规定，是新鲜易腐的动产可以不给予宽限期，还是可以给予少于60天的宽限期？两种意思截然不同。有专家认为，该句含义是可以少于60日的宽限期。[②] 给予宽限期的目的是促使债务人及时筹措资金偿还债务，因此不能轻易否认留置权人给予债务宽限期的责任，但对于不易保管的动产少于60日的宽限期是合理的。笔者赞同此种观点。

4. 拍卖、变卖所得价款的清算义务

对于经过拍卖、变卖所得价款，超过债权数额的，留置权人应当将超过部分，返还给债务人；不足部分，可以要求债务人继续清偿。

二、债务人的权利和义务

（一）请求赔偿的权利

对于因留置权人未妥善保管留置财产，致使留置财产灭失、毁损的，债务人有权要求留置权人进行赔偿。笔者认为在这种情况下，债务人的债务与留置

---

① 有专家将此称之为债务履行宽限期，笔者认同。因为留置权行使的前提是债权到期，此处再给予60日以上的债务履行期，显然是宽限期。参见黄薇主编：《中华人民共和国民法典物权编释义》，法律出版社2020年版，第617页。

② 黄薇主编：《中华人民共和国民法典物权编释义》，法律出版社2020年版，第618页。

权人赔偿义务可以进行抵销。比如，债务人欠留置权人200万元；留置权人将债务人价值300万元的动产灭失了。这两个债务可以进行抵销，抵销后剩余部分应当继续清理。

（二）请求行使留置权的权利

《民法典》第454条规定，留置权人在债务履行期满后未行使留置权的，债务人有权请求留置权人行使留置权；留置权人不行使的，债务人可以请求人民法院拍卖、变卖留置财产。赋予债务人请求行使留置权的权利，是为保护债务人利益而设的。在留置财产价格不断降低的情况下，及时行使留置权能够避免债务人的重大损失，也能使处于失衡的经济关系得以稳定。如果债权人不行使留置权的，债务人可以请求人民法院对留置财产进行处置。

此处有一个需要讨论的问题，债务人请求行使留置权，但留置权人不行使，给债务人造成损失的，该如何处理？比如，留置权人留置了债务人1000吨钢材。按照留置时的市场价格，该1000吨钢材完全可以履行抵偿债务。但是留置后，钢材价格下降，债务人向留置权人发函，要求及时处置钢材，不要债务履行宽限期了。留置权人对市场行情也很清楚，希望等市场行情稳定后再处置该批钢材，遂坚持给予债务人70天的债务履行宽限期。宽限期满，此时钢材价格每吨下降150元，而且仍处于下降趋势。债务人很着急，再一次给留置权人发通知，要求留置权人处置钢材，清偿债务。1个月后，钢材市场价格趋于稳定，留置权人开始变卖处理钢材，此时钢材价格已经每吨下降200元。留置权人处置钢材后，不足以清偿债务，留置权人要求债务人另外支付20万元。债务人抗辩称，损失扩大是由于留置权人不作为造成的，拒绝赔偿。此案如何判决？此案中包括两个问题：一是债务履行宽限期，债务人是否可以不要？留置权人怠于行使留置权，致使留置财产价值不足以清偿债务的，债务人是否还要承担清偿责任？笔者认为，通常来说，留置权人最想迅速使其债权得到清偿，其有迅速对留置财产进行变价处置的冲动，但是为了债务人的利益，法律要求留置权人给予债务人一定时间的宽限期。要求债务履行宽限期是债务人的一项权利，给予债务履行宽限期是留置权人的义务。在债务人明确放弃债务履行宽限期的情况下，留置权人应及时处置留置权财产。根据《民法典》第7条民事活动应当秉持诚实原则的规定，对怠于行使留置权或者债务人请求法院介入拍卖、变卖留置财产产生的债务人损失，致使留置财产价值不足以抵偿债务的，债务人有权拒绝清偿。

（三）债务人的义务

在留置财产变现后，债务人对不足以偿还债务的部分，应当继续清偿。

第四节　留置权的实现和消灭

一、留置权的实现

（一）留置权实现的方式

留置权是担保物权，其实现方式与一般担保物权的实现方式并无二致——折价、拍卖、变卖，不再赘述。

（二）留置权与抵押权、质权竞合时的清偿顺位

《民法典》第456条规定，同一动产上已经设立抵押权或者质权，该动产又被留置的，留置权人优先受偿。理解该条，注意以下两个方面：一是留置权效力绝对优先。在同一动产上，无论留置权的成立是先于抵押权（质权）还是后于抵押权（质权），留置权的效力均优于抵押权或者质权。也就是说，留置权的效力不受成立时间的影响，其效力先于抵押权或者质权受偿。二是留置权的效力不受留置权人主观状态的影响。理论上，有观点认为，为了防止当事人利用留置权的优先效力，恶意在已经设立抵押权的动产上设立留置权，妨碍或者排除动产上抵押权的行使，法律应当明确规定，同一动产上留置权产生于抵押权或者质权之后的，只有留置权人是善意时，留置权的效力才优于抵押权或者质权。留置权人是恶意时，留置权不能优于抵押权或者质权。这里的善意，是指留置权人对同一动产上设立抵押权或者质权设立在先的情况并不知情；恶意，是指留置权人对同一动产上设立抵押权或者质权的情形已经知道，而非恶意串通。留置权产生的基础是公平原则，在适用留置权规则的许多情况下，留置权人一般都使被留置财产的价值得到保全，且留置权人的债权的价值往往远小于被留置动产的价值。在这种情况下，仅以留置权人知道或者应当知道该动产上存在抵押权或者质权就否定留置权人的优先效力，对留置权人来说是不公平的，因此，本条对留置权人的主观状态没有作出规定，而是赋予留置

权人绝对优先效力。[①] 但是，债务人与留置权人恶意串通的，留置权应当认定为无效，抵押权人可以提出留置权无效之诉。

二、留置权的消灭

留置权的本质是担保物权，因此担保物权消灭的原因，也是留置权消灭的原因。根据《民法典》第 393 条，主债权消灭、担保物权实现、债权人放弃物的担保均导致留置权消灭。除此以外，留置权消灭另有特殊规定。根据《民法典》第 457 条规定，留置权消灭有两种情形：

第一，留置权人对留置财产丧失占有。留置权以合法占有为其成立的基本条件之一，是债权与动产相结合的一种担保物权形式。占有，在留置权中应当指直接占有，即对动产的直接管理和控制。一旦留置财产从债权人手中脱离，不论是否出于债权人的本意，均导致留置权消灭。但是，如果留置动产被他人非法取得，则债权人可以根据《民法典》第 462 条占有保护的规定，要求非法占有人返还留置动产，动产返还后，债权人可再度取得留置权。

第二，相当担保的提出。最高人民法院认为，这里的相当担保应当区分物的担保和人的担保，不可一概而论。对于物的担保，比如设定抵押或者质押，只要其在价值上“相当”，则债权人的留置权就当然消灭；而对于人的担保，即保证，则要考虑以债权人接受为要，至少在“相当”要件的把握上要从严。留置权作为法定担保物权，对留置物所有人的约束极为严厉，其丧失对留置物的占有，不能对留置物为必要的使用收益。从某种意义上说，留置物所有人在留置权法律关系中处于弱势地位，因此，在留置物所有人提供相当的担保足以保全原留置权所担保的债权时，赋予其提供担保的无须债权人同意即可消灭留置权的保护，使其在无害于债权人利益的前提下恢复对留置物的占有、使用、收益和完整的处分权，应属公平合理且符合物尽其用的原则。但对于人的担保，因其仅是通过责任财产的扩大化来增强债权实现的可能性，相对于物的担保来说，人的担保具有较大的不确定性，担保作用较弱，所以对债务人提供的人的担保，要把握好不能带来留置权人不能实现的风险以及实现担保权益的不合理负担。[②]

---

① 黄薇主编:《中华人民共和国民法典物权编释义》,法律出版社 2020 年版,第 623—624 页。

② 最高人民法院民法典贯彻实施工作领导小组主编:《中华人民共和国民法典物权编理解与适用》(下册),人民法院出版社 2020 年版,第 1320—1321 页。

第三十一章　金钱担保

金钱担保是指债务人支付给债权人一定数额的金钱，当债务人不履行债务时，债权人扣除该金钱，从而迫使债务人为避免金钱损失而积极履行债务，保障债权切实实现的制度。[①] 金钱担保的主要形式是定金、押金。[②] 定金制度是一项古老和常见的担保法律制度。早在古罗马法时期就有关于定金的描述。现在大陆法系国家延续了罗马法中关于定金的法律制度，并经过不断努力，形成了比较完善的定金担保制度。我国 1981 年公布的《经济合同法》中，确立了定金制度；后来在原《民法通则》第 89 条中进一步明确了定金的适用；1995 年公布的《担保法》及 2000 年出台的《担保法司法解释》，进一步完善了定金法律制度。[③]《民法典》将定金担保规定在合同编违约责任一章中，用第 586 条、第 587 条、第 588 条 3 个条文对原《担保法》及原《担保法司法解释》中的定金制度进行了整合。

第一节　定金和定金合同概述

一、定金及定金合同的含义

我国法律中对定金的含义没有规定。一般认为，定金是合同一方为证明合同成立和保证合同履行，而预先支付给对方一定数量的货币。[④] 根据《民法典》第 586 条第 2 款规定，定金的数额由当事人约定，但是数额不得超过主合

① 崔建远:《合同责任研究》,吉林大学出版社 1992 年版,第 38 页。

② 崔建远:《"担保"辨——基于担保泛化弊端严重的思考》,载《政治与法律》2015 年第12 期。

③ 吕东锋:《合同定金性质及适用浅析》,载《郑州航空工业管理学院学报》(社会科学版) 2007 年第 1 期。

④ 戴伟桑:《浅谈定金的相关问题》,载《法制与社会》2010 年第 12 期。

同标的额的20%，超过部分不产生定金的效力。实际交付的金额多于或者少于约定的数额的，视为变更约定的定金数额。

（一）定金合同是实践性合同

原《担保法》第90条规定："定金应当以书面形式约定。当事人在定金合同中应当约定交付定金的期限。定金合同从实际交付定金之日起生效。"该条对定金合同提出了要式与要物双重要求。《民法典》第586条第1款中规定："定金合同自实际交付定金时成立。"其仅对定金合同提出了要物要求，没有提出要式要求[①]，并且将原《担保法》第90条中的"生效"改为"成立"。立法机关对于为何放弃要式要求而保留要物要求未作明确说明，按照第586条第1款的规定，定金合同是实践性合同，自实际交付定金时才成立，当然定金交付的时间由双方当事人约定。当事人订立定金合同后，不履行交付定金的约定，不承担违约责任。[②] 有观点认为，放弃要物规定而保留要式规定应当说是更好的选择。仅作要式要求已能促使当事人慎重考虑是否订立定金合同，而在已经以书面形式缔约的情况下，倘若约定的交付方不交付，相对人可以请求交付以建立定金法律关系。作要式要求而非要物要求尚有其他意义：其一，要式要求有证据方面的优点。物的交付行为可能基于不同原因（无偿赠与、债务清偿、定期借款、临时寄存）进行，而为了探知当事人的真实意图，法院往往需要借助于交付之外的其他相关因素加以确定，书面合同无疑是其中最为重要与常见的证据。其二，在具备形式要件的情况下，交付方不交付定金即构成违约，相对人有可能因此享有抗辩权，进而可以通过行使抗辩权维护自己的利益。[③]

（二）对定金合同是实践性合同的反思

近年来，有观点认为，定金合同应为诺成性合同，不必为实践性合同，其主要理由为：第一，诺成性合同是在更为高级的市场经济条件下形成的制度，

① 张金海：《论〈民法典〉违约定金制度的改进》，载《四川大学学报》（哲学社会科学版）2021年第3期。

② 黄薇主编：《中华人民共和国民法典合同编释义》，法律出版社2020年，第295页。

③ 张金海：《论〈民法典〉违约定金制度的改进》，载《四川大学学报》（哲学社会科学版）2021年第3期。

符合合同发展的趋势；实践性合同是简单商品经济时代法律的要求，将仅残留于历史。第二，定金实践性的历史条件不复存在。在罗马法时代，定金合同为实践性合同的逻辑是因为其为无名合同，必须履行才能产生合同效力，才因此受法律保护。而现今的市场法则是，不论合同有名还是无名均受统一的法律保护。第三，罗马法时代定金合同的产生是为了解决作为诺成合同的主合同没有采取书面形式时，证明诺成的主合同存在的证明力问题，但如今证明诺成主合同的存在并不是定金合同应有的作用，即使要证明诺成主合同的存在，证明的方式也多种多样，不一定必须由实际交付定金予以证明。第四，定金合同是实践性合同，主合同是诺成性合同，在定金合同未履行的情况下，判令未收到定金的一方向未支付定金的一方承担主合同违约责任，虽符合法律，但是会造成极大的不公平，这种本末倒置的结果不符合普通人的基本认识，很难达到法律效果与社会效果的统一。①

从理论角度看，上述观点有失偏颇，把定金只看作违约定金，没有意识到定金除违约定金外，还有其他类型。从实务的角度看，笔者认为，交付定金对于推动合同成立和履行是十分必要的。首先，在笔者的法律工作经历中，要求设立定金条款的合同，通常是大型工程建设合同或者大型设备采购合同，其合同金额非常大，一方为合同履行所做的准备通常花费不菲。合同双方最担心的问题是需方不履行合同，供方如何弥补为准备履行所投入的成本的损失。此时，合同的供方一般要求支付预付款或者进度款，或者要求支付定金或者订金。合同需方为显示履行合同的诚意，往往同意支付一部分款项。而需方担心的问题是，供方不履行合同如何弥补损失。定金条款以及定金罚则，可以解决合同双方的后顾之忧，对合同成立有十分重要的作用。其次，定金的支付可以解决供方一部分资金短缺问题，供方以此为合同履行做准备，这样也保障了合同的顺利履行。再次，正是由于定金罚则的双向制裁作用，定金对合同双方的警示意义和作用十分明显。对于合同双方来说，对待合同履行极为慎重。以笔者的经验看，设有定金条款的合同相比没有定金条款的合同，合同最终得以全面及时履行的情况较好。最后，实务中约定定金的，一般会约定定金交付后主合同生效。此时，定金的支付不仅是定金合同的生效要件，也是主合同的生效要件，这可以避免定金合同与主合同“两张皮”的问题。

① 黎乃忠：《〈民法典〉中定金合同实践性之反思》，载《中国不动产法研究》2021年第2期。

所以，从实务的角度出发，定金合同为实践性合同较为适宜。当然，实务中也曾出现过以定金条款诈骗的情况，但这不是主流。

（三）定金数额的变更

根据《民法典》第586条第2款的规定，实际交付的定金数额多于或者少于约定的数额的，视为对合同内容的变更，那么，多交的部分也有效，发生担保的效力。但是，多交的上限是主合同标的额的20%。

定金的数额可以由当事人约定，但是最高限额是主合同标的额的20%。该20%的限额源于原《担保法司法解释》第121条。对于没有合同标的额的，定金数额的约定应当公平合理。

定金数额超过主合同标的额20%的部分，不产生定金的效力，即超过部分不适用定金罚则，但是产生折抵价款或者返还的法律效果。

（四）定金合同是主合同的从合同

虽然定金合同通常在实践中表现为定金条款，但是该定金条款属于独立于主合同的另外一个担保合同，定金合同是主合同的从合同，应当按照“主从关系的原则”处理定金合同与主合同之间在合同成立、生效、转移方面的从属关系。主合同不成立，定金合同亦不成立；主合同无效，定金合同亦不生效；主合同债权转让，定金合同亦随之转让。[①]

但有观点认为，主合同无效则定金合同无效这个原则所适用的定金类型是违约定金、成约定金、解约定金以及证约定金四种类型。立约定金的特点是其法律效力的发生与该主合同是否发生法律效力没有关系。立约定金的生效是独立的，在主合同之前就成立。凡在意向书一类的协议中约定了立约定金，其法律效力自当事人交付定金时就存在。在所担保的订约行为没有发生时，违反承诺的当事人就要受到定金处罚，立约定金就由此发挥定金的担保作用。因此，在认定定金性质为立约定金的情况下，如主合同无效，作为定金的担保合同并不当然无效。[②] 笔者认为，违约定金也不适用主合同无效定金合同无效原则。主合同无效后违约定金成为主合同的清理条款，应当独立发挥作用。

---

① 梁慧星:《合同通则讲义》,人民法院出版社2021年版,第396页。

② 王鸿晓:《定金合同效力的从属性原则及其例外情形》,载《人民司法》2011年第5期。

二、定金的种类[①]

现今民法上的定金，依据其效力不同，分为如下几类：

（1）证约定金，即以定金的交付作为合同成立的证据。德国、瑞士民法上的定金属于证约定金。我国对此并无明文规定，但从证约定金的本义看，证约定金证明的是合同成立，同成约定金一样，其主要功能也是证明有关主合同成立与否，解决的仍是关于合同成立的事实判断问题，并不涉及对合同效力的法律评价。如果主合同效力被认定为无效，证约定金作为独立条款依然存在。

（2）解约定金，即以定金作为解除契约的代价。法国、日本民法上的定金是解约定金。原《担保法司法解释》第117条规定："定金交付后，交付定金的一方可以按照合同的约定以丧失定金为代价而解除主合同，收受定金的一方可以双倍返还定金为代价而解除主合同。对解除主合同后责任的处理，适用《中华人民共和国合同法》的规定。"

（3）违约定金，即以定金作为违约损害赔偿的预定，交付定金一方违约则其丧失定金，收受定金的一方违约则其应双倍返还定金。因定金之交付，均有证明合同成立的功能，故违约定金兼有证约定金的作用，我国台湾地区相关民事制度中的定金，即违约定金。

（4）成约定金。原《担保法司法解释》第116条规定了成约定金："当事人约定以交付定金作为主合同成立或者生效要件的，给付定金的一方未支付定金，但主合同已经履行或者已经履行主要部分的，不影响主合同的成立或者生效。"成约定金的法律意义在于，当事人在约定成约定金后，定金未交付的，合同当时不成立或不生效，当事人在合同中约定的权利义务也不发生法律拘束力。无论是作为合同成立要件的定金，还是作为合同生效要件的定金，在司法解释中统称为成约定金。[②]

（5）立约定金。原《担保法司法解释》第115条规定了立约定金："当事人约定以交付定金作为订立主合同担保的，给付定金的一方拒绝订立主合同的，无权要求返还定金；收受定金的一方拒绝订立合同的，应当双倍返还

① 梁慧星：《合同通则讲义》，人民法院出版社2021年版，第394—395页。

② 李国光等主编：《最高人民法院〈关于适用《中华人民共和国担保法》若干问题的解释〉理解与适用》，吉林人民出版社2000年版，第397页。

定金。”

三、定金的性质

原《担保法》规定，定金是债的担保方式之一。《民法典》第 586 条第 1 款依旧坚持了上述立场。

有观点认为，定金是一种独立的违约责任形式。担保是为了确保债权实现而对责任财产的扩大或特定化的努力，即担保财产是责任财产的扩大或特定化。具体而言，担保制度的确立使得债权受偿或者超出了债务人的财产范围，或者取得了对债务人（或者担保人）财产的“间接”支配权。这就在实质上使债权人的受偿财产大大超出了债务人财产的实际范围，等于将保证人和连带债务人的财产纳入了债权人受偿财产的范围。担保制度依靠这个本质确立了自己的存在空间，凡符合这个本质的就属于担保制度；凡不符合这个本质的就不属于担保制度。定金罚则制度显然没有扩大债务人偿债资产的范围。定金与担保制度的价值重心各异，在经济与法律互动的基础上，尽管社会经济模式的转换和生产力水平呈逐渐增加和不断提高的趋势，但担保制度的安全功能始终处于其价值的中心地位。定金制度的设计以定金罚则威慑人们履约，是为了提高履约效率而存在的，至于债权能否完全实现，它不关心，也不能保障。其价值取向为“效率”。①

也有学者依据不同的定金类型分析定金是否有担保功能，认为仅立约定金、违约定金具有担保功能，而成约定金、解约定金不具有担保功能。② 笔者认为，担保是一个范围非常广的概念，不仅担保物权具有担保功能，而且其他任何能够合法督促债务人履行债务进而保障债权实现的方式，都属于担保。③

现代各国民法规定定金的担保功能并非没有认清定金的功能。传统的经典担保制度确实是以增大债务人偿债资产的范围或者特定化某项资产来保障债权的实现为努力方向的。当发生债权得不到清偿的情形时，通过对保证人的强制执行或者对担保财产的处置变现实现债权，这是一种间接的债的担保制度。

---

① 杜江涌:《论定金性质的回归与重塑》,载《理论探索》2006 年第 6 期。

② 李贝:《定金功能多样性与定金制度的立法选择》,载《法商研究》2019 年第 4 期。

③ 程啸:《民法典物权编担保物权制度的完善》,载《比较法研究》2018 年第 2 期。

债权债务的善始善终，仍然取决于主合同当事人。正常情况下，主合同订立之初，各方当事人对于自身履行合同能力有充分的评估论证。即便在合同履行中发生意外情况，只要充分调动合同当事人的积极主动性，一般情况下合同还是可以得以圆满完成的。故，主合同当事人才是债权实现的直接担保。而要调动当事人自身的积极性，定金是一种很好的方式。定金的作用不仅在于对当事人产生心理威慑，更在于对交付定金的当事人施加直接心理压力。这种压力感是人的担保或者物的担保制度中所没有的。这种压力迫使债务人千方百计去履行合同义务。同时，定金罚则对收受定金的一方也是沉重的压力，定金罚则是看得见的风险和损失。所以，定金担保是通过促使当事人自身努力，直接保障债权的实现。定金担保功能与经典的人保或者物保存在区别，但是异曲同工。

我国《民法典》将定金制度置于合同编的违约责任一章中，不能说明定金是一种民事责任形式，因为所有的担保责任均是在债权没有得到清偿即主合同违约的情况下才产生担保责任。没有主债权合同当事人的违约责任，就不会有担保人的责任，因此，定金制度放在民事责任中不影响其担保性质。

第二节　定金罚则及其适用

定金罚则具有所谓“双重担保性”，即定金惩罚性的法律效果不仅适用于交付定金的一方，也适用于收受定金的一方当事人。《民法典》第 587 条及《民法典合同编通则司法解释》第 67 条、第 68 条对定金罚则以及罚则的适用条件进行了规范。

一、债务人履行义务的，定金应当折抵价款或者收回

当合同正常履行的时候，定金失去担保功能，应当折抵价款或者退回。

二、合同一方根本违约时，给付定金的一方无权收回定金，接受定金的一方双倍返还定金

这是指合同没有得到正确履行时的定金罚则，也是定金发挥担保作用的主要方式。给付定金的一方不履行义务的时候，丧失定金；接受定金的一方不履行义务的时候，双倍返还定金，其中“一倍”是退还所收受的定金，“另一

倍”是自己向对方支付的违约金。[①] 根本违约成为适用定金罚则的法定条件。一方不履行债务或者履行债务不符合约定，致使不能实现合同目的，是《民法典》规定的适用定金罚则的条件，这比原《担保法司法解释》规定的“迟延履行或者其他违约行为致使不能实现合同目的情形”范围周延，增加了不履行债务的情形。应当说，《民法典》只是规定了违约定金制度，其适用条件是达到“不能实现合同目的的”违约严重程度。

三、定金罚则的适用条件

《民法典合同编通则司法解释》对定金罚则的适用情况作了规定：

（1）当事人交付留置金、担保金、保证金、订约金、押金或者订金等，未约定定金性质，不得适用定金罚则。约定了定金性质，但未约定定金类型或者约定不明，一方主张是违约定金的，人民法院应予支持。根据该规定，当事人在合同中没有使用“定金”一词的，则需要对上述词语的性质作出明确约定。不使用“定金”字样，如使用“保证金”一词，但是在合同中明确约定一方不履行义务时，对方适用定金罚则的，即认为是定金。

（2）当事人约定以交付定金作为订立合同的担保，一方拒绝订立合同或者在磋商中违背诚信原则未能订立合同的，一方当事人主张适用上述定金罚则的，人民法院支持。也就是说，当事人交付立约定金，另一方当事人有过错的，另一方可以主张定金罚则。当事人的过错包括拒绝订立合同和恶意磋商未能订立合同的情形。

（3）当事人约定以交付定金作为合同成立或者生效要件，应当交付定金的一方未交付定金，但是合同的主要义务已经完成并为对方接受的，人民法院应当认定合同自对方接受履行时已经成立或者生效。一般情况下，成约定金合同未成立的，主合同不成立或者不发生效力，但是，即使成约定金合同没有成立，主合同仍可以通过实际履行成立或者生效。

（4）当事人约定解约定金的，交付定金的一方主张丧失定金为代价解除合同，或者接受定金的一方以双倍返还定金为代价解除合同的，人民法院应当支持。

（5）定金性质约定不明时的认定。原《担保法》和今《民法典》主要规

① 梁慧星：《合同通则讲义》，人民法院出版社 2021 年版，第 397 页。

定了违约定金，对于立约定金、成约定金、解约定金没有规定。通常认为，我国法律主要是围绕违约定金展开的，其他类型的定金作为例外存在。司法实务中有违约定金优先的裁判原则，其他类型的定金，以当事人之间的约定为适用条件。当事人约定了定金性质，但未约定定金类型或者约定不明的，一方主张为违约定金的，人民法院应当支持。

（6）双方当事人均具有《民法典》第 587 条规定的根本违约情形，其中一方请求适用定金罚则的，人民法院不予支持。当事人一方构成根本违约，对方仅有轻微违约，轻微违约方主张适用定金罚则，根本违约方以对方也有违约行为为由进行抗辩的，人民法院对该抗辩不予支持。对严重违约方适用定金罚则。

（7）当事人一方已经部分履行合同，对方同意接受并主张按照未履行部分所占比例适用定金罚则的，人民法院依法予以支持。对方主张按照合同整体适用定金罚则的，人民法院不予支持，但是部分未履行致使不能实现全部合同目的的除外。此为定金罚则的按比例适用。

（8）因不可抗力致使合同不能履行，非违约方主张适用定金罚则的，人民法院不予支持。此处删除了原《担保法司法解释》关于意外事件适用定金罚则的情形，即意外事件导致的合同不能履行，可以适用定金罚则。

第三节　定金与违约金的竞合

《民法典》第 588 条："当事人既约定违约金，又约定定金的，一方违约时，对方可以选择适用违约金或者定金条款。定金不足以弥补一方违约造成的损失的，对方可以请求赔偿超过定金数额的损失。"该条源于原《合同法》第 116 条[①]，并增加了第 2 款，即定金不足赔偿损失的，可以要求继续赔偿。该条是定金与违约金竞合时的处理规则。

一、引起当事人权利竞合的情景

一方违约时不仅引发了守约方适用定金罚则的权利，还引发了违约金请求

① 原《合同法》第 116 条："当事人既约定违约金，又约定定金的，一方违约时，对方可以选择适用违约金或者定金条款。"

权。假设定金合同与违约金约定所指向的违约形态并无交集，比如定金合同指向履行不能，违约金指向履行迟延，在一方构成履行不能或履行迟延时仅可能引发一种权利，不存在选择的问题。只有当定金合同和违约金约定各自涵盖的违约形态存在交集，且实际发生的违约行为落入该交集中时，才可能引发原《合同法》第116条规定中的两种权利并存的法律效果。①

根据《民法典》的规定，定金与违约金竞合的情景是：

（1）主合同中约定了有效的违约金条款；

（2）依附于主合同的定金合同（定金条款）已经生效且约定了定金的适用条件；

（3）违约金条款适用的条件与定金罚则适用的情形一致，均是导致主合同目的不能实现。

同时符合上述三个条件，才引起当事人违约金与定金选择权竞合的问题。若不符合上述条件，则不存在选择适用。

二、当事人择一选择适用

前已述及，我国法律规定了违约定金，属于当事人预先约定的违约赔偿金，与赔偿性违约金性质相同，故当事人只能择一行使权利。② 当事人选择其中一种方式时，另一方违约责任形式即失去效力。即使选择不能弥补损失，也不能重新选择。但如果选择定金，而定金不足以弥补损失的，还可以要求对方当事人继续补偿。

应当注意，违约定金的适用以违约责任的承担为前提。实际上，违约定金的适用属于体系化适用违约责任的一个环节。只有违约责任成立，违约定金才能成立，违约责任免除的，违约定金责任免除。

三、定金可否适用酌减原则

《民法典》第585条规定，当事人可以约定一方违约时应当根据违约情况向对方支付一定数额的违约金，也可以约定因违约产生的损失赔偿额的计算方

① 姚明斌：《论定金与违约金的适用关系——以〈合同法〉第116条的实务疑点为中心》，载《法学》2015年第10期。

② 梁慧星：《合同通则讲义》，人民法院出版社2021年版，第399页。

法。约定的违约金低于造成的损失的，人民法院或者仲裁机构可以根据当事人的请求予以增加；约定的违约金过分高于造成的损失的，人民法院或者仲裁机构可以根据当事人的请求予以适当减少。当事人就迟延履行约定违约金的，违约方支付违约金后，还应当履行债务。《民法典合同编通则司法解释》第 65 条规定，当事人主张约定的违约金过分高于违约造成的损失，请求予以适当减少的，人民法院应当以《民法典》第 584 条规定的损失为基础，兼顾合同主体、交易类型、合同的履行情况、当事人的过错程度、履约背景等因素，遵循公平原则和诚信原则进行衡量，并作出裁判。约定的违约金超过造成损失的 30%的，人民法院一般可以认定为过分高于造成的损失。恶意违约的当事人一方请求减少违约金的，人民法院一般不予支持。

问题在于：当事人选定定金方式追究违约责任的，如果约定的定金过分高于违约造成的损失的，可否请求酌减呢？

实务中的观点是，定金不适用酌减规则。重庆市高级人民法院在重庆中渝燃气有限公司与重庆市人人乐商业有限公司房屋租赁合同纠纷案二审①中认为，双方签订的《房产租赁合同》第 4.2 条明确约定，中渝燃气公司未能在 2012 年 9 月 1 日后的 6 个月宽展期内交付租赁房产的，视为中渝燃气公司违约，人人乐商业公司有权选择终止该合同，中渝燃气公司应双倍返还定金。由于中渝燃气公司未能在上述时间内交付租赁房产，人人乐商业公司已经选择解除《房产租赁合同》，故中渝燃气公司应当双倍返还人人乐商业公司交付的定金。定金系债权之担保，根据定金罚则，给付定金的一方不履行约定的债务的，无权要求返还定金；收受定金的一方不履行约定的债务的，应当双倍返还定金。同时，该案发生时，原《合同法》第 116 条规定，当事人既约定违约金，又约定定金的，一方违约时，对方可以选择适用违约金或者定金条款。因此，定金虽然亦属违约责任的承担方式，但与违约金并不属同一概念，中渝燃气公司要求对定金予以调整，不符合定金的性质及适用规则，且无相关法律规定，法院不予支持。故此案判决驳回上诉，维持原判。

有观点认为，合同法对违约金特设司法酌减规则的理由在于违约方在允诺

① 重庆市高级人民法院(2014)渝高法民终字第 00356 号民事判决书。

违约金时通常自信能依约行事，也无法完全准确预估未来违约造成的损害。①一旦实际损害与约定金额相去甚远，恪守自治的效力有时反而有违实质公平。对违约定金可否类推适用司法酌减就取决于违约定金是否存在类似的利益格局和衡量情境。实践中，守约方选择适用定金罚则的动机，或者在于约定的违约定金高于赔偿性违约金，或者是因守约方乃定金收受方，定金已是囊中之物。在前一种情形下，较低的违约金尚且应受司法酌减之规制，若较高的违约定金若不能酌减，则有评价矛盾。在后一种情形下，司法酌减以保护债务人为目的，未给付的违约金尚且有酌减余地，若已给付的定金若不能酌减，亦有评价矛盾。在约定的违约定金和赔偿性违约金均过分高于违约损害的情况下，若不允许对违约定金类推适用酌减，债权人可以通过选择适用定金罚则而规避酌减，进而获得不合理的超额赔偿。若是如此，则原《合同法》第 116 条所规定的择一适用立场，反而会引发有悖其规范目的的效果，有失妥当。违约定金在功能上与违约金具有一定同质性，这决定了对其类推适用司法酌减的正当性。

笔者认为，定金虽然是违约责任的一种形式，但是定金的本质是担保，其目的在于保障债权的实现。根据担保的从属性原则，担保人承担的责任范围受限于主债权，即担保人的责任在于填平债权人债权未圆满的状态。同时，定金具有一定的惩罚性，是当事人自愿接受的惩罚。故，定金罚则兼顾惩罚性与保证责任的从属性，如果适用定金罚则的支付金额不过分高于违约在成的损失，应当不予酌减，体现定金的惩罚性；反之，应当予以酌减，体现担保的从属性原则。

第四节　定金在破产程序中行使别除权问题

破产法理论通常认为，别除权是指债权人因其债权设有物权担保或享有特别优先权，而在破产程序中就债务人（即破产人，下同）特定财产享有的优先受偿权利。“别除权”是大陆法系中使用的概念，在英美法系中与之相应的概念是“有担保的债权”（指有约定或法定物权担保的债权），但前者的涵盖

① 姚明斌:《论定金与违约金的适用关系——以〈合同法〉第 116 条的实务疑点为中心》,载《法学》2015 年第 10 期。

范围较后者更广一些。别除权的优先受偿权，是由债务人特定财产上原已存在的担保物权或特别优先权具有的排他性优先受偿效力沿袭而来的，其中又以源自约定担保物权者最为常见。从权利本源上讲，别除权并非破产法所创设，但其在破产程序中的实现具有新的特点。别除权的名称，便是针对这一权利在破产程序中的特点而在破产法理论上命名的。①

在破产程序中讨论的定金问题最主要的是破产程序与违约定金的问题。破产管理人接管破产企业后，如果决定继续履行与定金合同有关的主合同，定金罚则依据定金合同的约定和法律规定发挥作用自无疑义。问题是主合同被破产管理人决定解除，涉及的定金担保如何处理。要分析这个问题，还应当从定金合同的主从关系入手。

第一，定金罚则发挥作用的前提条件是定金合同依法有效，如果定金合同无效或者被解除，定金罚则不应当发挥作用。

第二，主合同被解除后，定金合同是否有效？笔者认为，定金合同是担保合同，其效力从属于主合同。如果主合同被解除，定金合同也应解除，从而失去效力。定金不论是以货币支付，还是以票据、封金、专用账户等形式支付，定金的种类物特征不会改变。定金交付后，依据占有即所有的金钱规则，该定金即与收受定金一方的资产混同。定金不能特定化，其上也不存在担保物权，故定金不能从破产人资产中分离出来，定金债权人也不能以定金优先受偿。最高人民法院《关于审理企业破产案件若干问题的规定》第 55 条规定，清算组解除合同，对方当事人依法或者依照合同约定产生的对债务人可以用货币计算的债权，以实际损失为计算原则。违约金不作为破产债权，定金不再适用定金罚则。笔者认为，此规定表明最高司法机关遵从了主从合同原则，主合同被解除后，定金合同亦解除，定金罚则不再适用。

第三，定金合同失去效力后，定金的担保功能丧失，变成纯粹的往来款。破产人支付定金的，管理人可以向收取定金的一方进行追偿。收取定金的一方有损失的，可以主张与定金的抵销；破产人收取定金的，支付定金的一方向破产人主张破产债权以及实际损失。

---

① 王欣新：《破产别除权理论与实务研究》，载《政法论坛》2007 年第 1 期。

第三十二章 非典型担保（一）

第一节 非典型担保概述

一、非典型担保的概念

民法上的担保，依其是否为民法典所明文规定为标准，可以分为典型担保与非典型担保。所谓典型担保，是指法律明文规定的，以担保债权实现为直接目的的担保形式。[①] 近现代各国民法所规定的抵押权、质权和留置权属于典型物的担保，典型性人保为保证，典型性金钱保为定金。非典型性担保是相对于典型性担保而言的，其概念有广义和狭义之分。

狭义的非典型担保，是指在交易实践中自发产生，而后为判例和学说所承认的担保。让与担保为其代表。[②]

广义的非典型担保，又称变态担保或不规则担保，是指法律未将其放置于债权担保体系内，甚至法律未对其加以规定，但其内在地具有或者兼具担保债权实现的功能，社会交易中将其用于债权担保的制度。典权、让与担保、附条件买卖、买回、代理受领、抵销、融资租赁均属此类。[③]

对非典型担保的概念，也有观点认为，广义的非典型担保，既包括已经被法律确定，但其主要权利义务并非担保，而未直接在担保制度中规定为典型担保的法定非典型担保，也包括在市场交易中自发形成、市场主体通过合同进行权利义务安排而实现担保功能的担保措施。狭义的非典型担保仅指后者，是《民法典》等法律已经规定的担保措施之外的、市场主体通过合同安排构建的具有保障债权实现或者确保权益获取的交易模式，包括强行平仓、独立保证、

① 崔建远:《对非典型担保司法解释的解读》,载《法治研究》2021 年第 4 期。

② 梁慧星、陈华彬:《物权法》(第七版),法律出版社 2020 年版,第 321 页。

③ 谢在全:《民法物权论》(中册),三民书局有限公司 2003 年版,第 351—352 页。

差额补足协议、结构化资金、让与担保、动态质押等。[①]

笔者认同后一种观点，从是否具有法定性这一角度已经无法对典型担保与非典型担保进行准确分类。比如，让与担保制度，《民法典》对此没有规定，但是《民法典担保制度司法解释》对此进行了规定。我们很难说让与担保不具有法定性。只有从合同权利义务是否为担保目的出发对两者进行分类，才可以通俗易懂地将它们分辨出来。一些非典型担保的构成、效力、实现方式已经被法律（或者司法解释）所规定，已经定型化。比如所有权保留等，这些已经被合同法规定的担保措施，以法定非典型担保称之更为恰当。但是更多的是法律没有规定，当事人通过合意创设的担保措施（比如强行平仓制度），笔者称之为意定非典型担保，它们是非典型担保研究的核心部分，也可称之为狭义的非典型担保。

以上关于典型担保与非典型担保的概念，已经突破非典型担保的固有概念。非典型担保原是指物权法中未作规定，但是在实务和判例法上已经得到确立者，为非典型担保。[②] 谢在全先生也认为，物的担保有典型担保和非典型担保之分。[③] 现在论及非典型担保，已经不再局限于物权法领域，而是在包括物权法、合同法在内的整个法律范围内论述。

非典型担保一般规定在合同法或者隐含在市场主体依据需求而设计的行为中。与典型担保法律对其构成和效力直接作出规定不同，狭义的非典型担保是市场主体通过合同进行交易结构的安排以实现担保供功能。因此，其构成和特征由市场主体根据实际需要进行设计，而效力是通过合同约定发生效果。这种构成特征与效力都由合同约定而非由法律规定的非法定性，是非典型担保与典型担保之间最本质的区别。[④] 典型担保与非典型担保的另一个重要区别是，其法律行为是否以直接担保债权实现为目的。以担保实现债权为目的的法律行为，是典型担保；反之，则为非典型担保。[⑤]

与其他通过对事物的共同特征进行“提取公因式”所获得的法律概念不

---

① 王睿:《金融创新中的非典型担保类型化探讨》,载《政治与法律》2023 年第 1 期。

② 高圣平、张尧:《中国担保物权制度的发展与非典型担保的命运》,载《中国人民大学学报》2010 年第 5 期。

③ 谢在全:《担保物权制度的成长与蜕变》,载《法学家》2019 年第 1 期。

④ 王睿:《金融创新中的非典型担保类型化探讨》,载《政治与法律》2023 年第 1 期。

⑤ 谢在全:《担保物权制度的成长与蜕变》,载《法学家》2019 年第 1 期。

同，非典型担保是反面排除的结果，但凡典型担保以外的所有担保手段，尽可囊括其中，种类繁多，内容庞杂。这就导致非典型担保不具有统一的构成要件和法律效力，而且其内涵、外延始终处于动态变化过程中。从这个意义上讲，与其说非典型担保是一个法律概念，不如将其当作容纳立法冗余的“箩筐”更为准确得当。①

有了典型担保为什么还要创设非典型担保是一个值得探讨的问题。从普遍意义上而言，非典型担保之所以被创设乃至被广泛运用，其中一个重要原因就是典型担保的架构模型并非完美无缺，而非典型担保一般所扮演的正是典型担保补充者的角色。现今世界各国都不同程度地存在各式各样的非典型担保。各国判例与学说之所以会锲而不舍地去推动承认形形色色的非典型担保，甚至在某种非典型担保与立法存在一定的背离时亦不离不弃，主要原因就在于非典型担保具备切实的补充作用，即能够部分弥补因典型担保架构模型的僵滞性而形成的不效率乃至缺陷。② 笔者认为，典型担保架构模式存在的主要问题：一是僵化，质押需要转移占有，权利质押需要办理登记，抵押不进行登记不产生抵押权效力，这些僵化的规定要求不符合市场主体的效率要求。二是一些中小微企业或者高科技企业属于轻资产行业，通常没有可以抵押、质押的土地、房产以及动产，采用典型担保方式进行融资，往往不被金融机构认可，难以获得融资，由此造成中小企业或者高科技企业融资难、融资贵，不利于社会经济的发展。三是典型担保内部存在的矛盾和冲突，比如，抵押权要逊于建筑工程优先受偿权受偿，已经支付购房款的可以阻却抵押权人对该房屋的强制执行等，这些典型担保内部的冲突，并非商人可以知悉了解的。特别是典型担保在担保功能实现过程中的复杂程序，耗费的资金、时间、精力，均让人望而却步。市场主体不仅是理性的，更是逐利的。当一项典型担保在某些交易场景下不符合效率价值时，即其难以为市场主体带来足够的效益时，市场主体必然会用市场的方式进行“优胜劣汰”。一旦现有的典型担保均不能满足市场主体在某些交易场景下的效率化融资需求，市场主体将基于供给与需求的原理而迸发出创造

① 姚辉、李付雷：《非典型担保的裁判规则》，载《社会科学》2019 年第 8 期。

② 张伟：《〈民法典〉时代非典型担保的逻辑追问与效力审视——以买卖型担保为分析视角》，载《社会科学战线》2022 年第 3 期。

力，非典型担保的创设也随之而来。①

区分典型担保与非典型担保具有法律意义：（1）典型担保的构成和效力均有法律明文规定，而非典型担保的情形较为复杂，务必先定性和定位，方能适当地适用法律；（2）通过对典型担保和非典型担保的梳理，可建立债的保障体系，完善民法理论。②

二、非典型担保的特点

就典型担保与非典型担保均为债权的担保方式而言，二者并无差异。但就制度构造与实行方式来看，二者则有相当大的差异。非典型担保具有以下特点：

第一，非典型担保是权利转移型担保。

从制度构造上看，典型担保，是以标的物设定具有担保作用的定限物权为其构造形态的担保。所以，典型担保中的担保权人所享有的权利仅是“限定”性的权利，而标的物的所有权仍保留在设定人手中。而非典型担保，是将标的物的所有权或其他权利移转给担保权人，供债权的担保。由于标的物的所有权或权利本身已被移转给担保权人，所以担保权人所支配的是标的物的全部权利。故，非典型担保又被称为权利移转型担保。比如，在让与担保，其基本构造是将抵押物的所有权转移给抵押权人。保理也是同样情形。让与担保、所有权保留、融资租赁均涉及所有权的担保性。让与担保中，债务人将标的物所有权转移给担保权人以担保自身债务偿还，属于用自己的财产进行担保，这是对传统担保物权或者说是对所有权的一种突破创新——所有权不仅是对物的归属界定，更进一步成了可转移的权益、可交易的信用。而所有权保留以及融资租赁，从形式上看是出租人或者出卖人保留了所有权，但究其实质，其担保性应当看作承租人或者买受人在支付部分价款后将取得的部分所有权益转移用作担保。③ 随着经济的发展，实践中的非典型担保也未局限于权利移转型担保，而是发生了新的变化，其中最为典型的是所谓的“买卖型担保”。买卖型担保是

① 张伟:《〈民法典〉时代非典型担保的逻辑追问与效力审视——以买卖型担保为分析视角》,载《社会科学战线》2022 年第 3 期。

② 崔建远:《对非典型担保司法解释的解读》,载《法治研究》2021 年第 4 期。

③ 邸天利:《非典型担保共性解析》,载《政法论坛》2011 年第 1 期。

指当事人分别订立借款合同与买卖合同，但仅实际履行了借款合同，未履行买卖合同，以买卖合同中买受人的请求权担保其借款债权，而非移转标的物所有权。我国《民间借贷司法解释》第23条对此有规定。

第二，非典型担保具有复合性。

非典型担保往往嵌套在其他的交易安排中，通过多重法律关系交织实现担保功能，难以像典型担保一样，主债权债务合同与担保合同有清晰的分离，担保措施条款也很难提炼出来。但对当事人整体的交易安排以及结合当事人的交易目的看，当事人整体的交易安排是为了给资金回收提供保障。[①] 比如保理合同，整体制度设计中很难提炼出其担保措施在哪里，但是该制度中安排的有追索权保理，保理商在债权得不到清偿时，可以向借款人追索，该制度安排的最终结果是保障保理商的债权得以实现。应当看到，这种复合性的交易安排，除了满足交易的便捷效率外，更主要的目的是对嵌套其中的担保措施进行隐藏，从而规避担保制度对其的限制和金融监管机构的监管。[②] 笔者曾经历一次融资租赁合同谈判，银行在没有信贷额度的情况下，采取了融资租赁的方式发放贷款。

第三，担保功能实现灵活多样。

在典型担保中，当担保债权未获清偿时，抵押权人通过折价或者拍卖、变卖抵押物的方式，并以拍卖、变卖抵押物所得的价款优先受偿。在非典型担保中，担保的担保功能实现还是通过典型担保的担保实现方式。比如，所有权保留、融资租赁等的非典型方式担保功能的实现，依靠折价、变卖、拍卖的方式实现。但是，非典型担保还可以通过特定的法律关系或者法律行为来担保主债权实现。[③] 比如，保理合同纠纷中，保理人是通过对债权转让人的追索或者要求债务人偿还债务的方式实现债权；商铺承租人在以商铺租赁权为客体的非典型担保中，贷款银行、借款商户和商铺所有人会在协议中约定以商铺承租权为标的为银行贷款提供担保，如果承租商户届期未能归还银行贷款，则商铺所有者有权提前收回商铺的承租权，重新出租给他人，所得租金将用于优先清偿原承租商户拖欠的银行贷款。[④] 所有权保留与让与担保的担保功能实现，因标的

① 王睿：《金融创新中的非典型担保类型化探讨》，载《政治与法律》2023年第1期。

② 王睿：《金融创新中的非典型担保类型化探讨》，载《政治与法律》2023年第1期。

③ 姚辉、李付雷：《非典型担保的裁判规则》，载《社会科学》2019年第8期。

④ 陈本寒：《新类型担保的法律定位》，载《清华法学》2014年第2期。

物的权利已在外形上归担保权人（债权人）享有，所以担保权的实行既简单又便捷，不必践行像行使抵押权和质权时需要的那些程序。应当说，非典型担保的担保功能实现方式更加多样、灵活。

第四，非典型担保具有隐蔽性。

学说与立法均对非典型担保充满顾虑。此种顾虑源自对非典型担保隐蔽性的忧虑，认为不论是让与担保还是买卖型担保均欠缺公示，会对交易安全造成危害。比如，在所有权保留交易中，依据一般的观念，动产一经交付，其所有权即发生转移，买受人依法可以对该动产进行占有和处分。但在所有权保留担保中，出卖人依然对该动产享有所有权，出卖人可以依据其所有权对该动产进行追及。在保理合同中，债权转让人将债权转让后，可能再次转让该债权，形成同一笔债权两次或者多次转让的情形，出现谁的债权更为优先的争议。上述情形出现，在一定程度上搅乱了市场秩序，对交易秩序和交易安全产生不良影响，这也是非典型担保倍受质疑的地方。随着我国统一的动产担保交易登记系统的建立，非典型担保的隐蔽性在一定程度上有所降低，但是由于该系统的局限性，仍然有一些担保品无法登记。

第五，非典型担保是担保的功能主义体现。

各国担保法律领域存在两种不同的立法观念：一是形式主义，即将担保物权区分为不同类型，对不同类型的担保物权分设不同规则；另一种是功能主义，即不区分担保物权的形态，只要有担保功能，就适用统一规则。形式主义的代表是德国法，功能主义的代表是美国法。① 非典型担保是商人智慧的体现，是为了弥补典型担保的不足而出现的制度形式，以满足实用为目的。因此，非典型担保制度集中体现了担保的功能主义原则，一切具有担保功能的形式，都可以在实践中运用。比如，所有权保留和让与担保是典型的非典型担保，具有担保债权实现的功能。从典型担保的法效果上看，所有权保留和让与担保不是担保，因为其既不增加债务人的责任财产（人保），也不在债务人的责任财产上设置优先权（物保），而是在某种情况下直接增加债权人的财产。②

---

① 王利明：《担保制度的现代化：对〈民法典〉第 388 条第 1 款的评析》，载《法学家》2021 年第 1 期。

② 冯洁语：《民法典视野下非典型担保合同的教义学构造——以买卖型担保为例》，载《法学家》2020 年第 6 期。

三、非典型担保的主要形式

非典型担保分为非典型人保和非典型物保。非典型人保包括到期回购、差额补足责任以及流动性支持等增信措施；让与担保、所有权保留、融资租赁、保理等属于法定非典型物保的范畴。对这些法定非典型担保制度，笔者将在后文中逐一进行分析。

对于合意非典型担保，因其种类繁多、内容复杂，对其进行类型化研究、统一裁判思路是学者研究的重点。有专家认为，在金融创新领域，目前存在的非典型担保有如下类型①：一是规则突破型。该类型的非典型担保超脱于现行制度，比如强行平仓制度，突破了担保物的实现程序规则，甚至构成了流质流押的法律效果。再比如，独立保证制度突破了担保合同的从属性规则。二是规则规避型。该类型的非典型担保，从性质上说属于法律规避，是市场主体在采用非典型担保对于降低交易成本的效益与其效力可能被否决的风险之间进行综合平衡后进行的选择。规避的规则有三种情形，即担保法层面的规则、公司法关于担保的规则和金融监管规则。该类型的非典型担保制度如差额补足制度。三是规则补充型。该类型的非典型担保，如动态质押。《民法典担保制度司法解释》第 55 条将实际控制作为动态质押的公示方法，并规定了实际控制的认定标准，属于对质押公示方法的补充。上述三种分类方法均以担保制度为核心基础。

对于金融创新中所产生的这些非典型物上担保的效力应当如何认定，目前通说认为，非典型担保不具备创设物权的效力，即就所涉标的物而言，债权人不能取得优先于其他债权人的效力，但这并不影响非典型担保合同在债法上的效力。② 如果债务人没有其他债权人，将因交易产生的权利认定为物权还是债权在实体处理结果上并无差别。是否具有优先性，在单一债权人下并无意义。有意义的是债务人存有多个债权人情形下，非典型担保的债权人的受偿优先性受到影响。③ 随着我国动产担保交易统一登记系统的建立，在优先受偿问题上非典型担保与典型担保并无二致。

---

① 王睿:《金融创新中的非典型担保类型化探讨》,载《政治与法律》2023 年第 1 期。

② 刘贵祥:《〈物权法〉关于担保物权的创新及审判实务面临的问题(下)》,载《法律适用》2007 年第 9 期。

③ 高圣平:《担保法前沿问题与判解研究》(第四卷),人民法院出版社 2019 年版,第 299 页。

在非典型担保的权利客体上，我国出现了一些新类型担保，比如商铺承租权担保、出租车经营权担保、理财产品担保、排污权担保、企业银行账户担保、公用事业收费权等等。

（1）商铺承租权担保。商铺租赁权质押常见的操作模式是：由贷款方（商业银行）、借款方（商户、商铺承租人）与大型专业市场的商铺所有者或管理者（商铺出租人）签订三方协议，以商铺租赁权的财产价值作为优先偿债的担保，在商铺出租人处办理质押登记，并限制商铺承租人将商铺租赁权以任何形式进行转让、转租或重复质押。商铺租赁权的价值由商业银行进行评估、商铺出租人确认。贷款方（质权人）与商户（质押人）约定，如果商户到期不能归还贷款，由商铺所有者或管理者处置该租赁权，所得价款用于优先清偿商户的贷款。商铺承租权担保，既解决了商铺出租的难题，又解决了承租人无资金经营的难题和银行贷款的担忧，可谓是“一箭三雕”，故受到市场欢迎。

（2）出租车经营权担保。在我国，出租车营运证是“有价证券”。出租车经营权质押也被称为出租车营运证质押、出租车营运牌照质押，即出租车运营公司以其名下的出租车经营权出质，向银行申请贷款。常见的操作模式是：出租车营运证持有人将其持有的、由车辆运输管理所核发的出租车营运证交由债权人保管，并在车辆管理所进行质押登记，以出租车营运证所代表的出租车经营权进行质押，办理贷款。如到期不能还贷，由债权人对出租车经营权进行处置，所得款项用于清偿所担保的债权。

（3）理财产品担保。目前，不少商业银行均对外发行了多种理财产品。由于这些理财产品大多数不支持客户提前赎回，因此，客户资金存在流动困难的问题。一方面，部分客户在急需资金时，希望以理财产品作为担保从银行融得资金；另一方面，理财产品为银行自身发售，银行可以对质物进行控制，能够较好保证银行债权的实现。因此，不少商业银行开展了理财产品质押贷款业务。其主要操作模式是：债务人以其在商业银行所投资的理财产品为出质标的，为其在同一银行申请的贷款提供担保。如其到期不能偿还贷款，银行有权将该理财产品折价变现，以清偿债务人所借贷款。

（4）排污权担保。排污权，是指排污单位在获得行政部门许可之后，按照许可证确定的范围、时间、地点、方式和数量等进行排污的权利。我国从1991年开始进行排污权交易试点，排污权由此开始具有可以作为交易标的的财产价值。排污权质押是以排污权为质押标的，在颁发排污权许可证的环保部门办理质押登记，为债权提供担保的方式。就权利属性而言，有的地区称其为排污权抵押，有的地区称其为排污权质押。目前，此种担保方式在浙江等地开展较多。由于排污权交易并未在全国全面推行，因此，在拍卖排污权以清偿债务时，一般将排污权的买受人限定为本地企业。

（5）银行账户担保。以企业银行账户为客体的担保，是指企业与其开户银行达成协议，该企业向开户银行贷款时，须以该企业在该银行设立的账户内往来资金做担保；若贷款届期不能清偿，银行将直接从企业的账户中划转资金，用于清偿该银行的贷款。①

实践中还出现了人身保险保单质押、信托受益权质押、资产收益权质押等新型担保方式。

对于上述新型担保，有观点认为，有些属于权利质押，有些不属于权利质押。具体而言，商铺承租权质押、出租车运营权质押、银行理财产品质押属于权利质押的基本范畴，以银行账户质押属于权利质押，但构成数个权利的共同质押，而非单一质押。以公用事业收费权为客体的担保，须经行政主管部门的书面同意，未经书面同意的，应当认定质押担保不成立。企业排污权不宜作为权利质押的客体。② 也有专家对此提出了相反观点，认为在司法实务中，最高人民法院应当通过判例或司法解释，将新类型担保统统置于抵押权制度中处理，以为最终实现担保物权的一元化、现代化做准备。将新类型担保置于“权利质权”中调整的做法，于法无据。③ 笔者认同上述观点。首先，商铺租赁权、出租车运营权等新型财产权利并未被现行法律、法规规定为可以出质的“其他财产权利”，也就无法将其解释为权利质权。其次，这些权利虽然使用了“质押”字样，但是这些权利显然是一种财产。我国采用“泛抵押权”模式，《民法典》第395条第1款第7项规定任何“法律、行政法规未禁止抵押的其他财产”均可成为抵押权的客体，这就为将新典型担保认定为抵押权提供了可能性。抵押权与质权的本质区别在于，抵押权的设立不以转移占有为条件，抵押人可以继续对担保物加以占有、使用和收益。在以上新类型担保中，

① 陈本寒：《新类型担保的法律定位》，载《清华法学》2014年第2期。

② 陈本寒：《新类型担保的法律定位》，载《清华法学》，2014年第2期。

③ 董学立：《也论“新类型担保的法律定位”——与陈本寒教授商榷》，载《法治研究》2015年第4期。

当事人非但无须以转移占有权利凭证的方式设立担保，而且担保人可以继续对担保物享有占有、使用和收益的权利。故，这些财产担保形式更接近于抵押。将其认定为抵押权，符合法律规定。①

四、我国非典型担保的立法沿革

我国对非典型担保的态度经历了一个从不认可到逐步认可再到法律确认的过程。这个过程与我国经济发展和人们对法律的认识理解不断深化相伴随，是尊重私法自治、缓和物权法定原则和建立动产担保统一登记制度，彰显我国营商环境逐步改善的过程。

（一）《九民纪要》对非典型担保的态度

《九民纪要》对非典型担保制度进行了积极探索，第一次从司法政策的角度认可了具有担保功能的合同效力。《九民纪要》第 66 条区分了担保合同的效力与担保功能，即对于担保合同而言，只要不伴随法定无效的情形，就认可担保合同的效力。合同中权利义务的约定，即使不符合典型的担保类型，也要肯定担保合同的效力。该条尊重当事人的意思自治，不再以合同内容不符合担保物权典型性特征来否定担保合同的效力。其第 67 条进一步规定："债权人与担保人订立担保合同，约定以法律、行政法规未禁止抵押或者质押的财产设定以登记作为公示方法的担保，因无法定的登记机构而未能进行登记的，不具有物权效力。当事人请求按照担保合同的约定就该财产折价、变卖或者拍卖所得价款等方式清偿债务的，人民法院依法予以支持，但对其他权利人不具有对抗效力和优先性。"未经公示的物的担保，对于当事人而言仍然有效，只是不具有优先性。

（二）《民法典》对非典型担保的态度

崔建远先生认为，《民法典》对于非典型担保的态度是复杂的：完全确立之，社会效果如何？是否带来负面效果？立法者心里没底；明确否定它，是否没有满足社会生活的实际需要，甚至阻碍了社会向前发展？也有些担忧。《民法典》能做的是将扩大担保合同的范围，明确融资租赁、所有权保留、保理

① 姚辉、李付雷：《非典型担保的裁判规则》，载《社会科学》2019 年第 8 期。

等非典型合同的担保功能。[①] 笔者认可崔先生的观点，《民法典》并非没有对非典型担保作规定，而是通过《民法典》第388条，对非典型担保的繁荣发展留下了制度上的开口。我们需要反思的是：《民法典》需要对非典型担保提供什么样的制度保障？一些基于商人智慧创造出的非典型担保方法，一旦上升为《民法典》的规定，可能就变成法定非典型担保，其法律构成或者效力皆受制于法律的规定，该种担保方法可能就失去了其生机和活力。基于立法的滞后性，法律永远无法对市场创新中出现的新的担保方式进行超前预防式的规范。立法者需要做的或者能做的，是在法律中规定对非典型担保的认定规则，进而统一裁判思路，满足裁判需要，起到鼓励创新、激发市场主体活力的作用。非典型担保的非典型特征，决定了非典型担保应具有与典型担保不同的裁判方法，典型担保制度的从属性原则以及保证期间、抗辩权制度、流质流押制度，不应当再适用于非典型担保。非典型担保制度只有从典型担保制度的有关规则中彻底解放出来，充分尊重当事人意思自治，才能焕发出更强大的生机和活力。《民法典》没有规定非典型担保的裁判规则，不能不说是《民法典》的一大遗憾。

但是《民法典》第388条的规定，确实对典型担保带来革命性冲击。

首先，非典型担保制度不再仅存于商人之间。“其他具有担保功能的合同”与抵押合同、质押合同一样，成为与典型担保并列的担保方法，市场主体不再受限于仅使用典型担保规定的担保方法，转而开动脑筋，想出更多更好的担保方法。这对于解决中小微企业融资难的问题有帮助作用。

其次，“其他具有担保功能的合同”类似兜底条款，明显具有开放性。市场主体可以根据实际情况，采用更多的担保方法，使担保体系中的担保方法更加千姿百态、灵活多变，有利于创新。

再次，非典型担保和动产与权利统一登记系统连接，使担保权人获得优先受偿。

应当明确，《民法典》没有使用“非典型担保”字样，《民法典担保制度司法解释》使用了“非典型担保”字样，并且以较多的笔墨对非典型担保制度进行了规范。这使得非典型担保制度从学术研究走上了法律实践这一更为广阔的舞台。

---

① 崔建远:《对非典型担保司法解释的解读》,载《法治研究》2021年第4期。

（三）《民法典担保制度司法解释》对非典型担保的态度

《民法典担保制度司法解释》第 63 条规定，当事人以法律、行政法规尚未规定可以担保的财产权利设立担保，当事人主张合同无效的，人民法院不予支持；抵押财产未在法定登记机构登记的，不具有物权效力。

该条针对以法律法规没有允许的财产权利设定担保的，区分两个层次来解决其中的法律适用问题：一是担保合同效力层面，二是物权效力层面。关于担保合同的效力，除非当事人签订的担保合同违反法律、行政法规的强制性规定，违背公序良俗，否则，当事人以法律、行政法规尚未规定该财利可以用于提供担保或者未在法定登记机关办理登记为由，请求确认担保合同无效的，人民法院不予支持。尽管当事人签订的担保合同有效，但不意味着债权人可以就约定的财产权利取得优先受偿的效力，除非在法定登记机构办理了抵押登记。但问题是，如何界定登记机构的范围？新类型担保往往欠缺法律、行政法规对登记机构的规定，但在实践中，既存在由某些部门规章规定登记机构的情况，也存在由地方性法规或地方政府规章规定登记机构的情形。前者如 2017 年中国银监会发布的《信托登记管理办法》规定，中国信托登记有限责任公司对信托机构的信托产品及其受益权信息进行统一登记；后者如《〈深圳经济特区出租小汽车管理条例〉实施细则》规定，出租车经营权转让或者质押的登记机构均为车管所。最高人民法院认为，物权的产生、变更和转让，应当依照法律规定登记，地方政府的规定和国务院部门规章不能产生物权效力。但是，根据《民法典》第 10 条“处理民事纠纷，应当依照法律；法律没有规定的，可以适用习惯，但是不得违背公序良俗”的规定，若地方性法规或者行政规章对登记机构有规定，或者相关登记的实践在特定地区、特定行业已经形成，则可以将其认定为习惯，从而赋予已经办理登记的权利物权效力。不过，为避免各地擅自设立各种物权影响交易安全和地方法院随意创设新类型担保物权，还应通过最高人民法院以司法解释、指导性案例、会议纪要等方式将其认定为习惯。至于既缺乏地方性法规或者规章依据，又欠缺法定登记机构的权利质押，如商铺租赁权质押，根据举重以明轻的规则，自然不应认可其具有物权效力。当然，如前所述，虽然债权人没有取得担保物权，但并不意味着担保合同没有效力。实践中，当事人约定的财产权利往往具有经济上的价值，在担保合同合法有效时，债权人请求就该财产权利折价或者以拍卖、变卖所得受偿的，法院应予以支持。①

第二节　所有权保留

“有人称所有权为‘物的担保的王后’”②。以所有权做担保，古罗马早已有之。③ 罗马法时期，《十二铜表法》第6表第8条规定：“出卖的物品纵经交付，非在买受人付清价款或提供担保以满足出卖人的要求后，其所有权并不转移。”④ 1896年制定的《德国民法典》是第一部明文规定所有权保留制度的立法文件。该法原第455条正式确立了所有权保留制度：“动产出卖人在价金支付之前保留所有权的，发生疑问时，应认为所有权的移转以支付价金为延缓条件，当买受人支付价金延迟时，出卖人有权解除合同。”此即简单的所有权保留。实践中，为适应经济发展的需要，又不断涌现了诸如延长的所有权保留、扩大的所有权保留等许多新兴的所有权保留形式。后来，为了防止所有权保留的适应范围不断扩大而加重买受人的负担，《德国民法典》原第455条又增加了第2款，规定：“如果约定保留所有权是以买受人清偿第三人的，特别是与出卖人具有关联关系的企业的债权，这种所有权保留的约定无效。”⑤ 1804年《法国民法典》未规定所有权保留制度。英国的罗马尔帕条款及租买制度、美国的附条件买卖制度均相当于德国法上的所有权保留制度。⑥

所有权保留不依赖债务人自身信用及第三人加入等方式为买卖合同中的出卖人做担保，“因其便捷、安全、高效的优点越来越被人们所接受”⑦。

原《合同法》第134条规定：“当事人可以在买卖合同中约定买受人未履行支付价款或者其他义务的，标的物的所有权属于出卖人。”2012年最高人民法院出台的《买卖合同司法解释》第34条、第35条、第36条、第37条详细

---

① 最高人民法院民事审判第二庭:《最高人民法院民法典担保制度司法解释理解与适用》,人民法院出版社2021年版,第536—537页。

② 沈达明编著:《法国/德国担保法》,中国法制出版社2000年版,第101页。

③ 马燕:《所有权保留研究——基于法理与司法层面的审视》,南京大学2013年博士学位论文。

④ 周枏:《罗马法原论》(下册),商务印书馆2014年版,第1027页。

⑤ 申卫星:《期待权理论研究》,中国政法大学2001年博士学位论文。

⑥ 申卫星:《期待权理论研究》,中国政法大学2001年博士学位论文。

⑦ 刘一迪:《所有权保留买卖制度中买受人期待权的保护》,山东大学2020年硕士学位论文。

规定了所有权保留的适用范围、出卖人的取回权、取回权限制、赎回权、标的物再次出卖及清算方式等[①]。《民法典》基本接受了原《合同法》第134条以及《买卖合同司法解释》中的出卖人取回权、赎回权以取回标的物的再出卖规则，并增补了第641条第2款："出卖人对标的物保留的所有权，未经登记，不得对抗善意第三人。""这一规则的增补使所有权保留的性质问题重新成为讨论的重点。"[②] 恰是这一增补，加上《民法典》第388条第1款中"其他具有担保功能的合同"的规定，使所有权保留制度被纳入动产担保体系之中，转入担保物权"管道"。《民法典担保制度司法解释》对所有权保留制度作了进一步解释。

一、所有权保留的定义与特征

（一）所有权保留的定义

各国民法对所有权保留的定义没有较大区别。我国《民法典》第641条规定："当事人可以在买卖合同中约定买受人未履行支付价款或者其他义务的，标的物所有权属于出卖人。"该定义表明，所有权保留是一种约定的权利，与担保无关。但在《法国民法典》中，所有权保留制度被明文规定为担保制度。所有权保留本不是法国的传统法律制度，但2006年法国担保法改革，一方面明确将其定性为一种担保方式并将以前司法判例的精神加以整理，另一方面在《法国民法典》中为其安排了合适的位置。有关规定集中在《法国民法典》的第2367条至2372条。[③] 其中，第2367条规定："一项财产的所有权得因保留所有权条款的效力受到留置，作为担保。保留所有权条款中止由合同产生的转移所有权的效力，直至构成对价的债务完全清偿。"第2368条规定："保留所有权应当有书面约定。"《法国民法典》将所有权保留明确规定为典型的担保方式，且规定最低的形式要求，对世界各国有广泛而深刻的影响。

---

① 2020年修正后的《买卖合同司法解释》在第25条、第26条规定了所有权保留，较修正前内容有所减少。

② 王洪亮：《所有权保留制度定性与体系定位——以统一动产担保为背景》，载《法学杂志》2021年第4期。

③ 李世刚：《法国担保法改革》，法律出版社2011年版，第188—189页。

（二）所有权保留的特征

所有权保留具有以下几个方面的特征：

第一，所有权保留是对合同标的物所有权转移时间的一种特殊约定。

一般来说，买卖合同标的物通常在交付时，所有权发生转移，但允许法律规定和当事人另外约定所有权转移时间。所有权保留制度就是通过当事人约定，使出卖人即使交付了标的物，仍然可以保留所有权。

第二，标的物所有权转移以特定条件的成就为延缓条件。

出卖人将标的物交付后，买受人可以对标的物进行使用收益。只有买受人履行特定义务后，所有权才转移给买受人。特定的条件使所有权转移的时间延缓，特定条件的早日成就，能够打破延缓时间，使买受人早日获得标的物所有权。

第三，所有权保留以买受人占有标的物为成立要件。

在大陆法系中，标的物的交付有现实交付和观念交付的区分。以占有改定的方式进行所有权保留买卖，虽无损该买卖的效力，但与买受人利用分期付款等方式达到对标物的先占使用的目的相违背，从而使所有权保留本身失去意义。[①] 因此，所有权保留须以标的物的直接占有为成立要件。

第四，所有权保留的目的是获得标的物价金担保。

“对于出卖人而言，其保留的所有权虽然在法律上为完全的所有权，但在事实上仅相当于担保权；而对于买受人而言，其虽然不享有法律上的所有权，实质上却与所有人无异，买受人对标的物的权利基于债的关系而产生，却又绝不是债权可以包容的。因此，所有权保留制度已跨越所有权与担保物权的界限，兼具所有权与担保权的若干特点。从法律形式上看，所有权保留当然是指在买受人付清全部价款或履行特约义务前出卖人享有的标的物的所有权；但从经济实质上看，担保功能无疑是出卖人保留所有权的真实目的，所有权保留制度的价值在于，通过设定待成就的条件，延缓买受人获得所有权从而担保出卖人价金债权或约定义务的实现。”[②]

---

① 马燕:《所有权保留研究——基于法理与司法层面的审视》,南京大学 2013 年博士学位论文。

② 马燕:《所有权保留研究——基于法理与司法层面的审视》,南京大学 2013 年博士学位论文。

第五，所有权保留不同于典型的担保合同。

（1）典型的抵押担保合同，要求不转移标的物的占有，原物权人可以继续占有、使用标的物。而所有权保留却要将物的占有、使用、收益权利转移给买受人。

（2）所有权保留虽与质押担保类似，都是要转移标的物的占有，但占有方向完全相反，所有权保留的担保物占有方是债务人；质押担保的担保物占有方是债权人。法律后果完全不同，当事人履行价款支付义务或者完成特定条件时，所有权保留人要返还所有权；而对于质押担保而言，债权人要返还担保物，并承担质押物毁损、灭失的风险。当事人未履行价款支付义务或未完成特定条件时，所有权保留人可以要求取回原物以再次处分；质押担保中，债权人可以申请拍卖、变卖质押物以实现债权。

王洪亮教授认为，“所有权保留是一种无占有的流质”①。该观点可谓精当。

（3）所有权保留是自物担保。所有权保留与抵押担保、质押担保的不同之处还在于，无论是抵押还是质押，都是以担保物担保其他债权的实现，而所有权保留担保的是因担保物自身产生的债权，简单说就是“自己（标的物）担保自己（因标的物买卖而产生的债权）”，学理上称之为所有权担保。

二、所有权保留制度的具体内容

根据《民法典》第 641 条、第 642 条、第 643 条的规定，所有权保留担保，共有一项制度、三项权利：一项制度是所有权保留登记制度，三项权利是取回权、赎回权、清算权。

（一）所有权保留登记制度

无论是原《合同法》还是《买卖合同司法解释》，均没有规定所有权保留要进行登记。《民法典》第 641 条第 2 款规定：“出卖人对标的物保留的所有权，未经登记，不得对抗善意第三人。”

基于公示公信物权法则，登记是所有权保留人取得对抗效力的基本要求。

① 王洪亮：《所有权保留制度定性与体系定位——以统一动产担保为背景》，载《法学杂志》2021 年第 4 期。

物权要取得优于普通债权受偿的效力，必须进行公示。否则，所有权保留人只能基于债权平等原则，与买受人的其他普通债权人平等受偿。

（二）所有权保留中的三项权利

1. 出卖人的“取回权”

所有权保留中的“取回权”是出卖人的基本权利，是实现价金担保的重要途径之一。但“取回权”的行使并非任意，而是在具备法定条件下，才可以行使“取回权”。《民法典》第 642 条规定，买受人有下列新情形之一，造成出卖人损害的，除当事人另有约定外，出卖人有权取回标的物：

（1）未按照约定支付价款，经催告后在合理期限内仍未支付。

此处注意关键词“催告”和“合理期限”。未按照约定支付价款，经过催告后，买受人在合理期限内仍未支付，出卖人有权取回标的物。取回标的物，涉及买卖双方的重大经济利益，买受人可能基于多种情形忘记付款日期，如果出卖人突然提出取回标的物，对买受人来说并不十分公平，所以催告是提醒之意。经催告后，买受人在合理期限内仍未支付的，触发出卖人的取回权。

（2）未按照约定完成特定条件。

比如，约定汽车买受人应当在购买车辆 1 个月内更换刹车系统并购买交强险，否则出卖人有权取回汽车。这个约定是合理的，因为涉及作为所有权保留人的出卖人的利益。如果买受人未完成上述约定，出卖人可以取回标的物。

（3）将标的物出卖、出质或者作出其他不当处分。

买受人将标的物出卖、出质或者作出其他不当处分，会损害出卖人的所有权。此处需要注意，买受人将标的物出卖、出质的，新的买受人、债权人能否善意取得？答案是不能。理由是，如果所有权保留已经进行登记，推定当事人应当知道，此时新的买受人购买买受人的动产或不动产，应推定新的买受人不是善意，无法成立善意取得。取回权的行使方式是，先协商，如果协商能够成功，出卖人可以取回标的物；协商不成时，参照适用担保物权的实现程序，由法院裁定拍卖、变卖标的物（《民法典担保制度司法解释》第 64 条第 1 款）。

《民法典担保制度司法解释》第 64 条第 2 款规定，出卖人不通过非讼程序请人民法院拍卖、变卖标的物并以所得价款受偿，而是以诉讼的方式请求取回标的物，如果满足取回权的条件，法院应当支持出卖人取回标的物；如果出卖人主张取回标的物，但买受人以反诉或者抗辩的方式，主张拍卖、变卖标的物，并在扣除买受人未支付价款以及必要费用后返还剩余款项的，人民法院应当一并处理。也就是说，如果出卖人诉请取回标的物，而买受人未提出抗辩或者反诉，或者买受人所提抗辩、反诉不成立，则人民法院应支持出卖人取回标的物的诉讼请求；但是，如果买受人提出反诉或者抗辩，且反诉或者抗辩成立，则即使出卖人满足取回标的物的实体要件，人民法院也不能判决支持出卖人取回标的物的诉讼请求，而是应判决对标的物进行拍卖、变卖并以所得价款偿还买受人债务。[①]

2. 买受人的“回赎权”

买受人的赎回权，是指所有权保留买卖中，出卖人对标的物行使取回权后，在一定期间内，买受人通过履行支付价款义务或者完成其他条件后享有的重新占有标的物的权利。[②] 根据《民法典》第643条第1款的规定，买受人行使标的物赎回权的条件是消除出卖人行使取回权的事由。具体来说，需要买受人支付价款，完成约定的条件，撤回将标的物出卖、出质等不当处分行为。回赎期是双方约定或者是出卖人指定的合理期限，是出卖人可以行使回赎权的期间。我国法律没有规定法定回赎期间。

3. 清算权

清算权，是指买卖双方根据标的物再次出卖所得价款情况，有权要求对方进行清算的权利。根据《民法典》第643条第2款的规定，如果买受人在规定或者约定期间内没有行使赎回权，出卖人可以将标的物再次出卖。出卖所得价款，在买受人和出卖人之间进行清算。出卖所得价款扣除买受人未支付的价款及必要费用后，剩余部分返还给买受人；不足部分由买受人清偿。然而，对于出卖人取回标的物后不进行再出卖如何处理、再出卖如何保护买受人的利益问题，为避免实践中发生争议，有两个问题需要进行相应说明：

第一，对于出卖人取回标的物后不进行再次出卖该如何处理？就此问题应当分为两种情形：一是买受人没有向出卖人支付标的物价款，那么出卖人取回标的物不进行出卖并不会损害买受人的利益，相反，由于买受人存在违约行为，出卖人有权要求买受人承担相应的违约责任。二是买受人已经向出

① 最高人民法院民事审判第二庭：《最高人民法院民法典担保制度司法解释理解与适用》，人民法院出版社2021年版，第542页。

② 黄薇主编：《中华人民共和国民法典合同编释义》，法律出版社2020年版，第410页。

卖人支付了标的物的部分价款，有时甚至支付了比较高比例的价款，在该情形下，原买卖合同解除。应参照《民法典》第566条第1款“合同解除后，尚未履行的，终止履行；已经履行的，根据履行情况和合同性质，当事人可以请求恢复原状或者采取其他补救措施，并有权请求赔偿损失”的规定，结合买受人实际支付价款的多少和买受人的违约程度，具体情况具体分析。

第二，对于再出卖如何平等保护买受人的利益，《民法典》没有规定必须采用拍卖的方式进行再出卖，而是要求出卖人再出卖时必须以合理价格出卖。当出卖人不以合理价格出售时，买受人的合法利益可以通过侵权责任等方式主张。当然，因原合同非正常履行而必然发生的费用，比如取回费用、保管费用、再交易费用、利息和未清偿的价款，都应当在再出卖的价款中扣除，这样才能达到买卖双方的实质公平。①

第三节　让与担保

一、让与担保的概念

让与担保是大陆法系国家沿袭罗马法上的信托行为（fiducia）理论并吸纳日耳曼法上的信托行为（treiihand）成分，经由判例学说的百年历练而逐渐发展起来的一种非典型物的担保制度，以当事人依权利（所有权）转移方式达成担保信用授受目的为特征。由于让与担保是民法未明文规定的担保方式，因此在该制度发生初期及其后的发展过程中，其有效性遭到学界的激烈批判，被冠以“虚伪表示”“规避流质禁止之规定”“违反物权法定主义”等诸种头衔，从而为判例实务所否定。即使在其有效性为判例和学说所一致认可之后，仍然有学者认为让与担保是“一种卑劣的担保手段”或“私法上的泥沼植物”。时至今日，让与担保制度已经成为德、日等国担保实务中被利用得最为频繁的担保方式，在担保法领域大有独占鳌头之势。诚如我妻荣教授所言：“作为私法领域中私生子的让与担保制度，在长期遭受白眼之后，终于获得判例法承认而被认领。”②

---

① 黄薇主编：《中华人民共和国民法典合同编释义》，法律出版社2020年版，第412—413页。

② 引自王闯：《关于让与担保的司法态度及实务问题之解决》，载《人民司法》2014年16期。

现代让与担保的兴盛领域，主要在不动产担保领域之外，即动产（权利视为动产）的让与担保，其要件有三：一是所有权的转移；二是所有权为担保目的而转移；三是当事人之间存在债权债务关系，即这种担保具有从属性，在外观上一般不转移占有。[①] 但是债权人往往与担保人签订标的物借用合同或者租赁合同，由担保人使用担保物。[②]

通说认为，让与担保是债务人或者第三人为担保债务人的债务，将担保物的财产权（常为所有权但不限于所有权）转移于担保权人，而使担保权人在不超过担保目的的范围内取得担保物的所有权，在债务受偿后，标的物返还给债务人或者第三人，在债务不履行时担保人就该标的物受偿的制度，其性质属于非典型担保。[③]

让与担保有广义与狭义之分。广义的让与担保包括买卖式担保和让与式担保。买卖式让与担保，又称卖与担保、卖渡担保，是指以买卖方式转移标的物所有权，而以价金方式通融金钱，并约定日后将该标的物买回的制度。狭义的让与担保，仅指让与式担保，又称信托让与担保。

二、让与担保的性质

关于让与担保制度的性质，其学说观点大致可分为所有权构成说和担保权构成说两大类。[④]

所有权构成说认为，设定人为担保债务履行的目的将其所有的标的物以信托的方式让与债权人，但债权人不得为超越担保目的的处分。由此，让与担保的基本构造是"信托法律行为+移转标的物所有权"。当事人设定动产让与担保是利用了担保物权之外的现有制度，并没有创设法律没有规定的担保物权。担保权人取得的是一般所有权，只不过应受内部信托行为的限制，在其违反内部约定对外进行处分时，仅发生债务不履行的违约责任，对外处分仍然有效。以所有权的移转在内外部关系上的不同体现为基础，所有权构造说之下还有相

① 费安玲主编:《比较担保法——以德国、法国、瑞士、意大利、英国和中国担保法为研究对象》,中国政法大学出版社 2004 年版,第 242 页。

② 最高人民法院民事审判第二庭:《最高人民法院民法典担保制度司法解释理解与适用》,人民法院出版社 2021 年版,第 566 页。

③ 最高人民法院民事审判第二庭:《最高人民法院民法典担保制度司法解释理解与适用》,人民法院出版社 2021 年版,第 566 页。

④ 王闯:《让与担保法律制度研究》,法律出版社 2000 版,第 151 页。

对的所有权构造说和绝对的所有权构造说之分。[①]

担保权构成说认为，债权人在债权额的限度内取得对标的物的价值进行支配的担保权（物权），标的物剩余价值的物权仍归属于担保设定人，换言之，债权人仅是享有一种担保物权，而设定人所享有的则是标的物所有权。担保权构造说又因为学者立论的不同分为授权说、二阶段物权变动说、期待权说和抵押权说（担保权说）等。其中，授权说认为，让与担保设定时，所转移的并不是标的物的所有权，而是为达到担保目的所必需的权限（担保性质的处分权），担保权人取得对担保物的优先受偿权，是基于设定人授予担保权人的标的物上的处分权。当事人之间的所有权转移实为通谋虚伪意思表示。二阶段物权变动说（设定人保留权说）认为，让与担保设定时，所有权并不完全归属于设定人或者担保权人，观念上标的物所有权转移于担保权人，但标的物所有权除去担保价值的剩余部分，应返还设定人。担保权人实际上获得相当于担保权的部分。期待权说认为，让与担保权的设定，是设定人将标的物所有权附解除条件让与担保权人，一旦债务人清偿债务，解除条件成就，标的物所有权即复归至设定人。担保权人所取得的仅为“得取得标的物所有权地位”，即期待权，而设定人享有于债务将来得以清偿时回复标的物所有权的物权性期待权。抵押权说（担保权说）认为，让与担保权的设定，应被理解为单纯的担保权设定，或者直接将其理解为抵押权的设定。

高圣平先生认为，债权人在让与担保设定时取得标的物所有权（实质为担保物权）；在让与担保可得实现之时，经过清算，债权人可就标的物优先受偿（处分清算型），或者确定取得标的物所有权（归属清算型）。在有完备的公示方法的前提下，当事人的约定具有了物权效力，担保权构造说即取得支配性地位。实际上，让与担保的法律构成上的不同学说分歧，关键并不在于所有权发生转移，而在于设定人的清算请求权和返还请求权是否给予物权性保护等，因此只要具备完备的公示方法，两说之间并无本质的区别。[②]

笔者认为，让与担保制度中，转移所有权是手段，债权人取得所有权以担保债权实现是目的。因此，“让与担保”一词包含目的和手段。目的和手段是一个事物的两个方面，手段是实现目的的方法，目的是手段要达到的结果。前

---

① 渠涛、刘保玉、高圣平：《物权法学的新发展》，中国社会科学出版社 2021 年版，第 607 页。

② 高圣平：《担保法前沿问题与判解研究》（第四卷），人民法院出版社 2019 年版，第 342 页。

述所有权说和担保权说的分歧，分别是从让与担保的手段与目的方面来说的，“前者不过是从交易的法律逻辑而言的，后者则是从当事人交易的目的而言的，仅此而已”[①]。目的和手段根本不是同一层次的问题，无法比较强弱和大小。那种认为“让与担保的特征在于手段（转移所有权）大于目的（担保债权的实现）”[②] 的主张，没有道理。让与担保本质是所有权信托担保。同时，对让与担保制度，单纯强调目的和单纯强调手段，均无法揭示让与担保的全面性质。分析如下：

第一，所有权制度是民法的核心，民事立法的主要追求目标是确认和保护所有权。所有权保证了人类的自治和人格的发展，是人类自由的延伸和保证，正因为如此，“无财产即无自由”成为千古不变的著名格言。[③] 罗马法时期，优士丁尼《法学阶梯》对所有权的取得方式有过论述[④]，罗马法注释法学家将所有权的功能界定为使用权、收益权和处分权[⑤]。正是由于所有权制度在民法中的不断强化和人们对所有权重要性的不断确信，所有权是完全性权利的观念在人们心目中日益根深蒂固。在让与担保中，债权人取得担保物的所有权更能让债权人安心，更能看得见担保人的担保诚意，从而能够更好地促进主合同交易的迅速达成和高速运行。笔者认为这是让与担保虽然长期不被法律认可，但是在实践中能够野蛮生长的原因。Cabrillac 认为所有权担保之所以得到人们的喜爱是因为现行正统的物的担保过分复杂。[⑥]

第二，所有权信托担保，在古罗马时期就已经存在。[⑦] 对此，有人提出这样的问题：合同能否把所有权变成物的担保或者使所有权产生物的担保的效力？或者说，所有权的命运取决于债权？有人坚决不承认，理由是所有权具有至上性，不能处于服从于下级的地位。法国最高法院商事庭判决认定，保留所有权条款项下的得益是债权的附属物，因此其命运取决于债权。法国法将所有权信托担保（即所有权转让担保）和所有权保留担保作为所有权担保的两种

① 张翔：《物权法典规定让与担保的可行性质疑——从让与担保的交易机制出发》，载《法商研究》2006 年第 2 期。

② ［日］近江幸治：《民法讲义Ⅲ·担保物权》（第 2 版补订），成文堂 2014 年版，第 294 页。

③ 尹田：《法国物权法》（第二版），法律出版社 2009 年版，第 115—117 页。

④ 徐国栋：《优士丁尼〈法学阶梯〉评注》，北京大学出版社 2011 年版，第 167—196 页。

⑤ 周枏：《罗马法原论》（上册），商务印书馆 2014 年版，第 342 页。

⑥ 沈达明编著：《法国/德国担保法》，中国法制出版社 2000 年版，第 101 页。

⑦ 周枏：《罗马法原论》（上册），商务印书馆 2014 年版，第 439 页。

形式。[①] 保留的所有权和让与出去的所有权，都是真实的所有权。根据一物一权原则，在一个财产上，对于同一权利人来讲，不可能同时存在名义是所有权但实质是担保权的两种不相容物权的情形。比如，在股权让与担保中，股权所有权变更登记后，债权人取得的就是股权所有权，如果说受让取得的是担保权，则与公司法、合同法、物权法规定不相容，造成民商事法律体系内部的逻辑紧张。"强行将已经完成公示要求的股权解释为一项担保权，违反了物权法定原则之要求。"[②] 至于让与担保后取得的所有权，如何处置，是保留、持有该所有权还是处置该所有权，则是另外的问题，但不妨碍让与担保成立时债权人实际取得所有权，而非其他权利。让与担保，让与的所有权是"实打实"的所有权。故，笔者赞同所有权构成说。

三、我国让与担保制度成文化的发展过程

（一）让与担保要不要成文化的争议

在原《物权法》的立法过程中，对让与担保要不要列入其中，存在肯定说与否定说不同的意见。肯定说认为，中国物权法中应当规定让与担保，其目的主要是以让与担保制度来规范中国的房地产市场中的按揭交易。比如，梁慧星先生认为，"我国民法立法和实务本无所谓让与担保，近年来，许多地方在房屋分期付款买卖中推行所谓'按揭'担保。这种担保方式系由我国香港地区引入，而香港地区所实行的所谓'按揭'担保，来源于英国法上的 mortgage 制度，相当于大陆法国家如德国、日本的让与担保。而德日等国迄今并未在立法上规定让与担保，只是作为判例法上的制度而认可其效力，学说上称为非典型担保。因此，中国物权法上是否规定让与担保，颇费斟酌。考虑到许多地方已在房屋分期付款买卖中采用所谓'按揭'担保，所发生纠纷因缺乏法律规则而难于裁决，因此有在物权法上规定的必要。如果物权法上不作规定，将造成法律与实践脱节，且实践得不到法律的规范引导，也于维护经济秩序和法律

---

① 沈达明编著:《法国/德国担保法》,中国法制出版社 2000 年版,第 101—102 页。

② 刘国栋:《〈民法典〉视域下股权让与担保的解释论路径》,载《北方法学》2021 年第 5 期。

秩序不利。因此，决定增加关于让与担保的规定”①。

否定说认为：（1）让与担保是早期的担保形式。随着经济的发展，出现了抵押和质押担保，我国法律已经规定了动产抵押和质押制度，让与担保的社会功能可通过这些制度代替。（2）以动产设立让与担保，其公示问题难以解决，可能损害第三人的利益。（3）设立让与担保时，债务人或债权人之间可能存在共同欺诈行为，债务人可能以这种方式逃避债务。（4）大陆法系国家和地区的民法通常只规定基本的、普遍的担保物权，新出现的或者特殊的担保形式规定于民事特别法中。让与担保不属于基本的担保物权，而且，随着经济社会的发展，各种特殊的、非典型的担保形式将不断出现，将变动性和开放性较大的担保方式规定在民事基本法律中，难以应付不断变动带来的修改难题。② 总之，让与担保具有形式与目的相背离的特性，且缺乏有效的公示方法，易发生信用风险；所有权直接归属的方式，易发生道德范风险。③

最后，立法机关经研究认为，在民事基本法律中规定让与担保制度的必要性不大，其主要理由为：让与担保主要涉及动产担保，而民事基本法对动产担保作了较为全面的规定。比如，动产抵押、质押和留置，已经可以解决动产担保的需要。即便从境外立法例来看，大多数国家也没有在民事基本法中规定让与担保。将来随着经济社会发展，人们需要适用让与担保这种方式的，可以通过探索实践，积累经验，以制定民事特别法的形式专门进行规范较为妥当。④ 因此，原《物权法》没有规定让与担保。

《民法典》编纂过程中，一些单位、部门提出，对于实践中大量存在对让与担保等新型担保方式的需求，司法实践也有相关案例，建议对让与担保进行规定。⑤ 但是，《民法典》最终没有规定让与担保制度。

（二）让与担保合同效力的裁判分歧

在2000年前后，我国学界开始对让与担保制度进行系统性探讨。相比之

---

① 梁慧星主编:《中国民法典草案建议稿附理由——物权编》,法律出版社2004年版,第416页。

② 胡康生主编:《中华人民共和国物权法释义》,法律出版社2007年版,第368页。

③ 王卫国、王坤:《让与担保在我国物权法中的地位》,载《现代法学》2004年第5期。

④ 胡康生主编:《中华人民共和国物权法释义》,法律出版社2007年版,第368页。

⑤ 《民法典立法背景与观点全集》编写组:《民法典立法背景与观点全集》,法律出版社2020年版,第108页。

下，司法实践中对让与担保的关注滞后很多。有学者做过统计，至少在2012年5月14日之前，我国裁判文书中没有提及让与担保的概念。但是从2012年5月14日开始，让与担保一审案件数量稳定增长。2020年5月14日至2021年5月14日期间的一审让与担保案件数量是1057件，较之于9年前同期案件数量增长75倍之多。一审案件数量的增长，反映出市场对让与担保制度需求的快速增长，同时市场主体与审判机关对让与担保的理解更为深入。①

由于我国物权法及相关法律没有规定让与担保，故对让与担保合同的效力，我国审判实践中存在分歧。现阶段理论与实务界中，当事人、金融机构及多数学者就倾向于不否认让与担保合同的效力。② 但是否认让与担保合同效力的有之。法官否认让与担保合法性的主要理由有三个：违反物权法定原则、违反流担保禁止规定及意思表示不真实。基于意思表示不真实而认定让与担保无效的案件比例非常小，此种认识亦较为陈旧。③ 笔者认为，上述否认让与担保合同效力的理由不能成立，具体分述如下：

1. 让与担保合同是否违反物权法定原则

笔者认为，根据物债二分原则，只要不存在合同无效的情形，即应当认可让与担保合同的效力。物权产生于处分行为中，让与担保合同不是处分行为。让与担保中所有权转移，是物之所有权从一个人手中转移至另一个人手中，本身并不产生新的物权。让与担保合同不产生新的担保物权。担保物权是定限物权，其与所有权格格不入，既然让与担保是所有权的变更，这种变更不会产生定限物权。让与担保合同本身并不创造物权，因此让与担保合同与物权法定原则并不违背。

非典型担保制度的发轫机理清楚告诉我们，其本身并不是作为担保的制度而创设，而是独立自主地产生和存在，只因其具有内在的担保机能才被当作专门的担保手段来利用而已。④ 非典型担保存在的目的和意义在于弥补典型担保

---

① 王海峰：《让与担保制度中的物权法定、关系构造与私权自治》，载《法律适用》2021年第10期。

② 最高人民法院民事审判第二庭编著：《〈全国法院民商事审判工作会议纪要〉理解与适用》，人民法院出版社2019年版，第403页。

③ 王海峰：《让与担保制度中的物权法定、关系构造与私权自治》，载《法律适用》2021年第10期。

④ ［日］近江幸治：《担保物权法》，祝娅、王卫军、房兆融译，法律出版社2000年版，第229页。转引自姚辉、刘生亮：《让与担保规制模式的立法论阐释》，载《法学家》2006年第6期。

的不足，其机制在于回避典型担保的源自物权法定原则所提供的标准化权利义务关系的强制，为交易关系当事人营造充足的空间。[①] 让与担保制度作为一种非典型担保，其存在的空间和理由是其非典型性。物权法定是典型物权担保所具有的特点，把让与担保这种非典型担保放在典型担保的物权法定原则下进行考察，以非典型担保不符合典型担保的特征来否认非典型担保的效力，本身就逻辑混乱。因此，笔者认为，以让与担保违反物权法定原则来否定让与担保的效力是一种错误认识。

2. 让与担保是否违背流担保禁止原则

笔者认为，无论是流抵押还是流质押，流担保的条款均是在事前约定，当债务人无法清偿债务时，抵押财产归属债权人所有。让与担保是为了实现担保目的而进行所有权转让，所以在所有权转移的时间上，两者有显著区别。让与担保是在事前转让所有权[②]，而流担保是事前约定，事后才确定财产所有权的归属。让与担保是一种担保，在约定的时间或者条件到来时，即对标的物价值进行清算，这是物的担保的应有之义。流担保则不存在价值清算的问题。所以，流担保与让与担保在概念上有本质的区别，不存在后者与前者相违背问题。债权人不与让与担保人进行价值清算，属于债权人违约，但不妨碍让与担保与流担保的本质区别。

实践中存在的问题是让与担保合同没有约定价值清算时的效力。在（2017）鄂民终2364号判决中，法院认为，当事人之间的让与担保，排除了实现担保物权的清算程序，违反了流质契约的规定，因而无效。该案有力地驳斥了“让与担保是一种变相的流质契约”的观点，表明让与担保只有在排除清算时才构成流质契约。[③]

---

① 姚辉、刘生亮：《让与担保规制模式的立法论阐释》，载《法学家》2006年第6期。

② 杨立新教授创造了后让与担保的概念。后让与担保和让与担保的区别是，前者是在债务不能清偿时转移所有权，后者是先转移所有权。实践中也有法官使用后让与担保的概念，认为其也属于一种非典型担保。参见高圣平：《担保法前沿问题与判解研究》（第四卷），人民法院出版社2019年版，第350页。但是最高人民法院认为，“后让与担保”并非严谨的法律概念，当事人做出将标的物转移给债权人的约定时，标的物并未以交付或者登记的方式进行公示，不属于《九民纪要》第71条规定的让与担保。参见最高人民法院民事审判第二庭编著：《〈全国法院民商事审判工作会议纪要〉理解与适用》，人民法院出版社2019年版，第407页。

③ 高圣平：《担保法前沿问题与判解研究》（第四卷），人民法院出版社2019年版，第344页。

（三）让与担保制度的立法实践

1. 让与担保的立法规定

为规范对让与担保的裁判尺度，《九民纪要》第 71 条首次明确了让与担保问题。《民法典担保制度司法解释》延续了《九民纪要》的精神，在第 68 条、第 69 条规定了让与担保制度，至此，让与担保制度在我国取得了合法地位。

根据《民法典担保制度司法解释》第 68 条、第 69 条的规定，我国让与担保制度主要包括以下内容：

第一，债务人或者第三人与债权人约定将财产形式上转移至债权人名下，债务人不履行到期债务，债权人有权对财产折价或者以拍卖、变卖该财产所得价款偿还债务的，人民法院应当认定该约定有效。当事人已经完成财产权利变动的公示，债务人不履行到期债务，债权人请求参照《民法典》关于担保物权的有关规定就该财产优先受偿的，人民法院应予支持。

第二，债务人或者第三人与债权人约定将财产形式上转移至债权人名下，债务人不履行到期债务，财产归债权人所有的，人民法院应当认定该约定无效，但是不影响当事人有关提供担保的意思表示的效力。当事人已经完成财产权利变动的公示，债务人不履行到期债务，债权人请求对该财产享有所有权的，人民法院不予支持；债权人请求参照《民法典》关于担保物权的规定对财产折价或者以拍卖、变卖该财产所得的价款优先受偿的，人民法院应予支持；债务人履行债务后请求返还财产，或者请求对财产折价或者以拍卖、变卖所得的价款清偿债务的，人民法院应予支持。

第三，债务人与债权人约定将财产转移至债权人名下，在一定期间后再由债务人或者其指定的第三人以交易本金加上溢价款回购，债务人到期不履行回购义务，财产归债权人所有的，人民法院应当参照第 68 条第 2 款规定处理。回购对象自始不存在的，人民法院应当依照《民法典》第 146 条第 2 款的规定，按照其实际构成的法律关系处理。

实践中，约定回购条款的情形不同。比如，当事人约定将财产转移至债权人名下，在一定期间后由债务人或者其指定的第三人以交易本金加上溢价款回购。此类转让，司法实践中通常认为是让与担保合同；如果约定债务人或者第三人不回购，财产归债权人所有的，多数法院认为此类回购条款属于流质、流押条款，因而无效。但是债权人可以请求拍卖、变卖转让的财产，以实现优先受偿。[①] 约定回购标的物不存在的，该约定无法履行，各方应根据过错程度承担相应责任。

第四，股东以将其股权转移至债权人名下的方式为债务履行提供担保，公司或者公司的债权人以股东未履行或者未全面履行出资义务、抽逃出资等为由，请求作为名义股东的债权人与股东承担连带责任的，人民法院不予支持。

2. 让与担保方式的识别

尽管《民法典担保制度司法解释》第 68 条、第 69 条规定了让与担保制度，但是条文中依然没有使用“让与担保”字样，“让与担保”依然不是一个法定名词，实践中也没有出现诸如“保证合同”“抵押合同”“质押合同”等直接表明担保方式的专用名词。让与担保在实践中的呈现形式多种多样，其识别是实践中必须注意的一个重大问题。笔者认为，让与担保最主要的区别情形是让与担保与所有权转让的区分，区分原则如下：一是让与担保的本质是担保，因此其是一种从合同，故，让与担保必须依赖主合同存在，所有权转让合同则无此要求；二是让与担保以财产转让担保债权实现为目的，所有权转让通常是因买卖行为而发生的。

实践中以下几种做法应当认定为让与担保：

（1）明股实债。明股实债是实务中出现的一种融资方式，兼具“股权”与“债权”的双重性质。具体做法通常有股权转让或者增资扩股的方式，出借人成为目标公司的股东。笔者经历的一起案件：标的公司 A 与某银行协商借款 18 亿元。银行要求采取增资入股的方式。笔者与银行工作人员讨论协议整整两天时间。第一份协议是银行与 A 公司的股东 B（唯一股东）签署增资入股协议书，A 公司的股东同意银行入股，公司 A 的注册资本增加 18 亿元。该协议关于目标公司的法人治理结构中明确表示，成立股东会，不委派人员参与公司经营管理活动中，但是每年取得固定分红，入股期限为三年。第二份协议是目标公司股东与银行签订的分红保证协议，如果每年从目标公司不能取得约定的分红，则股东 B 予以补充担保。第三份协议是由银行成立一个投资中心 C，是银行全资子公司，由该公司作为投资主体，成为 A 公司的股东。分红支

---

① 高圣平、谢鸿飞、程啸:《最高人民法院民法典担保制度司法解释理解与适用》,中国法制出版社 2021 年版,第 531 页。

付给 C。三年期满，股东 B 收购 C 的股权，并约定了回购股权的价格计算公式（包括三年期满的回购价格以及不满三年的回购价格计算公式）。系列协议签订以后，A 公司章程依据前述协议进行了修改，并到市场监督管理局办理了章程备案及股东变更备案。C 公司的 18 亿元入股款项到 A 公司账户。两年后，C 公司的股权被 B 公司收购，交易顺利完成。在本案中，这种明股实债的融资方式实质是一种让与担保。首先，各方的真实目的是借款，是 A 公司从银行借款。其次，固定分红是借款利息及部分本金、股权回购是借贷资金的返还。再次，C 公司持有的股权是对借款的担保，它可以通过转让获得借贷资金的返还。受让方都已经安排好，受让价格的计算方式已经固定。北京三中院发布的公司类纠纷典型案例之十三——某酒店诉某投资公司民间借贷纠纷案中，投资方享受固定收益，不参与公司经营、债权实现时零对价回购，应认定为股权让与担保而非股权转让。

（2）买卖型担保。《民法典担保制度司法解释》第 69 条第 3 款规定的溢价回购是买卖型担保的一种方式。另外还有两种方式[①]：第一，附条件解除买卖合同型，即在借款的同时或者在还款期限届满前先转移房屋所有权，在债务履行完毕后解除或不再履行买卖合同，房屋所有权归还给债务人。第二，附条件履行买卖合同型，即买卖合同的履行以欠款无法偿还为条件，履行期满后仍无法归还欠款，则履行买卖合同。杨立新教授称之为后让与担保。[②] 房地产开发商通过签订商品房买卖合同的方式融资。当借款不能偿还时，办理房屋产权转让手续。

四、让与担保内外部关系

让与担保的法律效力，可从内外两个角度观察。让与担保因涉及债权人、债务人、公示、担保等诸多问题，其内外部法律关系比较复杂。下面以股权让与担保为例，论述让与担保的内外部关系。

---

① 高圣平：《担保法前沿问题与判解研究》（第四卷），人民法院出版社 2019 年版，第 350 页。

② 杨立新：《后让与担保：一个正在形成的习惯法担保物权》，载《中国法学》2013 年第 3 期。让与担保目前已实际脱离让与担保范畴，成为一种独立的担保方式，即买卖型担保。关于买卖型担保的问题，下文专述。

（一）股权让与担保的内部效力

股权让与担保的特殊法律构造决定了其效力存在内外部之分。其内部效力主要涉及三个方面的问题：一是股东资格的认定；二是担保权人股权的行使；三是担保的实行方式。

笔者认为，对于让与担保应以所有权构造说为准，认定股东已经变更登记的情况下，担保权人实际取得股权，避免出现名义股东与实际股东对公司治理带来的困惑。对内，由设定人行使对公司知情权、收益权和选举管理者的权利，参与公司治理，决策公司重大事项。对外，名义股东根据实际股东的意志，可以发起股东代表诉讼。除此之外，几乎没有名义股东可以行使权利的地方，故，名义股东与实际股东在对外关系上不会出现违和。

关于担保权人股权的行使，有学者认为，担保权人作为公司登记的名义股东，其股权行使范围受到股权让与担保合同约定的限制。在当事人对股权行使范围有约定的场合，担保权人应依合同约定行使股权；在合同没有明确约定时，担保权人行使股权应受合同目的及股权让与担保信托属性的框架限制。受托人不得任意处分信托财产，是罗马法上的信托对受托人的一般性限制。股权让与担保作为典型的信托行为，担保权人对信托财产的处分当然应受此限制。此外，受托人的处分行为还应受相应的目的性限制，这源于股权让与担保的设立目的是担保债权的实现，移转股权仅为手段，故担保权人虽名为股东，但不享有对外处分股权的权利，仅可在担保的范围内优先受偿，否则就超越了让与担保的设立目的。担保权人处分股权给担保人造成损失的应当承担违约责任。在受让人系恶意的情况下其甚至不能取得受让股权。在担保权人向公司行使股东权利时，其股权行使还将受到公司意志的影响。在无特别约定的情况下，根据合同目的和诚实信用原则，名义股东应根据担保人的意志参与公司管理或决策，根据担保人的授权向公司行使知情权或提起股东代表诉讼，在收到公司分红后应转付担保人。[①] 笔者认为，上述见解不妥。让与担保的本旨是担保权人通过受让股权，达到参与公司经营管理，免于公司价值下降，影响债权实现的目的。如果担保权人行使股东权利处处受制于实际股东，没有自主权，甚至沦

① 司伟、陈泫华：《股权让与担保效力及内外部关系辨析——兼议〈民法典担保制度解释〉第68条、第69条》，载《法律适用》2021年第4期。

为实际股东的代言人，一切惟实际股东的马首是瞻，则股权让与担保与股权质押没有任何区别，实在没有必要设置让与担保。让与担保与股权质押的区别，正是在于股权让与担保的担保权人可以作为股东参与经营管理，进而保障股权价值，保证债权实现，而股权质押权人无法有效参与目标公司的经营管理，其质押标的物的价值只能听天由命。在目标公司有分红的情况下，让担保权人将分红款转付给担保人，理论上可行，但实践上岂不是异想天开？这种法定孳息可以冲抵欠款金额。所以笔者主张，担保权人在目标公司是股东，依照公司的规定行使股东的权利。司法解释规定了“名义股东”的概念，但是没有对“名义股东”与实际股东的边界进行划分，违反一物一权主义。

关于股权让与担保的实行方式，基于让与担保是权利担保的特点，在发生担保权实行时，应当参照担保物权的实行方式行使担保权。根据《民法典》第 410 条规定，抵押人与抵押权人可以协商折价，也可以以拍卖、变卖的方式取得价款，并以价款优先受偿。实践中对此的困惑是，名义股东拍卖自己名下的股权，还需要法院参与吗？司法介入拍卖的原因是抵押人不配合抵押权人行使抵押权。故，笔者认为，名义股东行使担保权拍卖股权更容易实现，甚至无须法院参与。协商折价后，无须办理工商登记，名义股东即转变为实际股东。但是一会儿名义股东一会儿实际股东，确实为公司治理带来困惑。

（二）股权让与担保的外部效力

股权让与担保由于公示内容与担保目的不一致，故其涉及外部效力的认定问题。

1. 公示问题

让与担保既然属于担保物权，就面临公示问题，因为物权的存在和得丧变更，须有外部可辨识的表征，始可透明其法律关系，避免第三人遭受损害，维护交易安全。包括让与担保、所有权保留以及融资租赁（主要是以动产设立的上述担保）在内的非典型担保，因其缺乏有效的权利公示手段，与债务人交易的第三人无法查知债务人的真实财产情况而保有与事实不符的期待，对交易安全多有损害。对此，《民法典》也表现出了限制上述“隐形担保”优先受偿效力的倾向，例如，分别涉及所有权保留以及融资租赁的《民法典》第 641 条第 2 款以及第 745 条均规定，出卖人对标的物保留的所有权（出租人对租赁物享有的所有权），未经登记，不得对抗善意第三人。虽然让与担保因争议较大尚未入典，但可以想见，让与担保的权利公示同样成为问题。

总体而言，让与担保的权利公示需要区分担保物再讨论。以不动产设立让与担保的，可与现行不动产登记簿制度并轨。以权利设立让与担保的，除登记设立类权利，如股权、基金份额外，比较法上一般以登记对抗为其公示规则。

以动产设立让与担保，是让与担保公示问题中的难点。基于让与担保分离担保权人和占有人的经济考虑，双方当事人一般采用占有改定方式设立让与担保。不过，占有改定作为权利公示方式实难谓合格：第三人如何从债务人占有动产中识别出债权人的担保权利？对此，学说上一般认为应该以登记对抗方式构建动产让与担保的公示方式。具体操作方面，鉴于统一权利与动产担保的登记制度建设已经实施，动产让与担保可以考虑与之并轨适用。

2. 担保权人处分股权的法律后果

根据让与担保所有权说，担保权人实际取得所有权。故，担保权人处分其名下的担保股权，是合法有效的，第三人取得所有权。但是，根据让与担保的担保权说，基于股权让与担保的设立目的，担保权人不得对外处分股权。《民法典担保制度司法解释》第 68 条没有规定担保权人处分股权的法律后果，但《公司法》第 34 条规定，公司的登记事项发生变更应当办理变更登记，未经登记不得对抗善意相对人。《公司法司法解释（三）》第 25 条规定，名义股东处分其名下的股权适用善意取得制度。因此，尽管担保权人处分股权属于无权处分，但除非存在担保权人和受让人恶意串通损害担保人利益的情形，担保人不得以其是真实权利人、处分人为名义股东而主张处分行为无效。[①] 虽然对让与担保性质的认识不同，对担保权人处分担保股权的效力却结论一致，只是担保权说是借助了善意取得制度，才能合理解释第三人受让股权的效力。对于非上市股份有限公司而言，其发行的股票不需要登记。根据《公司法》第 159 条，股票以背书方式或者法律、行政法规规定的其他方式进行；转让并登记于股东名册发生效力。当股权让与担保的标的为非上市股份有限公司的股票时，第三人对股东名册的记载或股票占有外观产生的信赖利益亦应受善意取得制度保护，担保人因担保权人无权处分股权而造成的损失应当向担保权人主张损害赔偿。

---

① 司伟、陈泫华：《股权让与担保效力及内外部关系辨析——兼议〈民法典担保制度解释〉第 68 条、第 69 条》，载《法律适用》2021 年第 4 期。

担保权人处分其名下的担保股权，应当依据让与担保合同的约定，向担保人承担违约责任。

3. 担保权人是否负有出资瑕疵责任

在股权代持中，名义股东对公司负有出资瑕疵责任。《公司法司法解释（三）》第26条规定，公司债权人主张名义股东对公司债务在未出资范围内承担补充责任的，名义股东不得以其仅为名义股东予以对抗。如果将上述规定类推适用于股权让与担保，则可得出担保权人应承担出资瑕疵责任的结论。但《民法典担保制度司法解释》采取了功能主义解释的立场，着眼于股权让与担保的担保目的，其第69条规定，公司或者公司债权人以股东未履行（或未全部履行）出资义务、抽逃出资等理由，请求作为名义股东的债权人与实际股东承担连带责任的，人民法院不予支持。上述两份司法解释的规定并不一致，作此区别处理的逻辑在于《公司法司法解释（三）》相关规则的预设前提并未虑及股权让与担保基于股权让与担保的担保物权的本质，名义股东实际地位为债权人，其不享有股东权利也不负有出资义务。[①] 笔者认为，《公司法司法解释（三）》第26条规定的名义股东与让与担保中的名义股东，除在动机上有区别外，在法律构成上没有区别，对名义股东应当同样对待，才能形成公司法体系内的自洽性。担保权人应当承担出资瑕疵对外责任。其接受出资瑕疵的股权担保，对股权的瑕疵承担风险，符合公平原则。担保权利属于私权利，公示公信原则是物权法的基本原则，以担保权为由否认公示公信原则，不符合法益保护原则。《民法典担保制度司法解释》第69条应回归到《公司法司法解释（三）》第26条上来。

4. 执行异议之诉中的对抗问题

股权让与担保在对外效力上既然涉及外部第三人，则不可避免地会产生与相关执行债权人的关系问题。执行异议之诉涉及股权让与担保的类型主要有两种：一类是担保人的金钱债权人对股权申请强制执行，担保权人提出执行异议；另一类是担保权人的金钱债权人对股权申请强制执行，担保人提出执行异议。对前一类型而言，由于执行程序采用外观主义判断财产权利人，故一般情况下担保人的执行债权人难以就登记在担保权人名下的股权申请执

① 司伟、陈泫华：《股权让与担保效力及内外部关系辨析——兼议〈民法典担保制度解释〉第68条、第69条》，载《法律适用》2021年第4期。

行，但在有确切证据证明担保人是股权的实际权利人时，申请执行人仍然可就股权申请强制执行。但基于股权让与担保的担保属性，法院在执行过程中只需保障担保权人对股权价款的优先受偿地位即无损担保权人的实体权益。故担保权人不能以其名义股东的身份，主张排除强制执行，否则将有损申请执行人的合法权益。担保权人认为其优先受偿权受到损害的，可以通过执行分配方案异议之诉予以救济。

对后一类型问题的探讨则离不开对隐名持股中实际出资人能否排除强制执行的讨论。对此问题，司法实践存在分歧且无明确的法律规定。

肯定说认为，强制执行的对象是被执行人的责任财产，工商登记作为一种权利外观仅具有权利推定的效力，但并不一定与实际权利状况相符。如果经审查，名义股东并非实际权利人，则应当优先保护实际权利人的权益；如果对真实权利人的权利视而不见，将造成司法不公的后果，与司法的正义价值追求背道而驰。[①] 故，法院应当支持担保人的执行异议。否定说则认为，工商登记具有权利公示效力，隐名股东与名义股东受合同相对性约束，但合同对第三人不发生法律效力，第三人除包括交易相对人以外，名义股东的执行债权人亦属于第三人范畴，故应当优先保护申请执行人的权益。[②] 故，法院应当否认担保人提出的执行异议。

笔者认为，基于股权已经登记于工商等机关的信息系统中，该登记具有权利外观的公示、公信效力，担保权人即权利人，故人民法院可以执行，应当否认担保人的执行异议；如果肯定担保人的执行异议，无疑会鼓励担保权人与担保人的作假行为，规避法院执行，危害担保权人的债权人的利益，也与现代强化公示、公信的司法理念相违背。

5. 担保人、担保权人与破产债权人的关系

有学者主张，破产程序作为概括性的执行程序，上述执行异议之诉的分析路径适用于股权让与担保设立双方与破产债权人之间关系的处理。具体而言：（1）在担保人破产的情况下，担保权人对让与担保的股权享有别除权，可就该股权优先受偿。此为股权让与担保效力的应有之义；（2）在担保权人破产

① 司伟主编：《执行异议之诉裁判思路与裁判规则》，法律出版社 2020 年版，第 517—518 页。

② 王毓莹、李志刚、陈敦等：《隐名权利能否阻却法院执行：权利性质与对抗效力的法理证成》，载《人民司法》，2017 年第 31 期。

的情况下，让与担保股权应当纳入担保权人的破产财产，担保人不享有对抗破产债权人的权利，但对于经清算，让与担保股权价值超过债务的部分，担保人有权主张取回；（3）在目标公司破产的情况下，担保权人对让与担保的股权不能享受优先受偿的权利。①

对于上述观点，笔者认为值得商榷。

首先，在担保人破产的情况下，破产财产是债务人所有的财产，如果该财产上设定了担保，则担保权人对特定财产有别除权，以供特定债权的优先实现。别除权的成立条件：一是属于破产财产；二是设定了担保；三是债权人提出了申请别除。故，别除权产生的权利基础是担保物权及特别优先权。就担保物权而言，原《物权法》规定，担保物权包括抵押权、质权和留置权，这三项权利均被认为在破产程序中享有别除权，而对于让与担保并非法定的物权担保，让与担保债权人可否享有别除权，存在理论争议。② 笔者认为，成立别除权的前提是该项财产属于破产财产，不属于破产财产的，不能成立别除权。比如，张三破产，张三的财产上可以成立别除权，但不能在李四的财产上成立别除权。对于股权让与担保而言，已经让与出去的股权，已经不属于破产财产，而是属于受让人的财产。如果在让与出去的股权上成立别除权，犹如前述的张三破产，在李四的财产上成立别除权。

在担保人破产的情况下，担保权人能做的，就是依据让与担保合同与担保人进行清算，而不是申请行使别除权。

其次，在担保权人破产的情况下，如果担保权人仍然被定位于名义股东的位置，则让与担保的股权被认为是担保权人的破产财产，故，将股权纳入破产财产符合股东的身份。

再次，在目标公司破产的情况下，股权让与担保权人不仅不能享有优先受偿权，而且要劣后于其他债权人分配破产财产。目标公司的股东持有股权，仅是剩余破产财产的分配权。如果认为股权让与担保权人是名义股东，则目标公司的破产与股权让与担保权人没有任何关系，担保权人不享有目标公司破产财产劣后分配权，只有实际股东享有剩余价值分配权。此

① 司伟、陈泫华：《股权让与担保效力及内外部关系辨析——兼议〈民法典担保制度解释〉第68条、第69条》，载《法律适用》2021年第4期。

② 王欣新：《破产法》（第三版），中国人民大学出版社2011年版，第297—299页。

时，担保权人的利益没有任何保障，设定股权让与担保没有任何意义。只有认定担保权人是实际股东，其才可能享有目标公司最后的剩余价值的分配权（尽管此时可能已无财产可以分配）。很明显，此时不利于保护担保权人的利益。在目标公司破产的情况下，所有权说更能保护担保权人的利益。

第三十三章　非典型担保（二）

第一节　融资租赁

一、融资租赁的概念

融资租赁是一种新兴的租赁形式，集融资与融物于一体，贸易与信贷相结合，融资是目的，租赁是形式。融资租赁20世纪50年代首先在美国出现，20世纪80年代在我国经济生活中开始出现。1999年我国《合同法》规定了融资租赁合同这一典型合同形式。《民法典》第15章用了26个条文具体规定了融资租赁合同。该法第735条规定："融资租赁合同是出租人根据承租人对出卖人、租赁物的选择，向出卖人购买租赁物，提供给承租人使用，承租人支付租金的合同。"从上述法条分析，融资租赁合同通常有三方当事人（出卖人、出租人、承租人）参与，由两个合同（买卖合同、租赁合同）构成。因此，融资租赁合同法律关系比较复杂。为明确各方当事人的权利义务，融资租赁合同要求采取书面形式（《民法典》第736条）。具体来说，融资租赁合同主要有以下三个特点：

第一，出租人必须根据承租人对出卖人和租赁物的选择，出资购买租赁物。这是融资租赁合同中的买卖部分，不同于普通买卖合同。普通的买卖合同中，买受人根据自己的意愿购买标的物，购买的目的是自己使用，因此买受人全面参与技术及商务谈判。但是融资租赁合同中，买受人转换为出租人，购买标的物的目的是提供给承租人使用，因此必须根据承租人选定的出卖人及标的物进行购买。在实务中，出卖人与承租人直接进行谈判，包括技术、规格、型号，交货方式、地点、期限等，全面进行交流。出租人签订买卖合同，并支付货款。

第二，出租人将购买的租赁物交付承租人使用、收益。因为是承租人使用标的物，因此融资租赁合同中，可以约定由出卖人向承租人交付标的物（《民法典》第739条），也可以约定承租人向出卖人提出索赔（《民法典》第741条）。

第三，承租人向出租人交付租金。租金的实质是融资的本金和利息之一部分。“融资租赁合同的租金，除当事人另有约定外，应当根据购买租赁物的大部分或者全部成本以及出租人的合理利润确定。”（《民法典》第746条）

“比较法上的新趋势是将融资租赁视为保留所有权交易的一种，从而纳入动产担保体系之中。融资租赁交易在法律结构上虽与传统的所有权担保方式存在一些差异，但其经济作用与传统的所有权担保方式并无差别，属于所有权担保方式的现代形式，融资租赁中的标的物在相当程度上承担的是担保的功能。”①

二、融资租赁中的担保功能

（一）被担保的债权

融资租赁合同中，被担保的债权是出租人的租金债权。出租人根据承租人的要求出资购买租赁物，取得租赁物的所有权，目的是获得租金，该租金总额通常比出租人支付的租赁物总价款要高出一些，并以高出部分作为支付租赁物价款的收入。由于租金通常为分期支付，且期限较长，故，该债权的实现需要担保。

（二）担保物

租金债权的担保物是租赁物。租赁物的所有权在出租人手中，承租人没有所有权，这是租赁合同的应有之义。这与所有权保留买卖不同，所有权保留需要双方当事人约定，而融资租赁物的所有权无须约定，依法存在于出租人手中。

《民法典》第745条规定：“出租人对租赁物享有的所有权，未经登记，不得对抗善意第三人。”该条规定是融资租赁合同一章中的重要变化，目的是消灭隐形担保。原《合同法》第242条规定：“出租人享有租赁物的所有权。承租人破产的，租赁物不属于破产财产。”“这种设计构造引发的一个最大问题是，出租人对租赁物享有的所有权并不对外公示，但却可以行使真正所有权人的权利，甚至在破产中享有取回权。这种做法使这种没有公示的权利取得了一个最强大的效力，必然会给交易安全造成巨大的影响，尤其是在同一标的物

① 黄薇主编:《中华人民共和国民法典合同编释义》,法律出版社2020年版,第570页。

上可能存在动产抵押、浮动抵押、融资租赁、所有权保留、动产质押等各种竞存的担保物权情形时。当发生以上权利冲突时，按照合同法第 242 条的规定，出租人借助于未公示的所有权即可享有一个最强大、最完整的权利，这样就会使其他按照现有法律规范进行真正公示的权利的当事人反而得不到保障。上述做法有违现代担保交易的基本原理，同时也会给交易中的商人产生巨额的调查成本。"① 故，《民法典》作了"登记对抗"的规定，阻却善意取得的成立。

（三）融资租赁合同租金债权的实现

《民法典》第 752 条规定："承租人应当按照约定支付租金。承租人经催告后在合理期限内仍不支付租金的，出租人可以请求支付全部租金；也可以解除合同，收回租赁物。"第 758 条规定："当事人约定租赁期限届满租赁物归承租人所有，承租人已经支付大部分租金，但是无力支付剩余租金，出租人因此解除合同收回租赁物，收回的租赁物的价值超过承租人欠付的租金以及其他费用的，承租人可以请求相应返还。"

首先，该条规定了租金债权的加速到期规则。

融资租赁中，承租人支付的租金是融资款的对价，租金分期付款赋予了承租人期限利益。但是，当承租人未按照约定付款，且经催告后在合理期限内仍未支付租金的，一般说明承租人无力支付租金。如果再赋予承租人以期限利益，将导致出租人利益不断扩大，对出租人不公平。故，法律规定出租人可以要求全部租金，承租人的期限利益被剥夺。

其次，租金债权的实现途径。

根据《融资租赁合同司法解释》（法释〔2020〕17 号）及《民法典担保制度司法解释》第 65 条的规定，租金债权的实现途径有以下几条：

第一，分步起诉。

《融资租赁合同司法解释》第 10 条规定："出租人既请求承租人支付合同约定的全部未付租金又请求解除融资租赁合同的，人民法院应告知其依照民法典第七百五十二条的规定作出选择。出租人请求承租人支付合同约定的全部未付租金，人民法院判决后承租人未予履行，出租人再行起诉请求解除融资租赁合同、收回租赁物的，人民法院应予受理。"

---

① 黄薇主编：《中华人民共和国民法典合同编释义》，法律出版社 2020 年版，第 581—582 页。

根据上述规定，支付租金和解除合同收回租赁物不能同时请求，二者只能选择其一。承租人不履行关于支付剩余租金的判决时，出租人可以二次起诉，要求解除合同，收回租赁物。有学者认为，“请求支付全部未付租金”与“解除融资租赁合同、收回租赁物”并非非此即彼的关系，若出租人选择请求承租人支付剩余全部租金，则需要承担执行不能和二次诉讼的时间成本。[①] 上述两次起诉是司法安排，显然是把承租人到期不能支付租金作为收回租赁物解除合同的法定条件，只有在法定解除融资租赁合同条件成立的条件下，出租人才可以解除合同，收回租赁物。如此规定，显然是为了保护承租人的利益。但是，承租人经催告后仍不能支付租金，已经没有实际保护的必要。笔者认为两次诉讼的司法安排确有画蛇添足之嫌。

第二，一并处理。

一并处理的原则体现在《民法典担保制度司法解释》第 65 条的规定中。一并处理包括两种类型：

第一种类型是出租人请求支付租金与拍卖、变卖租赁物清偿租金债权一起处理。具体包括以下两种方式：

一是普通诉讼程序处理。《民法典担保制度司法解释》第 65 条规定，“在融资租赁合同中，承租人未按照约定支付租金，经催告后在合理期限内仍不支付，出租人请求承租人支付全部剩余租金，并以拍卖、变卖租赁物所得的价款受偿的，人民法院应予支持”。

二是特别诉讼程序处理。《民法典担保制度司法解释》第 65 条规定，“当事人请求参照民事诉讼法‘实现担保物权案件’的有关规定，以拍卖、变卖租赁物所得价款支付租金的，人民法院应予准许”。

第二种类型是出租人解除融资租赁合同、收回租赁物与承租人反诉一并处理。

出租人解除融资租赁合同的法定事由，根据《融资租赁合同司法解释》第 5 条的规定，包括以下情形：（1）承租人未按照约定的期限和数额支付租金，符合合同约定的解除条件，经出租人催告后在合理期间内仍不支付的；（2）合同对欠付租金解除合同没有明确约定，但承租人欠付租金达到两期以上，或者数额

① 高圣平、谢鸿飞、程啸：《最高人民法院民法典担保制度司法解释理解与适用》，中国法制出版社 2021 年版，第 504—505 页。

达到全部租金15%以上，经出租人催告后在合理期限内仍不支付的；（3）承租人违反合同约定，致使不能实现合同目的的其他情形。

出租人依据上述事由申请解除合同的，承租人可以提出清算，法院对解除合同与反诉请求一并处理。

《民法典担保制度司法解释》第65条规定："出租人请求解除融资租赁合同并收回租赁物，承租人以抗辩或者反诉的方式主张返还租赁物价值超过欠付租金以及其他费用的，人民法院应当一并处理。当事人对租赁物的价值有争议的，应当按照下列规则确定租赁物的价值：（一）融资租赁合同有约定的，按照其约定；（二）融资租赁合同未约定或者约定不明的，根据约定的租赁物折旧以及合同到期后租赁物的残值来确定；（三）根据前两项规定的方法仍然难以确定，或者当事人认为根据前两项规定的方法确定的价值严重偏离租赁物实际价值的，根据当事人的申请委托有资质的机构评估。"

经清算后，出租人仍有损失的，可以要求承租人赔偿。

三、"善意第三人"的范围及效力

《民法典》第745条规定，出租人对租赁物享有所有权，未经登记，不得对抗善意第三人；第641条第2款规定，出卖人对标的物享有所有权，未经登记，不得对抗善意第三人。《民法典担保制度司法解释》第67条对上述"善意第三人"的范围进行了规定，在所有权保留买卖、融资租赁等合同中，出卖人、出租人的所有权未经登记不得对抗"善意第三人"。该"善意第三人"的范围以及效力，参照该司法解释第54条的规定处理。第54条规定了动产抵押未经登记的效力。根据第54条的规定，未登记的出卖人、出租人的所有权，不得对抗善意的受让人和善意承租人，不得对抗查封债权人和扣押债权人，不得对抗破产中债权人或者管理人。在解释上，也不得对抗参与分配的债权人，不得对抗其他担保物权人。①

① 高圣平、谢鸿飞、程啸：《最高人民法院民法典担保制度司法解释理解与适用》，中国法制出版社2021年版，第517页。

第二节　保　理

一、保理合同的含义

保理合同是《民法典》合同编比原《合同法》新增的四类有名合同之一。《民法典》将保理合同有名化，以此应对日益增多的因保理产生的法律纠纷，实为进步，值得肯定。《民法典》第761条规定："保理合同是应收账款债权人将现有的或者将有的应收账款转让给保理人，保理人提供资金融通、应收账款管理或者催收、应收账款债务人付款担保等服务的合同。"

根据保理合同的定义，保理合同的内容可分为两面：对债权让与人而言，是转让债权给保理商；对于保理商而言，是"四选一"模式，即保理商只需履行提供融资、管理或催收应收账款以及提供付款担保四项义务之一，即可成立对待给付。[①]

（一）关于应收账款

保理合同的核心要素是应收账款转让。研究保理合同首先必须对适于做保理的应收账款进行研究。

1. 叙做保理的合格应收账款

第一，应收账款是企业正常经营活动产生的债权。

"债权人让与其债权的义务是保理合同的要素，可谓'不让与，非保理'。"[②] 但是并非所有的应收账款都适合转让或叙做保理。中国人民银行《动产和权利担保统一登记办法》规定了我国的应收账款定义及类型："本办法所称应收账款是指应收账款债权人因提供一定的货物、服务或设施而获得的要求应收账款债务人付款的权利以及依法享有的其他付款请求权，包括现有的以及将有的金钱债权，但不包括因票据或其他有价证券而产生的付款请求权，以及法律、行政法规禁止转让的付款请求权。本办法所称的应收账款包括下列权

① 王馨然：《保理合同中的债法一般原理——试分析〈民法典〉保理合同章条款》，载《东南大学学报》（哲学社会科学版）2022年第S1期。

② 李宇：《保理合同立法论》，载《法学》2019年第12期。

利：（一）销售、出租产生的债权，包括销售货物，供应水、电、气、暖，知识产权的许可使用，出租动产或不动产等；（二）提供医疗、教育、旅游等服务或劳务产生的债权；（三）能源、交通运输、水利、环境保护、市政工程等基础设施和公用事业项目收益权；（四）提供贷款或其他信用活动产生的债权；（五）其他以合同为基础的具有金钱给付内容的债权。”

第二，应收账款应可以转让。

《民法典》第545条列举了根据债权性质、按照当事人约定、依照法律规定不得转让的三种债权类型。对于保理合同而言，能够转让的债权是企业基于经营活动产生的金钱债权，非金钱债权不得转让，非基于企业经营活动产生的的金钱债权不得转让。实践中，若当事人约定债权不得转让的，该债权可否叙做保理？答案是可以。《民法典》第545第2款：“当事人约定非金钱债权不得转让的，不得对抗善意第三人。当事人约定金钱债权不得转让的，不得对抗第三人。”上述对原《合同法》第79条的改动，可被认为主要是为了应对保理业务的实践问题。[①] 在《民法典》生效以后，对于禁止金钱债权让与条款的法律效力，不再需要考虑保理商在主观上是否属于善意，而且在解释论上也不再需要考虑禁止让与条款对保理商的损害问题。根据债权性质和依据法律规定不得转让的债权不能成为叙做保理的债权，以此类债权转让叙做保理的，保理合同应无效。

第三，将来应收账款可以成为保理的客体。

将来应收账款作为保理的客体，应有“可期待、确定性”特征。可期待性指该未来应收账款虽在合同订立时尚未产生，但将来确定会产生，保理人对此有合理期待；可确定性指该将来债权一经产生即可确定属于保理交易所涉账款。作出上述限定主要出于两层考虑：一是处分行为的特性；二是由债权自身特征所决定的，债权作为相对权所受保护较弱，为确保债权存在及有效，增设限制是必要的。主要从具体条件、发生基础或动态事项来判断将来债权的特定性。[②]

2. 不能作为叙做保理的应收账款

第一，债务人为自然人的生活消费应收账款。

---

① 方新军：《〈民法典〉保理合同适用范围的解释论问题》，载《法制与社会发展》2020年第4期。

② 詹诗渊：《保理合同客体适格的判断标准及效力展开》，载《环球法律评论》2021年第5期。

我国法律并未明确因何种基础交易产生的应收账款可叙做保理，实践中出现的保理产品多参照中国人民银行《动产和权利担保统一登记办法》对应收账款的定义与列举的五种类型而诞生。[①] 但是，关于保理的两大国际法律文件对应收账款有规定。国际统一私法协会制定的《国际保理公约》是全球第一部统一的国际保理的专门公约。这部公约首次对保理合同进行了定义。根据公约，在保理合同中，供应商可以或将要向保理人转让供应商与其客户（债务人）订立的货物销售合同产生的应收账款（主要供债务人个人、家人或家庭使用的货物的销售所产生的应收账款除外）。《联合国国际贸易应收款转让公约》第 4 条第 1 款规定，该公约不适用于下列转让：（1）对个人进行的为其个人、家人或家庭目的的转让；（2）产生所转让应收款的企业作为企业变卖的一部分或变更其所有权或法律地位而进行的转让。在《国际保理公约》的指导思想中，能够叙做保理的应收账款类型仅限于因企业间国际贸易往来产生的应收账款，不包括因个人消费或家庭消费产生的应收账款。在买方是自然人或者家庭的情况下，买方往往是小额消费、单次交易，且其个人信用难以真实评估，容易出现违约，导致保理人承担较高的坏账风险，易对金融稳定带来不利影响。因此，基于比较法的规定和金融稳健发展的目标，在对我国可以叙做保理的应收账款作出解释时也应对其适度限缩，禁止保理商受让基础交易合同中以自然人为债务人的应收账款叙做保理。[②] 这对防范金融风险具有重要意义。目前，在实践中有许多商业保理公司受让消费金融公司向消费者提供的消费贷款而形成的应收账款债权，以此为基础叙做保理。在这种保理中，消费金融公司将众多自然人消费者通过消费产生的应收账款打包，集合让与保理人。保理人所受让的应收账款虽然确属因销售或提供服务而产生，但该应收账款实际上是因个人消费而产生的应收账款，也即应收账款的债务人是自然人，保理人在受让时对于债务人的信用状况、偿债能力等未做评估，事实上也难以对数以万计的自然人债务人进行评估。从穿透性金融监管的视角看，保理人采用这种业务模式提供的“融资”在本质上是假借消费金融公司向消费者间接放贷，以实现让消费者“分期消费”的目的。但是，商业保理公司并不具备向消费

① 魏冉：《保理的概念及其法律性质之明晰》，载《华东政法大学学报》2021 年第 6 期。

② 魏冉：《保理的概念及其法律性质之明晰》，载《华东政法大学学报》2021 年第 6 期。

者发放贷款的金融资质，该行为违反金融监管的规定。[①]

第二，票据应收账款。

2013 年中国银监会发布的《关于加强银行保理融资业务管理的通知》第 6 条、2014 年中国银监会发布的《商业银行保理业务管理暂行办法》第 13 条、2016 年中国银行业协会修订的《中国银行业保理业务规范》第 4 条和 2019 年中国银保监会发布的《关于加强商业保理企业监督管理的通知》第 1 条、2021 年中国人民银行发布的《动产和权利担保统一登记办法》第 3 条均将因票据产生的付款请求权排除在保理业务范围之外。

但是从比较法上观察，上述限制并不是常态。《国际保理公约》对票据债权没有进行明确限制，《联合国国际贸易应收款转让公约》第 4 条第 3 款明确将票据债权纳入应收账款的范围。联合国国际贸易法委员会秘书处在《关于联合国国际贸易应收款转让公约的解释性说明》中特别指出，该公约适用于流通票据形式的应收款转让，而且涵盖了各种形式的保理和福费庭（forfeiting，原义为放弃权利，其业务类型包括发票贴现、到期保理和国际保理等）。[②] 但在联合国国际贸易法委员会制定的《担保交易示范法》对应收账款作出定义时就已经明确排除了票据，规定："'应收款'是指对金钱债务的受付权，但不包括以可转让票据为凭证的受付权、银行账户贷记款受付权和非中介证券下的受付权。"此外，在《联合国国际贸易应收款转让公约》第 4 条关于公约的适用除外情况和其他限制中，第 3 款明确规定："本公约的任何规定概不影响管辖流通票据的法律规定的任何人的权利和义务。"国际保理商联合会与国际保理协会于 2014 年联合制定的《示范保理法》《非洲进出口银行保理示范法》的规定亦同上所述。国际统一私法协会负责起草的《保理示范法》在研讨过程中有多位起草专家提出，在示范法中应当明确排除基于票据产生的付款请求权在保理中的适用，与其他国际公约在立法上保持一致。[③]

我国法律禁止基于票据产生的付款请求权叙做保理的原因有两点。（1）"票据最原始最简单的作用是作为支付手段，代替现金使用。"[④] 在基础交

---

① 魏冉：《保理的概念及其法律性质之明晰》，载《华东政法大学学报》2021 年第 6 期。

② 方新军：《〈民法典〉保理合同适用范围的解释论问题》，载《法制与社会发展》2020 年第 4 期。

③ 魏冉：《保理的概念及其法律性质之明晰》，载《华东政法大学学报》2021 年第 6 期。

④ 谢怀栻：《票据法概论》，法律出版社 2017 年版，第 22 页。

易合同的买方开具汇票并承兑或者卖方开具汇票经由买方承兑之后，对应的应收账款已经归于消灭。此时承兑人虽然仍然负有到期日绝对付款的责任，但是这种付款责任是基于票据关系而产生的，并非基于应收账款而产生。根据《民法典》第 761 条的规定，保理合同的核心是将应收账款由债权人让与给保理人，而基础交易合同中的债权人此时已经没有应收账款可供转让叙做保理。(2) 部分观点认为，票据债权成立之后，原因关系的债权请求权并不消灭，只是债权人应当先行使票据债权，若行使票据债权未果，可以再行使原因债权。在前者主张中，虽然保理人与应收账款债权人约定的保理服务是基于转让应收账款产生，但实际情况是保理人最终的收款方式是通过行使票据产生的付款请求权收款，并非通过应收账款债权收款。这既与当事人双方的保理合同的实际约定有悖，也与《民法典》规定的保理人债权实现方式相左。事实上，这种模式里的应收账款债权让与完全是个“幌子”，保理人提供的融资、收款等服务全部都是基于票据完成，与应收账款并不存在实际关联。对于第二种主张，保理人的所有服务直接基于票据提供，更与应收账款无关。这既违反商业保理经营范围的禁止性规定，也严重违反我国关于票据贴现的禁止性规定。最后，在我国保理业重视融资的背景下，票据保理会产生非法票据贴现的经营风险，情形严重的甚至会触犯刑法。①

第三，超过诉讼时效的应收账款。

超过诉讼时效的应收账款，由于债务人获得了时效抗辩权，债权有可能无法回收，故超过诉讼时效的应收账款不是合格的保理客体。

第四，其他不适格应收账款。

2017 年 12 月公布的《北京市密云区商业保理试点监管暂行办法》第 9 条规定，商业保理公司受让的应收账款必须是在正常付款期内的，原则上不能受让的应收账款包括：(1) 违反国家法律法规，无权经营而导致无效的；(2) 正在发生贸易纠纷期间的；(3) 约定销售不成即可退货而形成的；(4) 保证金类的；(5) 可能发生债务抵销的；(6) 已经转让或设定担保的；(7) 被第三方主张代位权的；(8) 法律法规规定或当事人约定不得转让的；(9) 被采取法律强制措施的；(10) 可能存在其他权利瑕疵的。2013 年《上海市浦东新区商业保理试点期间监管暂行办法》第 10 条的规定与北京市密云区的上述规定一致。

---

① 魏冉：《保理的概念及其法律性质之明晰》，载《华东政法大学学报》2021 年第 6 期。

（二）应收账款转让的通知

根据《民法典》第 546 条的规定，应收账款转让应当由债权人通知债务人。《民法典》第 764 条规定："保理人向应收账款债务人发出应收账款转让通知的，应当表明保理人身份并附有必要凭证。"该规定表明，保理人可以向债务人发出通知，但应当附有相关证据。这些证据应当包括，基础交易合同以及履行证据、发票资料、应收账款转让合同等。保理人作为通知主体，不仅可以降低单纯由债权人通知并提供债务人确认文件可能引发或隐藏的法律风险，而且保理人通知时表明身份、附有必要凭证，在事实上起到了双向核实的作用：一方面，保理人经由债务人对基础合同及应收账款真实性做进一步审查核实，强化了保理人的实质性审查义务；另一方面，债务人也可以发现债权人在应收账款真伪、数量及用途上与实际交易状况是否一致，以便债务人及时行使抗辩权。[①]

保理人向债务人发出应收账款转让通知后，产生如下效力：

第一，债务人不得向债权人清偿。

第二，保理人不得撤销应收账款转让的通知，除非经过债务人同意。

第三，应收账款债务人接到应收账款转让通知后，应收账款债权人与债务人无正当理由协商变更或者终止基础交易合同，对保理人产生不利影响的，对保理人不发生效力（《民法典》第 765 条）。这是保理合同中对债权转让效力的特殊规定，即债权转让后，对基础交易合同，不得进行对保理人不利的变更或者终止，比如约定免除债务、债务抵消、变更合同的主要要求，使债务人获得抗辩权等。但是，如果基于正当理由可以变更或者终止基础交易合同。这些正当理由包括情势变更、不可抗力等因素。

第四，债务人可以对保理人主张抗辩权（《民法典》第 548 条）、抵销权（《民法典》第 549 条）。

（三）保理法律关系

《民法典》第 762 条规定，保理合同的内容一般包括业务类型、服务范围、服务期限、基础交易合同情况、应收账款信息、保理融资款或者服务报酬

① 黄和新:《保理合同:混合合同的首个立法样本》,载《清华法学》2020 年第 3 期。

及其支付方式等条款。保理合同应当采用书面形式。该条中关于保理合同的内容为例示规定，关于书面形式的规定为要式的强制规定。不过，其要式之违反不适合规定为无效。①

实践中，常见到名实不符的保理合同，这类合同主要有以下两类情形：一是应收账款不适格的保理合同。对于应收账款不真实、不特定和未来应收账款不具有合理期待性的保理合同，法院不认定为保理合同关系。二是保理合同履行中，权利义务的履行与保理要求不相符的合同，比如应收账款没有转让。②笔者代理过这样的案件，保理商（银行）为担保债权实现，与债务人既签订应收账款质押担保合同，且在人民银行征信系统办理质押登记，又签订保理合同，办理应收账款转让手续。③ 原告保理商将债务人起诉到法庭后，致使法庭长时间询问原告是以质押担保借款合同为由，还是以保理合同为由主张权利。最后，经过法庭反复释明，终按保理合同纠纷处理。

（四）保理的担保功能

《民法典》第 761 条所定义的保理合同，包含保理的全部功能：服务功能、融资功能及保付功能。依该定义，《民法典》规定的保理合同必须约定为信托关系，将应收账款转让保理人，且保理人应负融资、账务管理、催收及保付的义务。服务功能体现为，对应收账款的催收和管理；融资功能体现为保理合同可约定保理人对委托人贴现其应收账款。在这种情形下，其保理兼有融资的功能。应收账款或所收的账款通常就是保理人融资的担保。保理人就保理之应收账款，约定对委托人负保付义务者，称为纯正保理。该保理转为债权之买卖，是一种债的关系。④ 保理合同的担保属性主要体现在资金融通和付款担保两个方面。⑤

我国法律对保理商需要提供几种服务功能没有规定。但是，《关于加强商业保理企业监督管理的通知》（银保监办发〔2019〕205 号）中规定，商业保理企业不得专门从事或受托开展与商业保理无关的催收业务、讨债业务。实践

① 黄茂荣：《论保理合同》，载《法治研究》2021 年第 3 期。
② 李阿侠：《保理合同原理与裁判精要》，人民法院出版社 2020 年版，第 121 页。
③ 山东省济宁市中级人民法院（2014）济商初字第 160 号。
④ 黄茂荣：《论保理合同》，载《法治研究》2021 年第 3 期。
⑤ 宋天骐：《论保理合同的担保功能》，载《金融发展研究》2021 年第 12 期。

中常见的保理业务通常是融资（借款）业务，以应收账款债权人回购应收账款为借款担保。

（五）保理合同的性质

关于保理合同的法律性质见仁见智，形成了债权转让说、债权让与担保说、清偿代位说、混合合同说、典型合同说等诸种学说。[①] 崔建远先生认为，保理合同涉及几种法律关系，法律关系具有复合性，标的具有复合性。[②] 上述诸学说各有侧重。笔者认为，应从以下几方面讨论保理合同的性质：

第一，虽然保理合同涉及多种法律关系，包括基础合同关系、债权转让合同关系等，但是这些关系是保理合同内部的法律关系，是形成保理合同关系的必备条件或者必备步骤。探讨合同性质，仅仅局限于该合同的成立条件或者必备条件，显然有失偏颇。

第二，讨论合同的性质应主要从合同的目的或者合同双方的权利义务来评议。保理合同虽具有服务、融资、担保功能，但是这些功能不可能同时出现在一份保理合同中。对于一笔保理合同来说，保理人往往只提供其中一种服务，要么是管理服务，要么是融资服务，要么是保付功能。因此，从合同双方权利义务关系角度看，保理合同通常体现为一种比较单纯的法律关系。保理商提供应收账款催收、管理服务的，是一种服务合同关系；对于无追索权的保理来说，是一种买卖合同关系；对于有追索权的保理来说，是一种借款合同关系。故，保理合同依据其内容呈现不同的合同性质，不可一概而论。

第三，即使保理合同中约定多种保理服务，也应当认为保理合同具有多面性、复杂性，依据其不同的功能谈论保理合同的不同性质。

二、虚假债权转让的法律后果

《民法典》第763条规定：“应收账款债权人与债务人虚构应收账款作为转让标的，与保理人订立保理合同的，应收账款债务人不得以应收账款不存在为由对抗保理人，但是保理人明知虚构的除外。”

---

① 黄和新：《保理合同：混合合同的首个立法样本》，载《清华法学》2020年第3期。

② 崔建远：《保理合同探微》，载《法律适用》2021年第4期。

（一）虚构应收账款的情形

1. 虚构基础交易合同

在一起案件中，被告人伪造了笔者代理的一方（简称我方）的合同印章，做了虚假的采购合同，然后从税务机关开出了增值税专用发票（这些销售发票经过保理商审核原件后退回，被告方持增值税专用发票到税务机关作红字冲回），伪造了我方对应收账款的确认单，一系列证据形成了被告人对我方的应收账款，然后将此应收账款转让给银行，银行在全国应收账款质押系统做了应收账款质押登记。

2. 有真实的基础交易合同，但没有应收账款或者扩大应受账款

比如，为办理融资签订了基础交易合同，但基础交易合同已经履行完毕；或者基础交易合同根本没有履行就被解除；或者基础交易合同仅有 100 万元应收账款，虚构成 500 万元的应收账款。

虚构应收账款，很容易被识别出来，比如银行（保理商）现场核实应收账款情况，保理人通知债务人，债务人提出债务不存在的异议或者不予确认债权和债权转让通知，均可使虚构应收账款露馅。笔者经历的案件中，虚构的应收账款没有露馅的原因是，银行虽然进行了现场核实，但不是去了我方的财务部门核实；其他的东西都使用虚假印章，还有一个我方的工作人员配合（该工作人员不构成职务代理）。如果债权人和债务人虚构应收账款，必须债权人和债务人协商一致，共同应付银行（保理人）的核实核对工作，债权人与债务人均存在故意行为。

虚构应收账款，一般同时构成伪造印章罪或者诈骗犯罪。笔者代理的案件中，有关人员即被追究了伪造印章罪。

（二）虚构应收账款保理合同的效力

应当明确，在保理合同中纠纷中，保理合同与基础合同是两个独立的合同，二者之间没有从属关系，故两者的合同效力互不影响。债权人虚构应收账款的目的，往往在于通过保理融资或者保付的方式获取资金。对于为获取资金虚构应收账款所制造的基础交易合同，属于意思表示不真实的合同，根据《民法典》第 143 条的规定，合同自始无效，无须论证。我们需要讨论的是，不存在的应收账款转让对保理合同的效力的影响。

实践中，一般认为，应收账款不真实、不准确的，不成立保理法律关系。保理商应承担应收账款合法、真实、有效的举证证明责任。根据行业惯例，保理商在叙做保理业务时，应将核查应收账款的真实性作为尽职调查的重点。在当事人就应收账款真实性发生争议时，保理商应承担证明责任，若不能举证证明应收账款合法、真实、有效，则要承担不利的责任。在（2018）沪 01 民终 4182 号民事判决中，上海市第一中级人民法院认为，基础交易合同未明确应收账款的具体数额和相应的还款期限，债权人提供的增值税发票数额与《应收账款转让通知书》附件所载转让的应收账额亦相差悬殊，由此可见，保理商并未尽到合理审查义务。在没有其证明上述应收账款真实存在的情形下，一审法院认定保理商发放的两笔融资属借款并无不当。① 但是《民法典》第 763 条似乎改变了实践观点。该条规定，应收账款债权人与债务人虚构应收账款作为转让标的，与保理人订立保理合同的，应收账款债务人不得以应收账款不存在为由对抗保理人，但是保理人明知虚构的除外。

1. 债权虚构保理人不知情的情况

第一，对于管理和催收应收账款的保理合同。应收账款是此类保理合同的客体，对于标的不存在的保理合同，不能成立。保理人可以基于保理服务合同的有关条款主张赔偿责任。

第二，融资型保理合同是非典型的具有担保功能的合同。在这类合同中，应收账款只是担保物②，当担保物不存在的时候，不应否决保理合同的效力。在保理合同有效的情况下，保理人以不能收回的款项向虚构债权的债务人主张权利的请求权基础是侵权赔偿责任。故，应收账款债务人不得以应收账款不存在为由对抗保理人。崔建远先生认为，“应收账款债务人不得以应收账款不存在为由对抗保理人”，从权利义务的角度说，就是在保理合同关系中，本不存在的“应收账款债权”被法律认可为具有完全效力的债权，置债权人和债务人的真实意思于不顾地拟制了一个应收账款债权——《民法典》创造的、强加于基础交易合同中的债务人的应收账款债权，可被简称为法定债权。③ 笔者认为崔先生的观点有失偏颇，理由如下：一是如果债务人不参与债权人虚构债权，使债权人成功

① 李阿侠：《保理合同原理与裁判精要》，人民法院出版社 2020 年版，第 80 页。

② 保理合同中应收账款转让，在我国学界和司法实务中被认为是债权让与担保，故应收账款属于担保物。参见潘运华：《民法典中有追索权保理的教义学构造》，载《法商研究》2021 年第 5 期。

③ 崔建远：《保理合同探微》，载《法律适用》2021 年第 4 期。

取得资金的行为，债务人完全可以以债务不存在为由进行抗辩。正是债务人与债权人共同的故意侵权行为，才使得债务人承担侵权责任。二是从民事活动诚信原则而言，保理人因为相信应收账款的存在才出借款项，债务人也认可存在应付账款，基于保护保理人信赖利益的原则，债务人应当对保理人进行赔偿。故，在这种情况下，债务人的支付责任是赔偿责任，而非对保理人清偿应收账款。三是“应收账款债务人不得以应收账款不存在为由对抗保理人”的语句含义是表明债务人对保理人的索赔要求，不得以此理由对抗，但是否可以以其他理由抗辩？应当可以抗辩，比如保理人的债权已经得到部分清偿、保理人的债权已经超过诉讼时效等，这些抗辩理由，显然不是基于应收账款的抗辩。故，笔者认为，不是《民法典》创造了一种“法定债权”，而是有实实在在的法理基础。

第三，保付型保理合同实质是债权转让①，应收账款是应收账款债权人获取资金支付的对价。虚构的应收账款使保理人因受欺诈而订立保理合同，根据《民法典》第148条的规定，保理人作为受欺诈方有权请求撤销该合同。此种方法主要适用于债权人或债务人资产状况不佳，可能无法承担相关责任的情形，保理人及时申请撤销合同有利于避免损失的进一步扩大。

第四，如保理人已经因虚构债权而受到损失，可提起侵权诉讼，要求债权人、债务人承担连带责任。债权人、债务人共同虚构债权，诱使保理人与其订立合同，属于共同侵权行为，对保理人的损失应承担连带责任。② 在保理人不提出撤销合同的情况下，保理合同有效，债务人也应当基于其参与虚构债权的行为向保理人承担赔偿责任。

2. 保理人明知应收账款是虚假的情况

第一，债务人可以提出“应收账款不存在”的抗辩，债务人不承担责任。此时，保理人对债权人融资的行为，类似于自甘风险。

第二，“明知”是指保理人知道基础债权是虚构的，即对债权不真实的事实有着明确的认识，至于虚构债权的具体细节并不要求保理人知晓。保理人应当知道债权为虚构，但因重大过失未能知晓，不属于此处“明知”的范围。从理论上看，“重大过失”与“故意”具有一定程度上的等价性，但《民法典》中只

① 黄茂荣:《论保理合同》,载《法治研究》2021年第3期。

② 陈金春:《论虚构债权、将有债权对保理合同效力的影响》,载《郑州航空工业管理学院学报》(社会科学版)2022年第2期。

就“明知”作出规定，而未包括“重大过失”或采用“知道或应当知道”等表示，基于体系化的法律解释，应当认为立法者已排除“重大过失”作为《民法典》第763条除外规定的适用条件。结合现实考量，“重大过失”本身暗示着其发生具有偶然性、小概率性，从防范金融市场风险发生的角度出发，排除“重大过失”下保理人债权的实现不具有现实的必要性。因此，应当认定保理人在存在重大过失的情况下，仍有权向债务人行使债权。[①] 有观点认为，该条文采用了权利外观责任中的积极信赖保护的方式，“保理人明知”的举证责任，被分配到了想要提出抗辩的债务人一方。具体来说，《民法典》颁布之后，虚构应收账款从司法实践来看，如果仅证明保理人的审查存在瑕疵，是不能够达到“保理人明知”的证明标准的，因为“保理人明知”蕴含着“保理人存在故意”的主观要件——即使保理人存在重大过失，也很难作出“明知”的认定。正如保理人对债权人与债务人的通谋难以察觉一样，债务人对保理人明知的主观状态也存在举证困难，因此应平衡保理人与债务人双方的法益，而不应对保理人过度保护。因此，对“保理人明知”的情形宜作适当的扩张解释，当债权凭证等材料已足以说明应收账款的不真实时，因保理人具有专业资质，应当将此类重大过失的情形认定为“明知”。[②] 上述观点具有纠正《民法典》对保理人过度保护的意义。在保理法律关系中，债权人拟转让的应收账款通常是保理融资的第一还款来源，因此应收账款是否真实存在应当是保理人审查的重点，这是由作为授信业务的保理自身的风险防控要求所决定的。不仅如此，《商业银行保理业务管理暂行办法》明确规定保理人有对基础交易及其他贸易背景的真实性做严格审查的义务；保理协议文本里也有债权人应提交合同、发票、交运货物凭证等文件原件供保理人审查的条款。可见，无论从哪个角度来看，防范虚构应收账款的风险，保理人都责无旁贷。而第763条并未提及保理人对应收账款真实性的审查义务，反而有暗示保理人无须调查核实之嫌。[③] “该条但书仅限于保理人‘明知’虚构，不包括保理人‘应知’的情形，意味着保理人无需经必要调查核实即可‘认假为真’，如此，只要让与人与债务人签署了虚假合同，即可发

① 陈金春：《论虚构债权、将有债权对保理合同效力的影响》，载《郑州航空工业管理学院学报》（社会科学版）2022年第2期。

② 程纪豪：《保理合同虚构应收账款的责任承担——以64份裁判文书为分析样本》，载《西部学刊》2022年第11期。

③ 黄和新：《保理合同：混合合同的首个立法样本》，载《清华法学》2020年第3期。

生‘保理人可以信赖合同为真’的法律效果，从而形同‘合同具有公信力’。”[①]保理欺诈的形式多样，手段各异，但债权人以此骗取融资款是其主要目的，债权人始终是此等骗局的主角；保理人疏于审查应收账款的真实性也并非都是工作疏忽或者立法偏袒，有些是滥用权利或为规避信贷管制而有意为之，确有过错；债务人也并非都是冤大头，但确实存在有理由、有证据抗辩的情形。无论是保理人不尽真实性审查义务的法律后果，还是债务人的“不得抗辩”的例外，只能留待今后的司法解释和司法裁判予以补正。[②]

三、保理的主要形式

根据不同的交易架构与保理功能的选择，保理在实务上有多种分类方式。如按照债权人、债务人是否位于同一个国家，可以分为国内保理和国际保理；按照参与保理的机构数或者叙做保理的模式的不同，可以分为单保理和双保理；按照是否将应收账款转让事实通知债务人，可以分为公开型保理和隐蔽型保理（又称明保理和暗保理）；按照有无追索权，可以分为有追索权保理和无追索权保理（又称回购型保理和买断型保理）。其中，有追索权保理和无追索权保理为保理合同的基础分类，也是保理交易实务中认可度最高、最常用的保理种类。有追索权保理和无追索权保理确为保理合同的特别规范，立法上就其所作的规定，旨在妥当解释当事人的合同约定，进而确定保理人的权利行使顺序。[③] 而追索权是保理人在融资款没有得到清偿的情况下，依法对基础交易合同中的债权人（即融资人）享有的要求返还融资款或者回购应收账款的权利。依法可以向债权人追索的，是有追索权保理；依法不能向债权人追索，只能向应收账款债务人要求清偿的是无追索权保理。我国《民法典》第766条、第767条分别规定了有追索权保理和无追索权保理。

（一）有追索权保理

1. 有追索权保理的定义

《民法典》第766条规定：“当事人约定有追索权保理的，保理人可以向

① 李宇：《保理合同立法论》，载《法学》2019年第12期。

② 黄和新：《保理合同：混合合同的首个立法样本》，载《清华法学》2020年第3期。

③ 黄和新：《保理合同：混合合同的首个立法样本》，载《清华法学》2020年第3期。

应收账款债权人主张返还保理融资款本息或者回购应收账款债权，也可以向应收账款债务人主张应收账款债权。保理人向应收账款债务人主张应收账款债权，在扣除保理融资款本息和相关费用后有剩余的，剩余部分应当返还给应收账款债权人。”

2. 有追索权保理的追索

第一，向债权人追索与向债务人求偿适用顺序问题。

根据《民法典》第766条第1句的规定，保理人向债权人追索或者向债务人求偿的是“可以”与“也可以”的关系，赋予了保理人选择自由，无论如何也看不出这两种主张之间在适用上有明确的先后顺序之分。《民法典担保制度司法解释》第66条第2款规定，在有追索权的保理中，保理人以应收账款债权人或者应收账款债务人为被告提起诉讼的，人民法院应予受理。可见，该规定显然赋予保理人享有任意选择向应收账款债权人或者债务人主张受偿的权利。

由此带来的问题是，择一行使后，保理人是否失去另一权利？两项权利可否同时行使？

对此，我国大量的司法审判实务表明在保理人的融资款本息债权未获清偿的情形下，保理人不仅有权请求应收账款债务人向其清偿债务，也有权同时向应收账款债权人进行追索。[①] 如果单从《民法典》第766条第1句规定的文义出发，在这两种主张之间，确实无法明确得出保理人是每次只能择一行使还是可以同时行使的结论。“保理人每次只能择一主张”与“保理人可以同时主张”这两种解释结论本身都不必然违反法条的文义。若将《民法典》第766条第1句仅仅解释为“保理人每次只能择一主张”，那么保理人只能选择应收账款债权人或者债务人主张受偿，当选择的其中一方主张受挫时，才能再选择另外一方主张。这易增加当事人诉累，极不利于保理人的融资款本息债权得以有效清偿。对此，《民法典担保制度司法解释》第66条第2款规定，保理人一并起诉应收账款债权人和应收账款债务人的，人民法院可以受理。这显然采取

① 最高人民法院（2018）最高法民终31号民事判决书、重庆市第一中级人民法院（2018）渝01民初98号民事判决书、上海市闵行区人民法院（2018）沪0112民初27377号民事判决书。

的是"保理人可以同时主张"的解释论。[①] 保理人的诉求应当有两种方式：一种方式是要求应收账款债权人（保理中的借款人）返还融资本息+要求债务人清偿应收账款；另一种方式是要求应收账款债权人（保理中的借款人）回购应收账款+要求债务人清偿应收账款。比如，债权人转移400万元应收账款给保理人，从保理人处融资400万元。债权人现有280万元本息没有偿还。现在保理人对债权人和债务人同时起诉，要求债权人回购280万元债权，要回求债务人清偿280万元应收账款。法院可以受理该案。

案件审理中存在两个问题：一是保理人同时起诉，可否合并审理？二是债权人的回购责任和债务人的清偿责任在责任问题上有无先后顺序？

（1）关于合并审理的问题。保理人同时诉讼的程序法依据是诉的主体合并。最高人民法院在一份案例[②]中认为，兴业银行福安支行同时既向立晟公司主张了追索权，又向航天贵阳分公司主张了应收账款债权。虽然兴业银行福安支行基于不同的法律关系分别向多个债务人同时主张相关权利，但均在保理法律关系范围之内，目的只有一个即追回向立晟公司提供的保理融资款项，诉讼标的是共同的。由于一方当事人为二人以上，发生诉的主体合并，属于必要共同诉讼，根据《民事诉讼法》第50条的规定，合并审理并无不当。

（2）关于清偿顺序。在有追索权保理中，保理商同时起诉应收账款债权人与债务人的，债权人与债务人承担责任的顺序与范围存在争议，各地法院做法不同。一种观点认为，债权人为第一顺序偿债义务人，理由是债权人的借款，当然由其本人还款。[③] 另一种观点是，债务人应为第一顺序偿债义务人，除当事人另有约定外，保理应首先向债务人主张偿还，债权人承担补充责任。[④]《中国银行业保理业务规范》第5条规定，保理融资的第一还款来源为债务人对应收账款的支付。最高人民法院在（2017）最高法民再164号一案中指出，在原有债务和受让债权的数额不一致的情况下应当如何确定清偿义务范

① 潘运华:《民法典中有追索权保理的教义学构造》,载《法商研究》2021年第5期。笔者认为,《民法典担保制度司法解释》第66条第2款前后的用语值得思考。在保理人择一起诉的情况下,用语是"人民法院应当受理";在保理人一并起诉的情况下,用语是"人民法院可以受理"。"可以"是授权性规范的用语,如此用语意味着人民法院也可以不受理。

② 最高人民法院(2019)最高法民申6143号民事裁定书。

③ 福建省高级人民法院(2016)闽民终579号民事判决书。

④ 上海市高级人民法院(2017)沪民终171号民事判决书。

围和顺序这一问题还没有先例判决可以遵循的情况下，根据法理认定追索权的功能相当于应收账款债权人为债务人的债务清偿能力提供了担保，这一担保的功能与放弃先诉抗辩权的一般保证相当，参照当时《担保法》关于一般保证的法律规定，由应收账款债务人就其所负债务承担第一顺位的清偿责任，对其不能清偿的部分，由应收账款债权人承担补充赔偿责任，法理依据是充分的。这种顺位的排序，不仅在法理上有据可循，也符合“保理融资的第一还款来源为债务人对应收账款的支付”这一行业共识。笔者认可上述最高人民法院观点，这才体现了保理融资与普通融资的不同特色及保理的担保功能。

在案件的具体判决中，还有两个问题需要在判决中明确：一是在有追索权的保理中，保理银行依约支付保理融资款后，未能在约定的期限内收到保理回款，有权向债权人行使追索权。债权人向保理银行归还保理融资款、利息和相关费用后，保理银行应依约将应收账款及其项下的权利返还给债权人，债权人重新取得应收账款项下对债务人的权利。[①] 二是不论是债权人的清偿还是债务人的清偿，相应的保理债务消灭。

在保理合同对融资本息的归还顺序有明确约定的情况下，应按照合同约定判决有关当事人的责任。

第二，保理人的清算义务。

根据《民法典》第766条第2句规定，当保理人从债务人处受偿的应收账款债权数额超出其向债权人发放的保理融资款本息数额时，针对该超出的应收账款债权部分，若保理合同当事人对其归属没有特别约定的，应最终归应收账款债权人享有。有观点认为，该款体现了有追索权保理的本质特征，通常情形下债权人并非真的欲将应收账款债权让与保理人，而是为了便于保理人从收取的应收账款中受偿保理融资款本息，所以保理人向债务人主张应收账款债权时还应负担“清算义务”，即应将超出保理融资款本息部分的应收账款债权返还给债权人。[②]

需要讨论的问题是，这种情形会出现吗？

比如，前述案例中，只有280万元的融资款本息未还，保理人是向债务人主张400万元的应收账款，还是只能在未偿还的融资款范围内只能主张280万

---

① 江苏省无锡市中级人民法院(2017)苏02民终3986号民事判决书。

② 潘运华:《民法典中有追索权保理的教义学构造》,载《法商研究》2021年第5期。

元的应收账款清偿？或者保理人要求债务人清偿400万元应收账款，债务人可以提出超过标的额的抗辩？有观点认为，对于超出融资款本息部分的应收账款债务不得拒绝履行，因为根据《民法典》第766条对有追索权的保理采债权让与担保的学理构造，只要应收账款债权人未向保理人履行偿还融资款本息债务，那么作为担保权人的保理人在法律上就享有应收账款债权，应收账款债权让与人便无法向债务人主张应收账款债权。可见，保理人向债务人主张应收账款债权的，债务人当应对其予以全部履行，而不能仅在保理人的融资款本息债权范围内予以清偿。否则，一方面将会导致债务人因未按约履行对保理人的应收账款债务而承担违约责任，另一方面又无法向法律上不再享有债权的让与人履行该超出保理融资款本息部分的应收账款债务。因此，债务人只能先向保理人履行全部应收账款债务，然后再由保理人扣除其中的融资款本息等费用后将剩余的应收账款部分返还给债权人。①

笔者认为，上述观点不正确，理由是（为更直观，以上述案例为基础）：

首先，法院查明或者保理人主张只有280万元融资款未收回，法院会判决债务人支付400万元的应收账款吗？根本不会。法院不会支持这种超过其损失金额的请求。法院的判决有确认效力，如果判决该400万元应收账款归属于保理人，则保理人没有返还给债权人的必要。

其次，即使不通过诉讼程序，保理人与债务人协商，要债务人偿还400万元，虽然从法律上说，债务人向保理人归还400万元没有法律障碍，因为应收账款已经转让给保理人，保理人是新的债权人，但是，债务人得知400万元是远远超过未收回的部分，从经济人的角度而言，债务人会只偿还280万元，一是因为债务人要保持自己的现金流，二是债务人知道只归还280万元并不侵害保理人的利益，保理人要求280万元以外的部分没有依据。保理人要求280万元以外的部分属于不当得利问题。

再次，对于保理人而言，其追索权的目的在于使其融资款得到清偿。保理人的融资款本息已经获得清偿的，保理人应当将剩余的应收账款归还给债权人。一般保理合同中通常也会有这样的约定，而且应收账款是可以分割的。因此，保理人应当将剩余的应收账款债权归还给债权人，而且在实际操作上也没有什么不效率的地方。

---

① 潘运华：《民法典中有追索权保理的教义学构造》，载《法商研究》2021年第5期。

最后，《民法典》第766条中规定："保理人向应收账款债务人主张应收账款债权，在扣除保理融资款本息和相关费用后有剩余的，剩余部分应当返还给应收账款债权人。"当保理人不返还的时候，还会带来新的纠纷。因此，建议《民法典》此处更改为"保理人只能在融资款未得到清偿的范围内向收账款债务人主张应收账款债权清偿，剩余的应收账款债权返还给债权人"，这样有利于避免纠纷。

（二）无追索权保理

1. 无追索权保理的概念

《民法典》第767条规定："当事人约定无追索权保理的，保理人应当向应收账款债务人主张应收账款债权，保理人取得超过保理融资款本息和相关费用的部分，无需向应收账款债权人返还。"无追索权保理的性质属于债权买卖。[①] 保理人向债权人提供融资，并以新的债权人身份管理账户或者向债务人收款，保理人实现债权所产生的任何获利或者损失均由自己承担。一旦应收账款由于债务人无力清偿等原因不能收回，就由保理人独自承担法律后果，不能向债权人追索。[②] 采用此种保理，债权人将大部分风险都转移给了保理人，保理人必然会收取较高的保理费用，这也符合风险和收益匹配的资本运作原则。保理人取得超过保理融资款本息和相关费用的部分无须返还给债权人，也正是这一原则的体现。[③] 保理之盈亏自负。[④]

2. 追索权的回复

有观点认为，《民法典》第767条表述为保理人应当向应收账款债务人主张应收账款债权而不设前提，过于绝对，易被误解为保理人在任何情况下均无追索权，无权向应收账款让与人主张权利。[⑤] 根据立法机关对该条内容的释义，"无追索权保理并非意味着在任何情形下保理人对债权人均无追索权……。保理人不再追索应收账款债权人是具有前提的，即债务人未及时全额付款系源于自身信用风险，而非其他原因。如果债务人因不可抗力而无法支

① 李宇：《保理合同立法论》，载《法学》2019年第12期。

② 黄和新：《保理合同：混合合同的首个立法样本》，载《清华法学》2020年第3期。

③ 黄和新：《保理合同：混合合同的首个立法样本》，载《清华法学》2020年第3期。

④ 黄茂荣：《论保理合同》，载《法治研究》2021年第3期。

⑤ 李宇：《保理合同立法论》，载《法学》2019年第12期。

付，或者债务人依法主张基础交易合同所产的抗辩、抵销权或者依法解除基础交易合同而拒绝付款，则保理人仍有权向债权人追索……针对非债务人的信用风险的情形，保理人和债权人可以约定特定情形下的反转让权。这种约定与无追索权保理作为债权买卖并不冲突，其性质可以认为是卖回权，是债权买卖中特别约定的条款。这种特别约定正是无追索权保理有别于一般债权买卖之处，也是保理交易的一大特色”①。

四、多重保理情况下应收账款取得顺位规则

保理以应收账款转让为基本特征，基于应收账款的无形性，应收账款债权人为获得多次融资，会将应收账款多次转让，由此形成多重保理的情况。保理人会因应收账款归属形成权利冲突。为解决这个问题，《民法典》第 768 条规定：“应收账款债权人就同一应收账款订立多个保理合同，致使多个保理人主张权利的，已经登记的先于未登记的取得应收账款；均已经登记的，按照登记时间的先后顺序取得应收账款；均未登记的，由最先到达应收账款债务人的转让通知中载明的保理人取得应收账款；既未登记也未通知的，按照保理融资款或者服务报酬的比例取得应收账款。”

上述条款的适用情景，一是同一笔应收账款先后设定多个保理合同，二是多个保理人向债务人主张应收账款债权，三是有追索权保理和无追索权保理合同均在会出现这种情况②，四是保理合同涉及的应收账款总和远远大于应收账款金额。如果多笔保理应收账款的总和不大于或者等于应收账款金额，则不存在应收账款的取得顺位问题。《民法典》第 545 条规定，债权人可以将债权全部或者部分转让给第三人。比如，有一笔 1000 万元的应收账款，债权人将其分成 200 万元、300 万元、400 万元和 100 万元，做了四份保理。该四份保理所涉应收账款金额不超过 1000 万元。该四份保理合同的应收账款不存在冲突，因此不存在由谁优先取得应收账款的问题。

《民法典》第 768 条是一项全新的规则，首次在立法上明确规定了就同一应收账款债权发生多个保理合同，应收账款的多个受让人之间的优先顺位

① 黄薇主编:《中华人民共和国民法典合同编释义》,法律出版社 2020 年版,第 615—616 页。

② 蔡睿:《保理合同中债权让与的公示对抗问题》,载《政治与法律》2021 年第 10 期。

规则。该条一方面引入应收账款债权转让以登记为最优、以通知为次优的标准；另一方面规定未登记或未通知的债权受让人之间处于平等地位，应当按比例受偿，即“债权分割规则”。[①]《民法典》中之所以对多重保理作出上述规定，是因为以登记作为判断依据能够使保理人的调查成本、监督成本、执行成本均降至最低，有效防止发生债权出让人和其他第三人串通起来通过倒签合同等方式损害保理人利益的道德风险，从而保护交易安全、提升交易效率，最终有利于债权融资市场的发展。同时，在保理人没有登记的情况下，虽然通知的公示能力相较于登记低，但从交易风险防控的角度出发，以通知作为判断依据的交易成本依然要低于以合意时间为判断依据的交易成本，故亦应将通知上升为公示方式之一，作为在均未登记时顺位先后的判断因素。[②]

多个保理人之间的权利竞争根据保理合同的不同类型存在三种情况：一是无追索权保理人之间的权利竞争；二是有追索权保理人之间的权利竞争；三是有追索权和无追索权保理人之间的权利竞争。在第一种情况中，由于无追索权保理中的债权让与类似于债权的“买卖”，故从逻辑上最终只能有一个债权的“所有权人”，此时，依据《民法典》第768条规定，获胜者“取得应收账款”，不存在问题。在第二种情况中，由于有追索权保理中的债权让与属于为担保而让与，保理人获得的仅是担保权，而数个担保权可以并存于同一标的物上。因此，根据《民法典》第768条，获胜者只是取得了担保权实现的优先顺位，换言之，其可优先以应收账款变价受偿。若在清偿其本息收益后仍有剩余，第二顺位的保理人仍然可以获得清偿，此时说权利竞争的获胜者“取得应收账款”就不太恰当了。在第三种情况中，若无追索权保理人获胜，则其取得了一个没有担保权负担的应收账款债权。相反，若有追索权保理人获胜，也并不意味着无追索权保理人不能取得应收账款，而只是需要承受一个担保权的负担罢了。综上所述，《民法典》第768条仅以“取得应收账款”作为法律效果并不能完全涵盖所有的权利竞争情形，宜对其作扩张解释，以涵盖有追索权保理人获胜的两类情形。[③]

---

① 朱晓喆、冯洁语：《保理合同中应收账款多重转让的优先顺序——以〈民法典〉第768条为中心》，载《法学评论》2022年第1期。

② 黄薇主编：《中华人民共和国民法典合同编解读》（下册），中国法制出版社2020年版，第928—929页。

③ 蔡睿：《保理合同中债权让与的公示对抗问题》，载《政治与法律》2021年第10期。

五、应收账款转让竞存情形下顺位规则

鉴于变现灵活性、价值确定性，应收账款在实践中特别是在融资活动中的作用越来越大。我国《民法典》合同编专设保理合同一章涉及应收账款转让，物权编规定了应收账款质押，第546条规定了应收账款（债权）转让。一些债权人为了谋求更多的融资，利用应收账款的无形性，把应收账款多次转让。发生纠纷时，各权利人争夺应收账款。应收账款的争议因此成为实践中的常客，规范应收账款多重转让中的优先顺位问题，成了实践中的当务之急。

《民法典担保制度司法解释》第66条第1款规定，同一应收账款同时存在保理、应收账款质押和债权转让，当事人主张参照《民法典》第768条的规定确定优先顺位的，人民法院应当予以支持。该条是应收账款同时被用于质押、转让与保理时，质权人、受让人、保理人取得应收账款优先顺位的规则。该条与《民法典》第414条、第768条相互配合，共同构成应收账款在不同情形下的优先顺位规则。该规则与多重保理情形下应收账款的规则互相引用。根据该规则：

（1）已经登记的优于未登记的取得应收账款；

（2）均已经登记的，按照登记的先后顺序取得应收账款；

（3）均未登记的，由最先到达应收账款债务人的转让通知中载明的权利人取得应收账款；

（4）既未登记也未通知的，按照各自的债权比例取得应收账款。

应当注意，保理和债权转让不以登记为生效前提。但是根据中国人民银行《动产和权利担保统一登记办法》等文件的规定，两者以办理登记取得对抗要件。应收账款质押以办理登记为前提。故，上述登记包括对抗主义下的登记和生效主义下的登记。

第三节　保兑仓交易

一、保兑仓交易的基本交易模式及流程

保兑仓交易是商业实践中发展起来的一种交易模式，该模式并不是法律创制，它的出现充分体现了商人的智慧和实践创新精神。根据《九民纪要》第68条的规定，其基本的交易模式是，以银行信用为载体，以银行承兑汇票为结算工

具，由银行控制货权，卖方（仓储方）受托保管货物并以承兑票与保证金之间的差额作为担保。《九民纪要》首次规定了保兑仓交易并明确了裁判思路。至此，保兑仓交易从民间实践走上了规范发展的道路。保兑仓交易作为一种新类型融资担保方式，是由“保”（担保）、“兑”（承兑）、“仓”（保管）三种法律关系结合形成的一种新型买卖合同关系，因金融机构和仓储机构参与到买卖合同流程中，形成一条较为完整的供应关系链条，又被称为供应链金融。

保兑仓交易的基本流程：（1）买卖双方意思表示一致，建立买卖关系，签署买卖合同，并约定以保兑仓的交易形式进行；（2）银行与买卖双方签订《三方合作协议》，同时与买方签订《承兑协议》；（3）银行对买卖双方的买卖合同进行形式审查，审核双方的资信状况，并根据资信状况为双方确定授信额度并确定买方应当缴存的首付保证金比例；（4）银行、买方、卖方、仓储方签署《四方保兑仓业务合作协议》，并在其中约定彼此的权利义务，由此产生银行和仓储方的委托关系、买方和商业银行的借贷关系、卖方和银行的保证关系等；（5）买方依照约定向商业银行缴纳保证金，设立专户保证金质押，买方和银行建立保证金质押关系，银行一并开具承兑汇票，票据关系由此产生；（6）卖方将货物产出以后，送至银行指定的仓储一方，仓储方同时开出《确认监管书》；（7）买方向银行提出提货申请，银行按照账户中保证金的剩余比例签发提货单，仓储方收到提货单后向买方发货；（8）买方收到货物以后，将货物卖出，所得货款部分再次存入保证金账户，如此循环操作，直到保证金总额与银行开具的汇票数额相等，买方提货完毕；（9）承兑汇票到期时，承兑银行将款项划拨至卖方账户；（10）若货物有部分没有出售，卖方应当承担回购义务，但若买方无法偿还到期债务，卖方作为连带担保人，对差额承担清偿责任。[①] 保兑仓交易如图 33-1 所示。

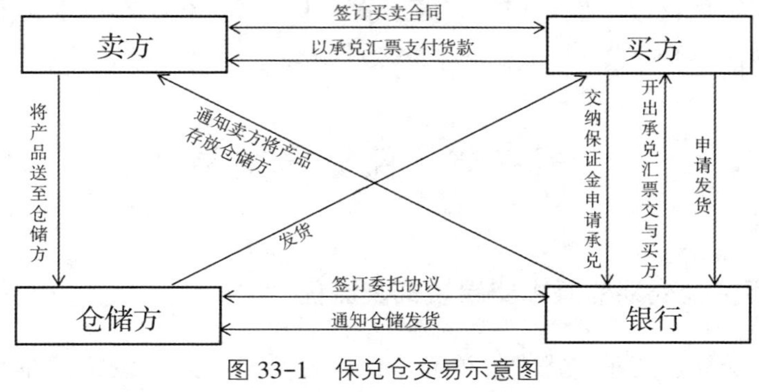

图 33-1　保兑仓交易示意图

① 张竞文:《保兑仓的案例分析及基础理论研究》,载《法制博览》2022 年第 27 期。

保兑仓贸易的价值在于，利用银行信誉促成贸易；有效保障卖方货款回笼，提高资金使用效率；为买方提供融资便利，解决全额购货的资金困难。[①] 金融机构从中获取资金收益。保兑仓交易方式一举三得，故在实践中广受欢迎。

二、保兑仓交易的性质

关于保兑仓交易的性质，主要有以下观点：第一种观点认为，保兑仓业务是特定的票据业务模式。经销商（买方）、供货商（卖方）和银行签署合作协议，以银行信用为载体、以银行开立的银行承兑汇票为结算工具；由银行控制货权、供货商受托保管货物；供货商根据银行开具的提货通知书指示要求发货，并对经销商提货总额与承兑汇票之间的差额及其违约赔偿，承担付款担保责任。第二种观点认为，保兑仓业务是原贸易融资产品变种。深圳发展银行和中欧国际工商学院合作出版的《供应链金融》一书中这样描述："它是经销商（买方）交纳一定保证金的前提下，银行贷出全额货款供经销商向核心企业（卖方）采购，卖方出具全额提单作为授信抵质押物。随后，客户分次向银行提交提货保证金，银行再分次通知卖方向客户发货。卖方就发货不足部分的价值承担向银行的退款责任。"第三种观点认为保兑仓业务是中小企业的融资解决方案，主要内容为"核心企业—经销商"产业链模式下，银行、核心企业、经销商通过签订业务合作协议，银行给予经销商融资用于满足其订货环节的资金需求，经销商增加保证金或通过还款来申请提货，核心企业受托保管货物并按银行通知发货；如融资到期前，经销商未按银行的要求补足保证金或足额还款，核心企业就经销商所欠债务向银行承担连带保证责任、差额退款责任或货物调剂销售责任的业务。[②]

笔者认为，上述三种观点认识有偏：

首先，保兑仓交易的实质是交易。不论交易过程中经历多少程序，买卖合同关系是保兑仓交易的基础关系。没有基础的交易关系，就不会有保兑仓交易中的票据关系和仓储关系。票据或者金融机构在买卖关系中起推动交易的作用，其兑付等环节受制于票据法的规制，没有金融创新。因此，保兑仓交易不

---

① 高圣平：《担保法前沿问题与判解研究》（第四卷），人民法院出版社2019年版，第315页。

② 巫卓宸：《供应链金融中保兑仓之特征、操作模式及价值的探讨》，载《中国商论》2017年第4期。

是一种特定的的票据业务模式。其与一般交易的不同在于，首先，保兑仓交易有金融机构与仓储机构的参与；其次，卖方收取货款后并不转移货物所有权，由金融机构控制货权。因此，保兑仓交易是一种特别的交易模式。《九民纪要》第68条将其认定为新型融资担保方式不妥。

其次，保兑仓交易以担保制度为基础。虽然有多种形式，但保兑仓交易的核心在于“保”，即担保。金融机构之所以同意参加到交易环节中，原因在于有卖方对承兑金额与保证金之间差额担保。通常情况下，金融机构签发承兑汇票，需要出票人对保证金与票面金额之间差额（敞口）负担担保责任。但在保兑仓交易中，卖方成为金融机构的担保人。卖方此举目的在于帮助买方融资，扩大自己产品的市场份额，提高市场占有率，提高经济效益。

再次，保兑仓交易通常发生于规模较大企业和大宗产品销售中，金融机构往往对买卖双方的经济实力进行调研考察，对于规模较小、实力不强的企业，金融机构不愿涉及其中。保兑仓交易的目的是交易而非融资，故保兑仓交易难以成为中心企业的融资方案。

保兑仓交易涉及系列合同。这些合同究竟是混合合同还是合同联立，存在不同观点，其区别在于某一合同的无效是否导致其他合同的无效。应当认为，保兑仓交易中的系列合同是混合合同关系，保兑仓交易中的买卖合同与票据承兑合同不存在依存关系，应分别以不同的实体法确定不同合同的法律效力。①

三、保兑仓交易中各方的权利义务关系

保兑仓交易中，当仓储方是无关的第三人时，会出现四方关系，由卖方、买方、金融机构、仓储方签订四方业务合作协议；当卖方作为仓储方时，保兑仓交易仅有三方，由卖方（仓储方）、买方、金融机构签订三方业务协议。除三方（或四方）业务协议外，金融机构还需与买方、仓储方签订专项的承兑协议、保管协议等。各方的权利义务关系，必须从三者（或四者）之间的合同关系说起。前已论及，保兑仓交易中涉及系列合同关系，具体分析如下：

（1）买方与卖方之间的买卖合同关系。在此关系中，卖方负有交付货物的义务，买方负有支付货款的义务，买方通过金融机构的承兑票据方式履行，

① 最高人民法院民事审判第二庭编著:《〈全国法院民商事审判工作会议纪要〉理解与适用》，人民法院出版社2019年版，第395、397页。

借助于金融机构的信用；卖方收取货款后，交付货物的义务并不立即履行，而是依据金融机构委托将货物交付给仓储方或者存储于自己的仓库，依据金融机构的指令发货。

（2）金融机构与仓储方的保管合同关系。仓储是保兑仓交易中的重要环节。一般而言，金融机构与仓储方签订保管合同，建立仓储合同关系，保管合同各方依据保管合同享有权利，履行义务；如果卖方作为仓储方，则卖方履行保管合同义务。

（3）买方与金融机构的借款合同关系。买方与金融机构签订承兑协议，请求金融机构以卖方为收款人出具承兑汇票。买方向金融机构支付一定比例的保证金，金融机构依据业务协议，全额承兑买方作为出票人开具的票据。一般情况下，保证金与承兑金额并不相等，敞口部分为金融机构向买方出借的款项。买方与金融机构之间存在借款合同关系。同时，买方向金融机构支付保证金，是一种保证金质押法律关系。

（4）卖方与金融机构之间存在多种合同关系。一是卖方作为承兑汇票记载的收款人，有权要求金融机构支付票款，两者之间是票据关系；二是卖方作为仓储方时，依据与金融机构的委托关系，按照金融机构的指令发出货物；三是当存在敞口时，卖方有回购货物的义务，对敞口“承担责任”。

在保兑仓交易中，金融机构利益的维护是该种交易模式的重点内容。对金融机构利益的维护，主要有三种方式。这三种方式集中体现了保兑仓交易中最核心的权利义务关系。

一是金融机构“控制货权”。金融机构控制货权的方式是设定质押。买方支付全额承兑汇票后，卖方理应转移货物所有权并交付货物，但是为担保敞口，买方往往将货物交给金融机构控制。仓储方见到金融机构的发货指令后，才可以发出货物；如果没有金融机构的指令而向买方发出货物，则仓储方应向金融机构承担违约赔偿责任。金融机构的发货指令，是根据买方交纳的保证金的一定比例开出的。买方出售货物后不停地向金融机构交付保证金，金融机构不断开出发货指令，直至整个交易完成。这个过程存在流动质押问题。但这种发货过程的流动性是保兑仓交易的理想状态，如果一切交易顺利，则在这个交易过程中金融机构不会有风险。但是事情往往并不如意，主要体现为，买方取得货物后不能实现预计的销售，导致无力向金融机构再交付保证金，循环发货断了链条，由此产生金融机构利益无法保护的问题。

二是卖方回购货物。在买方未及时销售货物，无力继续追加保证金的情况下，金融机构对买方的借款存在风险。此时，金融机构有权要求卖方回购货物。之所以使用“回购”一词，在于卖方收取货款后，货物所有权已经转移给买方，但货物不是由买方控制，而是由金融机构控制，卖方必须以回购方式化解金融机构的敞口风险。回购是对金融机构利益的维护手段之一。应当注意，此时的回购价格，应当是交易之初的价格，以覆盖金融机构的敞口；在货物设定质押的情况下，金融机构作为质押权人也可以通过拍卖、变卖质押物等方式实现其债权。

三是卖方对敞口承担责任。《九民纪要》第68条对于卖方对敞口的责任使用了“承担责任”一词。这种责任是担保责任还是赔偿责任，该文件没有说明。司法观点认为，该责任不论表述为“差额补足责任”“补充赔偿责任”，还是保证责任等，其实质均是对买方不能偿还的债务承担保证责任。[①] 笔者认为该观点有待商榷，现阶段不利于保护金融机构的利益。

首先，保证必须有明确的意思表示。对债权的担保是一种约定，必须以明确的意思表示出来。在当事人没有明确约定的情况下，法律推定或者法院认定某种意思表示为担保，违反意思自治原则。比如，当事人约定，在买方不能及时销售货物或者不能回购货物时，卖方承担差额补足责任。将该差额补足责任认定为债务加入未尝不可。与其在处理案件时勉强区分其是保证还是债务加入，不如按其使用的词句令卖方承担责任。这种责任是合同约定的责任。

其次，保证关系受到保证期间的规制，保证期间经过，担保责任即可免除。而保证期间的时间比较短，金融机构无意中可能丧失保证期间，致使卖方脱离保证责任。

再次，债权受到担保人抗辩权的限制。卖方若行使先诉抗辩权以及其他抗辩权、抵销权等，会使金融机构的债权回收变得困难，比如约定“差额补足责任”，如果将其认定为担保关系，很显然这是一般保证，而一般保证人的责任在于对债务人财产强制执行后仍然不能得到清偿时才承担责任。显然，这对

---

① 最高人民法院民事审判第二庭编著:《〈全国法院民商事审判工作会议纪要〉理解与适用》,人民法院出版社2019年版,第396页。

金融机构十分不利。[①]

最后，保证关系受到《公司法》第15条关于公司对外担保的限制。如果认定卖方的担保责任，卖方可以以担保未经过决议机关审查同意且金融机构非为善意为理由摆脱责任。《民法典担保制度司法解释》再次强调了担保合同的效力受制于《公司法》第15条的规定。因此，在现行法律框架下，如果卖方的责任被认定为担保责任，就必须审查有无公司决议。通常情况下，保兑仓交易活动没有经过公司决议机关审批。

四、虚假的保兑仓交易

因保兑仓交易中有金融机构参与，且金融机构主要是为买方特定的交易提供融资，显然这种交易模式难以避免交易双方没有真实的交易背景但利用该种交易模式套取金融机构贷款的问题。对没有真实交易背景的“保兑仓交易”，《九民纪要》第69条规定：“双方无真实买卖关系的，该交易属于名为保兑仓交易实为借款合同，保兑仓交易因构成虚伪意思表示而无效，被隐藏的借款合同是当事人的真实意思表示，如不存在其他合同无效的情形，应当认定有效。保兑仓交易认定为借款合同关系的，不影响卖方和银行之间担保关系的效力，卖方仍应当承担担保责任。”根据该规定，在没有真实交易背景的情况下，整个保兑仓交易合同作如下处理：

第一，卖方和买方之间的买卖合同无效，卖方和买方均不能依据买卖合同主张合同权利义务。笔者认为，“有无真实的交易背景”有时是个难以判断的问题。比如，卖方、买方、金融机构三方当事人签订保兑仓交易合同，买方依据有关合同取得了金融机构融资款后，不再申请发货履行合同，循环交纳保证金的过程不再进行，此时能否认定卖方与买方之间不存在真实的交易关系？这需要根据资金流向以及有无买卖双方共同指向的标的物等因素综合判断。

① 在《民法典》生效之前的判决[比如最高人民法院(2020)最高法民申6452号]中，对卖方的差额补足责任依据担保法认定为连带责任担保，有利于保护金融机构利益，但在民法典生效以后，对没有约定担保责任形式的，应当认定为一般保证。将其认定为一般保证显然对保护金融机构利益十分不利。

第二，“不论银行是否知情，都不应影响其与买方、卖方的关系”[1]，即在买卖合同虚假的大背景下，金融机构与买方之间的借款合同关系成立且有效（无其他导致借款合同无效的情形时）。买方应当依据借款合同的有关约定，履行义务，承担责任。卖方与银行之间的担保合同关系不受影响，担保关系依然有效，原因是，卖方担保的主债权是金融机构与买方之间的借款合同债权。借款合同关系有效的情况下，作为从合同的担保合同有效（如无导致担保合同无效的情形）。

需要讨论的问题是，金融机构与买方勾结，欺骗卖方签订保兑仓交易合同，卖方是否承担担保责任？答案是否定的，理由是，欺骗卖方签订保兑仓交易合同违背卖方的真实意思，担保合同关系不能成立，卖方也不承担担保合同无效的缔约过失责任。

五、保兑仓交易诉讼

保兑仓交易涉及多种法律关系。当事人可以就其中的某一种法律关系向相对方提起诉讼。比如，当事人基于保兑仓交易中的仓储合同提起诉讼、基于融资合同提起诉讼、基于买卖合同提起诉讼等。《九民纪要》第70条规定：“当事人就保兑仓交易中的不同法律关系的相对方分别或者同时向同一人民法院起诉的，人民法院可以根据民事诉讼法司法解释第221条的规定，合并审理。”此处“合并审理”的规定，应具体问题具体分析，不可简单地进行合并。比如，买卖双方提起产品质量争议和金融机构向买方提起的融资合同纠纷，这两个纠纷不可也没有必要合并审理。《民事诉讼法司法解释》第221条规定：“基于同一事实发生的纠纷，当事人分别向同一人民法院起诉的，人民法院可以合并审理。”上例中的起诉事实显然不是同一事实。《九民纪要》中司法机关的前述观点并不确切。但是，比如金融机构起诉买方要求承担还款责任、起诉卖方要求其承担担保责任的，可以合并审理。

《九民纪要》第70条还规定，在保兑仓交易诉讼中，当事人未起诉某一方当事人的，人民法院可以依职权追加未参加诉讼的当事人为第三人，以便查明相关事实，正确认定责任。要正确理解该规定，应注意此处法院依职权追加

---

① 最高人民法院民事审判第二庭编著:《〈全国法院民商事审判工作会议纪要〉理解与适用》,人民法院出版社2019年版,第398页。

的当事人只能作为第三人，追加的目的是查清事实，正确认定责任，故，此处的第三人应是无独立请求权的第三人[①]。非法定情形，法院不能依职权追加被告。

保兑仓交易中可能存在合同诈骗、票据诈骗等，会出现民刑交叉的问题，在裁判实践中处理不一。如果存在诈骗等刑事案件，应当根据《最高人民法院关于在审理经济纠纷案件中涉及经济犯罪嫌疑若干问题的规定》等文件的规定，妥善处理好民刑交叉案件之间的程序关系。处理的原则是，基于同一法律事实引起的民事案件和刑事案件，应按照刑事优于民事的原则予以处理，民事案件应待刑事案件处理完毕后才能进行审理；基于不同法律事实引起的民事案件和刑事案件应当分别审理，民事案件审理不应当中止。比如，买卖合同涉嫌诈骗的，买方与金融机构的借款合同纠纷，应当分别审理。[②]

① 最高人民法院民事审判第二庭编著:《〈全国法院民商事审判工作会议纪要〉理解与适用》,人民法院出版社 2019 年版,第 401 页。

② 高圣平:《担保法前沿问题与判解研究》(第四卷),人民法院出版社 2019 年版,第 331 页。

第三十四章　非典型担保（三）

第一节　买卖型担保

一、问题的提出

笔者在实践中接触过这样一起案例，原告王某某与某大型地产商存在借款关系，王某某是债权人。后，该地产商出现财务危机，无法支付王某某借款本金以及利息。王某某遂与该地产商进行沟通、协商，双方签订《商品房认购协议书》，以王某某对该地产商的债权支付购房款。现王某某起诉，要求被告地产商履行商品买卖合同，交付房产。很显然，该案争议的焦点是，原告与被告之间是否成立商品房买卖合同关系？此类案件在实务中经常遇到，理论界称之为买卖型担保。一直引发热议的买卖型担保是一项颇具争议的非典型担保。[①] 其基本含义为，当事人分别订立借款合同（不限于借款合同，但以借款合同为典型）与买卖合同，但仅实际履行了借款合同，未履行买卖合同，以买卖合同中买受人的请求权担保其借款债权，而非移转标的物所有权。[②] 日常生活中，由于商品房、商铺等不动产价值较高，所以买卖型担保中，以商品房买卖合同担保借款合同履行尤为典型。买卖型担保的特点是：

第一，存在两个联立的合同，一个是借款合同，一个是买卖合同。出借的款项与买卖合同的价金是同一笔款项。

第二，上述两个合同的履行存在条件关系。借款合同到期后，如果债务得以清偿，则买卖合同不再履行；如果借款合同到期债务没有得以清偿，则履行

---

① 张伟:《〈民法典〉时代非典型担保的逻辑追问与效力审视——以买卖型担保为分析视角》，载《社会科学战线》2022 年第 3 期。

② 冯洁语:《民法典视野下非典型担保合同的教义学构造——以买卖型担保为例》，载《法学家》2020 年第 6 期。

买卖合同，此时，借款合同债务与买卖合同的价金互相抵销。

第三，当事人订立买卖合同，尤其是商品房买卖合同，一般进行商品房网签或者办理预告登记。有些没有办理上述网签或者预告登记手续。

第四，买卖型担保是以买卖合同的履行请求权来保障借款合同到期债务的实现，因此，其担保实质是以债权保障债权。

如同上诉案例，债权人起诉往往是要求债务人履行买卖合同，如何看待买卖合同的效力？

二、买卖合同效力判断的理论与实践

（一）理论上的分歧

现有学说在解释此类以他种给付（买卖之债）代替原定给付（借贷之债）的行为时有两个方向：一是解释为以物抵债之清偿，其学说有代物清偿预约、附条件代物清偿、债之更改等理论形态；二是解释为担保，其学说有让与担保说、后让与担保说、抵押权说等。[①]

1. 以物抵债学说

“以物抵债”并非严格的法律概念，其学说比较复杂，涉及代物清偿说、债务更新说、新债清偿说等复杂理论。代物清偿说认为，以物抵债是实践性合同，以“物”之交付且债权人受领为成立要件。债务更新说认为，以物抵债协议突破了原债权债务关系的一致性，原债发生了质的变化，形成一个新的债权债务关系。新债关系形成以后，原债消灭，原债的撤销权、解除权以及附随利息、担保权利全部消灭。新债清偿说，是以新债清偿消灭旧债，其最大特点是新债没有偿还之前，旧债并不消灭，二者处于并行状态。[②]

2. 担保学说

担保学说中包括抵押说和后让与担保说。（1）抵押说认为当事人名义上订立买卖合同，实则在买卖标的物上为借款合同设定抵押权，但当事人间仅有设定抵押权的约定，并未办理抵押登记，因此抵押权尚未成立，债权人自得请

---

① 陈永强：《以买卖合同担保借贷的解释路径与法效果》，载《中国法学》2018 年第 2 期。

② 最高人民法院民事审判第二庭、研究室编著：《最高人民法院民法典合同编通则司法解释理解与适用》，人民法院出版社 2023 年版，第 308—309 页。

求办理抵押权登记后，再实行其抵押权。[①]抵押说试图在传统民法框架内解释买卖型担保这种新型交易模式，有利于明晰当事人之间的法律关系，对现有法律秩序亦不会造成冲击。特别应当看到，在有些情况下，因设立抵押的条件还不成熟，或者抵押权登记的条件尚不具备，当事人才不得不辗转采取买卖型担保这种具有中间性、过渡性、弱效性的担保方式作替代，将买卖型担保解释为抵押符合当事人的预期。[②]（2）后让与担保说。杨立新教授认为，我国目前司法实践中存在的以商品房买卖合同为借贷合同进行担保的新型担保方式，是一种正在形成的习惯法上的非典型担保物权，这种新型担保物权与让与担保产生的背景和发展过程一致，应当确认这种习惯法上的非典型担保物权，对其进行规范，使其能够更好地为经济发展服务。[③] 但有学者认为，后让与担保说没有独立存在的价值和必要，究其实质，是抵押权的一个变形，我国原《物权法》关于未来物上的抵押权的规定，已经涵盖了这一担保物权形式，后让与担保没有任何创新的内容。[④]

笔者认为，作为在实践中发展起来并为各交易主体认可的担保方式，其出现与存在有其合理性和市场的需求性，它确实解决了暂时没有抵押物的当事人融资的困难，并非为创新而创新而硬作的创新，可以视为一种新型的担保方式。它是抵押权的变形，但并不能因其来源于抵押权而否认其存在的必要性。买卖型担保（后让与担保）概念提出以来，在十几年的发展中没有消失，反而研究者很多，应用范围越来越广，更说明了买卖型合同的魅力与活力。

（二）实务上裁判观点纷呈

关于买卖型担保中买卖合同的性质与效力判定，司法实务中也是五花八门，各地各级法院的认识往往大相径庭。[⑤] 在最高人民法院层面，亦有不同的观点。

一种观点认为，在买卖合同与借款合同均依法成立的情况下，应分别成立

---

① 谢在全：《民法物权论》（中册），中国政法大学出版社 2011 年版，第 784 页。

② 景光强：《论买卖型担保的性质与效力》，载《山东法官培训学院学报》2018 年第 5 期。

③ 杨立新：《后让与担保：一个正在形成的习惯法担保物权》，载《中国法学》2013 年第 3 期。

④ 董学立：《也论“后让与担保”》，载董学立：《担保法理论与实践（第四辑）· 担保物权法编纂的理论基础》，中国法制出版社 2018 年版，第 143 页。

⑤ 景光强：《论买卖型担保的性质与效力》，载《山东法官培训学院学报》2018 年第 5 期。

买卖合同与借款合同两个民事法律关系，这两个民事法律行为并不违反法律、行政法规的规定，应为有效。买卖合同是附履行条件的合同，即当借款合同债务没有如期履行时，买卖合同应开始履行。当事人要求履行买卖合同并不违背原《担保法》第 40 条以及原《物权法》第 186 条禁止流押的规定。此类观点在实践中应用较少。[①]最高人民法院（2011）民提字第 344 号案采用了这一观点。该案案情为，朱俊芳向山西省太原市小店区人民法院起诉称，2007 年 1 月 25 日，其与嘉和泰公司签订商品房买卖合同，1 月 26 日，嘉和泰公司向朱俊芳借款 1100 万元。为保证还款，朱俊芳与嘉和泰公司约定用嘉和泰公司开发的百桐园小区十号楼 14 套商铺作抵押，抵押方式为和嘉和泰公司签订商品房买卖合同，并办理备案手续，开具发票。双方约定如嘉和泰公司偿还借款，朱俊芳将抵押手续（合同、发票、收据）退回嘉和泰公司；如到期不能偿还借款，嘉和泰公司以抵押物抵顶借款。2007 年 4 月 26 日，还款期限届满后，嘉和泰公司未能还款。故请求确认朱俊芳与嘉和泰公司签订的 14 份《商品房买卖合同》有效，判令嘉和泰公司履行商品房买卖合同。此案历经一审、二审、抗诉、再审、最高人民法院提审环节。最高人民法院认为，案涉 14 份《商品房买卖合同》和《借款协议》均为依法成立并生效的合同。《借款协议》约定的商品房买卖合同的解除条件未成就，故应当继续履行案涉 14 份《商品房买卖合同》。山西省高级人民法院再审判决适用法律错误，应予撤销。

另一种观点认为，在当事人一方主张买卖型担保中的合同系房屋买卖合同，另一方主张系借贷合同，且双方证据均有缺陷的情况下，应结合双方当事人提交的证据，探究合同签订时双方当事人的真实意思，判断法律关系的性质。在借贷关系成立，签订商品房买卖合同并办理备案登记的情况下，足以构成非典型担保，债权人依照合同约定请求直接获得房屋所有权的主张，违反了禁止流质的规定，应属无效。此观点在公开的实务中采用较多。如，最高人民法院（2013）民提字第 135 号案件中即如此。[②] 该案中，买受人杨某某与嘉美公司签订《商品房买卖合同》，标的物涉及 53 间商品房，并对合同进行了备案登记。后杨某向法院起诉请求确认该《商品房买卖合同》有效，并判令被

---

① 司伟、肖峰：《担保法实务札记：担保纠纷裁判思路精解》，中国法制出版社 2019 年版，第 51 页。

② 司伟、肖峰：《担保法实务札记：担保纠纷裁判思路精解》，中国法制出版社 2019 年版，第 51 页。

告交付房屋。被告嘉美公司答辩称，双方当事人之间不存在商品房买卖合同关系，而是民间借贷关系，商品房买卖合同只是民间借贷的担保。一审法院与二审法院均认为商品房买卖合同合法有效。最高人民法院再审认为，双方的真实意思是借款而非买卖商铺，双方之间成立借贷关系，签订商品房买卖合同并办理商品房备案登记的行为，是一种非典型担保；杨伟鹏作为债权人，请求直接取得商铺所有权的主张，违反了禁止流押原则，不予支持。

还有一种观点认为，为借贷提供担保而签订的买卖合同，因双方均无真实买卖的意思，所以是一种为债权债务提供担保的措施，构成通谋虚伪意思表示，因而无效。① 最高人民法院在林福汉与毛来华、刘宣求执行异议之诉纠纷案中即持此种观点。最高人民法院认为，案涉《房屋买卖合同》买卖店面的约定本身是当事人之间的虚伪意思表示，刘某某与林某某签订案涉《房屋买卖合同》的真实目的是以案涉店面担保刘宣求本金为 800 万元、借款期限为 3 个月、利率为日 3‰的债务的履行，当事人间达成一致的真实意思即隐匿行为是将案涉店面作为借款合同的担保。根据原《民法总则》第 146 条的规定，最高人民法院认定案涉《房屋买卖合同》作为伪装行为无效，而借款担保作为隐藏行为，在不违反法律、行政法规的强制性规定的情况下，可以肯定其在当事人之间的合同效力。因此，林福汉请求确认双方于 2012 年 6 月 20 日签订的《房屋买卖合同》合法有效，缺乏法律依据，最高人民法院予以驳回。②

三、最高人民法院为统一裁判标准所做的努力

买卖型担保通常发生于民间借贷行为中。为统一裁判标准，最高人民法院于 2015 年发布的《民间借贷司法解释》第 24 条第 1 款对买卖型担保作出规定："当事人以签订买卖合同作为民间借贷合同的担保，借款到期后借款人不能还款，出借人请求履行买卖合同的，人民法院应当按照民间借贷法律关系审理，并向当事人释明变更诉讼请求。当事人拒绝变更的，人民法院裁定驳回起

① 司伟、肖峰:《担保法实务札记:担保纠纷裁判思路精解》，中国法制出版社 2019 年版，第 58 页。

② 最高人民法院(2016)最高法民申 113 号民事裁定书。

诉。”[①] 按此规定，买卖型担保的审理要点：一是出借人诉请履行买卖合同的，人民法院按照借贷关系审理；二是为达到诉与审的协调，要求当事人变更诉讼请求，不变更的，予以驳回。《民间借贷司法解释》此条规定在统一裁判标准方面并没有起到预期效果，反而引起了更大争议，司法裁判中也出现了大量规避该条适用的案例。[②] 有学者在“无讼案例”网站检索，发现适用该条第 1 款的案例共 251 例。其中，要求当事人变更诉讼请求，当事人未变更诉讼请求而最终被驳回的案例有 221 例。这些案例中，即使在房屋已经办理产权过户登记，当事人诉请履行交房义务的，法院也予以驳回；即使买受人已经依买卖合同移转占有，出卖人也可以诉请返还占有。其余 30 个案例则出现了对前述第 24 条第 1 款的适用上的松动，法院支持了买卖合同之诉。[③]

笔者认为上述规定存在以下问题：

第一，当事人起诉请求履行买卖合同，上述司法解释规定受案法院应审理借贷合同，显然是把借贷合同作为主合同，把买卖合同作为借贷合同的从合同对待，在主债权没有确定的情况下，不能确立担保人的责任。故该规定是按照担保主从关系确立审理思路的。但是，即使在担保合同纠纷中，法院不仅要审查主合同的效力，也要审查担保合同的效力。上述规定对买卖合同的效力置之不理的态度，如何确定买卖合同的效力？

第二，干涉当事人的诉讼自由，陷当事人于败诉风险中。当事人请求履行买卖合同，法院却审查民间借贷法律关系，违背了不告不理的司法中立原则，干涉了当事人的诉讼自由，形成了“你告你的，我审我的”这样一个不合法的局面。当事人在起诉之时，依据买卖合同关系准备证据，但是法院依据民间借贷关系审理，当事人需要重新组织、提交多个民间借贷关系证据。当事人如果缺乏证明借贷关系的完整证据链条，会面临败诉的风险。如此审理，显然是法院粗暴干涉当事人合同自由。这种对法律行为效力的强势干涉，并不具有足

① 《民间借贷司法解释》2020 年修正后，第 24 条变更为第 23 条，该条第 1 款内容变更为：“当事人以订立买卖合同作为民间借贷合同的担保，借款到期后借款人不能还款，出借人请求履行买卖合同的，人民法院应当按照民间借贷法律关系审理。当事人根据法庭审理情况变更诉讼请求的，人民法院应当准许。”对比来看，最高人民法院关于此类案件的审理思路没有变化。

② 景光强：《论买卖型担保的性质与效力》，载《山东法官培训学院学报》2018 年第 5 期。

③ 陈永强：《以买卖合同担保借贷的解释路径与法效果》，载《中国法学》2018 年第 2 期。

够的合理性和正当性。[①]

第三，第 24 条第 2 款规定："按照民间借贷法律关系审理作出的判决生效后，借款人不履行生效判决确定的金钱债务，出借人可以申请拍卖买卖合同标的物，以偿还债务。就拍卖所得的价款与应偿还借款本息之间的差额，借款人或者出借人有权主张返还或补偿。"[②] 该规定价值不大。任何一个判决生效后，胜诉方均可以请求法院拍卖对方的财产，不限于买卖合同的标的物。如果强制执行时，买卖合同标的物并不存在，如何拍卖？买卖合同的担保功能岂不荡然无存？

第四，对于实践中用于担保的房地产已经过户或占有使用的，法院仍旧驳回当事人的诉请或者责令当事人退还，无疑是对物权公示原则的破坏。无法想象，当事人之间已经达成以房抵债协议，并办理了房屋过户手续的，当事人诉请交房时，还要驳回当事人的申请。该规定适用的社会效果非常差。同时，比如，债权人将已经取得的房地产再次出售或者设定抵押，还可能引发更多的连锁诉讼，导致社会秩序不稳定。

第五，违反诚实信用，增加违约的道德风险。依上述规定，当事人所订立的买卖合同相当于在当事人之间不发生任何拘束力，这意味着当事人在借款当时可以任意答应订立买卖合同以抵偿借款，但事后却可以主张买卖合同无效，并无须履行买卖合同之义务，其后果必是违约的道德风险剧增。[③]

第六，该司法解释在 2020 年修正后，删除了"驳回起诉"的强硬立场，但其基本思路仍然是按借贷关系审理。

综上，笔者认为，最高人民法院关于买卖型担保的司法解释过于僵化，忽略当事人意思自治，对债权人利益保护不周，实施起来社会效果非常不好。

四、意见与建议

买卖型担保兼具买卖、借贷、担保之事实要素属性，单一地以代物清偿、债之更改等债法路径来解释会忽略买卖合同的担保功能，显然已超越了其学说

---

① 司伟、肖峰：《担保法实务札记：担保纠纷裁判思路精解》，中国法制出版社 2019 年版，第 60 页。

② 该款在 2020 年修正后，变更为第 23 条第 2 款，其内容除个别用字外无变化。

③ 陈永强：《以买卖合同担保借贷的解释路径与法效果》，载《中国法学》2018 年第 2 期。

之射程范围；而单一地以物权担保路径去解释又会忽略买卖合同与借款合同的债法性要素，故前述学说均无法圆满地、融贯地解释买卖型担保。[①]

笔者认为，对于买卖型担保中买卖合同的效力以及案件审理，应当具体问题具体分析，以客观事实为依据，深刻探究并尊重当事人意思表示，避免机械适用法律。以买卖合同担保借款合同作为交易实践中发展出来的交易模式，在解释当事人意思表示时，应尽量尊重当事人意思自治，不能以主观臆断代替当事人意思，更不能作茧自缚般地套用相关传统理论简单地将买卖合同归于无效。[②]

为此，笔者提出“折中说”。具体来说，依据买卖合同的签订时间认定买卖合同的性质。买卖合同与借贷合同同时签订时，买卖合同的性质为担保；借贷合同履行期满后签订的买卖合同为以物抵债性质，无论是担保性质还是以物抵债性质，均应当认定买卖合同有效。分述如下：

其一，对于借款合同签订后即签订买卖合同的，此时，借款合同之债尚未发生，不存在以物抵债的现实情境。探求当事人此时签订买卖合同的内心意思，其真实目的在于以买卖合同的履行来担保借款合同的履行应无疑义。此时买卖合同性质应解释为担保关系。实践中以买卖合同是通谋虚伪的意思表示为由，否定买卖合同的效力，实际是机械适用法律，不符合意思自治原则及客观事实。理由是，担保型买卖合同的签订，一般是在债务人无有效抵押物的情况下，不得已才签订一份买卖合同来担保债权实现，以未来财产设定担保。要想以未来财产担保，以商品房为例，由于商品房的流转方式受国家管控，需要订立买卖合同，支付房款、税收、开具发票等过程，债权人才能得到房产。故，当事人之间签订商品房买卖合同，是借款担保的一个必经程序。商品房买卖合同与其担保功能是“皮”和“毛”的关系，否定买卖合同的效力，“皮之不存，毛将焉附”？当事人为担保其债权实现而签订买卖合同是其真实意思表示，怎么能认定是虚伪意思表示？司法审判不能机械适用法律干涉或者扭曲当事人的意思自治。

其二，借款合同之债发生之后签订买卖合同，其性质为以物抵债关系。借款合同之债已经发生，债权人需要的不是担保，而是实实在在的偿还债务。因

① 陈永强：《以买卖合同担保借贷的解释路径与法效果》，载《中国法学》2018 年第 2 期。

② 景光强：《论买卖型担保的性质与效力》，载《山东法官培训学院学报》2018 年第 5 期。

此，借款合同债权人此时与债务人签订买卖合同，其真实意思不再是担保而是以物抵债。当事人之所以不签订以物抵债协议而是签订买卖合同，以商品房为例，仍是买卖过户或者实现担保权的需要。实践中没有以商品房以物抵债协议可以办理过户的程序。买卖合同是当事人实现以物抵债的表现形式。其他动产，当事人完全可以签订一个以物抵债协议，即可完成借款合同的清理。

其三，前已论及，无论是把买卖合同认定为担保性质还是以物抵债性质，均不可把买卖合同效力认定为无效。它是买卖型担保中最为关键的一环，是实现当事人利益的重要步骤。某种情形下，签订买卖合同是当事人的无奈之举，并非当事人虚伪的意思表示。故，在实务中应当认定买卖合同有效且应当获得法院支持。如果将其认定为无效，将严重干扰当事人的交易设计，违背当事人的意思自治。实践中还认为，买卖合同履行存在与禁止流抵押冲突的问题，因此买卖合同无效。这也是前述朱某某案件历经多次审判，判决多次反复的原因。笔者认为，当事人仅仅是在起诉时要求履行买卖合同，这与禁止流抵押有本质区别。买卖合同上有约定的价格，履行该买卖合同对当事人来讲是公平交易。禁止流抵押条款是防止不公平交易，促进公平交易。当买卖合同是公平交易的时候，就没有禁止流抵押条款适用的余地。故，诉请履行买卖合同不存在与禁止流抵押条款冲突的问题。即使买卖合同在诉请履行时，其价格有变化，或者有较大的变化，也是商业风险问题，与流抵押条款无关。在流抵押条款禁止日趋缓和的今天，更不能以此否认买卖合同的效力。

在借款债务履行期满后签订的买卖合同，此为以物抵债关系，《民法典合同编通则司法解释》第 27 条规定了其合法性，且规定以物抵债合同为诺成性合同，无须现实交付。

其四，买卖合同中的购房款是由原借款合同中的借款本息“转化”而来，实际上是将应偿还的借款本息抵作购房款，购房人并未另行支付房款，而借款人的还款义务由移转所有权义务取而代之。因此，需对由借款本息转化而来的购房款进行还原和审查，即法院在审理买卖合同的新债法律关系时，依据借款合同关系旧债的相关规范来审查购房款的构成，以避免当事人通过签订商品房买卖合同等方式，将违法高息合法化。这有利于妥善解决虚假债务问题，并防范借以物抵债方式进行虚假抵债和虚假诉讼。①

---

① 陈永强:《以买卖合同担保借贷的解释路径与法效果》,载《中国法学》2018 年第 2 期。

第二节　增信措施

一、增信措施的概念

担保主要适用于商事领域，而商事领域的担保主体多为营利法人，营利法人中最重要的又是公司。公司对外担保，不仅关乎公司的利益，也攸关公司股东等的利益。为避免公司“滥保”的风险和对股东利益的损害，法律对公司对外担保作出了限制性规定。但在现代复杂多样的市场经济条件下，除了典型担保，交易实践中还创设出其他诸多非典型物的担保、新类型人的担保等虽无“担保”字样但有担保实质功用的交易形态。其中，“增信措施”尤其常见。[①]增信措施是为规避上市公司或金融企业、国有企事业单位履行担保的内部董事会、股东（大）会等审批程序和信息披露义务，以及其他监管规则，债务人在融资过程中创造的一些新概念和新措施。对增信措施的理解应当分为三个关键词：“增”“信”“措施”。增，是增加；信，是信用；措施，是办法、方法、做法、方式。综合起来，文字的含义就是增加信用的办法和方式，而增加信用的目的，就是保障债权的实现。这正是将增信措施纳入担保方式范围的原因。增信措施是债的关系以外的第三人，采取与债权人签订协议或者向债权人提供文件，承诺采用特定方法为债务人增加信用，以保障债权人实现债权的新型担保方式。[②]《九民纪要》第 91 条规定：“信托合同之外的当事人提供第三方差额补足、代为履行到期回购义务、流动性支持等类似承诺文件作为增信措施，其内容符合法律关于保证的规定的，人民法院应当认定当事人之间成立保证合同关系。其内容不符合法律关于保证的规定的，依据承诺文件的具体内容确定相应的权利义务关系，并根据案件事实情况确定相应的民事责任。”《民法典担保制度司法解释》第 36 条规定：“第三人向债权人提供差额补足、流动性支持等类似承诺文件作为增信措施，具有提供担保的意思表示，债权人请求第三人承担保证责任的，人民法院应当依照保证的有关规定处理。第三人向债权

① 刘保玉、梁远高：《“增信措施”的担保定性及公司对外担保规则的适用》，载《法学论坛》2021 年第 2 期。

② 杨立新：《类保证：增信措施的性质与适用法律规则》，载《甘肃社会科学》2023 年第 2 期。

人提供的承诺文件，具有加入债务或者与债务人共同承担债务等意思表示的，人民法院应当认定为民法典第五百五十二条规定的债务加入。前两款中第三人提供的承诺文件难以确定是保证还是债务加入的，人民法院应当将其认定为保证。第三人向债权人提供的承诺文件不符合前三款规定的情形，债权人请求第三人承担保证责任或者连带责任的，人民法院不予支持，但是不影响其依据承诺文件请求第三人履行约定的义务或者承担相应的民事责任。”自此，增信措施这一概念不仅是金融领域的专用名词，而且成为债的担保的专用法律术语。

增信措施是现代金融业发展出现的新的担保方式，不具有典型性，根据我国法律的现状，将此种担保方式列入非典型担保较为妥当。增信措施在将来的司法实践中极可能会被认定为保证，这一现象称为“增信措施的担保化”。[①]

二、增信措施的基本特点[②]

第一，增信措施提供担保的是第三人，而非债务人。增信措施的这一特征表明，其与保证相似，是第三人向债务人承诺提供特定方法为债务人增信，为债权人的债权实现提供担保。增信措施不能是债务人为自己增信，而是第三人为债务人增信。在现实操作中也存在由债务人提供的增信措施，这属于内部增信。内部增信包括债务人提供的抵押、质押、保证金等担保措施，以及资管产品内部进行的结构化分级等措施，例如优先/次级安排、超额利差、超额抵押、现金储备账户、现金流超额覆盖等。内部增信中的有些方式本身就是担保，例如抵押、质押、保证金等，不应当算在狭义的增信措施中。那些债务人自己提供的优先/次级安排，其实是非典型担保中的优先权，也是现存的担保方式。至于超额利差、现金储备账户、现金流超额覆盖等，都是债务人加强自己履行债务的民事责任的一般担保资力，是广义上的担保方法，不能作为具体的担保方式对待。

第二，增信措施的第三人向债权人提供担保的方法是增信“承诺”，而不是提供财产的担保。不论是差额补足、代为回购，还是流动性支持等，都不是向债权人提供特定的财产，而是第三人用自己的财产资力，承诺按照一定的方

---

① 朱晓喆:《增信措施担保化的反思与重构——基于我国司法裁判的实证研究》,载《现代法学》2022年第2期。

② 杨立新:《类保证:增信措施的性质与适用法律规则》,载《甘肃社会科学》2023年第2期。

式提供债务人的增信，保障债权人的债权实现。因此，增信措施属于“人保”，而不是“财产担保”，不能被概括在《民法典》第388条规定的“其他具有担保功能的合同”的范围中，因为“其他具有担保功能的合同”产生的担保方式是担保物权，而不是“人保”。

第三，提供增信的方法是第三人向债权人提供文件或者双方签订协议。法律规定的债权担保方式通常是要签订合同确认的，设立担保物权的合同还要通过登记等进行公示。在通常情况下，保证也要求保证合同采取书面形式，当然也可以用保证函等方式提供保证。设立增信措施，可以由第三人与债权人签订提供增信措施的合同，不过，只要第三人向债权人承诺对债务人提供增信措施，就能成立增信措施的担保。由于增信措施提供担保的严肃性，承诺应当以书面形式作出，为要式行为。如果当事人都是金融机构，双方口头约定提供增信措施，第三人并不否认的，也可以认定提供了增信措施的担保，但很罕见。不过，第三人承诺提供增信措施的担保应以要式方式，以示增信行为的严肃性和据以作为书证。

第四，增信措施具有多元性、多样性的特点。司法解释提到的增信措施是差额补足、流动性支持等，经常使用的还有代为履行到期回购义务、第三方收购、第三方承担连带责任等。这些多种多样的增信措施足可称为多元化。在这些之外，还有其他方式的增信措施，如安慰函、维护函等。

第五，增信措施的具体方式具有发展性。应当看到的是，《九民纪要》第91条将增信措施界定为“信托合同之外的当事人提供第三方差额补足、代为履行到期回购义务、流动性支持等类似承诺文件”，增信的具体方式还比较窄，基本上局限于金融领域，具体方式也不多。《民法典担保制度司法解释》第36条规定的增信措施，其适用领域更宽，即“第三人向债权人提供差额补足、流动性支持等类似承诺文件”，范围扩展到“债”的领域，成为债权的担保方式。不过，增信措施主要是增加债务人的信用，适用范围还是以金融领域为主。应当看到的是，差额补足等隐性担保是目前金融行业常见的增信形式，通常作为一种担保措施设计在投融资方案中。虽然已较多地应用在业务实践中，但并没有明确的法律定义，只是金融行业常见的术语。可以断定的是，尽管《民法典担保制度司法解释》第36条对其适用范围予以扩展，但增信措施仍然是在发展中的概念，远没有成为成熟的担保方式，应当给予它更大的空间，使其得到发展和完善。

三、增信措施的法律性质

增信措施一种承诺。人们对这些承诺文件的法律性质存在不同的认识。杨立新先生认为，增信措施的法律属性是类保证，就是类似于保证又不是严格意义上的保证的第三人担保方式。[①] 司法裁判中形成了“第三人清偿”“独立的合同义务”“债务加入”“保证”等主要观点。[②]《民法典担保制度司法解释》第36条根据承诺文件的内容表述，将增信文件的性质分成三种情形[③]：其一，如果意思表示非常明确，债权人请求该第三人承担保证责任的，人民法院应当按照保证的有关规定处理。究竟是一般保证责任还是连带保证责任，应当依法进行识别。其二，第三人在承诺文件中有加入债务或者共同承担债务等意思表示的，人民法院应当认定为债务加入。[④] 其三，如果第三人提供的承诺文件既无提供担保的意思表示，也没有加入债务的意思表示，但承诺文件中约定了第三人的义务，则债权人请求依据承诺文件的内容履行义务或者承担责任的，人民法院应予支持。[⑤]

由于增信的承诺文件的法律性质可分为如上三种情形，而上述三种情形的法律内涵及后果并不相同，而且对当事人的权利义务影响很大，比如将承诺文件认定为担保，根据担保法律制度，有保证期间、抗辩权、追偿权等制度适用；而认定为债务加入，则无保证制度相关规则的适用空间，其责任重于保证。所以，根据内容准确确定增信文件的性质，是司法实践中的重要课题。

四、增信措施的主要形式

第一，差额补足，也称差额补偿或差额支付。从金融的角度说，它是指在

---

① 杨立新:《类保证:增信措施的性质与适用法律规则》,载《甘肃社会科学》2023年第2期。

② 刘保玉、梁远高:《“增信措施”的担保定性及公司对外担保规则的适用》,载《法学论坛》2021年第2期。

③ 最高人民法院民事审判第二庭:《最高人民法院民法典担保制度司法解释理解与适用》,人民法院出版社2021年版,第337页。

④ 将增信承诺文件认定为债务加入也有不妥。债务加入的前提是已存在他人的债务,第三人嗣后加入成为连带债务人。对此,《民法典》第552条有明确规定。而增信措施大多是在当事人法律关系成立之时就同时成立,甚至债权人是鉴于增信方提供增信措施才同意成立法律关系。

⑤ 有观点将此称为无名合同说。参见朱晓喆:《增信措施担保化的反思与重构——基于我国司法裁判的实证研究》,载《现代法学》2022年第2期。

投资人无法实现合同投资预期的情况下，由融资人或相关第三方按照协议或承诺，向投资人支付未实现投资预期的差额部分，以保障投资预期的一种信用增进措施。从法律关系上描述，它是指补足义务人包括债务人或第三人，在投资人或债权人的本金和收益达不到约定条件的情况下，就其差额承担补足付款的责任。实践中，差额补足可以采取两方以上当事人协议的方式，也可以是一方向另一方出具承诺函，换言之，差额补足可能是合同行为或是单方行为。差额补足并非法律规定的合同类型。从正式的规范性文件看，最早在 2015 年国家发展改革委《项目收益债券管理暂行办法》中有所提及。《九民纪要》第 90 条、第 91 条首先在司法领域承认了差额补足，并且第 91 条首次明确第三方承担差额补足义务可解释为保证。《民法典担保制度司法解释》第 36 条延续了上述规则。①

第二，流动性支持。流动性是货币银行学的术语，是指银行满足存款人提取现金、到期支付债务和借款人正常贷款的能力，若支付能力不足，就构成流动性风险。在金融领域，流动性泛指资金流、现金流。流动性支持原意是指金融监管机构为了缓解金融冲击或紧急状态而向金融市场释放流动性的货币政策，以免出现金融危机。但在金融市场上，流动性支持的说法被泛化。债务人或第三人为担保融资债务的履行，向债权人出具的增信文件有的也叫“流动性支持”。当触发履约条件时，出具流动性支持函的主体需要按照约定提供现金补足，这被理解为一种隐性担保。流动性支持可以是单方允诺或双方协议。

第三，到期回购承诺。到期回购承诺，是融出方购买融资方的资产或资产收益权，约定融资方在一定期限届满时回购，当融资方无法履行回购义务时，由第三方代为履行回购义务。到期回购承诺不是融资方的承诺，因为到期回购是融资方的义务。只有第三方承诺融资方对不能履行到期回购义务时，代为履行回购义务，才是增信措施的代为履行回购承诺。这种增信措施的承诺文件，通常称为“回购承诺函”“代为履行到期回购义务承诺函”“赎回承诺函”等。

第四，第三人连带责任。增信措施中的第三人连带责任，是在股权交易或者债权交易中，对债务人不履行债务时，第三人承诺对债务人承担的债务承担连带责任的增信方式。这种增信措施比较明确，只要第三人对债权人出具承诺

---

①　朱晓喆:《增信措施担保化的反思与重构——基于我国司法裁判的实证研究》，载《现代法学》2022 年第 2 期。

文件，承诺与债务人一起对债权人承担连带责任，就构成第三人连带责任的增信措施。[①]

第五，赞助信。赞助信，亦称意图信或者安慰信。这种信的特点是写信人承担义务的用词不确切。用词的不确切是故意的，即谋求不作为担保人。赞助信的目的在于给受益人关于主债务人有清偿能力的保证，但并不因此承担保证人或凭要求即付担保人的义务。赞助信的签名者，按照用词或者对用词的解释可承担以下不同的义务：（1）确认现状，尤其是子公司属于签字者的集团时；（2）只是使债权人得到清偿的道义上的义务承担。（3）辅助性的保证；（4）严格的保证；（5）连带共同债务的承担；（6）作为义务的承担。例如使子公司留在集团内，并向它提供足够的财源使它能清偿债务。[②]

此外，"对赌协议"（即"估值调整协议"）也具有"无担保之名，有担保之实"的特征，理论上多将其称为"隐名担保"。实践中常见的对赌协议一般包含股权回购、金钱或股权补偿等条款，即双方约定在不能满足设定条件或出现某些特定情形时，被投资的目标公司或原股东有义务按一定标准回购投资者股权或给予投资者现金或股权作为补偿，以纠正各方之前对估值的误差或对各方利益进行再平衡。对赌协议实际上是回购、差额补足条款的具体应用，其原理与回购和差额补足并无不同。[③]

五、增信措施在实践中的应用

笔者认为，裁判实践中对增信措施文件的审查、应用，应当注意以下几个方面：

第一，根据增信文件的内容确定增信措施的性质，如果确定为保证，则应当适用保证制度的有关规则。同时，对该增信措施还应当适用公司法关于公司对外担保的规定。如果增信措施的出具不符合《公司法》第 15 条规定的担保程序性规定，又不符合善意要求，则应当认定担保合同无效。债务加入时，也应当符合上述规定。

第二，增信人的抗辩权，应适用关于担保法的规定和债务加入的规定；如

---

① 杨立新：《类保证：增信措施的性质与适用法律规则》，载《甘肃社会科学》2023 年第 2 期。

② 沈达明编著：《法国/德国担保法》，中国法制出版社 2000 年版，第 84—85 页。

③ 刘保玉、梁远高：《"增信措施"的担保定性及公司对外担保规则的适用》，载《法学论坛》2021 年第 2 期。

果确认增信措施承诺是独立的合同，应依据合同法律确定该承诺人的抗辩权。

第三，关于增信人的追偿权。原则上，保证人向债务人的追偿权是法定权利。其他债务加入或者独立合同的，如果没有约定，承当义务的增信人不得向主债务人追偿。

第三节　保证金账户质押

日常生活中，保证金是十分常见的担保方式，尤其在证券、保险、期货、信用证等金融领域中。目前，我国关于保证金担保的规定分散在多个部门法中，公法和私法均有涉及。在保证金担保的具体类型中，以保证金账户质押为主要形式。保证金账户质押的主要形式为银行账户质押，包括专用存款账户质押、出口退税账户质押、普通存款账户质押。另有融资融券账户质押。我国最早认可保证金账户质押效力的法律文件是原《担保法司法解释》。该司法解释第 85 条规定："债务人或者第三人将其金钱以特户、封金、保证金等形式特定化后，移交债权人占有作为债权的担保，债务人不履行债务时，债权人可以以该金钱优先受偿。"该条将保证金与特户、封金并列，足见三者有着相似之处。按照一般理解，特户指金融机构为特定目的开设的特别账户，区别于一般存款账户。封金为封存的货币，譬如将其封装在保险柜中。它们都是将货币特定化的形式。通常情况下，如果以实现金钱特定化为目的而将某笔资金设置为保证金，仅仅赋予其"保证金"的名称无法做到货币特定化，其外观上必然也是以特户或者封金的形式存在，保证金只是凸显该笔资金的专项用途而已。从逻辑上来讲，保证金只不过是特户或者封金的具体表现形式，三者并不是同一个位阶的概念。但是，何为"特户"和"封金"，法律上并没有给出明确定义和操作细则，实践当中也极少使用，反而是保证金的形式十分普遍。从立法技术上来看，该条对相关的概念并没有厘清。[①]《民法典担保制度司法解释》第 70 条克服上述缺点，不再规定"特户""封金"，直接规定了保证金账户，并进一步完善了保证金账户质押的规定："债务人或者第三人为担保债务的履行，设立专门的保证金账户并由债权人实际控制，或者将其资金存入债权人设

① 徐化耿:《保证金账户担保的法律性质再认识——以〈担保法司法解释〉第 85 条为切入点》,载《北京社会科学》2015 年第 11 期。

立的保证金账户，债权人主张就账户内的款项优先受偿的，人民法院应予支持。当事人以保证金账户内的款项浮动为由，主张实际控制该账户的债权人对账户内的款项不享有优先受偿权的，人民法院不予支持。在银行账户下设立的保证金分户，参照前款规定处理。当事人约定的保证金并非为担保债务的履行设立，或者不符合前两款规定的情形，债权人主张就保证金优先受偿的，人民法院不予支持，但是不影响当事人依照法律的规定或者按照当事人的约定主张权利。”

一、账户质押的法律性质

以质押的客体为标准，《民法典》和原《物权法》把质权分为动产质权和权利质权。原《担保法司法解释》第 85 条肯定了账户质押是金钱质押，为一种特殊的动产质押方式，但学界仍存在争议，归纳而言主要有如下观点：（1）权利质押说。账户质押是以未来债权出质的一种权利质押。以企业银行账户为客体的担保，从本质上讲是以该企业账户内的往来资金为标的的担保，往来资金并非单一债权，而是由数个债权所构成。（2）金钱质押说。账户质押的标的是金钱。账户本身没有交换价值，不能变现，故账户质押的本质是以账户中的资金作为担保财产。（3）约定抵销说。从账户质押的担保功能以及当事人合意的角度来考察，账户质押的实质是为保障债务的履行或债权的实现而人为创设的被动债权，以在被担保的债务未按约履行时赋予商业银行直接抵扣的权利。（4）让与担保说。账户担保可理解为货币所有权让与担保与债权让与担保。在货币所有权让与担保的理解思路下，存款人将货币存入银行，银行即取得所有权，但这种所有权的转移并非完全基于“货币占有即所有”原则，而是为实现担保的目的约定移转；在债权让与担保的理解思路下，存款人因存入保证金将银行的债权让与给债权人，以实现担保目的。①

有学者认为，保证金账户担保是一种特殊担保，主要体现在：第一，担保物的特殊性。货币本身就是一种特殊的物，货币作为一般等价物是度量一切财产价值大小的最终依据，当其自身成为物权的客体时，又和这种最重要的功能交织在一起，使得法律性质含混不清。但引入对账户的分析似乎使得问题更加复杂，因为如何界定账户性质也是一个理论难题。账户是否属于物？如果是，

① 戴煜：《账户质押制度的完善》，载《山西省政法管理干部学院学报》2020 年第 4 期。

是否为动产？账户是否为权利凭证？如果是，其是物权凭证还是债权凭证？其价值体现在何处？这一系列问题都没有得到很好的解决。原《物权法》并没有给出货币之上的物权属性与特征，甚至连定金这种被原《担保法》规定的物保形式也没有重新规定，对账户也没有明确其属性。随着虚拟经济的发展与信息技术的革新，电子化、无纸化货币已然兴起，新型的账户也开始涌现，比如余额宝、支付宝、微信钱包等，它们对整个金融体系的冲击与日常经济生活的改变是巨大的，这种情形下如何定位货币和账户的法律性质将成为更大的理论挑战。本来货币就是不需要特定化的，而且其功能的发挥正是依赖于此。在这种时代背景下，固守原《担保法司法解释》第85条的规定，坚持特定化的思路是没有前途的，在未来甚至是不可能的。第二，对担保物权附随性的突破。实践当中，担保公司向银行提供一定的保证金，在此基础上银行根据比例为担保公司客户授信贷款。譬如，担保公司向其开立在银行的保证金账户存入200万元作为担保，银行便会根据约定授信其客户1000万元的贷款额度。很显然，这种授信情况并非足额担保。为了防范风险，银行通常要求将数笔贷款的保证金存入同一保证金账户，而非建立与每笔贷款都一一对应的多个单独账户，一旦有一笔或数笔交易违约导致贷款无法收回，便会扣划保证金账户内的足额资金确保债权实现。比如，在上例条件下发生了10笔贷款，共缴纳了2000万元保证金，其中有2笔贷款完全无法清偿，此时银行会从保证金账户中扣划走2000万元，而不是这两笔交易对应的400万元保证金。这种操作使得多笔交易的保证金形成一个“资产池”，从而大大减少了风险。从现有担保法理论来讲，这就打破了担保物权的附随性。第三，对物权法定的突破。中国坚持物权法定主义，不允许当事人随意创设新的物权种类和改变物权内容，是类型强制与类型固定。保证金账户担保甚至还有类似定金的保证金都是由原《担保法司法解释》所创设和承认的，那么，这是否有违物权法定原则？换句话说，“物权法定”中的“法”究竟是广义的法还是狭义的法，包不包括司法解释，再进一步而言甚至可以思考包不包括行政法规、部门规章、地方性法规甚至习惯法与判例？这还不是问题的重点，关键是在实践当中，保证金账户担保多是以合同的形式由当事人自由设定，种类与内容高度灵活，完全自治，根本无法寻觅物权法定的踪影。事实上，物权法定主义与意思自治之间需要很好地平衡，而大陆法系国家总体趋势是由严守物权法定到适度缓和。但就保证金账户担保来看，它不是物权法定缓和的问题，而是突破的问题，某种程度上甚至可以认为：权利人取得的根本不是物权，而是一种因意思自治而创设的债权。① 上述观点可谓恰当。

二、保证金账户质押的成立

尽管保证金账户质押是一种特殊的金钱质押，但其须遵守动产质押的一般法律。在构成要件上，原《担保法司法解释》与今《民法典担保制度司法解释》有很大不同。

对于原《担保法司法解释》对保证金账户质押的成立要件，最高人民法院发布的中国农业发展银行安徽省分行诉张大标、第三人安徽长江融资担保集团有限公司一案较为详细地进行过分析。该案裁判要旨为，金钱质押生效的条件包括金钱特定化和移交债权人占有两个方面。若双方当事人已经依约为出质金钱开立了担保保证金专用账户并存入保证金，则符合特定化的要求。特定化并不等于固定化，保证金账户未用于非保证金业务的日常结算，因业务开展发生浮动不影响特定化的构成。占有是指对物进行控制和管理的事实状态，因银行取得对该账户的控制权，实际控制和管理该账户，符合出质金钱移交债权人占有的要求。法院认为，封金、特户、保证金等特定化形式的实质意义在于使特定数额金钱从出质人财产中划分出来，成为一种独立的存在，使其不与出质人其他财产相混同，同时使转移占有后的金钱也能独立于质权人的财产，避免特定数额的金钱因占有即所有的特征而混同于质权人和出质人的一般财产中。也就是说，通过特定化，特定数额的金钱与普通动产一样，能够经转移占有而不改变所有权主体。据此，判断一种形式是否符合特定化要求，就在于判断该种形式能否使得特定数额的金钱成为一种独立的存在，使其转移占有而改变所有。具体到保证金账户的特定化，就是要求该账户区别于出质人的一般结算账户，使该账户的资金独立于出质人其他财产。因此，保证金账户的特定化需要符合如下要求：从保证金账户的资金转入方面来看，出质人不得将其作为对外收款账户，不得接受第三人资金转入。从资金转出方面来看，出质人不得将该账户作为对外付款的结算账户，不得向第三人转款。换言之，保证金账户资金进出只能与担保业务有关。通过账户资金转入、转出的特定用途控制，保证金

① 徐化耿:《保证金账户担保的法律性质再认识——以〈担保法司法解释〉第 85 条为切入点》,载《北京社会科学》2015 年第 11 期。

账户得以符合特定化要求。该案中案涉账户资金转入都是长江担保公司转入保证金，资金转出都是农发行安徽分行从账户扣划保证金用于代偿担保贷款的清偿，因此案涉账户符合特定化要件。关于账户资金浮动是否影响特定化问题，特定化不是资金数额的固定化，反而从担保业务的开展上来说，保证金账户的资金余额必然是浮动的。担保公司开展新的贷款担保业务时，需要按照约定存入一定比例的保证金，这必然导致账户资金的增加。在担保公司担保的贷款到期未获清偿时，扣划保证金账户内资金必然导致账户资金的减少。[①] 该案判决依据原《担保法司法解释》第 85 条规定明确浮动账户质押的物权效力，符合物权客体特定原则及物权变动公示原则。[②]

《民法典担保制度司法解释》第 70 条吸收裁判经验，不再规定保证金“特定化”“移交债权人占有”两项要件，而是规定：

第一，债务人或者第三人为担保债务的履行，设立专门的保证金账户并由债权人实际控制，或者将其资金存入债权人设立的保证金账户，债权人主张就账户内的款项优先受偿的，人民法院应予支持。保证金账户可以由债务人或者第三人设立，但是，该账户必须由债权人实际控制。保证金账户也可以由债权人设立。司法实践中，多数法院认为，实际控制保证金账户包括两个方面：一是未经债权人同意，出质人不得动用保证金账户的资金；二是被担保的债权届期未获清偿时，债权人有权扣划该保证金账户的资金。[③]

第二，当事人以保证金账户内的款项浮动为由，主张实际控制该账户的债权人对账户内的款项不享有优先受偿权的，人民法院不予支持。在银行账户下设立的保证金分户，参照前款规定处理。至于保证金账户浮动的原因，究竟是为担保业务进行的浮动还是由于一般结算原因进行的浮动，该司法解释没有要求。在债权人实际控制保证账户的情况下，应当理解为为担保业务进行的浮动。非为担保业务进行的浮动，视为债权人同意改变该账户的性质，债权人不得就该账户资金优先受偿。

---

① 霍楠、夏敏：《保证金账户质押生效则不能成为另案执行标的》，载《人民司法》2014 年第 4 期。

② 其木提：《论浮动账户质押的法律效力——“中国农业发展银行安徽省分行诉张大标、安徽长江融资担保集团有限公司保证金质权确认之诉纠纷案”评释》，载《交大法学》2015 年第 4 期。

③ 高圣平、谢鸿飞、程啸：《最高人民法院民法典担保制度司法解释理解与适用》，中国法制出版社 2021 年版，第 540 页。

第三，当事人约定的保证金账户并非为担保债务的履行设立，或者不符合第70条前两款规定的情形，债权人主张就保证金优先受偿的，人民法院不予支持。在瞿良敏与张坚华、苏州华铜复合材料有限公司、北京华北华铜电气有限公司执行异议案[①]中，法院认为，虽名为保证金账户，但未明确约定账户及账户内资金专用于质押担保，实际上账户内资金可由存款人自由支取、支配，银行未能有效占有、控制的，应认定为未达到特定化的要求，该账户不属于保证金账户，不成立金钱质押，银行对账户内资金不享有优先受偿权，法院可依法予以扣划[②]。也就是说，设立保证金账户必须有明确为担保债务而设立的意思表示，当账户设立人未明确表示为担保债务而设立账户，或者虽明确表示为担保债务而设立保证金账户但债权人未实际控制该账户时，保证金账户质押不能成立。

第四，保证金账户质押不成立的，不影响当事人依照法律的规定或者按照当事人的约定主张权利，即保证金账户质押不成立的，当事人可以追究债务人或者第三人的赔偿责任。

三、保证金账户质权的实现

保证金账户质权的实现，不同于普通质押权要通过折价、拍卖、变卖实现，而是需要通过债权人直接扣划或者人民法院扣划该保证金账户的资金方式实现优先受偿权。这种扣划不同于流质，不受物权法流质契约禁止原则的限制。

---

① 浙江省乐清市人民法院(2015)温乐执异字第18号执行裁定书。

② 倪亚蓓:《保证金账户的认定标准》,载《人民司法》2016年第8期。